독하게

파 고들자

한자능력 검정시험

한자 독파! 시리즈

2급

인터넷 동영상 강의  무 료 쿠 폰

>> 인증번호   160304-FILRRA-IT

본 책에 기록된 인증번호는 동영상 강의용 무료쿠폰입니다.

발행일 2016년 8월 1일 초판 1쇄 인쇄
2016년 8월 5일 초판 1쇄 발행
지은이 김봉환
발행인 송인식
발행처 시스컴 출판사

주소 서울시 금천구 벚꽃로 278, SJ테크노빌 704호 (가산동)
홈페이지 www.siscom.co.kr
E-mail master@siscom.co.kr
전화 02.866.9311
인터넷 강의 안내 02.866.9311(내선 113)
FAX 02.866.9312
등록 제17-269호
판권 시스컴 2016
정가 16,000원
ISBN 979-11-87005-56-8 13710

◈ 한자능력검정 시험안내 ◈

① 주관 및 시행

- 주관 : (사)한국어문회(☎ 02-1566-1400)
- 시행 : 한국한자능력검정회(www.hanja.re.kr)
- 종류 – 공인급수(공인자격증) : 특급, 특급Ⅱ, 1급, 2급, 3급, 3급Ⅱ
  - 교육급수(민간자격증) : 4급, 4급Ⅱ, 5급, 5급Ⅱ, 6급, 6급Ⅱ, 7급, 7급Ⅱ, 8급

② 접수방법

① 방문접수

1. 응시급수 선택	2. 준비물 확인	3. 원서작성 및 접수	4. 수험표 확인
급수배정을 참고하여, 응시자의 실력에 알맞은 급수를 선택합니다.	• 반명함판사진 2매 (3×4cm · 무배경 · 탈모) • 급수증 수령주소 • 응시자 주민번호 • 응시자 이름(한글 · 한자) • 응시료	응시원서를 작성한 후, 접수처에 응시료와 함께 접수합니다.	접수완료 후 받으신 수험표로 수험 장소, 수험일시, 응시자를 확인하세요.

② 인터넷 접수 : www.hangum.re.kr

③ **시험시간**

특급 · 특급Ⅱ	1급	2급, 3급, 3급Ⅱ	4급, 4급Ⅱ, 5급, 5급Ⅱ, 6급, 6급Ⅱ, 7급, 7급Ⅱ, 8급
100분	90분	90분	50분

- 응시자는 시험 시작 20분 전까지 고사실에 입실하셔야 하며, 동반자는 20분 전까지 고사장 밖으로 퇴장하셔야 합니다.
- 답안작성이 완료된 분은 감독관의 통제에 따라 고사장 밖으로 퇴장해야 하며, 고사장으로 재입장할 수 없습니다.

④ 급수배정

급수	읽기	쓰기	수준 및 특성
특급	5,978	3,500	국한혼용 고전을 불편 없이 읽고, 연구할 수 있는 수준 고급
특급Ⅱ	4,918	2,355	국한혼용 고전을 불편 없이 읽고, 연구할 수 있는 수준 중급
1급	3,500	2,005	국한혼용 고전을 불편 없이 읽고, 연구할 수 있는 수준 초급
2급	2,355	1,817	상용한자를 활용하는 것은 물론 인명지명용 기초한자 활용 단계
3급	1,817	1,000	고급 상용한자 활용의 중급 단계
3급Ⅱ	1,500	750	고급 상용한자 활용의 초급 단계
4급	1,000	500	중급 상용한자 활용의 고급 단계
4급Ⅱ	750	400	중급 상용한자 활용의 중급 단계
5급	500	300	중급 상용한자 활용의 초급 단계
5급Ⅱ	400	225	중급 상용한자 활용의 초급 단계
6급	300	150	기초 상용한자 활용의 고급 단계
6급Ⅱ	225	50	기초 상용한자 활용의 중급 단계
7급	150	–	기초 상용한자 활용의 초급 단계
7급Ⅱ	100	–	기초 상용한자 활용의 초급 단계
8급	50	–	한자 학습 동기 부여를 위한 급수

- 상위급수 한자는 하위급수 한자를 모두 포함하고 있습니다.
- 쓰기 배정 한자는 한두 급수 아래의 읽기 배정한자이거나 그 범위 내에 있습니다.
- 초등학생은 4급, 중·고등학생은 3급, 대학생은 2급과 1급 취득에 목표를 두고 학습하길 권해 드립니다.

⑤ 검정료

특급·특급Ⅱ·1급	2급·3급·3급Ⅱ	4급·4급Ⅱ·5급·5급Ⅱ·6급·6급Ⅱ·7급·7급Ⅱ·8급
40,000원	20,000원	15,000원

- 창구접수 검정료는 원서 접수일부터, 마감시까지 해당 접수처 창구에서 받습니다.
- 인터넷으로 접수하실 때 검정료 이외의 별도 수수료가 부과되지 않습니다.

⑥ 출제기준

구분	특급	특급Ⅱ	1급	2급	3급	3급Ⅱ	4급	4급Ⅱ	5급	5급Ⅱ	6급	6급Ⅱ	7급	7급Ⅱ	8급
讀音	45	45	50	45	45	45	32	35	35	35	33	32	32	22	24
訓音	27	27	32	27	27	27	22	22	23	23	22	29	30	30	24
長短音	10	10	10	5	5	5	3	0	0	0	0	0	0	0	0
反意語(相對語)	10	10	10	10	10	10	3	3	3	3	3	2	2	2	0
完成型(成語)	10	10	15	10	10	10	5	5	4	4	3	2	2	2	0
部首	10	10	10	5	5	5	3	3	0	0	0	0	0	0	0
同義語(類義語)	10	10	10	5	5	5	3	3	3	3	2	0	0	0	0
同音異議語	10	10	10	5	5	5	3	3	3	3	2	0	0	0	0
뜻풀이	5	5	10	5	5	5	3	3	3	3	2	2	2	2	0
略字	3	3	3	3	3	3	3	3	3	3	0	0	0	0	0
漢字 쓰기	40	40	40	30	30	30	20	20	20	20	20	10	0	0	0
筆順	0	0	0	0	0	0	0	0	3	3	3	3	2	2	2
漢文	20	20	0	0	0	0	0	0	0	0	0	0	0	0	0
出題問項(計)	200	200	200	150	150	150	100	100	100	100	90	80	70	60	50

※ 출제기준표는 기본지침자료로서, 출제자의 의도에 따라 차이가 있을 수 있습니다.

⑦ 답안지

① 표식 ■은 답안지 인식 기준점으로, 앞·뒷면 귀퉁이에 각각 1개씩 총 8개가 있습니다. 인식 기준점을 훼손하거나, 주변에 낙서를 하면 전산시스템의 답안지 인식 불능으로 0점 처리됩니다.

② 응시자 정보 기재란으로 성명, 수험번호, 생년월일은 반드시 응시원서와 동일하게 작성하셔야 합니다. 성명을 비롯한 모든 항목은 맨 앞 칸부터 띄어쓰기 없이 기재하세요.

③ 반드시 접수하신 해당 고사장에서 지원 급수로 응시하여야 하며, 타 고사장에서 응시하거나, 지원한 급수가 아닌 타 급수로 응시한 경우는 0점 처리됩니다.

④ 답은 답안란에만 작성해야 하며, 답을 고쳐 쓸 경우에는 수정액이나, 수정테이프를 사용하세요. 특히, 응시자가 아동인 경우 답을 밀려 쓰는 일이 없도록 지도하시길 바랍니다.

⑤ 채점란은 모든 문항마다 1검(1차 채점), 2검(2차 채점)으로 구분되어 있으며, 각 단계의 채점 위원이 채점 결과를 표시하는 곳입니다. 답안 작성 시 응시자의 글씨가 채점란으로 침범하면, 전산시스템의 채점 결과 인식 불가로 0점 처리됩니다.

⑥ 감독·채점 확인란은 감독위원, 1차 채점위원, 2차 채점위원, 3차 채점위원의 확인 서명과 더불어, 각 단계 채점 결과 및 점수가 기록됩니다. 이 부분에 낙서를 하거나, 감독위원 서명 누락 등 의심되는 점이 발견되면 채점 시 예외 처리되는 불이익을 받게 됩니다.

⑧ 응시원서

- 해당 지원급수에 V 표하세요. 3급과 3급Ⅱ, 4급과 4급Ⅱ, 5급과 5급Ⅱ, 6급과 6급Ⅱ, 7급과 7급Ⅱ는 다른 급수이므로, 해당 지원급수에 정확히 표시하셔야 합니다. 접수마감 후 지원급수는 변경할 수 없습니다.
- 한글과 한자 이름을 첫 칸부터 한 자씩 빈 칸 없이 붙여 쓰세요. 이름이 4자 이상일 경우 점선으로 표시된 칸까지 이용하실 수 있습니다.
- 수험자나, 수험자의 보호자가 상시 연락받을 수 있는 전화번호를 기입하세요.
- 수험자나, 수험자의 보호자의 휴대전화번호를 기입하세요.
- 급수증 기재주소는 한자능력급수증에 등재되는 주소이며, 기재하신 주소로 급수증이 발송됩니다. 수험자의 한자능력급수증 수령 주소를 정확하게 기입해주세요.
- 학생인 경우 학교명에는 학교 · 학과 · 학년 · 반을 기입하시고, 미취학생/일반인/군인은 학교명을 빈 칸으로 두시면 됩니다.
- 접수일자와 지원자 성명을 기입하시고, 날인 또는 서명하세요.
- 지원하신 전국한자능력검정시험 시행회의 시험일을 기재하세요.
- 반명함판 사진(3×4㎝/무배경/탈모)을 지원서, 지원표, 수험표에 각각 붙여주세요. 사진은 6개월 이내의 반명함판 사진을 사용하셔야 합니다. 한자능력급수증에는 원서에 부착된 사진이 인쇄됩니다.
- 수험번호 확인용 참고란 본 칸을 참고하여, 발급된 수험번호가 본인의 지원급수 수험번호인지 반드시 확인하세요.

⑨ 합격기준

구분	특급 · 특급Ⅱ · 1급	2급 · 3급 · 3급Ⅱ	4급 · 4급Ⅱ · 5급 · 5급Ⅱ	6급	6급Ⅱ	7급	7급Ⅱ	8급
출제문항	200	150	100	90	80	70	60	50
합격문항	160	105	70	63	56	49	42	35

- 특급 · 특급Ⅱ · 1급은 출제문항의 80% 이상, 2급~8급은 70% 이상 득점하면 합격입니다.
- 1문항 당 1점으로 급수별 만점은 출제문항 수이며, 백분율 환산점수를 사용하지 않습니다.
- 합격발표 시 제공되는 점수는 응시급수의 총 출제문항 수와 합격자의 득점문항 수입니다.

◈ 이 책의 구성과 특징 ◈

배정한자(2,005자)

찾아보기
한자를 가나다 순서로 배열하여 사전식으로 쉽게 찾아볼 수 있도록 색인기능을 제공합니다.

일련번호
각 한자마다 일련번호를 부여하여 총 한자수를 파악하고, 번호순서대로 찾아볼 수 있는 색인기능을 제공합니다.

표제어
2급 쓰기배정한자에 해당하는 2,005자의 한자를 한눈에 파악할 수 있도록 큰 글자로 편집 수록하였습니다.

독 음
한자의 훈과 음을 표제어 바로 밑에 표기하여 해당한자를 눈으로 보며 훈과 음을 입으로 읽고 말할 수 있도록 하였습니다.

한자풀이
해당 한자를 부수나 파자로 풀어 입으로 외어가며 쉽게 이해할 수 있도록 하였습니다. 또한 해당 표제어의 급수를 표시하여 난이도를 파악하고, 부수와 총획수를 표시하여 한자풀이에 대한 이해를 돕도록 하였습니다.

용례 및 뜻풀이
표제어가 상용된 일상 용례를 적절히 사용함으로써 한자의 쓰임새는 물론 특히 어렵거나 많이 사용되는 용례들의 뜻을 자세히 풀이함으로써 단어 활용에 대한 이해를 돕도록 하였습니다.

한자쓰기
한자쓰기 상자를 두어 직접 해당 한자를 손으로 써보고 익힐 수 있도록 하였습니다.

한자능력 검정시험 2급

1	口 총5획	5급

入(口)을 고무래(丁)로 때리니 옳은 소리가 나옴

可

- 훈 옳을
- 음 가:

可能(가능) 可否(가부) 可望(가망) 可變的(가변적)
可塑性(가소성) 許可(허가) 不可(불가)

可能(가능) : 할 수 있음, 될 수 있음
可否(가부) : 옳은가 그른가의 여부

2	力 총5획	5급

入(口)을 모아 기세(力)를 더하려 함

加

- 훈 더할
- 음 가

加減(가감) 加工(가공) 加勢(가세) 加速(가속)
加熱(가열) 加盟(가맹) 添加(첨가) 追加(추가)

加減(가감) : 더하거나 더는 일
加工(가공) : 물건에 노력을 가해 새 제품을 만듦

3	亻(人) 총8획	3급Ⅱ

깨끗한(圭) 사람(亻)은 아름답다.

佳

- 훈 아름다울
- 음 가:

佳話(가화) 佳景(가경) 佳宴(가연) 佳客(가객)
佳人薄命(가인박명) 百年佳約(백년가약)

佳景(가경) : 빼어나게 아름다운 경치
佳客(가객) : 반갑고 귀한 손님

4	木 총9획	3급Ⅱ

나무(木)에 물건을 더함(加)

架

- 훈 시렁
- 음 가:

架設(가설) 十字架(십자가) 書架(서가)
高架道路(고가도로) 架橋(가교) 架空人物(가공인물)

架設(가설) : 공중에 건너질러 설치함
高架道路(고가도로) : 땅 위에 기둥을 세우고 설치한 도로

5	宀 총10획	7급

돼지(豕)는 집(宀)안에서 기름

家

- 훈 집
- 음 가

家庭(가정) 家事(가사) 家屋(가옥) 歸家(귀가)
家族計劃(가족계획) 家訓(가훈) 家計簿(가계부)

家庭(가정) : 한 가족이 살림하고 있는 집안
家事(가사) : 한 집안의 사사로운 일

6	亻(人) 총11획	4급Ⅱ

주인(亻)에게 돌려주어야(叚) 하는 임시(거짓) 물건

假

- 훈 거짓
- 음 가:

假說(가설) 假定(가정) 假面(가면) 假髮(가발)
假登記(가등기) 假裝舞蹈會(가장무도회)

假說(가설) : 임시로 설치함
假定(가정) : 분명치 않은 것을 임시로 인정함

7	行 총12획	4급Ⅱ

땅(土)과 땅(土)을 다니는(行) 거리

街

- 훈 거리
- 음 가(:)

街道(가도) 街販(가판) 商街(상가) 街路燈(가로등)
街路樹(가로수) 街頭行進(가두행진)

街道(가도) : 곧고 넓은 큰 도로
商街(상가) : 가게가 많은 거리

8	日 총13획	4급

휴일(日)을 얻어(叚) 쉴 겨를이 있음

暇

- 훈 겨를
- 틈
- 음 가

休暇(휴가) 餘暇(여가) 閑暇(한가) 病暇(병가)
餘暇善用(여가선용) 出産休暇(출산휴가)

休暇(휴가) : 학교, 직장을 일정기간 쉬는 것
餘暇(여가) : 겨를, 틈

9	欠 총14획	7급

옳은(可) 말로 부족하니(欠) 노래로 부름

歌

- 훈 노래
- 음 가

歌謠(가요) 歌手(가수) 歌曲(가곡) 祝歌(축가)
高聲放歌(고성방가) 歌舞(가무) 愛國歌(애국가)

歌謠(가요) : 민요, 동요, 속요, 유행가 따위를 통틀어 이르는 말
歌手(가수) : 노래를 잘 하거나 직업으로 하는 사람

10	亻(人) 총15획	5급

상인(人)이 상품(貝)을 상자로 덮고(襾) 값을 매김

價

- 훈 값
- 음 가

價格(가격) 定價(정가) 原價(원가) 代價(대가)
平價切下(평가절하) 廉價(염가) 價値觀(가치관)

價格(가격) : 물건의 가치를 돈으로 나타낸 것
代價(대가) : 일을 하기 위해 들인 노력이나 가치

30

성명 · 지명자(350자)

일련번호/용도

각 한자마다 일련번호를 부여하여 총 한자수와 색인기능을 제공하고, 성명 · 지명 · 인명을 표시하여 한자의 용도를 표시하였습니다.

표 제 어

성명 · 지명자에 해당하는 350자의 한자를 한눈에 파악할 수 있도록 큰 글자로 편집 수록하였습니다.

한자풀이

한자의 훈과 음, 부수와 총획수를 표시하여 해당 표제어의 한자풀이에 대한 이해를 돕도록 하였습니다.

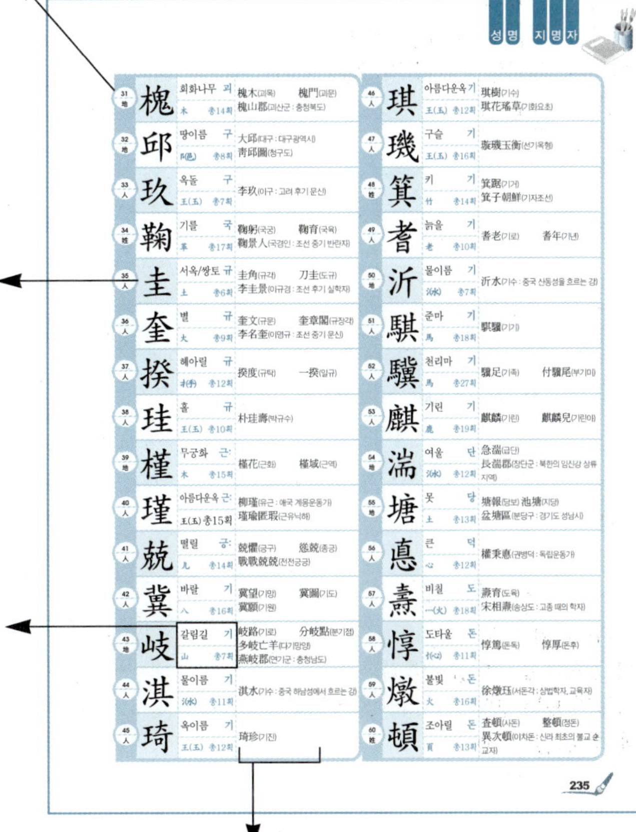

용 례

표제어가 사용된 일상 용례를 적절히 사용함으로써 한자의 쓰임새와 단어활용을 습득하도록 하였습니다.

사자성어

일련번호

각 사자성어마다 일련번호를 부여하여 총 사자성어 수를 파악하고, 번호순서대로 찾아볼 수 있는 색인기능을 제공합니다.

표제어

사자성어의 표제어를 큰 글자로 보기쉽게 편집하였으며, 바로 밑에 한글로 그 음을 표기하여 쉽게 읽을 수 있도록 하였습니다.

뜻풀이

사자성어가 담고 있는 뜻을 간략하고 쉽게 풀이하였으며, 유사 사자성어 또는 반대 사자성어도 함께 수록하였습니다.

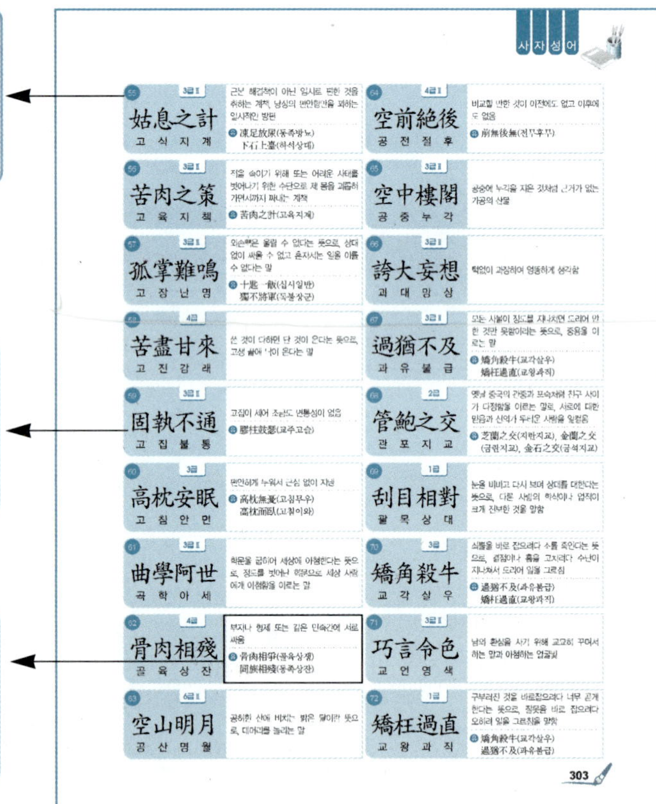

기출 및 예상문제

(사)한국어문회에서 주관하는 한자능력검정시험에 대비할 수 있도록 기출문제를 철저히 분석하였으며 이를 토대로 기출문제를 포함해 시험에 나올만한 유사문제와 실제 시험과 똑같은 유형의 문제를 준비하였습니다.

기출및예상문제 ①회

問 56-60

다음 漢字語의 뜻을 쓰시오.

56. 繩索 ________   57. 掌握 ________   58. 兢懼 ________
59. 沃土 ________   60. 彫琢 ________

問 61-100 다음을 읽고 물음에 답하시오.

- 역동적인 움직임을 **絶妙**하게 포착[66]한 조각품[67]이 인기를 얻어 연장[68] 전시되고 있다.
- 원작이 가지는 **缺陷**으로 속편[69] 역시 흥행[70]에 차질이 생겨 개봉[71]여부가 미지수다.
- 각박[72]한 세태[73]로 변해가면서 자녀들의 인성교육의 중요성[74]이 더욱 증가되고 있다.
- 관객을 **魅惑**시키는 배우[75]의 열광적인 연기로 평일에도 연일 매진[76]을 기록하고 있다.
- 자연 재앙[77]은 극복도 중요하지만 무엇보다도 예방[78]이 우선이 되어야 한다.
- 외지로 **搬出**된 국보급 문화재 환수[79]운동을 추진[80]하고 있다는 소식에 시민 단체들이 기뻐하고 있다.
- 한국 지역[81] 난방[82] 공사 등 3개 공기업[83]은 공공기관[84] 운영[85]위원회에서 상장 추진을 계속 검토[86]하기로 했다.
- 아이들의 두뇌[87]발달에 **沮害** 요인이 되는 전자파[88]로 인해 이를 감소[89]시키는 제품[90]들이 인기다.
- 지진 피해[91]로 대규모[92] 공장이 조업을 중단하고 복구[93]가 늦어짐에 따라 제품 공급[94]도 지연[95]되었다.

問 61-65

다음 漢字語의 讀音을 쓰시오.

61. 絶妙 ________   62. 缺陷 ________   63. 魅惑 ________
64. 搬出 ________   65. 沮害 ________

341

C·O·N·T·E·N·T·S

漢

字

韓 國 漢 字 能 力 檢 定
한자능력검정시험

2급
독파!

한자의 기초

1. 한자의 이해

(1) 한자의 표현

한자는 사물의 모양을 본떠서 만든 글자이기 때문에 각 글자마다 어떤 뜻을 내포하고 있는 표의문자(表意文字)이다. '日'은 해를 보고 만들어졌는데, 이 글자는 '날(하루)'이라는 뜻을 가지며 '일'이라고 읽는다.

(2) 한자의 3요소

한자는 형(形;모양), 음(音;소리), 의(義;뜻)의 3가지 요소로 만들어져 있다. 즉 뜻이 있어 말로 표현하고 이를 형태로 나타내게 된 것인데, 한자는 이 3가지가 삼위일체(三位一體)로 구성된 문자이다.

1) 모양(形) : 한자와 한자가 각각 시각적으로 구분되는 요소로, 한자가 지니고 있는 자체의 글자 형태이다.

2) 소리(音) : 한자를 읽는 음을 말하며 한자도 1자 1음이 원칙이기는 하나, 우리의 한글과 달리 1자 2음 또는 1자 3음의 예도 있다.

3) 뜻(義) : 한자가 지니고 있는 의미를 말하는데, 한자의 뜻을 우리말로 새긴 것을 훈(勳)이라고 한다.

모양	月	木	人	水	土
소리	월	목	인	수	토
뜻	달	나무	사람	물	흙

(3) 한자의 필순

필순(筆順)이란 한자를 쓰는 순서를 말하는데, 한자를 짜임새 있고 편리하게 쓰기 위해 합리적인 순서를 정한 것이다.

☞ 한자의 필순은 개인이나 국가 또는 그 서체에 따라 달라지는 경우가 있으나, 일반적이고 보편적으로 통용되는 것을 그 기준으로 삼는다.

1) 위에서 아래로 쓴다.

예 三(석 삼) : 一 ⇨ 二 ⇨ 三

2) 왼쪽에서 오른쪽으로 쓴다.

예 川(내 천) : ノ ⇨ 川 ⇨ 川

3) 가로와 세로가 겹칠 때는 가로획을 먼저 쓴다.

예 十(열 십) : 一 ⇨ 十

4) 좌우 모양이 같을 때는 가운데를 먼저 쓰고 좌, 우순으로 쓴다.

예 小(작을 소) : ノ ⇨ 小 ⇨ 小

예외 火 : 가운데를 나중에 쓴다.

5) 상하로 꿰뚫는 세로획은 맨 나중에 쓴다.

예 中(가운데 중) : ㅣ ⇨ 口 ⇨ 口 ⇨ 中

6) 좌우로 꿰뚫는 가로획은 맨 나중에 쓴다.

예 女(계집 녀) : 〈 ⇨ 女 ⇨ 女

예외 世 : 가로획부터 쓴다.

7) 몸과 안으로 된 글자는 몸을 먼저 쓴다.

예 同(한가지 동) : ㅣ ⇨ 冂 ⇨ 冂 ⇨ 同 ⇨ 同 ⇨ 同

예외 區 : 우측이 터진 경우는 안을 먼저 쓴다.

8) 삐침과 파임이 교차할 때는 삐침부터 쓴다.

예 人(사람 인) : 丿 ⇨ 人

9) 가로획이 길고 왼쪽 삐침이 짧으면 왼쪽 삐침부터 쓴다.

예 九(아홉 구) : 丿 ⇨ 九

10) 가로획이 짧고 왼쪽 삐침이 길면 가로획부터 쓴다.

예 力(힘 력) : ⇨ 力

11) 오른쪽 위의 점은 맨 나중에 쓴다.

예 犬(개 견) : 一 ⇨ 𠂇 ⇨ 大 ⇨ 犬

12) 책받침류 중 '走'나 '是'는 먼저 쓴다.

예 起(일어날 기) : 土 ⇨ 土 ⇨ 丰 ⇨ 走 ⇨ 起

예 題(표제 제) : 日 ⇨ 무 ⇨ 是 ⇨ 題 ⇨ 題

13) 책받침류 중 '辶'나 '廴'은 나중에 쓴다.

예 道(길 도) : 丷 ⇨ 𭕄 ⇨ 𭕄 ⇨ 首 ⇨ 道

예 建(세울 건) : 丁 ⇨ 丰 ⇨ ヨ ⇨ 肀 ⇨ 聿 ⇨ 建

2. 육서(六書)

(1) 의의

한자가 만들어진 원리나 짜임새에 대한 이론을 육서라고 하는데, 상형(象形), 지사(指事), 회의(會意), 형성(形聲), 전주(轉注), 가차(假借)의 6가지로 분류된다.

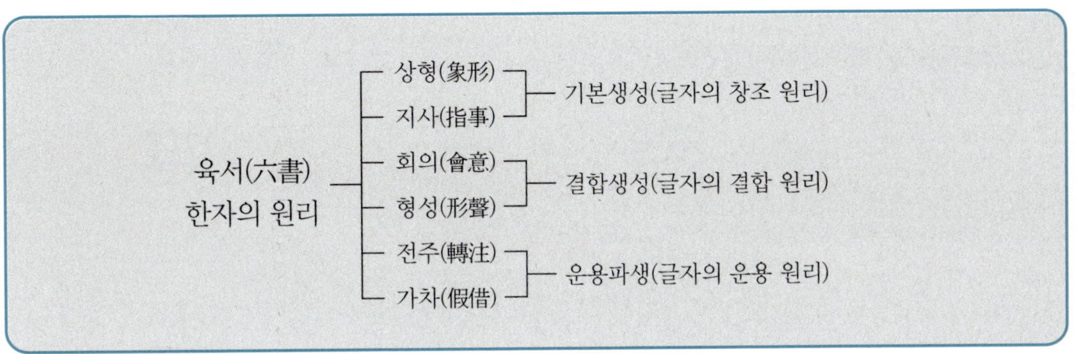

☞ 육서(六書)는 후한(後漢)의 허신(許愼)이라는 사람이 그 당시 사용하던 9,353자의 구성원칙을 밝히고 한 글자 한 글자의 풀이를 해 놓은 『설문해자(說文解字)』란 저서에서 비롯되었다.

(2) 분류

1) 상형문자(象形文字) : 구체적인 사물의 모양을 본떠서 만든 문자

한자가 만들어지는 가장 기본적인 원리로, 눈에 보이는 구체적인 사물의 모양을 있는 그대로 본떠 형상화하여 만든 문자이다.

예 日, 月, 山, 人, 川, 木, 水, 雨, 手, 足, 目, 首, 魚, 馬, 鳥

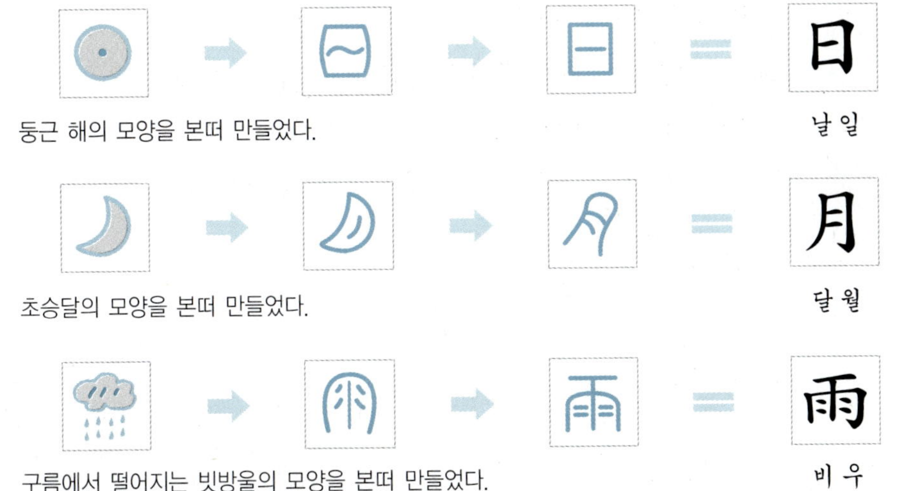

둥근 해의 모양을 본떠 만들었다.　　　　　　　　　　날 일

초승달의 모양을 본떠 만들었다.　　　　　　　　　　달 월

구름에서 떨어지는 빗방울의 모양을 본떠 만들었다.　　비 우

2) 지사문자(指事文字) : 추상적인 뜻을 점이나 선으로 표시한 문자

마음속의 생각이나 뜻 또는 위치나 동작 등 눈에 보이지 않는 추상적인 개념을 구체적인 부호나 도형으로 표시한 문자이다.

예 一, 二, 三, 四, 七, 八, 久, 上, 中, 下, 本, 末, 寸, 丹

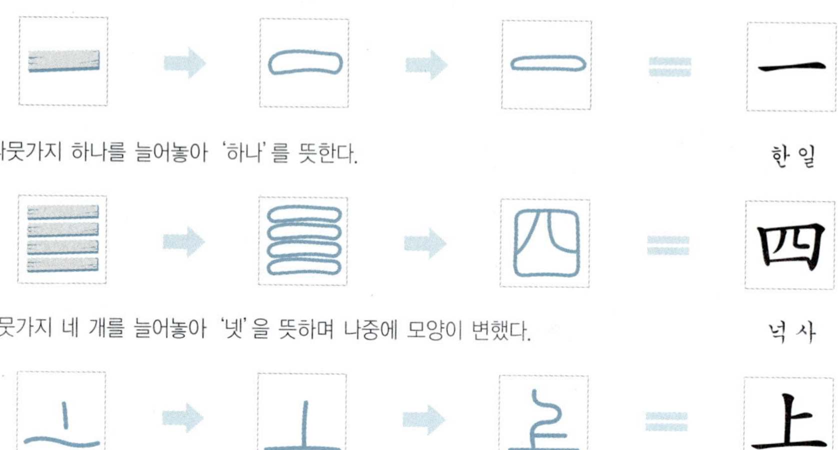

나뭇가지 하나를 늘어놓아 '하나' 를 뜻한다.　　　　　　　한 일

나뭇가지 네 개를 늘어놓아 '넷'을 뜻하며 나중에 모양이 변했다.　　　　넉 사

선 위에 물체가 있는 모양으로 '二'와 구별하기 위해 모양이 변했다.　　　위 상

3) 회의문자(會意文字) : 두 개 이상의 글자를 그 뜻으로 합쳐 새로운 뜻으로 만든 글자

이미 만들어진 상형문자나 지사문자를 둘 이상 그 뜻으로 모아 처음의 두 글자와는 다른 새로운 뜻을 나타내는 문자이다.

예 明, 信, 男, 好, 林, 休, 孝, 孫, 軍, 伐, 位, 安, 守

> ▶ 日(일) + 月(월) = 明(명) : 해와 달이 합쳐 밝다는 뜻
> ▶ 木(목) + 木(목) = 林(림) : 나무와 나무가 합쳐 수풀을 이룬다는 뜻
> ▶ 女(녀) + 子(자) = 好(호) : 여자와 남자가 만나니 좋다는 뜻
> ▶ 人(인) + 木(목) = 休(휴) : 나무 옆에 사람이 쉬고 있으니 휴식한다는 뜻

4) 형성문자(形聲文字) : 뜻 부분과 음 부분의 결합으로 만든 문자

이미 만들어진 상형문자나 지사문자를 둘 이상 결합하되, 한 자는 그 뜻을 그리고 다른 한 자는 그 음을 모아 처음의 두 글자와는 다른 새로운 뜻을 나타내는 문자이다.

예 記, 期, 問, 聞, 洋, 忠, 江, 村, 和, 談, 論, 漁, 味, 固, 城, 誠

> ▶ 門(문 문 : 음) + 口(입 구 : 뜻) = 問(물을 문)
> ▶ 中(가운데 중 → 충 : 음) + 心(마음 심 : 뜻) = 忠(충성 충)
> ▶ 工(장인 공 → 강 : 음) + 水(물 수 : 뜻) = 江(강 강)
> ▶ 口(입 구 : 뜻) + 未(아닐 미 : 음) = 味(맛 미)

5) 전주문자(轉注文字) : 이미 만들어진 문자를 가지고 유추하여 다른 뜻으로 쓰는 문자

이미 만들어진 문자의 뜻을 이용하여 다른 뜻으로 굴리고[轉] 끌어대어[注] 쓰게 된 문자로, 기존 글자의 원 뜻이 유추·확대·변화되어 새로운 뜻으로 바뀌어 쓰는 문자이다.

① 뜻이 바뀌는 경우

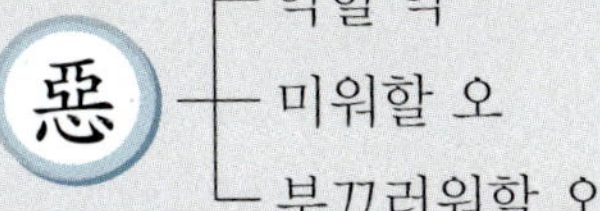

惡
- 악할 악 — 예 惡鬼(악귀), 惡習(악습), 惡質(악질)
- 미워할 오 — 예 憎惡(증오), 惡寒(오한)
- 부끄러워할 오 — 예 羞惡之心(수오지심)

② 뜻과 소리가 바뀌는 경우

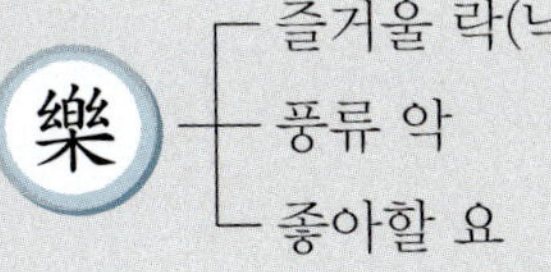

樂
- 즐거울 락(낙) — 예 快樂(쾌락), 苦樂(고락), 樂天主義(낙천주의)
- 풍류 악 — 예 音樂(음악), 樂曲(악곡), 軍樂隊(군악대)
- 좋아할 요 — 예 仁者樂山(인자요산), 智者樂水(지자요수)

6) 가차문자(假借文字) : 이미 있는 글자의 뜻에 관계없이 음이나 형태를 빌려다 쓰는 문자
   본래 글자는 없이 소리만 존재하는 것을 소리가 같거나 비슷한 글자를 대신 쓰는 것으로,
   의성어·의태어 특히 외래어의 쓰임에 사용되는 문자이다.

> ▶ 당당하다 ⇨ 堂堂하다
>
> ▶ Coca Cola ⇨ 可口可樂[커코커러]
>
> ▶ Coffee ⇨ 가배(咖啡)
>
> ▶ 닭의 울음소리 ⇨ 동천홍(東天紅)
>
> ▶ 부다(Buddha) ⇨ 불타(佛陀)
>
> ▶ 예수(Jesus) ⇨ 야소(耶蘇)
>
> ▶ 크라이스트(Christ) ⇨ 그리스도 ⇨ 기독(基督)
>
> ▶ 달러(Dollar) ⇨ 불(弗)
>
> ▶ 아시아(Asia) ⇨ 아세아(亞細亞)
>
> ▶ 인디아(India) ⇨ 인도(印度)
>
> ▶ 프랑스(France) ⇨ 법랑서(法朗西) ⇨ 법국(法國) ⇨ 불란서(佛蘭西)
>
> ▶ 잉글랜드(England) ⇨ 영격란국(英格蘭國) ⇨ 영길리(英吉利) ⇨ 영국(英國)

3. 부수(部首)

(1) 부수의 위치와 명칭

☞ 부수란 옥편이나 자전에서 한자를 찾는데 필요한 길잡이가 되는 글자로서, 소리글자인 한글의 자모나 영어의 알파벳에 해당된다.

1)  **변(邊)**
부수가 글자의 왼쪽에 있는 경우

人(亻)	사람 인(사람인변)	仁(어질 인), 仙(신선 선), 休(쉴 휴), 作(지을 작)
水(氵)	물 수(삼수변)	江(강 강), 波(물결 파), 海(바다 해), 淸(맑을 청)
手(扌)	손 수(재방변)	招(부를 초), 持(가질 지), 指(가리킬 지), 授(줄 수)
言	말씀 언	記(기록할 기), 訓(가르칠 훈), 詐(속일 사), 訴(하소연할 소)

2)  **방(傍)**
부수가 글자의 오른쪽에 있는 경우

刀(刂)	칼 도(선칼도방)	列(벌일 렬), 刑(형벌 형), 判(판단할 판), 到(이를 도)
卩	병부 절	卯(토끼 묘), 印(도장 인), 卵(알 란), 卽(곧 즉)
欠	하품 흠	次(버금 차), 欲(하고자할 욕), 欺(속일 기), 歎(읊을 탄)
頁	머리 혈	須(모름지기 수), 順(순할 순), 項(항목 항), 頭(머리 두)

3)  **머리(冠;관)**
부수가 글자의 위에 있는 경우

宀	집 면, 갓머리	守(지킬 수), 安(편안할 안), 家(집 가), 實(열매 실)
艸(艹)	풀 초(초두머리)	花(꽃 화), 英(꽃부리 영), 菊(국화 국), 落(떨어질 락)
竹	대 죽	第(차례 제), 答(대답할 답), 筆(붓 필), 算(셀 산)
雨	비 우	雪(눈 설), 雲(구름 운), 霜(서리 상), 露(이슬 로)

4)  발(脚;각)

부수가 글자의 아래에 있는 경우

儿	어진사람 인	元(으뜸 원), 兄(맏 형), 先(먼저 선), 兒(아이 아)
火(灬)	불 화(연화발)	無(없을 무), 然(그러할 연), 照(비출 조), 熱(더울 열)
心	마음 심	忠(충성 충), 思(생각할 사), 恩(은혜 은), 意(뜻 의)
皿	그릇 명	益(더할 익), 盛(성할 성), 監(볼 감), 盡(다할 진)

☞ 心은 性(성품 성), 恨(원통할 한), 悟(깨달을 오), 情(뜻 정) 등에서는 忄(심방변)으로도 사용되므로, 부수자는 경우에 따라서는 다른 위치에서 사용될 수 있다.

5)  엄(广)

부수가 글자의 위와 왼쪽에 걸쳐 있는 경우

厂	굴바위 엄, 민엄호	厄(액 액), 厚(두터울 후), 原(근원 원), 厭(싫을 염)
广	집 엄, 엄호	床(상 상), 店(가게 점), 度(법도 도), 廣(넓을 광)
尸	주검 시	尺(자 척), 尾(꼬리 미), 居(살 거), 展(펼 전)
虍	범 호	虎(범 호), 虐(사나울 학), 處(곳 처), 虛(빌 허)

6)  받침(繞;요)

부수가 글자의 왼쪽과 아래에 걸쳐있는 경우

廴	길게걸을 인, 민책받침	延(늘일 연), 廷(조정 정), 建(세울 건), 廻(돌 회)
辵(辶)	쉬엄쉬엄갈 착(책받침)	近(가까울 근), 迎(맞이할 영), 送(보낼 송), 追(쫓을 추)
走	달릴 주	起(일어날 기), 越(넘을 월), 超(뛰어넘을 초), 趣(뜻 취)

☞ 쉬엄쉬엄갈 착(책받침)은 서체의 모양에 따라 '辶' 또는 '辶'로 쓸 수 있으며, '辶'은 틀린 모양이다.

7)  몸(構;구)

부수가 글자를 둘러싸고 있는 경우

ㄷ	감출 혜, 터진에운담	ㄷ(감출 혜), 匹(짝 필), 區(구역 구), 匿(숨을 닉)
囗	에울 위, 큰입구몸	四(넉 사), 囚(가둘 수), 國(나라 국), 圖(그림 도)
行	다닐 행	衍(넘칠 연), 術(재주 술), 街(거리 가), 衛(지킬 위)
門	문 문	閉(닫을 폐), 間(사이 간), 開(열 개), 閑(한가할 한)

8)  제부수(獨;독)

부수 자체가 글자인 경우

一(일)	二(이)	人(인)	入(입)	八(팔)	刀(도)	力(력)	又(우)
口(구)	土(토)	士(사)	夕(석)	大(대)	女(녀)	子(자)	寸(촌)
小(소)	山(산)	工(공)	己(기)	巾(건)	干(간)	弓(궁)	心(심)
文(문)	斗(두)	日(일)	曰(왈)	月(월)	木(목)	止(지)	水(수)
火(화)	父(부)	瓦(와)	甘(감)	用(용)	皮(피)	石(석)	穴(혈)
立(립)	老(로)	耳(이)	肉(육)	臣(신)	至(지)	虫(충)	血(혈)
行(행)	見(견)	角(각)	言(언)	谷(곡)	貝(패)	赤(적)	走(주)
足(족)	身(신)	車(거)	辰(진)	邑(읍)	金(금)	長(장)	門(문)
雨(우)	青(청)	面(면)	革(혁)	音(음)	風(풍)	飛(비)	食(식)
首(수)	香(향)	馬(마)	骨(골)	高(고)	鬼(귀)	魚(어)	鳥(조)
鹿(록)	麥(맥)	麻(마)	黃(황)	黑(흑)	鼎(정)	鼓(고)	鼠(서)
鼻(비)	齊(제)	齒(치)	龍(룡)	龜(귀)			

(2) 214자 부수 익히기

1획 (6자)

①	一	한 일	④	ノ	삐침 별
②	丨	뚫을 곤	⑤	乙	새 을
③	丶	점 주	⑥	亅	갈고리 궐

2획 (23자)

⑦	二	두 이	⑲	力	힘 력
⑧	亠	돼지해머리	⑳	勹	쌀 포
⑨	人(亻)	사람 인(사람인변)	㉑	匕	비수 비
⑩	儿	어진사람 인	㉒	匚	상자 방, 튼입구몸
⑪	入	들 입	㉓	匸	감출 혜, 터진에운담
⑫	八	여덟 팔	㉔	十	열 십
⑬	冂	멀 경	㉕	卜	점 복
⑭	冖	덮을 멱, 민갓머리	㉖	卩·㔾	병부 절
⑮	冫	얼음 빙, 이수변	㉗	厂	굴바위 엄, 민엄호
⑯	几	안석 궤	㉘	厶	사사로울 사, 마늘모
⑰	凵	입벌릴 감, 위터진입 구	㉙	又	또 우
⑱	刀(刂)	칼 도(선칼도방)			

3획 (31자)

㉚	口	입 구	㊴	子	아들 자
㉛	囗	에울 위, 큰입구몸	㊵	宀	집 면, 갓머리
㉜	土	흙 토	㊶	寸	마디 촌
㉝	士	선비 사	㊷	小	작을 소
㉞	夂	뒤져올 치	㊸	尢·尣·兀	절름발이 왕
㉟	夊	천천히걸을 쇠	㊹	尸	주검 시
㊱	夕	저녁 석	㊺	屮(艸)	왼손 좌(싹날 철)
㊲	大	큰 대	㊻	山	뫼 산
㊳	女	계집 녀	㊼	巛(川)	개미허리 천(내 천)

48	工	장인 공	55	廾	두손으로받들 공, 스물입발
49	己	몸 기	56	弋	주살 익
50	巾	수건 건	57	弓	활 궁
51	干	방패 간	58	彐·彑·彐	돼지머리 계, 튼가로왈
52	幺	작을 요	59	彡	터럭 삼
53	广	집 엄, 엄호	60	彳	조금걸을 척, 두인변
54	廴	길게걸을 인, 민책받침			

4획(34자)

61	心(忄,㣺)	마음 심(심방변, 밑마음 심)	78	歹(歺)	앙상한뼈 알(죽을사변)
62	戈	창 과	79	殳	칠 수, 갖은등글월문
63	戶	지게 호	80	毋	말 무
64	手(扌)	손 수(재방변)	81	比	견줄 비
65	支	지탱할 지	82	毛	털 모
66	攴(攵)	칠 복(등글월문)	83	氏	성씨 씨
67	文	글월 문	84	气	기운 기
68	斗	말 두	85	水(氵)	물 수(삼수변)
69	斤	도끼 근	86	火(灬)	불 화(연화발)
70	方	모 방	87	爪(爫)	손톱 조(손톱조머리)
71	无	없을 무, 이미기방	88	父	아비 부
72	日	날 일	89	爻	본받을 효, 점괘 효
73	曰	가로 왈	90	爿	나무조각 장, 장수장변
74	月	달 월	91	片	조각 편
75	木	나무 목	92	牙	어금니 아
76	欠	하품 흠	93	牛	소 우
77	止	그칠 지	94	犬(犭)	개 견(개사슴록변)

5획(23자)

| 95 | 玄 | 검을 현 | 97 | 瓜 | 오이 과 |
| 96 | 玉(王) | 구슬 옥(임금 왕, 구슬옥변) | 98 | 瓦 | 기와 와 |

99	甘	달 감
100	生	날 생
101	用	쓸 용
102	田	밭 전
103	疋	필 필, 발 소
104	疒	병들어기댈 녁, 병질엄
105	癶	등질 발, 필발머리
106	白	흰 백
107	皮	가죽 피
108	皿	그릇 명

109	目	눈 목
110	矛	창 모
111	矢	화살 시
112	石	돌 석
113	示(礻)	보일 시(보일시변)
114	内	짐승발자국 유
115	禾	벼 화
116	穴	구멍 혈
117	立	설 립

6획 (29자)

118	竹	대 죽
119	米	쌀 미
120	糸	실 사
121	缶	장군 부
122	网·罒·罓	그물 망
123	羊	양 양
124	羽	깃 우
125	老(耂)	늙을 로
126	而	말이을 이
127	耒	쟁기 뢰
128	耳	귀 이
129	聿	붓 율, 오직 율
130	肉(月)	고기 육(육달 월)
131	臣	신하 신
132	自	스스로 자

133	至	이를 지
134	臼	절구 구
135	舌	혀 설
136	舛	어그러질 천
137	舟	배 주
138	艮	그칠 간, 괘이름 간
139	色	빛 색
140	艸(艹)	풀 초(초두머리)
141	虍	범 호
142	虫	벌레 충, 벌레 훼
143	血	피 혈
144	行	다닐 행
145	衣(衤)	옷 의(옷의변)
146	襾	덮을 아

7획 (20자)

| 147 | 見 | 볼 견 |
| 148 | 角 | 뿔 각 |

149	言	말씀 언	158	身	몸 신
150	谷	골 곡	159	車	수레 거, 수레 차
151	豆	콩 두	160	辛	매울 신
152	豕	돼지 시	161	辰	별 진
153	豸	발없는벌레 치, 갖은돼지시변	162	辵(辶)	쉬엄쉬엄갈 착(책받침)
154	貝	조개 패	163	邑(阝)	고을 읍(우부방)
155	赤	붉을 적	164	酉	닭 유
156	走	달릴 주	165	釆	분별할 변
157	足	발 족	166	里	마을 리

8획 (9자)

167	金	쇠 금	172	隹	새 추
168	長·镸	길 장	173	雨	비 우
169	門	문 문	174	靑	푸를 청
170	阜(阝)	언덕 부(좌부변)	175	非	아닐 비
171	隶	미칠 이			

9획 (11자)

176	面	낯 면	182	風	바람 풍
177	革	가죽 혁	183	飛	날 비
178	韋	다름가죽 위	184	食(飠)	밥 식
179	韭	부추 구	185	首	머리 수
180	音	소리 음	186	香	향기 향
181	頁	머리 혈			

10획 (8자)

187	馬	말 마	191	鬪	싸울 투
188	骨	뼈 골	192	鬯	울창주 창
189	高	높을 고	193	鬲	다리굽은솥 력, 오지병 격
190	髟	머리털드리울 표, 터럭발	194	鬼	귀신 귀

11획 (6자)

(195)	魚	물고기 어		(198)	鹿	사슴 록
(196)	鳥	새 조		(199)	麥	보리 맥
(197)	鹵	소금밭 로		(200)	麻	삼 마

12획 (4자)

(201)	黃	누를 황		(203)	黑	검을 흑
(202)	黍	기장 서		(204)	黹	바느질할 치

13획 (4자)

(205)	黽	맹꽁이 맹		(207)	鼓	북 고
(206)	鼎	솥 정		(208)	鼠	쥐 서

14획 (2자)

(209)	鼻	코 비		(210)	齊	가지런할 제

15획 (1자)

(211)	齒	이 치

16획 (2자)

(212)	龍	용 룡		(213)	龜	거북 귀

17획 (1자)

(214)	龠	피리 약

韓 國 漢 字 能 力 檢 定
한자능력검정시험

2급
독파!

배정한자
(2,005자)

1 口 총5획 5급

可

훈 옳을
음 가:

입(口)을 고무래(丁)로 때리니 **옳은** 소리가 나옴

可能(가능) 可否(가부) 可望(가망) 可變的(가변적)
可塑性(가소성) 許可(허가) 不可(불가)

可能(가능) : 할 수 있음, 될 수 있음
可否(가부) : 옳은가 그른가의 여부

2 力 총5획 5급

加

훈 더할
음 가

입(口)을 모아 기세(力)를 **더하려** 함

加減(가감) 加工(가공) 加勢(가세) 加速(가속)
加熱(가열) 加盟(가맹) 添加(첨가) 追加(추가)

加減(가감) : 더하거나 더는 일
加工(가공) : 물건에 노력을 가해 새 제품을 만듦

3 亻(人) 총8획 3급Ⅱ

佳

훈 아름다울
음 가:

깨끗한(圭) 사람(亻)은 **아름답다.**

佳話(가화) 佳景(가경) 佳宴(가연) 佳客(가객)
佳人薄命(가인박명)³ 百年佳約(백년가약)

佳景(가경) : 빼어나게 아름다운 경치
佳客(가객) : 반갑고 귀한 손님

4 木 총9획 3급Ⅱ

架

훈 시렁
음 가:

나무(木)에 물건을 더함(加)

架設(가설) 十字架(십자가) 書架(서가)
高架道路(고가도로) 架橋(가교) 架空人物(가공인물)

架設(가설) : 공중에 건너질러 설치함
高架道路(고가도로) : 땅 위에 기둥을 세우고 설치한 도로

5 宀 총10획 7급Ⅱ

家

훈 집
음 가

돼지(豕)는 집(宀)안에서 기름

家庭(가정) 家事(가사) 家屋(가옥) 歸家(귀가)
家族計劃(가족계획) 家訓(가훈) 家計簿(가계부)

家庭(가정) : 한 가족이 살림하고 있는 집안
家事(가사) : 한 집안의 사사로운 일

6 亻(人) 총11획 4급Ⅱ

假

훈 거짓
음 가:

주인(亻)에게 돌려주어야(叚) 하는 **임시(거짓)** 물건

假說(가설) 假定(가정) 假面(가면) 假髮(가발)
假登記(가등기) 假裝舞蹈會(가장무도회)

假說(가설) : 임시로 설치함
假定(가정) : 분명치 않은 것을 임시로 인정함

7 行 총12획 4급Ⅱ

街

훈 거리
음 가(:)

땅(土)과 땅(土)을 다니는(行) **거리**

街道(가도) 街販(가판) 商街(상가) 街路燈(가로등)
街路樹(가로수) 街頭行進(가두행진)

街道(가도) : 곧고 넓은 큰 도로
商街(상가) : 가게가 많은 거리

8 日 총13획 4급

暇

훈 겨를
틈
음 가

휴일(日)을 얻어(叚) 쉴 **겨를**이 있음

休暇(휴가) 餘暇(여가) 閑暇(한가) 病暇(병가)
餘暇善用(여가선용) 出産休暇(출산휴가)

休暇(휴가) : 학교, 직장을 일정기간 쉬는 것
餘暇(여가) : 겨를, 틈

9 欠 총14획 7급

歌

훈 노래
음 가

옳은(可) 말로 부족하니(欠) **노래**로 부름

歌謠(가요) 歌手(가수) 歌曲(가곡) 祝歌(축가)
高聲放歌(고성방가) 歌舞(가무) 愛國歌(애국가)

歌謠(가요) : 민요, 동요, 속요, 유행가 따위를 통틀어 이르는 말
歌手(가수) : 노래를 잘 하거나 직업으로 하는 사람

10 亻(人) 총15획 5급Ⅱ

價

훈 값
음 가

상인(人)이 상품(貝)을 상자로 덮고(襾) **값**을 매김

價格(가격) 定價(정가) 原價(원가) 代價(대가)
平價切下(평가절하) 廉價(염가) 價値觀(가치관)

價格(가격) : 물건의 가치를 돈으로 나타낸 것
代價(대가) : 일을 하기 위해 들인 노력이나 가치

11. 各

口　총6획　6급Ⅱ

앞서 오는 사람과 뒤쳐져 오는(夊) 사람의 말(口)이 **각각** 다름

훈 각각
음 각

各種(각종) 各各(각각) 各自(각자) 各別(각별)
各樣各色(각양각색) 各界各層(각계각층)

各各(각각) : 제각기, 따로따로
各自(각자) : 각각의 자신

12. 角

角　총7획　6급Ⅱ

동물의 **뿔**을 본뜬 글자

훈 뿔
음 각

角度(각도) 角木(각목) 角膜(각막) 頭角(두각)
對角線(대각선) 觸角(촉각) 角逐戰(각축전)

角度(각도) : 각의 크기, 일이 전개되는 방면이나 관점
角木(각목) : 각재로 된 나무

13. 却

卩　총7획　3급

무릎을 구부리고(卩) 돌아가게끔(去) **물리침**

훈 물리칠
음 각

忘却(망각) 退却(퇴각) 賣却(매각) 冷却(냉각)
棄却(기각) 燒却(소각) 減價償却(감가상각)

忘却(망각) : 기억에서 잊어버림
棄却(기각) : 무효를 선고함

14. 刻

刂(刀)　총8획　4급

단단한(亥) 칼(刂)로 **새김**

훈 새길
음 각

刻印(각인) 刻薄(각박) 時刻(시각) 遲刻(지각)
刻骨難忘(각골난망)[4] 深刻(심각) 彫刻品(조각품)

刻印(각인) : 도장을 새김

15. 脚

月(肉)　총11획　3급Ⅱ

몸(月)을 굽힐(却) 수 있게 하는 것은 **다리**이다.

훈 다리
음 각

脚本(각본) 脚色(각색) 脚光(각광) 橋脚(교각)
脚氣病(각기병) 立脚(입각) 脚線美(각선미)

脚本(각본) : 희곡이나 대본
脚線美(각선미) : 다리 곡선의 아름다움

16. 閣

門　총14획　3급Ⅱ

문(門)이 각각(各) 달려있는 **집**

훈 집
음 각

閣下(각하) 閣僚(각료) 內閣(내각) 樓閣(누각)
砂上樓閣(사상누각)[273] 鐘閣(종각) 奎章閣(규장각)

閣下(각하) : 고관에 대한 경칭
閣僚(각료) : 내각을 조직하는 각 부의 장관

17. 覺

見　총20획　4급

배우고(學) 보면서(見) 이치를 **깨달음**

훈 깨달을
음 각

覺悟(각오) 自覺(자각) 發覺(발각) 錯覺(착각)
無感覺(무감각) 觸覺(촉각) 視聽覺(시청각)

覺悟(각오) : 번뇌에서 벗어나 도리를 깨달음
發覺(발각) : 숨겨졌던 일이 드러남

18. 干

干　총3획　4급

무기를 막거나 지키는 **방패**

훈 방패
　막을
음 간

干涉(간섭) 干與(간여) 干潮(간조) 干滿(간만)
若干(약간) 欄干(난간) 干拓地(간척지)

干與(간여) : 간섭하여 참여함
干潮(간조) : 간조와 만조, 밀물과 썰물

19. 刊

刂(刀)　총5획　3급Ⅱ

방패(干)를 칼(刂)로 깎아 **새김**

훈 새길
음 간

發刊(발간) 出刊(출간) 廢刊(폐간) 新刊(신간)
創刊號(창간호) 週刊(주간) 刊行物(간행물)

發刊(발간) : 인쇄하여 발행함
出刊(출간) : 만들어서 세상에 내놓는 것

20. 肝

月(肉)　총7획　3급Ⅱ

몸(月)에서 병을 막아(干)주는 기관은 **간**

훈 간
음 간(:)

肝腸(간장) 肝膽(간담) 肝癌(간암) 肝炎(간염)
九曲肝腸(구곡간장)[75] 肝膽相照(간담상조)[7]

肝膽(간담) : 간과 쓸개, 충심

21 目 총9획 4급

看

눈(目)위에 손(手)을 대고 **바라봄**

훈 볼
음 간

看過(간과) 看做(간주) 看破(간파) 看板(간판)
看護(간호) 看病(간병) 走馬看山(주마간산)521

看過(간과) : 예사로 보아 넘김

22 女 총9획 3급

姦

여자들(姦)을 도리에 어긋나게 범함 또는 **간통함**

훈 간음할
음 간:

姦通(간통) 強姦(강간)
姦淫(간음) 姦計(간계)

姦淫(간음) : 부부 아닌 남녀가 성적 관계를 맺음

23 門 총12획 7급Ⅱ

間

문(門)으로 해(日)가 들어오는 **틈(사이)**

훈 사이
음 간(:)

間接(간접) 間隔(간격) 間食(간식) 間諜(간첩)
人間(인간) 時間(시간) 期間(기간) 瞬間(순간)

期間(기간) : 일정 시기와 일정 시기와의 사이
人間(인간) : 사람 또는 사람이 사는 곳(공간)

24 干 총13획 3급Ⅱ

幹

열(十) 명의 일찍(早) 모인 사람(人)들이 방패(干)를 관리하는 **간부**

훈 줄기
음 간

幹部(간부) 幹事(간사) 根幹(근간) 主幹(주간)
幹線道路(간선도로) 基幹産業(기간산업)

幹部(간부) : 단체에서 중심이 되는 사람
主幹(주간) : 일을 맡아서 처리하는 것

25 心 총17획 3급Ⅱ

懇

마음(心)이 멈춰(狠) 설 만큼 **간절함**

훈 간절할
음 간:

懇切(간절) 懇請(간청) 懇曲(간곡) 懇求(간구)
懇誠(간성) 懇談會(간담회)

懇切(간절) : 간곡하고 정성스러움
懇請(간청) : 간절히 청함

26 竹 총18획 4급

簡

틈(間)이 있는 대나무(竹) 조각(종이)

훈 대쪽
음 간(:)

簡略(간략) 簡潔(간결) 簡便(간편) 簡紙(간지)
簡單明瞭(간단명료) 簡擇(간택) 簡易驛(간이역)

簡略(간략) : 손쉽고 간단함
簡潔(간결) : 간단하고 깨끗함

27 氵(水) 총12획 3급

渴

물(氵)이 어찌 다(曷) 해 가니 **목이 마름**

훈 목마를
음 갈

渴症(갈증) 渴望(갈망) 渴求(갈구) 解渴(해갈)
臨渴掘井(임갈굴정)470 枯渴(고갈) 渴水期(갈수기)

渴症(갈증) : 목이 말라 물이 먹고 싶은 느낌
渴望(갈망) : 간절하게 바람

28 ++(艸) 총13획 2급

葛

풀(++)을 모두 다(曷) 휘감는 **칡**

훈 칡
음 갈

葛藤(갈등) 葛湯(갈탕) 葛根(갈근) 葛布(갈포)
葛巾野服(갈건야복)

葛藤(갈등) : 견해, 이해, 처지 등이 서로 복잡하게 얽혀 생기는 충돌
葛巾野服(갈건야복) : 은사의 두건과 옷

29 甘 총5획 4급

甘

입(口)안에 달고 맛있는 것(一)이 있음

훈 달
음 감

甘草(감초) 甘露酒(감로주) 甘酒(감주) 甘味(감미)
甘言利說(감언이설)9 苦盡甘來(고진감래)58

甘草(감초) : 약용으로 많이 쓰이는 약초

30 氵(水) 총12획 4급Ⅱ

減

물(氵)을 다(咸) 퍼내서 **덜어냄**

훈 덜
음 감:

減縮(감축) 減量(감량) 減俸(감봉) 加減(가감)
削減(삭감) 節減(절감) 減價償却(감가상각)

減縮(감축) : 덜고 줄여서 적게 함
減量(감량) : 분량을 줄임

31 敢

攵(攴) 총12획 · 4급

敢

적을 치고(攻) 귀(耳)를 잘라오니 **용감하다.**

훈 감히
구태여
음 감:

敢鬪(감투) 敢行(감행) 果敢(과감) 勇敢(용감)
敢不生心(감불생심)[8] 焉敢生心(언감생심)[364]

果敢(과감) : 과단성이 있고 용감함
勇敢(용감) : 씩씩하고 겁이 없으며 기운참

32 感

心 총13획 · 6급

感

감정은 누구나 다(咸) 마음(心)으로 느낀다.

훈 느낄
음 감:

感激(감격) 感歎詞(감탄사) 感謝(감사)
感慨無量(감개무량) 感想(감상) 感情移入(감정이입)

感激(감격) : 깊은 인상을 받아 뭉클한 감정이 솟아오르는 것
感慨無量(감개무량) : 마음 속 깊이 스며들어 느낌

33 監

皿 총14획 · 4급Ⅱ

監

세수를 하기 위해 새벽(臣)에 사람(人)이 그릇(皿)을 내려다보다.

훈 볼
음 감

監督(감독) 監獄(감옥) 監察(감찰) 監禁(감금)
監視(감시) 校監(교감) 國政監査(국정감사)

監督(감독) : 어떤 일을 하는 사람이 잘못이 없도록 보살펴 다 잡는 것
校監(교감) : 학교장을 보좌하여 교무를 감독하는 사람이나 그 직책

34 憾

忄(心) 총16획 · 2급

憾

사람(人)이 고마워하는 느낌(感)이 없으니 **섭섭하다.**

훈 섭섭할
음 감

憾情(감정) 遺憾(유감) 私憾(사감)
憾恨(감한) 悲憾(비감)

遺憾(유감) : 마음에 남는 섭섭함. 언짢게 여기는 마음
私憾(사감) : 개인끼리의 사사로운 이해관계로 언짢게 여기는 마음

35 鑑

金 총22획 · 3급Ⅱ

鑑

쇠(金)를 갈아 볼(監) 수 있게 한 것이 **거울**

훈 거울
음 감

鑑賞(감상) 鑑定(감정) 鑑識(감식) 印鑑(인감)
東醫寶鑑(동의보감) 龜鑑(귀감) 鑑別師(감별사)

鑑賞(감상) : 예술작품을 감식하여 그 가치 등을 깊이 음미하고 이해함
龜鑑(귀감) : 사물의 본보기

36 甲

田 총5획 · 4급

甲

씨앗 모양을 본뜬 글자로 껍질이 단단한 **갑옷(甲)**과 같음을 의미함

훈 갑옷
음 갑

甲富(갑부) 甲勤稅(갑근세) 鐵甲(철갑)
甲午更張(갑오경장) 還甲(환갑) 甲骨文字(갑골문자)

甲富(갑부) : 첫째가는 부자
甲骨文字(갑골문자) : 짐승의 뼈에 새긴 고대의 상형문자

37 江

氵(水) 총6획 · 7급Ⅱ

江

물(水)이 흐르며 만든(工) **강**

훈 강
음 강

漢江(한강) 江村(강촌) 江湖(강호) 江南(강남)
江邊道路(강변도로) 錦繡江山(금수강산)[98]

漢江(한강) : 강 이름
江邊道路(강변도로) : 강변을 따라서 낸 도로

38 降

阝(阜) 총9획 · 4급

降

언덕(阝)에서 거꾸로 내려와(步) **항복함**

훈 1)내릴
2)항복할
음 1)강 2)항

降等(강등) 下降(하강) 沈降(침강) 降伏(항복)
降雨量(강우량) 投降(투항) 昇降機(승강기)

降等(강등) : 등급이나 계급을 내림
降伏(항복) : 전쟁, 싸움, 경기 등에서 힘에 눌려 적에게 굴복함

39 剛

刂(刀) 총10획 · 3급Ⅱ

剛

칼(刂)을 들고 언덕(岡)을 **굳세게** 지킴

훈 굳셀
음 강

剛直(강직) 剛健(강건) 剛斷(강단) 剛柔(강유)
金剛山(금강산) 外柔內剛(외유내강)[391]

剛直(강직) : 마음이 굳세고 곧음
剛柔(강유) : 강함과 유연함

40 康

广 총11획 · 4급Ⅱ

康

집(广)에 이르면(隶) **편안해짐**

훈 편안할
음 강

健康(건강) 健康診斷(건강진단) 康寧(강녕)
康衢煙月(강구연월) 康健(강건)

健康(건강) : 병이 없이 좋은 기능을 가진 상태
康健(강건) : 기력이 튼튼함

41 弓 총11획 　6급
强
큰(弘) 벌레(虫)는 강하다.

훈 강할　음 강(:)

强弱(강약) 强盜(강도) 强力(강력) 强靭(강인)
强迫觀念(강박관념) 强調(강조) 强大國(강대국)

强弱(강약) : 강함과 약함, 강한 자와 약한 자
强靭(강인) : 어려움에 지지 않고 잘 견디는 상태

42 糸 총14획 　3급Ⅱ
綱
산등성이(岡)처럼 실(糸)이 얽힌 그물 위쪽을 **벼리**라고 한다.

훈 벼리　음 강

綱領(강령) 大綱(대강) 要綱(요강) 政綱(정강)
三綱五倫(삼강오륜)285 紀綱確立(기강확립)

綱領(강령) : 일을 하는데 으뜸이 되는 줄거리
政綱(정강) : 세 가지 강령과 다섯 가지 인륜으로 된 유교 정신

43 金 총16획 　3급Ⅱ
鋼
쇠(金) 중에 산등성이(岡)처럼 강한 것이 **강철**이다.

훈 강철　음 강

鋼鐵(강철) 鋼板(강판) 鋼管(강관) 鐵鋼(철강)
製鋼(제강)

鋼鐵(강철) : 무쇠를 녹여 단단하게 만든 쇠
鐵鋼(철강) : 탄소를 함유한 철

44 言 총17획 　4급Ⅱ
講
말(言)을 짜(冓) 맞춰 외우다.

훈 욀　음 강:

講義(강의) 講壇(강단) 講座(강좌) 講師(강사)
講演(강연) 閉講(폐강) 受講生(수강생)

講義(강의) : 글이나 학설의 뜻을 설명하여 가르침
講壇(강단) : 강의나 설교를 하기 위해 마련한 자리

45 人 총4획 　3급Ⅱ
介
사람(人)이 일을 처리하기 위해 사이(八)에 **끼다**.

훈 낄　음 개:

介入(개입) 介在(개재) 仲介(중개) 紹介(소개)
媒介體(매개체) 職業紹介所(직업소개소)

介入(개입) : 어떠한 사건이나 일에 관계하게 됨
仲介(중개) : 제 3자로써 두 당사자 사이에서 어떤 일을 주선하는 것

46 攵(攴) 총7획 　5급
改
자기의 몸(己)을 채찍으로 쳐서(攵) **고침**

훈 고칠　음 개:

改革(개혁) 改選(개선) 改閣(개각) 改造(개조)
改良(개량) 改編(개편) 改過遷善(개과천선)15

改革(개혁) : 합법적인 절차를 밟아 새롭게 뜯어 고침
改閣(개각) : 내각을 고쳐 짬

47 白 총9획 　3급
皆
백(白)이면 백을 따르니(比) **전부** 함께이다.

훈 다　음 개

皆骨山(개골산) 皆勤賞(개근상) 皆勤(개근)
皆兵主義(개병주의) 皆旣月蝕(개기월식)

皆勤(개근) : 일정한 기간 동안 휴일 외에 결석 없이 전부 출석하는 것
皆兵主義(개병주의) : 온 국민 모두에게 병역 의무를 지우는 주의

48 亻(人) 총10획 　4급Ⅱ
個
사람(人)이나 굳은 것(固)은 **낱개**로 센다.

훈 낱　음 개(:)

個人(개인) 個性(개성) 個體(개체) 別個(별개)
個別的(개별적) 個人敎授(개인교수)

個人(개인) : 한 사람 한 사람 각자
個別的(개별적) : 낱낱으로 구별된 상태

49 門 총12획 　6급
開
문(門)을 평평하게(开) 열다.

훈 열　음 개

開發(개발) 開催(개최) 開業(개업) 開拓(개척)
開放政策(개방정책) 開通(개통) 開天節(개천절)

開發(개발) : 미개지를 개척하여 발전시킴
開通(개통) : 새로 낸 도로나 철로의 통행을 시작함

50 ++(艸) 총14획 　3급Ⅱ
蓋
풀(++)이 담긴 그릇(皿)에 마개를 가져(去)와 덮는다.

훈 덮을　음 개:

蓋石(개석) 頭蓋骨(두개골)
蓋瓦(개와) 蓋然性(개연성) 覆蓋工事(복개공사)

蓋石(개석) : 비석 위에 지붕처럼 얹는 돌
蓋然性(개연성) : 어떤 일이 일어날 수 있는 그 가능성

51

忄(心)　총14획　　3급

慨

훈 슬퍼할
음 개:

마음(忄)으로 이미(旣) 늦었음을 슬퍼함

慨歎(개탄) 慨世(개세) 憤慨(분개)
感慨無量(감개무량)

慨歎(개탄) : 분하게 여겨 탄식함
感慨無量(감개무량) : 마음속 깊이 스며들어 느낌

52

木　총15획　　3급Ⅱ

槪

훈 대개
음 개:

산마다 나무(木)가 이미(旣) 베어져 없고 **대개** 평평하다.

槪念(개념) 槪論(개론) 槪略(개략) 槪要(개요)
槪括(개괄) 大槪(대개) 節槪(절개) 氣槪(기개)

槪要(개요) : 어떠한 일이나 문제의 대강의 요점
大槪(대개) : 대체의 줄거리, 대강, 대체로, 대부분

53

宀　총9획　　5급Ⅱ

客

훈 손
음 객

집(宀)에 각각(各) 찾아온 손님

客席(객석) 客室(객실) 客地(객지) 醉客(취객)
主客顚倒(주객전도)518 顧客(고객) 客觀的(객관적)

客席(객석) : 손님의 자리
客觀的(객관적) : 객관을 기초로 한 모양

54

曰　총7획　　4급

更

훈 1)다시
　 2)고칠
음 1)갱: 2)경

사람(人)이 한(一) 번 내뱉은 말(曰)은 **다시 고칠** 수 없다.

更新(갱신) 更生(갱생) 更紙(갱지) 變更(변경)
更迭(경질) 更張(경장) 更年期(갱년기)

更新(갱신) : 다시 새로워 짐. 계약을 새로 체결함
變更(변경) : 바꾸어 고침

55

土　총7획　　2급

坑

훈 구덩이
음 갱

흙(土)으로 된 구멍(亢)은 **구덩이**

坑道(갱도) 坑內(갱내) 坑口(갱구) 坑夫(갱부)
坑木(갱목) 焚書坑儒(분서갱유)247

坑道(갱도) : 땅속, 또는 갱 안에 뚫어 놓은 길
坑口(갱구) : 갱도의 들머리

56

厶　총5획　　5급

去

훈 갈
음 거:

흙(土)이 있는 곳이면 어느(厶) 곳이든 갈 수 있다.

去就(거취) 去勢(거세) 除去(제거) 撤去(철거)
去頭截尾(거두절미)17 證券去來(증권거래)

去就(거취) : 물러감과 나아감
去勢(거세) : 세력을 제거 함

57

工　총5획　　4급

巨

훈 클
음 거:

상자(匚)를 덮어 가릴(匸)만큼 큼

巨人(거인) 巨物(거물) 巨富(거부) 巨軀(거구)
巨額(거액) 巨金(거금) 巨視的(거시적)

巨人(거인) : 몸이 아주 큰 사람, 위대한 사람
巨視的(거시적) : 감각으로 식별 가능한 크기의 대상을 일컫는 말

58

車　총7획　　7급Ⅱ

車

훈 수레
음 거, 차

수레의 모양을 본뜬 글자

車庫(차고) 洗車(세차) 駐車(주차) 自轉車(자전거)
停車場(정거장) 途中下車(도중하차)

車庫(차고) : 차량을 넣어두는 곳
停車場(정거장) : 열차를 정지시켜 여객, 화물을 취급하는 곳

59

尸　총8획　　4급

居

훈 살
음 거

주검(尸)처럼 오래(古) 앉아서 **살아간다.**

居住(거주) 居處(거처) 居室(거실) 隱居(은거)
居住民(거주민) 獨居老人(독거노인)

居住(거주) : 일정한 곳에 자리를 잡고 머물러 삶
隱居(은거) : 세상을 피해 숨어 삶

60

扌(手)　총8획　　4급

拒

훈 막을
음 거:

손(扌)으로 큰(巨) 일을 막는다.

拒否(거부) 拒絕(거절) 拒逆(거역) 抗拒(항거)
拒否權(거부권) 拒否反應(거부반응)

拒否(거부) : 거절하여 받아들이지 않음, 승낙하지 않고 물리침
拒絕(거절) : 거부하여 끊어버림

61 距 足 총12획 3급Ⅱ

큰(㠯) 발(足)일수록 멀리 **떨어진** 곳도 빠르게 갈 수 있다.

距

훈 떨어질
음 거 :

距離(거리) 射程距離(사정거리)
長距離(장거리) 短距離(단거리)

距離(거리) : 떨어진 두 곳의 멀고 가까운 정도
長距離(장거리) : 멀고 긴 사거리, 장거리달리기의 준 말

62 據 扌(手) 총16획 4급

호랑이(虎)나 돼지(豕)를 만나면 손(扌)에 **의지**(근거)할 수밖에 없다.

據

훈 근거
음 거 :

根據(근거) 證據(증거) 據點(거점) 占據(점거)
依據(의거) 準據(준거) 群雄割據(군웅할거)[83]

根據(근거) : 근본이 되는 토대, 의논 의견에 근본이 되는 의거
占據(점거) : 어떤 장소를 차지하여 자리를 잡음

63 擧 手 총18획 5급

가마를 여럿이 더불어(與) 손(手)으로 **들다.**

擧

훈 들
음 거 :

擧國(거국) 擧動(거동) 選擧(선거) 快擧(쾌거)
擧手敬禮(거수경례)

擧國(거국) : 온 나라 모두, 국민 모두
快擧(쾌거) : 통쾌한 거사

64 件 亻(人) 총6획 5급

사람(人)이 소(牛)를 끄는 것과 같이 **물건**을 다루다.

件

훈 물건
음 건 :

物件(물건) 事件(사건) 條件(조건) 案件(안건)
事事件件(사사건건) 用件(용건) 人件費(인건비)

物件(물건) : 사람이 필요에 따라 가공한 어떤 대상
事事件件(사사건건) : 모든 일, 온갖 사건

65 建 廴 총9획 5급

길게 내려(廴) 쓸 때는 붓(聿)을 세운다.

建

훈 세울
음 건 :

建國(건국) 建物(건물) 建築(건축) 建造(건조)
建議事項(건의사항) 建設(건설) 建蔽率(건폐율)

建國(건국) : 나라를 세움
建蔽率(건폐율) : 건축 면적의 부지에 대한 비율

66 健 亻(人) 총11획 5급

사람(人)이 서(建) 있는 모습이 **굳세다.**

健

훈 굳셀
음 건

健康(건강) 健全(건전) 健實(건실) 健在(건재)
健鬪(건투) 康健(강건) 健忘症(건망증)

康健(강건) : 기력이 튼튼함
健忘症(건망증) : 듣거나 본 것을 잘 잊어버리는 기억 장애

67 乾 乙 총11획 3급Ⅱ

열(十) 사람(人)이 일찍부터(旲) 하늘에 나는 새(乙)를 쫓다

乾

훈 하늘
   마를
음 건

乾性(건성) 乾電池(건전지) 乾達(건달) 乾物(간물)
乾坤一擲(건곤일척)[21] 無味乾燥(무미건조)[192]

乾性(건성) : 공기 중에서 쉽사리 건조되는 성질
乾坤一擲(건곤일척) : 운명과 흥망을 걸고 단판으로 승부나 성패를 겨룸

68 乞 乙 총3획 3급

사람(人)이 몸을 굽혀(乙) **빌다.**

乞

훈 빌
음 걸

乞人(걸인) 哀乞伏乞(애걸복걸)[351]
求乞(구걸) 門前乞食(문전걸식)

求乞(구걸) : 남에게 물건, 돈 따위를 거저 달라고 비는 것
門前乞食(문전걸식) : 이 집 저 집 돌아다니며 빌어먹음

69 傑 亻(人) 총12획 4급

빼어난(桀) 사람(人)보다도 **뛰어남**

傑

훈 뛰어날
음 걸

傑作(걸작) 傑出(걸출) 傑物(걸물) 女傑(여걸)
俊傑(준걸) 英雄豪傑(영웅호걸)

傑出(걸출) : 남보다 썩 뛰어남
俊傑(준걸) : 재주와 지혜가 뛰어남, 또는 그런 사람

70 儉 亻(人) 총15획 4급Ⅱ

사람(人)이 다 함께(僉) 말할 정도로 **검소하다.**

儉

훈 검소할
음 검 :

儉素(검소) 儉約(검약) 儉朴(검박)
勤儉節約(근검절약)

儉約(검약) : 검소하게 절약하며 사용함
勤儉節約(근검절약) : 부지런하고 알뜰하게 재물을 아낌

71 劍 | ㄲ(刀) 총15획 | 3급Ⅱ

함께(僉) 칼(ㄲ)을 들고 **칼싸움**을 함

劍

- 훈 칼
- 음 검:

劍道(검도) 劍客(검객) 劍舞(검무) 着劍(착검)
刻舟求劍(각주구검)6 寶劍(보검) 銃劍術(총검술)

劍道(검도) : 검술로 몸과 마음을 단련하여 인격의 수양을 도모하는 일

72 檢 | 木 총17획 | 4급Ⅱ

나무(木)를 전부 다(僉) **검사하다**.

檢

- 훈 검사할
- 음 검:

檢事(검사) 檢討(검토) 檢閱(검열) 檢證(검증)
檢疫所(검역소) 點檢(점검) 檢問檢索(검문검색)

點檢(점검) : 낱낱이 검사를 함
檢疫所(검역소) : 검역 사무를 보는 관청

73 揭 | 扌(手) 총12획 | 2급

손(扌)을 다(曷) 같이 **높이들**다.

揭

- 훈 높이들
  걸
- 음 게:

揭示(게시) 揭示板(게시판) 揭揚(게양)
國旗揭揚(국기게양) 揭載(게재) 揭斧入淵(게부입연)

揭示板(게시판) : 게시 사항을 쓰는 판
揭揚(게양) : 높이 거는 일

74 憩 | 心 총16획 | 2급

혀(舌)를 내밀고 숨을 쉬는(息) 것도 **쉬는** 것이다.

憩

- 훈 쉴
- 음 게

休憩(휴게) 憩潮(게조) 憩息(게식) 休憩室(휴게실)

休憩室(휴게실) : 잠깐 들러 쉬게 베풀어 놓은 방
憩潮(게조) : 밀물과 썰물이 바뀔 때 일어나는 조류의 정지 상태

75 格 | 木 총10획 | 5급Ⅱ

나뭇가지(木)도 각각(各) 일정한 **틀(격식)**이 있다.

格

- 훈 격식
- 음 격

格式(격식) 格言(격언) 合格(합격) 資格(자격)
規格(규격) 嚴格(엄격) 體格(체격) 缺格(결격)

格言(격언) : 사리에 맞아 교훈이 될 만한 짧은 말
合格(합격) : 시험이나 조건, 격식에 맞아서 뽑힘

76 隔 | 阝(阜) 총13획 | 3급Ⅱ

큰(阝) 솥(鬲) 틈 **사이**로 음식이 샌다.

隔

- 훈 사이뜰
- 음 격

隔差(격차) 隔離(격리) 隔年(격년) 間隔(간격)
遠隔(원격) 懸隔(현격) 隔世之感(격세지감)24

隔差(격차) : 비교 대상이나 사물 간의 수준의 차이
隔年(격년) : 일 년씩을 거른 해걸이

77 激 | 氵(水) 총16획 | 4급

물(氵)이 노래(敫)하듯 폭포수가 **격**하게 떨어진다.

激

- 훈 격할
- 음 격

激鬪(격투) 激論(격론) 激突(격돌) 激烈(격렬)
感激(감격) 過激(과격) 自激之心(자격지심)476

激鬪(격투) : 몹시 심하게 싸움
激論(격론) : 격렬하게 논쟁함

78 擊 | 手 총17획 | 4급

손(手)으로 창(殳)을 들고 적군(軍)을 **치다**.

擊

- 훈 칠
- 음 격

擊沈(격침) 擊破(격파) 攻擊(공격) 衝擊(충격)
打擊(타격) 射擊(사격) 遊擊手(유격수)

攻擊(공격) : 나아가 적을 물리침, 시합 등에서 상대방을 밀어붙임

79 犬 | 犬 총4획 | 4급

개의 옆 모양을 본뜬 글자

犬

- 훈 개
- 음 견

愛犬(애견) 鬪犬(투견) 忠犬(충견) 猛犬(맹견)
狂犬病(광견병) 犬猿之間(견원지간)31

猛犬(맹견) : 사나운 개
忠犬(충견) : 주인에게 충실한 개

80 見 | 見 총7획 | 5급Ⅱ

사람(儿) 위에 눈(目)이 있어 잘 **보임**

見

- 훈 1)볼
  2)뵈올
- 음 1)견: 2)현:

見學(견학) 見本(견본) 見積(견적) 見解(견해)
見習工(견습공) 謁見(알현) 見物生心(견물생심)30

見學(견학) : 실제로 보고 학식을 넓힘
謁見(알현) : 지체 높은 사람을 찾아뵙는 일

81 肩 月(肉) 총8획 · 3급

몸(月)에서 짐을 질(戶) 수 있는 부분은 **어깨**이다.

- 훈 어깨
- 음 견

肩骨(견골) 肩章(견장) 肩臂(견비) 肩部(견부)
比肩(비견) 兩肩(양견) 肩胛骨(견갑골)

肩骨(견골) : 어깨뼈, 견갑골의 준말
肩章(견장) : 제복의 어깨에 붙여 계급을 나타내는 계급장

82 牽 牛 총11획 · 3급

검은(玄) 천으로 소(牛)를 덮어(冖) **이끌다**.

- 훈 이끌 끌
- 음 견

牽聯(견련) 牽引車(견인차) 牽制(견제)
牽強附會(견강부회)26 牽牛織女(견우직녀)

牽引車(견인차) : 짐을 실은 차량을 끄는 기관차, 또는 견인자동차

83 堅 土 총11획 · 4급

비온 뒤에 땅(土)이 단단하게(臤) **굳는다**.

- 훈 굳을
- 음 견

堅固(견고) 中堅手(중견수) 堅實(견실) 堅持(견지)
中堅社員(중견사원) 堅忍不拔(견인불발)33

堅固(견고) : 굳세고 단단함
堅實(견실) : 확실하고 틀림이 없음

84 遣 辶(辵) 총14획 · 3급

가운데(中) 있는 한(一) 명이 언덕을(阝) 넘어 가도록(辶) **보냄**

- 훈 보낼
- 음 견:

派遣(파견) 分遣(분견)
遣奠祭(견전제)

派遣(파견) : 일정한 임무를 주어 사람을 내보냄
遣奠祭(견전제) : 발인할 때 문 앞에서 지내는 제사

85 絹 糸 총13획 · 3급

누에의 입(口)과 몸(月)에서 뽑아낸 실(糸)로 짠 **비단**

- 훈 비단
- 음 견

絹絲(견사) 人造絹(인조견)
絹布(견포) 絹織物(견직물)

絹絲(견사) : 누에고치에서 뽑은 명주실
絹織物(견직물) : 명주실로 짠 피륙

86 決 氵(水) 총7획 · 5급Ⅱ

물(氵)을 터놓아(夬) 제방이 **끊어짐**

- 훈 결단할
- 음 결

決鬪(결투) 決算(결산) 解決(해결) 議決(의결)
決勝戰(결승전) 判決(판결) 死生決斷(사생결단)274

決鬪(결투) : 원한 따위가 있을 때 무기로 싸워 승부를 결정하는 것
判決(판결) : 시비, 선악을 가려 결정함

87 缺 缶 총10획 · 4급Ⅱ

동이(缶)가 터져(夬) **이지러지다**.

- 훈 이지러질
- 음 결

缺點(결점) 缺勤(결근) 缺陷(결함) 缺如(결여)
缺格事由(결격사유) 缺損家庭(결손가정)

缺點(결점) : 모자라는 점, 잘못되거나 완전하지 못한 점
缺格事由(결격사유) : 일정한 자격을 얻는데 제한이 되는 사유

88 結 糸 총12획 · 5급Ⅱ

좋은(吉) 실(糸)과 바늘처럼 **맺어진** 사이

- 훈 맺을
- 음 결

結論(결론) 結果(결과) 結末(결말) 結婚(결혼)
結實(결실) 團結(단결) 結者解之(결자해지)35

結婚(결혼) : 남녀가 부부 관계를 맺음, 혼인
結末(결말) : 일을 맺는 끝

89 潔 氵(水) 총15획 · 4급Ⅱ

물(氵)로 헤아리니(絜) 더욱 **깨끗하다**.

- 훈 깨끗할
- 음 결

潔白(결백) 潔癖(결벽) 淸潔(청결) 淨潔(정결)
不潔(불결) 純潔(순결) 高潔(고결) 簡潔(간결)

潔癖(결벽) : 유난스럽게 깨끗함을 좋아하는 성벽이나 버릇
純潔(순결) : 몸과 마음이 아주 깨끗함, 잡것이 섞이지 않고 깨끗함

90 訣 言 총11획 · 3급Ⅱ

터놓고(夬) 말(言)한 후 **이별하다**.

- 훈 이별할
- 음 결

訣別(결별) 祕訣(비결) 口訣(구결) 要訣(요결)
永訣式(영결식) 土亭祕訣(토정비결)

訣別(결별) : 기약 없는 이별, 관계나 교제를 영원히 끊음
要訣(요결) : 일의 가장 중요한 방법

91 | 兼 | 八 | 총10획 | 3급Ⅱ

벼(禾)에 벼(禾)를 또(又) **겸하다.**

- 훈 겸할
- 음 겸

兼用(겸용) 兼床(겸상) 兼職(겸직) 兼業(겸업)
兼備(겸비) 兼任(겸임) 兼人之勇(겸인지용)[37]

兼用(겸용) : 하나를 가지고 여러 가지를 겸하여 씀
兼備(겸비) : 여러가지를 두루 갖춤

92 | 謙 | 言 | 총17획 | 3급Ⅱ

행동에 말(言)까지 겸해(兼) **겸손하다.**

- 훈 겸손할
- 음 겸

謙遜(겸손) 謙虛(겸허) 謙稱(겸칭) 謙辭(겸사)
謙廉(겸렴) 謙讓之德(겸양지덕)

謙虛(겸허) : 겸손하게 자기를 낮춤
謙讓之德(겸양지덕) : 겸손하게 사양하는 미덕

93 | 京 | 亠 | 총8획 | 6급

언덕 위에 집이 있는 것을 본뜬 글자

- 훈 서울
- 음 경

京城(경성) 歸京(귀경) 上京(상경) 京畿道(경기도)
京釜線(경부선)

京城(경성) : 도읍의 성, 서울의 옛 이름
京釜線(경부선) : 서울과 부산 사이에 운행되는 복선 철도

94 | 庚 | 广 | 총8획 | 3급

사람(人)이 손(彐)으로 집(广)을 짓고 별을 바라본다.

- 훈 별
- 음 경

同庚(동경) 庚方(경방) 庚熱(경열)

庚熱(경열) : 삼복더위의 다른 말

95 | 徑 | 彳 | 총10획 | 3급Ⅱ

물 흐르듯(巠) 곧게 난 길(彳)이 **지름길**이다.

- 훈 지름길
- 음 경

直徑(직경) 半徑(반경) 捷徑(첩경) 口徑(구경)

直徑(직경) : 원의 지름
捷徑(첩경) : 지름길, 빠른 방법

96 | 耕 | 耒 | 총10획 | 3급Ⅱ

쟁기(耒)와 우물(井)이 있어야 **밭**을 갈 수 있다.

- 훈 밭갈
- 음 경

耕作(경작) 耕田(경전) 休耕(휴경) 耕耘機(경운기)
農耕地(농경지) 晝耕夜讀(주경야독)[519]

耕耘機(경운기) : 논밭을 가는데 쓰는 농업용 기계
農耕地(농경지) : 농사를 짓는 땅

97 | 竟 | 立 | 총11획 | 3급

연주자(儿)가 음악(音) 연주를 **마치다.**

- 훈 마침내
- 음 경 :

畢竟(필경) 竟夜(경야)

畢竟(필경) : 마침내, 결국에는
竟夜(경야) : 밤새도록

98 | 頃 | 頁 | 총11획 | 3급Ⅱ

좋은 생각은 늘 화살(匕)같이 머리(頁)를 스치며 잠깐씩 떠오른다.

- 훈 이랑
  잠깐
- 음 경

頃刻(경각) 食頃(식경)
萬頃蒼波(만경창파)[168]

頃刻(경각) : 잠시 동안, 극히 짧은 시간 동안

99 | 景 | 日 | 총12획 | 5급

해(日)가 뜬 서울(京)의 **경치**

- 훈 볕
- 음 경(:)

景致(경치) 景觀(경관) 風景(풍경) 背景(배경)
景福宮(경복궁) 關東八景(관동팔경)

景觀(경관) : 어떤 지방의 특색을 가진 풍물이나 그러한 지역
關東八景(관동팔경) : 강원도 동해안의 여덟 군데 명승지

100 | 卿 | 卩 | 총12획 | 3급

어진(良) 덕이 왕성(卯)해야 **벼슬**을 할 수 있다.

- 훈 벼슬
- 음 경

公卿(공경) 樞機卿(추기경)
卿相(경상) 卿宰(경재) 卿士大夫(경사대부)

樞機卿(추기경) : 로마 교황의 최고 고문
卿士大夫(경사대부) : 삼의정 이외의 모든 벼슬아치

---

101 石　총12획　　3급Ⅱ

硬

돌(石)은 다시(更) 굳는다.

硬

훈 굳을
음 경

硬度(경도) 硬直(경직) 硬化(경화) 硬質(경질)
強硬(강경)

硬直(경직) : 몸 따위가 굳어서 딱딱하게 되는 것
強硬(강경) : 타협하거나 굽힘이 없이 힘차고 굳셈

---

102 攵(攴)　총13획　　5급Ⅱ

敬

진실(苟)로 쳐서(攵) 구하는 사람은 **공경**을 받는다.

敬

훈 공경
음 경 :

敬禮(경례) 敬愛(경애) 敬畏(경외) 敬聽(경청)
恭敬(공경) 尊敬(존경) 敬老思想(경로사상)

敬禮(경례) : 공경의 뜻을 나타내는 인사
敬老思想(경로사상) : 노인을 공경하는 생각

---

103 亻(人)　총13획　　4급

傾

사람(亻) 쪽으로 잠깐(頃)동안 **기울**다.

傾

훈 기울
음 경

傾斜(경사) 傾度(경도) 傾向(경향) 左傾(좌경)
傾斜路(경사로) 右傾(우경) 傾國之色(경국지색)40

傾斜(경사) : 비스듬히 기울어짐 또는 그 정도나 상태
右傾(우경) : 우익으로 기울어짐

---

104 糸　총13획　　4급Ⅱ

經

실(糸)과 물줄기(巠)처럼 가늘게 **지나다**.

經

훈 지날
　 글
음 경

經濟(경제) 經營(경영) 經驗(경험) 經歷(경력)
經過(경과) 經緯(경위) 牛耳讀經(우이독경)400

經濟(경제) : 재화를 획득하여 그 욕구를 충족시키는 활동
經緯(경위) : 사건의 전말

---

105 土　총14획　　4급Ⅱ

境

땅(土) 끝(竟) **경계**(지경)

境

훈 지경
음 경

環境(환경) 國境(국경) 逆境(역경) 困境(곤경)
境界線(경계선) 境遇(경우) 漸入佳境(점입가경)505

環境(환경) : 사람·동식물이 생활하는 기후적, 초자연적인 조건
境遇(경우) : 놓여있는 조건이나 사정

---

106 車　총14획　　5급

輕

짐이 적으니 수레(車)가 물줄기(巠)처럼 **가볍다**.

輕

훈 가벼울
음 경

輕率(경솔) 輕微(경미) 輕減(경감) 輕薄(경박)
重輕傷(중경상) 輕視(경시) 輕擧妄動(경거망동)38

輕率(경솔) : 언행이 진중하지 못하고 가벼움
輕微(경미) : 아주 작고 가벼움

---

107 心　총15획　　4급Ⅱ

慶

사랑(愛)하는 사람에게 사슴(鹿) 가죽을 바치는 **경사**(하례)

慶

훈 경사
음 경 :

慶事(경사) 慶祝(경축) 慶賀(경하) 慶弔(경조)
國慶日(국경일)

慶事(경사) : 축하할 만한 즐겁고 기쁜 일
國慶日(국경일) : 국가 경사를 축하하기 위해 지정한 기념일

---

108 言　총20획　　4급Ⅱ

警

어르신을 공경(敬)해야 한다고 말(言)로 **깨우치다**(경계하다).

警

훈 경계할
음 경 :

警戒(경계) 警察署(경찰서) 警笛(경적)
空襲警報(공습경보) 警備員(경비원) 警告文(경고문)

警戒(경계) : 잘못되는 일이 일어나지 않도록 미리 조심하는 것
空襲警報(공습경보) : 공습이 있을 경우 사이렌, 종 등으로 알리는 것

---

109 金　총19획　　4급

鏡

쇠(金)를 갈고 닦아 끝(竟)내 모습이 비치는 **거울**을 만들다.

鏡

훈 거울
음 경 :

眼鏡(안경) 破鏡(파경) 鏡臺(경대) 顯微鏡(현미경)
望遠鏡(망원경) 明鏡止水(명경지수)181

望遠鏡(망원경) : 렌즈를 써서 먼 데 있는 물체를 똑똑히 보게 만든 기구

---

110 立　총20획　　5급

競

극(竟)과 극(竟)이 만나 **다투다**.

競

훈 다툴
음 경 :

競技(경기) 競走(경주) 競合(경합) 競賣(경매)
競馬(경마) 競輪(경륜) 競爭力(경쟁력)

競輪(경륜) : 자전거 경기
競爭力(경쟁력) : 경쟁할 수 있는 능력

111 驚

馬 총23획 **4급**

말(馬)을 공경(敬)한다는 것은 **놀랄** 일이다.

驚

- 훈 놀랄
- 음 경

驚異(경이) 驚愕(경악) 驚歎(경탄) 驚蟄(경칩)
大驚失色(대경실색)142 驚天動地(경천동지)44

驚愕(경악) : 놀라서 충격을 받는 것
驚蟄(경칩) : 24절기의 하나

112 系

系 총7획 **4급**

실(系)도 한(一) 올씩 **이을** 수 있다.

系

- 훈 이을
- 음 계:

系列(계열) 體系的(체계적) 系譜(계보)
母系社會(모계사회) 系統(계통) 直系尊屬(직계존속)

系列(계열) : 한 갈래로 이어지는 계통이나 조직
直系尊屬(직계존속) : 조상부터 직계로 내려와 자기에 이르는 혈족

113 戒

戈 총7획 **4급**

수풀(艹) 속의 창(戈)을 **경계**하라.

戒

- 훈 경계할
- 음 계:

戒律(계율) 警戒(경계) 懲戒(징계) 戒嚴令(계엄령)
一罰百戒(일벌백계)447

懲戒(징계) : 허물이나 잘못을 뉘우치도록 나무람

114 季

子 총8획 **4급**

가을은 곡식(禾)과 열매(子)를 거둬들이는 **계절**이다.

季

- 훈 계절
- 음 계:

季節(계절) 春季(춘계) 夏季(하계) 冬季(동계)
季節風(계절풍) 四季節(사계절)

季節(계절) : 한 해를 날씨에 따라 나눈 그 한 철
季節風(계절풍) : 철을 따라서 방향이 바뀌는 바람

115 界

田 총9획 **6급Ⅱ**

논밭(田)주인끼리 서로 중개(介)를 해야 할 **지경**이다.

界

- 훈 지경
- 음 계:

境界(경계) 經濟界(경제계) 視界(시계)
各界各層(각계각층) 學界(학계) 死後世界(사후세계)

學界(학계) : 학문, 학자의 사회
視界(시계) : 눈에 보이는 한계 거리나 시야

116 癸

癶 총9획 **3급**

하늘(天) 방향으로 걸으려면(癶) **북방**으로 가야한다.

癸

- 훈 북방
  천간
- 음 계:

癸亥(계해) 癸丑日記(계축일기) 癸未(계미)
癸亥條約(계해조약)

癸亥(계해) : 육십갑자의 마지막 60번째

117 契

大 총9획 **3급Ⅱ**

우거진(丰) 나무 밑에서 칼(刀)로 크게(大) 새겨 **맺은** 결의

契

- 훈 맺을
- 음 계:

契約(계약) 契機(계기) 默契(묵계) 契約書(계약서)
親睦契(친목계)

契約書(계약서) : 계약의 조항을 기재한 서면
默契(묵계) : 말없는 가운데 뜻이 서로 맞음

118 係

亻(人) 총9획 **4급Ⅱ**

사람(人)이 실(系) 한(一) 올을 **꿰매고** 있다.

係

- 훈 맬
- 음 계:

係數(계수) 係長(계장) 係員(계원) 關係(관계)
因果關係(인과관계)

係員(계원) : 사무를 갈라 맡은 한 계에서 일을 보는 사람
因果關係(인과관계) : 어떤 일이든 반드시 원인과 결과가 연관된 관계

119 計

言 총9획 **6급Ⅱ**

숫자 열(十)을 소리치며(言) **센다**.

計

- 훈 셀
- 음 계:

計測(계측) 家計簿(가계부) 計略(계략) 計座(계좌)
百年大計(백년대계)226 計算(계산) 計劃(계획)

計略(계략) : 계책과 모략, 꾀

120 桂

木 총10획 **3급Ⅱ**

옥(圭)같이 아름다운 나무(木) **계수나무**

桂

- 훈 계수나무
- 음 계:

桂樹(계수) 桂林(계림) 桂皮(계피) 月桂冠(월계관)
月桂樹(월계수) 桂冠詩人(계관시인)

桂林(계림) : 계수나무의 숲, 또는 아름다운 숲

121 啓 口 총11획 3급Ⅱ

구멍(戶)을 두들겨(攵) 입구(口)를 **열**게 하다.

啓

훈 열
음 계:

啓蒙(계몽) 啓示(계시) 啓導(계도) 謹啓(근계)
狀啓(장계) 自己啓發(자기계발)

啓蒙(계몽) : 무식한 사람이나 어린아이를 깨우쳐 가르침
啓示(계시) : 나아갈 길을 지적하여 가르쳐 줌

122 械 木 총11획 3급Ⅱ

나무(木)로 경계(戒)하기 위해 만든 **기계**

械

훈 기계
음 계

精密機械(정밀기계) 器械(기계) 農機械(농기계)
機械(기계) 器械體操(기계체조)

器械(기계) : 도구, 기구의 총칭
機械(기계) : 동력을 이용해 어떤 작업을 행하는 물건

123 階 阝(阜) 총12획 4급

돌을 언덕(阝) 모양으로 전부(皆) 쌓아올린 **층계**

階

훈 섬돌
음 계

階段(계단) 階層(계층) 段階(단계) 音階(음계)
有産階級(유산계급) 位階秩序(위계질서)

階段(계단) : 층층대, 어떤 일을 하는데 밟아야 할 일정한 순서
階層(계층) : 사회를 구성하는 여러 가지 층

124 溪 氵(水) 총13획 3급Ⅱ

물(氵)이 어찌(奚) **시내**를 이루는가.

溪

훈 시내
음 계

溪川(계천) 溪谷(계곡) 溪流(계류) 清溪川(청계천)
碧溪水(벽계수) 曹溪宗(조계종)

溪川(계천) : 골짜기에 흐르는 시내와 내
溪谷(계곡) : 두 산 사이에 물이 흐르는 골짜기

125 繫 糸 총19획 3급

실(糸)을 부딪쳐(毄) **맨**다.

繫

훈 맬
음 계:

繫留(계류) 繫屬(계속) 繫泊(계박) 連繫(연계)
繫留場(계류장)

繫留(계류) : 붙잡아 매어 놓음
繫屬(계속) : 다른 것에 매여 딸림

126 繼 糸 총20획 4급

작고(幺) 작은(幺) 실(糸)들이 상자(匸) 안에 **이어**져있다.

繼

훈 이을
음 계:

繼承(계승) 繼續(계속) 繼母(계모) 中繼(중계)
引受引繼(인수인계) 繼走競技(계주경기)

繼承(계승) : 조상이나 전임자의 뒤를 이어받음
繼續(계속) : 끊어지지 않고 뒤를 이어나감

127 鷄 鳥 총21획 4급

어찌(奚)해 날지 못하는 새(鳥) **닭**

鷄

훈 닭
음 계

鷄卵(계란) 鷄肋(계륵) 鬪鷄(투계) 養鷄場(양계장)
蔘鷄湯(삼계탕) 群鷄一鶴(군계일학)82

鷄卵(계란) : 닭의 알, 달걀

128 古 口 총5획 6급

십(十)대에 걸쳐 입(口)으로 전해오는 **옛** 이야기

古

훈 예
음 고

古典(고전) 古宮(고궁) 古墳(고분) 考古學(고고학)
古物商(고물상) 東西古今(동서고금)

古典(고전) : 옛날의 법식이나 의식, 또는 가치를 지닌 옛 문학작품
考古學(고고학) : 유적, 유물에 의해 옛 문화를 연구하는 학문

129 考 耂(老) 총6획 5급

노인(老)이 별(丿)을 **생각**한다.

考

훈 생각할
음 고(:)

考察(고찰) 考試(고시) 考證(고증) 思考(사고)
備考(비고) 熟考(숙고) 深思熟考(심사숙고)339

考察(고찰) : 잘 생각해서 살핌
熟考(숙고) : 곰곰이 잘 생각함

130 告 口 총7획 5급Ⅱ

소(牛)를 잡아 입(口)으로 알리다(**고하다**).

告

훈 고할
음 고:

告訴(고소) 告發(고발) 廣告(광고) 原告(원고)
報告書(보고서) 警告(경고) 告解聖事(고해성사)

告訴(고소) : 피해자가 피해 사실을 수사 기관에 신고함
廣告(광고) : 세상에 널리 알림, 상품의 존재와 효능을 선전함

131 固 | 口 총8획 | 5급

예스런(古) 것을 나라(口)에서 **굳게** 지킨다.

固

훈 굳을
음 고

固執(고집) 固有(고유) 固守(고수) 固定(고정)
固體(고체) 固着(고착) 確固不動(확고부동)638

固執(고집) : 자기의 의견만 굳게 내세움
固守(고수) : 굳게 지킴

132 苦 | ++(艸) 총9획 | 6급

오래된(古) 풀(++)은 쓰다.

苦

훈 쓸
음 고

苦生(고생) 苦痛(고통) 苦難(고난) 勞苦(노고)
苦盡甘來(고진감래)58 苦肉之策(고육지책)56

苦生(고생) : 괴롭게 애쓰고 수고함
勞苦(노고) : 애쓰고 노력한 수고로움

133 姑 | 女 총8획 | 3급Ⅱ

여자(女)가 오래(古)되면 **시어미**가 된다.

姑

훈 시어미
음 고

姑息之計(고식지계)55 姑婦(고부) 姑母夫(고모부)
姑母(고모) 姑從四寸(고종사촌)

姑婦(고부) : 시어머니와 며느리
姑母(고모) : 아버지의 누이, 여형제

134 孤 | 子 총8획 | 4급

자식(子)이 오이(瓜) 하나뿐인 **외로운** 독자

孤

훈 외로울
음 고

孤獨(고독) 孤立(고립) 孤兒(고아) 孤島(고도)
孤立無援(고립무원)53 孤掌難鳴(고장난명)57

孤獨(고독) : 마음을 함께 할 사람이 없어 혼자 외로운 상태
孤島(고도) : 외딴 섬

135 枯 | 木 총9획 | 3급

나무(木)가 오래(古)되어 **마름**

枯

훈 마를
음 고

枯木(고목) 枯渴(고갈) 枯死(고사) 枯葉(고엽)
榮枯盛衰(영고성쇠)374

枯木(고목) : 마른 나무, 말라죽은 나무
枯渴(고갈) : 마르거나 다하여 없어짐

136 故 | 攵(攴) 총9획 | 4급Ⅱ

오래(古)되어 망가진 것은 쳐야(攵) 예전처럼 작동한다.

故

훈 예
본디
음 고(:)

故鄕(고향) 故障(고장) 故人(고인) 緣故(연고)
故意的(고의적) 事故(사고) 竹馬故友(죽마고우)523

故鄕(고향) : 자기가 태어나고 자란 고장
緣故(연고) : 까닭, 사유, 어떤 인연으로 이어진 관계

137 高 | 高 총10획 | 6급Ⅱ

성 위에 **높이** 치솟은 망루를 본뜬 글자

高

훈 높을
음 고

高級(고급) 高血壓(고혈압) 高貴(고귀) 高尙(고상)
高等法院(고등법원) 天高馬肥(천고마비)537

高級(고급) : 등급이 높음
高貴(고귀) : 인품이나 지위가 높고 귀함, 값이 매우 비쌈

138 庫 | 广 총10획 | 4급

차(車)를 넣어두는 집(广) 곳집

庫

훈 곳집
음 고

倉庫(창고) 金庫(금고) 寶庫(보고) 火藥庫(화약고)
文庫版(문고판) 國庫(국고) 冷藏庫(냉장고)

倉庫(창고) : 물건을 저장하거나 보관하는 건물(집)
金庫(금고) : 돈이나 재물을 넣어두는 쇠로 만든 궤

139 雇 | 隹 총12획 | 2급

집(戶)에 철새(隹)처럼 잠시 머물러 일하는 것을 **품팔**이라 한다.

雇

훈 품팔
음 고

雇傭(고용) 雇用(고용) 解雇(해고)
整理解雇(정리해고) 雇用主(고용주)

雇傭(고용) : 서로 노무와 보수를 제공하기로 한 노동 계약
雇用(고용) : 삯을 주고 사람을 부림

140 鼓 | 鼓 총13획 | 3급Ⅱ

대나무가지(支)로 치는 악기(효) 북

鼓

훈 북
음 고

鼓動(고동) 鼓手(고수) 法鼓(법고) 申聞鼓(신문고)
鼓笛隊(고적대) 勝戰鼓(승전고)

鼓動(고동) : 피의 순환으로 인해 가슴(심장)이 뛰는 것
法鼓(법고) : 절에서 아침, 저녁, 예불 때나 법식을 거행할 때 치는 북

141 禾 총15획 3급Ⅱ

稿

쌀(禾)을 높이(高) 쌓아 올린 **볏짚**

稿

- 훈 원고
- 볏짚
- 음 고(:)

原稿(원고) 脫稿(탈고) 投稿(투고) 寄稿(기고)
遺稿(유고) 稿料(고료) 原稿紙(원고지)

原稿(원고) : 작품을 쓴 그 초벌
脫稿(탈고) : 원고 쓰기를 마침

---

142 頁 총21획 3급

顧

집(戶)에서 기르는 새(隹)가 머리(頁)를 돌아본다.

顧

- 훈 돌아볼
- 음 고

顧客(고객) 四顧無親(사고무친)266 顧問官(고문관)
回顧錄(회고록) 顧命大臣(고명대신)

顧客(고객) : 물건을 사러 오는 손님
顧問官(고문관) : 정부에서 고문으로 쓰는 사람, 바보의 속어

---

143 曰 총6획 5급

曲

말(口)도 세우고(丨) 세우면(丨) **굽어** 들린다.

曲

- 훈 굽을
- 음 곡

曲線(곡선) 曲解(곡해) 屈曲(굴곡) 作曲(작곡)
曲學阿世(곡학아세)61 懇曲(간곡) 曲藝師(곡예사)

曲線(곡선) : 구부러진 선
懇曲(간곡) : 간절하고 마음과 정성이 지극함

---

144 谷 총7획 3급Ⅱ

谷

입구(口)에서 좌(丿) 우(乀) 사(四)방 팔(八)방으로 삐쳐 나오는 **골**

谷

- 훈 골
- 음 곡

溪谷(계곡) 峽谷(협곡) 陵谷(능곡)
深山幽谷(심산유곡)

峽谷(협곡) : 험하고 좁은 골짜기
陵谷(능곡) : 언덕과 골짜기를 아울러 이르는 말

---

145 口 총10획 3급Ⅱ

哭

개(犬)가 마을 어귀(口)에서 입(口) 벌려 울고 있다.

哭

- 훈 울
- 음 곡

哭聲(곡성) 哭泣(곡읍) 痛哭(통곡) 弔哭(조곡)
號哭聲(호곡성) 大聲痛哭(대성통곡)

哭聲(곡성) : 슬피 우는 소리
弔哭(조곡) : 조문 가서 조상하여 우는 울음

---

146 禾 총15획 4급

穀

껍질(殼)이 있는 곡물(禾) 곡식

穀

- 훈 곡식
- 음 곡

穀食(곡식) 穀物(곡물) 雜穀(잡곡) 米穀(미곡)
糧穀(양곡) 脫穀(탈곡) 五穀百果(오곡백과)

穀食(곡식) : 벼, 보리, 콩, 옥수수 따위를 통틀어 일컫는 말
脫穀(탈곡) : 곡식의 낟알을 이삭에서 떨어내는 일

---

147 口 총7획 4급

困

나무(木)가 구멍(口)에 갇혀 자라니 **곤하다.**

困

- 훈 곤할
- 음 곤:

困難(곤란) 困境(곤경) 困惑(곤혹) 疲困(피곤)
勞困(노곤) 貧困(빈곤) 食困症(식곤증)

困難(곤란) : 사정이 몹시 딱하고 어려운 상태
困惑(곤혹) : 곤란한 일을 당하여 어찌할 바를 모름

---

148 土 총8획 3급

坤

흙(土)이 펼쳐져(申) 있는 **땅**

坤

- 훈 땅
- 음 곤

乾坤(건곤) 坤位(곤위) 坤殿(곤전) 坤輿(곤여)

乾坤(건곤) : 하늘과 땅을 아울러 일컫는 말
坤位(곤위) : 부인의 무덤이나 신주

---

149 骨 총10획 4급

骨

동물의 몸을 지탱하는 **뼈**를 본뜬 글자

骨

- 훈 뼈
- 음 골

骨格(골격) 露骨的(노골적) 骨盤(골반)
刻骨難忘(각골난망)4 骨折(골절) 骨髓移植(골수이식)

骨格(골격) : 뼈의 조직, 뼈대
骨折(골절) : 뼈가 부러짐

---

150 工 총3획 7급Ⅱ

工

장인, 만들다는 뜻의 글자

工

- 훈 장인
- 음 공

工場(공장) 工事(공사) 着工(착공) 完工(완공)
人工知能(인공지능) 施工(시공) 工藝品(공예품)

工場(공장) : 사람들이 물건을 만들거나 생산하는 시설
施工(시공) : 공사를 실시함

151 公 | 八 총4획 | 6급Ⅱ

사사로움(厶)도 여덟(八) 번이면 **공평**해진다.

- 훈 공평할
- 음 공

公共(공공) 公聽會(공청회) 公演(공연)
公訴時效(공소시효) 公債(공채) 公衆道德(공중도덕)

公共(공공) : 여러 사람이 모여 힘을 함께 함
公演(공연) : 사람들 앞에서 연극, 음악 따위를 연출하여 공개함

152 孔 | 子 총4획 | 4급

쥐도 자식(子)을 숨길(乚) **구멍**이 따로 있다.

- 훈 구멍
- 음 공:

孔子(공자) 氣孔(기공) 毛孔(모공) 九孔炭(구공탄)

氣孔(기공) : 호흡 작용을 하는 숨구멍
毛孔(모공) : 피부 밖으로 털이 나와 자라는 구멍

153 功 | 力 총5획 | 6급Ⅱ

장인(工)이 온 힘(力)을 다해 물건을 만든 **공**으로 상을 받았다.

- 훈 공
- 음 공

功勞(공로) 功績(공적) 功德(공덕) 功臣(공신)
成功(성공) 武功(무공) 螢雪之功(형설지공)620

成功(성공) : 뜻한 것이 이루어짐, 목적을 이룸
功德(공덕) : 공로와 인덕

154 共 | 八 총6획 | 6급Ⅱ

여덟(八) 명이 서로 맞잡고(卄) 일(一)심동체가 되어 **한가지** 일을 함

- 훈 한가지
- 음 공:

共同(공동) 共感(공감) 共犯(공범) 共謀(공모)
天人共怒(천인공노) 共産主義(공산주의)

共感(공감) : 남의 생각이나 감정을 자기도 같이 함
共謀(공모) : 둘 이상이 같이 일을 꾀함

155 攻 | 攵(攴) 총7획 | 4급

장인(工)이 쇠를 두드려(攵) 적을 **칠** 무기를 만들다.

- 훈 칠
- 음 공:

攻擊(공격) 攻守(공수) 攻勢(공세) 攻略(공략)
速攻(속공) 專攻(전공) 難攻不落(난공불락)112

攻守(공수) : 공격과 수비
速攻(속공) : 적에게 여유를 주지 않고 몹시 빠르게 공격하는 것

156 空 | 穴 총8획 | 7급Ⅱ

구멍(穴)을 뚫는 공사(工)를 하니 **하늘**이 **비어** 있다.

- 훈 빌
- 음 공

空中(공중) 空念佛(공염불) 空間(공간)
空想科學(공상과학) 虛空(허공) 空輸部隊(공수부대)

空念佛(공염불) : 신심 없이 입으로만 하는 헛된 염불
虛空(허공) : 텅 빈 공중

157 供 | 亻(人) 총8획 | 3급Ⅱ

일을 하는데 있어서 사람(亻)이 함께(共) 모여 **이바지하다**.

- 훈 이바지할
- 음 공:

供給(공급) 供託(공탁) 供與(공여) 供覽(공람)
提供(제공) 佛供(불공) 供養米(공양미)

供託(공탁) : 물건을 제공하고 그 보관을 부탁함
提供(제공) : 어떤 사물을 가지거나 누리도록 주는 것

158 恭 | 忄(心) 총10획 | 3급Ⅱ

어르신을 대할 때는 마음(忄)을 함께(共) 모아 **공손**해야 한다.

- 훈 공손할
- 음 공

恭遜(공손) 恭敬(공경) 恭祝(공축) 恭待(공대)

恭祝(공축) : 삼가 축하함
恭待(공대) : 공손히 대접함

159 貢 | 貝 총10획 | 3급Ⅱ

공(工)들인 재물(貝)을 나라에 **바침**

- 훈 바칠
- 음 공:

貢納(공납) 貢獻(공헌) 貢價(공가) 朝貢(조공)

貢獻(공헌) : 사회를 위하여 이바지 함, 공물을 나라에 바침
貢價(공가) : 나라에 바치던 공물의 값

160 恐 | 心 총10획 | 3급Ⅱ

공사(工)를 대강(凡)하면 마음(心)이 **두렵다**.

- 훈 두려울
- 음 공:

恐怖(공포) 恐慌(공황) 恐喝(공갈) 恐龍(공룡)
恐水病(공수병) 可恐(가공) 恐妻家(공처가)

恐怖(공포) : 무서움과 두려움
恐喝(공갈) : 남에게 공포심을 자아내게 하려고 을러서 무섭게 함

161 戈 총4획 2급

戈

훈 창
음 과

손잡이가 있고 날이 달린 **창**을 본뜬 글자

干戈(간과) 兵戈(병과) 戈矛(과모) 戈劍(과검)
戈甲(과갑) 戈鋒(과봉)

干戈(간과) : 창과 방패
戈劍(과검) : 창과 칼, 무기

162 瓜 총5획 2급

瓜

훈 오이
음 과

오이가 덩굴에 달린 모양을 본뜬 글자

木瓜(목과 → 모과) 甘瓜(감과)
瓜菜(과채) 瓜年(과년) 瓜葛(과갈)

甘瓜(감과) : 참외
瓜菜(과채) : 오이나물

163 果 총8획 6급Ⅱ

果

훈 과실
음 과:

밭(田)에 나무(木)를 심었더니 **과실**이 열렸다.

果實(과실) 果刀(과도) 結果(결과) 效果(효과)
果樹園(과수원) 成果(성과) 因果應報(인과응보)430

果實(과실) : 먹을 수 있는 나무의 열매
結果(결과) : 어떤 원인으로 인하여 이루어진 결말

164 禾 총9획 6급Ⅱ

科

훈 과목
음 과

곡식(禾)을 말(斗)로 나눠 **과목**별로 정리했다.

科目(과목) 科學(과학) 科擧(과거) 文科(문과)
百科事典(백과사전) 齒科(치과) 敎科書(교과서)

科目(과목) : 공부할 지식 분야를 갈라놓은 것
科學(과학) : 일정한 목적과 방법으로 원리를 연구하는 학문

165 辶(辵) 총13획 5급Ⅱ

過

훈 지날
음 과:

삐뚤(咼)어진 것들을 뛰어넘어(辶) **지나가다.**

過去(과거) 過速(과속) 過熱(과열) 看過(간과)
改過遷善(개과천선)15 過小評價(과소평가)

過去(과거) : 지나간 때
過速(과속) : 지나치게 빠른 속도

166 言 총13획 3급Ⅱ

誇

훈 자랑할
음 과:

사치스런(夸) 것을 말(言)로 **자랑하다.**

誇張(과장) 誇大妄想(과대망상)66 誇示(과시)
誇大廣告(과대광고)

誇張(과장) : 사실보다 지나치게 떠벌려 나타냄
誇示(과시) : 사실보다 크게 나타내어 보임

167 宀 총14획 3급Ⅱ

寡

훈 적을
음 과:

집(宀)의 가장(頁)이 칼(刀)을 들고 나가 싸우니 살림이 **적다.**

寡默(과묵) 獨寡占(독과점) 寡婦(과부) 寡慾(과욕)
寡頭政治(과두정치) 衆寡不敵(중과부적)524

寡默(과묵) : 말이 적음
寡婦(과부) : 남편이 죽어서 혼자 사는 여자

168 言 총15획 5급Ⅱ

課

훈 과정
음 과

말(言)로 그 결과(果)가 나온 **과정**을 설명함

課題(과제) 課業(과업) 課長(과장) 課外(과외)
課稅(과세) 賦課(부과) 公課金(공과금)

課題(과제) : 주어진 문제나 임무
賦課(부과) : 세금 따위를 매기어 물게 함

169 ++(艸) 총12획 2급

菓

훈 과자
　 실과
음 과(:)

풀(++)과 열매(果)로 **과자**를 만든다.

菓子(과자) 菓品(과품) 茶菓(다과) 氷菓(빙과)
製菓店(제과점)

菓子(과자) : 주로 단맛이 나는 끼니 외에 먹는 비스킷, 쿠키 등의 음식
氷菓(빙과) : 얼음과자(아이스크림)

170 阝(邑) 총11획 3급

郭

훈 성
음 곽

고을(阝)의 안전을 누리기(享) 위해 쌓은 **성**

城郭(성곽) 郭再祐(곽재우)

城郭(성곽) : 내성과 외성을 아울러 일컫는 말

ㄱ

---

171 宀 총8획 4급Ⅱ

官

언덕(阝) 위에 있는 집(宀)에 **벼슬아치**가 산다.

훈 벼슬
음 관

官吏(관리) 官職(관직) 官廳(관청) 長官(장관)
官僚主義(관료주의) 貪官汚吏(탐관오리)576

官吏(관리) : 국가 공무원, 벼슬아치
官廳(관청) : 관리들이 나랏일을 맡아보는 기관

---

172 宀 총9획 3급Ⅱ

冠

선비들이 덮어쓰는(宀) 것 중 으뜸(元)으로 잰(寸) 것이 갓이다.

훈 갓
음 관

王冠(왕관) 金冠(금관) 弱冠(약관) 衣冠(의관)
月桂冠(월계관) 冠婚喪祭(관혼상제)

王冠(왕관) : 임금이 머리에 쓰는 관
衣冠(의관) : 옷과 갓, 정장

---

173 貝 총11획 3급Ⅱ

貫

조개(貝)를 꿰서(毌) 만든 목걸이

훈 꿸
음 관(ː)

貫通(관통) 貫革(관혁→과녁) 貫祿(관록) 貫徹(관철)
初志一貫(초지일관)562 始終一貫(시종일관)329

貫通(관통) : 꿰뚫어 통함
貫祿(관록) : 행동에 따른 위엄이나 무게

---

174 欠 총12획 2급

款

가난은 선비(士)에게 부족함(欠)이 보이는(示) 항목이다.

훈 항목
음 관

約款(약관) 定款(정관) 借款(차관) 落款(낙관)
保險約款(보험약관)

約款(약관) : 조약, 계약 등에서 정해진 하나하나의 조항
落款(낙관) : 작품에 자신의 이름이나 호를 쓰고 도장을 찍는 것

---

175 宀 총15획 3급Ⅱ

寬

집(宀)안의 풀(艹)도 보살피는(見) 점(丶)이 너그럽다.

훈 너그러울
음 관

寬容(관용) 寬大(관대) 寬裕(관유) 寬恕(관서)
寬仁大度(관인대도)

寬容(관용) : 마음이 넓어 남의 말을 너그럽게 받아들이거나 용서함
寬恕(관서) : 너그럽게 용서함

---

176 竹 총14획 4급

管

관청(官) 대나무(⺮)로 만든 **대롱**

훈 대롱
음 관

管鮑之交(관포지교)68 管理(관리) 管制塔(관제탑)
管轄(관할) 木管樂器(목관악기)

管轄(관할) : 권한에 의해 지배하거나 그 권한이 미치는 범위
管制塔(관제탑) : 비행기의 교통을 관제하는 탑

---

177 忄(心) 총14획 3급Ⅱ

慣

마음(忄)이 통하면(貫) **익숙해진다.**

훈 익숙할
음 관

慣習(관습) 慣行(관행) 慣例(관례) 慣用(관용)
習慣(습관) 慣性法則(관성법칙)

慣習(관습) : 개인의 버릇이나 사회의 습관
慣行(관행) : 관례대로 행함

---

178 食 총17획 3급Ⅱ

館

관리(官)들이 음식(食)을 먹는 **집**

훈 집
음 관

公館(공관) 旅館(여관) 本館(본관) 博物館(박물관)
圖書館(도서관) 別館(별관) 會館(회관)

旅館(여관) : 일정한 돈을 받고 여객을 묵게 하는 집
別館(별관) : 본관 밖에 따로 지어 놓은 건물

---

179 門 총19획 5급Ⅱ

關

문(門)을 얼기설기 이은(絲) **빗장**

훈 빗장
음 관

關係(관계) 關聯(관련) 關門(관문) 玄關(현관)
稅關(세관) 關節炎(관절염)

關聯(관련) : 서로 걸리어 얽힘
稅關(세관) : 재무부 관세청에 속하는 한 관청

---

180 見 총25획 5급Ⅱ

觀

황새(雚)를 보고(見) 또 다시 **본다.**

훈 볼
음 관

觀覽(관람) 觀衆(관중) 觀念(관념) 參觀(참관)
袖手傍觀(수수방관)317 觀察(관찰) 價値觀(가치관)

觀覽(관람) : 연극, 영화 따위를 구경함
參觀(참관) : 어떤 곳에 나아가서 봄

---

181 光 儿　총6획　6급Ⅱ

사람(儿)이 불(火)을 들고 있으니 **빛**이 난다.

훈 빛
음 광

光線(광선) 觀光(관광) 發光(발광) 光復節(광복절)
光速度(광속도) 電光石火(전광석화)495

光線(광선) : 빛, 빛이 나가는 선
發光(발광) : 빛을 냄

182 狂 犭(犬)　총7획　3급Ⅱ

개(犭)처럼 구는 왕(王)은 **미친** 것이다.

훈 미칠
음 광

狂亂(광란) 狂奔(광분) 狂氣(광기) 狂風(광풍)
熱狂(열광) 發狂(발광) 狂犬病(광견병)

狂亂(광란) : 미쳐 날뜀
發狂(발광) : 미친 것과 같이 날뜀

183 廣 广　총15획　5급Ⅱ

집(广) 앞의 누런(黃) 밭이 **넓다**.

훈 넓을
음 광:

廣場(광장) 廣野(광야) 廣告(광고) 廣義(광의)
廣範圍(광범위) 廣域市(광역시)

廣場(광장) : 넓은 마당
廣告(광고) : 세상에 널리 알림

184 鑛 金　총23획　4급

쇠(金)가 넓어진(廣) **쇳돌**

훈 쇳돌
음 광:

鑛山(광산) 鑛物(광물) 鑛石(광석) 採鑛(채광)
廢鑛(폐광) 炭鑛(탄광) 鎔鑛爐(용광로)

鑛山(광산) : 유용한 광물을 캐어 내는 산
廢鑛(폐광) : 발굴을 폐지하거나 폐지한 광산

185 掛 扌(手)　총11획　3급

손(扌)에 걸(卦)치거나 **걸다**.

훈 걸
음 괘

掛圖(괘도) 掛念(괘념) 掛意(괘의)
掛鐘時計(괘종시계)

掛圖(괘도) : 걸어놓고 보는 학습용 지도나 그림
掛意(괘의) : 마음에 두고 잊지 아니함

186 怪 忄(心)　총8획　3급Ⅱ

만물이 흙(土)으로 돌아가니(又) 마음이(忄) **괴이**하다.

훈 괴이할
음 괴(:)

怪異(괴이) 怪物(괴물) 怪談(괴담) 怪疾(괴질)
奇巖怪石(기암괴석) 怪常罔測(괴상망측)

怪談(괴담) : 괴상한 이야기
怪物(괴물) : 이상하게 생긴 물건, 괴상한 사람

187 傀 亻(人)　총12획　2급

귀신(鬼)에 넋이 나간 사람(亻)은 **허수아비** 같다.

훈 허수아비
음 괴

傀奇(괴기) 傀儡軍(괴뢰군)
傀儡政府(괴뢰정부)

傀奇(괴기) : 크고 기이함
傀儡軍(괴뢰군) : 꼭두각시 노릇을 하는 부대

188 塊 土　총13획　3급

땅(土)귀신(鬼)은 알고 보면 **흙덩어리**

훈 흙덩이
음 괴

金塊(금괴) 銀塊(은괴) 土塊(토괴) 塊石(괴석)
塊根(괴근) 塊鐵(괴철)

金塊(금괴) : 금덩이
土塊(토괴) : 흙덩이

189 愧 忄(心)　총13획　3급

도깨비(鬼)는 심성(忄)이 **부끄러움**을 잘 탄다.

훈 부끄러울
음 괴:

慙愧(참괴) 自愧感(자괴감)
愧色(괴색) 自愧之心(자괴지심)

慙愧(참괴) : 부끄러워하며 괴로워함
愧色(괴색) : 부끄러워하는 얼굴 빛

190 壞 土　총19획　3급Ⅱ

쌓아(襄)둔 흙(土)벽이 **무너짐**

훈 무너질
음 괴:

破壞(파괴) 崩壞(붕괴) 損壞(손괴) 壞滅(괴멸)
壞血病(괴혈병)

破壞(파괴) : 깨뜨려 헐어버림
崩壞(붕괴) : 허물어져 무너짐

191 巧

工　총5획　3급Ⅱ

장인(工)의 솜씨가 **공교함**

- 훈 공교할
- 음 교

巧妙(교묘) 巧敏(교민) 技巧(기교) 精巧(정교)
奸巧(간교) 巧言令色(교언영색)71

巧妙(교묘) : 썩 잘 되고 묘함
精巧(정교) : 정밀하고 교묘함

192 交

亠　총6획　6급

두(亠) 아버지(父)가 **사귄다.**

- 훈 사귈
- 음 교

交際(교제) 交換(교환) 交通(교통) 絕交(절교)
金蘭之交(금란지교)93 交涉團體(교섭단체)

交際(교제) : 서로 사귐
絕交(절교) : 서로 사귐을 끊음, 헤어짐

193 郊

阝(邑)　총9획　3급

고을(阝) 밖에서 사귈(交)만한 곳은 **들**판뿐이다.

- 훈 들
- 음 교

近郊(근교) 郊外(교외) 郊餞(교전)

近郊(근교) : 도시 가까운 주변
郊餞(교전) : 교외나 성문 밖에 나가 사람을 전송함

194 校

木　총10획　8급

나무(木)를 엇갈려(交) 만든 책상이 있는 **학교**

- 훈 학교
- 음 교 :

學校(학교) 校長(교장) 校監(교감) 校服(교복)
校歌(교가) 校庭(교정) 校則(교칙)

學校(학교) : 학생을 가르치는 교육 기관
校歌(교가) : 교육 정신을 담은 학교를 대표하는 노래

195 教

攵(攴)　총11획　8급

효(孝)는 때려서(攵) **가르칠** 수 있는 것이 아니다.

- 훈 가르칠
- 음 교 :

教授(교수) 教育(교육) 教訓(교훈) 教鍊(교련)
教皇(교황) 殉教(순교) 教生實習(교생실습)

教授(교수) : 대학의 교원으로 학술이나 기예를 가르침
殉教(순교) : 자기가 믿는 종교를 위해 목숨을 바침

196 絞

糸　총12획　2급

끈(糸)으로 묶어(交) **목매다.**

- 훈 목맬
- 음 교

絞殺(교살) 絞首臺(교수대)
絞死(교사) 絞首刑(교수형)

絞殺(교살) : 목을 졸라 죽임
絞死(교사) : 목을 매어 죽음

197 較

車　총13획　3급Ⅱ

엇갈린(交) 수레(車)를 서로 **견주다.**

- 훈 견줄
- 음 교

比較(비교) 日較差(일교차)
較差(교차) 比較評價(비교평가)

比較(비교) : 둘 이상을 견주어 공통점과 차이점 등을 살피는 것
較差(교차) : 기온 등에 있어서, 일정 기간 동안의 최고와 최저 차

198 僑

亻(人)　총14획　2급

사람(亻)은 높은(喬) 곳에 **더부살이**를 한다.

- 훈 더부살이
- 음 교

僑胞(교포) 僑民(교민) 華僑(화교)
在美僑胞(재미교포) 在日僑胞(재일교포)

僑胞(교포) : 외국에 살고 있는 동포
華僑(화교) : 해외에서 정주하고 있는 중국사람

199 膠

月(肉)　총15획　2급

달빛(月)이 들어오고 바람(翏)이 들어오는 창문을 **아교**로 막는다.

- 훈 아교
- 음 교

阿膠(아교) 膠着(교착) 膠沙(교사)

阿膠(아교) : 쇠가죽을 진하게 고아 굳힌 접착제
膠着(교착) : 단단히 달라붙음

200 橋

木　총16획　5급

높은(喬) 곳에 나무(木)로 **다리**를 놓다.

- 훈 다리
- 음 교

橋梁(교량) 橋脚(교각) 鐵橋(철교) 假橋(가교)
漢江大橋(한강대교) 陸橋(육교) 橋頭堡(교두보)

鐵橋(철교) : 철로 놓은 다리
假橋(가교) : 임시로 놓은 다리

---

201 | 矢 총17획 | **3급**

矯

화살(矢)을 높이(喬) 쓰기 위해 **바로잡다.**

矯

훈 바로잡을
음 교:

矯導所(교도소) 矯導官(교도관) 矯正(교정)
矯角殺牛(교각살우)70

矯導所(교도소) : 죄를 지은 수형자를 수용하는 기관
矯正(교정) : 좋지 않은 버릇이나 결점 등을 바로 잡음

---

202 | 乙 총2획 | **8급**

九

열(十)에서 하나(一)를 구부리니 **아홉**

九

훈 아홉
음 구

九泉(구천) 九重宮闕(구중궁궐) 九官鳥(구관조)
十中八九(십중팔구) 九死一生(구사일생)78

九泉(구천) : 죽은 뒤 넋이 가는 곳, 땅 속
九官鳥(구관조) : 찌르레기과의 새로 사람 말 흉내를 잘 냄

---

203 | 口 총3획 | **7급**

口

벌린 **입**의 모양을 본 뜻 글자

口

훈 입
음 구(:)

口頭(구두) 口腔(구강) 口號(구호) 口傳(구전)
窓口(창구) 港口(항구) 異口同聲(이구동성)423

口頭(구두) : 마주 대해 입으로 하는 말
港口(항구) : 해안에 배를 댈 수 있게 설치한 곳

---

204 | ノ 총3획 | **3급Ⅱ**

久

지팡이(ノ)를 짚은 사람(人)은 **오래된 사람이다.**

久

훈 오랠
음 구:

永久(영구) 悠久(유구) 長久(장구) 耐久性(내구성)
恒久的(항구적) 持久力(지구력)

永久(영구) : 끝없이 오램
悠久(유구) : 연대가 길고 오램

---

205 | 一 총5획 | **3급Ⅱ**

丘

나무를 모두(一) 베니(斤) **언덕**만 남았다.

丘

훈 언덕
음 구

丘陵地(구릉지) 比丘尼(비구니) 靑丘永言(청구영언)
首丘初心(수구초심)313

丘陵地(구릉지) : 언덕땅
比丘尼(비구니) : 출가하여 불문에 든 여승

---

206 | 口 총5획 | **4급Ⅱ**

句

입(口)을 쌀(勹)만큼 많은 **글귀**

句

훈 글귀
음 구

句文(구문) 句節(구절) 警句(경구) 詩句(시구)
句讀點(구두점) 美辭麗句(미사여구)

句文(구문) : 귀글
詩句(시구) : 시의 구절

---

207 | 水 총7획 | **4급Ⅱ**

求

한 방울(丶)의 물(水)도 **구할 수 없다.**

求

훈 구할
음 구

求職(구직) 求愛(구애) 求乞(구걸) 促求(촉구)
刻舟求劍(각주구검)6 渴求(갈구) 求人難(구인난)

求職(구직) : 직장을 구함
渴求(갈구) : 몹시 애타게 구하는 것

---

208 | 穴 총7획 | **4급Ⅱ**

究

구덩이(穴) 아홉(九) 개를 **연구하다.**

究

훈 연구할
음 구

研究(연구) 探究(탐구) 講究(강구) 窮究(궁구)
學究熱(학구열) 研究所(연구소)

研究(연구) : 깊이 조사하여 밝힘
探究(탐구) : 더듬어 찾아 구함

---

209 | 八 총8획 | **5급Ⅱ**

具

돈(貝)을 모두(一) **갖추다.**

具

훈 갖출
음 구(:)

家具(가구) 器具(기구) 道具(도구) 裝身具(장신구)
文房具(문방구) 具備書類(구비서류)

家具(가구) : 집안 살림에 쓰는 온갖 세간
器具(기구) : 구조나 조작 따위가 간단한 기계

---

210 | ++(艸) 총9획 | **3급**

苟

초(++)야에 묻혀 글귀(句)만 읽으며 **진실 되게 살아간다.**

苟

훈 진실로
음 구

苟免(구면) 苟且(구차) 苟安(구안)

苟免(구면) : 간신히 액을 벗어남
苟且(구차) : 몹시 가난하고 궁색함

211 拘 扌(手) 총8획 3급Ⅱ

좋은 글귀(句)는 손(扌)으로 **잡는다.**

훈 잡을
음 구

拘束(구속) 拘禁(구금) 拘留(구류) 拘引(구인)
拘置所(구치소) 拘束搜査(구속수사)

拘束(구속) : 자유를 억제함
拘留(구류) : 잡아서 가둠

212 狗 犭(犬) 총8획 3급

개(犭)가 구부리고(句) 앉아 있다.

훈 개
음 구

白狗(백구) 黃狗(황구) 狗疫(구역) 狗糞(구분)
羊頭狗肉(양두구육)354 泥田鬪狗(이전투구)429

黃狗(황구) : 털빛이 누런 개
狗疫(구역) : 개가 앓는 돌림병

213 俱 亻(人) 총10획 3급

사람(亻)이 의관을 갖추고(具) **함께** 행동한다.

훈 함께
음 구

不俱戴天(불구대천)250 俱現(구현) 俱樂部(구락부)
俱存(구존) 玉石俱焚(옥석구분)386

俱現(구현) : 내용이 모조리 들어남
俱存(구존) : 부모가 모두 살아 계심

214 區 匸 총11획 6급

상자(匸)에 물건(品)들을 **구역**별로 나눠 놓다.

훈 구역
음 구

區域(구역) 區劃(구획) 區別(구별) 區分(구분)
區廳(구청) 商業地區(상업지구)

區域(구역) : 일정한 기준에 의해 나눠놓은 범위나 지역
區劃(구획) : 경계를 갈라 정함, 또는 그 구역

215 球 王(玉) 총11획 6급Ⅱ

왕(王)이 찾고자 구한(求) 것은 **공(구슬)**이었다.

훈 공
음 구

地球(지구) 眼球(안구) 電球(전구) 排球(배구)
球技種目(구기종목) 蹴球(축구) 赤血球(적혈구)

地球(지구) : 우리가 살고 있는 땅덩어리, 행성
蹴球(축구) : 발로 공을 차면서 골대 안에 넣는 경기, 시합

216 救 攵(攴) 총11획 5급

약초를 구해(求) 빻아서(攵) 환자를 **구원한다.**

훈 구원할
음 구:

救援(구원) 救出(구출) 救濟(구제) 救急車(구급차)
救世主(구세주) 救命運動(구명운동)

救援(구원) : 어려움에 빠진 사람을 도와서 구해줌
救出(구출) : 위험한 상태에서 구해냄

217 構 木 총14획 4급

나무(木) 덩굴이 우물(井) 주위를 거듭(再) **얽어맸다.**

훈 얽을
음 구

構成(구성) 構想(구상) 構築(구축) 虛構(허구)
意識構造(의식구조) 機構(기구) 構造物(구조물)

構成(구성) : 여러 부분이나 요소들을 모아서 일정한 전체를 짜 이룸
虛構(허구) : 실제로 있음직한 일이나 사실이 아닌 일을 얽어서 꾸밈

218 歐 欠 총15획 2급

내 거처(區)가 부족해(欠) **유럽** 지역을 치다.

훈 구라파
칠
음 구

東歐(동구) 歐羅巴(구라파) 歐美(구미)
西歐列強(서구열강)

歐羅巴(구라파) : 유럽의 음역
歐美(구미) : 유럽과 미국

219 舊 臼 총18획 5급Ⅱ

풀(艹)밭에 새(隹)가 놀고, 절구(臼)질하던 그 **옛날**

훈 예
음 구:

親舊(친구) 舊面(구면) 舊式(구식) 復舊(복구)
舊石器(구석기) 送舊迎新(송구영신)310

親舊(친구) : 오래 두고 가깝게 사귄 벗
舊面(구면) : 이전부터 알고 있는 사람

220 購 貝 총17획 2급

가뭄에 돈(貝)을 주고 우물(井)물을 거듭(再)해 **사다.**

훈 살
음 구

購買(구매) 購入(구입) 購讀(구독) 購販場(구판장)

購買(구매) : 물건을 삼
購讀(구독) : 책, 신문, 잡지 등을 사서 읽는 것

221 忄(心) 총21획 — 3급

懼

- 훈 두려워할
- 음 구

속마음(忄)이 놀라서(瞿) 두려워하다.

悚懼(송구) 疑懼(의구) 危懼(위구)

悚懼(송구) : 두려워서 마음이 몹시 거북함
疑懼(의구) : 의심하여 두려워함

---

222 馬 총21획 — 3급

驅

- 훈 몰
- 음 구

말(馬)을 한 지역(區)으로 몬다.

驅迫(구박) 驅步(구보) 驅使(구사) 先驅者(선구자)
驅逐艦(구축함) 乘勝長驅(승승장구)326

驅迫(구박) : 못 견디게 학대함
驅步(구보) : 빠른 걸음걸이

---

223 鳥 총22획 — 2급

鷗

- 훈 갈매기
- 음 구

바닷가 지역(區)에 모여 사는 새(鳥) 갈매기

鷗鷺(구로) 白鷗(백구) 海鷗(해구) 狎鷗亭(압구정)

鷗鷺(구로) : 갈매기와 해오라기
海鷗(해구) : 바닷가에 있는 갈매기

---

224 龜 총16획 — 3급

龜

- 훈 1)땅이름 2)거북 3)터질
- 음 1)구 2)귀 3)균

거북의 모양을 본뜬 글자

龜裂(균열) 龜鑑(귀감) 龜尾市(구미시)
龜甲(귀갑)

龜裂(균열) : 거북등의 무늬처럼 갈라져서 터진 자리(틈)
龜鑑(귀감) : 사물의 본보기

---

225 尸 총7획 — 5급Ⅱ

局

- 훈 판
- 음 국

전염병이 돌아 주검(尸)이 마을입구(口)에 쌓일(勹) 판이다.

局面(국면) 局長(국장) 亂局(난국) 破局(파국)
郵遞局(우체국) 藥局(약국) 電話局(전화국)

局面(국면) : 일이 되어 나가는 상태 또는 그 장면
破局(파국) : 판국이 결딴나서 해결 됨

---

226 ++(艸) 총12획 — 3급Ⅱ

菊

- 훈 국화
- 음 국

쌀(米)처럼 생긴 꽃잎이 풀(++)에 쌓인(勹) 것 같은 국화

菊花(국화) 黃菊(황국) 水菊(수국)
霜菊(상국) 菊判(국판)

菊花(국화) : 엉거시과의 다년생 풀
黃菊(황국) : 노란 국화

---

227 口 총11획 — 8급

國

- 훈 나라
- 음 국

백성(口)들이 함께(一) 창(戈)을 들고 에워싸(口) 지키는 나라

國家(국가) 國語(국어) 國民(국민) 國軍(국군)
大韓民國(대한민국) 國會(국회) 國慶日(국경일)

國民(국민) : 한 나라의 통치권 아래 그 국적을 가지고 있는 인민
國軍(국군) : 나라의 군대

---

228 口 총7획 — 4급

君

- 훈 임금
- 음 군

온 백성(口)을 다스리는(尹) 임금

君主(군주) 君臨(군림) 暴君(폭군) 聖君(성군)
君臣有義(군신유의) 郎君(낭군) 四君子(사군자)

君主(군주) : 임금, 왕
郎君(낭군) : 젊은 여자가 남편을 정답게 부르는 말

---

229 車 총9획 — 8급Ⅱ

軍

- 훈 군사
- 음 군

전차(車)를 에워싸고(冖) 진군하는 군사들

軍隊(군대) 豫備軍(예비군) 軍歌(군가) 軍人(군인)
軍國主義(군국주의) 白衣從軍(백의종군)233

軍隊(군대) : 일정한 조직 편제를 가진 군인들의 집단
豫備軍(예비군) : 예비병으로 편성된 군대

---

230 阝(邑) 총10획 — 6급

郡

- 훈 고을
- 음 군:

마을(阝)을 다스리는(君) 고을원님

郡廳(군청) 郡守(군수) 郡民(군민) 漢四郡(한사군)

郡廳(군청) : 군의 행정사무를 맡아 보는 관청
郡守(군수) : 한 군의 행정사무를 맡아 보는 으뜸 벼슬

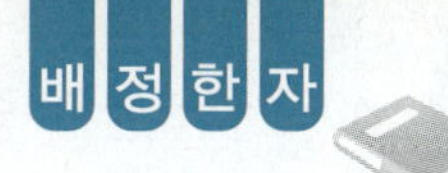

231 羊 총13획 · 4급

群

선한 임금(君)이 양(羊)처럼 순한 **무리**를 이끌다.

- 훈 무리
- 음 군

群衆(군중) 群鷄一鶴(군계일학)[82] 群落(군락)
群雄割據(군웅할거)[83] 群島(군도) 群衆心理(군중심리)

群衆(군중) : 한 곳에 무리지어 모여 있는 사람들
群落(군락) : 많은 부락, 떼, 모인 단체

232 尸 총8획 · 4급

屈

주장(尸)을 내세우기(出) 위해선 때론 **굽힐** 줄도 알아야 한다.

- 훈 굽힐
- 음 굴

屈曲(굴곡) 屈折(굴절) 屈服(굴복) 屈辱(굴욕)
屈指(굴지) 卑屈(비굴) 百折不屈(백절불굴)[234]

屈曲(굴곡) : 이리저리 꺾이고 굽음
卑屈(비굴) : 줏대가 없고 떳떳하지 못함

233 扌(手) 총11획 · 2급

掘

손(扌)을 굽혀(屈) 흙을 **판다**.

- 훈 팔
- 음 굴

發掘(발굴) 盜掘(도굴) 採掘(채굴) 掘穴(굴혈)
掘鑿機(굴착기) 臨渴掘井(임갈굴정)[470]

發掘(발굴) : 땅 속에 묻힌 물건을 파냄
盜掘(도굴) : 무덤이나 문화재 등을 허가 없이 몰래 파냄

234 穴 총13획 · 2급

窟

구멍(穴)을 굽혀(屈) 파내니 **굴**이 나왔다.

- 훈 굴
- 음 굴

洞窟(동굴) 巢窟(소굴) 土窟(토굴) 貧民窟(빈민굴)
石窟庵(석굴암)

洞窟(동굴) : 깊고 넓은 굴
巢窟(소굴) : 좋지 못한 일을 하는 사람들의 활동 근거지

235 弓 총3획 · 3급Ⅱ

弓

가운데가 볼록하게 굽은 **활**의 모양을 본뜬 글자

- 훈 활
- 음 궁

弓手(궁수) 弓道(궁도) 弓術(궁술) 洋弓(양궁)
國弓(국궁) 名弓(명궁) 傷弓之鳥(상궁지조)[295]

弓道(궁도) : 활 쏘는 데 지켜야 할 여러 가지 도의
洋弓(양궁) : 서양 활을 쏘는 시합이나 경기

236 宀 총10획 · 4급Ⅱ

宮

사방이 등뼈처럼(呂) 지붕으로(宀) 둘러싸인 **궁궐** 집

- 훈 집
- 음 궁

宮闕(궁궐) 宮殿(궁전) 宮合(궁합) 古宮(고궁)
迷宮(미궁) 子宮(자궁) 德壽宮(덕수궁)

宮闕(궁궐) : 임금이 거처하는 곳
迷宮(미궁) : 출구를 쉽게 찾을 수 없는 곳

237 穴 총15획 · 4급

窮

구멍(穴)에 몸(身)을 숨긴 채 활(弓)시위를 **끝까지** 다 당겼다.

- 훈 다할
- 궁할
- 음 궁

窮理(궁리) 無窮花(무궁화) 窮極(궁극) 窮塞(궁색)
窮餘之策(궁여지책)[85] 責任追窮(책임추궁)

窮理(궁리) : 좋은 도리를 발견하기 위해 이리저리 생각함
窮極(궁극) : 극도에 달하여 어찌할 수 없음

238 刀 총8획 · 4급

券

검(刀)술을 익힌 장정(夫)이 여러(八)가지 기술을 문서로 남김

- 훈 문서
- 음 권

旅券(여권) 債券(채권) 福券(복권) 食券(식권)
有價證券(유가증권) 馬券(마권) 入場券(입장권)

旅券(여권) : 외국에 여행하는 것을 승인하는 증서
福券(복권) : 제비를 뽑아서 맞으면 일정한 상금을 타게 되는 표

239 已(卩) 총8획 · 4급

卷

사람(夫)이 겪은 여러(八) 일들을 앉아서(已) 들을 수 있는 것은 **책**이다.

- 훈 책
- 음 권

席卷(석권) 壓卷(압권) 通卷(통권)
手不釋卷(수불석권)[314] 卷末附錄(권말부록)

壓卷(압권) : 여러 책 중 가장 잘 된 책
通卷(통권) : 잡지나 책, 신문 등의 권 수에 붙여진 일련 번호

240 手 총10획 · 3급Ⅱ

拳

사내(夫)는 맨 손(手)인 **주먹**으로 싸운다.

- 훈 주먹
- 음 권:

拳鬪(권투) 拳法(권법) 拳銃(권총) 鐵拳(철권)
跆拳道(태권도) 赤手空拳(적수공권)[491]

拳鬪(권투) : 양 손에 글러브를 끼고 링 위에서 주먹으로 싸우는 경기
拳法(권법) : 주먹으로 찌르고 막는 격투법

241　口　총11획　2급

圈
훈 우리
음 권

책(卷)을 둘러 싼(口) **우리**

野圈(야권)　首都圈(수도권)　商圈(상권)
成層圈(성층권)　大氣圈(대기권)　上位圈(상위권)

商圈(상권) : 상업상의 세력 범위
大氣圈(대기권) : 지구 둘레를 싸고 있는 대기의 층

242　力　총20획　4급

勸
훈 권할
음 권:

새(雚)에게 부지런히(力) 일을 하라고 **권하다.**

勸誘(권유)　勸告(권고)　勸奬(권장)
勸告辭職(권고사직)　勸善懲惡(권선징악)88

勸誘(권유) : 상대편이 어떤 일을 하도록 권함
勸告(권고) : 타일러서 하도록 권함

243　木　총22획　4급Ⅱ

權
훈 권세
음 권

나무(木) 위에 앉아 있는 황새(雚)의 **권세**

權勢(권세)　權利(권리)　權力(권력)　權限(권한)
權謀術數(권모술수)86　權益(권익)　默祕權(묵비권)

權勢(권세) : 권력과 세력
默祕權(묵비권) : 자기에게 불리한 발언을 하지 않을 수 있는 권리

244　厂　총12획　3급

厥
훈 그
음 궐

벼랑(厂)을 숨 가쁘게(欮) 올라가는 **그**

厥女(궐녀)　厥角(궐각)　厥尾(궐미)　厥後(궐후)
厥者(궐자)

厥女(궐녀) : 그 여자를 낮춰 부르는 말
厥角(궐각) : 이마를 땅에 대고 절을 함

245　門　총18획　2급

闕
훈 대궐
음 궐

문(門)이 뚫린(欮) **대궐** 안

大闕(대궐)　宮闕(궁궐)　入闕(입궐)　退闕(퇴궐)
補闕選擧(보궐선거)　闕席裁判(궐석재판)

大闕(대궐) : 임금이 거처하는 집
入闕(입궐) : 대궐 안으로 들어감

246　車　총9획　3급

軌
훈 수레바퀴
음 궤

수레(車) 아홉(九)대의 **수레바퀴**

軌道(궤도)　軌跡(궤적)　軌範(궤범)　軌間(궤간)
狹軌(협궤)　無限軌道(무한궤도)

軌道(궤도) : 차가 다니는 길
軌跡(궤적) : 수레바퀴가 지나간 자국

247　鬼　총10획　3급Ⅱ

鬼
훈 귀신
음 귀

도깨비의 모양을 본뜬 글자

鬼神(귀신)　鬼才(귀재)　惡鬼(악귀)　雜鬼(잡귀)
神出鬼沒(신출귀몰)335　魔鬼(마귀)　吸血鬼(흡혈귀)

鬼神(귀신) : 사람의 죽은 넋
鬼才(귀재) : 세상에서 보기 드문 재주나 기술을 가진 사람

248　貝　총12획　5급

貴
훈 귀할
음 귀:

여럿 가운데(中) 하나(一)만 가치(貝)있고 **귀하다.**

貴族(귀족)　貴賓(귀빈)　貴賤(귀천)　稀貴(희귀)
富貴榮華(부귀영화)　珍貴(진귀)　貴重品(귀중품)

貴族(귀족) : 신분이 높고 가문이 좋은 사람
稀貴(희귀) : 드물어 매우 귀함

249　止　총18획　4급

歸
훈 돌아갈
음 귀

언덕(阜)처럼 쌓인 쓰레기를 보곤 비(帚)질을 하다
말고(止) **돌아가다.**

歸鄕(귀향)　歸省(귀성)　歸農(귀농)
事必歸正(사필귀정)279　歸順勇士(귀순용사)

歸鄕(귀향) : 고향으로 돌아감
歸省(귀성) : 객지에서 부모를 뵈러 돌아감

250　口　총5획　3급

叫
훈 부르짖을
음 규

입(口)이 엉켜(丩) 크게 **부르짖다.**

絶叫(절규)　阿鼻叫喚(아비규환)343

絶叫(절규) : 힘을 다 하여 부르짖음

251 糸 총8획 3급

糾

실(糸)이 엉키듯(丩) **얽혀있다.**

糾

- 훈 얽힐
- 음 규

糾明(규명) 勞使紛糾(노사분규) 糾合(규합)
糾彈大會(규탄대회)

糾明(규명) : 자세히 캐고 따져 사실을 밝힘
糾合(규합) : 어떤 일을 꾸미려고 세력이나 사람들을 한 데 끌어 모음

252 見 총11획 5급

規

사내(夫)가 세상을 바르게 보려면(見) **법을 잘 따라야 한다.**

規

- 훈 법
- 음 규

法規(법규) 規範(규범) 規約(규약) 規則(규칙)
規律(규율) 規定(규정) 規格(규격)

法規(법규) : 법률상의 규정
規格(규격) : 판단의 표준이 될 만한 일정한 약속이나 규칙과 격식

253 門 총14획 2급

閨

대문(門) 안의 방(圭) **안방**

閨

- 훈 안방
- 음 규

閨秀(규수) 閨中(규중)
閨房歌詞(규방가사)

閨秀(규수) : 남의 집 처녀를 점잖게 이르는 말
閨中(규중) : 부녀가 거쳐하는 방

254 土 총7획 4급

均

튀어나온 흙(土)덩이를 없애(勿) **고르게 하다.**

均

- 훈 고를
- 음 균

均等(균등) 均衡(균형) 均一(균일) 均排(균배)
不均衡(불균형) 平均(평균) 成均館(성균관)

均等(균등) : 차별 없이 고름
均衡(균형) : 치우침이 없이 고름

255 ++(艸) 총12획 3급

菌

쌀(禾)포대(口)에 풀(++) 같은 **버섯이 피다.**

菌

- 훈 버섯
- 음 균

病菌(병균) 細菌(세균) 殺菌(살균) 大腸菌(대장균)
乳酸菌(유산균) 滅菌(멸균) 菌絲體(균사체)

病菌(병균) : 병을 일으키는 세균
殺菌(살균) : 병원체 등의 미생물들을 죽임

256 儿 총7획 3급Ⅱ

克

오래(古) 참는 사람(儿)이 **이기는 법**

克

- 훈 이길
- 음 극

克服(극복) 克己(극기) 克明(극명)
克己訓鍊(극기훈련) 國難克服(국난극복)

克服(극복) : 싸움에 이겨 적을 복종시킴
克己(극기) : 사욕을 의지로 눌러 이김

257 木 총13획 4급Ⅱ

極

나무(木) 아래서 처음(一) 읽은 글귀(句)를 또(又) 한번(一) **끝까지 읽다.**

極

- 훈 다할
- 음 극

極盡(극진) 極讚(극찬) 極致(극치) 極端(극단)
極樂往生(극락왕생) 窮極(궁극) 太極旗(태극기)

極盡(극진) : 힘이나 마음을 다 함
極致(극치) : 더 갈 수 없는 극단에 이름

258 刂(刀) 총15획 4급

劇

원숭이(虍)가 칼(刂)을 들고 **연극을 하니 심하다.**

劇

- 훈 심할
- 연극
- 음 극

劇場(극장) 劇的(극적) 演劇(연극) 史劇(사극)
連續劇(연속극) 悲劇(비극) 單幕劇(단막극)

劇場(극장) : 연극을 연출하거나 영화를 상영하는 곳
史劇(사극) : 역사극

259 斤 총4획 3급

斤

도끼의 머리와 자루를 본뜬 글자

斤

- 훈 도끼
- 음 근

斤數(근수) 斤量(근량)

斤數(근수) : 근 단위로 된 저울 무게의 셈
斤量(근량) : 저울로 단 무게

260 辶(辵) 총8획 6급

近

도끼(斤)를 들고 뛰어(辶)봐야 **가까운 곳에 있다.**

近

- 훈 가까울
- 음 근:

近處(근처) 近況(근황) 近來(근래) 最近(최근)
近代史(근대사) 附近(부근) 近距離(근거리)

近處(근처) : 가까운 곳
近況(근황) : 최근의 형편

261 木 총10획 6급

根

훈 뿌리
음 근

나무(木)가 머물기(艮) 위해 **뿌리**를 내리다.

根據(근거) 根性(근성) 根幹(근간) 根源(근원)
根本對策(근본대책) 禍根(화근) 根抵當(근저당)

根源(근원) : 사물이 생겨나는 본바탕
禍根(화근) : 재앙을 가져올 근원

262 竹 총12획 4급

筋

훈 힘줄
음 근

살(月)에 붙은 대나무섬유(竹)로 힘(力)을 내는 힘줄

筋肉(근육) 筋力(근력) 鐵筋(철근)
心筋梗塞(심근경색) 筋肉質(근육질)

筋肉(근육) : 사람이나 동물의 몸을 움직이게 하는 기관
筋力(근력) : 근육의 힘

263 亻(人) 총13획 3급

僅

훈 겨우
음 근:

행인(亻)에게 마구 짓밟히는 제비꽃(堇)들은 **겨우** 살아간다.

僅少(근소) 僅僅(근근)
僅僅得生(근근득생)

僅少(근소) : 아주 적어서 얼마 되지 못함
僅僅(근근) : 겨우, 간신히

264 力 총13획 4급

勤

훈 부지런할
음 근(:)

제비꽃(堇)이 힘(力)써 꽃을 피우기 위해서는 **부지런해야** 한다.

勤勉(근면) 出勤(출근) 退勤(퇴근) 夜勤(야근)
勤儉節約(근검절약) 缺勤(결근) 勤勞者(근로자)

勤勉(근면) : 부지런히 노력함
夜勤(야근) : 밤에 하는 일

265 言 총18획 3급

謹

훈 삼갈
음 근:

말(言)은 많이 하지 않고 조금(堇)씩 **삼가야** 한다.

謹嚴(근엄) 謹愼(근신) 謹弔(근조)
謹賀新年(근하신년)

謹嚴(근엄) : 조심성 있고 엄밀함
謹弔(근조) : 삼가 조상함

266 人 총4획 6급Ⅱ

今

훈 이제
음 금

세월이 흐르고 쌓여 **지금**에 이르렀다는 뜻의 한자

今年(금년) 今世紀(금세기) 今週(금주) 昨今(작금)
今時初聞(금시초문)[100] 東西古今(동서고금)

今週(금주) : 이번 주일
昨今(작금) : 어제와 오늘, 요사이

267 金 총8획 8급

金

훈 1)쇠
　 2)성
음 1)금 2)김

산(人) 밑(一) 흙(土) 속에 빛(丷)나는 금(쇠)

金錢(금전) 金庫(금고) 金額(금액) 罰金(벌금)
金剛山(금강산) 金枝玉葉(금지옥엽)[103]

金錢(금전) : 쇠붙이로 만든 돈
罰金(벌금) : 죄를 지은 사람에게 벌로 받는 돈

268 內 총13획 3급Ⅱ

禽

훈 새
음 금

사나운(凶) 짐승(內)을 항상(今) 피해 다녀야 하는 **날짐승(새)**

家禽(가금) 禽獸(금수)
猛禽類(맹금류)

家禽(가금) : 집에서 기르는 날짐승
禽獸(금수) : 날짐승과 길짐승, 모든 짐승

269 王(玉) 총12획 3급Ⅱ

琴

훈 거문고
음 금

항상(今) 구슬과 구슬(王王)이 부딪히는 소리를 내고 있는 **거문고**

風琴(풍금) 心琴(심금) 洋琴(양금) 伽倻琴(가야금)

風琴(풍금) : 오르간의 역어
心琴(심금) : 어떠한 자극을 받아 울리는 마음을 거문고에 비유한 말

270 示 총13획 4급Ⅱ

禁

훈 금할
음 금:

오염되지 않은 밀림(林)이 널리 알려지는(示) 것을 **금한다.**

禁煙(금연) 禁慾(금욕) 禁酒(금주) 監禁(감금)
軟禁(연금) 出入禁止(출입금지)

禁慾(금욕) : 욕망이나 감정을 억제함
監禁(감금) : 몸을 가두어 자유를 구속함

ㄱ

---

271 金　총16획　　3급Ⅱ

錦

금빛(金)나는 천(帛)은 비단

錦

훈 비단
음 금:

錦衾(금금) 錦袈(금가)

錦袈(금가) : 비단으로 만든 가사

---

272 又　총4획　　3급Ⅱ

及

앞사람(人)을 다시(又) 따라잡아 실력이 그에 **미치다**.

及

훈 미칠
음 급

言及(언급) 後悔莫及(후회막급) 波及(파급)
壯元及第(장원급제)

言及(언급) : 어떤 일에 관련하여 말함
波及(파급) : 어떠한 일의 여파나 영향이 미치는 범위가 차차 넓어짐

---

273 心　총9획　　6급Ⅱ

急

빨리 이르려고(及) 하는 마음(心)이 **급하다**.

急

훈 급할
음 급

急增(급증) 急減(급감) 急錢(급전) 急流(급류)
危急(위급) 火急(화급) 救急車(구급차)

急增(급증) : 급히 늘어남
急流(급류) : 물이 급한 속도로 흐름

---

274 糸　총10획　　6급

級

매우 적은(糸) 지위에 이르기(及) 위해서는 **등급**을 높여야 한다.

級

훈 등급
음 급

級友(급우) 級數(급수) 等級(등급) 階級(계급)
高級(고급) 學級(학급) 留級(유급) 職級(직급)

級友(급우) : 같은 학급에서 배우는 벗
級數(급수) : 기술에 의한 등급

---

275 糸　총12획　　5급

給

실(糸)을 전부 모아서(合) **준다**.

給

훈 줄
음 급

給與(급여) 給食(급식) 供給(공급) 發給(발급)
補給路(보급로) 配給(배급) 給油機(급유기)

給與(급여) : 회사 등에서 근무자에게 주는 수당이나 급료
發給(발급) : 증명서 따위를 내어 줌

---

276 月(肉)　총8획　　3급

肯

일을 그치니(止) 몸(月)이 즐거워진다.

肯

훈 즐길
음 긍:

肯諾永生(긍락영생) 肯定(긍정) 肯志(긍지)
首肯(수긍) 肯定的(긍정적)

肯定(긍정) : 그렇다고 인정함
肯志(긍지) : 찬성하는 뜻

---

277 己　총3획　　5급Ⅱ

己

구부린 **몸**의 모양을 본뜬 글자

己

훈 몸
음 기

自己(자기) 知己(지기) 克己(극기)

自己(자기) : 제 몸, 자신

---

278 人　총6획　　3급Ⅱ

企

사람(人)은 즐거워지기 위해 일을 그칠(止) 것만 **꾀한다**.

企

훈 꾀할
음 기

企劃(기획) 企待(기대) 企圖(기도)
企望(기망) 企待難(기대난)

企劃(기획) : 일을 계획함
企待(기대) : 어떠한 일이 이루어지길 바라고 기다림

---

279 心　총7획　　3급

忌

군자는 마음(心)보다 몸(己)이 앞서는 것을 **꺼린다**.

忌

훈 꺼릴
음 기

忌避(기피) 忌日(기일) 忌憚(기탄) 忌中(기중)
禁忌(금기)

忌避(기피) : 꺼리어 피함
忌憚(기탄) : 어렵게 여겨 꺼림

---

280 扌(手)　총7획　　5급

技

물구나무는 손(扌)으로 몸을 지탱(支)하는 **재주**

技

훈 재주
음 기

技能(기능) 技師(기사) 技巧(기교) 競技(경기)
技藝(기예) 技術(기술)

技能(기능) : 기술적인 능력, 재능
競技(경기) : 운동, 기술, 능력 등을 서로 겨루어 승부를 가리는 일

---

281 汽 氵(水) 총7획 5급

훈 김
음 기

증발하는 뜨거운 물(氵)의 기운(气)이 증기(김)의 힘이다.

汽車(기차) 汽笛(기적) 汽筒(기통)

汽車(기차) : 증기의 힘으로 달리는 차
汽笛(기적) : 기관차, 선박 등의 신호 장치

282 奇 大 총8획 4급

훈 기이할
음 기

두루(大) 옳으니(可) 기이하다.

奇蹟(기적) 好奇心(호기심) 奇妙(기묘) 奇襲(기습)
奇想天外(기상천외)106 奇巖怪石(기암괴석)

奇蹟(기적) : 상식적으로는 생각할 수 없는 이상야릇한 일
奇妙(기묘) : 기이하고 신묘함

283 其 八 총8획 3급Ⅱ

훈 그
음 기

여러(八) 개 중 단(甘) 것은 딱 하나(一) 그 것이다.

其他(기타) 其間(기간) 各其(각기)
不知其數(부지기수) 及其也(급기야)

其他(기타) : 그밖에 또 다른 것
各其(각기) : 각각, 저마다

284 祈 示 총9획 3급Ⅱ

훈 빌
음 기

도끼(斤)를 잃고 신(示)에게 빌다.

祈願(기원) 祈禱(기도) 祈求(기구) 祈望(기망)
祈雨祭(기우제)

祈願(기원) : 바라는 일이 이루어지기를 빎
祈望(기망) : 빌고 바람

285 紀 糸 총9획 4급

훈 벼리
음 기

실(糸)로 된 몸통(己)을 가진 그물은 모두 벼리가 있다.

紀綱(기강) 軍紀(군기) 國紀(국기) 西紀(서기)
檀紀(단기) 佛紀(불기) 紀元前(기원전)

紀綱(기강) : 으뜸이 되는 중요한 규율과 질서
軍紀(군기) : 군대의 기율이나 풍기

286 氣 气 총10획 7급Ⅱ

훈 기운
음 기

쌀(米)밥을 먹고 기운(气)을 내다.

氣運(기운) 氣溫(기온) 氣候(기후) 濕氣(습기)
氣高萬丈(기고만장)104 感氣(감기) 無氣力(무기력)

濕氣(습기) : 축축한 기운
感氣(감기) : 추위에 상하여 일어나는 호흡기 계통의 염증성 질환

287 豈 豆 총10획 3급

훈 어찌
음 기

산(山) 아래 콩(豆)이 어찌 자라고 있는가.

豈敢(기감) 豈不(기불) 豈可(기가)

기감(豈敢) : 어찌 감히
기불(豈不) : 어찌 ~ 않으랴

288 起 走 총10획 4급Ⅱ

훈 일어날
음 기

도망가기(走) 위해 몸(己)을 일으키다.

起床(기상) 起立(기립) 起寢(기침) 起案(기안)
起承轉結(기승전결) 起死回生(기사회생)105

起床(기상) : 잠에서 깨어 자리에서 일어남
起立(기립) : 일어나서 섬

289 記 言 총10획 7급Ⅱ

훈 기록할
음 기

말(言)로 몸(己) 상태를 기록한다.

記錄(기록) 記述(기술) 記號(기호) 登記所(등기소)
日記帳(일기장) 暗記(암기) 新記錄(신기록)

記錄(기록) : 사실을 적은 서류나 일기 등과 같은 자료, 또는 사실을 적음
記號(기호) : 어떤 뜻을 나타내는 표나 표시

290 飢 食 총11획 3급

훈 주릴
음 기

음식(食)이 없는 빈 책상(几)만 잡고 있는 굶주린 사람

飢餓(기아) 飢渴(기갈) 飢寒(기한) 虛飢(허기)
療飢(요기)

飢餓(기아) : 굶주림
療飢(요기) : 시장기를 면할 정도로 조금 먹음

---

291 土 총11획 5급Ⅱ

基

그(其) 곳의 땅(土) **터**

基

- 훈 터
- 음 기

基準(기준) 基督敎(기독교) 基盤(기반)
基幹産業(기간산업) 基金(기금) 基礎工事(기초공사)

基準(기준) : 사물의 기본이 되는 표준
基盤(기반) : 사물의 밑바탕, 토대, 기초

---

296 木 총12획 2급

棋

나무(木)판에서 두는 그(其) 것 **바둑**

棋

- 훈 바둑
- 음 기

棋院(기원) 棋譜(기보) 棋士(기사) 棋聖(기성)
速棋(속기) 將棋(장기)

棋院(기원) : 바둑을 즐겨두는 사람이 모이는 곳이나 모임
棋譜(기보) : 바둑 두는 법을 모아서 엮은 책

---

292 宀 총11획 4급

寄

기이한(奇) 문서를 집(宀)에 **부치다.**

寄

- 훈 부칠
- 음 기

寄附(기부) 寄與(기여) 寄贈(기증) 寄稿(기고)
寄生蟲(기생충) 寄託(기탁) 寄宿舍(기숙사)

寄附(기부) : 공공단체 등에 무상으로 돈이나 물품을 내어 놓는 것
寄贈(기증) : 금품이나 물품 등을 타인에게 줌

---

297 欠 총12획 3급

欺

그(其)것이 부족한(欠) 이유는 분량을 **속였기** 때문이다.

欺

- 훈 속일
- 음 기

欺瞞(기만) 欺罔(기망)
詐欺罪(사기죄)

欺瞞(기만) : 남을 그럴듯하게 속여 넘김
欺罔(기망) : 기만

---

293 无 총11획 3급

旣

낟알(皀)조차 목이 멜(无) 만큼 **이미** 가득 찼다.

旣

- 훈 이미
- 음 기

旣存(기존) 旣得權(기득권) 旣婚(기혼)
旣決囚(기결수) 旣往之事(기왕지사)

旣存(기존) : 이미 존재함
旣婚(기혼) : 이미 결혼함

---

298 月 총12획 5급

期

그(其) 달(月)을 보고 미래를 **기약한다.**

期

- 훈 기약할
- 음 기

期約(기약) 期間(기간) 滿期(만기) 延期(연기)
思春期(사춘기) 早期敎育(조기교육)

期約(기약) : 시간을 정하고 약속함
滿期(만기) : 기한이 다 참

---

294 木 총12획 3급

棄

마늘 모(厶)와 잎 엽(葉)의 합자

棄

- 훈 버릴
- 음 기

抛棄(포기) 廢棄(폐기) 棄却(기각) 棄權(기권)
自暴自棄(자포자기)484 職務遺棄(직무유기)

抛棄(포기) : 하던 일을 중간에 그만 둠
棄權(기권) : 권리를 버리고 행사하지 않음

---

299 方 총14획 7급

旗

사방(方)으로 사람(人)들이 그(其)곳임을 알 수 있게 **깃발**을 세우다.

旗

- 훈 깃발
- 음 기

國旗(국기) 靑旗(청기) 白旗(백기) 軍旗(군기)
太極旗(태극기) 弔旗(조기) 萬國旗(만국기)

國旗(국기) : 나라를 상징하는 기
軍旗(군기) : 군대 각 단위의 부대를 상징하는 기

---

295 幺 총12획 3급

幾

창(戈)을 든 작고(幺) 어린(幺) 병사(人)는 **몇** 인지 **기미**를 살핀다.

幾

- 훈 몇
  기미
- 음 기

幾日(기일) 幾死之境(기사지경) 幾微(기미)
幾度(기도) 幾許(기허)

幾日(기일) : 며칠
幾微(기미) : 앞일에 대한 막연한 짐작이나 상태, 낌새

---

300 田 총15획 3급Ⅱ

畿

창(戈)을 들고 작고(幺) 조그만(幺) 밭(田)을 한 치라도 더 뺏기 위해 싸우는 **경기**

畿

- 훈 경기
- 음 기

畿內(기내) 京畿道(경기도)
畿甸(기전) 畿湖地方(기호지방)

畿內(기내) : 수도에 가깝게 있는 행정 구역
畿甸(기전) : 기내

301 器

口　총16획　　4급Ⅱ

개고기(犬)를 네 명의 입(口)에 맞게 나눠 담은 **그릇**

- 훈 그릇
- 음 기

器械(기계) 陶磁器(도자기) 器具(기구)
器量(기량) 武器(무기) 大器晩成(대기만성)143

陶磁器(도자기) : 질그릇, 오지그릇, 사기그릇을 총칭해 부르는 말

302 機

木　총16획　　4급

나무(木) 몇(幾) 개로 만든 **틀**

- 훈 틀
- 음 기

自動販賣機(자동판매기) 機械(기계) 飛行機(비행기)
機能(기능) 時機尙早(시기상조)

飛行機(비행기) : 공중에 떠서 날아다니는 탈 것
機能(기능) : 기관이 기관으로 작용할 수 있는 능력이나 작용

303 騎

馬　총18획　　3급Ⅱ

말(馬)은 갑자기(奇) **타면** 위험하다.

- 훈 말탈
- 음 기

騎手(기수) 騎兵隊(기병대) 騎馬隊(기마대)
騎士道(기사도) 騎士(기사) 騎虎之勢(기호지세)109

騎兵隊(기병대) : 기병으로 편성된 군대
騎馬隊(기마대) : 말을 타는 경관이나 군인으로 편성된 부대

304 緊

糸　총14획　　3급Ⅱ

신하(臣)들이 다시(又) 실(糸)처럼 뭉칠 만큼 **긴박한 순간**

- 훈 긴할
- 음 긴

緊張(긴장) 緊急(긴급) 緊要(긴요) 要緊(요긴)
緊縮財政(긴축재정) 緊密(긴밀) 緊迫感(긴박감)

緊張(긴장) : 어떤 상황에서 몸이 떨리거나 굳어 흥분된 상태가 지속됨
要緊(요긴) : 중요하고도 꼭 필요함

305 吉

口　총6획　　5급

선비(士)가 말(口)로 할 만큼 **좋은(길한)** 것

- 훈 길할
- 음 길

吉鳥(길조) 吉祥文(길상문) 吉夢(길몽)
立春大吉(입춘대길) 吉日(길일) 吉凶禍福(길흉화복)

吉鳥(길조) : 좋은 징조를 미리 알려주는 새, 까치 따위
吉夢(길몽) : 좋은 일이 생길 징조의 꿈

306 那

阝(邑)　총7획　　3급

칼(刀) 두(二) 개로 고을(阝)을 **어찌** 지키나.

- 훈 어찌
- 음 나:

刹那(찰나) 那落(나락) 那邊(나변)

刹那(찰나) : 극히 짧은 시간
那落(나락) : 지옥, 구원할 수 없는 마음의 구렁텅이

307 諾

言　총16획　　3급Ⅱ

말(言)들이 같아(若) **허락하다.**

- 훈 허락할
- 음 낙

承諾(승낙) 許諾(허락) 受諾(수락) 應諾(응낙)
唯唯諾諾(유유낙낙)

承諾(승낙) : 청하는 바를 들어줌
應諾(응낙) : 응하여 승낙함

308 暖

日　총13획　　4급Ⅱ

해(日)를 끌어(爰)당기니 **따뜻하다.**

- 훈 따뜻할
- 음 난:

暖流(난류) 暖冬(난동) 寒暖(한난)
異常暖冬(이상난동) 溫暖化(온난화)

暖流(난류) : 온도가 높은 해류
暖冬(난동) : 따뜻한 겨울

309 難

隹　총19획　　4급Ⅱ

깊은(八) 진흙(堇) 속에 빠진 새(隹)는 빠져 나오기 **어렵다.**

- 훈 어려울
- 음 난(:)

難堪(난감) 求人難(구인난) 難關(난관) 險難(험난)
進退兩難(진퇴양난)534 難攻不落(난공불락)112

難堪(난감) : 견디어 내기 어려움
險難(험난) : 위험하고 어려움

310 男

田　총7획　　7급Ⅱ

밭(田)을 이고 힘(力)쓰는 **사내**

- 훈 사내
- 음 남

男便(남편) 男兒(남아) 次男(차남) 得男(득남)
善男善女(선남선녀) 男尊女卑(남존여비)

男便(남편) : 아내의 배우자
男兒(남아) : 사내아이

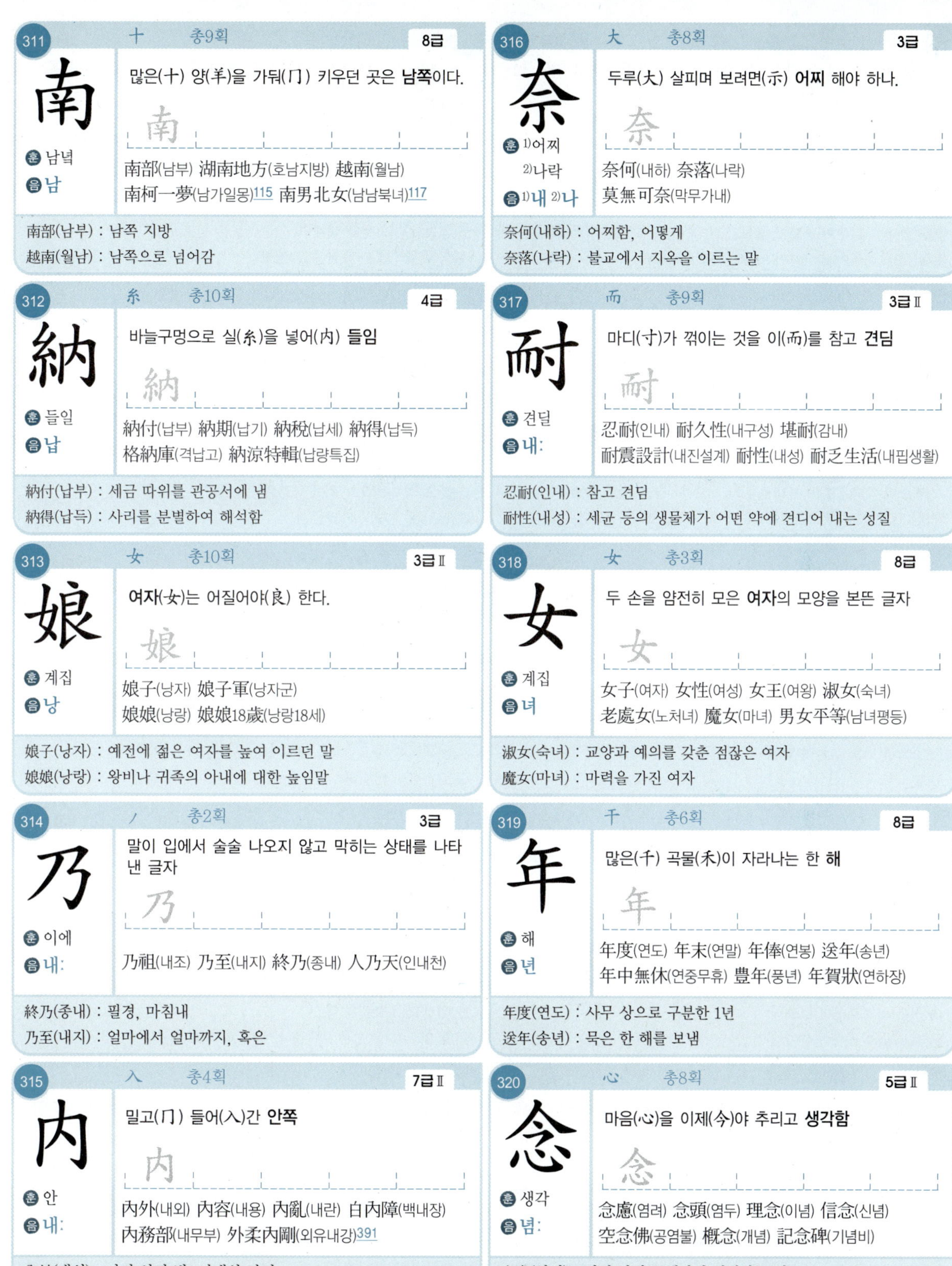

311 十 총9획 8급

南

많은(十) 양(羊)을 가둬(冂) 키우던 곳은 **남쪽**이다.

훈 남녘
음 남

南部(남부) 湖南地方(호남지방) 越南(월남)
南柯一夢(남가일몽)115 南男北女(남남북녀)117

南部(남부) : 남쪽 지방
越南(월남) : 남쪽으로 넘어감

---

312 糸 총10획 4급

納

바늘구멍으로 실(糸)을 넣어(内) 들임

훈 들일
음 납

納付(납부) 納期(납기) 納稅(납세) 納得(납득)
格納庫(격납고) 納涼特輯(납량특집)

納付(납부) : 세금 따위를 관공서에 냄
納得(납득) : 사리를 분별하여 해석함

---

313 女 총10획 3급Ⅱ

娘

여자(女)는 어질어야(良) 한다.

훈 계집
음 낭

娘子(낭자) 娘子軍(낭자군)
娘娘(낭랑) 娘娘18歲(낭랑18세)

娘子(낭자) : 예전에 젊은 여자를 높여 이르던 말
娘娘(낭랑) : 왕비나 귀족의 아내에 대한 높임말

---

314 ノ 총2획 3급

乃

말이 입에서 술술 나오지 않고 막히는 상태를 나타낸 글자

훈 이에
음 내:

乃祖(내조) 乃至(내지) 終乃(종내) 人乃天(인내천)

終乃(종내) : 필경, 마침내
乃至(내지) : 얼마에서 얼마까지, 혹은

---

315 入 총4획 7급Ⅱ

内

밀고(冂) 들어(入)간 안쪽

훈 안
음 내:

内外(내외) 内容(내용) 内亂(내란) 白内障(백내장)
内務部(내무부) 外柔内剛(외유내강)391

内外(내외) : 나라 안과 밖, 아내와 남편
内亂(내란) : 나라 안의 정권 다툼이나 싸움, 반란

---

316 大 총8획 3급

奈

두루(大) 살피며 보려면(示) **어찌** 해야 하나.

훈 1)어찌
2)나라
음 1)내 2)나

奈何(내하) 奈落(나락)
莫無可奈(막무가내)

奈何(내하) : 어찌함, 어떻게
奈落(나락) : 불교에서 지옥을 이르는 말

---

317 而 총9획 3급Ⅱ

耐

마디(寸)가 꺾이는 것을 이(而)를 참고 **견딤**

훈 견딜
음 내:

忍耐(인내) 耐久性(내구성) 堪耐(감내)
耐震設計(내진설계) 耐性(내성) 耐乏生活(내핍생활)

忍耐(인내) : 참고 견딤
耐性(내성) : 세균 등의 생물체가 어떤 약에 견디어 내는 성질

---

318 女 총3획 8급

女

두 손을 얌전히 모은 **여자**의 모양을 본뜬 글자

훈 계집
음 녀

女子(여자) 女性(여성) 女王(여왕) 淑女(숙녀)
老處女(노처녀) 魔女(마녀) 男女平等(남녀평등)

淑女(숙녀) : 교양과 예의를 갖춘 점잖은 여자
魔女(마녀) : 마력을 가진 여자

---

319 干 총6획 8급

年

많은(千) 곡물(禾)이 자라나는 한 **해**

훈 해
음 년

年度(연도) 年末(연말) 年俸(연봉) 送年(송년)
年中無休(연중무휴) 豊年(풍년) 年賀狀(연하장)

年度(연도) : 사무 상으로 구분한 1년
送年(송년) : 묵은 한 해를 보냄

---

320 心 총8획 5급Ⅱ

念

마음(心)을 이제(今)야 추리고 **생각함**

훈 생각
음 념

念慮(염려) 念頭(염두) 理念(이념) 信念(신념)
空念佛(공염불) 槪念(개념) 記念碑(기념비)

念慮(염려) : 여러 가지로 헤아려 걱정하는 것
理念(이념) : 이성에 의해 얻어지는 최고의 개념

321 寧

ᅩ 총14획 — 3급Ⅱ

집(ᅩ)안의 그릇(皿)이 성하니(丁) 마음(心)이 편안하다.

- 훈 편안할
- 음 녕

安寧(안녕) 康寧(강녕) 寧樂(영락) 遼寧(요령)

安寧(안녕) : 걱정이나 탈이 없음
康寧(강녕) : 몸이 건강하여 마음이 편안함

322 奴

女 총5획 — 3급Ⅱ

계속(又) 일만 하는 여자(女)는 종이다.

- 훈 종
- 음 노

奴婢(노비) 奴隷(노예) 官奴(관노) 守錢奴(수전노)
賣國奴(매국노) 奴隷解放(노예해방)

奴婢(노비) : 계집종과 사내종
守錢奴(수전노) : 돈을 지나치게 아끼고 쓸 줄 모르는 사람

323 努

力 총7획 — 4급Ⅱ

종(奴)이 힘(力)써 일하다.

- 훈 힘쓸
- 음 노

努力(노력) 努肉(노육)

努力(노력) : 힘을 들여 일함
努肉(노육) : 군더더기 궂은 살

324 怒

心 총9획 — 4급Ⅱ

종(奴)처럼 부리니 마음(心)이 안 좋아 성이 난다.

- 훈 성낼
- 음 노:

憤怒(분노) 激怒(격노) 震怒(진노) 怒髮(노발)
喜怒哀樂(희로애락) 疾風怒濤(질풍노도)

憤怒(분노) : 분하여 성을 냄
怒髮(노발) : 몹시 노하여 일어선 머리카락

325 農

辰 총13획 — 7급Ⅱ

허리를 구부리고(曲) 별(辰)을 보며 일해야 하는 농사

- 훈 농사
- 음 농

農事(농사) 農藥(농약) 歸農(귀농) 離農(이농)
農機械(농기계) 農業協同組合(농업협동조합)

農事(농사) : 논밭에서 농작물을 심고, 가꾸고 거두어들이는 일
離農(이농) : 농민이 농사를 관두고 떠나는 것

326 濃

氵(水) 총16획 — 2급

물(氵)이 적절하면 농사(農)가 잘 되어 농작물이 짙다.

- 훈 짙을
- 음 농

濃度(농도) 濃淡(농담) 濃縮(농축) 濃厚(농후)
濃霧(농무)

濃度(농도) : 기체나 액체의 진하고 묽은 정도
濃淡(농담) : 짙음과 옅음 그 정도

327 惱

忄(心) 총12획 — 3급

머리(ᅩ)에 흉한(凶) 생각이 가득 흐르니(巛) 마음(忄)이 번뇌에 휩싸여있다.

- 훈 번뇌할
- 음 뇌

苦惱(고뇌) 惱殺(뇌쇄)
百八煩惱(백팔번뇌)237

苦惱(고뇌) : 몸과 마음이 괴로움
惱殺(뇌쇄) : 몹시 괴롭힘

328 腦

月(肉) 총13획 — 3급Ⅱ

몸(月)과 머리(ᅩ)에 흉한(凶) 생각이 가득 흐르는(巛) 것은 뇌

- 훈 골
  뇌
- 음 뇌

頭腦(두뇌) 洗腦(세뇌) 腦裏(뇌리) 腦炎(뇌염)
腦出血(뇌출혈) 腦卒中(뇌졸중) 首腦部(수뇌부)

洗腦(세뇌) : 사고방식을 개조하는 것을 말함
腦裏(뇌리) : 머릿속

329 尿

尸 총7획 — 2급

인체(尸)에서 나오는 물(水) 오줌

- 훈 오줌
- 음 뇨

糞尿(분뇨) 放尿(방뇨) 尿道(요도) 糖尿病(당뇨병)
利尿劑(이뇨제) 泌尿器科(비뇨기과)

放尿(방뇨) : 오줌을 눔
尿道(요도) : 광에 괸 오줌을 몸 밖으로 내보내는 관

330 能

月(肉) 총10획 — 5급Ⅱ

내(厶) 몸(月)은 비수(匕匕)들을 다루는 데 능숙하다.

- 훈 능할
- 음 능

能熟(능숙) 能通(능통) 能動(능동) 能率的(능률적)
放射能(방사능) 超能力(초능력)

能熟(능숙) : 능하고 익숙함
能通(능통) : 능히 오거나 가거나 함

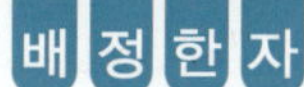

331 尸 총5획 2급

尼
- 훈 여승
- 음 니

인체(尸)를 해할 비수(匕)를 품지 않은 **여승**

比丘尼(비구니)
釋迦牟尼(석가모니)

釋迦牟尼(석가모니) : 불교의 개조, 석가, 부처

332 氵(水) 총8획 3급Ⅱ

泥
- 훈 진흙
- 음 니

비(氵)를 맞은 산(尼)에서 **진흙**이 흘러내린다.

泥土(이토) 雲泥之差(운니지차) 泥醉(이취)

泥土(이토) : 진흙
泥醉(이취) : 술이 몹시 취하여 곤드레만드레함

333 氵(水) 총13획 2급

溺
- 훈 빠질
- 음 닉

물(氵)에 약한(弱) 사람이 잘 **빠진다.**

溺死(익사) 耽溺(탐닉) 溺愛(익애)

溺死(익사) : 물에 빠져 죽음
耽溺(탐닉) : 어떤 일을 몹시 즐겨서 그 일에 빠짐

334 夕 총6획 6급

多
- 훈 많을
- 음 다

저녁(夕)에 밤(夕)참까지 먹기엔 양이 **많다.**

多少(다소) 多量(다량) 多彩(다채) 大多數(대다수)
多樣性(다양성) 公私多忙(공사다망)

多少(다소) : 분량의 정도가 많고 적음
多彩(다채) : 여러 가지 빛깔이 어울려 아름다움

335 ++(艸) 총10획 3급Ⅱ

茶
- 훈 1)차 2)차
- 음 1)다 2)차

사람(人) 십(十) 중 여덟(八)아홉은 풀(++)을 달인 **차**를 마신다.

茶房(다방) 茶菓(다과) 綠茶(녹차) 紅茶(홍차)
茶禮(차례) 茶飯事(다반사)

茶房(다방) : 차를 마시는 곳
茶禮(차례) : 명절이나 조상의 생일 등에 낮 동안 간단히 지내는 제사

336 丶 총4획 3급Ⅱ

丹
- 훈 붉을
- 음 단

먼 데(冂)서 하나(一)의 불똥(丶)이 **붉게** 빛난다.

丹楓(단풍) 粉丹粧(분단장) 丹靑(단청)
一片丹心(일편단심)[467] 丹田呼吸(단전호흡)

丹楓(단풍) : 늦은 가을에 색이 변하여 붉고 누렇게 되는 나뭇잎
丹靑(단청) : 집의 벽 천장 등에 여러 빛깔의 무늬를 그린 것

337 日 총5획 3급Ⅱ

旦
- 훈 아침
- 음 단

땅(一) 위로 해(日)가 돋는 **아침**

元旦(원단) 一旦(일단) 旦夕(단석) 旦暮(단모)
早旦(조단)

元旦(원단) : 설날 아침
旦暮(단모) : 아침 저녁

338 亻(人) 총7획 3급Ⅱ

但
- 훈 다만
- 음 단:

떠난 사람(亻)을 생각하며 아침(旦)해를 봐도 부질 없다(**다만**).

但只(단지) 非但(비단) 但書(단서)

但只(단지) : 다만, 겨우, 온갖
非但(비단) : 다만, 오직

339 殳 총9획 4급

段
- 훈 층계
- 음 단

나무지팡이(殳)를 일일이(一一二) 세워(丨) **층계**를 만듦

階段(계단) 段落(단락) 段階(단계) 文段(문단)
三段論法(삼단논법) 最後手段(최후수단)

段落(단락) : 긴 문장 중에 큰 단위로 끊는 곳
文段(문단) : 문맥상의 단락

340 口 총12획 4급Ⅱ

單
- 훈 홑
- 음 단

여러 입(口口)을 먹여 살리기 위해 밭(田)에 나가 오랜(十) 시간을 **홀로** 일하다.

單獨(단독) 單位(단위) 單純(단순) 食單(식단)
傳單(전단) 單價(단가) 單科大學(단과대학)

單獨(단독) : 단 한 사람
食單(식단) : 식당 등에서 파는 요리 종목과 가격을 적은 안내표

341 短 矢 총12획 6급Ⅱ

화살(矢)과 콩(豆)으로 **짧은** 것들을 잰다.

훈 짧을
음 단:

短期(단기) 超短波(초단파) 短距離(단거리)
短篇集(단편집) 短命(단명) 短縮授業(단축수업)

短期(단기) : 짧은 기간
短命(단명) : 일찍 죽다, 수명이 짧다

342 團 口 총14획 5급Ⅱ

모난 곳 없이 오로지(專) 둘러싸여(口) 있는 **둥근 원**

훈 둥글
음 단

團體(단체) 團結(단결) 團員(단원) 球團(구단)
交響樂團(교향악단) 團束(단속) 合唱團(합창단)

團體(단체) : 공동의 목적을 가지고 모인 두 사람 이상의 집단, 법인 등
球團(구단) : 프로 구기 선수들을 모아 경기 대회에 참가하는 단체

343 端 立 총14획 4급Ⅱ

꼭대기(耑)에 서(立)니 **끝**이 보인다.

훈 끝
음 단

端緒(단서) 端整(단정) 端午(단오) 末端(말단)
尖端技術(첨단기술) 弊端(폐단) 端末機(단말기)

端緒(단서) : 일의 처음이나 실마리
端整(단정) : 깨끗하게 정돈되어 있음

344 壇 土 총16획 5급

흙(土)을 높게(亶) 쌓은 **제단**

훈 단
음 단:

講壇(강단) 敎壇(교단) 演壇(연단) 祭壇(제단)
文壇(문단) 壇上(단상) 花壇(화단) 登壇(등단)

文壇(문단) : 문학에 종사하는 사람들의 사회적 분야, 문인 사회
登壇(등단) : 문단 등의 사회 분야에 처음으로 나타남

345 檀 木 총17획 4급Ⅱ

나무(木)가 높고 두꺼운(亶) **박달나무**

훈 박달나무
음 단

檀紀(단기) 黑檀(흑단) 檀君神話(단군신화)

檀紀(단기) : 단군이 즉위한 2333년을 원년으로 치는 한국 기원
黑檀(흑단) : 감나무과에 딸린 늘푸른큰키나무

346 斷 斤 총18획 4급Ⅱ

상자(匚) 안의 물건을 조금씩(幺)조금씩(幺) 하나(幺)하나(幺) 도끼로 **끊는다.**

훈 끊을
음 단:

斷絶(단절) 斷念(단념) 斷電(단전) 決斷(결단)
獨斷(독단) 遮斷(차단) 斷食鬪爭(단식투쟁)

斷絶(단절) : 유대나 연관 관계 등을 끊음
斷念(단념) : 미련 없이 잊어버림

347 鍛 金 총17획 2급

쇠(金)를 두드려(段) **쇠를 불리다.**

훈 쇠불릴
음 단

鍛金(단금) 鍛造(단조) 鍛工(단공)
體力鍛鍊(체력단련)

鍛造(단조) : 금속을 불에 달구어 불려서 일정한 형태로 만드는 것
鍛工(단공) : 금속을 단련하거나 그 일을 하는 사람

348 達 辶(辵) 총13획 4급Ⅱ

양치기가 양(羊)이 땅(土)을 쉬엄쉬엄(辶) 갈 수 있게 할 만큼 **통달하다.**

훈 통달할
음 달

達人(달인) 達辯(달변) 達成(달성) 發達(발달)
調達廳(조달청) 熟達(숙달) 公示送達(공시송달)

達人(달인) : 학술과 기예에 통달한 사람
熟達(숙달) : 익숙하고 통달함

349 淡 氵(水) 총11획 3급Ⅱ

물(氵) 속으로 불꽃(炎)이 보일만큼 **맑다.**

훈 맑을
음 담

淡白(담백) 淡水(담수) 冷淡(냉담) 雅淡(아담)
濃淡(농담) 淡彩畫(담채화)

淡白(담백) : 맛이나 빛이 산뜻함
淡水(담수) : 마실 수 있는 맑은 민물

350 潭 氵(水) 총15획 2급

물(氵)이 깊은 곳(覃)에 흘러들어 **연못을 이룸**

훈 못
음 담

潭水(담수) 淵潭(연담) 潭深(담심) 白鹿潭(백록담)

潭水(담수) : 깊은 못이나 늪의 물
潭深(담심) : 물이 깊음, 학문이 깊음

351 | 言 | 총15획 | 5급

談

호령하는(言) 불(炎)같은 **말씀**

談

- 훈 말씀
- 음 담

德談(덕담) 懇談會(간담회) 險談(험담)
豪言壯談(호언장담) 雜談(잡담) 頂上會談(정상회담)

德談(덕담) : 잘 되라고 비는 말
險談(험담) : 남을 헐뜯어서 하는 말

352 | 扌(手) | 총16획 | 4급Ⅱ

擔

손(扌)으로 나르는 것보다 쉽게 도달하기(詹) 위해서 어깨에 **메다.**

擔

- 훈 멜
- 음 담

擔保(담보) 擔當(담당) 負擔(부담) 加擔(가담)
專擔(전담) 分擔(분담) 擔任先生(담임선생)

擔保(담보) : 빚 대신 맡아서 보관하는 물건 등
負擔(부담) : 어떤 일이나 의무, 책임 등을 떠맡음

353 | 月(肉) | 총17획 | 2급

膽

몸(月)을 좋게(詹)하는 **쓸개**

膽

- 훈 쓸개
- 음 담:

膽力(담력) 膽囊(담낭) 肝膽(간담) 落膽(낙담)
臥薪嘗膽(와신상담)390 熊膽(웅담) 膽石症(담석증)

膽力(담력) : 두려워하지 않는 기력
肝膽(간담) : 간과 쓸개, 속마음

354 | 田 | 총9획 | 3급

畓

밭(田)에 물(水)을 대면 **논**

畓

- 훈 논
- 음 답

田畓(전답) 墓畓(묘답) 畓穀(답곡)
門前沃畓(문전옥답) 天水畓(천수답)

田畓(전답) : 논밭
墓畓(묘답) : 묘에 딸린 논

355 | 竹 | 총12획 | 7급Ⅱ

答

대나무(𥫗)처럼 여럿이 합하여(合) **대답**하다.

答

- 훈 대답
- 음 답

對答(대답) 確答(확답) 應答(응답) 答禮(답례)
愚問賢答(우문현답) 默默不答(묵묵부답)

對答(대답) : 상대방의 물음이나 요구에 응하여 말을 하는 것
確答(확답) : 반드시 어떻게 하겠다는 확실한 대답

356 | 足 | 총15획 | 3급Ⅱ

踏

발(𧾷)을 모아(沓) 땅을 **밟는다.**

踏

- 훈 밟을
- 음 답

踏襲(답습) 踏步狀態(답보상태) 踏橋(답교)
現地踏查(현지답사)

踏襲(답습) : 선인의 행적을 그대로 따라 함
踏橋(답교) : 음력 정월에 다리를 밟던 놀이, 다리 밟기

357 | 口 | 총10획 | 3급Ⅱ

唐

집(广)에 난 구멍(口)을 손(彐)을 들어(丨) 막으니 **당황스럽다.**

唐

- 훈 당나라 당황할
- 음 당

唐詩(당시) 唐惶(당황) 唐突(당돌) 荒唐(황당)
唐三彩(당삼채) 羅唐聯合軍(나당연합군)

唐突(당돌) : 올차서 꺼리는 마음이 없음
荒唐(황당) : 언행이 허황되어 믿을 수 없음

358 | 土 | 총11획 | 6급Ⅱ

堂

흙(土) 위에 높게(尙) **집**을 세우다.

堂

- 훈 집
- 음 당

講堂(강당) 聖堂(성당) 殿堂(전당) 堂叔(당숙)
正正堂堂(정정당당) 國會議事堂(국회의사당)

講堂(강당) : 강의나 의식을 하는 데 쓰는 큰 방
聖堂(성당) : 가톨릭 종교 의식이 행해지는 곳

359 | 田 | 총13획 | 5급Ⅱ

當

밭(田)은 높은(尙) 곳에 있는 것이 **마땅하다.**

當

- 훈 마땅
- 음 당

當番(당번) 當籤(당첨) 當局(당국) 當落(당락)
適當(적당) 妥當性(타당성) 正當防衛(정당방위)

當番(당번) : 그 차례의 번이 되거나 번이 된 사람
當落(당락) : 당선과 낙선

360 | 米 | 총16획 | 3급Ⅱ

糖

식혜는 쌀(米)이 황당하게(唐) **사탕**처럼 달게 된 것이다.

糖

- 훈 1)엿 2)사탕
- 음 1)당 2)탕

糖分(당분) 糖度(당도) 製糖(제당) 血糖(혈당)
砂糖(사탕) 雪糖(설탕) 糖水肉(탕수육)

血糖(혈당) : 피 속에 섞여있는 당분, 피의 당도
砂糖(사탕) : 엿이나 설탕을 끓여 달게 만든 과자

361 黑 총20획 4급 II

黨

검은(黑) 연기가 높이(尙) 나는 곳엔 사람의 무리가 있다.

- 훈 무리
- 음 당

惡黨(악당) 入黨(입당) 脫黨(탈당) 黨籍(당적)
黨利黨略(당리당략) 全黨大會(전당대회)

惡黨(악당) : 악한 무리
脫黨(탈당) : 당원이 당적을 떠남

362 大 총3획 8급

大

사람이 양 팔을 크게 벌리고 있는 모양을 본뜬 글자

- 훈 큰
- 음 대(:)

大將(대장) 大學(대학) 大義(대의) 大勢(대세)
大器晩成(대기만성)143 大陸(대륙) 大西洋(대서양)

大將(대장) : 한 무리의 우두머리로 장관급의 첫 째
大陸(대륙) : 지역이 넓은 커다란 육지

363 亻(人) 총5획 6급 II

代

사람(亻)이 사냥한(弋) 것을 사냥개가 대신 가져온다.

- 훈 대신
- 음 대:

代身(대신) 代表(대표) 代案(대안) 代金(대금)
新陳代謝(신진대사)334 世代(세대) 代理人(대리인)

代身(대신) : 새 것이나 다른 것으로 바꿈, 남을 대리함
代表(대표) : 전체의 상태나 성질을 어느 하나로 나타내는 것

364 土 총8획 2급

垈

토지(土) 대신(代) 집터

- 훈 집터
- 음 대

垈地(대지) 家垈(가대) 裸垈地(나대지)
落星垈(낙성대)

垈地(대지) : 집을 지을 수 있는 땅
家垈(가대) : 집 터전

365 彳 총9획 6급

待

걸으며(彳) 절(寺)에서 스님을 기다린다.

- 훈 기다릴
- 음 대:

待機(대기) 待避(대피) 招待(초대) 優待(우대)
鶴首苦待(학수고대)602 虐待(학대) 待合室(대합실)

待避(대피) : 위험이나 난을 피해 기다림
優待(우대) : 특별히 잘 대우함

366 巾 총11획 4급 II

帶

높은 지위의 사람이 허리에 매던 수건(巾) 같은 띠

- 훈 띠
- 음 대(:)

革帶(혁대) 携帶(휴대) 繃帶(붕대) 聲帶(성대)
連帶責任(연대책임) 地帶(지대) 亞熱帶(아열대)

革帶(혁대) : 가죽으로 만든 띠
携帶(휴대) : 물건을 손에 들거나 몸에 지님

367 貝 총12획 3급 II

貸

돈(貝)을 대신(代) 빌리다.

- 훈 빌릴
- 음 대:

貸金(대금) 貸出(대출) 貸切(대절) 賃貸(임대)
貸與料(대여료) 貸借對照表(대차대조표)

貸出(대출) : 금전이나 물품 등을 빌려줌
賃貸(임대) : 물품을 남에게 빌려주고 그 손료를 받음

368 阝(阜) 총12획 4급 II

隊

언덕(阝)에 여러(八)마리의 돼지(豕)가 무리지어 있다.

- 훈 무리
- 음 대

軍隊(군대) 入隊(입대) 艦隊(함대) 部隊(부대)
騎兵隊(기병대) 遠征隊(원정대) 小隊長(소대장)

入隊(입대) : 군대에 들어가 군인이 됨
艦隊(함대) : 군함이 두 척 이상 편성된 연합 부대

369 至 총14획 3급 II

臺

선비(士)들의 입(口)을 덮어(冖)놓자 화가 극에 달아(至) 누각에 모이다.

- 훈 대
- 음 대

臺灣(대만) 寢臺(침대) 燈臺(등대) 氣象臺(기상대)
瞻星臺(첨성대)

寢臺(침대) : 잠을 자는 곳, 서양식 침상
燈臺(등대) : 바닷가나 섬에 세워 배들이 다닐 길을 밝혀 주는 곳

370 寸 총14획 6급 II

對

종을 떠받치는 기둥(業)에 손(寸)을 짚고 마주 대하고 있다.

- 훈 대할
- 음 대:

對話(대화) 對答(대답) 對應(대응) 對決(대결)
對談(대담) 反對(반대) 對角線(대각선)

對話(대화) : 마주 대해 서로 의견을 주고받는 것
對談(대담) : 마주 대하여 말함

371	戈　총18획	**2급**

戴

다른(異) 창(戈)들을 전부(十) 머리에 이고 옮긴다.

戴

훈 일
음 대:

推戴(추대) 戴冠式(대관식) 戴白(대백)
不俱戴天(불구대천)250 男負女戴(남부여대)119

推戴(추대) : 어떤 사람을 높은 자리에 오르게 하고 받듦
戴白(대백) : 흰 머리가 많이 남

372	彳　총15획	**5급Ⅱ**

德

바르게(直) 걷는(彳) 것처럼 마음(心)도 곧아야 덕이 쌓인다.

德

훈 덕
음 덕

德目(덕목) 德談(덕담) 道德(도덕) 惡德(악덕)
背恩忘德(배은망덕)222 變德(변덕) 福德房(복덕방)

德目(덕목) : 충, 효, 인, 의 등 덕을 분류하는 명목
變德(변덕) : 이랬다저랬다 변하기를 잘 하는 성질이나 태도

373	刀　총2획	**3급Ⅱ**

刀

칼 모양을 본뜬 글자

刀

훈 칼
음 도

刀劍(도검) 短刀(단도) 果刀(과도) 面刀(면도)
銀粧刀(은장도) 單刀直入(단도직입)137

刀劍(도검) : 칼과 검
短刀(단도) : 짧은 칼

374	刂(刀)　총8획	**5급Ⅱ**

到

칼(刀)을 다루는 게 극히 지극하여(至) 경지에 이르다.

到

훈 이를
음 도:

到着(도착) 到達(도달) 到來(도래) 殺到(쇄도)
用意周到(용의주도) 周到綿密(주도면밀)

到着(도착) : 목적한 곳에 다다름
殺到(쇄도) : 세차게 몰려듦

375	广　총9획	**6급**

度

집(广)에도 하나(一)에서 스무(廿)개의 바른(又) 법도가 있다.

度

훈 1)법도
　　2)헤아릴
음 1)도: 2)탁

度量(도량) 態度(태도) 溫度(온도) 濕度(습도)
難易度(난이도) 忖度(촌탁) 度支部(탁지부)

度量(도량) : 너그러운 마음과 깊은 생각
態度(태도) : 속의 뜻이 드러나 보이는 겉모양

376	扌(手)　총9획	**3급**

挑

손(扌)만 봐도 이길 조짐(兆)이 보인다며 싸움을 돋우다.

挑

훈 돋울
음 도

挑戰(도전) 挑發(도발) 挑出(도출)

挑戰(도전) : 싸움을 걸거나 돋움
挑發(도발) : 상대방을 자극하여 싸움이나 전쟁 등을 일으킴

377	辶(辵)　총10획	**4급**

逃

뛸(辶) 조짐(兆)이 보인다면 십중팔구 도망이다.

逃

훈 도망할
음 도

逃亡(도망) 現實逃避(현실도피) 夜半逃走(야반도주)

逃亡(도망) : 피하거나 쫓겨 달아남

378	山　총10획	**5급**

島

산(山)과 새(鳥)가 있는 섬

島

훈 섬
음 도

獨島(독도) 鬱陵島(울릉도) 落島(낙도)
三多島(삼다도) 汝矣島(여의도) 韓半島(한반도)

落島(낙도) : 뭍에서 멀리 떨어진 작은 섬
三多島(삼다도) : 여자, 돌, 바람이 많은 섬으로 제주도를 말함

379	亻(人)　총10획	**3급Ⅱ**

倒

사람(亻)에게 속아(到) 넘어지다.

倒

훈 넘어질
음 도:

倒産(도산) 倒壞(도괴) 倒置(도치) 卒倒(졸도)
壓倒(압도) 主客顚倒(주객전도)518

倒産(도산) : 재산을 모두 소비함
倒壞(도괴) : 쓰러져 허물어짐

380	彳　총10획	**4급**

徒

천천히 걷고(彳) 빨리 걷고(走) 무리지어 걷다.

徒

훈 무리
　　걸을
음 도

徒步(도보) 徒衆(도중) 暴徒(폭도) 逆徒(역도)
淸敎徒(청교도) 無爲徒食(무위도식)194

徒步(도보) : 타지 않고 걸어감
暴徒(폭도) : 난폭한 짓을 하는 무리

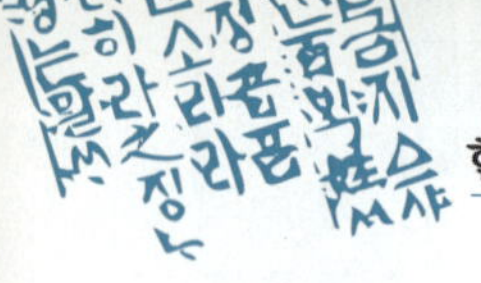

---

381 辶(辵) 총11획　　3급Ⅱ

途

내(余)가 달리기엔(辶) 길이 편하다.

途

훈 길
음 도:

方途(방도) 別途(별도) 用途(용도) 前途(전도)
途中下車(도중하차) 開發途上國(개발도상국)

方途(방도) : 일을 하여 갈 방법과 도리
別途(별도) : 딴 방법이나 방도

---

382 木 총10획　　3급Ⅱ

桃

나무(木)토막으로 점을 칠(兆) 때는 복숭아나무를 사용한다.

桃

훈 복숭아
음 도

桃花(도화) 黃桃(황도) 白桃(백도) 胡桃(호도)
扁桃腺(편도선) 武陵桃源(무릉도원)191

桃花(도화) : 복숭아꽃
胡桃(호도) : 호두나무 열매

---

383 忄(心) 총11획　　2급

悼

마음(忄) 깊이(卓) 슬퍼하다.

悼

훈 슬퍼할
음 도

哀悼(애도) 追悼(추도) 弔悼(조도)

哀悼(애도) : 사람이 죽은 것을 슬퍼함
追悼(추도) : 죽은 사람을 생각하여 슬퍼함

---

384 阝(阜) 총11획　　3급Ⅱ

陶

큰(阝) 그릇(匋)은 질그릇

陶

훈 질그릇
음 도

陶藝(도예) 陶工(도공) 陶醉(도취) 陶冶(도야)
陶胎(도태) 陶磁器(도자기)

陶藝(도예) : 도기의 예술
陶醉(도취) : 어떠한 것에 마음이 쏠려 취할 만큼 빠짐

---

385 皿 총12획　　4급

盜

그릇(皿)을 들고 흐르듯(流) 달아나는 도둑

盜

훈 도둑
음 도

盜賊(도적) 盜聽(도청) 盜難(도난) 盜用(도용)
竊盜犯(절도범) 路上强盜(노상강도)

盜賊(도적) : 물건을 훔치고, 사람을 공갈, 협박하는 사람
盜聽(도청) : 남의 이야기, 전화 통화 등을 몰래 엿듣는 것

---

386 氵(水) 총12획　　3급Ⅱ

渡

물(氵)을 헤아려(度)보고 **건너다.**

渡

훈 건널
음 도

引渡(인도) 不渡(부도) 渡江(도강) 渡河(도하)
過渡期(과도기) 讓渡稅(양도세)

引渡(인도) : 물건이나 권리를 넘겨줌
渡江(도강) : 강물을 건넘

---

387 辶(辵) 총13획　　7급Ⅱ

道

앞서(首) 가려면(辶) 지름길로 가야한다.

道

훈 길
　 행정
음 도:

道路(도로) 道廳(도청) 鐵道(철도) 道術(도술)
濟州道(제주도) 橫斷步道(횡단보도)

道路(도로) : 사람이나 차가 다닐 수 있게 만든 길
道術(도술) : 도덕과 학술, 도가의 방술

---

388 阝(邑) 총12획　　5급

都

사람(者)이 많은 고을(阝)을 **도읍으로 정하다.**

都

훈 도읍
음 도

都邑(도읍) 都市(도시) 都心(도심) 遷都(천도)
都賣商(도매상)

都心(도심) : 도시의 중심부
遷都(천도) : 도읍을 옮김

---

389 土 총13획　　3급

塗

물(氵)을 나머지(余) 흙(土)과 섞어 **칠한다.**

塗

훈 칠할
음 도

塗裝(도장) 塗料(도료) 塗褙(도배) 塗炭(도탄)

塗料(도료) : 물건의 거죽에 칠하는 재료
塗炭(도탄) : 생활이 몹시 곤궁하고 고통스러운 지경

---

390 足 총13획　　3급

跳

발(足)로 준비를 하고 조짐(兆)을 살피다 **뛰어 도망간다.**

跳

훈 뛸
음 도

跳躍(도약) 跳馬(도마) 高跳(고도)

跳躍(도약) : 몸을 위로 솟구쳐 뛰는 것, 더 높은 단계로 발전하는 것
高跳(고도) : 몸을 솟구쳐서 뛰어 넘음, 높이뛰기

391 圖

口　총14획　6급Ⅱ

머리(亠)와 입(口)을 돌려가며(回) 판(囗)안에 그린 **그림**

- 훈 그림
- 음 도

圖面(도면) 圖案(도안) 圖解(도해) 略圖(약도)
地圖(지도) 圖書館(도서관) 圖畫紙(도화지)

圖面(도면) : 건축, 토지 등을 기하학적으로 제도기를 써서 그린 그림
地圖(지도) : 지형 등을 축척에 따라 평면에 그린 그림

392 稻

禾　총15획　3급

광에서 곡식(禾)을 꺼냈더니(舀) 대부분이 **벼**다.

- 훈 벼
- 음 도

稻作(도작) 立稻(입도)
早稻(조도) 稻熱病(도열병) 立稻先賣(입도선매)

稻作(도작) : 벼농사
早稻(조도) : 올벼

393 導

寸　총16획　4급Ⅱ

가야할 길(道)을 손(寸)으로 **인도한다.**

- 훈 인도할
- 음 도:

引導(인도) 導入(도입) 導出(도출) 先導(선도)
矯導官(교도관) 誘導彈(유도탄) 半導體(반도체)

引導(인도) : 이끌어 가르침
先導(선도) : 앞장서서 안내함

394 毒

毋　총8획　4급Ⅱ

임금(主)과 산모(母)에겐 **독**을 먹여선 안 된다.

- 훈 독
- 음 독

毒藥(독약) 毒蛇(독사) 毒感(독감) 中毒(중독)
飲毒自殺(음독자살) 猛毒(맹독) 毒劇物(독극물)

毒蛇(독사) : 독을 품고 있는 뱀
猛毒(맹독) : 심한 독기

395 督

目　총13획　4급Ⅱ

젊은이(叔)가 눈(目)으로 **감독한다.**

- 훈 감독할
- 음 독

監督(감독) 督促(독촉) 督勵(독려) 基督敎(기독교)
總督府(총독부) 映畫監督(영화감독)

督促(독촉) : 서둘러 하라고 재촉하는 것
督勵(독려) : 감독하며 격려함

396 篤

竹　총16획　3급

죽(竹)마(馬)를 같이 타던 친구끼리 정이 **도탑다.**
(죽마고우)

- 훈 도타울
- 음 독

敦篤(돈독) 危篤(위독) 篤實(독실) 篤信者(독신자)
篤志家(독지가)

敦篤(돈독) : 인정이 도타움
危篤(위독) : 병세가 매우 중해 생명이 위태로운 상태

397 獨

犭(犬)　총16획　5급Ⅱ

개(犭)가 벌레(蜀)를 **홀로** 지키고 있다.

- 훈 홀로
- 음 독

獨立(독립) 獨裁(독재) 獨斷(독단) 獨善(독선)
獨不將軍(독불장군)[149] 孤獨(고독) 獨創的(독창적)

獨斷(독단) : 남의 의견을 듣지 아니하고 자기 혼자만의 의견대로 결단함
獨善(독선) : 자기 혼자만 선이라고 생각하는 바를 행하는 것

398 讀

言　총22획　6급Ⅱ

말(言)을 팔아(賣) 구절을 **읽는다.**

- 훈 1)읽을 2)구절
- 음 1)독 2)두

讀書(독서) 朗讀(낭독) 吏讀(이두) 句讀點(구두점)
讀後感(독후감) 晝耕夜讀(주경야독)[519]

朗讀(낭독) : 소리를 높여 읽음
吏讀(이두) : 우리말을 한자를 빌려 표기하던 방법의 하나

399 豚

豕　총11획　3급

돼지(豕) 고기(月)

- 훈 돼지
- 음 돈

豚肉(돈육) 豚舍(돈사) 豚皮(돈피) 豚兒(돈아)
養豚業(양돈업)

豚肉(돈육) : 돼지고기
豚皮(돈피) : 돼지가죽

400 敦

攵(攴)　총12획　3급

자주 싸우는(攵) 가족도 모여 제사를 지내다보면
(享) 정이 **도타워진다.**

- 훈 도타울
- 음 돈

敦篤(돈독) 敦睦(돈목) 敦厚(돈후) 敦親(돈친)
敦化門(돈화문)

敦睦(돈목) : 정이 두텁고 화목함
敦厚(돈후) : 친절하고 정중함

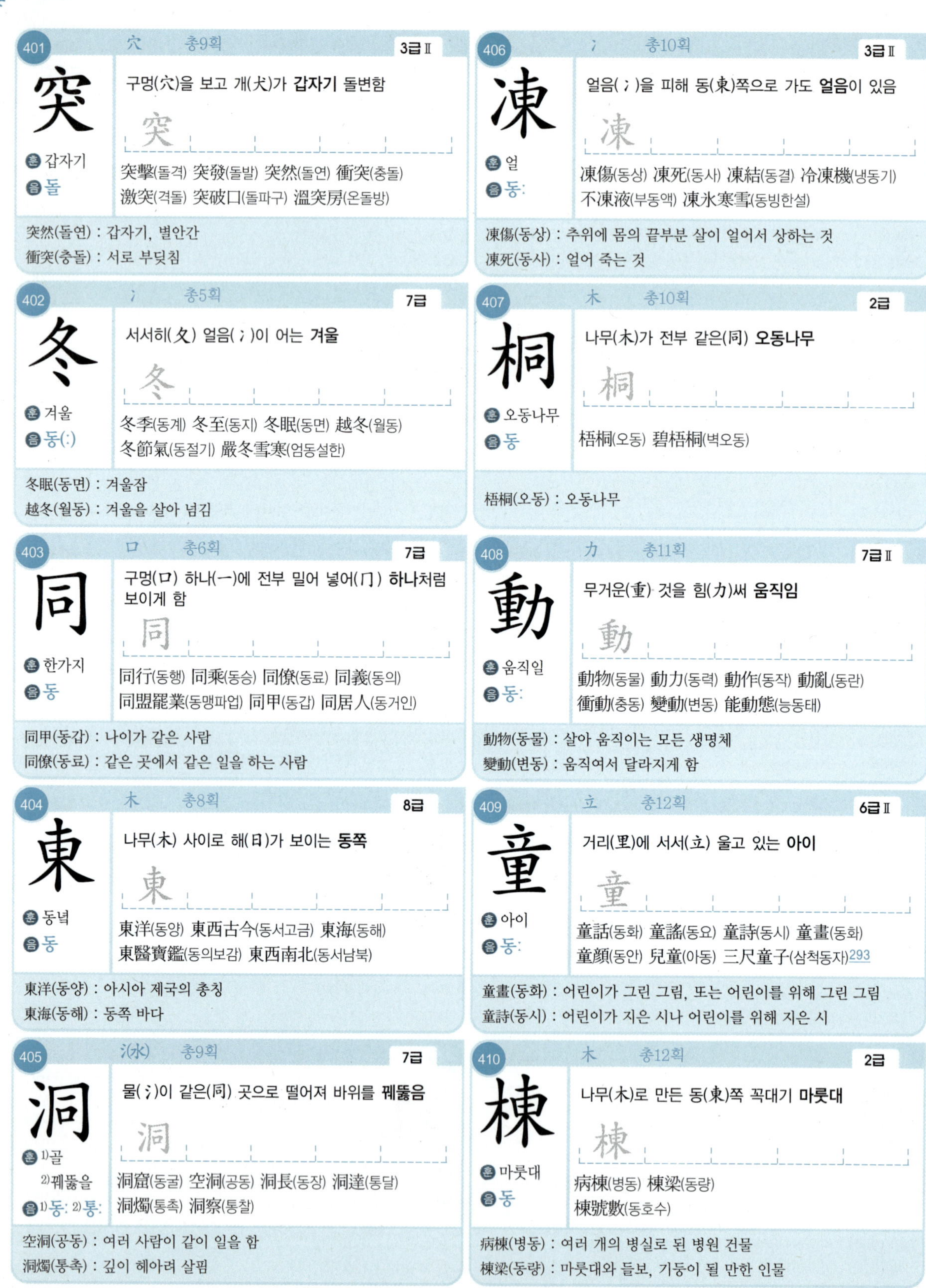

401 穴 총9획 3급Ⅱ

突

구멍(穴)을 보고 개(犬)가 갑자기 돌변함

훈 갑자기
음 돌

突擊(돌격) 突發(돌발) 突然(돌연) 衝突(충돌)
激突(격돌) 突破口(돌파구) 溫突房(온돌방)

突然(돌연) : 갑자기, 별안간
衝突(충돌) : 서로 부딪침

402 冫 총5획 7급

冬

서서히(夂) 얼음(冫)이 어는 겨울

훈 겨울
음 동(ː)

冬季(동계) 冬至(동지) 冬眠(동면) 越冬(월동)
冬節氣(동절기) 嚴冬雪寒(엄동설한)

冬眠(동면) : 겨울잠
越冬(월동) : 겨울을 살아 넘김

403 口 총6획 7급

同

구멍(口) 하나(一)에 전부 밀어 넣어(冂) 하나처럼 보이게 함

훈 한가지
음 동

同行(동행) 同乘(동승) 同僚(동료) 同義(동의)
同盟罷業(동맹파업) 同甲(동갑) 同居人(동거인)

同甲(동갑) : 나이가 같은 사람
同僚(동료) : 같은 곳에서 같은 일을 하는 사람

404 木 총8획 8급

東

나무(木) 사이로 해(日)가 보이는 동쪽

훈 동녘
음 동

東洋(동양) 東西古今(동서고금) 東海(동해)
東醫寶鑑(동의보감) 東西南北(동서남북)

東洋(동양) : 아시아 제국의 총칭
東海(동해) : 동쪽 바다

405 氵(水) 총9획 7급

洞

물(氵)이 같은(同) 곳으로 떨어져 바위를 꿰뚫음

훈 1)골
2)꿰뚫을
음 1)동ː 2)통ː

洞窟(동굴) 空洞(공동) 洞長(동장) 洞達(통달)
洞燭(통촉) 洞察(통찰)

空洞(공동) : 여러 사람이 같이 일을 함
洞燭(통촉) : 깊이 헤아려 살핌

406 冫 총10획 3급Ⅱ

凍

얼음(冫)을 피해 동(東)쪽으로 가도 얼음이 있음

훈 얼
음 동ː

凍傷(동상) 凍死(동사) 凍結(동결) 冷凍機(냉동기)
不凍液(부동액) 凍氷寒雪(동빙한설)

凍傷(동상) : 추위에 몸의 끝부분 살이 얼어서 상하는 것
凍死(동사) : 얼어 죽는 것

407 木 총10획 2급

桐

나무(木)가 전부 같은(同) 오동나무

훈 오동나무
음 동

梧桐(오동) 碧梧桐(벽오동)

梧桐(오동) : 오동나무

408 力 총11획 7급Ⅱ

動

무거운(重) 것을 힘(力)써 움직임

훈 움직일
음 동ː

動物(동물) 動力(동력) 動作(동작) 動亂(동란)
衝動(충동) 變動(변동) 能動態(능동태)

動物(동물) : 살아 움직이는 모든 생명체
變動(변동) : 움직여서 달라지게 함

409 立 총12획 6급Ⅱ

童

거리(里)에 서서(立) 울고 있는 아이

훈 아이
음 동ː

童話(동화) 童謠(동요) 童詩(동시) 童畫(동화)
童顔(동안) 兒童(아동) 三尺童子(삼척동자)293

童畫(동화) : 어린이가 그린 그림, 또는 어린이를 위해 그린 그림
童詩(동시) : 어린이가 지은 시나 어린이를 위해 지은 시

410 木 총12획 2급

棟

나무(木)로 만든 동(東)쪽 꼭대기 마룻대

훈 마룻대
음 동

病棟(병동) 棟梁(동량)
棟號數(동호수)

病棟(병동) : 여러 개의 병실로 된 병원 건물
棟梁(동량) : 마룻대와 들보, 기둥이 될 만한 인물

411 銅 金 총14획 4급Ⅱ

금(金)과 같은(同) 빛깔의 **구리**

銅

- 훈 구리
- 음 동

銅錢(동전) 銅像(동상) 銅版(동판) 靑銅器(청동기)

銅錢(동전) : 구리로 만든 돈
銅像(동상) : 구리로 만든 사람 형상의 상

412 斗 斗 총4획 4급Ⅱ

열(十) 되(、)들이 **말**의 모양을 본뜬 글자

斗

- 훈 말
- 음 두

斗量(두량) 泰斗(태두) 斗落(두락)
斗酒不辭(두주불사)158 北斗七星(북두칠성)

斗量(두량) : 되나 말로 곡식을 되어서 센 분량
斗落(두락) : 마지기

413 豆 豆 총7획 4급Ⅱ

콩꼬투리 모양을 본뜬 글자

豆

- 훈 콩
- 음 두

豆腐(두부) 豆乳(두유) 大豆(대두) 綠豆(녹두)
豆滿江(두만강) 種豆得豆(종두득두)513

豆腐(두부) : 콩으로 만든 음식의 하나
豆乳(두유) : 진하게 만든 콩국

414 頭 頁 총16획 6급

콩(豆)의 영양가는 곡식 중 **으뜸**(頁)

頭

- 훈 머리
- 음 두

頭腦(두뇌) 頭髮(두발) 沒頭(몰두) 頭蓋骨(두개골)
偏頭痛(편두통) 龍頭蛇尾(용두사미)396

頭髮(두발) : 머리털
沒頭(몰두) : 다른 생각을 할 여유가 없이 오로지 일에 매달림

415 屯 屮 총4획 3급

거친 땅 위에 풀(屮) 하나(一)가 **진치고** 있다.

屯

- 훈 진칠
- 음 둔

屯營(둔영) 屯田兵(둔전병)
駐屯軍(주둔군)

屯營(둔영) : 군사가 주둔한 군영

416 鈍 金 총12획 3급

금(金)을 묻은(屯) 곳도 못 찾을 만큼 **둔하다.**

鈍

- 훈 둔할
- 음 둔

鈍化(둔화) 鈍感(둔감) 鈍器(둔기) 鈍濁(둔탁)
鈍才(둔재) 鈍角(둔각) 愚鈍(우둔)

鈍化(둔화) : 둔하여짐
愚鈍(우둔) : 어리석고 둔함

417 得 彳 총11획 4급Ⅱ

일찍 일어나(旦) 한 치(寸)라도 더 걸어야(彳) 먹을 것을 **얻는다.**

得

- 훈 얻을
- 음 득

得票(득표) 得男(득남) 得點(득점) 所得(소득)
習得(습득) 獲得(획득) 取得稅(취득세)

習得(습득) : 배워 터득함
得點(득점) : 어떠한 시험이나 경기 등에서 점수를 얻음

418 登 癶 총12획 7급

콩(豆)밭을 걸어(癶) **오르다.**

登

- 훈 오를
- 음 등

登山(등산) 登校(등교) 登載(등재) 登錄金(등록금)
登龍門(등용문) 登記郵便(등기우편)

登山(등산) : 산에 오름
登載(등재) : 일정한 사항을 장부나 대장에 올림

419 等 竹 총12획 6급Ⅱ

절(寺) 주변의 대나무(竹) **무리**

等

- 훈 무리
- 음 등:

等級(등급) 等數(등수) 對等(대등) 差等(차등)
劣等感(열등감) 高等動物(고등동물)

對等(대등) : 양쪽이 서로 비슷하여 우열이 없음
差等(차등) : 차이가 나는 등급

420 燈 火 총16획 4급Ⅱ

심지에 불(火)이 올라(登) 있는 **등잔**

燈

- 훈 등잔
- 음 등

燈盞(등잔) 燈臺(등대) 點燈(점등) 電燈(전등)
風前燈火(풍전등화)595 消燈(소등) 街路燈(가로등)

燈盞(등잔) : 기름을 담아 등불을 켜는 그릇
消燈(소등) : 등불을 끔

421 膽 | 言 총17획 | 2급

지아비(夫)의 팔자(八)걸음과 말(言)을 몸(月)으로 **베껴 따라함**

- 훈 베낄
- 음 등

謄本(등본) 謄寫機(등사기)
戶籍謄本(호적등본)

謄本(등본) : 문서의 원본 내용을 그대로 베낌

422 騰 | 馬 총20획 | 3급

지아비(夫)가 다리를 팔(八)자로 벌려 말(馬)의 몸(月)에 **오르다.**

- 훈 오를
- 음 등

暴騰(폭등) 漸騰(점등) 急騰(급등)
龍蛇飛騰(용사비등)397 沸騰點(비등점)

暴騰(폭등) : 물가, 주가 등이 갑자기 큰 폭으로 오름
急騰(급등) : 물가나 시세 등이 갑자기 오름

423 藤 | ++(艸) 총19획 | 2급

풀(++)의 줄기(月)가 커다란(泰) **등나무**

- 훈 등나무
- 음 등

藤架(등가) 葛藤(갈등)
藤家具(등가구)

藤架(등가) : 기둥을 세우고 그 위에 덩굴을 올리게 된 것

424 裸 | 衤(衣) 총13획 | 2급

과실(果)은 옷(衤)을 **벗고** 있음

- 훈 벗을
- 음 라:

裸體(나체) 全裸(전라) 半裸(반라) 裸地(나지)
赤裸裸(적나라)

裸體(나체) : 알몸
全裸(전라) : 옷을 완전히 벗은 몸

425 羅 | 罒(网) 총19획 | 4급Ⅱ

그물(罒)과 밧줄(糸)을 **벌려** 새(隹)를 잡는다.

- 훈 벌릴
- 음 라

羅針盤(나침반) 總網羅(총망라) 新羅(신라)
閻羅大王(염라대왕) 森羅萬象(삼라만상)287

總網羅(총망라) : 어떤 대상 전체를 전부 이르는 말

426 洛 | 氵(水) 총9획 | 2급

물(氵)이 각각(各) 흐르니 **강이름**도 각각 다르다.

- 훈 강이름
- 음 락

洛陽(낙양) 京洛(경락)
洛東江(낙동강)

洛陽(낙양) : 중국 지명

427 落 | ++(艸) 총13획 | 5급

풀(++)들이 강(洛)으로 **떨어짐**

- 훈 떨어질
- 음 락

落鄕(낙향) 落選(낙선) 落第(낙제) 當落(당락)
秋風落葉(추풍낙엽)564 漏落(누락) 落下傘(낙하산)

落鄕(낙향) : 서울에서 시골로 거처를 옮김
漏落(누락) : 기록에서 빠짐

428 絡 | 糸 총12획 | 3급Ⅱ

실(糸)을 각각(各) **이어 헌 솜**을 메우다.

- 훈 헌솜 이을
- 음 락

脈絡(맥락) 籠絡(농락) 經絡(경락) 連絡網(연락망)
連絡處(연락처)

脈絡(맥락) : 사물들이 이어져 있는 연관
籠絡(농락) : 교묘한 꾀로 남을 이용하거나 다루는 것

429 樂 | 木 총15획 | 6급Ⅱ

나무(木) 위에서 작은(幺) 악기들을 들고 날을 샐(白) 만큼 **풍류를 좋아함(즐김)**

- 훈 1)즐거울 2)풍류 3)좋아할
- 음 1)락 2)악 3)요

快樂(쾌락) 娛樂(오락) 音樂(음악) 樂譜(악보)
喜怒哀樂(희로애락) 樂山樂水(요산요수)393

快樂(쾌락) : 기분이 좋고 즐거움
音樂(음악) : 박자, 가락, 음색 등을 갖춘 목소리나 악기로 연주하는 것

430 卵 | 卩 총7획 | 4급

토끼(卯)가 여러(八) 마리의 새끼를 가져 배가 알처럼 볼록하다.

- 훈 알
- 음 란

鷄卵(계란) 卵子(난자) 卵巢(난소) 排卵(배란)
受精卵(수정란) 累卵之勢(누란지세)132

卵子(난자) : 유성 생식을 하는 생물 암컷의 생식세포
排卵(배란) : 알씨가 아기집으로 가기 위해 알집에서 떨어져 나오는 것

431 乙 총13획 4급

亂

손질(爪)을 마친(ㅜ) 무기를 내(厶) 손에 들고 성(冂)을 어지럽히는 새(乙)떼를 잡으러 감

- 훈 어지러울
- 음 란:

亂暴(난폭) 叛亂(반란) 攪亂(교란) 混亂(혼란)
壬辰倭亂(임진왜란) 淫亂(음란) 亂鬪劇(난투극)

亂暴(난폭) : 몹시 거칠고 사나움
攪亂(교란) : 뒤흔들어서 어지럽게 함

432 ⁺⁺(艸) 총21획 3급Ⅱ

蘭

대문(門)을 분간(柬)해 안쪽으로 피어있는 풀(⁺⁺)이 난초

- 훈 난초
- 음 란

蘭草(난초) 龍舌蘭(용설란) 佛蘭西(불란서)
梅蘭菊竹(매란국죽) 金蘭之交(금란지교)93

蘭草(난초) : 난초과에 속하는 식물의 총칭
佛蘭西(불란서) : 프랑스의 음역

433 木 총21획 3급Ⅱ

欄

나무(木)와 난초(蘭)는 난간에 있음

- 훈 난간
- 음 란

欄干(난간) 空欄(공란)
消息欄(소식란) 備考欄(비고란)

欄干(난간) : 층계, 다리 등의 일부를 일정하게 가로막은 공간
空欄(공란) : 지면에 비어있는 칸

434 火 총21획 2급

爛

불(火)빛에 난초(蘭)가 빛나고 있음

- 훈 빛날
- 음 란:

燦爛(찬란) 能手能爛(능수능란) 絢爛(현란)
爛商討論(난상토론) 天眞爛漫(천진난만)547

燦爛(찬란) : 눈부시게 아름다워 빛이 남
絢爛(현란) : 눈이 부시도록 찬란함

435 ⁺⁺(艸) 총18획 2급

藍

풀(⁺⁺) 중에서 특히 잘 보이는(監) 것이 쪽풀

- 훈 쪽
- 음 람

藍色(남색) 伽藍(가람) 藍實(남실)
靑出於藍(청출어람)557 靑於藍(청어람)

伽藍(가람) : 승려들이 불도를 닦으면서 머무는 절
藍實(남실) : 쪽의 씨

436 氵(水) 총17획 3급

濫

물(氵)이 보일(監)만큼 넘침

- 훈 넘칠
- 음 람:

濫用(남용) 濫發(남발) 濫獲(남획) 濫伐(남벌)
氾濫(범람) 猥濫(외람) 職權濫用(직권남용)

濫用(남용) : 정해진 규정이나 범위를 벗어나서 함부로 쓰거나 행사함
猥濫(외람) : 하는 짓이 분수에 넘침

437 見 총21획 4급

覽

보고(監) 보고(見) 또 본다.

- 훈 볼
- 음 람

閱覽(열람) 觀覽(관람) 便覽(편람) 一覽表(일람표)
展覽會(전람회) 博覽會(박람회)

閱覽(열람) : 책 등을 두루 훑어서 봄
便覽(편람) : 보기에 편하도록 간단하게 만든 책

438 扌(手) 총8획 2급

拉

손(扌)으로 서(立) 있는 사람을 끌고 감

- 훈 끌
- 음 랍

拉致(납치) 被拉(피랍) 拉北(납북)

拉致(납치) : 강제로 데리고 감
被拉(피랍) : 납치당한 것

439 氵(水) 총10획 3급Ⅱ

浪

물(氵)이 보기 좋게(良) 일렁이는 물결

- 훈 물결
- 음 랑:

浪漫(낭만) 風浪(풍랑) 流浪(유랑) 放浪者(방랑자)
浮浪輩(부랑배) 虛無孟浪(허무맹랑)

浪漫(낭만) : 정서적이고 이상적으로 생각하는 분위기나 상태
風浪(풍랑) : 해상에서 바람에 의해 일어나는 높은 파도

440 阝(邑) 총10획 3급Ⅱ

郞

어질고(良) 큰(阝) 사내

- 훈 사내
- 음 랑

新郎(신랑) 郎君(낭군) 郎官(낭관) 侍郎(시랑)
花郎徒(화랑도)

新郎(신랑) : 갓 결혼한 남자
郎官(낭관) : 조선 시대 5~6품의 벼슬자리에 있던 사람을 부르던 말

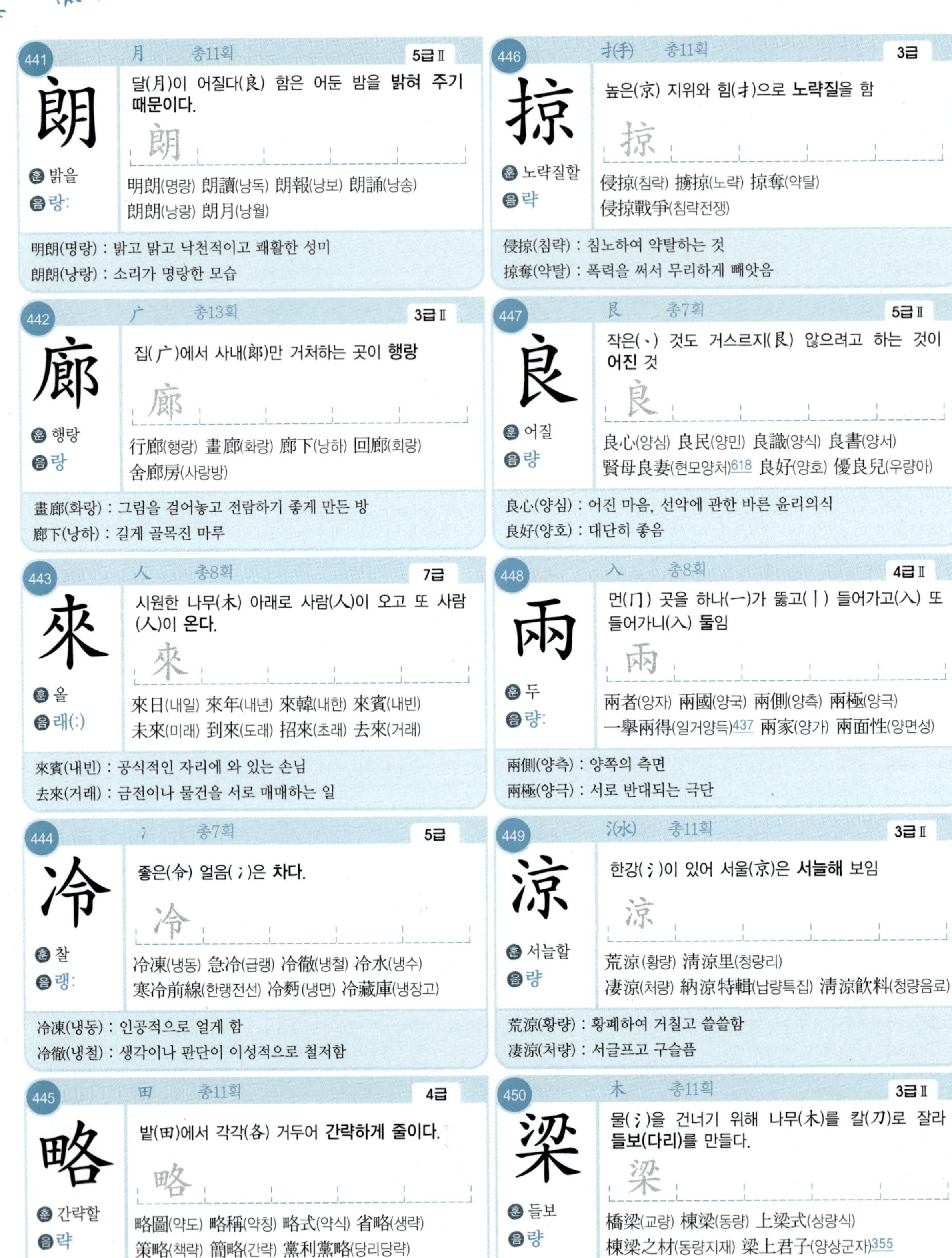

441 月 총11획 5급Ⅱ

朗
훈 밝을
음 랑:

달(月)이 어질다(良) 함은 어둔 밤을 **밝혀 주기** 때문이다.

明朗(명랑) 朗讀(낭독) 朗報(낭보) 朗誦(낭송)
朗朗(낭랑) 朗月(낭월)

明朗(명랑) : 밝고 맑고 낙천적이고 쾌활한 성미
朗朗(낭랑) : 소리가 명랑한 모습

442 广 총13획 3급Ⅱ

廊
훈 행랑
음 랑

집(广)에서 사내(郎)만 거처하는 곳이 **행랑**

行廊(행랑) 畫廊(화랑) 廊下(낭하) 回廊(회랑)
舍廊房(사랑방)

畫廊(화랑) : 그림을 걸어놓고 전람하기 좋게 만든 방
廊下(낭하) : 길게 골목진 마루

443 人 총8획 7급

來
훈 올
음 래(:)

시원한 나무(木) 아래로 사람(人)이 오고 또 사람(人)이 온다.

來日(내일) 來年(내년) 來韓(내한) 來賓(내빈)
未來(미래) 到來(도래) 招來(초래) 去來(거래)

來賓(내빈) : 공식적인 자리에 와 있는 손님
去來(거래) : 금전이나 물건을 서로 매매하는 일

444 冫 총7획 5급

冷
훈 찰
음 랭:

좋은(令) 얼음(冫)은 **차다.**

冷凍(냉동) 急冷(급랭) 冷徹(냉철) 冷水(냉수)
寒冷前線(한랭전선) 冷麪(냉면) 冷藏庫(냉장고)

冷凍(냉동) : 인공적으로 얼게 함
冷徹(냉철) : 생각이나 판단이 이성적으로 철저함

445 田 총11획 4급

略
훈 간략할
음 략

밭(田)에서 각각(各) 거두어 **간략하게 줄이다.**

略圖(약도) 略稱(약칭) 略式(약식) 省略(생략)
策略(책략) 簡略(간략) 黨利黨略(당리당략)

略圖(약도) : 간략하게 주요한 것만 그린 지도
省略(생략) : 덜어서 줄임

446 扌(手) 총11획 3급

掠
훈 노략질할
음 략

높은(京) 지위와 힘(扌)으로 **노략질을 함**

侵掠(침략) 擄掠(노략) 掠奪(약탈)
侵掠戰爭(침략전쟁)

侵掠(침략) : 침노하여 약탈하는 것
掠奪(약탈) : 폭력을 써서 무리하게 빼앗음

447 艮 총7획 5급Ⅱ

良
훈 어질
음 량

작은(丶) 것도 거스르지(艮) 않으려고 하는 것이 **어진 것**

良心(양심) 良民(양민) 良識(양식) 良書(양서)
賢母良妻(현모양처)618 良好(양호) 優良兒(우량아)

良心(양심) : 어진 마음, 선악에 관한 바른 윤리의식
良好(양호) : 대단히 좋음

448 入 총8획 4급Ⅱ

兩
훈 두
음 량:

먼(冂) 곳을 하나(一)가 뚫고(丨) 들어가고(入) 또 들어가니(入) **둘임**

兩者(양자) 兩國(양국) 兩側(양측) 兩極(양극)
一擧兩得(일거양득)437 兩家(양가) 兩面性(양면성)

兩側(양측) : 양쪽의 측면
兩極(양극) : 서로 반대되는 극단

449 氵(水) 총11획 3급Ⅱ

涼
훈 서늘할
음 량

한강(氵)이 있어 서울(京)은 **서늘해 보임**

荒涼(황량) 淸涼里(청량리)
凄涼(처량) 納涼特輯(납량특집) 淸涼飮料(청량음료)

荒涼(황량) : 황폐하여 거칠고 쓸쓸함
凄涼(처량) : 서글프고 구슬픔

450 木 총11획 3급Ⅱ

梁
훈 들보
음 량

물(氵)을 건너기 위해 나무(木)를 칼(刀)로 잘라 **들보(다리)를 만든다.**

橋梁(교량) 棟梁(동량) 上梁式(상량식)
棟梁之材(동량지재) 梁上君子(양상군자)355

橋梁(교량) : 사람이나 차 등이 건닐 수 있게 만든 비교적 큰 다리

451 里 총12획 **5급**

量

산속 마을(里)은 해 뜨는(旦) 날 수를 헤아린다.

量

훈 헤아릴
음 량

重量(중량) 質量(질량) 雅量(아량) 度量(도량)
境界測量(경계측량) 體重減量(체중감량)

重量(중량) : 무게
雅量(아량) : 너그럽고 깊은 도량

---

452 言 총15획 **3급**

諒

높은(京) 사람들의 말(言)은 **믿을** 수 없음

諒

훈 믿을
음 량

諒解(양해) 諒知(양지) 諒察(양찰) 諒燭(양촉)
海諒(해량) 諒解覺書(양해각서)

諒解(양해) : 사정을 살펴서 너그럽게 이해함
諒察(양찰) : 헤아려서 살핌

---

453 米 총18획 **4급**

糧

쌀(米)을 헤아려(量) 놓은 **양식**

糧

훈 양식
음 량

糧食(양식) 糧穀(양곡) 食糧(식량) 糧政(양정)
軍糧米(군량미)

糧政(양정) : 양곡에 관한 정책이나 행정
糧穀(양곡) : 양식으로 쓰는 곡식

---

454 車 총15획 **2급**

輛

바퀴(車) 두(兩) 쌍이 한 짝인 **수레**

輛

훈 수레
음 량

車輛(차량)

車輛(차량) : 도로를 달리는 모든 차의 총칭

---

455 方 총10획 **5급Ⅱ**

旅

군기(方人)를 들고 있는 사람들(人人)이 **나그네**처럼 이동함

旅

훈 나그네
음 려

旅行(여행) 旅館(여관) 旅券(여권) 旅費(여비)
旅人宿(여인숙) 旅程(여정) 旅客船(여객선)

旅行(여행) : 다른 고장이나 나라에 가는 것
旅程(여정) : 여행하는 일정

---

456 心 총15획 **4급**

慮

호랑이(虍)가 잡아먹은 사람(儿)을 생각(思)하고 생각하다.

慮

훈 생각할
음 려

考慮(고려) 念慮(염려) 憂慮(우려)
配慮(배려) 思慮(사려)

考慮(고려) : 깊이 생각하려 헤아림
配慮(배려) : 보살펴 주려고 이리저리 마음을 써 줌

---

457 力 총17획 **3급Ⅱ**

勵

많은(萬) 언덕(厂)을 힘써(力) 오르다.

勵

훈 힘쓸
음 려 :

激勵(격려) 督勵(독려)
獎勵賞(장려상)

激勵(격려) : 마음이나 기운을 북돋우어 힘쓰도록 함

---

458 鹿 총19획 **4급Ⅱ**

麗

사슴(鹿)이 일일(一一)이 먼(冂冂)곳으로 잇달아 달아나는 모습이 **고움**

麗

훈 고울
음 려

華麗(화려) 高句麗(고구려) 秀麗(수려)
高麗磁器(고려자기) 美麗(미려) 美辭麗句(미사여구)

秀麗(수려) : 경치나 사람의 모습이 빼어나게 아름다움
美麗(미려) : 아름답고 고움

---

459 力 총2획 **7급Ⅱ**

力

팔에서 알통이 튀어나온 모양을 본뜬 글자

力

훈 힘
음 력

重力(중력) 武力(무력) 力道(역도) 魅力(매력)
推進力(추진력) 膽力(담력) 記憶力(기억력)

武力(무력) : 군사상의 힘
魅力(매력) : 사람의 눈이나 마음을 호리어 끄는 힘

---

460 止 총16획 **5급Ⅱ**

歷

언덕(厂) 아래에 곡식들(禾禾)이 잘 자라고 있음(止)

歷

훈 지낼
음 력

歷史(역사) 歷任(역임) 歷代(역대) 經歷(경력)
病歷(병력) 略歷(약력) 履歷書(이력서)

歷任(역임) : 거듭하여 여러 지위를 차례로 지냄
經歷(경력) : 어떤 일을 했거나, 직위나 직책을 맡았던 경험

461 日 총16획 3급Ⅱ

曆

언덕(厂) 아래에 자라는 곡식들(禾禾)의 수확날짜(日)를 셈하다.

曆

- 훈 책력
- 음 력

册曆(책력) 陰曆(음력) 月曆(월력) 曆書(역서)
太陰曆(태음력) 太陽曆(태양력)

册曆(책력) : 천체를 측정하여 해와 달의 움직임, 절기 등을 적은 책
曆書(역서) : 책력 연구에 관한 책

---

462 辶(辵) 총11획 4급Ⅱ

連

달리는(辶) 차(車)들이 **이어져** 있는 열차

連

- 훈 이을
- 음 련

連續(연속) 連結(연결) 連繫(연계) 連鎖(연쇄)
連發彈(연발탄) 連戰連勝(연전연승)

連續(연속) : 끊어지지 않고 죽 이어짐
連鎖(연쇄) : 서로 잇대어 관련을 맺음

---

463 ++(艸) 총15획 3급Ⅱ

蓮

풀(++)들이 이어져(連) 있는 **연꽃**

蓮

- 훈 연꽃
- 음 련

木蓮(목련) 蓮葉(연엽) 紅蓮(홍련) 蓮葉冠(연엽관)

蓮葉(연엽) : 연꽃의 잎
紅蓮(홍련) : 붉은 연꽃

---

464 火 총13획 2급

煉

쇠를 담글 때에는 불(火)꽃을 가려(東) 달군다.

煉

- 훈 달굴
- 음 련

煉炭(연탄) 煉乳(연유) 煉獄(연옥) 煉瓦(연와)

煉炭(연탄) : 무연탄에 점결제를 넣어 원통형으로 만든 연료
煉瓦(연와) : 벽돌

---

465 忄(心) 총15획 3급

憐

쌀(米)이 어그러져(舛) 마음(忄)에 측은한 생각이 듦

憐

- 훈 불쌍히여길
- 음 련

憐憫(연민) 可憐(가련) 哀憐(애련)
淸純可憐(청순가련) 同病相憐(동병상련)[153]

憐憫(연민) : 가엾어 함
可憐(가련) : 애틋하게 동정심이 감

---

466 糸 총15획 5급Ⅱ

練

실(糸)을 분간(東)하는 것도 배우고 **익혀야** 함

練

- 훈 익힐
- 음 련 :

練習(연습) 熟練(숙련) 修練(수련) 洗練味(세련미)
訓練兵(훈련병)

練習(연습) : 학문이나 기예 등을 익숙해지도록 반복해 익힘
修練(수련) : 몸과 마음을 닦아서 단련함

---

467 耳 총17획 3급Ⅱ

聯

어리고(幺) 어린(幺) 신랑들의 양 귀(耳)를 상투(卝)에 잡아 **잇다.**

聯

- 훈 연이을
- 음 련

聯盟(연맹) 聯邦(연방) 關聯(관련)
聯立內閣(연립내각) 國際聯合(국제연합)

聯盟(연맹) : 공동의 목적을 가진 조직
聯邦(연방) : 두 개 이상의 주나 자치국이 연합하여 형성하는 국가

---

468 金 총17획 3급Ⅱ

鍊

금(金)도 가려(東)서 **단련한다.**

鍊

- 훈 단련할
- 음 련

敎鍊(교련) 試鍊(시련) 鍊磨(연마) 鍊金術(연금술)
修鍊醫(수련의) 體力鍛鍊(체력단련)

試鍊(시련) : 겪기 힘든 시험과 단련
鍊磨(연마) : 갈고 닦음

---

469 心 총23획 3급Ⅱ

戀

실(糸)과 실(糸)을 연결한 듯 말(言)로만 들으니 마음(心)에 **그립다.**

戀

- 훈 그리워할
- 음 련 :

戀人(연인) 戀慕(연모) 戀歌(연가) 戀情(연정)
悲戀(비련) 失戀(실연)

戀人(연인) : 그리워하는 사람, 사랑하는 사람
悲戀(비련) : 애절한 그리움

---

470 力 총6획 3급

劣

힘(力)이 부족(少)해 일을 잘 **못하다.**

劣

- 훈 못할
- 음 렬

劣惡(열악) 劣勢(열세) 劣性(열성) 優劣(우열)
卑劣(비열) 拙劣(졸렬) 劣等意識(열등의식)

劣惡(열악) : 품질, 능력 따위가 몹시 떨어지고 나쁨
優劣(우열) : 우수함과 열등함

471

여(刀)　총6획　　4급Ⅱ

列

훈 벌릴
음 렬

밤(夕)을 한(一) 칼(刀)에 **벌려 놓음**

列

列擧(열거) 羅列(나열) 行列(행렬) 配列(배열)
陳列欌(진열장) 緩行列車(완행열차)

列擧(열거) : 여러 가지를 들어서 말함
配列(배열) : 일정한 차례나 간격을 죽 벌여놓음

472

灬(火)　총10획　　4급

烈

훈 매울
음 렬

불(灬)이 벌어지면(列) **매섭다.**

烈

激烈(격렬) 極烈(극렬) 壯烈(장렬) 痛烈(통렬)
猛烈(맹렬) 烈士(열사) 烈女門(열녀문)

激烈(격렬) : 지극히 맹렬함
壯烈(장렬) : 씩씩하게 열렬함

473

衣　총12획　　3급

裂

훈 찢어질
음 렬

옷(衣)이 벌어지니(列) **찢어진 것**

裂

龜裂(균열) 核分裂(핵분열) 決裂(결렬) 破裂(파열)
四分五裂(사분오열)272 支離滅裂(지리멸렬)528

決裂(결렬) : 여러 갈래로 찢어짐
破裂(파열) : 깨뜨리거나 갈라져 터짐

474

广　총13획　　3급

廉

훈 청렴할
음 렴

집(广)에 쌓인(兼) 것이 없을 만큼 **청렴하다.**

廉

淸廉(청렴) 低廉(저렴) 廉恥(염치) 廉探(염탐)
破廉恥(파렴치) 廉價版(염가판)

淸廉(청렴) : 성품이 고결하고 탐욕이 없음
廉恥(염치) : 폐를 끼쳤을 때 드는 부끄럽고 미안한 마음

475

犭(犬)　총18획　　3급

獵

훈 사냥
음 렵

개(犭)가 목을 물어(巤) **사냥을 함**

獵

密獵(밀렵) 涉獵(섭렵) 獵銃(엽총) 獵奇(엽기)
狩獵時代(수렵시대)

密獵(밀렵) : 허가받지 않고 몰래하는 사냥
獵奇(엽기) : 기괴한 일이나 물건에 호기심을 가지고 즐겨 찾아다니는 것

476

人　총5획　　5급

令

훈 하여금
음 령

모두(一) 무릎 꿇은(卩) 사람(人)들로 **하여금** 일어나게 함

令

法令(법령) 訓令(훈령) 號令(호령) 令狀(영장)
待機發令(대기발령) 假令(가령) 戒嚴令(계엄령)

訓令(훈령) : 상급 관청이 하급 관청에게 내는 명령
號令(호령) : 큰 소리로 꾸짖음

477

雨　총13획　　3급

零

훈 떨어질
음 령

하염없이(令) 비(雨)가 **떨어진다.**

零

零下(영하) 零上(영상) 零度(영도) 零點(영점)
零敗(영패) 零封(영봉) 零細民(영세민)

零下(영하) : 0도 이하의 기온 도수를 나타낼 때 사용함
零敗(영패) : 한 점도 얻지 못하고 짐

478

頁　총14획　　5급

領

훈 거느릴
음 령

좋은(令) 머리(頁)를 가진 자가 부하들을 **거느릴** 수 있음

領

領土(영토) 領空(영공) 領域(영역) 領收證(영수증)
大統領(대통령) 公金橫領(공금횡령)

領土(영토) : 한 나라의 통치권이 미치는 곳(땅)
領空(영공) : 영토와 영해 위의 하늘로써 주권이 미치는 범위

479

山　총17획　　3급Ⅱ

嶺

훈 고개
음 령

산(山)에서 가장 요긴한 곳(領)은 **고개**

嶺

嶺南(영남) 嶺西(영서) 嶺東(영동) 峻嶺(준령)
高嶺土(고령토) 分水嶺(분수령) 大關嶺(대관령)

峻嶺(준령) : 높고 가파른 고개

480

雨　총24획　　3급Ⅱ

靈

훈 신령
음 령

사람들(人人)을 만들고(工) 하늘에 난 구멍(ㅁㅁㅁ)에서 비(雨)를 내리게 하는 **신령님**

靈

神靈(신령) 魂靈(혼령) 妄靈(망령) 惡靈(악령)
靈驗(영험) 靈柩車(영구차) 靈安室(영안실)

神靈(신령) : 풍습으로 섬기는 모든 신
惡靈(악령) : 재앙을 내린다는 못된 영혼

---

481 亻(人) 총8획 6급

例

사람(亻) 사이를 벌려(列) 놓는 것은 **법식**

例

훈 법식
음 례:

例外(예외) 先例(선례) 實例(실례) 慣例(관례)
類例(유례) 判例(판례) 比例代表制(비례대표제)

例外(예외) : 일반적 규정이나 법칙에서 특수하게 벗어나는 것
慣例(관례) : 늘 해 내려와 관습이 된 전례

---

482 示 총18획 6급

禮

신에게 감사와 풍성함(豊)을 알리기(示) 위해 **예도**가 생겨남

禮

훈 예도
음 례:

禮拜堂(예배당) 謝禮金(사례금) 婚禮式(혼례식)
葬禮式(장례식) 禮儀凡節(예의범절)

禮拜堂(예배당) : 예배의식이나 그 밖의 모임을 위해 세운 건물

---

483 隶 총16획 3급

隸

선비(士)가 알려주는(示)대로 따르는(隶) **종**

隸

훈 종
음 례

奴隸(노예) 隸屬(예속) 隸僕(예복) 隸書(예서)
奴隸制度(노예제도)

奴隸(노예) : 자유를 구속당하고 남에게 부림을 받는 사람
隸屬(예속) : 어떤 것의 지배하에 있음

---

484 老 총6획 7급

老

늙어서(耂) 숟가락(匕)을 놓음

老

훈 늙을
음 로:

老人(노인) 敬老堂(경로당) 老衰(노쇠)
不老長生(불로장생) 老患(노환) 敬老思想(경로사상)

老人(노인) : 나이가 많은 사람
老患(노환) : 노쇠해서 생긴 병

---

485 力 총12획 5급Ⅱ

勞

불(火)이 나자 불(火)을 덮어(冖) 끄기 위해 힘써(力) **일하다.**

勞

훈 일할
음 로

過勞(과로) 疲勞(피로) 慰勞(위로) 勞組(노조)
勞動三權(노동삼권) 勞使(노사) 勤勞者(근로자)

過勞(과로) : 일을 과하게 해서 고달픔
疲勞(피로) : 지나친 활동으로 작업 능력이 감퇴된 상태

---

486 足 총13획 6급

路

발(疋)로 각각(各) 걸어 다니는 **길**

路

훈 길
음 로:

進路(진로) 滑走路(활주로) 迷路(미로)
高速道路(고속도로) 路上(노상) 航空路線(항공노선)

進路(진로) : 앞으로 나아가는 길
路上(노상) : 길바닥

---

487 雨 총20획 3급Ⅱ

露

비(雨)가 내린 길(路)에 **이슬**이 맺혀있음

露

훈 이슬
음 로

眞露(진로) 露出(노출) 露骨(노골) 暴露(폭로)
甘露水(감로수) 露天(노천) 露宿者(노숙자)

露出(노출) : 보이거나 알 수 있도록 드러내는 일
暴露(폭로) : 비바람에 직접 노출됨

---

488 火 총20획 3급Ⅱ

爐

불(火)기가 남아 있는 **화로**(盧)

爐

훈 화로
음 로

煖爐(난로) 鎔鑛爐(용광로) 原子爐(원자로)
輕水爐(경수로) 火爐(화로) 爐邊談話(노변담화)

煖爐(난로) : 몸이나 방 안을 덥게 하는 난방기구 중 하나
火爐(화로) : 불을 담아두는 그릇

---

489 鹿 총11획 3급

鹿

수사슴의 뿔, 머리, 네 발의 모양을 본뜬 글자

鹿

훈 사슴
음 록

馴鹿(순록) 鹿茸(녹용) 鹿角(녹각) 鹿血(녹혈)
指鹿爲馬(지록위마)527 白鹿潭(백록담)

馴鹿(순록) : 사슴과의 짐승
鹿茸(녹용) : 사슴의 새로 돋은 연한 뿔로 약재로 사용

---

490 示 총13획 3급Ⅱ

祿

신하들에게 근본(彔)을 가르치고(示) **녹봉**을 줌

祿

훈 녹
음 록

貫祿(관록) 祿俸(녹봉)
國祿(국록) 俸祿(봉록)

祿俸(녹봉) : 나라가 벼슬아치들에게 주던 곡식이나 돈
俸祿(봉록) : 녹봉

491 糸 총14획 **6급**

綠

실(糸)에 나무를 깎은(彔) 물을 들이니 **푸른색 실**이 됨

- 훈 푸를
- 음 록

綠色(녹색) 綠茶(녹차) 綠末(녹말) 綠十字(녹십자)
常綠樹(상록수) 綠化産業(녹화산업)

綠色(녹색) : 파랑과 노랑의 중간 색, 풀 색
綠茶(녹차) : 푸른빛이 그대로 나도록 말린 잎을 끓인 차

---

492 金 총16획 **4급Ⅱ**

錄

쇠(金)로 나무를 깎아(彔) 글자를 **기록하다.**

- 훈 기록할
- 음 록

登錄(등록) 收錄(수록) 實錄(실록) 附錄(부록)
默示錄(묵시록) 圖書目錄(도서목록)

登錄(등록) : 문서에 올림
附錄(부록) : 책, 신문, 잡지 등의 책자에 덧붙이는 인쇄물

---

493 言 총15획 **4급Ⅱ**

論

말(言)로 생각하고(侖) **논하다.**

- 훈 논할
- 음 론

槪論(개론) 論爭(논쟁) 結論(결론) 論述(논술)
輿論收斂(여론수렴) 卓上空論(탁상공론)575

槪論(개론) : 전체 내용을 간추린 대강의 논설
論述(논술) : 어떤 사물을 논하여 말하거나 적음

---

494 廾 총7획 **3급Ⅱ**

弄

왕(王)을 들고(廾) **희롱하다.**

- 훈 희롱할
- 음 롱:

弄談(농담) 弄奸(농간) 才弄(재롱) 愚弄(우롱)
姓戲弄(성희롱) 吟風弄月(음풍농월)421

弄談(농담) : 실없는 말
才弄(재롱) : 어린아이의 슬기로운 말과 귀여운 짓

---

495 竹 총22획 **2급**

籠

대나무(竹)를 용처럼(龍) 꼬불꼬불 엮은 **대바구니**

- 훈 대바구니
- 음 롱

籠球(농구) 欌籠(장롱) 籠絡(농락) 籠城(농성)
籠鳥戀雲(농조연운)

籠球(농구) : 다섯 명씩 편을 짜서 상대편 바스켓에 공을 넣는 구기 운동
欌籠(장롱) : 옷, 이불 등을 넣어두는 장과 농의 총칭

---

496 雨 총13획 **3급Ⅱ**

雷

밭(田)에 비(雨)가 쏟아지고 **우레(천둥)**가 침

- 훈 우레
- 음 뢰

地雷(지뢰) 落雷(낙뢰) 魚雷(어뢰) 雷管(뇌관)
避雷針(피뢰침) 附和雷同(부화뇌동)244

地雷(지뢰) : 땅에 묻어 그 위를 지나가면 폭발하도록 만든 폭약
落雷(낙뢰) : 벼락이 떨어짐

---

497 貝 총16획 **3급Ⅱ**

賴

돈이(貝) 어그러지면(剌) 변호사에게 **의뢰한다.**

- 훈 의뢰할
- 음 뢰

信賴(신뢰) 依賴人(의뢰인)
無賴漢(무뢰한)

信賴(신뢰) : 남을 믿고 의지함

---

498 亅 총2획 **3급**

了

아이의 양 손이 없는 모양을 본뜬 글자

- 훈 마칠
- 음 료

完了(완료) 滿了(만료) 終了(종료) 魅了(매료)
修了(수료)

完了(완료) : 완전히 끝마침
魅了(매료) : 남의 마음을 홀리어 사로잡음

---

499 斗 총10획 **5급**

料

쌀(米)을 말(斗)로 헤아림

- 훈 헤아릴
- 음 료(:)

料金(요금) 料理(요리) 給料(급료) 飮料水(음료수)
過怠料(과태료) 化學肥料(화학비료)

料金(요금) : 수수료로 내는 돈
料理(요리) : 식품을 입맛에 맞도록 조리하는 일이나 조리한 음식

---

500 亻(人) 총14획 **3급**

僚

벼슬(寮)을 하는 사람(亻)들끼리는 서로 **동료**

- 훈 동료
- 음 료

同僚(동료) 官僚(관료) 幕僚(막료) 臣僚(신료)
閣僚(각료)

幕僚(막료) : 중요한 일을 계획, 시행하는 일을 보좌하는 사람
臣僚(신료) : 모든 신하

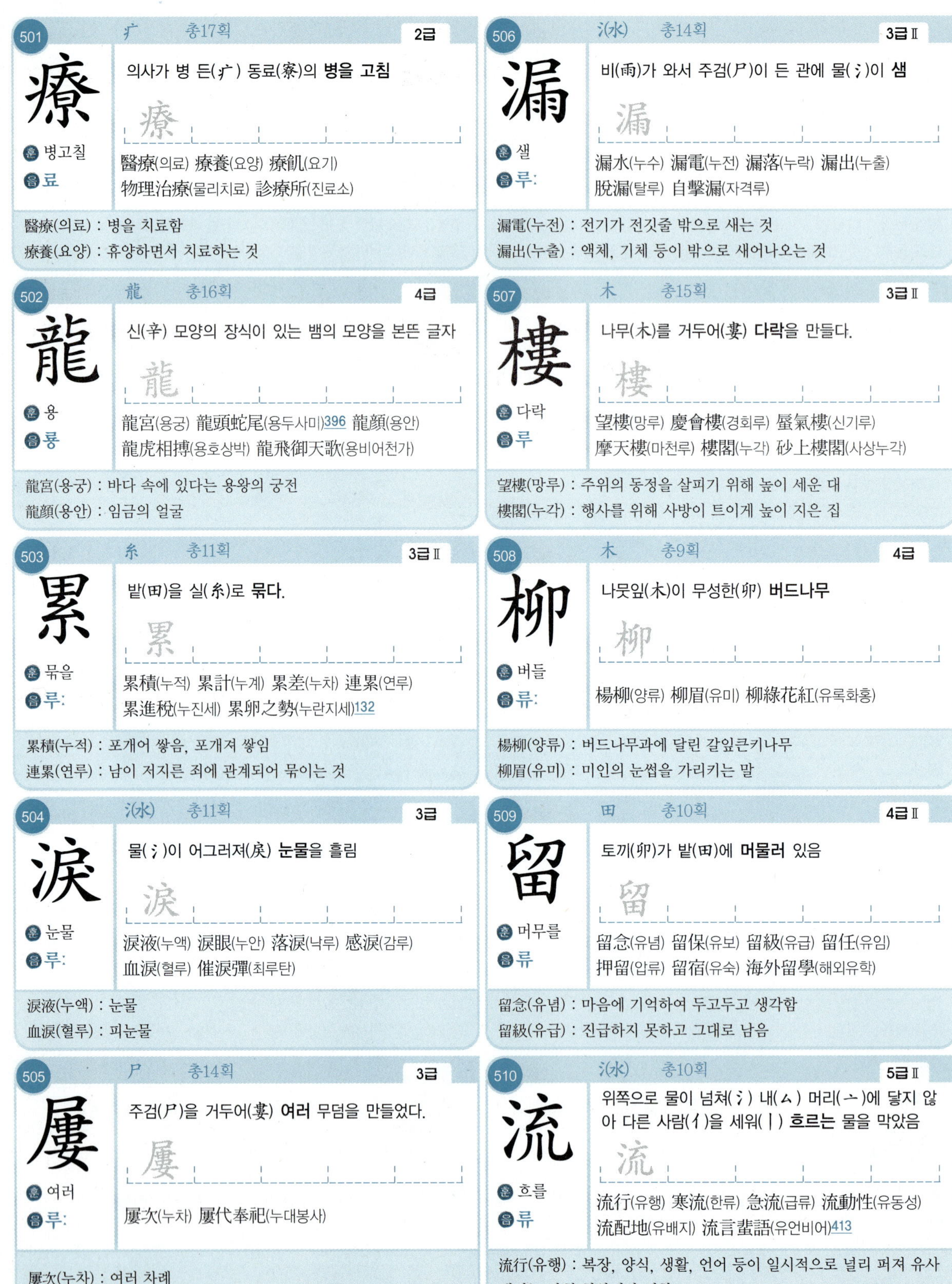

501 疒 총17획 **2급**

療

의사가 병 든(疒) 동료(寮)의 병을 고침

療

훈 병고칠
음 료

醫療(의료) 療養(요양) 療飢(요기)
物理治療(물리치료) 診療所(진료소)

醫療(의료) : 병을 치료함
療養(요양) : 휴양하면서 치료하는 것

502 龍 총16획 **4급**

龍

신(辛) 모양의 장식이 있는 뱀의 모양을 본뜬 글자

龍

훈 용
음 룡

龍宮(용궁) 龍頭蛇尾(용두사미)396 龍顏(용안)
龍虎相搏(용호상박) 龍飛御天歌(용비어천가)

龍宮(용궁) : 바다 속에 있다는 용왕의 궁전
龍顏(용안) : 임금의 얼굴

503 糸 총11획 **3급Ⅱ**

累

밭(田)을 실(糸)로 묶다.

累

훈 묶을
음 루:

累積(누적) 累計(누계) 累差(누차) 連累(연루)
累進稅(누진세) 累卵之勢(누란지세)132

累積(누적) : 포개어 쌓음, 포개져 쌓임
連累(연루) : 남이 저지른 죄에 관계되어 묶이는 것

504 氵(水) 총11획 **3급**

淚

물(氵)이 어그러져(戾) 눈물을 흘림

淚

훈 눈물
음 루:

淚液(누액) 淚眼(누안) 落淚(낙루) 感淚(감루)
血淚(혈루) 催淚彈(최루탄)

淚液(누액) : 눈물
血淚(혈루) : 피눈물

505 尸 총14획 **3급**

屢

주검(尸)을 거두어(婁) 여러 무덤을 만들었다.

屢

훈 여러
음 루:

屢次(누차) 屢代奉祀(누대봉사)

屢次(누차) : 여러 차례

506 氵(水) 총14획 **3급Ⅱ**

漏

비(雨)가 와서 주검(尸)이 든 관에 물(氵)이 샘

漏

훈 샐
음 루:

漏水(누수) 漏電(누전) 漏落(누락) 漏出(누출)
脫漏(탈루) 自擊漏(자격루)

漏電(누전) : 전기가 전깃줄 밖으로 새는 것
漏出(누출) : 액체, 기체 등이 밖으로 새어나오는 것

507 木 총15획 **3급Ⅱ**

樓

나무(木)를 거두어(婁) 다락을 만들다.

樓

훈 다락
음 루

望樓(망루) 慶會樓(경회루) 蜃氣樓(신기루)
摩天樓(마천루) 樓閣(누각) 砂上樓閣(사상누각)

望樓(망루) : 주위의 동정을 살피기 위해 높이 세운 대
樓閣(누각) : 행사를 위해 사방이 트이게 높이 지은 집

508 木 총9획 **4급**

柳

나뭇잎(木)이 무성한(卯) 버드나무

柳

훈 버들
음 류

楊柳(양류) 柳眉(유미) 柳綠花紅(유록화홍)

楊柳(양류) : 버드나무과에 달린 갈잎큰키나무
柳眉(유미) : 미인의 눈썹을 가리키는 말

509 田 총10획 **4급Ⅱ**

留

토끼(卯)가 밭(田)에 머물러 있음

留

훈 머무를
음 류

留念(유념) 留保(유보) 留級(유급) 留任(유임)
押留(압류) 留宿(유숙) 海外留學(해외유학)

留念(유념) : 마음에 기억하여 두고두고 생각함
留級(유급) : 진급하지 못하고 그대로 남음

510 氵(水) 총10획 **5급Ⅱ**

流

위쪽으로 물이 넘쳐(氵) 내(厶) 머리(亠)에 닿지 않아 다른 사람(亻)을 세워(丨) 흐르는 물을 막았음

流

훈 흐를
음 류

流行(유행) 寒流(한류) 急流(급류) 流動性(유동성)
流配地(유배지) 流言蜚語(유언비어)413

流行(유행) : 복장, 양식, 생활, 언어 등이 일시적으로 널리 퍼져 유사해지는 사회 현상이나 경향

511 硫 石 총12획 · 2급

내(厶) 머리(宀)처럼 둥근 모양에 색은 흙탕물(川)처럼 누런 광물(石)

- 훈 유황
- 음 류

硫酸(유산) 硫黃(유황) 脫硫(탈류)

硫黃(유황) : 비금속 원소의 하나

512 類 頁 총19획 · 5급Ⅱ

개(犬)의 머리(頁)가 쌀(米)처럼 자잘한 것까지도 닮은 무리들

- 훈 무리
- 음 류:

種類(종류) 分類(분류) 部類(부류) 類推(유추)
類例(유례) 鳥類(조류) 類類相從(유유상종)414

種類(종류) : 물건을 부문에 따라 나눈 갈래
類推(유추) : 미루어 짐작함

513 謬 言 총18획 · 2급

말(言)소문이 높이 퍼지면(翏) 일을 그르친다.

- 훈 그르칠
- 음 류

誤謬(오류) 謬傳(유전) 謬見(유견)

誤謬(오류) : 이치에 틀린 인식

514 六 八 총4획 · 8급

두 손의 세 손가락을 아래로 편 모양을 나타낸 글자

- 훈 여섯
- 음 륙

六角(육각) 死六臣(사육신) 六書(육서)
三十六計(삼십육계) 六法(육법) 直六面體(직육면체)

六角(육각) : 북, 장구, 해금, 피리 및 대평소 한 쌍의 총칭
六書(육서) : 한자의 구조 및 사용에 관한 여섯 가지의 구별 명칭

515 陸 阝(阜) 총11획 · 5급Ⅱ

큰(阝) 땅(坴) 뭍

- 훈 뭍
- 음 륙

陸地(육지) 陸橋(육교) 大陸(대륙) 着陸(착륙)
水陸兩用(수륙양용) 陸海空軍(육해공군)

陸地(육지) : 물에 덮이지 않은 지구 표면
着陸(착륙) : 비행기나 비행선 따위가 공중에서 땅으로 내려 앉는 것

516 倫 亻(人) 총10획 · 3급Ⅱ

사람(亻)을 생각하는(侖) 것이 인륜

- 훈 인륜
- 음 륜

人倫(인륜) 天倫(천륜) 倫理(윤리) 悖倫(패륜)
三綱五倫(삼강오륜)285

人倫(인륜) : 사람이 지켜야 할 떳떳한 도리
悖倫(패륜) : 인간의 도리에 어긋남

517 輪 車 총15획 · 4급

차(車)를 생각하면(侖) 먼저 바퀴가 떠오름

- 훈 바퀴
- 음 륜

輪廓(윤곽) 輪作(윤작) 輪廻(윤회) 五輪旗(오륜기)
輪轉機(윤전기) 前輪驅動(전륜구동)

輪廓(윤곽) : 사물 대강의 테두리, 겉모양
輪作(윤작) : 같은 땅에 여러 가지 농작물을 해마다 바꿔 심는 것

518 律 彳 총9획 · 4급Ⅱ

스스로(聿) 걷게(彳)하는 법칙

- 훈 법칙
- 음 률

法律(법률) 規律(규율) 律動(율동) 旋律(선율)
千篇一律(천편일률)549 自律學習(자율학습)

法律(법률) : 국민이 지켜야 할 나라의 규율
律動(율동) : 가락에 맞춰 추는 춤

519 栗 木 총10획 · 3급Ⅱ

서쪽(西)에 있는 나무(木)는 밤나무

- 훈 밤
- 음 률

生栗(생률) 栗谷(율곡) 栗房(율방) 栗園(율원)
棗栗(조율) 黃栗(황률)

生栗(생률) : 날밤
栗房(율방) : 밤송이

520 率 玄 총11획 · 3급Ⅱ

검은(玄) 줄을 열(十) 번씩 꼬아 비율을 맞춤

- 훈 1)비율 2)거느릴
- 음 1)률 2)솔

確率(확률) 比率(비율) 能率(능률) 換率(환율)
輕率(경솔) 率直(솔직) 統率力(통솔력)

確率(확률) : 어떤 일이 일어날 확실성의 정도를 나타내는 수치
率直(솔직) : 거짓으로 꾸미거나 숨김이 없이 바르고 곧음

521 阝(阜) 총12획 3급Ⅱ

隆

뒤쳐져 오던(夂) 한(一) 사람이 살아있는(生) 새를 발견해 **높은** 언덕(阝)에서 날려 보내줌

隆

훈 높을
음 륭

隆盛(융성) 隆起(융기) 隆崇(융숭) 隆興(융흥)
隆昌(융창)

隆盛(융성) : 기세가 성함
隆興(융흥) : 세차게 일어남

522 阝(阜) 총11획 3급Ⅱ

陵

언덕(阝)과 언덕(夌) 사이의 릉

陵

훈 언덕
음 릉

丘陵(구릉) 江陵市(강릉시) 陵谷(능곡) 王陵(왕릉)
陵遲處斬(능지처참) 武陵桃源(무릉도원)191

丘陵(구릉) : 언덕
王陵(왕릉) : 임금의 묘

523 里 총7획 7급

里

밭(田)이 있는 땅(土)끝 마을

里

훈 마을
음 리:

里長(이장) 千里眼(천리안) 村里(촌리) 鄕里(향리)
萬里長城(만리장성) 五里霧中(오리무중)376

里長(이장) : 시골 동리에서 공중의 일을 맡아 보는 사람
鄕里(향리) : 시골의 마을

524 王(玉) 총11획 6급Ⅱ

理

왕(王)이 마을(里)을 **다스린다.**

理

훈 다스릴
음 리:

原理(원리) 理念(이념) 理解(이해) 窮理(궁리)
理髮所(이발소) 整理(정리) 心理學(심리학)

原理(원리) : 사물이 근거하여 성립하는 근본 원칙
理解(이해) : 사리를 분별하여 해석함

525 刂(刀) 총7획 6급Ⅱ

利

곡식(禾)을 잘라(刂) 팔아서 **이득을 취하다.**

利

훈 이할
음 리:

權利(권리) 複利(복리) 利用(이용) 銳利(예리)
利害得失(이해득실) 暴利(폭리) 勝利感(승리감)

權利(권리) : 법에 의해 개인이나 단체에 대해 인정된 활동의 범위
銳利(예리) : 날이 서 있거나 끝이 뾰족함

526 隹 총19획 4급

離

맹수(禼)와 새(隹)들이 산을 **떠나다.**

離

훈 떠날
음 리

分離(분리) 離別(이별) 離婚(이혼) 離脫(이탈)
距離(거리) 亂離(난리) 離散家族(이산가족)

分離(분리) : 갈라서 떼어놓음
離別(이별) : 헤어짐

527 衣 총13획 3급Ⅱ

裏

잊지 않으려고 마을(里) 이름을 옷(衣) 속에 새겨 넣음

裏

훈 속
음 리:

腦裏(뇌리) 裏書(이서) 裏面(이면)
表裏不同(표리부동)593

裏書(이서) : 종이 뒤에 글자를 쓰는 일
裏面(이면) : 표면에 드러나지 않는 내부의 문제나 사정

528 木 총11획 3급

梨

이로운(利) 나무(木) 배나무

梨

훈 배
음 리

梨花(이화) 烏飛梨落(오비이락)379 山梨(산리)

梨花(이화) : 배꽃
山梨(산리) : 돌배

529 尸 총15획 3급Ⅱ

履

몸(尸)의 걸어(彳) 다니는(夂) 부분을 받치는(舟-변형) 신발을 **밟다.**

履

훈 밟을
음 리:

履修(이수) 履行(이행) 履霜(이상) 不履行(불이행)
履歷書(이력서)

履修(이수) : 해당 학과를 순서대로 공부하여 마치는 것
履行(이행) : 약속이나 계약 등을 실제로 행하는 것

530 木 총7획 6급

李

오얏나무(木)의 자식(子)도 오얏나무

李

훈 오얏
음 리:

李氏(이씨) 李朝(이조) 張三李四(장삼이사)487

李氏(이씨) : 성의 하나
李朝(이조) : 베트남의 왕조

531 — 吏

口　총6획　　3급Ⅱ

오로지(一) 사(史)적인 일만 하는 **벼슬아치**

吏

- 훈 벼슬아치
- 음 리

官吏(관리)　淸白吏(청백리)　吏曹(이조)
吏讀文字(이두문자)　貪官汚吏(탐관오리)576

吏曹(이조) : 조선시대 육조의 하나로 문인 인사 관리 등을 맡음
淸白吏(청백리) : 재물에 욕심이 없는 관리

532 — 隣

阝(阜)　총15획　　3급

같은 언덕(阝)에 살면서 쌀(米)도 나누고 마음이 어그러지기도(舛) 하는 **이웃**

隣

- 훈 이웃
- 음 린

隣接(인접)　隣近(인근)　交隣(교린)
近隣公園(근린공원)　善隣友好(선린우호)

隣接(인접) : 이웃해 있음
隣近(인근) : 거리상으로 가까운 이웃

533 — 林

木　총8획　　7급

나무(木)와 나무(木)가 많은 **수풀림**

林

- 훈 수풀
- 음 림

森林(삼림)　林野(임야)　林業(임업)　山林廳(산림청)
國有林(국유림)　密林地帶(밀림지대)

森林(삼림) : 나무가 많이 우거져 있는 곳
林業(임업) : 삼림을 경영하는 사업

534 — 臨

臣　총17획　　3급Ⅱ

사람(人)을 높이 평가해(品) 신하(臣)로 **임하다.**

臨

- 훈 임할
- 음 림

君臨(군림)　再臨(재림)　臨迫(임박)　臨終(임종)
臨戰無退(임전무퇴)472　臨時變通(임시변통)

君臨(군림) : 임금으로서 나라를 다스리는 것
再臨(재림) : 다시 옴

535 — 立

立　총5획　　7급Ⅱ

사람이 대지 위에 **서** 있는 모습을 본뜬 글자

立

- 훈 설
- 음 립

創立(창립)　確立(확립)　起立(기립)　立冬(입동)
獨立軍(독립군)　立春大吉(입춘대길)

創立(창립) : 학교, 회사 등을 처음으로 설립함
立冬(입동) : 24절기의 열아홉 번째

536 — 馬

馬　총10획　　5급

말의 모양을 본뜬 글자

馬

- 훈 말
- 음 마:

馬車(마차)　塞翁之馬(새옹지마)298　競馬(경마)
馬耳東風(마이동풍)164

馬車(마차) : 말이 끄는 수레
競馬(경마) : 말이 빨리 달리는 것을 가지고 서로 겨룸

537 — 麻

麻　총11획　　3급Ⅱ

집(广) 안에서 사람(儿)마다(儿) 열(十)개씩 **삼**을 손질한다.

麻

- 훈 삼
- 음 마(:)

麻衣(마의)　麻布(마포)　麻袋(마대)　麻雀(마작)
麻織物(마직물)　大麻草(대마초)

麻衣(마의) : 삼베 옷
麻雀(마작) : 오락의 하나로 136개의 패를 맞추는 놀이

538 — 摩

手　총15획　　2급

삼(麻)을 손(手)으로 **문지르다.**

摩

- 훈 문지를
- 음 마

按摩(안마)　撫摩(무마)
摩尼敎(마니교)　摩天樓(마천루)　摩擦係數(마찰계수)

按摩(안마) : 손으로 몸의 근육을 두드리거나 주무르는 것
撫摩(무마) : 손으로 어루만져 달래거나 문제가 되지 않게 처리하는 것

539 — 磨

石　총16획　　3급Ⅱ

삼(麻)을 돌(石)에 **갈다.**

磨

- 훈 갈
- 음 마

硏磨(연마)　磨勘(마감)　磨滅(마멸)　磨損(마손)
切磋琢磨(절차탁마)503

磨滅(마멸) : 갈려서 닳아 없어짐
磨損(마손) : 서로 쓸리어 닳음

540 — 魔

鬼　총21획　　2급

삼베(麻)를 뒤집어 쓴 귀신(鬼)

魔

- 훈 마귀
- 음 마

魔鬼(마귀)　魔法(마법)　魔手(마수)　惡魔(악마)
好事多魔(호사다마)623　病魔(병마)　魔術師(마술사)

魔鬼(마귀) : 요사스럽고 못된 잡귀, 악마
魔法(마법) : 마력으로 이상야릇한 일을 하는 술법

541	疒 총13획	2급

痲

사람(儿)마다(儿) 여러(十) 병에 걸려(疒) 저리다.

痲

- 훈 저릴
- 음 마

痲藥(마약) 痲醉劑(마취제) 痲疹(마진)
交通痲痺(교통마비) 痲痺(마비) 痲藥中毒(마약중독)

痲疹(마진) : 홍역
痲痺(마비) : 신경이나 근육 등이 그 기능을 잃는 병

542	⺾(艸) 총11획	3급Ⅱ

莫

넓은(大) 초원(⺾)에 해(日)가 져서 아무것도 없다.

莫

- 훈 없을
- 음 막

莫重(막중) 莫強(막강) 莫大(막대) 索莫(삭막)
莫上莫下(막상막하)166 後悔莫及(후회막급)

莫重(막중) : 매우 중요함
索莫(삭막) : 황폐하여 쓸쓸함

543	巾 총14획	3급Ⅱ

幕

해가 저물(莫)면 수건(巾)으로 장막을 침

幕

- 훈 장막
- 음 막

天幕(천막) 園頭幕(원두막) 酒幕(주막)
煙幕彈(연막탄) 開幕式(개막식) 單幕劇(단막극)

天幕(천막) : 비바람 등을 막기 위해 천 등으로 친 장막
酒幕(주막) : 시골 길거리에서 술이나 밥 등을 팔거나 잠을 재우는 집

544	氵(水) 총14획	3급Ⅱ

漠

해가 저물면(莫) 강물(氵)이 더 넓어 보임

漠

- 훈 넓을
- 음 막

沙漠(사막) 漠然(막연) 茫漠(망막) 漠漠(막막)
漠漠大海(막막대해)

沙漠(사막) : 모래나 자갈로 쌓인 불모의 넓은 벌판
漠然(막연) : 아득해서 짐작할 수 없음

545	月(肉) 총15획	2급

膜

몸(月)에서 가장 얇은(莫) 부위는 눈꺼풀(막)

膜

- 훈 막
  꺼풀
- 음 막

鼓膜(고막) 粘膜(점막) 角膜(각막) 網膜(망막)
肋膜炎(늑막염) 結膜炎(결막염) 腹膜炎(복막염)

粘膜(점막) : 소화기 등의 내장 내면을 싸고 있는 부드럽고 끈끈한 막
網膜(망막) : 안구 가장 안쪽에 있는 시신경이 분포되어 있는 막

546	⺾(艸) 총13획	8급

萬

전갈의 모양을 본뜬 글자

萬

- 훈 일만
- 음 만:

萬能(만능) 萬壽無疆(만수무강) 萬物(만물)
萬病通治(만병통치) 森羅萬象(삼라만상)287

萬能(만능) : 온갖 일에 능통함
萬物(만물) : 세상에 있는 모든 것

547	日 총11획	3급Ⅱ

晚

해(日)진 후에 모자를 벗는(免) 것은 이미 늦음

晚

- 훈 늦을
- 음 만:

晚學(만학) 晚鍾(만종) 晚秋(만추) 晚餐(만찬)
早晚間(조만간) 大器晚成(대기만성)143

晚學(만학) : 나이가 들어 늦게 배움
晚餐(만찬) : 저녁식사

548	氵(水) 총14획	4급Ⅱ

滿

이십(十) 명의 사람이 양(兩)손 가득 물(氵)을 부으니 독이 가득 참

滿

- 훈 찰
- 음 만(:)

滿足(만족) 滿員(만원) 滿開(만개) 充滿(충만)
欲求不滿(욕구불만) 滿場一致(만장일치)

滿足(만족) : 마음에 모자람이 없어 흐뭇함
滿員(만원) : 정원이 다 참

549	忄(心) 총14획	3급

慢

애견도 마음(忄)에 너무 들어 예뻐하면(曼) 금방 거만해짐

慢

- 훈 거만할
- 음 만

倨慢(거만) 自慢(자만) 怠慢(태만) 驕慢(교만)
慢性的(만성적) 傲慢不遜(오만불손)

倨慢(거만) : 잘난 척 하는 건방진 태도
自慢(자만) : 거만하게 스스로 자랑하는 태도

550	氵(水) 총14획	3급

漫

물(氵)을 너무 끌어들이면(曼) 펌프도 퍼진다.

漫

- 훈 퍼질
- 음 만:

漫畫(만화) 漫談(만담) 漫評(만평) 散漫(산만)
放漫(방만) 漫然(만연) 天眞爛漫(천진난만)547

漫談(만담) : 재밌고 익살스런 말로 풍자하는 이야기
散漫(산만) : 어수선하여 걷잡을 수 없음

551 灣

氵(水) 총25획 · 2급

물(氵)굽이(彎)

灣

- 훈 물굽이
- 음 만

臺灣(대만) 灣商(만상) 灣岸(만안) 港灣(항만)

港灣(항만) : 배가 정박하고 승객이나 화물을 실을 수 있도록 시설한 구역

552 蠻

虫 총25획 · 2급

살모사(虫)를 존중하고 소수(糸)의 언어(言)만 고집하는 소수민족인 오랑캐

蠻

- 훈 오랑캐
- 음 만

蠻勇(만용) 蠻行(만행)
野蠻人(야만인)

蠻勇(만용) : 주책없이 날뛰는 용맹, 용기
蠻行(만행) : 야만스런 행동

553 娩

女 총10획 · 2급

산모(女)가 고통을 면하려면(免) 아이를 빨리 낳아야 함

娩

- 훈 낳을
- 음 만

分娩(분만) 碗娩(완만)

分娩(분만) : 산모가 아이를 낳는 것

554 末

木 총5획 · 5급

나뭇가지(木) 끝에 일(一)자 표시를 해서 끝을 나타냄

末

- 훈 끝
- 음 말

末年(말년) 末期(말기) 末伏(말복) 末端(말단)
末尾(말미) 末世(말세) 結末(결말) 卷末(권말)

末尾(말미) : 책 또는 문서의 끝부분
末世(말세) : 쇠퇴하여 종말이 다 된 세상 또는 그 시기

555 亡

亠 총3획 · 5급

사람(人)이 머리(亠)를 조아리고 망함을 인정함

亡

- 훈 망할
- 음 망

亡命(망명) 亡國(망국) 逃亡(도망) 滅亡(멸망)
死亡者(사망자) 敗家亡身(패가망신)589

亡命(망명) : 정치적 탄압 등을 피해 남의 나라로 도망함
滅亡(멸망) : 망하여 없어짐

556 妄

女 총6획 · 3급Ⅱ

죽은(亡) 여자(女)의 망령

妄

- 훈 망령될
- 음 망:

老妄(노망) 妄靈(망령) 妄覺(망각) 妄發(망발)
被害妄想(피해망상) 輕擧妄動(경거망동)38

老妄(노망) : 늙어서 부리는 망령
妄靈(망령) : 정신이 흐려져 말과 행동이 어그러지는 상태

557 忙

忄(心) 총6획 · 3급

마음(忄)이 달아나니(亡) 바쁘다.

忙

- 훈 바쁠
- 음 망

奔忙(분망) 忙中閑(망중한)
忙月(망월) 公私多忙(공사다망)

奔忙(분망) : 매우 바쁨
忙月(망월) : 농사일로 바쁜 달

558 忘

心 총7획 · 3급

주의하려는 마음(心)이 달아나니(亡) 쉽게 잊는다.

忘

- 훈 잊을
- 음 망

忘却(망각) 忘年會(망년회) 勿忘草(물망초)
刻骨難忘(각골난망)4 寤寐不忘(오매불망)377

忘年會(망년회) : 가는 해를 잊기 위해 연말에 베푸는 잔치

559 罔

网 총8획 · 3급

그물(罒)잡이가 망해(亡) 없어지다.

罔

- 훈 없을
- 음 망

罔極(망극) 罔測(망측) 欺罔(기망)
罔極之痛(망극지통) 怪常罔測(괴상망측)

罔極(망극) : 은혜가 너무 커서 갚을 길이 없음
罔測(망측) : 이치에 맞지 않아 헤아릴 수 없음

560 茫

艹(艸) 총10획 · 3급

물(氵)에 떨어진 바늘 끝(芒)을 찾으려니 아득(멍)하다.

茫

- 훈 아득할
- 음 망

茫漠(망막) 茫然自失(망연자실) 蒼茫(창망)
茫茫大海(망망대해)

茫漠(망막) : 흐리멍덩하고 똑똑하지 못한 상태
蒼茫(창망) : 넓고 멀어서 푸르고 아득한 모양

561 | 月 총11획 | 5급Ⅱ

望

달(月)을 보고 서서(壬) 달아난(亡) 사람이 돌아오길 **바람**

望

훈 바랄
음 망:

希望(희망) 慾望(욕망) 野望(야망) 所望(소망)
望夫石(망부석) 失望(실망) 望遠鏡(망원경)

希望(희망) : 앞으로의 일에 기대를 가지고 바람
所望(소망) : 바라고, 기대하는 바

---

562 | 糸 총14획 | 2급

網

가는 실(糸)을 엮어(罔) 틈이 없는 **그물망**

網

훈 그물
음 망

網紗(망사) 鐵網(철망) 漁網(어망) 聯絡網(연락망)
道路網(도로망) 法網(법망)

網紗(망사) : 그물과 같이 설피고 성기게 짠 깁
鐵網(철망) : 철사를 그물처럼 엮어 만든 것

---

563 | 母 총7획 | 7급Ⅱ

每

어머니(母)는 아들(人)을 **매양** 생각함

每

훈 매양
음 매(:)

每年(매년) 每月(매월) 每日(매일) 每週(매주)
每事(매사) 每回(매회) 每番(매번)

每事(매사) : 일마다
每回(매회) : 한 회 한 회 모두

---

564 | 女 총8획 | 4급

妹

다 큰 여자(女)라 해도 아직은(未) **누이**

妹

훈 누이
음 매

妹兄(매형) 妹弟(매제) 妹夫(매부) 男妹(남매)
姉妹(자매) 姉妹結緣(자매결연)

妹兄(매형) : 손 윗누이의 남편
妹夫(매부) : 누이의 남편

---

565 | 土 총10획 | 3급

埋

마을(里) 땅(土)에 **묻다.**

埋

훈 묻을
음 매

埋藏(매장) 埋立(매립) 埋伏(매복)
埋沒(매몰) 椎埋(추매)

埋藏(매장) : 묻어서 감추는 것
埋立(매립) : 우묵한 땅을 매워 올림

---

566 | 貝 총12획 | 5급

買

돈(貝)으로 바구니(罒)를 **사다.**

買

훈 살
음 매:

購買(구매) 買受人(매수인) 買入(매입)
買占賣惜(매점매석) 還買(환매) 人身賣買(인신매매)

購買(구매) : 물건을 삼
買入(매입) : 물건 따위를 사들임

---

567 | 木 총11획 | 3급Ⅱ

梅

매일(每) 보는 나무(木) **매화**

梅

훈 매화
음 매

梅花(매화) 梅香(매향) 紅梅(홍매) 梅毒(매독)
梅實酒(매실주) 梅蘭菊竹(매란국죽)

梅花(매화) : 장미과에 딸린 큰키나무
梅毒(매독) : 성병의 한 가지

---

568 | 女 총12획 | 3급Ⅱ

媒

어느(某) 여자(女)가 **중매**를 설까.

媒

훈 중매
음 매

中媒(중매) 媒婆(매파) 觸媒(촉매) 冷媒(냉매)
媒介體(매개체) 大衆媒體(대중매체)

中媒(중매) : 양가 사이에 들어 혼인을 어울리게 하는 것
媒婆(매파) : 혼인을 중매하는 할멈

---

569 | 貝 총15획 | 5급

賣

선비(士)는 사고(買) **파는** 것이 아님

賣

훈 팔
음 매(:)

賣買(매매) 賣出(매출) 賣却(매각) 賣店(매점)
發賣(발매) 賣票所(매표소) 都賣商(도매상)

賣買(매매) : 물건을 사고파는 일
賣出(매출) : 내다 팜

---

570 | 鬼 총15획 | 2급

魅

귀신(鬼)은 꼬리(未)로 **매혹(유혹)**함

魅

훈 매혹할
음 매

魅惑(매혹) 魅力(매력) 魅了(매료)

魅惑(매혹) : 매력으로 남의 마음을 사로잡는 것

571 枚 木 총8획 2급

나무(木)회초리로 칠(攵) 땐 낱개로 때려야 함

훈 낱
음 매

枚數(매수) 枚擧(매거) 銜枚(함매) 枚移(매이)

枚數(매수) : 종이처럼 장으로 세는 물건 수
銜枚(함매) : 떠들지 못하게 군사들 입에 하무를 물리는 것

572 脈 月(肉) 총10획 4급Ⅱ

몸(月)에 물결(派)처럼 퍼져 있는 혈맥(줄기)

훈 줄기
음 맥

脈絡(맥락) 脈搏(맥박) 鑛脈(광맥) 人脈(인맥)
一脈相通(일맥상통)444 動脈硬化(동맥경화)

脈搏(맥박) : 심장의 움직임에 따라 뛰는 맥
人脈(인맥) : 같은 계열, 계통에 속하는 사람들의 유대

573 麥 麥 총11획 3급Ⅱ

오긴 오는데(來) 쌀보다 뒤쳐져(攵) 수확하는 보리

훈 보리
음 맥

麥酒(맥주) 麥飯(맥반) 麥類(맥류)
麥秀之嘆(맥수지탄)177 小麥粉(소맥분)

麥酒(맥주) : 엿기름에 홉을 발효시켜 만든 술
麥飯(맥반) : 보리밥

574 盲 目 총8획 3급Ⅱ

보는(目) 법을 잊으니(亡) 눈이 먼 것

훈 눈멀
음 맹

盲人(맹인) 盲腸(맹장) 色盲(색맹) 盲目的(맹목적)
夜盲症(야맹증) 文盲退治(문맹퇴치)

盲人(맹인) : 장님
色盲(색맹) : 색채를 보지 못하거나 다른 것으로 보는 증세

575 孟 子 총8획 3급Ⅱ

부모의 그릇 덮개(皿)를 먼저 여는 자식(子)이 맏이

훈 맏
음 맹:

孟子(맹자) 虛無孟浪(허무맹랑)
孟母三遷之敎(맹모삼천지교)

孟子(맹자) : 중국 전국 시대의 사상가

576 猛 犭(犬) 총11획 3급Ⅱ

처음(孟) 달려드는 개(犭)가 사납다.

훈 사나울
음 맹:

猛獸(맹수) 猛犬(맹견) 猛烈(맹렬) 猛毒(맹독)
猛威(맹위) 勇猛(용맹) 猛活躍(맹활약)

猛獸(맹수) : 육식을 주로 하는 사나운 짐승
猛烈(맹렬) : 기세가 몹시 사납고 세참

577 盟 皿 총13획 3급Ⅱ

밝은(明) 달 앞에 그릇(皿)을 놓고 맹세함

훈 맹세
음 맹

血盟(혈맹) 盟邦(맹방) 聯盟(연맹)
加盟店(가맹점) 同盟國(동맹국)

血盟(혈맹) : 피로써 굳게 맹세함

578 免 儿 총7획 3급

사람(⺈)이 입구(口)를 열고 걸어 나가(儿) 위험을 면함

훈 면할
음 면:

免除(면제) 免罪符(면죄부) 免許證(면허증)
減免稅(감면세) 謀免(모면) 免責特權(면책특권)

免除(면제) : 책임이나 의무를 벗어나게 해 줌
謀免(모면) : 어떤 일이나 책임에서 꾀를 써서 벗어남

579 面 面 총9획 7급

사람의 얼굴과 그 윤곽을 본뜬 글자

훈 낯
음 면:

顔面(안면) 面會(면회) 面接(면접) 局面(국면)
四面楚歌(사면초가)270 假面(가면) 面識犯(면식범)

顔面(안면) : 서로 아는 얼굴
面接(면접) : 얼굴을 마주 대하려고 직접 만남

580 眠 目 총10획 3급Ⅱ

백성(民)의 눈(目)은 항상 잠자고 있음

훈 잠잘
음 면

睡眠(수면) 熟眠(숙면) 冬眠(동면) 休眠(휴면)
不眠症(불면증) 催眠術(최면술)

睡眠(수면) : 활동을 쉬고 잠을 자는 것
熟眠(숙면) : 곤하게 깊이 자는 단잠

581　力　총9획　4급

勉
- 훈 힘쓸
- 음 면:

해직을 면하기(免) 위해 힘(力) 쓰다.

勉學(면학) 勉勵(면려)
勤勉誠實(근면성실)

勉學(면학) : 학문에 힘써 공부함
勉勵(면려) : 스스로 애써 노력함

582　糸　총14획　3급Ⅱ

綿
- 훈 솜
- 음 면

비단(帛)과 실(糸)도 솜의 따뜻함에는 미치지 못함

綿絲(면사) 綿衣(면의) 純綿(순면) 脫脂綿(탈지면)
綿織物(면직물) 周到綿密(주도면밀)

綿絲(면사) : 무명실
純綿(순면) : 무명실로만 짠 실

583　氵(水)　총13획　3급Ⅱ

滅
- 훈 멸할
- 음 멸

무기(戈)의 끝(丿)에 붙은 하나(一)의 불씨(火)가
커져 물(氵)을 부어 껐다(멸함).

滅亡(멸망) 不滅(불멸) 破滅(파멸) 自滅(자멸)
消滅(소멸) 全滅(전멸) 滅菌(멸균) 撲滅(박멸)

不滅(불멸) : 없어지지 않고 멸망하지 않음
破滅(파멸) : 파괴당하고 멸망함

584　艹(艸)　총15획　2급

蔑
- 훈 업신여길
- 음 멸

풀(艹)을 그물망(罒)에 들고 다니는 사람을 성을
지키는(戍) 사람이 업신여김.

輕蔑(경멸) 陵蔑(능멸) 侮蔑(모멸) 蔑視(멸시)

輕蔑(경멸) : 낮춰보거나 업신여기거나 싫어하거나 미워하는 것
陵蔑(능멸) : 사람을 업신여겨 깔보는 것

585　口　총6획　7급Ⅱ

名
- 훈 이름
- 음 명

저녁(夕)이 되면 입(口)으로 이름을 불러 사람을
모음

姓名(성명) 名銜(명함) 名牌(명패) 名稱(명칭)
名聲(명성) 名分(명분) 名作(명작) 名單(명단)

名聲(명성) : 세상에 떨친 이름
名分(명분) : 명목이 구별된 대로 그 사이에 반드시 지켜야 할 도리

586　口　총8획　7급

命
- 훈 목숨
- 음 명:

입(口)으로 내린 명(令)을 목숨을 걸고 실행함

生命(생명) 命令(명령) 運命(운명) 宿命(숙명)
産業革命(산업혁명) 救命運動(구명운동)

生命(생명) : 목숨, 생물이 살아 숨을 쉬고 있는 것
命令(명령) : 윗사람이 아랫사람에게 무엇을 하도록 시킴

587　日　총8획　6급Ⅱ

明
- 훈 밝을
- 음 명

햇빛(日)을 받는 달(月)도 몹시 밝다.

明暗(명암) 明快(명쾌) 說明(설명) 不分明(불분명)
發明品(발명품) 明明白白(명명백백)

明暗(명암) : 밝음과 어둠
明快(명쾌) : 명백하여 시원함

588　宀　총10획　3급

冥
- 훈 어두울
- 음 명

여섯(六) 시면 해(日)가 어둠에 덮이니(宀) 깜깜하다.

冥想(명상) 冥福(명복) 冥鬼(명귀) 冥途(명도)
冥王星(명왕성)

冥想(명상) : 고요한 가운데 눈을 감고 깊이 사물을 생각함
冥福(명복) : 죽은 뒤에 저승에서 받는 복

589　鳥　총14획　4급

鳴
- 훈 울
- 음 명

수탉(鳥)이 부리(口)를 벌려 크게 울다.

鷄鳴(계명) 悲鳴(비명) 自鳴鍾(자명종)
共鳴箱子(공명상자) 百家爭鳴(백가쟁명)223

鷄鳴(계명) : 닭의 울음
悲鳴(비명) : 갑작스런 위험이나 두려움 때문에 지르는 소리

590　金　총14획　3급Ⅱ

銘
- 훈 새길
- 음 명

금속판(金)에 이름(名)을 새김

銘心(명심) 感銘(감명) 碑銘(비명) 銘記(명기)
座右銘(좌우명)

銘心(명심) : 잊지 않게 마음에 깊이 새김
感銘(감명) : 감격하여 명심함

591 毛 총4획 · 4급Ⅱ

毛

사람이나 동물의 **털** 모양을 본뜬 글자

- 훈 털
- 음 모

毛髮(모발) 毛皮(모피) 毛織(모직) 二毛作(이모작)
不毛地(불모지) 毛細血管(모세혈관)

毛髮(모발) : 사람의 몸에 난 온갖 털, 머리카락
毛皮(모피) : 털이 붙어 있는 짐승의 가죽

592 母 총5획 · 8급

母

어머니가 아기에게 젖을 먹이는 모양을 본뜬 글자

- 훈 어미
- 음 모 :

母親(모친) 母國(모국) 乳母(유모) 丈母(장모)
賢母良妻(현모양처)618 母子(모자) 母性愛(모성애)

母親(모친) : 어머니
乳母(유모) : 남의 아이에게 대신 젖을 먹여주는 여자

593 矛 총5획 · 2급

矛

장식이 달린 긴 **창**을 본뜬 글자

- 훈 창
- 음 모

矛盾(모순) 矛麾(모휘)

矛盾(모순) : 창과 방패, 앞뒤가 맞지 않음

594 某 총9획 · 3급Ⅱ

某

단(甘) 나무(木)가 있는지는 **아무도 모름**

- 훈 아무
- 음 모 :

某某(모모) 某氏(모씨) 某處(모처) 某種(모종)
某年(모년) 某月(모월) 某時(모시)

某某(모모) : 누구들이라고 드러내지 않고 가리키는 말
某處(모처) : 어떤 아무 곳

595 亻(人) 총9획 · 3급

侮

사람(亻)을 자주(每) 보다보면 **업신여기는** 마음이 생김

- 훈 업신여길
- 음 모 :

侮辱(모욕) 侮蔑(모멸) 受侮(수모) 侮慢(모만)

侮辱(모욕) : 깔보고 욕보임
侮蔑(모멸) : 업신여겨 얕봄

596 力 총13획 · 3급

募

인재는 늘 부족하니(莫) 힘(力)써 **뽑아야** 함

- 훈 모을
  뽑을
- 음 모

募金(모금) 募兵(모병) 應募(응모)
懸賞公募(현상공모) 募集定員(모집정원)

募兵(모병) : 훈련된 병사를 모집하는 것
應募(응모) : 모집에 응함

597 巾 총12획 · 2급

帽

두건(巾)을 머리에 덮어(冒) **모자** 대신 씀

- 훈 모자
- 음 모

帽子(모자) 脫帽(탈모) 着帽(착모) 中折帽(중절모)
紗帽冠帶(사모관대)

帽子(모자) : 천이나 짐승의 털가죽 등으로 만들어 머리에 쓰는 물건
着帽(착모) : 모자를 씀

598 忄(心) 총15획 · 3급Ⅱ

慕

부족(莫)한 마음(心)에 늘 **그리워함**

- 훈 그리워할
- 음 모 :

慕戀(모련) 慕化(모화) 思慕(사모) 戀慕(연모)
追慕(추모) 欽慕(흠모) 愛慕(애모)

戀慕(연모) : 이성을 사랑하여 간절히 그리워함
欽慕(흠모) : 기쁜 마음으로 사모함

599 日 총15획 · 3급

暮

해(日)가 **저문다**(莫).

- 훈 저물
- 음 모 :

歲暮(세모) 暮色(모색) 暮雨(모우)
朝令暮改(조령모개)509 朝三暮四(조삼모사)510

暮色(모색) : 날이 저물어가는 어스레한 빛
暮雨(모우) : 저물녘에 내리는 비

600 木 총15획 · 4급

模

나무(木)를 정해(莫) 본을 뜨다.

- 훈 본뜰
- 음 모

模樣(모양) 模型(모형) 模擬(모의) 模範生(모범생)
模造品(모조품) 大規模(대규모)

模樣(모양) : 겉으로 나타나는 생김새나 됨됨이
模型(모형) : 원형을 줄여서 만든 것

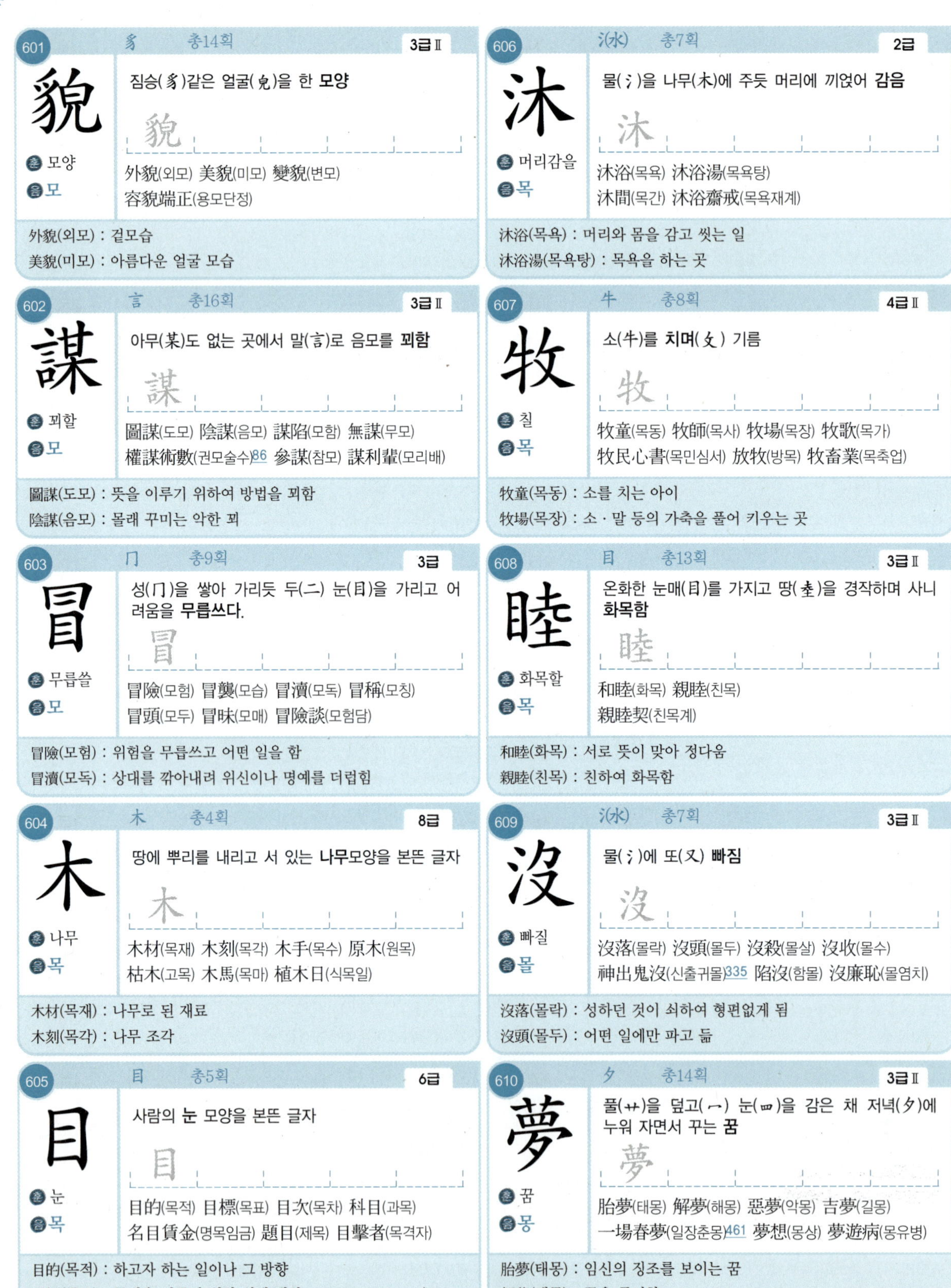

601 豸 총14획 3급Ⅱ

貌

짐승(豸)같은 얼굴(皃)을 한 **모양**

훈 모양
음 모

外貌(외모) 美貌(미모) 變貌(변모)
容貌端正(용모단정)

外貌(외모) : 겉모습
美貌(미모) : 아름다운 얼굴 모습

602 言 총16획 3급Ⅱ

謀

아무(某)도 없는 곳에서 말(言)로 음모를 **꾀함**

훈 꾀할
음 모

圖謀(도모) 陰謀(음모) 謀陷(모함) 無謀(무모)
權謀術數(권모술수)86 參謀(참모) 謀利輩(모리배)

圖謀(도모) : 뜻을 이루기 위하여 방법을 꾀함
陰謀(음모) : 몰래 꾸미는 악한 꾀

603 冂 총9획 3급

冒

성(冂)을 쌓아 가리듯 두(二) 눈(目)을 가리고 어려움을 **무릅쓰다.**

훈 무릅쓸
음 모

冒險(모험) 冒襲(모습) 冒瀆(모독) 冒稱(모칭)
冒頭(모두) 冒昧(모매) 冒險談(모험담)

冒險(모험) : 위험을 무릅쓰고 어떤 일을 함
冒瀆(모독) : 상대를 깎아내려 위신이나 명예를 더럽힘

604 木 총4획 8급

木

땅에 뿌리를 내리고 서 있는 **나무모양**을 본뜬 글자

훈 나무
음 목

木材(목재) 木刻(목각) 木手(목수) 原木(원목)
枯木(고목) 木馬(목마) 植木日(식목일)

木材(목재) : 나무로 된 재료
木刻(목각) : 나무 조각

605 目 총5획 6급

目

사람의 눈 모양을 본뜬 글자

훈 눈
음 목

目的(목적) 目標(목표) 目次(목차) 科目(과목)
名目賃金(명목임금) 題目(제목) 目擊者(목격자)

目的(목적) : 하고자 하는 일이나 그 방향
目標(목표) : 목적을 이루기 위한 실제 대상

606 氵(水) 총7획 2급

沐

물(氵)을 나무(木)에 주듯 머리에 끼얹어 **감음**

훈 머리감을
음 목

沐浴(목욕) 沐浴湯(목욕탕)
沐間(목간) 沐浴齋戒(목욕재계)

沐浴(목욕) : 머리와 몸을 감고 씻는 일
沐浴湯(목욕탕) : 목욕을 하는 곳

607 牛 총8획 4급Ⅱ

牧

소(牛)를 치며(攵) 기름

훈 칠
음 목

牧童(목동) 牧師(목사) 牧場(목장) 牧歌(목가)
牧民心書(목민심서) 放牧(방목) 牧畜業(목축업)

牧童(목동) : 소를 치는 아이
牧場(목장) : 소 · 말 등의 가축을 풀어 키우는 곳

608 目 총13획 3급Ⅱ

睦

온화한 눈매(目)를 가지고 땅(坴)을 경작하며 사니 **화목함**

훈 화목할
음 목

和睦(화목) 親睦(친목)
親睦契(친목계)

和睦(화목) : 서로 뜻이 맞아 정다움
親睦(친목) : 친하여 화목함

609 氵(水) 총7획 3급Ⅱ

沒

물(氵)에 또(又) **빠짐**

훈 빠질
음 몰

沒落(몰락) 沒頭(몰두) 沒殺(몰살) 沒收(몰수)
神出鬼沒(신출귀몰)335 陷沒(함몰) 沒廉恥(몰염치)

沒落(몰락) : 성하던 것이 쇠하여 형편없게 됨
沒頭(몰두) : 어떤 일에만 파고 듦

610 夕 총14획 3급Ⅱ

夢

풀(艹)을 덮고(冖) 눈(罒)을 감은 채 저녁(夕)에 누워 자면서 꾸는 **꿈**

훈 꿈
음 몽

胎夢(태몽) 解夢(해몽) 惡夢(악몽) 吉夢(길몽)
一場春夢(일장춘몽)461 夢想(몽상) 夢遊病(몽유병)

胎夢(태몽) : 임신의 징조를 보이는 꿈
解夢(해몽) : 꿈을 풀이함

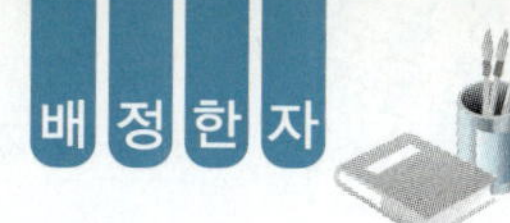

611 蒙 ++(艸) 총14획 [3급Ⅱ]

풀(++)로 덮으니(冖) 한(一)마리의 돼지(豕)도 보이지 않을 만큼 **어두움**

- 훈 어두울
- 음 몽

蒙昧(몽매) 訓蒙字會(훈몽자회)646 蒙古族(몽고족)
啓蒙運動(계몽운동) 無知蒙昧(무지몽매)

蒙昧(몽매) : 어리석고 어두움
蒙古族(몽고족) : 몽골 민족

612 卯 卩 총5획 [3급]

십이지에서 네 번째로 **토끼**를 상징함

- 훈 토끼
- 음 묘

卯時(묘시) 己卯士禍(기묘사화) 卯坐酉向(묘좌유향)

卯時(묘시) : 십이지의 넷째 시로 오전 5시부터 7시까지

613 妙 女 총7획 [4급]

어린(少) 여자(女)가 **묘하게 예쁨**

- 훈 묘할
- 음 묘

妙策(묘책) 妙手(묘수) 妙味(묘미) 妙案(묘안)
妙技(묘기) 奇妙(기묘) 絶妙(절묘) 巧妙(교묘)

妙策(묘책) : 묘한 책략
妙味(묘미) : 묘한 맛

614 苗 ++(艸) 총9획 [3급]

풀(++)씨를 밭(田)에 뿌리니 **싹이 남**

- 훈 싹
- 음 묘

苗木(묘목) 苗種(묘종) 苗板(묘판) 苗床(묘상)
苗圃(묘포) 種苗(종묘) 育苗(육묘)

苗木(묘목) : 식물의 모종
苗種(묘종) : 옮겨 심으려고 기른 어린 식물

615 墓 土 총14획 [4급]

아무 것도 없는(莫) 곳에 흙(土)을 쌓아 만든 **무덤**

- 훈 무덤
- 음 묘

墓碑(묘비) 墓所(묘소) 墓域(묘역) 省墓(성묘)
墳墓(분묘) 國立墓地(국립묘지)

墓碑(묘비) : 무덤 앞에 세우는 비석
墓所(묘소) : 무덤이 있는 곳

616 廟 广 총15획 [3급]

집(广)에 조상을 모셔두고 아침(朝)마다 차례 드리는 **사당**

- 훈 사당
- 음 묘

廟堂(묘당) 廟廷(묘정) 廟祝(묘축)
宗廟社稷(종묘사직) 廟庭配享(묘정배향)

廟堂(묘당) : 나랏일을 하는 조정
廟廷(묘정) : 나라와 정치를 다스리는 조정

617 戊 戈 총5획 [3급]

창(戈)에 달린 손잡이(丿)모양을 본뜬 글자

- 훈 천간
- 음 무

戊夜(무야) 戊辰(무진) 戊戌(무술)
戊午士禍(무오사화)

戊夜(무야) : 오전 3시에서 5시까지의 동안

618 茂 ++(艸) 총9획 [3급Ⅱ]

풀(++)이 **무성함**(戊)

- 훈 무성할
- 음 무

茂盛(무성) 茂林(무림) 茂才(무재)

茂盛(무성) : 풀이나 나무가 우거져 성함
茂林(무림) : 나무가 우거진 숲

619 武 止 총8획 [4급Ⅱ]

혼자서(一) 창(戈)으로 전쟁을 그치게(止)할 만큼 **굳셈**

- 훈 굳셀
- 음 무

武士(무사) 武器(무기) 武功(무공) 武官(무관)
武力(무력) 武術(무술) 武藝(무예)

武士(무사) : 무예를 익히고 쓰는 사람
武器(무기) : 전쟁에 쓰이는 도구

620 務 力 총11획 [4급Ⅱ]

창(矛)으로 적을 치며(攵) **힘(力)을 씀**

- 훈 힘쓸
- 음 무

業務(업무) 任務(임무) 勞務(노무) 服務(복무)
公務員(공무원) 債務者(채무자) 實務者(실무자)

業務(업무) : 직장에서 능력과 직책에 따라 맡아서 하는 일
任務(임무) : 책임을 지고 맡아서 하는 일

621 ⺍(火)   총12획   5급

無

불(⺍)에 다 타고 남은 것이 **없음**

훈 없을
음 무

無識(무식) 無能(무능) 無職(무직) 無心(무심)
無期延期(무기연기) 天下無敵(천하무적)

無識(무식) : 아는 것이 없음
無能(무능) : 능력이 없음

---

622 貝   총12획   3급Ⅱ

貿

토끼(卯)를 돈(貝)으로 사다 팔며 **무역함**

훈 무역할
음 무:

貿易風(무역풍) 密貿易(밀무역) 貿易(무역)
對外貿易(대외무역) 貿易黑字(무역흑자)

貿易(무역) : 물건을 팔고 사는 활동
密貿易(밀무역) : 법망을 피해 몰래 하는 무역

---

623 舛   총14획   4급

舞

아무도 없는(無) 무대에서 양발이 어그러지며(舛)
춤을 춤

훈 춤출
음 무:

舞踊(무용) 舞姬(무희) 歌舞(가무) 僧舞(승무)
獨舞臺(독무대) 鼓舞(고무) 舞蹈會(무도회)

歌舞(가무) : 노래와 춤
舞姬(무희) : 춤을 업으로 삼는 여자

---

624 雨   총19획   3급

霧

비(雨)가 세차게(務) 올 때처럼 앞이 보이지 않는
짙은 안개

훈 안개
음 무:

霧散(무산) 霧露(무로) 雲霧(운무) 濃霧(농무)
噴霧器(분무기)

霧散(무산) : 안개가 걷히듯 흔적 없이 사라지는 모습
霧露(무로) : 안개와 이슬

---

625 土   총15획   3급Ⅱ

墨

검은(黑) 그을음과 흙(土)을 섞어 만든 **먹**

훈 먹
음 묵

白墨(백묵) 水墨畫(수묵화)
墨香(묵향) 紙筆硯墨(지필연묵)

白墨(백묵) : 분필
水墨畫(수묵화) : 먹의 짙고 옅음을 가지고 그리는 동양화

---

626 黑   총16획   3급Ⅱ

默

검은(黑) 개(犬)가 짖지 않고 **잠잠함**

훈 잠잠할
음 묵

默念(묵념) 默認(묵인) 默想(묵상)
默契(묵계) 默殺(묵살) 沈默(침묵) 默祕權(묵비권)

默念(묵념) : 조용히 생각함
默認(묵인) : 모르는 체하며 슬며시 인정함

---

627 文   총4획   7급

文

사람의 몸에 한 문신 모양을 본뜬 글자

훈 글월
음 문

漢文(한문) 文學(문학) 文法(문법) 文盲(문맹)
甲骨文字(갑골문자) 文化遺産(문화유산)

漢文(한문) : 한자를 가지고 쓴 문장
文學(문학) : 정서나 사상 등을 글로 쓰는 예술

---

628 門   총8획   8급

門

두 개의 **문짝**이 있는 모양을 본뜬 글자

훈 문
음 문

正門(정문) 家門(가문) 破門(파문) 南大門(남대문)
烈女門(열녀문) 門前成市(문전성시)200

正門(정문) : 정면에 있는 문
家門(가문) : 집안, 문중

---

629 口   총11획   7급

問

문(門)앞에서 입(口)을 열고 **물음**

훈 물을
음 문:

問題(문제) 問責(문책) 設問(설문) 訪問客(방문객)
東問西答(동문서답)152 檢問檢索(검문검색)

問題(문제) : 답을 얻기 위해 하는 질문
問責(문책) : 잘못을 물어 꾸짖음

---

630 耳   총14획   6급Ⅱ

聞

문(門)앞에 귀(耳)를 대고 **들음**

훈 들을
음 문(:)

新聞(신문) 風聞(풍문) 艶聞(염문) 申聞鼓(신문고)
聽聞會(청문회) 東方見聞錄(동방견문록)

新聞(신문) : 새로운 소식을 전하는 간행물
風聞(풍문) : 근거 없이 떠도는 말

631 紊 糸 총10획 2급

紊

훈 어지러울
음 문

글자(文)를 실(糸)처럼 늘어놓아 **어지러움**

紊亂(문란) 風紀紊亂(풍기문란)

紊亂(문란) : 도덕이나 질서 등이 어지러움

632 紋 糸 총10획 3급Ⅱ

紋

훈 무늬
음 문

실(糸)로 수를 놓아 **무늬**(文)를 만듦

紋章(문장) 指紋(지문) 波紋(파문)
指紋採取(지문채취)

紋章(문장) : 국가나 단체를 상징하는 표지
指紋(지문) : 손가락 안쪽에 있는 무늬

633 勿 勹 총4획 3급Ⅱ

勿

훈 말
음 물

물건을 두(二) 개씩 싸놓고(勹) 만지지 **말**라고 함

勿論(물론) 勿忘草(물망초)
勿失好機(물실호기)[202]

勿論(물론) : 말할 것도 없음

634 物 牛 총8획 7급Ⅱ

物

훈 만물
음 물

소(牛)는 죽어 없어져도(勿) **많은** 것을 남김

萬物(만물) 物件(물건) 物體(물체) 物質(물질)
動植物(동식물) 鑛物(광물) 假建物(가건물)

萬物(만물) : 수많은 물건
物體(물체) : 물건의 형체, 유형물

635 未 木 총5획 4급Ⅱ

未

훈 아닐
음 미(:)

한(一) 그루의 나무(木)는 숲이 **아님**

未來(미래) 未安(미안) 未滿(미만) 未開人(미개인)
未收金(미수금) 未成年者(미성년자)

未來(미래) : 아직 오지 않은 때
未滿(미만) : 정한 기준에 모자람

636 米 米 총6획 6급

米

훈 쌀
음 미

쌀이나 수수 등의 곡식의 낱알을 본뜬 글자

白米(백미) 玄米(현미) 米穀(미곡) 軍糧米(군량미)
精米所(정미소) 供養米(공양미)

白米(백미) : 흰쌀
米穀(미곡) : 쌀과 갖가지 곡식

637 尾 尸 총7획 3급Ⅱ

尾

훈 꼬리
음 미

엉덩이(尸) 밑으로 나온 털(毛)이 **꼬리**

尾行(미행) 語尾(어미) 末尾(말미) 交尾(교미)
徹頭徹尾(철두철미)[550]

尾行(미행) : 감시하기 위해 꼬리를 따라 뒤를 밟음
語尾(어미) : 말의 끝부분으로 활용하기 위해 변하는 부분

638 味 口 총8획 4급Ⅱ

味

훈 맛
음 미

입(口)으로 먹을만한지 아닌지(未) **맛**을 봄

味覺(미각) 別味(별미) 興味(흥미) 調味料(조미료)
無意味(무의미) 山海珍味(산해진미)

味覺(미각) : 맛을 느끼는 감각
別味(별미) : 평소와 다르게 먹는 특별한 음식

639 美 羊 총9획 6급

美

훈 아름다울
음 미(:)

양(羊)은 큰(大) 것이 **아름다움**

美女(미녀) 美術(미술) 美容(미용) 美國(미국)
美人大會(미인대회) 讚美(찬미) 脚線美(각선미)

美女(미녀) : 아름다운 여자
美術(미술) : 공간이나 시각의 아름다움을 표현하는 예술

640 眉 目 총9획 3급

眉

훈 눈썹
음 미

눈(目) 위에 있는 **눈썹**을 본뜬 문자

白眉(백미) 兩眉間(양미간)
蛾眉(아미) 眉目秀麗(미목수려)

白眉(백미) : 여럿 중에 가장 뛰어난 사람이나 물건
兩眉間(양미간) : 양 눈썹의 사이

641 迷

辶(辵) 총10획 **3급**

갈(辶) 길이 쌀알(米)처럼 여러 갈래라는 생각에 **미혹됨**

훈 미혹할
음 미(:)

迷惑(미혹) 迷宮(미궁) 迷路(미로) 迷兒(미아)
迷信(미신) 迷夢(미몽)

迷惑(미혹) : 마음이 흐려 무언가에 혹함
迷宮(미궁) : 얽혀 있어 들어가면 쉽게 나올 수 없는 곳

642 微

彳 총13획 **3급Ⅱ**

걸어서(彳) 산(山)에 올라 혼자(一) 기대어(几) 쉬던 나무를 쳐서(攵) **작게** 만든 장작을 갖고 옴

훈 작을
음 미

微微(미미) 微力(미력) 微弱(미약) 微賤(미천)
微妙(미묘) 微溫(미온) 顯微鏡(현미경)

微力(미력) : 적은 힘
微弱(미약) : 힘이 적고 여림

643 民

氏 총5획 **8급**

여인(女)이 시초(氏)가 되어 많은 **백성**이 태어남

훈 백성
음 민

民衆(민중) 民謠(민요) 民願(민원) 民泊(민박)
民主主義(민주주의) 民俗(민속) 民間人(민간인)

民衆(민중) : 많은 무리의 백성
民謠(민요) : 일반 민중들 사이에서 불려오던 노래

644 敏

攵(攴) 총11획 **3급**

매일(每) 회초리로 치니(攵) **민첩**해짐

훈 민첩할
음 민

敏捷(민첩) 敏感(민감) 敏活(민활) 銳敏(예민)
過敏反應(과민반응)

敏捷(민첩) : 빠르고 날램
敏感(민감) : 예민한 감각

645 憫

忄(心) 총15획 **3급**

문(門)에 써 붙인 글(文)을 보니 마음(忄)이 **민망함**

훈 민망할
음 민

憫憫(민망) 憫迫(민박) 憐憫(연민)

憫憫(민망) : 마음이 딱하고 안타까움
憐憫(연민) : 불쌍하고 딱하게 여김

646 密

宀 총11획 **4급Ⅱ**

집(宀)안에 신을 모시는 곳은 반드시(必) **빽빽한** 산(山)처럼 은밀함

훈 빽빽할
음 밀

密着(밀착) 密使(밀사) 密談(밀담) 密獵(밀렵)
親密(친밀) 綿密(면밀) 人口密度(인구밀도)

密着(밀착) : 빈틈없이 달라붙음
密談(밀담) : 몰래 하는 얘기

647 蜜

虫 총14획 **3급**

집(宀)마다 반드시(必) 있는 벌레(虫)들은 꿀처럼 단 것을 좋아함

훈 꿀
음 밀

蜜柑(밀감) 蜜語(밀어) 蜜蜂(밀봉) 蜜蠟(밀랍)
蜜月旅行(밀월여행)

蜜柑(밀감) : 귤 또는 귤나무
蜜語(밀어) : 달콤한 말

648 朴

木 총6획 **6급**

나무(木)로 점(卜)보기를 좋아하는 **순박한** 사람

훈 성
음 박

素朴(소박) 質朴(질박) 淳朴(순박)
朴赫居世(박혁거세)

素朴(소박) : 생긴 그대로 꾸밈없이 자연스러움
質朴(질박) : 꾸민 데 없이 수수함

649 泊

氵(水) 총8획 **3급**

물(氵) 옆에 하얗게(白) 표시 한 곳에 **배를 댐**

훈 배댈
음 박

民泊(민박) 外泊(외박) 碇泊(정박) 頑朴(완박)

民泊(민박) : 평범한 보통 가정에서 숙박함
外泊(외박) : 밖에서 잠을 잠

650 拍

扌(手) 총8획 **4급**

손(扌)이 하얗게(白) 될 때 까지 박수를 **침**

훈 칠
음 박

拍手(박수) 拍子(박자) 拍車(박차)
拍手喝采(박수갈채) 拍掌大笑(박장대소)[208]

拍手(박수) : 손뼉을 마주침
拍子(박자) : 음악에서 곡을 진행하는 시간의 단위

651 辶(辵) 총9획 3급Ⅱ

迫

코앞에 **닥친** 일을 해결하기 위해 뛰었더니(辶) 얼굴이 하얗게(白) 질림

- 훈 닥칠
- 음 박

促迫(촉박) 急迫(급박) 驅迫(구박) 壓迫(압박)
強迫觀念(강박관념) 切迫(절박) 脅迫狀(협박장)

促迫(촉박) : 기한이 얼마 남지 않음. 몹시 다급함
急迫(급박) : 여유 없이 매우 급함

652 十 총12획 4급Ⅱ

博

박학다식한 사람은 열(十) 종류의 큰(甫) 분야를 마디마디(寸) **넓게** 앎

- 훈 넓을
- 음 박

博士(박사) 博識(박식) 博愛(박애) 博覽會(박람회)
博物館(박물관) 博學多識(박학다식)[209]

博識(박식) : 여러 방면에 많은 지식을 갖고 있음
博愛(박애) : 널리 모든 것을 사랑함

653 艹(艸) 총17획 3급Ⅱ

薄

풀(艹)이 강가(浦)에서 자라니 마디마디(寸)가 **엷**어 짐

- 훈 엷을
- 음 박

淺薄(천박) 輕薄(경박) 薄俸(박봉) 薄命(박명)
精神薄弱(정신박약) 薄利多賣(박리다매)[206]

淺薄(천박) : 생각이 얕음
輕薄(경박) : 언행이 가볍고 천박함

654 舟 총11획 2급

舶

배(舟)가 하얗고(白) 큼

- 훈 큰배
- 음 박

船舶(선박) 舶載(박재) 舶物(박물) 商舶(상박)

船舶(선박) : 상당히 큰 배
舶載(박재) : 배에 실음, 배에 실어 운송함

655 又 총4획 6급Ⅱ

反

바위(厂)굴에 들어갔다 또(又) **돌아서** 나옴

- 훈 돌이킬
- 음 반:

反應(반응) 反射(반사) 反論(반론) 反駁(반박)
反則(반칙) 反省(반성) 決死反對(결사반대)

反應(반응) : 자극에 대응하여 일어나는 현상
反論(반론) : 반대되거나 말을 되받아 하는 논의

656 十 총5획 6급Ⅱ

半

소(牛)를 나누듯 **반으로** 나눔

- 훈 반
- 음 반:

半徑(반경) 上半身(상반신) 韓半島(한반도)
半導體(반도체) 折半(절반) 半信半疑(반신반의)[213]

半徑(반경) : 반지름
上半身(상반신) : 사람 몸의 허리 윗부분

657 亻(人) 총7획 3급

伴

사람(亻)이 반반(半)씩 합쳐져 **짝을** 이룸

- 훈 짝
- 음 반:

隨伴(수반) 伴侶者(반려자)
伴奏(반주) 同伴者(동반자) 同伴自殺(동반자살)

伴侶者(반려자) : 짝이 되는 사람
隨伴(수반) : 어떤 일에 따라서 생김

658 辶(辵) 총8획 3급

返

가던(辶) 길을 반대로 돌이켜(反) **돌아옴**

- 훈 돌아올
- 음 반:

返品(반품) 返送(반송) 返還(반환) 返納(반납)
返戾(반려)

返品(반품) : 물건을 돌려보냄
返送(반송) : 도로 돌려보냄

659 又 총9획 3급

叛

절반(半)이나 되는 사람이 돌아서(反) **배반함**

- 훈 배반할
- 음 반:

叛逆(반역) 叛軍(반군) 叛骨(반골) 叛旗(반기)
背叛(배반) 謀叛(모반) 叛亂軍(반란군)

叛逆(반역) : 배반하고 역모를 꾀함
叛軍(반군) : 반란을 일으킨 군대

660 王(玉) 총10획 6급Ⅱ

班

칼(刂)을 가지고 구슬(玉)을 반으로 **나눔**

- 훈 나눌
- 음 반

班長(반장) 班列(반열) 兩班(양반) 首班(수반)
合班(합반) 班常會(반상회)

兩班(양반) : 조선시대 신분이 높은 사대부를 부르던 말
首班(수반) : 반열 가운데 으뜸가는 자리

661 般

舟　총10획　　3급Ⅱ

배(舟)는 **일반**적으로 창같이 긴 노(殳)를 가지고 저어감

般

훈 일반
음 반

全般的(전반적) 一般的(일반적) 諸般(제반)
般若心經(반야심경)

全般的(전반적) : 어떤 일에 관계되는 전체 상태
諸般(제반) : 여러 가지

662 飯

食　총13획　　3급Ⅱ

먹을(食) 밥을 뒤집어가며(反) 식힘

飯

훈 밥
음 반

白飯(백반) 飯酒(반주) 飯饌(반찬) 飯店(반점)
十匙一飯(십시일반)342 茶飯事(다반사)

飯酒(반주) : 밥 먹을 때 같이 마시는 술
飯饌(반찬) : 밥과 함께 먹는 갖가지 음식

663 搬

扌(手)　총13획　　2급

일반(般)적인 물건들은 손(扌)으로 **운반**할 수 있음

搬

훈 운반할
음 반

搬入(반입) 搬出(반출) 搬送(반송) 運搬(운반)

搬入(반입) : 물건을 운반하여 들여옴
搬出(반출) : 물건을 운반하여 내감

664 盤

皿　총15획　　3급Ⅱ

흔하게 쓰는 일반(般)적인 그릇(皿)이 **소반**

盤

훈 소반
음 반

盤石(반석) 盤面(반면) 基盤(기반) 音盤(음반)
錚盤(쟁반) 骨盤(골반) 羅針盤(나침반)

盤石(반석) : 일이나 사물이 굳고 단단함
盤面(반면) : 판의 겉면

665 拔

扌(手)　총8획　　3급Ⅱ

균형을 잡기 위해 손(扌)을 **빼**고 달림(友)

拔

훈 뺄
음 발

拔群(발군) 拔萃(발췌) 拔擢(발탁) 選拔(선발)
奇拔(기발) 拔本塞源(발본색원)215

拔群(발군) : 여럿 가운데서 빼어남
拔萃(발췌) : 요점을 뽑은 글이나 뽑는 행동

666 發

癶　총12획　　6급Ⅱ

활(弓)이나 창(殳)을 두 손으로 펴(癶)서 쏨

發

훈 필
음 발

發達(발달) 發射(발사) 發刊(발간) 開發(개발)
揮發油(휘발유) 發電所(발전소) 先發隊(선발대)

發達(발달) : 자라거나 나아짐
發射(발사) : 총이나 활을 쏨

667 髮

髟　총15획　　4급

길게(長) 난 흰 머리(彡)를 뽑고(犮) **머리카락**을 다시 빗음

髮

훈 터럭
음 발

理髮(이발) 削髮(삭발) 假髮(가발) 毛髮(모발)
斷髮令(단발령) 危機一髮(위기일발)405

理髮(이발) : 머리를 빗고 다듬음
削髮(삭발) : 머리를 빡빡 깎거나 깎은 상태

668 方

方　총4획　　7급Ⅱ

통나무 배 두 척이 나란히 있는 모양을 본뜬 글자

方

훈 모
음 방

方法(방법) 方今(방금) 方席(방석) 方位(방위)
八方美人(팔방미인)587 地方分權(지방분권)

方法(방법) : 일을 행하는 수단이나 솜씨
方今(방금) : 바로 지금

669 芳

艹(艸)　총8획　　3급Ⅱ

풀(艹)이 사방(方)에 피어나 **꽃다운** 향기를 냄

芳

훈 꽃다울
음 방

芳香劑(방향제) 芳名錄(방명록) 芳年(방년)
流芳百世(유방백세)410

芳名錄(방명록) : 찾아오거나 참여한 사람을 기념하기 위해 남기는 기록
芳年(방년) : 여자의 20세 전후 꽃다운 나이

670 妨

女　총7획　　4급

여자(女)들이 사방(方)에서 **방해**함

妨

훈 방해할
음 방

妨害物(방해물) 妨害罪(방해죄) 無妨(무방)
妨害工作(방해공작)

妨害物(방해물) : 일에 방해가 되는 물건
無妨(무방) : 거리낄 것 없이 괜찮음

671 防 阝(阜) 총7획 4급Ⅱ

언덕(阝)이 사방(方)에 있어 적을 **막음**

훈 막을
음 방

防水(방수) 防毒面(방독면) 國防部(국방부)
無防備(무방비) 豫防(예방) 防衛産業(방위산업)

防水(방수) : 물이 스미는 것을 막음
防毒面(방독면) : 독 등을 막아 얼굴을 보호하는 도구

672 邦 阝(邑) 총7획 3급

풀이 무성한(丰) 곳에 고을(阝)이 생기고 이것이 모여 **나라**가 됨

훈 나라
음 방

聯邦(연방) 友邦(우방) 萬邦(만방) 邦畫(방화)
異邦人(이방인) 韓日合邦(한일합방)

友邦(우방) : 서로 우호적인 관계를 가진 나라
萬邦(만방) : 모든 곳

673 房 戶 총8획 4급Ⅱ

문(戶) 안쪽에 네모(方)난 **방**이 있음

훈 방
음 방

册房(책방) 廚房(주방) 茶房(다방) 獨房(독방)
獨守空房(독수공방) 監房(감방) 福德房(복덕방)

册房(책방) : 서점. 조선시대 궁중에서 인쇄를 맡아보던 기관
廚房(주방) : 음식을 만들고 차리는 방

674 放 攵(攴) 총8획 6급Ⅱ

죄인을 사방(方)에서 친(攵) 후 **놓아줌**

훈 놓을
음 방(:)

放學(방학) 放浪(방랑) 放蕩(방탕) 放送局(방송국)
放火犯(방화범) 釋放(석방) 開放(개방)

放學(방학) : 학교에서 학기가 끝난 뒤 쉬는 일정 기간
放浪(방랑) : 정처 없이 이곳저곳 떠돌아다님

675 倣 亻(人) 총10획 3급

다른 사람(亻)이 놓아둔(放) 물건을 **본떠** 같은 것을 다시 만듦

훈 본뜰
음 방(:)

模倣(모방) 倣似(방사) 倣此(방차)

模倣(모방) : 다른 것을 본떠 만듦
倣此(방차) : 이것을 본떠 만듦

676 紡 糸 총10획 2급

실(糸)을 사방(方)에서 짜는 것이 **길쌈**

훈 길쌈
음 방

紡績(방적) 紡織(방직) 紡毛(방모) 絹紡(견방)
紡績突起(방적돌기) 紡織工場(방직공장)

紡績(방적) : 천연섬유나 화학섬유를 가공해 실을 뽑는 일
紡織(방직) : 실을 뽑아 천을 짜는 일

677 訪 言 총11획 4급Ⅱ

말(言)로 사방(方)에 물어 **찾음**

훈 찾을
음 방:

訪韓(방한) 訪美(방미) 答訪(답방) 探訪(탐방)
巡訪(순방) 來訪(내방) 訪問客(방문객)

訪韓(방한) : 한국을 방문함
探訪(탐방) : 사실을 알기 위해 사람이나 장소를 찾아감

678 傍 亻(人) 총12획 3급

사람(亻)이 가까운(旁) **곁**에 있음

훈 곁
음 방

傍觀(방관) 傍聽客(방청객) 傍證(방증) 傍點(방점)
袖手傍觀(수수방관)317 傍若無人(방약무인)220

傍觀(방관) : 일에 직접 나서지 않고 곁에서 보고만 있음
傍聽客(방청객) : 방청하는 사람

679 杯 木 총8획 3급

상한 나무(木)로 만든 **잔**은 질이 좋지 아니함(不)

훈 잔
음 배

祝杯(축배) 聖杯(성배) 乾杯(건배) 苦杯(고배)
優勝杯(우승배)

祝杯(축배) : 축하하기 위해 마시는 술
聖杯(성배) : 성스러운 술잔

680 拜 手 총9획 4급Ⅱ

양 손(手手)을 모으고 몸을 아래로(下) 구부려 **절**하는 것

훈 절
음 배:

拜上(배상) 拜謁(배알) 拜禮(배례) 參拜(참배)
崇拜(숭배) 歲拜(세배) 主日禮拜(주일예배)

拜上(배상) : 편지글에 자기 이름 다음에 쓰는 말
拜謁(배알) : 윗사람을 찾아가 뵘

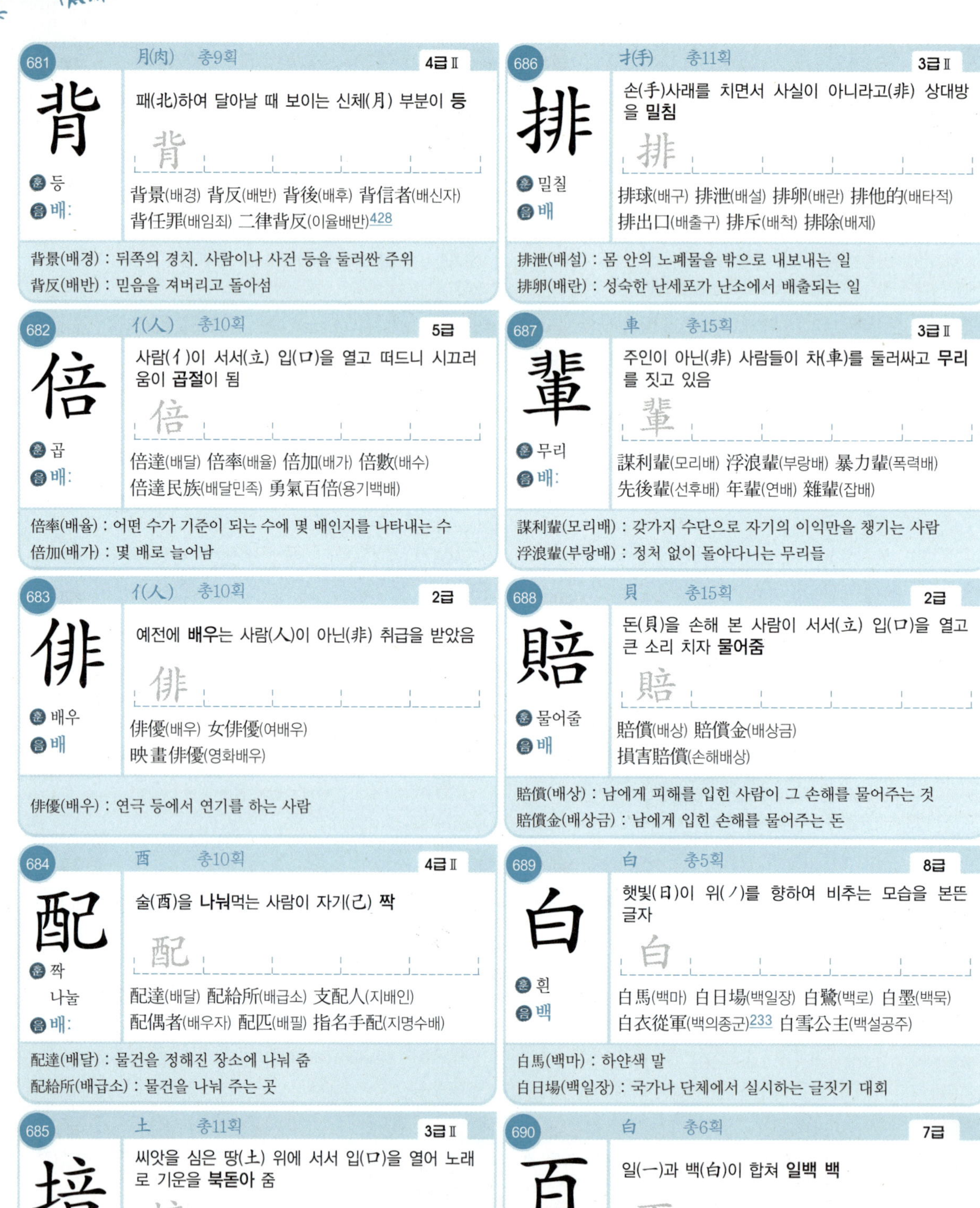

681 | 月(肉) 총9획 | 4급Ⅱ

背

패(北)하여 달아날 때 보이는 신체(月) 부분이 등

훈 등
음 배:

背景(배경) 背反(배반) 背後(배후) 背信者(배신자)
背任罪(배임죄) 二律背反(이율배반)428

背景(배경) : 뒤쪽의 경치. 사람이나 사건 등을 둘러싼 주위
背反(배반) : 믿음을 져버리고 돌아섬

---

682 | 亻(人) 총10획 | 5급

倍

사람(亻)이 서서(효) 입(口)을 열고 떠드니 시끄러움이 곱절이 됨

훈 곱
음 배:

倍達(배달) 倍率(배율) 倍加(배가) 倍數(배수)
倍達民族(배달민족) 勇氣百倍(용기백배)

倍率(배율) : 어떤 수가 기준이 되는 수에 몇 배인지를 나타내는 수
倍加(배가) : 몇 배로 늘어남

---

683 | 亻(人) 총10획 | 2급

俳

예전에 배우는 사람(人)이 아닌(非) 취급을 받았음

훈 배우
음 배

俳優(배우) 女俳優(여배우)
映畫俳優(영화배우)

俳優(배우) : 연극 등에서 연기를 하는 사람

---

684 | 酉 총10획 | 4급Ⅱ

配

술(酉)을 나눠먹는 사람이 자기(己) 짝

훈 짝
　 나눌
음 배:

配達(배달) 配給所(배급소) 支配人(지배인)
配偶者(배우자) 配匹(배필) 指名手配(지명수배)

配達(배달) : 물건을 정해진 장소에 나눠 줌
配給所(배급소) : 물건을 나눠 주는 곳

---

685 | 土 총11획 | 3급Ⅱ

培

씨앗을 심은 땅(土) 위에 서서 입(口)을 열어 노래로 기운을 북돋아 줌

훈 북돋을
음 배:

培養(배양) 培根(배근) 培植(배식) 栽培(재배)

培養(배양) : 인공적인 환경에서 미생물 등을 기름
培根(배근) : 식물의 뿌리를 흙으로 덮어 줌

---

686 | 扌(手) 총11획 | 3급Ⅱ

排

손(手)사래를 치면서 사실이 아니라고(非) 상대방을 밀침

훈 밀칠
음 배

排球(배구) 排泄(배설) 排卵(배란) 排他的(배타적)
排出口(배출구) 排斥(배척) 排除(배제)

排泄(배설) : 몸 안의 노폐물을 밖으로 내보내는 일
排卵(배란) : 성숙한 난세포가 난소에서 배출되는 일

---

687 | 車 총15획 | 3급Ⅱ

輩

주인이 아닌(非) 사람들이 차(車)를 둘러싸고 무리를 짓고 있음

훈 무리
음 배:

謀利輩(모리배) 浮浪輩(부랑배) 暴力輩(폭력배)
先後輩(선후배) 年輩(연배) 雜輩(잡배)

謀利輩(모리배) : 갖가지 수단으로 자기의 이익만을 챙기는 사람
浮浪輩(부랑배) : 정처 없이 돌아다니는 무리들

---

688 | 貝 총15획 | 2급

賠

돈(貝)을 손해 본 사람이 서서(효) 입(口)을 열고 큰 소리 치자 물어줌

훈 물어줄
음 배

賠償(배상) 賠償金(배상금)
損害賠償(손해배상)

賠償(배상) : 남에게 피해를 입힌 사람이 그 손해를 물어주는 것
賠償金(배상금) : 남에게 입힌 손해를 물어주는 돈

---

689 | 白 총5획 | 8급

白

햇빛(日)이 위(丿)를 향하여 비추는 모습을 본뜬 글자

훈 흰
음 백

白馬(백마) 白日場(백일장) 白鷺(백로) 白墨(백묵)
白衣從軍(백의종군)233 白雪公主(백설공주)

白馬(백마) : 하얀색 말
白日場(백일장) : 국가나 단체에서 실시하는 글짓기 대회

---

690 | 白 총6획 | 7급

百

일(一)과 백(白)이 합쳐 일백 백

훈 일백
음 백

百萬(백만) 萬百姓(만백성) 百貨店(백화점)
百日紅(백일홍) 百方(백방) 百發百中(백발백중)230

萬百姓(만백성) : 나라 안의 모든 백성
百貨店(백화점) : 여러 종류의 상품을 취급하여 판매하는 곳

691 　亻(人)　총7획　　3급Ⅱ

伯

사람(亻) 중에 가장 빛나는(白) 사람이 **첫째**

伯

- 훈 맏
- 음 백

伯爵(백작) 伯父(백부) 伯兄(백형)
畫伯(화백) 方伯(방백) 伯仲之勢(백중지세)235

伯爵(백작) : 다섯 등급으로 나눈 귀족의 계급 가운데 세 번째
伯父(백부) : 큰아버지

692　木　총9획　　2급

柏

나무(木)에서 하얀(白) 잣이 열리는 것이 **잣나무**

柏

- 훈 잣나무
- 음 백

冬柏(동백) 松柏(송백) 側栢(측백)
柏子(백자) ※ 栢과 同字

冬柏(동백) : 동백나무
松柏(송백) : 소나무와 잣나무

693　田　총12획　　6급

番

농부가 손(釆)으로 벼(禾)를 논(田)에 **차례차례** 심는 것

番

- 훈 차례
- 음 번

番號(번호) 番地(번지) 順番(순번) 非番(비번)
局番(국번) 軍番(군번) 不寢番(불침번)

番號(번호) : 차례를 나타내기 위한 숫자
番地(번지) : 땅을 일정한 기준으로 나누고 부여한 숫자

694　火　총13획　　3급

煩

뜨거운 열(火)이 머리(頁)에서 나니 움직이는 것도 **번거로움**

煩

- 훈 번거로울
- 음 번

煩惱(번뇌) 煩雜(번잡) 煩悶(번민)
百八煩惱(백팔번뇌)237

煩惱(번뇌) : 마음을 괴롭히는 생각이나 그것으로 인한 괴로움
煩雜(번잡) : 번거롭게 뒤섞여 어지러움

695　糸　총17획　　3급Ⅱ

繁

자식에게 매일(每) 회초리를 치며(攵) 실(糸) 뽑는 것을 가르치니 가업이 더 **번성함**

繁

- 훈 번성할
- 음 번

繁盛(번성) 繁榮(번영) 繁昌(번창) 頻繁(빈번)
農繁期(농번기) 繁殖力(번식력) 繁華街(번화가)

繁盛(번성) : 성하게 일어나 퍼짐
繁榮(번영) : 번성하고 영화로워짐

696　飛　총21획　　3급

飜

내 차례(番)가 날아가(飛) **뒤집어짐**

飜

- 훈 뒤칠
- 음 번

飜譯(번역) 飜覆(번복) 飜案(번안) 磻袖(번수)

飜譯(번역) : 어떤 글 등을 다른 언어로 옮김
飜覆(번복) : 이리저리 뒤집힘

697　亻(人)　총6획　　4급Ⅱ

伐

사람(亻)이 창(戈)을 들고 적을 **침**

伐

- 훈 칠
- 음 벌

伐草(벌초) 伐木(벌목) 伐採(벌채) 伐柯(벌가)
北伐(북벌) 南伐(남벌) 討伐(토벌) 殺伐(살벌)

伐草(벌초) : 무덤 주변의 풀을 제거함
伐木(벌목) : 나무를 벰

698　罒(网)　총14획　　4급Ⅱ

罰

법망(罒)을 빠져나가려는 사람을 말(言)로 꾸짖고 칼(刂)로 쳐 **벌함**

罰

- 훈 벌할
- 음 벌

罰則(벌칙) 罰金(벌금) 嚴罰(엄벌) 賞罰(상벌)
刑事處罰(형사처벌) 一罰百戒(일벌백계)447

罰則(벌칙) : 법규를 어긴 사람을 처벌하기 위해 정해놓은 규칙
罰金(벌금) : 법규를 어긴 사람에게 부과하는 돈

699　門　총14획　　2급

閥

집안(門)을 위해 사람(亻)이 창(戈)을 들고 나가 싸워서 지키는 **문벌**

閥

- 훈 문벌
- 음 벌

門閥(문벌) 學閥(학벌) 財閥(재벌) 軍閥(군벌)
派閥(파벌)

門閥(문벌) : 집안의 지위나 사회적 신분
學閥(학벌) : 학문을 통해 얻은 지위나 사회적 신분

700　几　총3획　　3급Ⅱ

凡

책상(几)을 밝히는 초의 심지(丶)는 **무릇** 비슷하게 생김

凡

- 훈 무릇
- 음 범(:)

凡常(범상) 凡例(범례) 凡俗(범속) 大凡(대범)
非凡(비범) 平凡(평범) 禮儀凡節(예의범절)

凡常(범상) : 특별한 것 없이 예사로움
凡例(범례) : 일러두기

701 犭(犬) 총5획 · 4급

犯

사나운 개(犭)가 무릎(㔾) 꿇고 앉은 사람을 해쳐서 **범함**

훈 범할
음 범:

犯行(범행) 犯罪(범죄) 犯人(범인) 誘拐犯(유괴범)
殺人犯(살인범) 初犯(초범) 共犯(공범)

犯行(범행) : 범죄 행위를 함
犯罪(범죄) : 법규를 어기는 잘못된 행동

---

702 氵(水) 총6획 · 2급

汎

물(氵)은 무릇(凡) 깊고 **넓음**

훈 넓을
음 범:

汎濫(범람) 汎理論(범리론)
汎靈論(범령론) 汎神論(범신론) 汎國民的(범국민적)

汎濫(범람) : 물이 넘쳐흐름
汎理論(범리론) : 자연과 사회의 발전이 이성의 실현이라고 보는 견해

---

703 竹 총15획 · 4급

範

법을 어긴 자가 대나무(竹)로 곤장을 맞고 수레(車)에 무릎(㔾)이 꿇린 채 실려 감

훈 법
음 범:

範圍(범위) 範疇(범주) 模範(모범) 師範(사범)
規範(규범) 示範(시범) 率先垂範(솔선수범)

範圍(범위) : 테두리 등으로 정해진 구역
範疇(범주) : 사물을 분류할 때 기준이 되는 유사한 범위

---

704 氵(水) 총8획 · 5급Ⅱ

法

물(氵)은 높은 곳에서 낮은 곳으로 흐르는(去) **법**

훈 법
음 법:

法律(법률) 法則(법칙) 法院(법원) 法官(법관)
交通法規(교통법규) 間接話法(간접화법)

法則(법칙) : 지켜야 하는 규범. 연산의 규칙
法院(법원) : 사법권을 가진 국가 기관

---

705 石 총14획 · 3급Ⅱ

碧

구슬(玉)처럼 깨끗하고(白) **푸른** 돌(石)

훈 푸를
음 벽

碧空(벽공) 碧眼(벽안)
碧梧桐(벽오동) 碧溪水(벽계수)

碧空(벽공) : 푸른 하늘
碧眼(벽안) : 파란 눈동자를 가진 사람

---

706 亻(人) 총15획 · 2급

僻

사람(亻)이 임금(辟)을 피해 **궁벽한** 곳에서 지냄

훈 궁벽할
음 벽

僻地(벽지) 僻村(벽촌) 僻巷(벽항) 窮僻(궁벽)

僻地(벽지) : 따로 떨어져 있는 궁벽한 땅
僻村(벽촌) : 따로 떨어져 있는 궁벽한 마을

---

707 土 총16획 · 4급Ⅱ

壁

임금(辟)이 지내는 땅(土)에 **벽**을 높게 쌓아 보호함

훈 벽
음 벽

城壁(성벽) 障壁(장벽) 擁壁(옹벽) 壁畫(벽화)
壁報(벽보) 壁紙(벽지) 奇巖絕壁(기암절벽)

城壁(성벽) : 성곽에 쌓아둔 벽
障壁(장벽) : 나아가지 못하게 막혀 있는 벽

---

708 辛 총16획 · 3급

辨

고생하는(辛) 사람을 양쪽에 두고 칼(刂)로 베듯 누가 옳은지 **분별함**

훈 분별할
음 변:

辨償(변상) 辨濟(변제) 辨明(변명) 辨證法(변증법)
辨理士(변리사) 辨別力(변별력)

辨償(변상) : 남에게 입힌 손해를 물어줌
辨明(변명) : 잘못이나 실수에 대해 그 이유를 말함

---

709 辶(辵) 총19획 · 4급Ⅱ

邊

자기(自)가 사는 굴(穴) **주변**을 사방(方)으로 쉬엄쉬엄 거닐며(辶) 살펴봄

훈 가
음 변

周邊(주변) 海邊(해변) 身邊(신변) 邊境(변경)
底邊擴大(저변확대) 江邊道路(강변도로)

周邊(주변) : 어떤 곳의 둘레
海邊(해변) : 바닷가

---

710 辛 총21획 · 4급Ⅱ

辯

고생하는(辛) 사람이 양쪽에 서서 말(言)로 다툼

훈 말씀
음 변:

辯論(변론) 強辯(강변) 雄辯(웅변) 達辯(달변)
代辯人(대변인) 答辯書(답변서) 辯護士(변호사)

辯論(변론) : 법정에서 하는 진술. 옳고 그름을 따짐
強辯(강변) : 이치에 맞지 않는 것을 끝까지 주장함

711 言 총23획 — 5급 II

變

훈 변할
음 변:

실(糸)과 말(言)처럼 복잡하게 얽힌 것을 때려(攵) 가르쳐 **변하게** 함

變化(변화) 變更(변경) 變遷(변천) 慘變(참변)
臨時變通(임시변통) 不變(불변) 變聲期(변성기)

變化(변화) : 사물의 성질이나 모양 등이 달라짐
變更(변경) : 다르게 바꿔 고침

712 刂(刀) 총7획 — 6급

別

훈 나눌
음 별

입(口)에 넣어 먹기 위해 짐승을 힘(力)으로 잡아 칼(刂)로 **나눔**

別名(별명) 別個(별개) 別居(별거) 別莊(별장)
別添(별첨) 別味(별미) 人種差別(인종차별)

別名(별명) : 사람들의 특징을 바탕으로 지어 부르는 이름
別個(별개) : 관련성이 없이 서로 다름

713 一 총5획 — 3급 II

丙

훈 남녘
음 병

하늘(一)의 안(內)쪽에 **남녘**이 있음

丙時(병시) 丙寅洋擾(병인양요) 丙坐(병좌)
丙子胡亂(병자호란) 甲乙丙丁(갑을병정)

丙時(병시) : 24시의 12째 시. 오전 10시 반에서 11시 반

714 八 총7획 — 5급 II

兵

훈 병사
음 병

언덕(丘)위에 여덟(八) 명씩 열을 맞춰서 있는 **병사**

兵士(병사) 兵役忌避(병역기피) 兵務廳(병무청)
孫子兵法(손자병법) 富國強兵(부국강병)

兵務廳(병무청) : 병무 행정을 담당 하는 기관
兵士(병사) : 군사

715 尸 총11획 — 3급

屏

훈 병풍
음 병

지붕(尸) 밑에 있는 것을 아울러서(幷) 가리기 위해 치는 **병풍**

屏風(병풍) 屏迹(병적) 屏去(병거)

屏風(병풍) : 무언가를 가리거나 장식을 위해 치는 물건
屏迹(병적) : 자취를 감추어 버림

716 立 총10획 — 3급

竝

훈 나란히
음 병:

두 사람이 늘어서(立) **나란히**(立) 있는 모양

竝列(병렬) 竝行(병행) 竝立(병립) 竝設(병설)
竝稱(병칭) 竝用(병용)

竝列(병렬) : 나란히 늘어섬
竝行(병행) : 둘 이상의 일을 한꺼번에 나란히 함

717 疒 총10획 — 6급

病

훈 병
음 병:

누운(疒) 사람이 남쪽(丙)의 뜨거운 열기에 **병**이 악화됨

病名(병명) 病席(병석) 病暇(병가) 病勢(병세)
癩病患者(나병환자) 看病(간병) 病原菌(병원균)

病名(병명) : 병의 이름
病席(병석) : 아픈 사람이 앓아누운 자리

718 亻(人) 총10획 — 2급

併

훈 아우를
음 병:

사람(亻)들이 서로 **아울러**(幷) 나란히 감

併用(병용) 併合(병합) 併記(병기) 併置(병치)
合併症(합병증)

併用(병용) : 아울러 같이 사용함
併合(병합) : 아울러 합함

719 止 총7획 — 4급 II

步

훈 걸음
음 보:

왼발(止)과 오른발(止)을 바꿔가며 한걸음씩 **걸어감**

散步(산보) 步幅(보폭) 步兵(보병) 步行者(보행자)
進步黨(진보당) 橫斷步道(횡단보도)

散步(산보) : 천천히 걷는 일
步幅(보폭) : 걸을 때 생기는 발과 발 사이의 거리

720 亻(人) 총9획 — 4급 II

保

훈 지킬
음 보(:)

사람(亻)은 자기 입(口)으로 꺼낸 말은 나무(木)처럼 굳건하게 **지켜야** 함

保存(보존) 保釋金(보석금) 保管(보관)
傷害保險(상해보험) 保留(보류) 公衆保健(공중보건)

保存(보존) : 잘 보호하여 간수함
保釋金(보석금) : 보석을 허가해 주면서 내도록 하는 돈

721 日 총12획 **4급**

普

나란히(竝효) 선 구름이 해(日)를 넓게 가려 날이 밝지 못함

(훈) 널리
(음) 보

普及所(보급소) 普遍性(보편성) 普遍(보편)
普通選擧(보통선거) 普通名詞(보통명사)

普遍性(보편성) : 모든 것에 두루 통하는 특성
普及所(보급소) : 보급품을 지급하거나 저장하며 관리하는 곳

---

722 衤(衣) 총12획 **3급Ⅱ**

補

가난하여 옷(衤)을 겨우(甫) 기워 입음

(훈) 기울
(음) 보

補修(보수) 補强(보강) 補助(보조) 補職(보직)
補闕選擧(보궐선거) 補藥(보약) 補充兵(보충병)

補修(보수) : 낡은 것을 개선함
補强(보강) : 더 보태어 튼튼히 함

---

723 土 총12획 **4급Ⅱ**

報

다행히(幸) 살아난 사람이 무릎(卩)을 다시(又) 꿇고 은혜를 갚겠다고 함

(훈) 갚을
　　알릴
(음) 보

報道(보도) 報償(보상) 報答(보답) 情報(정보)
結草報恩(결초보은)36 因果應報(인과응보)430

報道(보도) : 새로운 소식을 매체를 통하여 알림
報償(보상) : 어떤 일이나 행동 등에 대해 대가를 받음

---

724 言 총19획 **3급Ⅱ**

譜

조상의 기록(言)을 넓게(普) 정리한 것이 족보

(훈) 족보
(음) 보

族譜(족보) 系譜(계보) 樂譜(악보) 印譜(인보)
年譜(연보) 月印釋譜(월인석보)

族譜(족보) : 한 가문에 관한 기록을 차례로 정리한 책
系譜(계보) : 혈연관계나 학풍 등이 계승되어 온 것

---

725 宀 총20획 **4급Ⅱ**

寶

집(宀)안에 둔 구슬(玉)과 그릇(缶), 재물(貝)이 귀하게 여기는 보배임

(훈) 보배
(음) 보

寶物(보물) 寶石(보석) 寶庫(보고) 家寶(가보)
東醫寶鑑(동의보감) 國寶(국보) 多寶塔(다보탑)

寶物(보물) : 드물고 가치 있는 물건
寶石(보석) : 아름다운 빛과 광택을 가지고 있는 희귀한 광물

---

726 卜 총2획 **3급**

卜

蔔의 간체자. 예전에 점 볼 때 사용되던 거북이 모양을 본뜬 글자

(훈) 점
(음) 복

卜債(복채) 卜吉(복길) 卜術(복술)

卜債(복채) : 점을 친 값
卜吉(복길) : 좋은 날을 가려 받음

---

727 亻(人) 총6획 **4급**

伏

사람(亻) 옆에 개(犬)가 엎드려 있음

(훈) 엎드릴
(음) 복

埋伏(매복) 降伏(항복) 屈伏(굴복) 伏兵(복병)
初伏(초복) 末伏(말복) 哀乞伏乞(애걸복걸)351

埋伏(매복) : 기습을 하거나 살펴보기 위해 몰래 숨어 있음
降伏(항복) : 기세에 눌려 굴복함

---

728 月 총8획 **6급**

服

몸(月)을 가리고자 무릎(卩)을 꿇고 손(又)으로 옷을 해 입음

(훈) 옷
(음) 복

服從(복종) 服役(복역) 服用(복용) 服裝(복장)
韓服(한복) 洋服(양복) 旣成服(기성복)

服從(복종) : 명령을 그대로 따라 실행함
服役(복역) : 징역을 삶

---

729 彳 총12획 **4급Ⅱ**

復

가던(彳) 길을 다시 돌아(夏) 옴

(훈) 1)돌아올
　　2)다시
(음) 1)복 2)부

復學(복학) 復職(복직) 復舊(복구) 復習(복습)
原狀回復(원상회복) 復興(부흥) 復活節(부활절)

復學(복학) : 어떤 사정으로 휴학 중인 학생이 학교에 다시 복귀함
復興(부흥) : 쇠하던 것이 다시 흥함

---

730 月(肉) 총13획 **3급Ⅱ**

腹

몸(月)속을 돌아(夏) 들어가는 배

(훈) 배
(음) 복

腹筋(복근) 異腹兄弟(이복형제) 腹痛(복통)
抱腹絶倒(포복절도)592

腹筋(복근) : 배에 있는 근육
腹痛(복통) : 배가 아픈 증세

---

731 示 총14획 **5급Ⅱ**

福

신(示)에게 받칠 음식을 한(一) 입(口)씩 모아 밭(田)에 모아 제사를 지내고 **복**을 받음

福

훈 복
음 **복**

幸福(행복) 福德房(복덕방) 冥福(명복)
福祉社會(복지사회) 福券(복권) 吉凶禍福(길흉화복)

幸福(행복) : 만족과 기쁨을 느끼는 상태
福德房(복덕방) : 집이나 토지의 매매, 임대차를 중계 해주는 곳

---

732 衤(衣) 총14획 **4급**

複

바깥의 추위 때문에 집에 돌아와서(复) 옷(衤)을 **겹쳐** 입고 나감

複

훈 겹칠
음 **복**

複合(복합) 複寫器(복사기) 複製(복제)
複雜多端(복잡다단) 複線(복선) 複式簿記(복식부기)

複合(복합) : 두 가지 이상이 겹쳐져 합침
複寫機(복사기) : 복사를 하는 데 사용하는 기계

---

733 襾(両) 총18획 **3급Ⅱ**

覆

덮어(襾) 놓은 것을 돌아와서(復) **다시** 확인함

覆

훈 다시
  덮을
음 **복**

飜覆(번복) 顚覆(전복) 被覆(피복) 覆蓋(복개)
覆面強盜(복면강도)

飜覆(번복) : 이리저리 뒤집어 고침
顚覆(전복) : 뒤집어져 엎어짐

---

734 木 총5획 **6급**

本

나무(木)는 하나(一)의 뿌리에서 그 **근본**이 시작됨

本

훈 근본
음 **본**

根本(근본) 脚本(각본) 本質(본질) 本能(본능)
本姓(본성) 本論(본론) 本校(본교) 本館(본관)

根本(근본) : 나무의 뿌리. 사물의 본질
脚本(각본) : 연극 등을 상연하기 위해 쓴 글

---

735 大 총8획 **5급Ⅱ**

奉

위대한(大) 사람을 두(二) 사람이 손(廾)으로 **받들**다.

奉

훈 받들
음 **봉:**

奉養(봉양) 奉祝(봉축) 信奉(신봉) 參奉(참봉)
滅私奉公(멸사봉공) 奉仕精神(봉사정신)

奉養(봉양) : 웃어른을 받들어 모심
信奉(신봉) : 사상 등을 믿고 받듦

---

736 寸 총9획 **3급Ⅱ**

封

땅(土)과 땅(土)을 마디마디(寸) 나눠서 **봉함**

封

훈 봉할
음 **봉**

封套(봉투) 封鎖(봉쇄) 封合(봉합) 密封(밀봉)
金一封(금일봉) 開封(개봉) 封建主義(봉건주의)

封套(봉투) : 서류 따위를 넣기 위해 만든 주머니
封鎖(봉쇄) : 굳게 막아 잠금

---

737 山 총10획 **3급Ⅱ**

峯

산(山)에서 가장 끌리는(夆) 것이 **봉우리**

峯

훈 봉우리
음 **봉**

雪峯(설봉) 雲峯(운봉) 綠峯(녹봉) 最高峯(최고봉)

雪峯(설봉) : 눈 덮인 산봉우리
雲峯(운봉) : 구름이 가득한 산봉우리

---

738 亻(人) 총10획 **2급**

俸

사람(亻)이 받드는(奉) 일을 하고 받는 돈

俸

훈 녹
음 **봉**

初俸(초봉) 本俸(본봉) 減俸(감봉) 年俸(연봉)
薄俸(박봉) 祿俸(녹봉) 俸給生活者(봉급생활자)

初俸(초봉) : 처음 받는 급료
減俸(감봉) : 봉급을 줄임

---

739 辶(辵) 총11획 **3급Ⅱ**

逢

천천히 걸어가는(辶) 길에 이끌리는(夆) 사람을 **만남**

逢

훈 만날
음 **봉(:)**

逢變(봉변) 逢賊(봉적) 逢着(봉착) 相逢(상봉)

逢變(봉변) : 뜻밖의 변을 당함
逢賊(봉적) : 도둑을 만남

---

740 虫 총13획 **3급**

蜂

곤충(虫) 중에 꽃에 이끌려(夆) 꿀을 모으는 것이 **벌**

蜂

훈 벌
음 **봉**

養蜂(양봉) 分蜂(분봉) 蜂針(봉침) 蜂起(봉기)
蜂群(봉군) 蜂蜜(봉밀)

養蜂(양봉) : 꿀을 얻기 위해 벌을 기르는 일
蜂起(봉기) : 벌처럼 떼 지어 일어남

---

741 鳥 총14획 　3급Ⅱ

鳳

무릇(凡) 새 중에 가장 으뜸인 **새**

鳳

훈 새
음 봉:

鳳凰(봉황) 鳳德(봉덕) 鳳帶(봉대) 鳳湯(봉탕)
鳳仙花(봉선화)

鳳凰(봉황) : 상서로움을 뜻하는 전설의 새
鳳德(봉덕) : 성인군자의 덕

---

742 糸 총17획 　2급

縫

실(糸)을 가지고, 사람을 만나러(逢) 가기 전에 구멍 난 곳을 **꿰맴**

縫

훈 꿰맬
음 봉

縫合(봉합) 縫織(봉직) 假縫(가봉) 彌縫策(미봉책)
縫製品(봉제품) 天衣無縫(천의무봉)544

縫合(봉합) : 찢어지거나 벌어진 곳을 꿰매어 합함
縫織(봉직) : 천을 깁고 짬

---

743 大 총4획 　7급

夫

다 큰(大) 장부 중 한(一) 사람만 **지아비**로 여김

夫

훈 지아비
음 부

雜夫(잡부) 姑母夫(고모부) 大丈夫(대장부)
配達夫(배달부) 夫婦(부부) 夫唱婦隨(부창부수)243

雜夫(잡부) : 여러 자질구레한 일을 하는 사람
大丈夫(대장부) : 건장한 사내

---

744 父 총4획 　8급

父

회초리로 자식을 훈계하는 **아버지**의 모습을 본뜬 글자

父

훈 아비
음 부

父母(부모) 父子有親(부자유친) 家父長(가부장)
漁父之利(어부지리)361 父傳子傳(부전자전)242

父母(부모) : 아버지와 어머니
家父長(가부장) : 집안에서 절대적 권력을 가진 사람

---

745 亻(人) 총5획 　3급Ⅱ

付

다른 사람(亻)의 손(寸)을 통해 물건을 **부침**

付

훈 부칠
음 부

付託(부탁) 配付(배부) 納付(납부) 分付(분부)
申申當付(신신당부) 反對給付(반대급부)

付託(부탁) : 일을 해달라고 맡김
配付(배부) : 서류 등을 나눠 줌

---

746 口 총7획 　4급

否

아니(不)라는 말을 입(口)이 **막혀서** 하지 못함

否

훈 1)아닐
　2)막힐
음 1)부 2)비

可否(가부) 否定(부정) 否認(부인) 否運(비운)
拒否權(거부권) 否塞(비색) 曰可曰否(왈가왈부)

可否(가부) : 옳고 그름
否定(부정) : 그렇지 않다고 단정함

---

747 扌(手) 총7획 　3급Ⅱ

扶

손(扌)을 써서 지아비(夫)를 도움

扶

훈 도울
음 부

扶養(부양) 扶助金(부조금)
相扶相助(상부상조)

扶養(부양) : 자립하기 어려운 사람의 생활을 도움
扶助金(부조금) : 좋은 일이나 어려운 일을 당한 곳에 내는 돈

---

748 广 총8획 　4급Ⅱ

府

넓은 집(广)에서 서류를 신청하고 주는(付) 곳 **관청**

府

훈 관청
음 부:

政府(정부) 幕府(막부) 椿府丈(춘부장)
府院君(부원군) 司法府(사법부) 行政府(행정부)

政府(정부) : 나라를 통치하는 데 필요한 일을 하는 곳
椿府丈(춘부장) : 남의 아버지를 높게 이르는 말

---

749 阝(阜) 총8획 　3급Ⅱ

附

언덕(阝) 옆에 **붙어** 있는 광장에서 물건을 주고(付)받음

附

훈 붙을
음 부:

添附(첨부) 阿附(아부) 附錄(부록) 附則(부칙)
附屬品(부속품) 附加價値稅(부가가치세)

添附(첨부) : 서류 따위를 덧붙임
阿附(아부) : 남의 비위에 맞는 소리를 하며 잘 보이려 함

---

750 貝 총9획 　4급

負

사람(⺈)이 재물(貝)을 **짊어지고** 감

負

훈 질
음 부:

負擔(부담) 負債(부채) 負傷(부상) 自負心(자부심)
褓負商(보부상) 勝負(승부) 抱負(포부)

負擔(부담) : 의무나 책임을 짐
負債(부채) : 지고 있는 빚

---

751 走 총9획 3급

赴

점쟁이에게 달려가(走) 점괘(卜)를 보고 **나아갈** 방향을 정함

훈 나아갈
음 부

赴任(부임) 赴援(부원) 赴役(부역)

赴任(부임) : 임무 따위를 받고 근무할 곳으로 감
赴役(부역) : 서로의 일을 도와줌

---

752 氵(水) 총10획 3급Ⅱ

浮

물(氵)에 알(孚)을 넣으면 **뜸**

훈 뜰
음 부

浮揚(부양) 浮力(부력) 浮漂(부표) 浮刻(부각)
浮沈(부침) 浮彫(부조) 浮動票(부동표)

浮揚(부양) : 가라앉은 것을 뜨게 함
浮力(부력) : 물에 뜨게 하는 힘

---

753 竹 총11획 3급Ⅱ

符

종이가 없을 땐 대나무(竹)에 **부호**를 적어 주고 (付)받았음

훈 부호
음 부(:)

符號(부호) 符籍(부적) 符應(부응) 符合(부합)
終止符(종지부) 名實相符(명실상부)[182]

符號(부호) : 따로 뜻을 정하여 표시하는 기호
符籍(부적) : 주술적인 뜻을 가진 그림이나 글씨를 써 지니는 종이

---

754 女 총11획 4급Ⅱ

婦

빗자루(帚)를 들고 청소하는 여자(女)가 그 집의 **며느리**

훈 1)며느리
　 2)지어미
음 부

夫婦(부부) 主婦(주부) 婦人(부인) 新婦(신부)
派出婦(파출부) 寡婦(과부) 婦女子(부녀자)

夫婦(부부) : 남편과 아내
主婦(주부) : 집에서 가사 노동을 하는 여성

---

755 阝(邑) 총11획 6급Ⅱ

部

모여서서(㐀) 입(口)을 열어 마을(阝) 사람들 얘기를 하고 있는 한 **떼**

훈 떼
음 부

部落(부락) 幹部(간부) 部署(부서) 大部分(대부분)
軍部隊(군부대) 部族國家(부족국가)

部落(부락) : 여러 가구 들이 모여 사는 마을
幹部(간부) : 조직에서 중심이 되는 일을 하는 사람

---

756 刂(刀) 총11획 4급Ⅱ

副

밥 한(一) 입(口) 먹고 밭(田)에서 곡식을 베는(刂) 것도 **버금**가는 행복임

훈 버금
음 부:

副題(부제) 副業(부업) 副賞(부상) 副食(부식)
副産物(부산물) 副會長(부회장) 副作用(부작용)

副題(부제) : 제목을 보충하기 위해 덧붙이는 제목
副業(부업) : 본업 외에 따로 하는 일

---

757 宀 총12획 4급Ⅱ

富

집(宀)은 한(一) 채라도 입구(口)도 크고 밭(田)도 많으니 **부자**임

훈 부자
음 부:

富者(부자) 富豪(부호) 貧富(빈부) 富裕(부유)
富貴榮華(부귀영화) 富國強兵(부국강병)

富者(부자) : 재물을 넉넉히 가져 여유가 있는 사람
富豪(부호) : 재물을 넉넉히 가지고 세력이 있는 사람

---

758 肉 총14획 3급Ⅱ

腐

관청(府)에 있는 고기(肉)가 **썩어서** 냄새가 남

훈 썩을
음 부

腐敗(부패) 腐蝕(부식) 陳腐(진부) 防腐劑(방부제)
腐葉土(부엽토) 腐敗剔抉(부패척결)

腐敗(부패) : 썩고 상함
腐蝕(부식) : 썩어 문드러짐

---

759 月(肉) 총15획 2급

膚

호랑이(虍)의 위장(胃)은 부드러운 **살갗**으로 덮여 있음

훈 살갗
음 부

膚淺(부천) 皮膚病(피부병)
皮膚(피부) 皮膚科(피부과)

膚淺(부천) : 행동이나 말이 천박함
皮膚病(피부병) : 피부에 생겨난 병

---

760 貝 총15획 3급Ⅱ

賦

부과한 돈(貝)이 모이면 전쟁을 그치게(止)하기 위해 무기(戈)를 삼

훈 과할
음 부

賦課(부과) 賦與(부여) 月賦(월부) 天賦的(천부적)
割賦金(할부금) 賦存資源(부존자원)

賦課(부과) : 세금이나 책임을 부담하게 함
賦與(부여) : 나누어 줌

761 簿 竹 총19획 3급Ⅱ

대나무(竹)를 물(氵)에 씻고 크게(甫) 글씨를 써 마디마디(寸) 정리한 것이 **문서**

훈 문서
음 부:

帳簿(장부) 名簿(명부) 簿記(부기) 家計簿(가계부)
學籍簿(학적부) 金錢出納簿(금전출납부)

帳簿(장부) : 물건이나 돈이 들어오고 나감을 정리하는 문서
名簿(명부) : 이름을 적어둔 문서

762 敷 攵(攴) 총15획 2급

큰(甫) 뜻을 **펴기** 위해 사방(方)의 적을 침(攵)

훈 펼
음 부

敷設(부설) 敷衍(부연) 敷土(부토)
高水敷地(고수부지)

敷設(부설) : 다리나 철도 등을 설치함
敷衍(부연) : 설명을 덧붙여 이해를 도움

763 北 匕 총5획 8급

사람이 서로 등진 모습으로 남향을 등진 **북쪽**을 나타냄

훈 1)북녘
　 2)달아날
음 1)북 2)배

北韓(북한) 北極星(북극성) 北極(북극) 敗北(패배)
南男北女(남남북녀)117 北部地方(북부지방)

北極星(북극성) : 북극 가까이에 위치한 밝은 별
敗北(패배) : 겨루어서 짐

764 分 刀 총4획 6급Ⅱ

여덟(八) 명에게 똑같이 칼(刀)로 잘라 **나누어 줌**

훈 나눌
음 분(:)

分類(분류) 假分數(가분수) 分配(분배) 充分(충분)
大義名分(대의명분)145 地方分權(지방분권)

分類(분류) : 기준에 따라 종류를 나눔
假分數(가분수) : 분자가 분모보다 큰 분수를 이르는 말

765 奔 大 총8획 3급Ⅱ

큰(大) 풀(卉)밭을 헤치고 **달리니** 속도가 느림

훈 달릴
음 분

奔走(분주) 奔忙(분망) 狂奔(광분)
東奔西走(동분서주)154 自由奔放(자유분방)

奔走(분주) : 바쁘게 뛰어 다님
狂奔(광분) : 미친 듯이 날뜀

766 粉 米 총10획 4급

쌀(米)을 나누니(分) **가루**가 됨

훈 가루
음 분(:)

粉筆(분필) 粉末(분말) 粉飾(분식) 花粉(화분)
粉紅色(분홍색) 粉骨碎身(분골쇄신)246

粉筆(분필) : 칠판에 글을 쓰는 도구
粉末(분말) : 가루

767 紛 糸 총10획 3급Ⅱ

실(糸)을 나눠(分) 늘어놓으니 **어지러움**

훈 어지러울
음 분

紛亂(분란) 紛失(분실) 紛雜(분잡) 內紛(내분)
領土紛爭(영토분쟁) 勞使紛糾(노사분규)

紛亂(분란) : 어지럽고 소란스러움
紛失(분실) : 물건을 잃어버림

768 憤 忄(心) 총15획 4급

마음(忄)속으로 풀(卉)밭에 들어가서 잃어버린 돈(貝)을 생각하니 **분함**

훈 분할
음 분:

憤怒(분노) 憤慨(분개) 憤痛(분통) 憤敗(분패)
激憤(격분) 鬱憤(울분) 悲憤慷慨(비분강개)260

憤怒(분노) : 분하여 성을 냄
憤慨(분개) : 몹시 분하게 여김

769 墳 土 총15획 3급

흙(土)을 쌓고 풀(卉)을 덮은 후 돈(貝)을 들여 비석을 세운 **무덤**

훈 무덤
음 분

古墳(고분) 封墳(봉분) 雙墳(쌍분)
墳墓基地權(분묘기지권)

古墳(고분) : 오래된 무덤
封墳(봉분) : 흙을 둥글게 쌓아 올려 만든 무덤

770 奮 大 총16획 3급Ⅱ

큰(大) 새(隹)가 날개를 **치며** 밭(田) 주변을 돎

훈 떨칠
음 분:

奮發(분발) 奮戰(분전) 奮起(분기) 奮然(분연)
興奮(흥분) 激奮(격분) 孤軍奮鬪(고군분투)51

奮發(분발) : 떨쳐 일어남
奮戰(분전) : 힘을 다해 싸움

---

771 | 一 총4획 | **7급Ⅱ**

不

새가 날아 올라가 내려오지 **않는** 것을 본뜬 글자

不

- 훈 아니
- 음 불, 부

不正(부정) 不當(부당) 不滿(불만) 不良輩(불량배)
不條理(부조리) 優柔不斷(우유부단)399

不正(부정) : 바르지 못함
不當(부당) : 이치나 도리에 맞지 않음

---

772 | 弓 총5획 | **2급**

弗

활(弓)과 칼(刂)을 동시에 사용하지 **아니함**

弗

- 훈 아닐
- 음 불

弗素(불소) 百萬弗(백만불)

弗素(불소) : 자극적인 냄새가 나는 연한 황록색의 기체

---

773 | 亻(人) 총7획 | **4급Ⅱ**

佛

절에서는 사람(亻)이 아닌(弗) **부처**를 모심

佛

- 훈 부처
- 음 불

佛教(불교) 佛家(불가) 佛經(불경) 佛供(불공)
佛紀(불기) 佛國寺(불국사)

佛教(불교) : 석가모니가 창시하여 부처가 되는 것을 이상으로 삼는 종교
佛經(불경) : 불교의 교리를 담고 있는 서적

---

774 | 扌(手) 총8획 | **3급Ⅱ**

拂

손(扌)으로 아니라고(弗) 생각되는 것들을 **떨쳐** 버림

拂

- 훈 떨칠
- 음 불

支拂(지불) 還拂(환불) 完拂(완불) 先拂(선불)
一時拂(일시불) 假拂(가불) 拂入金(불입금)

支拂(지불) : 얻은 대가에 대해 값을 치름
還拂(환불) : 지불한 것을 다시 돌려받음

---

775 | 月 총8획 | **3급**

朋

여러 달(月)을 함께 뛰놀며 보낸 **친구**

朋

- 훈 벗
- 음 붕

朋友(붕우) 朋黨(붕당)
朋友有信(붕우유신)

朋友(붕우) : 벗
朋黨(붕당) : 뜻을 같이 하는 사람끼리 모인 집단

---

776 | 山 총11획 | **3급**

崩

뜻 맞는 친구(朋)와 함께 하면 태산(山)도 **무너뜨**릴 만큼 기세가 오름

崩

- 훈 무너질
- 음 붕

崩壞(붕괴) 崩御(붕어) 崩落(붕락)

崩壞(붕괴) : 무너지고 허물어짐
崩御(붕어) : 임금이 세상을 떠남

---

777 | 比 총4획 | **5급**

比

두 사람이 나란히 앉아서 **비교**하는 모양을 본뜬 글자

比

- 훈 견줄
- 음 비:

比率(비율) 比重(비중) 對比(대비) 比較法(비교법)
比丘尼(비구니) 比例代表制(비례대표제)

比率(비율) : 기준이 되는 수나 양에 대한 어떤 수나 양의 비
比重(비중) : 다른 것과 비교해서 가지는 중요도

---

778 | 女 총6획 | **3급Ⅱ**

妃

여자(女) 중에 세상을 다스리는(己) 사람이 **왕비**

妃

- 훈 왕비
- 음 비

王妃(왕비) 廢妃(폐비) 皇妃(황비)
大王大妃(대왕대비) 楊貴妃(양귀비)

廢妃(폐비) : 왕비의 자리에서 물러나게 함
王妃(왕비) : 임금의 부인

---

779 | 扌(手) 총7획 | **4급**

批

손(扌)으로 비교해(比)가며 **비평**을 함

批

- 훈 비평할
- 음 비:

批評(비평) 批判(비판) 批准(비준) 批答(비답)

批評(비평) : 대상을 비교해 가며 평가함
批判(비판) : 옳고 그름을 가려 판별함

---

780 | 非 총8획 | **4급Ⅱ**

非

새의 날개가 서로 반대로 있는 모양을 본뜬 글자로 부정의 뜻으로 쓰임

非

- 훈 아닐
- 음 비:

非理(비리) 非難(비난) 非凡(비범) 非常口(비상구)
非賣品(비매품) 非命橫死(비명횡사)

非理(비리) : 이치나 도리에 맞지 않음
非難(비난) : 남의 잘못을 나쁘게 얘기 함

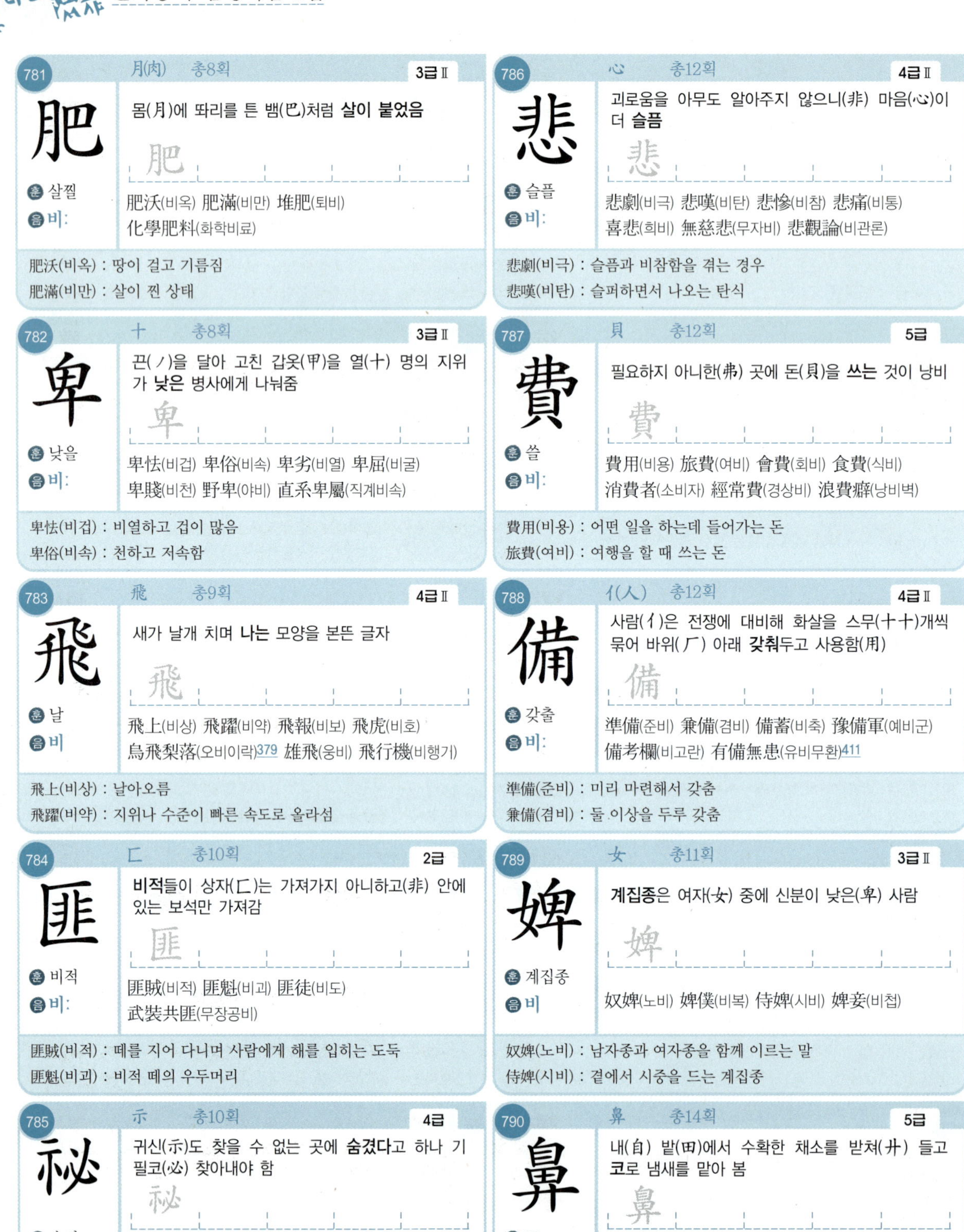

781 月(肉) 총8획 3급Ⅱ

肥

몸(月)에 똬리를 튼 뱀(巴)처럼 **살이 붙었음**

肥

훈 살찔
음 비 :

肥沃(비옥) 肥滿(비만) 堆肥(퇴비)
化學肥料(화학비료)

肥沃(비옥) : 땅이 걸고 기름짐
肥滿(비만) : 살이 찐 상태

782 十 총8획 3급Ⅱ

卑

끈(丿)을 달아 고친 갑옷(甲)을 열(十) 명의 지위가 **낮은** 병사에게 나눠줌

卑

훈 낮을
음 비 :

卑怯(비겁) 卑俗(비속) 卑劣(비열) 卑屈(비굴)
卑賤(비천) 野卑(야비) 直系卑屬(직계비속)

卑怯(비겁) : 비열하고 겁이 많음
卑俗(비속) : 천하고 저속함

783 飛 총9획 4급Ⅱ

飛

새가 날개 치며 **나는 모양**을 본뜬 글자

飛

훈 날
음 비

飛上(비상) 飛躍(비약) 飛報(비보) 飛虎(비호)
烏飛梨落(오비이락)379 雄飛(웅비) 飛行機(비행기)

飛上(비상) : 날아오름
飛躍(비약) : 지위나 수준이 빠른 속도로 올라섬

784 匚 총10획 2급

匪

비적들이 상자(匚)는 가져가지 아니하고(非) 안에 있는 보석만 가져감

匪

훈 비적
음 비 :

匪賊(비적) 匪魁(비괴) 匪徒(비도)
武裝共匪(무장공비)

匪賊(비적) : 떼를 지어 다니며 사람에게 해를 입히는 도둑
匪魁(비괴) : 비적 떼의 우두머리

785 示 총10획 4급

祕

귀신(示)도 찾을 수 없는 곳에 **숨겼다고** 하나 기필코(必) 찾아내야 함

祕

훈 숨길
음 비 :

祕密(비밀) 祕訣(비결) 祕法(비법) 祕策(비책)
極祕文書(극비문서) 神祕(신비) 默祕權(묵비권)

祕密(비밀) : 몰래 숨겨 남에게 얘기하지 않는 일
祕訣(비결) : 숨겨두고 자기만 알고 있는 비법

786 心 총12획 4급Ⅱ

悲

괴로움을 아무도 알아주지 않으니(非) 마음(心)이 더 **슬픔**

悲

훈 슬플
음 비 :

悲劇(비극) 悲嘆(비탄) 悲慘(비참) 悲痛(비통)
喜悲(희비) 無慈悲(무자비) 悲觀論(비관론)

悲劇(비극) : 슬픔과 비참함을 겪는 경우
悲嘆(비탄) : 슬퍼하면서 나오는 탄식

787 貝 총12획 5급

費

필요하지 아니한(弗) 곳에 돈(貝)을 **쓰는** 것이 낭비

費

훈 쓸
음 비 :

費用(비용) 旅費(여비) 會費(회비) 食費(식비)
消費者(소비자) 經常費(경상비) 浪費癖(낭비벽)

費用(비용) : 어떤 일을 하는데 들어가는 돈
旅費(여비) : 여행을 할 때 쓰는 돈

788 亻(人) 총12획 4급Ⅱ

備

사람(亻)은 전쟁에 대비해 화살을 스무(卄)개씩 묶어 바위(厂) 아래 **갖춰**두고 사용함(用)

備

훈 갖출
음 비 :

準備(준비) 兼備(겸비) 備蓄(비축) 豫備軍(예비군)
備考欄(비고란) 有備無患(유비무환)411

準備(준비) : 미리 마련해서 갖춤
兼備(겸비) : 둘 이상을 두루 갖춤

789 女 총11획 3급Ⅱ

婢

계집종은 여자(女) 중에 신분이 낮은(卑) 사람

婢

훈 계집종
음 비

奴婢(노비) 婢僕(비복) 侍婢(시비) 婢妾(비첩)

奴婢(노비) : 남자종과 여자종을 함께 이르는 말
侍婢(시비) : 곁에서 시중을 드는 계집종

790 鼻 총14획 5급

鼻

내(自) 밭(田)에서 수확한 채소를 받쳐(廾) 들고 **코**로 냄새를 맡아 봄

鼻

훈 코
음 비 :

鼻音(비음) 耳目口鼻(이목구비)425 鼻炎(비염)
阿鼻叫喚(아비규환)343 耳鼻咽喉科(이비인후과)

鼻音(비음) : 콧소리
鼻炎(비염) : 콧속에 생기는 염증

791 石 총13획 4급

碑

큰 돌(石)을 낮고(卑) 평평하게 만들어 묘 앞에 세우는 **비석**

碑

(훈) 비석
(음) 비

碑石(비석) 碑文(비문) 墓碑(묘비) 記念碑(기념비)
頌德碑(송덕비)

碑石(비석) : 돌로 만든 비
碑文(비문) : 비석에 새겨 놓은 글

792 貝 총11획 4급Ⅱ

貧

함께 얻은 것을 나눠(分) 가지니 모두가 재물(貝)을 모으지 못해 **가난함**

貧

(훈) 가난할
(음) 빈

貧富(빈부) 貧窮(빈궁) 貧困(빈곤) 貧弱(빈약)
貧血(빈혈) 極貧(극빈) 貧民街(빈민가)

貧富(빈부) : 가난함과 부유함
貧窮(빈궁) : 가난하고 궁색함

793 貝 총14획 3급

賓

내 집(宀)에 온 한(一) 사람이 비록 소인배(小)라도 재물(貝)을 내어 **손님대접**을 해야 함

賓

(훈) 손
(음) 빈

貴賓(귀빈) 國賓(국빈) 來賓(내빈) 接賓(접빈)
賓客(빈객) 迎賓(영빈)

貴賓(귀빈) : 귀한 손님
國賓(국빈) : 나라에서 정식으로 초대한 손님

794 頁 총16획 3급

頻

걸으면서(步) **자주** 머리(頁)를 만지는 버릇

頻

(훈) 자주
(음) 빈

頻度(빈도) 頻繁(빈번) 頻發(빈발)
出題頻度(출제빈도)

頻度(빈도) : 어떤 것이 자주 반복되는 횟수
頻繁(빈번) : 어떤 것이 일어나는 도수가 잦음

795 水 총5획 5급

氷

얼음(冫)을 뜻하는 이수변과 물(水)을 합한 글자

氷

(훈) 얼음
(음) 빙

氷水(빙수) 氷河(빙하) 氷板(빙판) 石氷庫(석빙고)
解氷期(해빙기) 氷上競技(빙상경기)

氷河(빙하) : 얼어붙은 강
氷板(빙판) : 길이 얼어서 생긴 바닥

796 耳 총13획 3급

聘

답답한 마음에 귀(耳)로 들을 수 있도록 급하게 말(粤)로 소리쳐 **부름**

聘

(훈) 부를
(음) 빙

招聘(초빙) 聘丈(빙장) 聘父(빙부) 聘母(빙모)
聘問(빙문)

招聘(초빙) : 예를 갖추어 부름
聘丈(빙장) : 장인

797 士 총3획 5급Ⅱ

士

하나(一)를 배우면 열(十)을 깨우치는 **선비**

士

(훈) 선비
(음) 사 :

博士(박사) 武士(무사) 壯士(장사) 講士(강사)
騎士(기사) 兵士(병사) 辯護士(변호사)

壯士(장사) : 몸이 좋고 힘이 센 사람
講士(강사) : 강연회 등에서 강의를 하는 사람

798 己 총3획 3급

巳

뱀이 몸을 사리고 꼬리를 드리운 모양을 본뜬 글자

巳

(훈) 뱀
(음) 사 :

巳時(사시) 乙巳條約(을사조약)

巳時(사시) : 12시 중 6번째. 오전 9시부터 오전 11시까지

799 口 총5획 8급

四

담(口) 안쪽을 걷는 사람(儿)의 팔다리는 네 개

四

(훈) 넉
(음) 사 :

四季節(사계절) 四君子(사군자) 四角形(사각형)
四書三經(사서삼경)275 朝三暮四(조삼모사)510

四季節(사계절) : 봄 · 여름 · 가을 · 겨울의 사철
四君子(사군자) : 매화 · 난초 · 국화 · 대나무

800 口 총5획 5급Ⅱ

史

사실 가운데(中) 중요한 일을 펜으로(丶) 적은 것이 **역사**

史

(훈) 역사
(음) 사 :

歷史(역사) 國史(국사) 史劇(사극) 史籍(사적)
三國史記(삼국사기) 植民史觀(식민사관)

歷史(역사) : 인류나 자연이 변화해온 자취
國史(국사) : 나라의 역사

801　口　총5획　3급Ⅱ

司

임금(后)을 거꾸로 한 글자로 나랏일을 **맡아** 하는 벼슬아치

- 훈 맡을
- 음 사

公司(공사) 司令官(사령관) 司祭(사제)
司法試驗(사법시험) 司憲府(사헌부) 司會者(사회자)

司令官(사령관) : 군의 사령부 및 기지를 통솔하는 최고 지휘관
司祭(사제) : 주교와 신부를 이르는 말

802　亻(人)　총5획　5급Ⅱ

仕

사람(亻)들은 훌륭한 선비(士)를 **섬김**

- 훈 섬길
- 음 사(:)

仕宦(사환) 仕途(사도) 奉仕(봉사) 出仕(출사)
給仕(급사) 奉仕精神(봉사정신)

仕宦(사환) : 벼슬을 함
仕途(사도) : 벼슬 길

803　寸　총6획　4급Ⅱ

寺

토지(土)를 마디마디(寸) 구분지어 관리하는 관청이나 **절**

- 훈 절
- 음 사

寺刹(사찰) 山寺(산사) 寺院(사원) 寺塔(사탑)
佛國寺(불국사) 彌勒寺址(미륵사지)

寺刹(사찰) : 절
山寺(산사) : 산속에 있는 절

804　歹　총6획　6급

死

앙상한 뼈(歹)만 남은 사람이 겨우 앉아서(匕) 유언을 남기고 **죽음**

- 훈 죽을
- 음 사:

死別(사별) 死者(사자) 死活(사활) 慘死(참사)
死亡者(사망자) 戰死(전사) 死角地帶(사각지대)

死別(사별) : 죽어서 이별함
死者(사자) : 죽은 사람

805　亻(人)　총7획　3급

似

사람(亻)은 같은 사람이 존재 할 수 없는 까닭(以)에 모두가 소중한 존재

- 훈 같을
- 음 사:

類似(유사) 恰似(흡사) 近似(근사) 似而非(사이비)
類似品(유사품) 非夢似夢(비몽사몽) 259

類似(유사) : 종류가 비슷함
恰似(흡사) : 거의 같을 정도로 비슷함

806　氵(水)　총7획　3급Ⅱ

沙

물(氵)은 적고(少) **모래**만 많은 곳이 사막

- 훈 모래
- 음 사

沙漠(사막) 白沙場(백사장)
黃沙(황사) 粉靑沙器(분청사기) 明沙十里(명사십리)

沙漠(사막) : 강수량이 적어 생물의 활동이 제약 받는 지역
白沙場(백사장) : 흰 모래가 넓게 깔려있는 강가나 바닷가

807　阝(邑)　총7획　3급Ⅱ

邪

금니(牙)라도 빼 줄듯이 아부하며 마을(阝)을 돌아 다니는 **간사한** 사람

- 훈 간사할
- 음 사

邪惡(사악) 邪慾(사욕) 邪心(사심) 奸邪(간사)
妖邪(요사)

邪惡(사악) : 간사하고 악함
邪慾(사욕) : 간사한 욕심

808　禾　총7획　4급

私

내가 수확한 벼(禾)는 내(厶)것이니 **사사로운 것**

- 훈 사사로울
- 음 사

私談(사담) 私見(사견) 私債(사채) 私腹(사복)
私利私慾(사리사욕) 私設團體(사설단체)

私談(사담) : 사사로운 이야기
私見(사견) : 개인의 생각이나 의견

809　舌　총8획　4급Ⅱ

舍

사람(人)들이 혀(舌)를 내밀고 편하게 **집**에 누워 있음

- 훈 집
- 음 사

舍宅(사택) 舍廊(사랑) 舍監(사감) 廳舍(청사)
官舍(관사) 寄宿舍(기숙사)

舍宅(사택) : 집을 높여 이르는 말
舍廊(사랑) : 집에서 바깥주인이 거처하는 곳

810　亅　총8획　7급Ⅱ

事

한(一) 사람이 입(口)을 벌린 채 손(⺕)에 갈고리(亅)를 들고 **일함**

- 훈 일
- 음 사:

事業(사업) 事故(사고) 事件(사건) 事實(사실)
行事(행사) 情事(정사) 無事安逸(무사안일)

事故(사고) : 뜻밖에 일어난 일
事件(사건) : 문제를 일으키거나 주목을 받을 만한 일

811 | 使 | 亻(人) | 총8획 | 6급

사람(亻)으로 **하여금** 관리(吏) 일을 하게 함

使

훈 1)하여금
　 2)부릴
음 사:

使命感(사명감) 大使館(대사관) 使節團(사절단)
使臣(사신) 天使(천사) 使用貸借(사용대차)

使命感(사명감) : 어떤 일에 대해 책임을 갖는 마음
大使館(대사관) : 대사가 주재국에서 공무를 처리하는 곳

812 | 社 | 示 | 총8획 | 6급Ⅱ

신(示)을 모셔놓은 땅(土)에 **모여** 제사를 지냄

社

훈 모일
음 사

會社(회사) 社長(사장) 社員(사원) 社屋(사옥)
社團法人(사단법인) 社訓(사훈) 社交性(사교성)

會社(회사) : 영리 행위를 목적으로 하는 사단 법인
社長(사장) : 회사를 대표하는 권한을 가진 회사의 책임자

813 | 祀 | 示 | 총8획 | 3급Ⅱ

궁핍하면 신(示)에게 **제사지낼** 때 뱀(巳)이라도 잡아 올림

祀

훈 제사
음 사

祭祀(제사) 告祀(고사)

祭祀(제사) : 죽은 사람이나 신령에게 음식을 차려 정성을 나타냄
告祀(고사) : 신에게 드릴 음식을 차려 놓고 행운을 바라는 의식

814 | 查 | 木 | 총9획 | 5급

나무(木) 아래를 또(且) 확인해보면서 **조사함**

査

훈 조사할
음 사

調査(조사) 檢査(검사) 搜査(수사) 査察(사찰)
査閱式(사열식) 査定(사정) 監査院(감사원)

調査(조사) : 정확한 것을 알기 위해 계속 살핌
檢査(검사) : 상태나 성질 등을 조사해 옳고 그름과 낫고 못함을 판단함

815 | 思 | 心 | 총9획 | 5급

밭(田)에서 일하고 있어도 마음(心)은 다른 **생각**에 빠져 있음

思

훈 생각
음 사(:)

思想(사상) 思春期(사춘기) 思考(사고) 思索(사색)
易地思之(역지사지)370 思悼世子(사도세자)

思想(사상) : 어떤 것에 대해 가지고 있는 생각
思春期(사춘기) : 정신적·육체적으로 성인이 되는 시기

816 | 唆 | 口 | 총10획 | 2급

내(厶)가 급히 길을 걷자(儿) 뒤쳐져(夊) 오던 사람이 입(口)을 열어 천천히 가도 괜찮다고 **부추김**

唆

훈 부추길
음 사

示唆(시사) 唆囑(사촉)
敎唆犯(교사범)

示唆(시사) : 어떤 것을 미리 보여줌
唆囑(사촉) : 남을 부추겨 좋지 않은 일을 하게함. 사주

817 | 師 | 巾 | 총10획 | 4급Ⅱ

언덕(阝)너머에 사는 **스승**을 뵙기 위해 한(一)사람이 헝겊(巾)에 먹을 것을 싸서 고개를 넘음

師

훈 스승
음 사

敎師(교사) 講師(강사) 恩師(은사) 師父(사부)
師範大學(사범대학) 君師父一體(군사부일체)

敎師(교사) : 일정한 자격을 가지고 학생을 가르치는 사람
恩師(은사) : 가르침을 주신 은혜로운 스승

818 | 射 | 寸 | 총10획 | 4급

내 몸(身)을 지키기 위해 손가락(寸)에 활을 걸어 **쏨**

射

훈 쏠
음 사

射擊(사격) 射手(사수) 反射(반사) 射出機(사출기)
射倖心(사행심) 射程距離(사정거리)

射擊(사격) : 총이나 활 등을 쏨
射手(사수) : 총이나 활 등을 쏘는 사람

819 | 捨 | 扌(手) | 총11획 | 3급

손(扌)에 든 쓰레기를 집(舍) 밖에다 **버림**

捨

훈 버릴
음 사

喜捨(희사) 取捨選擇(취사선택)568
捨生取義(사생취의)

喜捨(희사) : 어떤 목적을 위해 돈이나 재물을 내놓음

820 | 蛇 | 虫 | 총11획 | 3급Ⅱ

벌레(虫)를 잡아먹은 후 굴집(宀) 안에서 몸을 구부리고(匕) 있는 **뱀**

蛇

훈 뱀
음 사

毒蛇(독사) 長蛇陣(장사진) 白蛇(백사) 蛇足(사족)
龍蛇飛騰(용사비등)397 龍頭蛇尾(용두사미)396

毒蛇(독사) : 독을 가지고 있는 뱀
長蛇陣(장사진) : 줄을 길게 늘어선 모양

---

821 斗 총11획 · 3급Ⅱ

斜

내(余)가 장사할 때 쌀 한 말(斗)을 **비껴** 담아 팔다가 평판을 잃었음

斜

- 훈 비낄
- 음 사

斜線(사선) 斜視(사시) 斜塔(사탑)
傾斜面(경사면) 急傾斜(급경사) 斜陽産業(사양산업)

斜線(사선) : 비스듬히 비껴 그은 선
斜視(사시) : 정면을 바라볼 때 양 눈이 평행이 되지 않는 상태

---

822 赤 총11획 · 2급

赦

죄인의 엉덩이가 붉어질(赤) 때까지 곤장을 친(攵) 후 용서하여 사면함

赦

- 훈 용서할
- 음 사:

赦罪(사죄) 赦免(사면) 特赦(특사)
赦免復權(사면복권) 特別赦免(특별사면)

赦罪(사죄) : 죄를 용서해 줌
赦免(사면) : 죄를 용서해 벌을 면하게 해줌

---

823 糸 총12획 · 4급

絲

실(糸)을 꼰 모양을 본뜬 글자

絲

- 훈 실
- 음 사

螺絲(나사) 鐵絲(철사) 絹絲(견사) 生絲(생사)
綿絲(면사) 一絲不亂(일사불란)448

鐵絲(철사) : 철로 만든 실
絹絲(견사) : 명주실

---

824 言 총12획 · 3급

詐

말(言)을 언뜻(乍) 들으면 그럴 듯해서 남을 잘 속임

詐

- 훈 속일
- 음 사

詐稱(사칭) 詐僞(사위) 詐術(사술) 詐欺罪(사기죄)

詐稱(사칭) : 신상에 대해 남의 것을 쓰거나 새로 지어냄
詐僞(사위) : 양심을 속이고 거짓을 꾸밈

---

825 言 총12획 · 3급Ⅱ

詞

말(言)을 적는 일을 맡아(司) 하는 벼슬아치는 문장에 뛰어남

詞

- 훈 말씀
- 음 사

冠詞(관사) 品詞(품사) 動詞(동사) 名詞(명사)
副詞(부사) 形容詞(형용사) 前置詞(전치사)

冠詞(관사) : 영어 등에서 명사 앞에서 성이나 수, 격을 나타내는 것
品詞(품사) : 언어를 기능과 형태에 따라 나눈 것

---

826 斤 총12획 · 3급

斯

그(其) 도끼(斤) 보다 **이것이** 더 비쌈

斯

- 훈 이
- 음 사

斯界(사계) 斯文亂賊(사문난적)

斯界(사계) : 해당되는 분야

---

827 食 총14획 · 2급

飼

잘 먹이고(食) 맡아서(司) 기름

飼

- 훈 기를
- 음 사

飼育(사육) 飼料(사료) 飼養(사양)

飼育(사육) : 가축을 먹여서 기름
飼料(사료) : 가축을 사육할 때 먹이는 것

---

828 宀 총15획 · 5급

寫

옆집(宀)에서 절구(臼)에 싸둔(勹) 종이를 태워(灬) 버리는 것을 보고 **베껴 따라함**

寫

- 훈 베낄
- 음 사

複寫(복사) 模寫(모사) 謄寫(등사) 寫眞(사진)
寫本(사본) 試寫會(시사회) 靑寫眞(청사진)

模寫(모사) : 사물의 형체를 그대로 그린 그림
謄寫(등사) : 원본에서 베껴 옮김

---

829 貝 총15획 · 3급

賜

은행에서는 돈(貝)을 쉽게(易) 바꿔 줌

賜

- 훈 줄
- 음 사:

下賜(하사) 厚賜(후사) 賜藥(사약)
賜額(사액) 賜姓(사성)

下賜(하사) : 윗사람이 아랫사람에게 물건 따위를 줌
厚賜(후사) : 물건 따위를 후하게 줌

---

830 言 총17획 · 4급Ⅱ

謝

감사의 말(言)을 하며 몸(身)을 숙여 인사하고 약간(寸)의 사례를 함

謝

- 훈 사례할
- 음 사:

感謝(감사) 謝過(사과) 謝罪(사죄) 謝禮(사례)
謝恩會(사은회) 秋收感謝節(추수감사절)

感謝(감사) : 고마움을 표현하는 인사
謝過(사과) : 잘못을 인정하고 용서를 빎

---

831 辭 　총19획　**4급**

辭
훈 말씀
음 사

성(門)에서 일도 마치지(了)않고 사사로이(厶) 손톱(爪)을 다듬다 말로 심하게(辛) 혼이 남.

辭典(사전) 辭表(사표) 辭任(사임) 辭讓(사양)
辭退(사퇴) 讚辭(찬사) 美辭麗句(미사여구)

辭典(사전) : 낱말을 일정한 기준에 따라 나열하고 설명을 해 놓은 책
辭表(사표) : 사임하겠다는 내용을 담은 문서

---

832 削 　총9획　**3급Ⅱ**

削
훈 깎을
음 삭

작은(小) 나무의 몸통(月)에 조각하려고 칼(刂)로 깎아 냄

削除(삭제) 削減(삭감) 削髮(삭발) 削黜(삭출)
添削(첨삭) 削奪官職(삭탈관직)

削除(삭제) : 깎아 없애 버림
削減(삭감) : 깎아서 줄임

---

833 朔 　총10획　**3급**

朔
훈 초하루
음 삭

달(月)이 역(屰)으로 되살아나는 날이 초하루

朔風(삭풍) 朔望(삭망) 滿朔(만삭)
朔月貰(삭월세 → 사글세)

朔風(삭풍) : 겨울철 북쪽에서 불어오는 바람
朔望(삭망) : 초하룻날과 보름날을 함께 이르는 말

---

834 山 　총3획　**8급**

山
훈 뫼
음 산

뾰족한 봉우리가 솟은 산의 모양을 본뜬 글자

山林(산림) 山脈(산맥) 山河(산하) 山川(산천)
錦繡江山(금수강산)98 山水(산수) 白頭山(백두산)

山林(산림) : 산과 숲
山脈(산맥) : 산봉우리가 길게 이어져 있는 지형

---

835 産 　총11획　**5급Ⅱ**

産
훈 낳을
음 산:

대문에 세운(立) 기둥에 숯을 엮은 짚 끈(丿)을 걸어 출산(生)을 표시함

産業(산업) 産母(산모) 生産(생산) 農産物(농산물)
不動産(부동산) 産婦人科(산부인과)

産母(산모) : 아이를 갓 낳은 여자
生産(생산) : 인간이 생활하는 데 필요한 물건을 만듦

---

836 傘 　총12획　**2급**

傘
훈 우산
음 산

우산을 편 모양을 본뜬 글자

雨傘(우산) 傘下團體(산하단체) 陽傘(양산)
傘下機關(산하기관)

雨傘(우산) : 비 올 때 펴서 머리 위를 가려 젖지 않게 하는 것
陽傘(양산) : 볕을 가리는 데 쓰는 우산

---

837 散 　총12획　**4급**

散
훈 흩을
음 산:

스무(卄)명이 나눠 가지려고 한 (一)덩이의 고기를 쳐서(攵) 흩어 놓음

散漫(산만) 散策(산책) 散在(산재) 散文(산문)
分散(분산) 擴散(확산) 閑散(한산)

散漫(산만) : 어수선하여 질서가 없음
散在(산재) : 여기저기 흩어져 있음

---

838 算 　총14획　**7급**

算
훈 셈
음 산:

대나무(竹) 주판을 사용하면 눈(目)으로만 셈하기 어려운 것을 두 손(廾)으로 계산할 수 있음

算數(산수) 算出(산출) 算入(산입) 決算(결산)
定算(정산) 換算(환산) 計算機(계산기)

算數(산수) : 수와 셈을 가르치는 과목
算出(산출) : 계산하여 답을 냄

---

839 酸 　총14획　**2급**

酸
훈 실
음 산

신 과일로 담근 술(酉)이 든 술독이 무거워 내(厶) 걸음이(儿) 뒤처짐(夂)

酸性(산성) 黃酸(황산) 鹽酸(염산)
一酸化炭素(일산화탄소) 過酸化水素水(과산화수소수)

鹽酸(염산) : 염화수소의 수용액

---

840 殺 　총11획　**4급Ⅱ**

殺
훈 1)죽일
　 2)빠를
음 1)살 2)쇄

밤에 적을 몰래 베어(乂) 죽이고 불(丶)붙은 나무(木)몽둥이(殳)로 길을 밝혀서 돌아옴

殺害(살해) 殺生(살생) 被殺(피살) 殺到(쇄도)
殺身成仁(살신성인)283 相殺(상쇄) 殺人犯(살인범)

殺害(살해) : 사람을 해쳐서 죽임
殺生(살생) : 살아 있는 것을 죽임

---

841 一 　총3획 　**8급**

三

막대기 세 개를 가로로 놓아 **삼**을 뜻함

훈 석
음 삼

三多島(삼다도) 張三李四(장삼이사)487 三位(삼위)
四書三經(사서삼경)275 三權分立(삼권분립)

三多島(삼다도) : 바람, 여자, 돌이 많은 섬으로 제주도를 이름

---

842 木 　총12획 　**3급Ⅱ**

森

나무(木)가 빽빽이 들어선 **수풀**

훈 수풀
음 삼

森林(삼림) 森嚴(삼엄)
森羅萬象(삼라만상)287

森林(삼림) : 나무가 우거진 숲
森嚴(삼엄) : 질서가 잡혀서 엄숙함

---

843 ++(艸) 　총15획 　**2급**

蔘

풀잎(++)이 석(參) 장씩 난 **삼**

훈 삼
음 삼

人蔘(인삼) 山蔘(산삼) 紅蔘(홍삼) 水蔘(수삼)
白蔘(백삼) 海蔘(해삼) 蔘鷄湯(삼계탕)

人蔘(인삼) : 사람 모양을 한 삼
山蔘(산삼) : 산에서 자라는 삼

---

844 扌(手) 　총12획 　**2급**

插

손(扌)으로 나무를 천(千) 번 이상 깎아 만든 절구(臼)에 곡식을 넣고 빻았음

훈 꽂을
음 삽

插入(삽입) 插畫(삽화) 插木(삽목) 插樹(삽수)

插入(삽입) : 틈에 다른 물건을 껴 넣음
插畫(삽화) : 책 따위에 이해를 돕기 위해 껴 넣은 그림

---

845 一 　총3획 　**7급Ⅱ**

上

일직선(一) 위에 점(卜)을 표시하여 사물의 위치가 **위**쪽임을 알림

훈 위
음 상:

上流(상류) 上位圈(상위권) 上部(상부) 頂上(정상)
雪上加霜(설상가상)302 卓上空論(탁상공론)575

上流(상류) : 수준이 높은 지위나 사회
上位圈(상위권) : 높은 지위에 속하는 범위

---

846 广 　총7획 　**4급Ⅱ**

床

집(广)에서 나무(木)를 깎아 만든 **상**을 씀

훈 상
음 상

冊床(책상) 酒案床(주안상) 病床(병상) 兼床(겸상)
起床喇叭(기상나팔) 同床異夢(동상이몽)155

冊床(책상) : 앉아서 책을 읽는 데 쓰는 도구
酒案床(주안상) : 술과 안주를 차린 상

---

847 小 　총8획 　**3급Ⅱ**

尙

작은(小) 성(冂)의 입구(口)가 **오히려** 더 큼

훈 오히려
음 상(:)

尙宮(상궁) 尙古(상고) 尙武(상무) 尙州(상주)
高尙(고상) 崇尙(숭상) 時機尙早(시기상조)

尙古(상고) : 옛 문물이나 사상, 제도를 귀히 여김
尙武(상무) : 무예를 중히 여겨 받듦

---

848 犬 　총8획 　**4급Ⅱ**

狀

그 조각(爿)은 개(犬)의 **형상**을 하고 있음

훈 1)형상
　 2)문서
음 1)상 2)장

狀況(상황) 狀態(상태) 現狀(현상) 症狀(증상)
表彰狀(표창장) 令狀(영장) 原狀回復(원상회복)

狀況(상황) : 일이 되어가는 형편
表彰狀(표창장) : 좋은 성과나 행실을 널리 알리면서 주는 문서

---

849 目 　총9획 　**5급Ⅱ**

相

재목을 고르기 위해 나무를 살필 때 **서로** 마주보는 나무(木)와 눈(目)

훈 서로
음 상

相談(상담) 相對便(상대편) 相續(상속)
相扶相助(상부상조) 相對性理論(상대성이론)

相談(상담) : 문제에 대한 해결책을 찾기 위해 서로 대화함
相續(상속) : 재산이나 권리, 의무 따위를 이어주거나 이어받음

---

850 木 　총10획 　**3급Ⅱ**

桑

누에에게 먹이려 잎을 따도 또(又) 열리는 **뽕나무**(木)

훈 뽕나무
음 상

桑葉(상엽) 桑根(상근)
桑田碧海(상전벽해)296

桑葉(상엽) : 뽕나무 잎
桑根(상근) : 뽕나무 뿌리

851 商

口　총11획　5급Ⅱ

여섯(六) 명이 빛나는(冏) 물건을 진열해 놓고 경쟁하며 파는 **장사**

훈 장사　음 상

商品(상품) 商店(상점) 商街(상가) 小賣商(소매상)
都賣商(도매상) 商標登錄(상표등록)

商品(상품) : 팔기 위해 내놓은 물건
商店(상점) : 물건을 진열해 놓고 파는 곳

852 常

巾　총11획　4급Ⅱ

옷자락(巾)이 긴 의복을 더하여(尙) 입어 늘 지속됨

훈 항상　음 상

定常(정상) 常習犯(상습범) 非常(비상)
人之常情(인지상정) 一般常識(일반상식)

定常(정상) : 일정하여 늘 한결같음
常習犯(상습범) : 상습적으로 어떤 범죄를 저지르는 사람

853 祥

示　총11획　3급

신(示)이 주신 양(羊)이라고 **상서롭게** 여김

훈 상서　음 상

祥瑞(상서) 發祥地(발상지)
大祥(대상) 不祥事(불상사)

祥瑞(상서) : 길한 일이 일어날 조짐
發祥地(발상지) : 사물이 처음 기원한 곳

854 喪

口　총12획　3급Ⅱ

흰옷(衣)을 입은 열(十) 명의 사람이 입(口)을 열어 곡을 하며 **잃은** 것을 슬퍼함

훈 잃을　음 상(:)

喪失(상실) 喪心(상심) 喪服(상복) 喪妻(상처)
喪家(상가) 問喪(문상)

喪失(상실) : 어떤 것이 없어짐
喪心(상심) : 근심으로 마음이 혼란함

855 象

豕　총12획　4급

코끼리의 귀와 코 모양을 본뜬 글자

훈 코끼리　음 상

象徵(상징) 象牙塔(상아탑) 形象(형상)
印象(인상) 象形文字(상형문자)

象徵(상징) : 추상적인 것을 구체적으로 나타내는 사물이나 기호
象牙塔(상아탑) : 현실 사회를 떠나 학문이나 예술에만 힘쓰는 것

856 想

心　총13획　4급Ⅱ

서로(相)의 마음(心)을 **생각함**

훈 생각　음 상:

感想(감상) 幻想(환상) 發想(발상) 理想鄕(이상향)
想像力(상상력) 豫想問題(예상문제)

感想(감상) : 느끼고 생각함
幻想(환상) : 실현 가능성이 없는 생각

857 傷

亻(人)　총13획　4급

그 사람(亻)은 남(人)들에게 날(日)마다 한(一) 번씩 시비를 걸다 **다친** 후 싸우지 말자고(勿) 다짐함

훈 다칠　음 상

傷處(상처) 損傷(손상) 負傷(부상) 致命傷(치명상)
感傷的(감상적) 傷害保險(상해보험)

傷處(상처) : 몸을 다쳐서 부상을 입은 자리
損傷(손상) : 해를 입고 다침

858 詳

言　총13획　3급Ⅱ

말(言)로 양(羊)의 모습을 **자세히** 설명함

훈 자세할　음 상

詳述(상술) 仔詳(자상) 昭詳(소상)
作者未詳(작자미상) 詳細圖(상세도)

詳述(상술) : 자세히 말로 표현함
仔詳(자상) : 찬찬하고 자세함

859 裳

衣　총14획　3급Ⅱ

속바지 위에 더하여(尙) 입는 옷(衣)이 **치마**

훈 치마　음 상

衣裳(의상) 同價紅裳(동가홍상)151
綠衣紅裳(녹의홍상)128

衣裳(의상) : 겉에 입는 옷

860 嘗

口　총14획　3급

재료를 더(尙) 넣고서 간이 맞는 지 맛(旨)을 봄

훈 맛볼　음 상

嘗味(상미) 未嘗不(미상불)
臥薪嘗膽(와신상담)390

嘗味(상미) : 맛을 봄
未嘗不(미상불) : 아닌 게 아니라

861 　亻(人)　총14획　　3급Ⅱ

像

사람(亻)이 코끼리(象) **형상**을 조각함

훈 형상
음 상

佛像(불상) 銅像(동상) 偶像(우상) 未來像(미래상)
自畫像(자화상) 肖像畫(초상화)

佛像(불상) : 부처의 모습을 돌, 나무, 철 등으로 표현한 상
銅像(동상) : 사람이나 동물 등을 구리로 만들어 놓은 상

866 　土　총13획　　3급Ⅱ

塞

집(宀)에 있는 우물(井) 하나(一)가 **막혀** 여덟(八) 명이서 땅(土)을 파 우물을 다시 만듦

훈 1)변방
　　2)막힐
음 1)새 2)색

窮塞(궁색) 壅塞(옹색) 閉塞(폐색) 要塞(요새)
政局梗塞(정국경색)

窮塞(궁색) : 아주 가난함
壅塞(옹색) : 넉넉하지 못해 부족하고 불편함

862 　貝　총15획　　5급

賞

칭찬에 더하여(尙) 재물(貝)까지 **상**으로 줌

훈 상줄
음 상

賞罰(상벌) 受賞(수상) 賞狀(상장) 賞與金(상여금)
獎勵賞(장려상) 懸賞手配(현상수배)

賞罰(상벌) : 잘한 일에 상을 주고 잘못한 일에 벌을 줌
受賞(수상) : 상을 받음

867 　色　총6획　　7급

色

사람(⺈)의 마음과 안색은 서로 일치함(巴)을 뜻함

훈 빛
음 색

色盲(색맹) 色相(색상) 赤色(적색) 綠色(녹색)
彩色(채색) 顏色(안색) 形形色色(형형색색)

色盲(색맹) : 색채를 보지 못하거나 다른 것으로 보는 증세
色相(색상) : 색 자체가 갖는 고유한 특색

863 　雨　총17획　　3급Ⅱ

霜

비(雨) 같은 수증기가 지상 위에서 서로(相) 언 것이 **서리**

훈 서리
음 상

霜露(상로) 霜信(상신) 風霜(풍상) 秋霜(추상)
雪上加霜(설상가상)302

霜露(상로) : 서리와 이슬
霜信(상신) : 기러기를 이르는 말

868 　糸　총10획　　3급Ⅱ

索

색깔별로 열(十) 개씩 묶어 덮어(冖) 놓은 실(糸) 뭉치를 방에서 **찾음**

훈 1)찾을
　　2)동아줄
음 1)색 2)삭

搜索(수색) 檢索(검색) 探索(탐색) 摸索(모색)
思索(사색) 索引(색인) 索莫(삭막) 鐵索(철삭)

搜索(수색) : 뒤져서 찾음
索莫(삭막) : 쓸쓸하고 막막함

864 　亻(人)　총17획　　3급Ⅱ

償

사람(亻)은 상(賞)을 받으면 그에 **보답**을 함

훈 갚을
음 상

辨償(변상) 償還(상환)
報償金(보상금) 賠償金(배상금) 減價償却(감가상각)

償還(상환) : 갚거나 돌려 줌
報償金(보상금) : 어떤 것에 대한 대가를 위해 주는 돈

869 　生　총5획　　8급

生

풀이나 나무가 싹 트는 모양을 본뜬 글자

훈 날
음 생

生命(생명) 生産(생산) 生活(생활) 生計(생계)
生物體(생물체) 生母(생모) 野生動物(야생동물)

生命(생명) : 생물로서 살아갈 수 있는 힘
生活(생활) : 살아가면서 하는 활동

865 　竹　총15획　　2급

箱

대나무(竹)를 서로(相) 엮어 **상자**를 만듦

훈 상자
음 상

箱子(상자) 箱房(상방)

箱子(상자) : 물건을 넣기 위해 만든 물건

870 　西　총6획　　8급

西

저녁 때 해가 **서쪽**으로 지면 새가 둥지로 돌아감을 뜻하는 글자

훈 서녘
음 서

西洋(서양) 西海岸(서해안) 西紀(서기)
西歐(서구) 東西南北(동서남북)

西洋(서양) : 유럽과 아메리카의 여러 나라를 이르는 말
西紀(서기) : 기원 후

871 序 广 총7획 5급

우리 집(广)은 식구가 많아 내(予) **차례**가 오지 않음

序

훈 차례
음 서:

序論(서론) 序曲(서곡) 序幕(서막) 秩序(질서)
長幼有序(장유유서) 年功序列(연공서열)

序論(서론) : 머리말
序曲(서곡) : 음악에서 막을 열기 전에 연주하는 곡

872 書 曰 총10획 6급Ⅱ

붓(聿)을 들고 날(日)마다 글을 씀

書

훈 글
음 서:

書店(서점) 書堂(서당) 書藝(서예) 書類綴(서류철)
圖書館(도서관) 入學願書(입학원서)

書店(서점) : 책을 파는 가게
書堂(서당) : 예전에 한문 등을 가르치던 곳

873 恕 心 총10획 3급Ⅱ

여자(女)가 입(口)을 열어 진심(心)으로 잘못을 빈 사람을 **용서**해 줌

恕

훈 용서할
음 서:

容恕(용서) 寬恕(관서) 恕容(서용) 恕免(서면)

容恕(용서) : 잘못한 일을 덮어줌
寬恕(관서) : 잘못을 너그럽게 용서함

874 徐 彳 총10획 3급Ⅱ

걷다개(彳) 힘이 들어 내(余)는 **천천히** 걸음

徐

훈 천천할
음 서(:)

徐行(서행) 徐步(서보)
徐羅伐(서라벌)

徐行(서행) : 천천히 감
徐步(서보) : 천천히 걷는 걸음

875 庶 广 총11획 3급

집(广)에 스무(廿) 명이 모여 **여러** 가지를 불(灬)에 구워 먹음

庶

훈 여러
음 서:

庶民(서민) 庶子(서자) 庶出(서출) 庶務(서무)
班常嫡庶(반상적서)

庶民(서민) : 신분적 특권을 가지지 못한 평범한 사람
庶子(서자) : 본부인이 아닌 다른 여자에게서 태어난 자녀

876 敍 攴 총11획 3급

나머지(余)는 쳐서(攴) **펴둠**

敍

훈 펼
음 서

敍述(서술) 敍事詩(서사시)
敍情詩(서정시) 自敍傳(자서전)

敍述(서술) : 사건이나 생각 따위를 적음
敍事詩(서사시) : 역사적 사실이나 영웅담 따위를 쓴 시

877 暑 日 총13획 3급

한낮의 햇빛(日) 아래 있는 사람(者)들은 더위를 느낌

暑

훈 더울
음 서:

處暑(처서) 大暑(대서) 小暑(소서) 酷暑(혹서)
避暑地(피서지)

處暑(처서) : 24절기의 하나
酷暑(혹서) : 몹시 심한 더위

878 署 罒(网) 총14획 3급Ⅱ

법망(罒)을 잘 빠져나가는 사람(者)을 관리하는 **관청**

署

훈 관청
음 서:

署長(서장) 官公署(관공서) 稅務署(세무서)
警察署(경찰서) 支署(지서) 署名捺印(서명날인)

署長(서장) : 관청의 우두머리
官公署(관공서) : 관서와 공서를 아울러 이르는 말

879 瑞 王(玉) 총13획 2급

귀한 옥구슬(玉)을 산(山)에서 네(而)가 발견했으니 **상서로운** 징조

瑞

훈 상서
음 서:

祥瑞(상서) 瑞光(서광) 瑞氣(서기) 瑞玉(서옥)
瑞相(서상)

瑞光(서광) : 상서로운 빛
瑞氣(서기) : 좋을 일이 일어날듯한 기운

880 誓 言 총14획 3급

손(扌)에 든 도끼(斤)로 새기고 말(言)로 다시 다짐하는 **맹세**

誓

훈 맹세할
음 서:

宣誓文(선서문) 誓約(서약) 誓約書(서약서)

宣誓文(선서문) : 선서할 내용을 적은 글

881 糸 총15획 3급Ⅱ

緒

실타래(糸) 풀듯 사람(者)이 **실마리**를 가지고 일을 풀어감

훈 실마리
음 서:

緒論(서론) 緒戰(서전) 情緒(정서) 端緒(단서)
頭緒(두서) 情緒障礙(정서장애)

緒論(서론) : 머리말
緒戰(서전) : 전쟁의 첫 번째 싸움

882 辶(辵) 총11획 3급

逝

쉬엄쉬엄 걸으며(辶) 꽃을 꺾어(折) 가지고 감

훈 갈
음 서

逝去(서거) 逝世(서세) 逝川(서천) 長逝(장서)

逝去(서거) : 죽음을 이르는 말
逝世(서세) : 별세를 높여 이르는 말

883 夕 총3획 7급

夕

달 모양을 본뜬 글자로 달이 뜨기 시작하는 **저녁**을 뜻함

훈 저녁
음 석

夕陽(석양) 夕潮(석조) 秋夕(추석) 七夕(칠석)
一朝一夕(일조일석) 夕刊新聞(석간신문)

夕陽(석양) : 저녁때의 햇빛
夕潮(석조) : 저녁때 밀려왔다 나가는 바닷물

884 石 총5획 6급

石

돌의 모양을 본뜬 글자

훈 돌
음 석

石油(석유) 石窟庵(석굴암) 石炭(석탄) 礎石(초석)
一石二鳥(일석이조)450 他山之石(타산지석)574

石油(석유) : 땅에서 나 연료로 쓰는 천연 기름
石窟庵(석굴암) : 경주 토함산에 있는 석굴 사원

885 日 총8획 3급

昔

스무(廿) 번 해(日)가 뜨고 지며 쌓여가는 **옛날**

훈 예
음 석

昔日(석일) 昔年(석년) 昔人(석인)
今昔之感(금석지감)96

昔日(석일) : 옛날
昔人(석인) : 죽은 사람

886 木 총8획 3급

析

나무(木)를 도끼(斤)로 **쪼갬**

훈 쪼갤
음 석

分析(분석) 析出(석출)
解析學(해석학) 分析的(분석적)

分析(분석) : 어떤 것의 특성을 풀어서 나눔
析出(석출) : 분석하여 냄

887 巾 총10획 6급

席

집(广) 마당에 스무(廿) 명이 천(巾)을 깔아 놓고 **자리**를 마련하여 앉음

훈 자리
음 석

席次(석차) 座席(좌석) 出席(출석) 參席(참석)
立席(입석) 病席(병석) 坐不安席(좌불안석)515

席次(석차) : 자리나 성적의 차례
座席(좌석) : 앉을 자리

888 忄(心) 총11획 3급Ⅱ

惜

마음(忄)속으로 예전(昔)부터 써오던 물건을 **아낌**

훈 아낄
음 석

惜敗(석패) 惜別(석별) 哀惜(애석)
買占賣惜(매점매석)

惜敗(석패) : 경기에서 아깝게 패함
惜別(석별) : 애틋한 이별

889 石 총14획 2급

碩

돌(石)처럼 머리(頁)가 **큼**

훈 클
음 석

碩學(석학) 碩士學位(석사학위) 碩座敎授(석좌교수)
碩士(석사)

碩學(석학) : 학식이 깊은 사람
碩士(석사) : 벼슬이 없는 선비를 이르던 말

890 釆 총20획 3급Ⅱ

釋

분별 된(釆) 그물망(罒)을 정리한 후 다행(幸)이란 생각에 마음이 **풀어짐**

훈 풀
음 석

註釋(주석) 解釋(해석) 稀釋(희석) 假釋放(가석방)
保釋金(보석금)

註釋(주석) : 낱말을 쉽게 풀이한 글
解釋(해석) : 글이나 사물의 내용을 파악하고 이해함

891 仙

亻(人)　총5획　5급Ⅱ

속세와 연을 끊고 사람(亻)이 산(山)으로 들어가니 신선이 됨

훈 신선
음 선

神仙(신선) 仙境(선경) 仙女(선녀) 仙家(선가)
仙人掌(선인장) 鳳仙花(봉선화) 神仙圖(신선도)

神仙(신선) : 현실 세계를 떠나 자연과 어울려 사는 상상속의 사람
仙境(선경) : 경치가 신비로움

892 先

儿　총6획　8급

긴 끈(丿)으로 흙(土) 위에 표시하며 **먼저** 걸어감(儿)

훈 먼저
음 선

先生(선생) 先親(선친) 先輩(선배) 先納(선납)
先見之明(선견지명)301 先後(선후) 先驅者(선구자)

先生(선생) : 학생을 가르치는 사람
先親(선친) : 돌아가신 자기 아버지를 이르는 말

893 宣

宀　총9획　4급

그 집(宀)에 사는 한(一) 사람은 날(日)마다 한(一) 가지씩 **베풂**

훈 베풀
음 선

宣言(선언) 宣誓(선서) 宣告(선고) 宣教師(선교사)
宣言文(선언문) 宣戰布告(선전포고)

宣言(선언) : 자기의 주장이나 방침을 외부에 표명함
宣告(선고) : 선언하여 널리 알림

894 旋

方　총11획　3급Ⅱ

눈이 내리니 사방(方)에서 사람(人)들이 발(疋)자국을 남기며 **돌아다님**

훈 돌
음 선

旋盤(선반) 螺旋形(나선형) 旋風的(선풍적)
急旋回(급선회) 旋律(선율) 斡旋收賂(알선수뢰)

旋律(선율) : 가락
旋風的(선풍적) : 갑자기 생겨 사회적으로 큰 영향을 미치는 것

895 船

舟　총11획　5급

배(舟)에 책상(几)을 싣고 운송하는 일로 식구(口)들이 먹고 산다.

훈 배
음 선

船長(선장) 船員(선원) 船舶(선박) 船積(선적)
艦船(함선) 油槽船(유조선) 造船所(조선소)

船舶(선박) : 배
船長(선장) : 배에서 여러 가지를 지휘하는 우두머리

896 善

口　총12획　5급

선행의 대가로 양(羊) 여덟(八) 마리를 한(一) 번에 받아 입(口)을 다물지 못함

훈 착할
음 선:

善惡(선악) 眞善美(진선미) 善良(선량) 善處(선처)
勸善懲惡(권선징악)88 善男善女(선남선녀)

善惡(선악) : 착함과 악함
善良(선량) : 행실이 착하고 어짊

897 選

辶(辵)　총16획　5급

갈(辶) 때 부드러운(巽) 것만 **가려서** 가져감

훈 가릴
음 선:

選擇(선택) 選別(선별) 選定(선정) 當選(당선)
公明選擧(공명선거) 運動選手(운동선수)

選擇(선택) : 여럿 가운데 골라서 뽑음
選別(선별) : 가려서 따로 나눔

898 線

糸　총15획　6급

실(糸)을 샘물(泉)에 씻어 엮은 후 **줄**을 만듦

훈 줄
음 선

電線(전선) 光線(광선) 線路(선로) 直線(직선)
無線電話(무선전화) 黃金路線(황금노선)

電線(전선) : 전류가 흐르도록 한 선
光線(광선) : 빛의 줄기

899 禪

示　총17획　3급Ⅱ

신(示)에게 정성(單)을 다해 **봉선함**

훈 봉선
음 선

禪寺(선사) 禪房(선방) 禪讓(선양) 禪宗(선종)
參禪(참선) 坐禪(좌선)

禪寺(선사) : 선종의 절
禪讓(선양) : 임금의 자리를 물려줌

900 鮮

魚　총17획　5급Ⅱ

물고기(魚)의 질감이 양고기(羊)보다 부드럽고 **곱다.**

훈 고울
음 선

生鮮(생선) 新鮮(신선) 鮮明(선명) 鮮血(선혈)
古朝鮮(고조선) 朝鮮王朝(조선왕조)

生鮮(생선) : 물에서 잡은 고기
新鮮(신선) : 새로움

901 糸 총18획 2급

繕

훈 기울
음 선:

실(糸)을 가지고 옷을 좋게(善) 고쳐 입으려 찢어진 곳을 기움

修繕(수선) 營繕(영선) 補繕(보선)

修繕(수선) : 낡은 것을 고침
營繕(영선) : 건축물 따위를 새로 고쳐 지음

902 舌 총6획 4급

舌

훈 혀
음 설

천(千) 가지 말을 하는 입(口)속의 혀

毒舌(독설) 舌戰(설전) 舌端音(설단음)
口舌數(구설수) 長廣舌(장광설)

毒舌(독설) : 남을 비방하는 독한 말
舌戰(설전) : 말로 하는 싸움

903 雨 총11획 6급Ⅱ

雪

훈 눈
음 설

비(雨)가 얼어 내리는 눈을 손(彐)으로 뭉쳐서 가지고 놈

雪景(설경) 雪嶽山(설악산) 雪峯(설봉)
嚴冬雪寒(엄동설한) 暴雪(폭설) 白雪公主(백설공주)

雪景(설경) : 눈이 내리거나 쌓여 있는 경치
雪峯(설봉) : 눈 덮인 산봉우리

904 言 총11획 4급Ⅱ

設

훈 베풀
음 설

말(言)로 몽둥이(殳) 든 사람을 설득하고 동정을 베풂

設立(설립) 設計(설계) 設備(설비) 建設(건설)
假設(가설) 施設(시설) 設問調査(설문조사)

設立(설립) : 기관이나 조직을 만들어 세움
設計(설계) : 계획을 세움

905 言 총14획 5급Ⅱ

說

훈 1)말씀
2)달랠
3)기쁠
음 1)설 2)세
3)열

말(言)로 달래 기쁘게(兌) 함

說明(설명) 說得力(설득력) 誘說(유세) 說樂(열락)
甘言利說(감언이설)[9] 說往說來(설왕설래)[303]

說明(설명) : 어떤 것을 잘 이해하도록 얘기 함
誘說(유세) : 달콤한 말로 꾐

906 糸 총23획 2급

纖

훈 가늘
음 섬

두 사람(人人)이 칼(戈)을 들고 부추(韭)를 실(糸)처럼 가늘게 썲

纖維(섬유) 纖細(섬세) 合纖(합섬)
纖纖玉手(섬섬옥수) 合成纖維(합성섬유)

纖維(섬유) : 생물체를 이루는 가늘고 긴 모양의 물질
纖細(섬세) : 곱고 가늚

907 氵(水) 총10획 3급

涉

훈 건널
음 섭

물(氵)은 걸어서(步) 건너기 힘듦

干涉(간섭) 涉外(섭외) 涉獵(섭렵)
幕後交涉(막후교섭) 交涉團體(교섭단체)

干涉(간섭) : 남의 일에 참견함
涉外(섭외) : 연락을 취해 의논함

908 扌(手) 총21획 3급

攝

훈 다스릴
잡을
음 섭

내 말에 귀(耳) 기울이는 사람을 손(扌)으로 다 잡아 봄

包攝(포섭) 攝取(섭취) 攝政(섭정) 攝生(섭생)
攝氏(섭씨)

包攝(포섭) : 상대를 잡아 끌어들임
攝取(섭취) : 양분 따위를 몸으로 빨아들임

909 戈 총7획 6급Ⅱ

成

훈 이룰
음 성

도구(戊)를 사용하여 물건을 만들어(丁) 완성함

成人(성인) 成熟(성숙) 成就(성취) 贊成(찬성)
人材育成(인재육성) 大器晚成(대기만성)[143]

成人(성인) : 자라서 어른이 된 사람
成熟(성숙) : 자라서 어른스러워짐

910 忄(心) 총8획 5급Ⅱ

性

훈 성품
음 성:

나면서(生)부터 타고난 마음(忄)이 성품

性格(성격) 性質(성질) 性別(성별) 人性(인성)
個性(개성) 習性(습성) 適性檢査(적성검사)

性格(성격) : 개인이 가진 고유한 성질
性質(성질) : 사물이 가진 고유한 특성

911 姓 | 女 | 총8획 | 7급Ⅱ

여자(女)가 낳은(生) 아이들은 다 **성**이 있음

훈 성씨
음 성:

姓名(성명) 姓銜(성함) 姓氏(성씨) 百姓(백성)
通姓名(통성명) 同姓同本(동성동본)

姓名(성명) : 성과 이름
姓銜(성함) : 성명의 높임말

912 省 | 目 | 총9획 | 6급Ⅱ

약간(少)이라도 모자랄까 봐 눈(目)으로 계속 **살펴** 봄

훈 1)살필
　 2)덜
음 1)성 2)생

省墓(성묘) 省察(성찰) 反省(반성) 歸省(귀성)
人事不省(인사불성) 省略(생략) 國防省(국방성)

省墓(성묘) : 조상의 묘를 찾아가 손질함
省察(성찰) : 자기의 마음을 살핌

913 星 | 日 | 총9획 | 4급Ⅱ

해(日)처럼 빛을 내는(生) **별**

훈 별
음 성

星雲(성운) 星座(성좌) 流星(유성) 金星(금성)
人工衛星(인공위성) 恒星(항성) 瞻星臺(첨성대)

星雲(성운) : 구름 모양으로 보이는 천체
星座(성좌) : 별자리

914 城 | 土 | 총10획 | 4급Ⅱ

흙(土)으로 만든 돌을 쌓아 완성한(成) 것이 **성**

훈 성
음 성

城郭(성곽) 城壁(성벽) 漢城(한성) 皇城(황성)
南漢山城(남한산성) 萬里長城(만리장성)

城郭(성곽) : 내성과 외성을 통틀어 이르는 말
城壁(성벽) : 성곽의 벽

915 盛 | 皿 | 총12획 | 4급Ⅱ

완성한(成) 음식을 그릇(皿)에 담고 **성대하게 잔치**를 벌임

훈 성할
음 성:

盛大(성대) 盛況(성황) 盛行(성행) 繁盛(번성)
盛需期(성수기) 強盛(강성) 全盛時代(전성시대)

盛大(성대) : 규모가 풍성하고 큼
盛況(성황) : 사람이 많아 활기찬 분위기

916 聖 | 耳 | 총13획 | 4급Ⅱ

귀(耳) 기울여 듣고 해결책을 다 내어주는(呈) 사람이 **성인**

훈 성인
음 성:

聖經(성경) 聖堂(성당) 聖君(성군) 聖賢(성현)
聖人君子(성인군자) 太平聖代(태평성대)579

聖經(성경) : 종교에서 신앙의 최고 법전이 되는 책
聖堂(성당) : 천주교의 종교의식이 행해지는 곳

917 誠 | 言 | 총14획 | 4급Ⅱ

말(言)한 것이 다 이뤄지게(成) 해달라고 **정성껏** 기도함

훈 정성
음 성

誠心(성심) 誠實(성실) 誠金(성금) 孝誠(효성)
忠誠(충성) 精誠(정성) 至誠感天(지성감천)529

誠心(성심) : 정성스러운 마음
誠實(성실) : 정성스럽고 참됨

918 聲 | 耳 | 총17획 | 4급Ⅱ

악기(声)를 채(殳)로 두드리는 소리를 귀(耳)로 들음

훈 소리
음 성

聲優(성우) 聲帶(성대) 聲量(성량) 音聲(음성)
發聲(발성) 銃聲(총성) 聲樂家(성악가)

聲優(성우) : 목소리로 연기하는 배우
聲帶(성대) : 후두의 중앙부에 있는 소리를 내는 기관

919 世 | 一 | 총5획 | 7급Ⅱ

십(十)자 세 개를 이어 30년을 뜻하고 이것이 곧 한 **세대**를 이른다는 뜻의 글자

훈 인간
음 세:

世習(세습) 一世紀(일세기) 世界(세계)
世代交替(세대교체) 出世(출세) 世上萬事(세상만사)

世習(세습) : 세상의 풍습
世界(세계) : 인류 사회

920 洗 | 氵(水) | 총9획 | 5급Ⅱ

물(氵)로 먼저(先) **씻음**

훈 씻을
음 세:

洗手(세수) 洗面(세면) 洗滌(세척) 洗禮(세례)
洗腦(세뇌) 洗車(세차) 洗濯機(세탁기)

洗手(세수) : 손이나 얼굴을 씻음
洗面(세면) : 얼굴을 씻음

921 糸 총11획 4급Ⅱ

細

실(糸)처럼 **가는** 풀이 밭(田)을 덮고 있음

細

훈 가늘
음 세 :

細胞(세포) 細菌(세균) 詳細(상세) 明細書(명세서)
零細民(영세민) 毛細血管(모세혈관)

細胞(세포) : 생물체를 이루는 기본 단위
詳細(상세) : 낱낱이 자세함

---

922 禾 총12획 4급Ⅱ

稅

벼(禾)를 돈으로 바꿔(兌) 세금을 냄

稅

훈 세금
음 세 :

稅金(세금) 稅務署(세무서) 相續稅(상속세)
讓渡稅(양도세) 稅率(세율) 納稅義務(납세의무)

稅金(세금) : 국가 등이 필요한 일에 쓰기 위해 국민에게 거둬들이는 돈
稅務署(세무서) : 국세청 산하에서 관련 사무를 맡아 보는 기관

---

923 止 총13획 5급Ⅱ

歲

개 술(戌)과 걸음 보(步)를 합해 한 **해**

歲

훈 해
음 세 :

歲月(세월) 虛送歲月(허송세월) 歲拜(세배)
歲入歲出(세입세출) 歲寒三友(세한삼우)305

歲月(세월) : 흘러가는 시간
歲拜(세배) : 웃어른께 인사하며 드리는 절

---

924 力 총13획 4급Ⅱ

勢

땅(土土)위에 여덟(八) 명이 둥글게(丸) 서서 힘(力)을 모으니 **형세**가 커 보임

勢

훈 형세
음 세 :

勢力(세력) 形勢(형세) 大勢(대세) 氣勢(기세)
強勢(강세) 實勢(실세) 勢道家(세도가)

勢力(세력) : 권력의 힘
大勢(대세) : 큰 권세

---

925 貝 총12획 2급

貰

그는 평생(貰)을 세놓고 받은 돈(貝)으로 생계를 꾸려왔음

貰

훈 세놓을
음 세 :

貰房(세방) 房貰(방세) 傳貰(전세) 月貰(월세)
朔月貰(삭월세)

貰房(세방) : 세를 내고 빌리는 방
傳貰(전세) : 토지나 건물 등을 일정한 금액을 맡기고 빌려 씀

---

926 小 총3획 8급

小

작은 낟알의 모양을 본뜬 글자

小

훈 작을
음 소 :

小說(소설) 小規模(소규모) 小隊長(소대장)
小賣商(소매상) 小便(소변) 中小企業(중소기업)

小說(소설) : 허구를 바탕으로 이야기를 쓰는 문학
小規模(소규모) : 규모가 작음

---

927 小 총4획 7급

少

작은(小) 물건이 떨어져(丿) 나가는 것을 본뜬 글자

少

훈 적을
음 소 :

少年(소년) 少額(소액) 多少(다소) 僅少(근소)
稀少價値(희소가치) 男女老少(남녀노소)

少年(소년) : 아직 성숙하지 않은 남자아이
少額(소액) : 적은 액수

---

928 口 총5획 3급

召

칼(刀)집의 입구(口)가 부서져 대장장이를 불러 고침

召

훈 부를
음 소

召命(소명) 召集(소집) 召還(소환)
召集令狀(소집영장) 召命意識(소명의식)

召命(소명) : 임금이 신하를 부르는 명령
召集(소집) : 불러서 모음

---

929 戶 총8획 7급

所

집(戶)에 도끼(斤)를 보관해 두는 곳이 창고

所

훈 바
음 소 :

所望(소망) 所感(소감) 場所(장소) 住所(주소)
不勞所得(불로소득) 所在(소재) 所有權(소유권)

所望(소망) : 바라는 것
所感(소감) : 마음에 느끼는 바

---

930 日 총9획 3급

昭

햇빛(日)이 너무 **밝아** 사람을 불러서(召) 다른 곳으로 옮김

昭

훈 밝을
음 소

昭詳(소상) 昭明(소명)

昭詳(소상) : 분명하고 자세함
昭明(소명) : 사리를 밝게 분간함

931 素 糸 총10획 4급Ⅱ

빨아 널어 드리운(垂) 실(糸)이 깨끗하고 **희다.**

- 훈 1)본디 2)흴
- 음 소(:)

素質(소질) 素朴(소박) 素養(소양) 素服(소복)
儉素(검소) 要素(요소) 活力素(활력소)

素質(소질) : 타고난 재능
素朴(소박) : 꾸밈없이 수수함

932 笑 竹 총10획 4급Ⅱ

대나무(竹) 흔들리는 소리처럼 들리는 젊은이(夭)의 웃음소리

- 훈 웃을
- 음 소:

笑談(소담) 爆笑(폭소) 微笑(미소) 苦笑(고소)
拍掌大笑(박장대소)208 破顔大笑(파안대소)585

笑談(소담) : 우스운 이야기
爆笑(폭소) : 갑자기 터져 나오는 웃음

933 消 氵(水) 총10획 6급Ⅱ

물(氵)이 마르듯 기운이 쇠약해져(肖) **사라짐**

- 훈 사라질
- 음 소

消滅(소멸) 消毒(소독) 消耗(소모) 解消(해소)
消防署(소방서) 抹消(말소) 消化劑(소화제)

消滅(소멸) : 사라져 없어짐
消毒(소독) : 예방을 위해 균 따위를 죽임

934 掃 扌(手) 총11획 4급Ⅱ

손(扌)에 비(帚)를 들고 마당을 **쓸다.**

- 훈 쓸
- 음 소(:)

掃除(소제) 掃地(소지) 掃射(소사) 掃蕩(소탕)
清掃夫(청소부) 一掃(일소) 機銃掃射(기총소사)

掃除(소제) : 청소
掃地(소지) : 땅을 쓺

935 紹 糸 총11획 2급

실(糸)을 가진 사람을 불러(召) 물건을 이어서 묶음

- 훈 이을
- 음 소

紹介(소개) 紹介狀(소개장)
職業紹介所(직업소개소)

紹介(소개) : 잘 모르는 것을 설명해 알려줌
紹介狀(소개장) : 사람을 소개하는 내용을 담은 문서

936 疏 疋 총12획 3급Ⅱ

발(疋)부터 머리(亠)까지 내(厶)몸에 물(川) 같은 피가 혈관을 **통해** 흐름

- 훈 소통할
- 음 소

疏忽(소홀) 疏脫(소탈) 疏決(소결) 上疏文(상소문)
疏外感(소외감)

疏忽(소홀) : 대수롭지 않게 여김
疏脫(소탈) : 형식에 매이지 않고 털털함

937 訴 言 총12획 3급Ⅱ

말(言)로 어려움을 물리치기(斥) 위해 사람들에게 **호소함**

- 훈 호소할
- 음 소

訴訟(소송) 上訴(상소) 告訴(고소) 抗訴(항소)
被訴(피소) 提訴(제소) 呼訴文(호소문)

訴訟(소송) : 법률관계를 확인하기 위해 법원에 제기하는 절차
上訴(상소) : 판결에 불복하여 상급 법원에 재심을 요구하는 일

938 蔬 ++(艸) 총15획 3급

풀(++)과 채소(疏)를 조리한 것이 **나물**

- 훈 나물
- 음 소

菜蔬(채소) 蔬飯(소반)

菜蔬(채소) : 밭에서 기르는 농작물
蔬飯(소반) : 변변치 않은 음식

939 燒 火 총16획 3급Ⅱ

불(火)을 태워 생긴 연기가 멀리서도(堯) 보임

- 훈 사를
- 음 소(:)

燒火(소화) 燒却(소각) 燒酒(소주) 燃燒(연소)
全燒(전소)

燒火(소화) : 불에 태움
燒却(소각) : 불에 태워 없애 버림

940 蘇 ++(艸) 총20획 3급Ⅱ

풀(++)과 물고기(魚)와 쌀(禾)은 수확해도 **다시 자람**

- 훈 소생할
- 음 소

蘇聯(소련) 蘇生(소생) 蘇鐵(소철) 美蘇(미소)

蘇生(소생) : 다시 살아남

941 馬 총20획 3급

騷

騷

말(馬)이 벼룩(蚤)에 물려 긁어대니 마구간이 **떠들썩함**

훈 떠들
음 소

騷音(소음) 騷亂(소란) 騷動(소동)
騷擾事態(소요사태) 騷音公害(소음공해)

騷音(소음) : 시끄러운 소리
騷亂(소란) : 시끄럽고 어수선함

---

942 木 총7획 5급Ⅱ

束

束

입구(口)에 있는 나무(木)에 줄을 **묶어** 표시를 해둠

훈 묶을
음 속

約束(약속) 拘束(구속) 結束(결속) 束縛(속박)
束手無策(속수무책)309 飮酒團束(음주단속)

約束(약속) : 다른 사람과 앞으로의 일을 미리 정함
拘束(구속) : 자유를 속박함

---

943 亻(人) 총9획 4급Ⅱ

俗

俗

사람(亻)들은 골짜기(谷)를 경계로 자기들만의 **풍속**을 지켜나감

훈 풍속
음 속

風俗(풍속) 世俗(세속) 俗物(속물) 俗稱(속칭)
巫俗信仰(무속신앙) 低俗(저속) 民俗村(민속촌)

風俗(풍속) : 예부터 전해오는 사회의 문화나 습관
世俗(세속) : 세상의 일반적인 풍속

---

944 辶(辵) 총11획 6급

速

速

묶어(束) 놓은 짐을 들고 **빠르게** 뛰어 감(辶)

훈 빠를
음 속

速力(속력) 速記(속기) 迅速(신속) 初速(초속)
強速球(강속구) 減速(감속) 光速度(광속도)

速力(속력) : 속도의 크기
速記(속기) : 빠르게 기록함

---

945 米 총12획 3급

粟

粟

서(覀)쪽에서 잘 자라는 곡식(米)이 조

훈 조
음 속

粟米(속미) 粟田(속전) 粟飯(속반) 粟粒(속립)
滄海一粟(창해일속)536

粟米(속미) : 좁쌀
粟田(속전) : 조밭

---

946 尸 총21획 4급

屬

屬

물(水)을 피하기 위해 벌레(蜀)가 시체(尸)처럼 꼼짝 않고 **붙어** 있음

훈 붙일
음 속

重金屬(중금속) 附屬品(부속품) 歸屬(귀속)
直系尊屬(직계존속) 從屬關係(종속관계)

歸屬(귀속) : 특정한 단체나 개인에게 권리 등이 따라 붙음
重金屬(중금속) : 비중이 4 이상인 금속을 통틀어 이르는 말

---

947 糸 총21획 4급Ⅱ

續

續

실(糸)을 만들어 팔며(賣) 생계를 **이어감**

훈 이을
음 속

繼續(계속) 連續(연속) 相續(상속) 接續(접속)
勤續(근속) 持續(지속) 存續(존속) 續編(속편)

繼續(계속) : 끊어지지 않고 이어 감
連續(연속) : 끊어지지 않고 지속됨

---

948 子 총10획 6급

孫

孫

자손(子)이 이어져(系) 손자가 태어남

훈 손자
음 손(:)

後孫(후손) 孫悟空(손오공) 孫女(손녀)
子孫萬代(자손만대) 王孫(왕손) 孫子兵法(손자병법)

後孫(후손) : 자신의 세대 뒤에 이어져 태어난 자손들
孫悟空(손오공) : 중국 소설 서유기의 주인공 원숭이

---

949 扌(手) 총13획 4급

損

損

손(扌)으로 모인 인원(員)을 센 후 음식을 **덜어** 줌

훈 덜
음 손:

損傷(손상) 損失(손실) 破損(파손) 毀損(훼손)
損害保險(손해보험) 損益分岐點(손익분기점)

破損(파손) : 깨어져 못쓰게 됨
毀損(훼손) : 명예 따위를 손상시킴

---

950 木 총8획 4급

松

松

나무(木)가 널리(公) 퍼져 잘 자라는 것이 **소나무**

훈 소나무
음 송

松津(송진) 松蟲(송충) 松柏(송백) 松林(송림)
松竹(송죽) 老松(노송) 落落長松(낙락장송)110

松津(송진) : 소나무에서 나오는 끈적끈적한 액체
松蟲(송충) : 솔잎을 먹고 사는 벌레

---

951 辶(辵) 총10획 — 4급Ⅱ

送

들고 가던(辶) 여덟(八) 마리의 새를 하늘(天)로 날려 보냄

送

훈 보낼
음 송:

送年(송년) 放送局(방송국) 發送(발송) 配送(배송)
公示送達(공시송달) 送舊迎新(송구영신)310

送年(송년) : 한 해를 보냄
放送局(방송국) : 텔레비전이나 라디오 등의 매체에 방송을 내보내는 곳

952 言 총11획 — 3급Ⅱ

訟

말(言)로 공평하게(公) 옳고 그름을 따지는 것이 송사

訟

훈 송사할
음 송:

訟事(송사) 民事訴訟(민사소송) 訴訟(소송)
刑事訴訟(형사소송)

訟事(송사) : 법률관계를 확인하기 위해 법원에 제기하는 절차

953 頁 총13획 — 4급

頌

공적(公)을 세운 사람에게 머리(頁)를 기울여 칭송함

頌

훈 기릴
음 송:

稱頌(칭송) 頌辭(송사) 頌祝(송축) 讚頌歌(찬송가)
頌德碑(송덕비)

稱頌(칭송) : 칭찬하며 일컬음
頌辭(송사) : 칭송하는 말

954 言 총14획 — 3급

誦

중요한 것을 말(言)로 중얼거리며 길(甬)을 걸어가면서도 욈

誦

훈 욀
음 송:

誦讀(송독) 朗誦(낭송) 暗誦(암송) 愛誦(애송)

誦讀(송독) : 외워서 글을 읽음
朗誦(낭송) : 큰 소리로 글을 읽거나 외움

955 刂(刀) 총8획 — 3급Ⅱ

刷

집(尸) 밑에서 수건(巾)으로 칼(刂)과 도구를 닦아 인쇄할 준비를 함

刷

훈 인쇄할
음 쇄:

印刷(인쇄) 縮刷(축쇄) 刷新(쇄신) 印刷所(인쇄소)
印刷機(인쇄기)

印刷(인쇄) : 판면에 있는 그림이나 글 등을 종이 따위에 찍어 냄
縮刷(축쇄) : 원형에서 크기를 줄여 인쇄함

956 金 총18획 — 3급Ⅱ

鎖

같은 금속(金)이라도 작은(小) 패물(貝)이 쇠사슬보다 비쌈

鎖

훈 쇠사슬
음 쇄:

封鎖(봉쇄) 連鎖店(연쇄점)
閉鎖(폐쇄) 鎖國政策(쇄국정책) 連鎖反應(연쇄반응)

封鎖(봉쇄) : 굳게 막음
連鎖店(연쇄점) : 기관을 막아 기능을 정지함

957 衣 총10획 — 3급Ⅱ

衰

우비인 도롱이를 본뜬 글자

衰

훈 쇠할
음 쇠

衰退(쇠퇴) 衰弱(쇠약) 衰落(쇠락) 衰殘(쇠잔)
老衰(노쇠) 興亡盛衰(흥망성쇠)647

衰退(쇠퇴) : 기세가 쇠하여 물러남
衰弱(쇠약) : 기운이 쇠하고 약해짐

958 水 총4획 — 8급

水

흐르는 시냇물을 본뜬 글자

水

훈 물
음 수

水泳(수영) 冷水(냉수) 水曜日(수요일)
水道管(수도관) 輕水爐(경수로) 水彩畫(수채화)

水泳(수영) : 물속에서 헤엄침
冷水(냉수) : 차가운 물

959 手 총4획 — 7급Ⅱ

手

손가락을 펼친 모양을 본뜬 글자

手

훈 손
음 수(:)

手術(수술) 手話(수화) 手匣(수갑) 手巾(수건)
手數料(수수료) 手帖(수첩) 攻擊手(공격수)

手術(수술) : 의료 기구를 사용하여 환자의 병을 고치는 일
手話(수화) : 손짓과 몸짓을 이용하여 이야기를 나누는 것

960 囗 총5획 — 3급

囚

성(囗)에 사람(人)을 가둠

囚

훈 가둘
음 수

囚衣(수의) 囚禁(수금) 囚人(수인) 罪囚(죄수)
脫獄囚(탈옥수) 未決囚(미결수)

囚衣(수의) : 죄수복
囚禁(수금) : 죄인을 잡아 가둠

961 ㄱ 宀 총6획 4급Ⅱ

守

집(宀)안을 잘 **지키려면** 구석구석 손(寸)이 감

훈 지킬
음 수

守衛(수위) 遵守(준수) 固守(고수) 嚴守(엄수)
守備隊(수비대) 守護神(수호신) 保守派(보수파)

守衛(수위) : 지키어 호위함
遵守(준수) : 명령이나 규칙 등을 지키며 따름

962 攵(攴) 총6획 4급Ⅱ

收

목재를 구하기 위해 나무 조각(片)을 쳐(攵) 큰 것만 **거둬들임**

훈 거둘
음 수

收穫(수확) 收入(수입) 押收(압수) 沒收(몰수)
還收(환수) 領收證(영수증) 收益金(수익금)

收穫(수확) : 어떤 일을 하여 성과를 얻음
收入(수입) : 거둬들인 돈이나 물건

963 禾 총7획 4급

秀

이번에 수확한 벼(禾) 중에 네(乃) 것이 가장 **빼어남**

훈 빼어날
음 수

優秀(우수) 俊秀(준수) 閨秀(규수) 秀才(수재)
麥秀之嘆(맥수지탄)177 秀麗(수려) 最優秀(최우수)

優秀(우수) : 여럿 가운데 뛰어남
俊秀(준수) : 재주나 지혜가 빼어남

964 又 총8획 4급Ⅱ

受

손(爪)으로 덮어(冖) 쌓아둔 물건을 또(又) **받음**

훈 받을
음 수

受領(수령) 受給(수급) 受驗生(수험생)
感受性(감수성) 引受人(인수인) 受動態(수동태)

受領(수령) : 돈이나 물건을 받음
受給(수급) : 급여 따위를 받음

965 土 총8획 3급Ⅱ

垂

흙(土) 위에 꽃이나 잎이 **드리운** 모양을 본뜬 글자

훈 드리울
음 수

懸垂幕(현수막) 率先垂範(솔선수범) 垂直線(수직선)
垂簾聽政(수렴청정) 腦下垂體(뇌하수체)

懸垂幕(현수막) : 그림이나 글을 적어 드리운 막

966 首 총9획 5급Ⅱ

首

사람의 **머리** 앞모양을 본뜬 글자

훈 머리
음 수

首席(수석) 首相(수상) 首肯(수긍) 首都圈(수도권)
首腦部(수뇌부)

首席(수석) : 등급이나 직위의 맨 윗자리
首相(수상) : 내각의 우두머리

967 巾 총9획 3급Ⅱ

帥

허리에 수건(巾)을 드리운 **장수**

훈 장수
음 수

將帥(장수) 元帥(원수) 總帥(총수)
財閥總帥(재벌총수) 統帥權(통수권)

將帥(장수) : 군사를 거느리는 사람
總帥(총수) : 어떤 집단의 우두머리

968 亻(人) 총10획 4급Ⅱ

修

도를 **닦기** 위한 장소(攸)를 머리카락(彡) 하나 없이 청소함

훈 닦을
음 수

修養(수양) 修練(수련) 研修(연수) 修道僧(수도승)
修飾語(수식어) 修身齊家(수신제가)

修養(수양) : 몸과 마음을 갈고 닦음
修練(수련) : 몸과 마음을 닦고 단련함

969 歹 총10획 3급Ⅱ

殊

죽을(歹) 만큼 힘들어 얼굴도 벌겋게(朱) 되고 마음도 **달라짐**

훈 다를
음 수

殊勳(수훈) 特殊性(특수성)
特殊部隊(특수부대)

殊勳(수훈) : 뛰어난 공로
特殊性(특수성) : 보편적이지 않은 특성

970 扌(手) 총11획 4급Ⅱ

授

손(扌)으로 받은(受) 것을 다시 내어 **줌**

훈 줄
음 수

授受(수수) 授賞(수상) 授業(수업) 授乳(수유)
傳授(전수) 敎授(교수) 授與式(수여식)

授受(수수) : 주고받음
授賞(수상) : 상을 줌

971

才(手)　총13획　**3급**

搜

손(才)에 송곳(丨)같이 긴 나무를 쥐고 절구(臼) 속에 물건을 또(又) **찾음**

훈 찾을
음 수

搜査(수사) 搜所聞(수소문) 搜査網(수사망)
搜索隊(수색대) 搜索(수색) 搜索令狀(수색영장)

搜査(수사) : 찾아서 조사함
搜所聞(수소문) : 떠도는 소문을 찾아 살핌

972

頁　총12획　**3급**

須

머리(頁)에 난 터럭(彡)은 **모름지기** 잘 다듬어야 함

훈 모름지기
음 수

必須(필수) 必須科目(필수과목)

必須(필수) : 꼭 있어야 함

973

辶(辵)　총13획　**3급**

遂

걸어서(辶) 여덟(八) 마리의 돼지(豕)를 끌고 드**디어** 마을에 도착함

훈 이룰
음 수

完遂(완수) 未遂犯(미수범)
遂行(수행) 職務遂行(직무수행) 殺人未遂(살인미수)

完遂(완수) : 임무 등을 다 해냄
未遂犯(미수범) : 범죄를 저지르려다 실행하지 못한 범죄나 그 사람

974

心　총13획　**3급Ⅱ**

愁

수확한 벼(禾)가 불(火)에 타 마음(心)에 근심이 가득함

훈 근심
음 수

愁心(수심) 愁苦(수고) 鄕愁(향수) 憂愁(우수)
哀愁(애수) 鄕愁病(향수병)

愁心(수심) : 근심하고 있는 마음
愁苦(수고) : 애를 쓰며 일을 함

975

目　총13획　**3급**

睡

눈(目)꺼풀이 늘어지니(垂) **졸음**이 옴

훈 졸음
음 수

睡眠(수면) 午睡(오수) 睡蓮(수련)
昏睡狀態(혼수상태)

睡眠(수면) : 잠을 잠
午睡(오수) : 낮잠

976

雨　총14획　**3급Ⅱ**

需

비(雨)가 며칠을 이어서(而) 오니 **쓸** 물건이 다 떨어짐

훈 쓰일
음 수

需要(수요) 盛需期(성수기) 需給(수급)
婚需用品(혼수용품) 內需(내수) 軍需物資(군수물자)

需要(수요) : 어떤 물건을 사려고 하는 욕구
盛需期(성수기) : 수요가 많은 시기

977

士　총14획　**3급Ⅱ**

壽

목숨이 위태로운 선비(士) 하나(一)와 장인(工) 하나(一)가 겨우 입(口)을 열어 한마디(寸)를 남김

훈 목숨
음 수

壽命(수명) 長壽(장수) 天壽(천수) 喜壽(희수)
十年減壽(십년감수)340 萬壽無疆(만수무강)

壽命(수명) : 생명이 사는 연한
長壽(장수) : 오래 삶

978

阝(阜)　총16획　**3급Ⅱ**

隨

떨어지지(隋) 않도록 앞사람을 잘 **따라** 감(辶)

훈 따를
음 수

隨時(수시) 隨行員(수행원)
隨伴(수반) 隨意契約(수의계약) 隨筆文學(수필문학)

隨時(수시) : 정해놓은 것 없이 그 때 그 때 상황에 따름
隨行員(수행원) : 따라다니며 신변을 보호하거나 도와주는 사람

979

言　총15획　**3급Ⅱ**

誰

누가 새(隹)를 잡았는지 말(言)하지 않음

훈 누구
음 수

誰何(수하) 誰怨誰咎(수원수구)320
誰知烏之雌雄(수지오지자웅)

誰何(수하) : 누구

980

攵(攴)　총15획　**7급Ⅱ**

數

끌어온(婁) 물건이 몇인지 쳐(攵)가며 **세어** 봄

훈 1)셈
　 2)자주
음 1)수 : 2)삭

數學(수학) 數量(수량) 算數(산수) 點數(점수)
個數(개수) 假分數(가분수) 數尿症(삭뇨증)

數學(수학) : 수량이나 공간의 성질을 배우는 학문
數量(수량) : 수효와 분량

981 木　총16획　6급

樹

나무(木) 열(十) 그루와 콩(豆)밭이 약간(寸) 있으니 먹고 살만 함

樹

훈 나무
음 수

樹林(수림) 樹種(수종) 街路樹(가로수)
月桂樹(월계수) 果樹園(과수원) 樹木園(수목원)

樹林(수림) : 나무숲
街路樹(가로수) : 길을 따라 심어 놓은 나무

---

982 車　총16획　3급Ⅱ

輸

수레(車)에 대답(兪)이 될 만한 물건을 실어 나름

輸

훈 나를
음 수

輸血(수혈) 輸出入(수출입) 運輸(운수)
密輸品(밀수품) 輸送(수송) 空輸部隊(공수부대)

輸血(수혈) : 치료 등을 목적으로 다른 사람의 피를 주입하는 것
運輸(운수) : 물건이나 사람을 싣거나 태워 나름

---

983 隹　총17획　3급

雖

비록(唯) 저 벌레(虫)가 작다 해도 함부로 밟아선 안 된다.

雖

훈 비록
음 수

雖然(수연) 雖日(수일)

雖然(수연) : 그렇지만

---

984 犬　총19획　3급Ⅱ

獸

서로 입(口口)을 벌려 으르렁 거리며 밭(田)에서 한(一) 입(口)에 물어뜯으려 노려보고 있는 짐승

獸

훈 짐승
음 수

猛獸(맹수) 野獸(야수) 禽獸(금수) 鳥獸(조수)
獸醫師(수의사) 人面獸心(인면수심)432

猛獸(맹수) : 사나운 짐승
野獸(야수) : 야생의 사나운 짐승

---

985 又　총8획　4급

叔

내 윗(上) 사람 중에 아버지보다 조금(小) 어린 사람이 또(又) 있어 아재비라 부름

叔

훈 아재비
음 숙

叔父(숙부) 叔母(숙모) 堂叔(당숙) 外叔(외숙)
外叔母(외숙모)

叔父(숙부) : 작은아버지
堂叔(당숙) : 아버지의 사촌 형제로 오촌이 되는 관계

---

986 宀　총11획　5급Ⅱ

宿

사람(亻)은 여러 번(百) 잔 집(宀)이 익숙함

宿

훈 1)잘
　 2)별자리
음 1)숙 2)수:

宿泊(숙박) 宿直(숙직) 露宿(노숙) 下宿(하숙)
宿食提供(숙식제공) 星宿(성수) 寄宿舍(기숙사)

宿泊(숙박) : 여관 등에서 자고 머무름
宿直(숙직) : 직장에서 밤에 잠을 자며 지키는 일

---

987 氵(水)　총11획　3급Ⅱ

淑

물(氵)처럼 아재비(叔)의 심성이 맑음

淑

훈 맑을
음 숙

淑女(숙녀) 淑妃(숙비) 貞淑(정숙) 私淑(사숙)
窈窕淑女(요조숙녀)394

淑女(숙녀) : 성인이 된 여자를 높여 이르는 말
貞淑(정숙) : 행실이 곧고 맑음

---

988 子　총11획　3급

孰

원하는 것을 다 누리고(享) 산 사람은 누구나 성격이 둥글둥글함(丸)

孰

훈 누구
음 숙

孰若(숙약) 孰誰(숙수)
孰是孰非(숙시숙비)

孰若(숙약) : 누구 편이

---

989 聿　총12획　4급

肅

붓(聿)으로 조각(片)에 글을 쓸 때는 엄숙한 분위기

肅

훈 엄숙할
음 숙

肅然(숙연) 肅淸(숙청) 肅黨(숙당) 肅拜(숙배)
嚴肅(엄숙) 靜肅(정숙) 自肅(자숙)

肅然(숙연) : 고요하고 엄숙함
肅淸(숙청) : 반대파를 처단하거나 제거함

---

990 灬(火)　총15획　3급Ⅱ

熟

누구나(孰) 불(灬)에 익은 음식을 좋아함

熟

훈 익을
음 숙

熟達(숙달) 熟知(숙지) 熟眠(숙면) 成熟(성숙)
熟練工(숙련공) 早熟(조숙) 深思熟考(심사숙고)339

熟達(숙달) : 익숙하게 통달함
熟知(숙지) : 익숙하게 앎

991 旬

日　총6획　3급Ⅱ

햇볕(日)에 **열흘** 간 말린 것을 싸(勹) 놓음

旬

훈 열흘
음 순

上旬(상순) 中旬(중순) 下旬(하순) 七旬(칠순)
漢城旬報(한성순보)

上旬(상순) : 초하루에서 초열흘까지
七旬(칠순) : 일흔 살

992 巡

巛　총7획　3급Ⅱ

물(川)이 흐르는 길을 따라 **돌아서** 걸어감(辶)

巡

훈 돌
음 순

巡察(순찰) 巡警(순경) 巡廻(순회) 巡訪(순방)
巡洋艦(순양함) 巡禮者(순례자)

巡察(순찰) : 돌아보며 살핌
巡警(순경) : 경찰 계급의 하나

993 盾

目　총9획　2급

투구의 차양이 눈(目)을 가려 보호하는 모양을 본뜬 글자

盾

훈 방패
음 순

矛盾(모순)

矛盾(모순) : 창과 방패. 어떤 사실의 앞뒤가 맞지 않음을 뜻함

994 殉

歹　총10획　3급

사람이 죽자(歹) 열흘(旬)간 장례를 지내고 **따라** 죽음

殉

훈 따라죽을
음 순

殉葬(순장) 殉職(순직) 殉敎(순교) 殉愛(순애)
殉國烈士(순국열사)

殉葬(순장) : 높은 사람이 죽었을 때 첩이나 종 등을 함께 묻은 일
殉職(순직) : 직무 중에 목숨을 잃음

995 純

糸　총10획　4급Ⅱ

실 뭉치(糸)처럼 둥근 언덕(屯) 아래 사는 사람은 **순수함**

純

훈 순수할
음 순

純粹(순수) 純潔(순결) 純情(순정) 純眞(순진)
純金(순금) 淸純(청순) 單純(단순)

純粹(순수) : 섞인 것 없이 깨끗한 상태
純潔(순결) : 더러움 없이 깨끗함

996 脣

月(肉)　총11획　3급

둥근 모양의 별(辰)자리가 몸(月)에 있는 **입술 모양**임

脣

훈 입술
음 순

脣音(순음) 脣齒(순치) 脣舌(순설)
丹脣皓齒(단순호치)139 脣亡齒寒(순망치한)324

脣音(순음) : 두 입술에서 나는 소리
脣齒(순치) : 입술과 치아를 함께 이르는 말

997 順

頁　총12획　5급Ⅱ

내(川)가 흐르듯 머리(頁)에서 생각이 **순하게 흐름**

順

훈 순할
음 순

順序(순서) 順從(순종) 順理(순리) 順應(순응)
順坦(순탄) 筆順(필순) 優先順位(우선순위)

順序(순서) : 일이 이루어지는 차례
順從(순종) : 순순히 따름

998 循

彳　총12획　3급

걸어가며(彳) 방패(盾)든 사람의 행동을 **좇아** 함

循

훈 좇을
음 순

循行(순행) 惡循環(악순환)
血液循環(혈액순환) 景氣循環(경기순환)

循行(순행) : 여러 곳을 돌아다님
惡循環(악순환) : 나쁜 현상이 되풀이됨

999 瞬

目　총17획　3급Ⅱ

무궁화(舜)가 눈(目)깜짝일 순간에 떨어져 버림

瞬

훈 눈깜짝일
음 순

瞬間(순간) 瞬息間(순식간)
一瞬間(일순간)

瞬間(순간) : 아주 짧은 동안
瞬息間(순식간) : 눈 한번 깜짝이거나 숨 한번 내쉴 만큼의 짧은 동안

1000 戌

戈　총6획　3급Ⅱ

나무가 무성한(戊) 숲에 가서 한(一) 그루를 베어다 개집을 만듦

戌

훈 개
음 술

戌時(술시) 戌日(술일) 戌年(술년)

戌時(술시) : 오후 7시부터 9시까지

1001　辶(辵)　총9획　　3급Ⅱ

述

가기(辶) 전에 차조(朮)로 밥을 **지어** 먹음

훈 지을
음 술

論述(논술)　記述(기술)　陳述(진술)　著述(저술)
略述(약술)　述語(술어)　口述試驗(구술시험)

論述(논술) : 의견이나 주장을 논리적으로 서술함
記述(기술) : 내용을 그대로 기록해 서술함

1002　行　총11획　　6급Ⅱ

術

차조(朮)를 잔뜩 들고 걸어가다(行) **재주**껏 팔아 넘김

훈 재주
음 술

術策(술책)　藝術(예술)　美術(미술)　魔術(마술)
醫術(의술)　武術(무술)　權謀術數(권모술수)[86]

術策(술책) : 일을 꾸미는 계책
藝術(예술) : 기예와 학술을 같이 이르는 말

1003　山　총11획　　4급

崇

산(山) 중에 있는 사당(宗)은 **높아서** 가기 힘들다.

훈 높을
음 숭

崇尙(숭상)　祖上崇拜(조상숭배)　崇高(숭고)
崇儒抑佛(숭유억불)

崇尙(숭상) : 높이고 소중하게 여김
崇高(숭고) : 높고 고상함

1004　扌(手)　총9획　　3급Ⅱ

拾

손(扌)을 모아(合) 물건을 **주움**

훈 1)주울
　 2)열
음 1)습 2)십

拾得(습득)　收拾(수습)　拾億(십억)

拾得(습득) : 주워서 얻음
收拾(수습) : 어수선한 상황을 거두어 정리함

1005　羽　총11획　　6급

習

새(羽)는 하얀(白) 날개를 펴서 나는 법을 **익힘**

훈 익힐
음 습

習慣(습관)　豫習(예습)　實習(실습)　演習(연습)
弊習(폐습)　見習工(견습공)　慣習法(관습법)

習慣(습관) : 어떤 행동을 되풀이하면서 익히게 됨
豫習(예습) : 배울 것을 미리 익힘

1006　氵(水)　총17획　　3급Ⅱ

濕

물(氵)에 **적신** 후 햇볕(日)에 말리려고 널어놓은 실(絲)

훈 젖을
음 습

濕氣(습기)　濕度(습도)　濕地(습지)　濕潤(습윤)
濕疹(습진)　高溫多濕(고온다습)

濕氣(습기) : 물에 젖은 듯한 기운
濕度(습도) : 수증기가 들어 있는 정도

1007　衣　총22획　　3급Ⅱ

襲

용(龍)무늬의 옷(衣)을 입은 사람을 보니 비범한 기운이 **엄습함**

훈 엄습할
음 습

掩襲(엄습)　強襲(강습)　逆襲(역습)　夜襲(야습)
世襲(세습)　奇襲攻擊(기습공격)

掩襲(엄습) : 분위기나 생각 따위가 갑자기 생겨남
強襲(강습) : 예상치 못할 때 강하게 공격함

1008　十　총4획　　2급

升

긴 끈(丿)처럼 잘 말려 놓은 풀(艹)을 한 **되**씩 들어 올림

훈 되
음 승

升鑑(승감)　斗升(두승)

升鑑(승감) : 편지 봉투에 받는 사람의 이름 밑에 쓰는 말
斗升(두승) : 사물을 헤아리는 기준

1009　手　총8획　　4급Ⅱ

承

두 손(廾)으로 **받들어** 올림

훈 이을
음 승

承繼(승계)　承諾(승낙)　承服(승복)　承認(승인)
傳承(전승)　繼承(계승)　起承轉結(기승전결)

繼承(계승) : (전통, 가통 따위 등을) 이어 나가는 것
承認(승인) : 바라는 바를 들어 줌

1010　日　총8획　　3급Ⅱ

昇

해(日)가 **떠오름**(升)

훈 오를
음 승

昇進(승진)　昇天(승천)　昇格(승격)　昇段(승단)
昇華(승화)　昇降機(승강기)　上昇勢(상승세)

昇進(승진) : 직위가 오르는 것
昇華(승화) : 한 단계 높은 상태에 이르는 것

1011 丿 총10획 　3급Ⅱ

乘

나무(木)를 딛고 사람이 **오름**

乘

훈 탈
음 승

乘車(승차) 乘馬(승마) 搭乘(탑승) 同乘(동승)
加減乘除(가감승제) 便乘(편승) 乘用車(승용차)

同乘(동승) : (자동차, 배 따위 등에) 함께 타는 것

1012 力 총12획 　6급

勝

참고 힘써(力) 싸워 **이겨내는 것**

勝

훈 이길
음 승

勝利(승리) 勝戰譜(승전보) 勝敗(승패)
百戰百勝(백전백승) 必勝(필승) 勝負根性(승부근성)

必勝(필승) : 반드시 승리함(이루어 냄)
勝戰譜(승전보) : 싸움의 승리를 알리는 기록

1013 亻(人) 총14획 　3급Ⅱ

僧

세상의 이치를 일찍(曾) 깨닫고 **속세를 떠난 사람**(亻)

僧

훈 중
음 승

僧侶(승려) 僧舞(승무) 僧服(승복) 僧家(승가)
高僧(고승) 女僧(여승) 破戒僧(파계승)

高僧(고승) : 수양을 많이 하여 덕이 높은 승려
破戒僧(파계승) : 계율을 어지럽힌 승려

1014 巾 총5획 　7급Ⅱ

市

옷을 만드는 천(巾)을 구입할 수 있는 곳

市

훈 저자
음 시 :

市廳(시청) 市民(시민) 市場(시장) 市內(시내)
市街行進(시가행진) 市價(시가) 特別市(특별시)

市廳(시청) : 각 시에 관련된 행정사무를 담당하는 기관

1015 示 총5획 　5급

示

제단을 본뜬 글자로 제물을 차려 신에게 **보임**

示

훈 보일
음 시 :

示威(시위) 示範(시범) 訓示(훈시) 展示會(전시회)
揭示板(게시판) 意思表示(의사표시)

示威(시위) : 자신의 기세를 드러내 보이는 것
訓示(훈시) : 윗사람이 주의 사항을 이르는 것

1016 矢 총5획 　3급

矢

화살의 모양을 본뜬 글자

矢

훈 화살
음 시 :

矢石(시석) 矢心(시심) 弓矢(궁시) 嚆矢(효시)

矢心(시심) : 마음속으로 다짐함
嚆矢(효시) : 사물의 기초가 되는 것

1017 亻(人) 총8획 　3급Ⅱ

侍

곁에서 윗사람(亻)의 **시중**을 드는 것

侍

훈 모실
음 시 :

侍女(시녀) 侍從(시종) 內侍(내시)
嚴妻侍下(엄처시하) 侍衛隊(시위대)

侍女(시녀) : 곁에서 시중을 들어주는 여자
侍衛隊(시위대) : 군왕을 호위하던 군대

1018 女 총8획 　6급Ⅱ

始

여자(女)가 아이를 배(台)게 됨으로써 생명이 **시작**됨

始

훈 처음
음 시 :

始初(시초) 始作(시작) 始動(시동) 始祖(시조)
始終一貫(시종일관)[329] 創始(창시) 始務式(시무식)

始初(시초) : 어떤 것의 시작. 처음
始動(시동) : 처음으로 움직이도록 하는 것

1019 日 총9획 　4급Ⅱ

是

태양(日)처럼 그릇됨 없이 **올바름**(正)

是

훈 옳을
이
음 시 :

是非(시비) 是認(시인) 是正(시정) 必是(필시)
或是(혹시) 亦是(역시) 是是非非(시시비비)

是正(시정) : 잘못을 바로잡는 것
必是(필시) : 아마도 반드시

1020 尸 총9획 　2급

屍

사람의 죽은(死) 몸(尸)

屍

훈 주검
음 시 :

屍體(시체) 屍身(시신)
變屍體(변시체) 檢屍官(검시관)

變屍體(변시체) : 어떠한 변고로 인해 사망한 사람의 시체
檢屍官(검시관) : 시체의 검시를 담당하는 사람

1021 方 총9획   4급Ⅱ

施

깃발을 펼쳐 **베풀다.**

훈 베풀
음 시:

施行(시행) 施工(시공) 施設(시설) 施策(시책)
施賞式(시상식) 施惠(시혜) 施食會(시식회)

施惠(시혜) : 은혜를 베푸는 것
施賞式(시상식) : 상품이나 상장 등을 전달하기 위해 베푸는 행사

1022 日 총10획   7급Ⅱ

時

해(日)의 위치로 **시간을 앎**

훈 때
음 시

時間(시간) 時計(시계) 時代(시대) 時空(시공)
時機尙早(시기상조) 時時刻刻(시시각각)

時空(시공) : 시간과 공간을 의미
時計(시계) : 시각을 나타내는 장치

1023 見 총12획   4급Ⅱ

視

눈(見)을 뜨고 **바라보며** 간절히 신(示)에게 기원함

훈 볼
음 시:

視力(시력) 視覺(시각) 錯視(착시) 重視(중시)
無視(무시) 視聽覺(시청각) 視察團(시찰단)

錯視(착시) : 시각적인 착각으로 인해 잘못 보는 것
視察團(시찰단) : 여러 곳의 사정을 두루 살펴보기 위해 조직된 무리

1024 言 총13획   4급Ⅱ

詩

일정한 형식과 운율을 가진 글(言). **시**

훈 시
음 시

詩人(시인) 詩集(시집) 詩想(시상) 詩評(시평)
誦詩(송시) 漢詩(한시) 敍事詩(서사시)

詩想(시상) : 시를 짓기 위한 시적인 생각이나 시에 나타난 감성
誦詩(송시) : 시를 암송하는 것

1025 言 총13획   4급Ⅱ

試

말(言)의 사용이 기준과 규정(式)에 맞는지를 **시험**함

훈 시험
음 시(:)

試驗(시험) 試合(시합) 試圖(시도) 試金石(시금석)
外務考試(외무고시) 入試地獄(입시지옥)

試合(시합) : 운동경기 등에서 양자 간 승부를 겨루는 일
試金石(시금석) : 능력이나 가치를 알아보는 기회나 사물을 비유

1026 弋 총6획   6급

式

주살(弋)을 만드는 데(工) 정해진 방식, **법, 본보기**

훈 법
음 식

格式(격식) 非公式(비공식) 結婚式(결혼식)
禮式場(예식장) 樣式(양식) 株式會社(주식회사)

格式(격식) : 주변 형편에 어울리는 형식
非公式(비공식) : 국가, 사회적으로 인정되지 않은 사사로운 형식

1027 食 총9획   7급Ⅱ

食

사람(人)이 좋아하며(良) 즐겨먹는 것, **밥**

훈 1)밥
　2)먹일
음 1)식 2)사

食事(식사) 食品(식품) 食糧(식량) 飮食(음식)
簞食(단사) 蔬食(소사)

食品(식품) : 사람이 섭취하는 음식물을 총칭
蔬食(소사) : 기름지고 맛있는 음식이 아닌 입에 거친 음식

1028 心 총10획   4급Ⅱ

息

코(自: 鼻의 변형)와 가슴(心)을 드나듦. **숨을 쉼**

훈 쉴
음 식

休息(휴식) 窒息(질식) 歎息(탄식) 子息(자식)
女息(여식) 無消息(무소식) 安息處(안식처)

窒息(질식) : 숨이 막히어 호흡할 수 없게 되는 것
安息處(안식처) : 편안하게 쉴 수 있는 곳

1029 木 총12획   7급

植

나무(木)를 곧게(直) 세워 **심는 것**

훈 심을
음 식

植物(식물) 植樹(식수) 植栽(식재) 植木日(식목일)
植民地(식민지) 臟器移植(장기이식)

植栽(식재) : 풀과 나무 등을 심고 가꾸는 것
植民地(식민지) : 다른 나라에 정치·경제적으로 예속된 상태

1030 歹 총12획   2급

殖

죽어서(歹) 다른 것의 양분이 됨으로써 다른 것을 **불리게 한다.**

훈 불릴
음 식

養殖(양식) 增殖(증식)
生殖器(생식기) 繁殖力(번식력)

養殖(양식) : 버섯, 조개 따위를 인공적으로 번식시키는 일
增殖(증식) : 더하여 양을 늘리는 것

1031 飾 食 총14획 3급Ⅱ

사람(人)이 천(巾)을 이용하여 깨끗이 **꾸밈**

飾

훈 꾸밀
음 식

整飾(정식) 假飾(가식) 服飾(복식) 粉飾(분식)
裝飾品(장식품) 虛禮虛飾(허례허식)

假飾(가식) : 거짓으로 말과 행동 등을 꾸미는 것
服飾(복식) : 옷의 꾸밈새

1032 識 言 총19획 5급Ⅱ

누구나 **알 수 있게** 날카로운 것(戈)을 이용하여 말(言)과 소리(音)를 새겨 **기록함**

識

훈 1)알
　 2)표할
음 1)식 2)지

常識(상식) 認識(인식) 意識(의식) 面識(면식)
識別(식별) 標識(표지) 知識産業(지식산업)

認識(인식) : 분별하고 판단하는 일
標識(표지) : 어떤 일을 알리기 위하여 눈에 잘 보이도록 해 놓은 것

1033 申 田 총5획 4급Ⅱ

번갯불의 형상을 본뜬 글자로 십이지의 하나인 원숭이를 뜻하는 고유어 **납**

申

훈 납
음 신

申請(신청) 申聞鼓(신문고)
申告(신고) 申申當付(신신당부) 內申成績(내신성적)

申聞鼓(신문고) : (조선시대) 백성들의 억울함을 직소하도록 한 것
申告(신고) : 국민이 법령에 따라 일정한 사실을 고하는 것

1034 臣 臣 총6획 5급Ⅱ

군주 앞에서 엎드린 **신하**의 모습을 본뜬 글자

臣

훈 신하
음 신

臣下(신하) 忠信(충신) 功臣(공신) 使臣(사신)
君臣有義(군신유의) 死六臣墓(사육신묘)

忠臣(충신) : 나라와 군왕을 위해 충성을 다하는 신하
功臣(공신) : 나라를 위해 특별한 공을 세운 훌륭한 신하

1035 辛 辛 총7획 3급

이마에 먹물을 칠한 침으로 노예나 죄인의 문신을 넣어 괴롭고 **맵다.**

辛

훈 매울
음 신

辛苦(신고) 辛勝(신승) 辛辣(신랄)
千辛萬苦(천신만고) 香辛料(향신료)

辛辣(신랄) : 어떤 것에 대한 평가가 날카롭고 예리한 것
香辛料(향신료) : 음식에 향을 더하는 조미료

1036 身 身 총7획 6급Ⅱ

아이를 가진 여자의 **몸**을 본뜬 글자

身

훈 몸
음 신

身分(신분) 獨身(독신) 避身(피신) 心身(심신)
身體檢査(신체검사) 身邊保護(신변보호)

身分(신분) : 사회 속에서 차지하는 개인적인 위치나 계급
避身(피신) : 어떠한 위험요소로 인하여 몸을 숨기는 것

1037 伸 亻(人) 총7획 3급

사람(亻)이 허리에 손을 대고 기지개를 켜거나 몸을 펴다.

伸

훈 펼
음 신

伸張(신장) 女權伸張(여권신장) 伸縮(신축)
國力伸張(국력신장)

伸縮(신축) : 늘이고 줄이는 것

1038 信 亻(人) 총9획 6급Ⅱ

사람(亻)의 말(言)에 거짓이 없어 **믿음이 감**

信

훈 믿을
음 신：

信用(신용) 信賴(신뢰) 信念(신념) 所信(소신)
確信(확신) 自信感(자신감) 信號燈(신호등)

信念(신념) : 강하게 믿는 마음
所信(소신) : 스스로가 생각하는 바

1039 神 示 총10획 6급Ⅱ

번갯불이 치는 모양(申)을 보여주는(示) **귀신같은** 존재

神

훈 귀신
음 신

神話(신화) 神奇(신기) 神父(신부) 鬼神(귀신)
神仙草(신선초) 精神(정신) 神出鬼沒(신출귀몰)335

神奇(신기) : 신비하고 기묘함
神父(신부) : 미사와 강론을 드리는 주교 다음 신분의 성직자를 의미

1040 晨 日 총11획 3급

해(日)와 별(辰)이 교차하는 **새벽** 무렵

晨

훈 새벽
음 신

晨星(신성) 晨鷄(신계)
昏定晨省(혼정신성)632

晨星(신성) : 샛별, 즉 금성(金星)을 통상적으로 이르는 말
晨鷄(신계) : 새벽을 알려주는 닭을 의미

1041 月(肉) 총12획 2급

腎

훈 콩팥
음 신:

우리 몸(肉)의 단단한(堅) 신체부위 **콩팥**

腎臟(신장) 腎不全症(신부전증) 腎莖(신경)
腎臟結石(신장결석)

腎臟(신장) : 비뇨기와 관련된 장기의 하나

1042 忄(心) 총13획 3급Ⅱ

愼

훈 삼갈
음 신:

참된(眞) 마음(忄)으로 몸과 행동을 삼가다.

愼重(신중) 愼辭(신사) 愼擇(신택) 勤愼(근신)

愼辭(신사) : 삼가 조심하는 것
愼擇(신택) : 신중하게 선택하는 것

1043 斤 총13획 6급Ⅱ

新

훈 새
음 신

도끼(斤)로 나무(木)를 쳐 내어 **새롭게 함**

新聞(신문) 更新(갱신) 革新(혁신) 新入生(신입생)
新世代(신세대)

更新(갱신) : 본래 있던 것을 고쳐서 새롭게 함
革新(혁신) : (관습, 풍속 등을) 완전히 바꾸어 새롭게 하는 것

1044 糸 총11획 2급

紳

훈 큰 띠
음 신:

신분 높은 사람들이 허리에 차던 실(糸)로 된 띠

紳士(신사) 紳士道(신사도)
紳士服(신사복)

紳士(신사) : 교양 있고 예의 바른 남자
紳士道(신사도) : 신사로써 지켜야 할 도리

1045 大 총5획 6급

失

훈 잃을
음 실

손에서 떨어져 나가 **잃어버림**

失手(실수) 失點(실점) 損失(손실) 過失(과실)
失業率(실업률) 失職(실직) 失鄕民(실향민)

過失(과실) : 부주의로 인한 잘못이나 허물을 의미
失業率(실업률) : 노동할 의사와 능력을 가진 사람 중 실업자의 비율

1046 宀 총9획 8급

室

훈 집
음 실

지붕(宀) 아래 사람이 머물러(至) 사는 **집**

居室(거실) 寢室(침실) 敎室(교실) 休憩室(휴게실)
娛樂室(오락실) 溫室效果(온실효과)

休憩室(휴게실) : 잠시 쉴 수 있도록 마련해 놓은 방

1047 宀 총14획 5급Ⅱ

實

훈 열매
음 실

집 안(宀)에 꿰어져(貫) 있는 많은 재물이 알이 꽉 찬 **열매**와 같음

實踐(실천) 實力(실력) 確實(확실) 實名(실명)
實事求是(실사구시) 勤勉誠實(근면성실)

實踐(실천) : 뜻하는 바를 그대로 행하는 것
實名(실명) : 진짜 이름

1048 心 총4획 7급

心

훈 마음
음 심

몸의 중심에 위치한 사람의 **심장**

心性(심성) 心情(심정) 慾心(욕심) 孝心(효심)
心機一轉(심기일전)338 心臟痲痺(심장마비)

心情(심정) : 마음속에 품은 생각 혹은 감정
慾心(욕심) : 분수에 넘치게 얻고자 하는 마음

1049 甘 총9획 3급Ⅱ

甚

훈 심할
음 심:

배우자(匹) 간의 관계가 더없이 좋아(甘) **심하게** 보임

甚難(심난) 甚深(심심) 甚惡(심악) 極甚(극심)
激甚(격심) 甚至於(심지어)

極甚(극심) : 매우 심한 정도
甚至於(심지어) : 심하여 나중에는

1050 氵(水) 총11획 4급Ⅱ

深

훈 깊을
음 심

물(氵)이 매우 **깊음**

深海(심해) 深夜(심야) 夜深(야심) 水深(수심)
深層分析(심층분석) 深思熟考(심사숙고)339

深海(심해) : 수심 200미터 이상의 깊은 바다
夜深(야심) : 밤이 깊음

1051 尋 寸 총12획 3급

尋
- 훈 찾을
- 음 심

좌(工ːː左의 획 줄임)와 우(ㅁ'ː右의 획 줄임)를 살펴 법도(寸)에 맞는 지 살피어 **찾다.**

尋訪(심방) 尋常(심상) 推尋(추심)

尋訪(심방) : 방문하여 찾아보는 것
推尋(추심) : 찾아내어 가지고 오는 일

1052 審 宀 총15획 3급Ⅱ

審
- 훈 살필
- 음 심

집 안(宀)의 물건을 자세히 **살핌**

審判(심판) 審査(심사) 豫審(예심) 抗訴審(항소심)
審議會(심의회) 不審檢問(불심검문)

豫審(예심) : 본사가 있기 전 미리 살피는 것
抗訴審(항소심) : 1심 판결의 항소 사건에 대한 심리(審理)

1053 十 十 총2획 8급

十
- 훈 열
- 음 십

두 손을 엇갈리게 합친 모양으로 **열**을 가리킴

十日(십일) 赤十字(적십자) 十字架(십자가)
十長生(십장생) 十干(십간) 十中八九(십중팔구)

十長生(십장생) : 오래도록 장수한다는 열 가지 해, 산, 물, 돌, 구름,
소나무, 불로초, 거북, 학, 사슴을 의미

1054 雙 隹 총18획 3급Ⅱ

雙
- 훈 쌍
- 음 쌍

손(又)에 한 쌍의 새(隹)를 가짐

雙方(쌍방) 雙手(쌍수) 雙曲線(쌍곡선)
雙眼鏡(쌍안경) 變化無雙(변화무쌍)

雙曲線(쌍곡선) : 평면 위의 일정한 차이를 이루는 곡선

1055 氏 氏 총4획 4급

氏
- 훈 성씨
- 음 씨

땅 속 뿌리와 줄기의 모양을 본뜬 글자로 사람의 **성씨**가 거침없이 뻗어나가는 나무뿌리와 같다는 뜻

姓氏(성씨) 宗氏(종씨) 攝氏(섭씨) 華氏(화씨)
創氏改名(창씨개명) 氏族社會(씨족사회)

姓氏(성씨) : 성(姓)의 높임말
華氏(화씨) : 화씨온도계의 눈금을 지칭

1056 牙 牙 총4획 3급Ⅱ

牙
- 훈 어금니
- 음 아

어금니가 맞닿은 모양을 본뜬 글자

齒牙(치아) 象牙(상아) 牙城(아성) 西班牙(서반아)

象牙(상아) : 코끼리의 어금니
西班牙(서반아) : 스페인을 한자식으로 읽은 음

1057 芽 艹(艸) 총8획 3급Ⅱ

芽
- 훈 싹
- 음 아

어금니(牙)처럼 돋아나는 초목의 싹

胚芽(배아) 出芽(출아) 麥芽(맥아) 發芽(발아)
萌芽(맹아)

胚芽(배아) : 수정란이 분열 증식한 것
麥芽(맥아) : 엿기름

1058 我 戈 총7획 3급Ⅱ

我
- 훈 나
- 음 아ː

사람이 손(手)에 창(戈)을 들고 **자신**의 몸을 지킨다.

自我(자아) 無我境(무아경) 我軍(아군) 我執(아집)
唯我獨尊(유아독존)412 我田引水(아전인수)344

無我境(무아경) : 모든 것을 잊고 한 곳에 정신을 집중한 상태
我執(아집) : 다른 입장을 고려치 않은 자신만의 고집

1059 亞 二 총8획 3급Ⅱ

亞
- 훈 버금
- 음 아(ː)

땅 밑의 흙을 사각으로 파내어 기반을 다진 모양을 본뜬 글자로 아랫부분은 윗부분의 **버금**

亞鉛(아연) 亞聖(아성) 亞流(아류) 亞黃酸(아황산)
亞熱帶(아열대) 東南亞(동남아)

亞聖(아성) : 유학에서 말하는 공자 다음가는 성자 '맹자'를 뜻함
亞流(아류) : 둘째가는 사람이나 사물 혹은 작품의 독창성 없는 모방

1060 兒 儿 총8획 5급Ⅱ

兒
- 훈 아이
- 음 아

태어난 지 얼마 안 된 **아기**의 모습(臼)을 본뜬 글자

兒童(아동) 育兒(육아) 迷兒(미아) 胎兒(태아)
優良兒(우량아) 孤兒院(고아원) 託兒所(탁아소)

迷兒(미아) : 길을 잃고 헤매는 어린아이
優良兒(우량아) : 영양발육 상태가 지극히 좋은 아이

1061 阿 阝(阜) 총8획 3급Ⅱ

땅 모양이 굽어(可) 들어간 **언덕**

阿

- 훈 언덕
- 음 아

阿諂(아첨) 阿附(아부) 阿片(아편) 阿膠(아교)
阿修羅(아수라) 阿鼻叫喚(아비규환)343

阿諂(아첨) : 남의 환심을 얻기 위해 보이는 말투와 표정
阿膠(아교) : 짐승의 가죽, 힘줄 따위를 고아 만든 것

1062 雅 隹 총12획 3급Ⅱ

까마귀 떼를 본뜬 글자로 우아하고 **맑은** 까마귀 떼의 울음소리를 말함

雅

- 훈 맑을
- 음 아(:)

雅量(아량) 雅談(아담) 雅號(아호) 雅樂(아악)
優雅(우아) 端雅(단아) 淸雅(청아)

雅量(아량) : 너그러운 마음씨
端雅(단아) : 단정하고 아담함

1063 餓 食 총16획 3급

음식(食)을 제대로 먹지 못해 뼈만 앙상하게 남도록 **굶주림**

餓

- 훈 주릴
- 음 아:

飢餓(기아) 餓鬼(아귀) 餓殺(아살)
餓死之境(아사지경)

飢餓(기아) : 몹시 굶주림
餓殺(아살) : 굶겨 죽음에 이르게 함

1064 岳 山 총8획 3급

높은(丘) 산(山)으로, 본래 있던 산 위에 있는 또 하나의 **산(山)**

岳

- 훈 큰 산
- 음 악

山岳(산악) 山岳會(산악회) 冠岳山(관악산)

山岳(산악) : 높이 솟은 험준한 산

1065 惡 心 총12획 5급Ⅱ

사람의 추한(亞) 마음(心)

惡

- 훈 1)악할
  2)미워할
- 음 1)악 2)오

惡黨(악당) 惡漢(악한) 惡緣(악연) 惡臭(악취)
惡寒(오한) 憎惡(증오) 惡戰苦鬪(악전고투)

惡緣(악연) : 좋지 못한 인연 혹은 나쁜 일을 부추기는 주변 환경
惡寒(오한) : 몸이 춥고 떨리는 증상

1066 握 扌(手) 총12획 2급

손(扌)으로 덮개(屋)를 **쥐다.**

握

- 훈 쥘
- 음 악

握手(악수) 掌握(장악) 把握(파악)

掌握(장악) : 무엇이든 자신의 뜻대로 할 수 있는 상태
把握(파악) : 손으로 쥠 혹은 본질을 확실히 이해함

1067 安 宀 총6획 7급Ⅱ

여자(女)가 집안(宀)에 있어 **편안하다.**

安

- 훈 편안할
- 음 안

安寧(안녕) 安保(안보) 治安(치안) 保安(보안)
安全事故(안전사고) 問安(문안) 安息日(안식일)

安寧(안녕) : 아무런 탈 없이 잘 지내는 것
保安(보안) : 안전을 유지할 수 있도록 보호하는 것

1068 岸 山 총8획 3급Ⅱ

산봉우리(山)와 벼랑(厂)으로 이루어진 **언덕**

岸

- 훈 언덕
- 음 안:

岸壁(안벽) 沿岸(연안) 海岸(해안) 彼岸(피안)
東海岸(동해안) 西海岸(서해안)

沿岸(연안) : 강이나 호수를 따라 잇닿은 육지
彼岸(피안) : 불교에서 말하는 깨달음의 세계

1069 案 木 총10획 5급

편안하게(安) 책을 볼 수 있도록 나무(木)로 만들어 놓은 **책상**

案

- 훈 책상
- 음 안:

案內(안내) 案件(안건) 提案(제안) 立案(입안)
代案(대안) 腹案(복안) 豫算案(예산안)

案件(안건) : 토의하거나 조사해야 할 사항
提案(제안) : 토의 해야 할 의안을 내어 놓음

1070 眼 目 총11획 4급Ⅱ

양쪽 눈동자로(目) 사물을 바라보는 사람의 두 **눈**

眼

- 훈 눈
- 음 안:

眼鏡(안경) 眼科(안과) 眼目(안목) 肉眼(육안)
血眼(혈안) 近視眼(근시안) 千里眼(천리안)

眼目(안목) : 사물을 바르게 분별하는 능력
千里眼(천리안) : 사물을 꿰뚫어보는 뛰어난 관찰력을 의미

1071 雁 隹 총12획 3급

언덕(厂)을 날아가는 모습이 사람(人)의 형상을 하고 있는 새(隹) **기러기**

雁

훈 기러기
음 안 :

雁信(안신) 雁陳(안진) 雁行(안항) 候雁(후안)

雁行(안항) : 남의 형제를 높여 이르는 말
候雁(후안) : 계절이 바뀜에 따라 보금자리를 찾아 이동하는 기러기

1072 顔 頁 총18획 3급Ⅱ

이마(頁)가 아름다운 선비(彦)라는 것에서 일반적인 사람의 **얼굴**로 전환

顔

훈 낯
음 안 :

顔面(안면) 顔色(안색) 無顔(무안) 童顔(동안)
厚顔無恥(후안무치)645 破顔大笑(파안대소)585

無顔(무안) : 수줍어서 상대방을 대할 면목이 없음
童顔(동안) : 어린아이의 얼굴 혹은 본래 나이에 비해 어려보이는 얼굴

1073 謁 言 총16획 3급

누군가를 붙잡고(曷) 말(言)을 물어 찾아 **뵙다.**

謁

훈 뵐
음 알

謁見(알현) 拜謁(배알)
謁聖及第(알성급제)

謁見(알현) : 지체 높은 이를 찾아서 만나는 일

1074 巖 山 총23획 3급Ⅱ

산(山)에 솟아있는 험준한(嚴) **바위**

巖

훈 바위
음 암

巖石(암석) 巖盤(암반) 巖壁(암벽) 玄武巖(현무암)
花崗巖(화강암) 奇巖怪石(기암괴석) ※속자 : 岩

巖石(암석) : 지각을 구성하는 단단한 물질
巖壁(암벽) : 깎아지른 듯 높이 솟은 바위

1075 暗 日 총13획 4급Ⅱ

해(日) 지고 소리(音)만이 들릴 정도로 **어두움**

暗

훈 어두울
음 암 :

暗誦(암송) 暗示(암시) 暗算(암산) 暗票(암표)
暗記力(암기력) 暗行御史(암행어사)

暗誦(암송) : 보지 않고 입으로 외는 것
暗票(암표) : 불법적으로 몰래 사고파는 입장권

1076 癌 疒 총17획 2급

바위(嵒)처럼 단단하여 사람을 병들어 눕게(疒)하는 암

癌

훈 암
음 암 :

肝癌(간암) 肺癌(폐암) 胃癌(위암)
發癌物質(발암물질) 大腸癌(대장암)

肝癌(간암) : 간에 생기는 암

1077 押 扌(手) 총8획 3급

손(扌)으로 거북의 등딱지(甲)를 **누르다.**

押

훈 누를
음 압

押留(압류) 押釘(압정) 押送(압송) 差押(차압)
假押留(가압류) 押收令狀(압수영장)

押送(압송) : 죄인을 다른 곳으로 호송하는 것
假押留(가압류) : 법원이 채무자의 재산을 확보해 두는 일

1078 壓 土 총17획 4급Ⅱ

흙(土)을 땅이 내려앉도록 **억누르다.**

壓

훈 억누를
음 압 :

壓力(압력) 壓迫(압박) 壓縮(압축) 壓卷(압권)
鎭壓(진압) 抑壓(억압) 彈壓(탄압)

壓迫(압박) : 강하게 힘으로 누르는 것
彈壓(탄압) : 무력 등을 사용하여 강하게 압박하는 것

1079 央 大 총5획 3급Ⅱ

사람(大)이 한**가운데**(中)에 서 있는 모양

央

훈 가운데
음 앙

震央(진앙) 中央廳(중앙청) 中央(중앙)
中央煖房(중앙난방)

震央(진앙) : 진원지(震源地)의 위 지점

1080 仰 亻(人) 총6획 3급Ⅱ

사람(亻)이 무릎 꿇은 채 **우러러(卬)** 본다.

仰

훈 우러를
음 앙 :

信仰(신앙) 仰望(앙망) 仰騰(앙등)

仰望(앙망) : 자신의 바람이 실현되기를 바라는 것
仰騰(앙등) : 물건의 값이 뛰어오르는 것

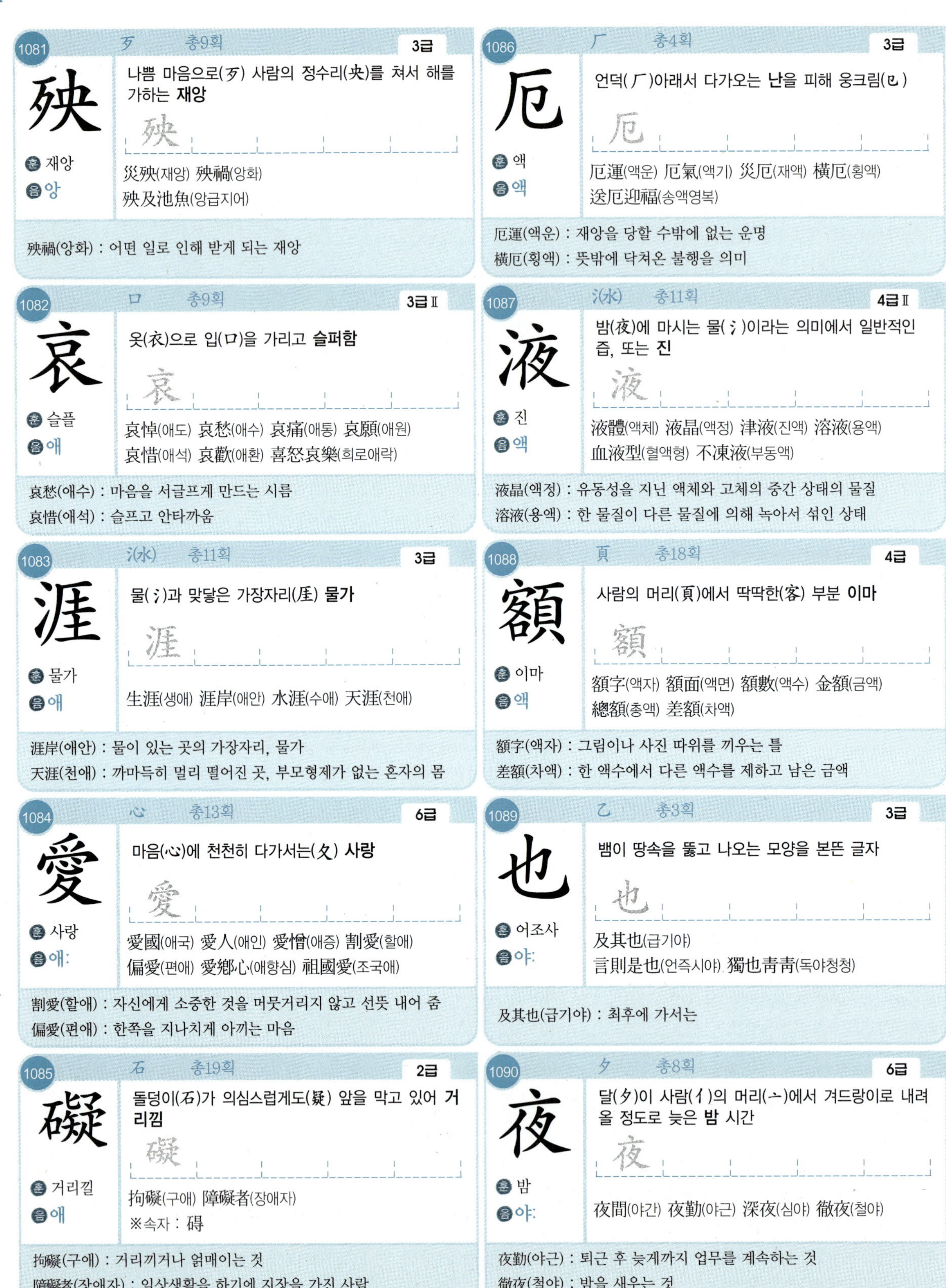

1081 | 歹 | 총9획 | 3급

殃

나쁨 마음으로(歹) 사람의 정수리(央)를 쳐서 해를 가하는 **재앙**

殃

훈 재앙
음 앙

災殃(재앙) 殃禍(앙화)
殃及池魚(앙급지어)

殃禍(앙화) : 어떤 일로 인해 받게 되는 재앙

1082 | 口 | 총9획 | 3급Ⅱ

哀

옷(衣)으로 입(口)을 가리고 **슬퍼함**

哀

훈 슬플
음 애

哀悼(애도) 哀愁(애수) 哀痛(애통) 哀願(애원)
哀惜(애석) 哀歡(애환) 喜怒哀樂(희로애락)

哀愁(애수) : 마음을 서글프게 만드는 시름
哀惜(애석) : 슬프고 안타까움

1083 | 氵(水) | 총11획 | 3급

涯

물(氵)과 맞닿은 가장자리(厓) **물가**

涯

훈 물가
음 애

生涯(생애) 涯岸(애안) 水涯(수애) 天涯(천애)

涯岸(애안) : 물이 있는 곳의 가장자리, 물가
天涯(천애) : 까마득히 멀리 떨어진 곳, 부모형제가 없는 혼자의 몸

1084 | 心 | 총13획 | 6급

愛

마음(心)에 천천히 다가서는(夂) **사랑**

愛

훈 사랑
음 애ː

愛國(애국) 愛人(애인) 愛憎(애증) 割愛(할애)
偏愛(편애) 愛鄕心(애향심) 祖國愛(조국애)

割愛(할애) : 자신에게 소중한 것을 머뭇거리지 않고 선뜻 내어 줌
偏愛(편애) : 한쪽을 지나치게 아끼는 마음

1085 | 石 | 총19획 | 2급

礙

돌덩이(石)가 의심스럽게도(疑) 앞을 막고 있어 **거리낌**

礙

훈 거리낄
음 애

拘礙(구애) 障礙者(장애자)
※속자 : 碍

拘礙(구애) : 거리끼거나 얽매이는 것
障礙者(장애자) : 일상생활을 하기에 지장을 가진 사람

1086 | 厂 | 총4획 | 3급

厄

언덕(厂)아래서 다가오는 난을 피해 웅크림(㔾)

厄

훈 액
음 액

厄運(액운) 厄氣(액기) 災厄(재액) 橫厄(횡액)
送厄迎福(송액영복)

厄運(액운) : 재앙을 당할 수밖에 없는 운명
橫厄(횡액) : 뜻밖에 닥쳐온 불행을 의미

1087 | 氵(水) | 총11획 | 4급Ⅱ

液

밤(夜)에 마시는 물(氵)이라는 의미에서 일반적인 즙, 또는 **진**

液

훈 진
음 액

液體(액체) 液晶(액정) 津液(진액) 溶液(용액)
血液型(혈액형) 不凍液(부동액)

液晶(액정) : 유동성을 지닌 액체와 고체의 중간 상태의 물질
溶液(용액) : 한 물질이 다른 물질에 의해 녹아서 섞인 상태

1088 | 頁 | 총18획 | 4급

額

사람의 머리(頁)에서 딱딱한(客) 부분 **이마**

額

훈 이마
음 액

額字(액자) 額面(액면) 額數(액수) 金額(금액)
總額(총액) 差額(차액)

額字(액자) : 그림이나 사진 따위를 끼우는 틀
差額(차액) : 한 액수에서 다른 액수를 제하고 남은 금액

1089 | 乙 | 총3획 | 3급

也

뱀이 땅속을 뚫고 나오는 모양을 본뜬 글자

也

훈 어조사
음 야ː

及其也(급기야)
言則是也(언즉시야) 獨也靑靑(독야청청)

及其也(급기야) : 최후에 가서는

1090 | 夕 | 총8획 | 6급

夜

달(夕)이 사람(亻)의 머리(亠)에서 겨드랑이로 내려 올 정도로 늦은 **밤** 시간

夜

훈 밤
음 야ː

夜間(야간) 夜勤(야근) 深夜(심야) 徹夜(철야)

夜勤(야근) : 퇴근 후 늦게까지 업무를 계속하는 것
徹夜(철야) : 밤을 새우는 것

1091 耳 총9획   3급

耶

耶

훈 어조사
음 야

耶蘇(야소) 有耶無耶(유야무야)

耶蘇(야소) : 예수를 한자어 발음으로 나타낸 것

1096 弓 총10획   6급Ⅱ

弱

弱

훈 약할
음 약

弱點(약점) 弱冠(약관) 強弱(강약) 微弱(미약)
老弱者(노약자)

弱點(약점) : 남들에 비해 뒤떨어지거나 약한 부분
老弱者(노약자) : 나이가 많거나 몸이 약한 사람

1092 里 총11획   6급

野

野

훈 들
음 야:

野黨(야당) 野球(야구) 野望(야망) 野遊會(야유회)
野蠻人(야만인) 野營地(야영지)

野黨(야당) : 현재 정권을 갖지 못한 정당
野望(야망) : 무언가를 이루어 내겠다는 희망

1097 ⧺(艸) 총19획   6급Ⅱ

藥

藥

훈 약
음 약

藥局(약국) 藥師(약사) 藥效(약효) 醫藥(의약)
洋藥(양약) 補藥(보약) 韓藥房(한약방)

藥效(약효) : 약의 효능
補藥(보약) : 몸의 저항력과 기력을 보충해 주는 약

1093 心 총13획   2급

惹

惹

훈 이끌
음 야:

惹端(야단) 惹起(야기) 惹鬧(야료)

惹端(야단) : 일을 떠들썩하게 만듦 혹은 소리 높여 꾸짖는 것
惹鬧(야료) : 까닭 없이 떠들고 함부로 행동하는 것

1098 足 총21획   3급

躍

躍

훈 뛸
음 약

躍進(약진) 躍動(약동) 跳躍(도약) 飛躍(비약)
一躍(일약) 猛活躍(맹활약)

跳躍(도약) : 더 높은 단계를 향해 나아가는 것
一躍(일약) : 단번에 뛰어오르는 것

1094 ⧺(艸) 총9획   3급Ⅱ

若

若

훈 1)같을
   2)반야
음 1)약 2)야:

若干(약간) 萬若(만약) 若此(약차)
明若觀火(명약관화)[183]

若干(약간) : 얼마 되지 않음
若此(약차) : 모양이나 성질 따위가 이와 같음

1099 羊 총6획   4급Ⅱ

羊

羊

훈 양
음 양

羊毛(양모) 羊腸(양장) 羊皮(양피)
多岐亡羊(다기망양)[133] 九折羊腸(구절양장)[81]

羊腸(양장) : 양의 창자 혹은 꾸불꾸불한 길을 비유

1095 糸 총9획   5급Ⅱ

約

約

훈 맺을
음 약

約束(약속) 約款(약관) 言約(언약) 誓約(서약)
約婚式(약혼식) 團體協約(단체협약)

言約(언약) : 말로 하는 약속
誓約(서약) : 맹세하여 약속하는 것

1100 氵(水) 총9획   6급

洋

洋

훈 큰바다
음 양

洋食(양식) 洋酒(양주) 洋服(양복) 西洋式(서양식)
大西洋(대서양) 遠洋漁業(원양어업)

洋酒(양주) : 우리 전통 술이 아닌 서양주

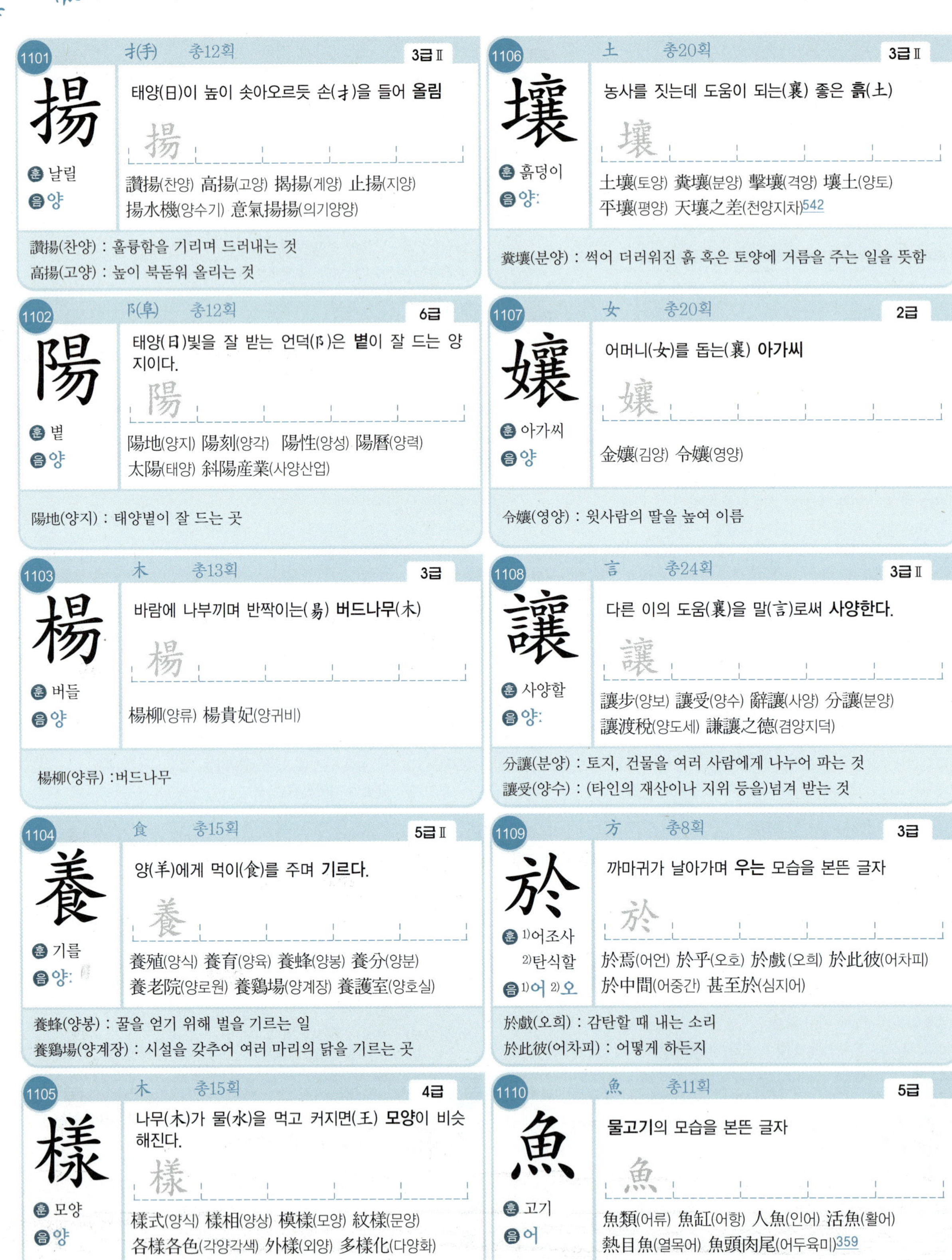

1101 才(手) 총12획 — 3급Ⅱ

揚

태양(日)이 높이 솟아오르듯 손(才)을 들어 **올림**

훈 날릴
음 양

讚揚(찬양) 高揚(고양) 揚揚(게양) 止揚(지양)
揚水機(양수기) 意氣揚揚(의기양양)

讚揚(찬양) : 훌륭함을 기리며 드러내는 것
高揚(고양) : 높이 북돋워 올리는 것

1102 阝(阜) 총12획 — 6급

陽

태양(日)빛을 잘 받는 언덕(阝)은 **볕**이 잘 드는 양지이다.

훈 볕
음 양

陽地(양지) 陽刻(양각) 陽性(양성) 陽曆(양력)
太陽(태양) 斜陽産業(사양산업)

陽地(양지) : 태양볕이 잘 드는 곳

1103 木 총13획 — 3급

楊

바람에 나부끼며 반짝이는(昜) 버드나무(木)

훈 버들
음 양

楊柳(양류) 楊貴妃(양귀비)

楊柳(양류) : 버드나무

1104 食 총15획 — 5급Ⅱ

養

양(羊)에게 먹이(食)를 주며 **기르다.**

훈 기를
음 양 :

養殖(양식) 養育(양육) 養蜂(양봉) 養分(양분)
養老院(양로원) 養鷄場(양계장) 養護室(양호실)

養蜂(양봉) : 꿀을 얻기 위해 벌을 기르는 일
養鷄場(양계장) : 시설을 갖추어 여러 마리의 닭을 기르는 곳

1105 木 총15획 — 4급

樣

나무(木)가 물(水)을 먹고 커지면(王) **모양**이 비슷해진다.

훈 모양
음 양

樣式(양식) 樣相(양상) 模樣(모양) 紋樣(문양)
各樣各色(각양각색) 外樣(외양) 多樣化(다양화)

樣相(양상) : 사물의 모양이나 상태

1106 土 총20획 — 3급Ⅱ

壤

농사를 짓는데 도움이 되는(襄) 좋은 **흙**(土)

훈 흙덩이
음 양 :

土壤(토양) 糞壤(분양) 擊壤(격양) 壤土(양토)
平壤(평양) 天壤之差(천양지차)542

糞壤(분양) : 썩어 더러워진 흙 혹은 토양에 거름을 주는 일을 뜻함

1107 女 총20획 — 2급

孃

어머니(女)를 돕는(襄) **아가씨**

훈 아가씨
음 양

金孃(김양) 令孃(영양)

令孃(영양) : 윗사람의 딸을 높여 이름

1108 言 총24획 — 3급Ⅱ

讓

다른 이의 도움(襄)을 말(言)로써 **사양한다.**

훈 사양할
음 양 :

讓步(양보) 讓受(양수) 辭讓(사양) 分讓(분양)
讓渡稅(양도세) 謙讓之德(겸양지덕)

分讓(분양) : 토지, 건물을 여러 사람에게 나누어 파는 것
讓受(양수) : (타인의 재산이나 지위 등을)넘겨 받는 것

1109 方 총8획 — 3급

於

까마귀가 날아가며 **우는** 모습을 본뜬 글자

훈 1)어조사
　 2)탄식할
음 1)어 2)오

於焉(어언) 於乎(오호) 於戲(오희) 於此彼(어차피)
於中間(어중간) 甚至於(심지어)

於戲(오희) : 감탄할 때 내는 소리
於此彼(어차피) : 어떻게 하든지

1110 魚 총11획 — 5급

魚

물고기의 모습을 본뜬 글자

훈 고기
음 어

魚類(어류) 魚缸(어항) 人魚(인어) 活魚(활어)
熱目魚(열목어) 魚頭肉尾(어두육미)359

魚缸(어항) : 관상용 물고기를 기르는 데 사용하는 항아리
熱目魚(열목어) : 연어과의 물고기를 총칭

1111 御

彳 총11획 · 3급Ⅱ

걸어가며(彳) 짐을 부리는(卸)사람을 거느림

- 훈 거느릴
- 음 어:

御命(어명) 御用(어용) 御街(어가) 制御(제어)
御史花(어사화) 暗行御史(암행어사)

御街(어가) : 임금이 행차 시 타고 다니던 수레
制御(제어) : 상대방을 억누르고 제멋대로 다룸

1112 漁

氵(水) 총14획 · 5급

물(氵)속의 고기(魚)를 잡음

- 훈 고기 잡을
- 음 어

漁業(어업) 漁網(어망) 漁獲(어획) 漁港(어항)
漁父之利(어부지리)361

漁業(어업) : 영리를 목적으로 물고기, 조개 등을 기르거나 잡는 일
漁網(어망) : 물고기를 잡는 데 사용되는 그물

1113 語

言 총14획 · 7급

자신(吾)의 의견을 말함(言)

- 훈 말씀
- 음 어:

言語(언어) 語法(어법) 語彙(어휘) 語源(어원)
母國語(모국어) 熟語(숙어) 外國語(외국어)

語法(어법) : 말의 일정한 형식
語源(어원) : 말이 이루어진 근원

1114 抑

扌(手) 총7획 · 3급Ⅱ

손(扌)으로 무릎 꿇도록(卬) 잡아 누름

- 훈 누를
- 음 억

抑壓(억압) 抑鬱(억울) 抑制(억제) 抑揚(억양)
抑留(억류) 抑強扶弱(억강부약)363

抑鬱(억울) : 분하고 답답한 마음
抑留(억류) : 강제적으로 붙잡아 두는 것

1115 億

亻(人) 총15획 · 5급

사람(亻)이 생각할 수(意) 있는 아주 많은 수 억

- 훈 억
- 음 억

億劫(억겁) 億丈(억장) 十億(십억)
億萬長者(억만장자)

億劫(억겁) : 셀 수 없을 만큼의 오랜 시간

1116 憶

忄(心) 총16획 · 3급Ⅱ

마음 속(忄)에 담고 있는 뜻(意)이 생각

- 훈 생각할
- 음 억

記憶(기억) 追憶(추억) 憶念(억념) 記憶力(기억력)

記憶(기억) : 이전의 생각 등을 간직하고 있는 것
追憶(추억) : 지나간 일을 돌이켜 생각하는 것

1117 言

言 총7획 · 6급

하나하나(一)의 생각을 입(口)으로 말함

- 훈 말씀
- 음 언

言論(언론) 言爭(언쟁) 言聲(언성) 證言(증언)
甘言利說(감언이설)9 有口無言(유구무언)

言爭(언쟁) : 말로 인한 다툼
證言(증언) : 말로써 증명하는 것

1118 焉

灬(火) 총11획 · 3급

조류(鳥)가 도리(正)를 어찌 알 수 있는가?

- 훈 어찌
- 음 언

於焉(어언) 於焉間(어언간)
終焉(종언) 焉敢生心(언감생심)364

於焉間(어언간) : 알지 못하는 사이 어느덧
終焉(종언) : 존재가 완전히 사라지는 것

1119 嚴

口 총20획 · 4급

험하고 높은 산(厂)에서 용감하게(敢) 부르짖어 엄함

- 훈 엄할
- 음 엄

嚴肅(엄숙) 嚴選(엄선) 尊嚴(존엄) 謹嚴(근엄)
嚴冬雪寒(엄동설한) 峻嚴(준엄) 戒嚴令(계엄령)

嚴選(엄선) : 엄숙하게 가려 뽑는 것
謹嚴(근엄) : 점잖고 엄숙한 것

1120 業

木 총13획 · 6급Ⅱ

악기를 매다는 받침틀의 모양을 본뜬 글자

- 훈 업
- 음 업

職業(직업) 副業(부업) 營業(영업) 業務(업무)
業績(업적) 業種(업종) 製造業(제조업)

副業(부업) : 본업이 아닌 부수적으로 하는 업무
業績(업적) : 일이나 사업의 공

1121　丿　총4획　3급

予

훈 나
음 여

予一人(여일인)

予一人(여일인) : 황제가 자신을 낮추어 부르는 말

1122　氵(水)　총6획　3급

汝

물(氵)속에 있는 여자(女)는 너

훈 너
음 여:

汝等(여등) 汝輩(여배)
汝矣島(여의도)

汝等(여등) : '너희들' 의 문어적 표현

1123　女　총6획　4급Ⅱ

如

여종(女)이 주인의 말(口)을 그대로 따라 **같이**하는 것

훈 같을
음 여

如此(여차) 缺如(결여)
如意珠(여의주) 如何間(여하간) 如反掌(여반장)

缺如(결여) : 빠지거나 모자란 것
如反掌(여반장) : 손바닥을 뒤집듯 아주 쉬운 일

1124　人　총7획　3급

余

지붕을 받치고 있는 건물의 모양을 본뜬 글자

훈 나
음 여

余等(여등) 余輩(여배)

余等(여등) : '우리' 의 문어적 표현

1125　臼　총14획　4급

與

여러(八) 물건을 절구(臼)와 함께 올려(上) 주다.

훈 더불
　　줄
음 여:

與否(여부) 與黨(여당) 參與(참여) 關與(관여)
與件(여건) 賞與金(상여금) 贈與稅(증여세)

與否(여부) : 그러함과 그렇지 아니함을 의미
與件(여건) : 주어져 있는 조건

1126　食　총16획　4급Ⅱ

餘

항상 음식(飠)을 남기는 나(余)

훈 남을
음 여

餘生(여생) 餘白(여백) 餘韻(여운) 餘興(여흥)
窮餘之策(궁여지책)[85] 殘餘(잔여) 剩餘金(잉여금)

餘白(여백) : (종이 따위의) 쓰고 난 후의 빈자리
餘韻(여운) : 남아있는 우아한 멋스러움

1127　車　총17획　3급

輿

여러(八) 사람이 절구(臼)를 들듯 함께 들고 가는 수레(車)

훈 수레
음 여

輿望(여망) 喪輿(상여)
輿論調査(여론조사) 大東輿地圖(대동여지도)

輿望(여망) : 어떤 것에 대한 사람들의 기대
喪輿(상여) : 시체를 실어 무덤까지 옮기는 가마

1128　亠　총6획　3급Ⅱ

亦

갓(亠) 쓰고 **또** 팔(八)자걸음을 하는 사람(儿)

훈 또
음 역

亦是(역시) 亦然(역연)

亦然(역연) : 마찬가지로 그러함

1129　彳　총7획　3급Ⅱ

役

무기(殳)를 들고 걸어가면서(彳) 사람을 **부림**

훈 부릴
음 역

配役(배역) 用役(용역) 懲役(징역) 荷役(하역)
戰役(전역) 使役(사역) 役割分擔(역할분담)

荷役(하역) : 짐을 싣고 내리는 것
戰役(전역) : 전쟁을 의미

1130　日　총8획　4급

易

햇살(日)이 **바뀌며** 비추는 것은 **쉬움**

훈 1)바꿀
　　2)쉬울
음 1)역: 2)이:

貿易(무역) 交易(교역) 周易(주역) 容易(용이)
易地思之(역지사지)[370] 安易(안이) 簡易驛(간이역)

周易(주역) : 음양오행을 설명한 중국의 철학서
容易(용이) : 매우 쉬움

1131 逆 辶(辵) 총10획 4급Ⅱ

반대되는 곳으로 향해 가는(辶) 것

- 훈 거스를
- 음 역

逆境(역경) 逆說(역설) 逆流(역류) 逆行(역행)
逆襲(역습) 逆謀(역모) 拒逆(거역)

逆境(역경) : 매우 어렵게 된 처지
逆襲(역습) : 공격을 받던 쪽에서 도리어 상대방을 공격하는 것

1132 疫 疒 총9획 3급Ⅱ

병(疒)이 옮아가는(殳)는 전염병

- 훈 전염병
- 음 역

紅疫(홍역) 疫疾(역질) 防疫(방역) 免疫(면역)
檢疫所(검역소) 口蹄疫(구제역)

疫疾(역질) : 한의학에서 천연두를 이르는 말
檢疫所(검역소) : 전염병이나 해충 등을 검사하기 위해 설치한 기관

1133 域 土 총11획 4급

사방(口)의 토지(土)를 무기(戈)를 들고 지키는 지경

- 훈 지경
- 음 역

領域(영역) 住居地域(주거지역) 聖域(성역)
行政區域(행정구역)

聖域(성역) : 함부로 침범할 수 없는 지역

1134 譯 言 총20획 3급Ⅱ

말(言)로 다른 나라를 살펴보는(睪) 것이 번역

- 훈 번역할
- 음 역

飜譯(번역) 譯官(역관) 直譯(직역) 意譯(의역)
內譯書(내역서) 通譯官(통역관)

直譯(직역) : 단어 의미 자체에 중점을 두고 하나하나 번역한 것
內譯書(내역서) : 물품이나 금액 등을 기록한 문서

1135 驛 馬 총23획 3급Ⅱ

항상 살펴보며(睪) 탈 수 있는 말(馬)을 내어주는 역

- 훈 역
- 음 역

驛前(역전) 驛長(역장)
驛務員(역무원) 簡易驛(간이역)

驛長(역장) : 역의 사무를 총괄하는 자
簡易驛(간이역) : 역무원이 없이 정차만 하는 작은 역

1136 延 廴 총7획 4급

바른(正) 것을 길게 잡아끌어(廴) 늘임

- 훈 늘일
- 음 연

延期(연기) 延着(연착) 延滯(연체) 延命(연명)
遲延(지연) 順延(순연) 延長戰(연장전)

延期(연기) : 정해진 기간보다 늘리는 것
延命(연명) : 겨우 목숨을 이어 살아감

1137 沿 氵(水) 총8획 3급Ⅱ

산 속의 물(氵)이 골짜기(几) 입구(口)를 따라 흘러감

- 훈 물가
  따를
- 음 연(:)

沿邊(연변) 沿革(연혁) 沿海(연해)
沿岸漁業(연안어업)

沿邊(연변) : 물가, 철도 등을 따라 가는 둘레 부분
沿革(연혁) : 변해 내려온 발자취

1138 宴 宀 총10획 3급Ⅱ

해(日)질 때까지 편안히(安) 잔치를 즐기다.

- 훈 잔치
- 음 연

酒宴(주연) 祝賀宴(축하연)
披露宴(피로연) 回甲宴(회갑연) 宴會席(연회석)

披露宴(피로연) : 기쁜 일을 널리 알리기 위해 여는 잔치
宴會席(연회석) : 잔치가 벌어지는 자리

1139 軟 車 총11획 3급Ⅱ

수레(車)가 흔들리지 않도록 부드럽게(欠) 밧줄로 감음

- 훈 연할
- 음 연:

軟弱(연약) 軟骨(연골) 軟膏(연고)
軟體動物(연체동물)

軟骨(연골) : 나이가 어려 뼈가 아직 굳지 않은 상태
軟膏(연고) : 부드러워 주로 피부의 외상 등에 사용되는 약

1140 研 石 총11획 4급Ⅱ

돌(石)을 평평(平)해질 정도로 갈고 닦음

- 훈 갈
- 음 연

研究(연구) 研修(연수) 研磨(연마) 研究所(연구소)
研究員(연구원)

研究(연구) : 깊이 있게 조사하고 따짐
研磨(연마) : 고체를 갈고 닦거나 학문, 기술 따위를 힘써 배우는 것

1141 然

⺗(火) 총12획 7급

저녁(夕)에 개(犬)고기를 불(⺗)에 그슬려 먹는 데에는 **그러한** 이유가 있다.

然

훈 그러할
음 연

當然(당연) 忽然(홀연) 必然(필연) 不然(불연)
浩然之氣(호연지기)626 自然保護(자연보호)

忽然(홀연) : 갑자기
必然(필연) : 반드시 그렇게 되는 것

1146 燃

火 총16획 4급

그러한(然) 불(火)을 태우다.

燃

훈 불사를
음 연

燃料(연료) 燃燒(연소) 燃燈(연등)
完全燃燒(완전연소) 可燃性(가연성)

燃燒(연소) : 물질이 산소와 결합하여 많은 빛과 열을 내는 현상
可燃性(가연성) : 불에 타기 쉬운 성질

1142 硯

石 총12획 2급

살펴보며(見) 다루어야 하는 돌(石) 벼루

硯

훈 벼루
음 연:

硯滴(연적) 硯池(연지)
紙筆硯墨(지필연묵)

硯池(연지) : 물을 붓거나 먹이 고이는 벼루 앞쪽부분

1147 緣

糸 총15획 4급

실(糸)이 끊어지듯 **인연**도 끊어진다.

緣

훈 인연
음 연

因緣(인연) 血緣(혈연) 緣故(연고) 緣由(연유)
天生緣分(천생연분)540 緣木求魚(연목구어)371

血緣(혈연) : 핏줄로 이어진 관계
緣由(연유) : 어떤 일이 비롯된 이유

1143 煙

火 총13획 4급Ⅱ

불(火)을 붙이니 땅(土)에서 서(西)쪽으로 **연기**가 피어오름

煙

훈 연기
음 연

煙氣(연기) 煙草(연초) 吸煙(흡연) 禁煙(금연)
煤煙(매연) 喫煙(끽연) 煙幕彈(연막탄)

煙草(연초) : 담배
煙幕彈(연막탄) : 폭발 시 짙은 연기를 내뿜는 폭탄

1148 燕

⺗(火) 총16획 3급Ⅱ

꼬리가 둘로 갈라진(⺗) **제비**의 모습을 본뜬 글자

燕

훈 제비
음 연:

燕雀(연작) 燕息(연식)
燕尾服(연미복) 燕山君(연산군)

燕雀(연작) : 제비와 참새 혹은 도량이 좁은 사람을 비유한 말
燕尾服(연미복) : 남자용 서양 예복

1144 鉛

金 총13획 4급

잿빛을 띤 광석(金)

鉛

훈 납
음 연

亞鉛(아연) 鉛筆(연필) 黑鉛(흑연)
亞鉛鍍金(아연도금) 色鉛筆(색연필)

亞鉛(아연) : 무르고 광택이 나는 금속 원소

1149 悅

忄(心) 총10획 3급Ⅱ

마음(忄)이 **기쁨**(兌)

悅

훈 기쁠
음 열

喜悅(희열) 法悅(법열) 悅樂(열락)

法悅(법열) : 참된 이치를 깨달은 기쁨
悅樂(열락) : 기쁘고 즐거워함

1145 演

氵(水) 총14획 4급Ⅱ

물(氵)이 멀리까지(寅) **퍼져** 나감

演

훈 펼
음 연:

演技(연기) 演劇(연극) 演說(연설) 演習(연습)
競演大會(경연대회) 演出(연출) 講演會(강연회)

演技(연기) : 연기자가 등장인물의 성격, 행동을 표현하는 일
演說(연설) : 여러 사람 앞에 자신의 의견을 펼치는 일

1150 閱

門 총15획 3급

문(門) 앞에서 벗어(兌) 살펴봄

閱

훈 볼
음 열

檢閱(검열) 閱兵式(열병식)
閱覽室(열람실) 査閱臺(사열대)

檢閱(검열) : 조사하여 살펴보는 것
閱覽室(열람실) : 서적을 볼 수 있는 장소

1151 ⺗(火) 총15획 5급

熱

땅속(坴)의 씨앗(丸)이 솟아오르듯 **더운 열기(火)**

- 훈 더울
- 음 열

熱氣(열기) 熱烈(열렬) 熱帶魚(열대어) 熱情(열정)
以熱治熱(이열치열)[427] 熱帶地方(열대지방)

熱烈(열렬) : 애정이나 태도가 매우 강렬한 것
熱情(열정) : 애정을 갖고 정신을 쏟는 것

1152 火 총8획 3급 Ⅱ

炎

활활(火) 타오르는(火) **불꽃**

- 훈 불꽃
- 음 염

炎症(염증) 暴炎(폭염) 肝炎(간염) 肺炎(폐렴)
腦炎(뇌염) 腦膜炎(뇌막염)

炎症(염증) : 생체 조직이 손상을 입었을 때 나타나는 발열
腦炎(뇌염) : 바이러스나 외부 자극으로 인해 뇌에 생기는 염증을 총칭

1153 木 총9획 3급 Ⅱ

染

나무(木)를 물(氵)그릇에 여러 번(九) 담가 물들임

- 훈 물들일
- 음 염:

染色(염색) 染料(염료) 染織(염직) 感染(감염)
傳染病(전염병) 汚染(오염) 染色體(염색체)

染料(염료) : 옷감 따위에 색을 들이는 데 사용되는 재료
感染(감염) : 미생물이 동물이나 식물의 몸속에 증식하는 것

1154 厂 총14획 2급

厭

언덕(厂)에 누워 낮(日)과 밤(月)을 가리지 않고
개고기(犬)를 먹다보니 **싫어짐**

- 훈 싫어할
- 음 염:

厭症(염증) 厭忌(염기) 厭惡(염오)
厭世主義(염세주의)

厭症(염증) : 싫어하는 느낌 혹은 그런 반응
厭忌(염기) : 싫어하고 꺼리는 것

1155 鹵 총24획 3급 Ⅱ

鹽

염밭(鹵)을 살펴(監) 만든 소금

- 훈 소금
- 음 염

鹽田(염전) 鹽分(염분)
鹽基性(염기성) 天日鹽(천일염) 食鹽水(식염수)

天日鹽(천일염) : 바닷물을 햇볕과 바람으로 증발시켜 만든 소금

1156 ⺿(艸) 총13획 5급

葉

세상(世)의 모든 나무(木) 위에 매달린 풀(⺿)잎

- 훈 잎
- 음 엽

葉茶(엽차) 葉書(엽서) 葉錢(엽전) 葉綠素(엽록소)
針葉樹(침엽수) 金枝玉葉(금지옥엽)[103]

針葉樹(침엽수) : 뾰족한 잎을 가진 겉씨식물
葉綠素(엽록소) : 빛에너지를 화학에너지로 전환시키는 녹색 색소

1157 水 총5획 6급

永

강이 여러 갈래로 **길게** 흘러가는 모양을 본뜬 글자

- 훈 길
- 음 영:

永遠(영원) 永久(영구) 永住(영주) 永續(영속)
永生(영생) 永劫(영겁) 永世中立國(영세중립국)

永遠(영원) : 끝없이 지속되는 상태
永住(영주) : 한 곳에 오래도록 사는 것

1158 辶(辵) 총8획 4급

迎

마중 나가(辶) 손님을 정중하게(卬) **맞이함**

- 훈 맞을
- 음 영

歡迎(환영) 迎入(영입) 迎接(영접) 迎合(영합)

迎接(영접) : 손님을 맞아 접대함
迎合(영합) : 사사로운 이익을 위해 아첨하며 좇음

1159 ⺿(艸) 총9획 6급

英

풀꽃(⺿)의 가운데 부분(央) **꽃부리**

- 훈 꽃부리
- 음 영

英語(영어) 英國(영국) 英雄(영웅) 英特(영특)
英韓辭典(영한사전) 英才教育(영재교육)

英雄(영웅) : 재능과 용맹함이 뛰어난 사람
英特(영특) : 남달리 뛰어남

1160 氵(水) 총8획 3급

泳

물(氵) 속에 오래도록(永) **헤엄치다.**

- 훈 헤엄칠
- 음 영

水泳(수영) 遊泳(유영) 背泳(배영) 蝶泳(접영)
潛泳(잠영) 混泳(혼영)

背泳(배영) : 위를 향해 누워 물을 양팔로 밀치면서 하는 수영
混泳(혼영) : 구간을 나누어 한 사람이 여러 방법으로 하는 수영

1161 日 총9획 4급

映

훈 비칠
음 영(:)

하늘(日)의 가운데(央)를 비춤

映像(영상) 映窓(영창) 上映(상영) 放映(방영)
映寫機(영사기) 國際映畫祭(국제영화제)

映窓(영창) : 빛이 잘 들어오기 위해 설치한 창
映寫機(영사기) : 필름에 촬영된 상을 영사막에 확대하여 비춰주는 기계

1162 言 총12획 3급

詠

훈 읊을
음 영:

말(言)을 늘여(永) 읊음

詠歌(영가) 詠嘆(영탄) 吟詠(음영)

詠嘆(영탄) : 목소리를 길게 뽑아 읊음
吟詠(음영) : 시가 등을 읊는 것

1163 木 총14획 4급Ⅱ

榮

훈 영화
음 영

나무(木)를 덮은(冖) 꽃이 반짝(火)거려 영화로움

榮華(영화) 榮光(영광) 榮譽(영예) 榮轉(영전)
榮位(영위) 榮辱(영욕) 榮枯盛衰(영고성쇠)374

榮轉(영전) : 더 좋은 자리로 옮김
榮辱(영욕) : 명예와 치욕

1164 彡 총15획 3급Ⅱ

影

훈 그림자
음 영:

빛(景)으로 그려낸(彡) 그림자

影像(영상) 影幀(영정) 撮影(촬영) 陰影(음영)
投影(투영) 影印本(영인본) 影響力(영향력)

影幀(영정) : 제사 때 쓰는 죽은 이의 사진
影印本(영인본) : 원본을 여러 가지 과학적 방법으로 복제한 인쇄물

1165 火 총17획 4급

營

훈 경영할
음 영

화려한 불빛에(火) 덮힌(冖) 집(呂)을 경영함

營利(영리) 營農(영농) 營倉(영창) 經營(경영)
兵營(병영) 營養士(영양사) 營業者(영업자)

營養士(영양사) : 과학적으로 식생활의 영양 상태를 관리하는 자
營倉(영창) : 위법한 행위를 한 군인을 가두기 위한 부대 안의 감옥

1166 頁 총13획 2급

預

훈 맡길
　　미리
음 예:

머리(頁)가 편안하려면(予) 맡길 줄도 알아야 한다.

預託(예탁) 預置(예치) 預血(예혈)
定期預金(정기예금)

預託(예탁) : 보호받을 수 있는 곳에 맡김
預血(예혈) : 피를 혈액은행에 맡김

1167 金 총15획 3급

銳

훈 날카로울
음 예:

물건을 분리하는(兌) 날카로운 쇠붙이(金)

銳敏(예민) 銳利(예리) 銳角(예각) 尖銳(첨예)
精銳(정예)

銳角(예각) : 직각보다 작은 각
尖銳(첨예) : 날카롭고 뾰족함

1168 豕 총16획 4급

豫

훈 미리
음 예:

코끼리(象)가 미리 죽을 곳을 마련함(予)

豫想(예상) 豫見(예견) 豫告(예고) 豫期(예기)
豫測(예측) 豫定(예정) 豫言者(예언자)

豫見(예견) : 일어날 일을 미리 짐작함
豫期(예기) : 닥쳐올 일을 미리 예상하고 기다림

1169 ++(艸) 총19획 4급Ⅱ

藝

훈 재주
음 예:

땅(坴)에 씨(丸)를 뿌리고 식물(++)을 기르는 재주

藝術(예술) 藝能(예능) 文藝(문예) 書藝(서예)
學藝(학예) 曲藝師(곡예사) 演藝界(연예계)

學藝(학예) : 학문과 예능 혹은 문학과 기예를 총칭하는 말
曲藝師(곡예사) : 재주넘기, 곡예 등을 업으로 하는 사람

1170 言 총21획 3급Ⅱ

譽

훈 기릴
음 예:

더불어(與) 말(言)하며 기림

譽望(예망) 譽聲(예성) 名譽(명예) 榮譽(영예)
毀譽(훼예) 名譽毀損罪(명예훼손죄)

譽望(예망) : 명예와 여러 사람들이 따르는 인망을 의미
毀譽(훼예) : 훼방과 칭찬을 함께 이르는 말

1171 午

十　총4획　　7급Ⅱ

절굿공이를 들어 올린 모양을 본뜬 글자

午

훈 낮
음 오:

午時(오시) 午前(오전) 午後(오후) 午餐(오찬)
正午(정오) 子午線(자오선)

午時(오시) : 오후 열한 시부터 한 시

1172 五

二　총4획　　8급

여러 선(一)이 교차하여 **다섯**이 됨

五

훈 다섯
음 오:

五月(오월) 五穀(오곡) 五福(오복) 五臟(오장)
五角形(오각형)

五臟(오장) : 다섯 가지 장기 간장, 심장, 폐장, 비장, 신장
五穀(오곡) : 다섯 가지의 주요 곡식 즉 쌀, 보리, 콩, 조, 기장

1173 汚

氵(水)　총6획　　3급

물(氵)이 한 곳에 오래 고여(亏) 더러움

汚

훈 더러울
음 오:

汚物(오물) 汚名(오명) 汚點(오점)
環境汚染(환경오염) 貪官汚吏(탐관오리)576

汚物(오물) : 지저분하고 더러운 물건
汚點(오점) : 명예롭지 못한 결점이나 흠

1174 吾

口　총7획　　3급

항상 다섯(五) 끼를 먹는(口) **나**

吾

훈 나
음 오

吾人(오인) 吾等(오등) 吾兄(오형) 吾輩(오배)
吾鼻三尺(오비삼척)378

吾兄(오형) : 친한 사이의 편지 글에서 상대방을 칭하는 말

1175 烏

灬(火)　총10획　　3급Ⅱ

눈(一)을 잃어버려 깜깜한 새(鳥) **까마귀**

烏

훈 까마귀
음 오

烏鵲橋(오작교) 烏骨鷄(오골계) 烏金(오금)
烏飛梨落(오비이락)379 烏合之卒(오합지졸)383

烏金(오금) : 구리에 금을 섞은 합금

1176 悟

忄(心)　총10획　　3급Ⅱ

내(吾) 생각의 중심(忄)을 깨달음

悟

훈 깨달을
음 오:

覺悟(각오) 孫悟空(손오공)
悟道(오도) 大悟覺醒(대오각성)

覺悟(각오) : 앞으로 할 일에 대한 마음의 준비 혹은 사물의 도리를 깨우쳐 앎

1177 娛

女　총10획　　3급

항상 나(吾)를 즐겁게 해주는 그녀(女)

娛

훈 즐길
음 오:

娛樂(오락) 娛樂室(오락실)

娛樂(오락) : 쉬는 시간을 이용하여 기분을 즐겁게 함

1178 梧

木　총11획　　2급

내(吾)가 좋아하는 나무(木) 오동나무

梧

훈 오동나무
음 오

梧桐(오동) 梧葉(오엽)

梧葉(오엽) : 오동나무의 잎

1179 嗚

口　총13획　　3급

까마귀(烏)가 목청(口) 높여 울어대니 **슬픔**

嗚

훈 슬플
음 오

嗚呼(오호) 嗚咽(오열)
嗚呼痛哉(오호통재)

嗚咽(오열) : 목이 메어 우는 것

1180 傲

亻(人)　총13획　　3급

멋대로 노는(敖) **거만한** 사람(亻)

傲

훈 거만할
음 오:

傲氣(오기) 傲慢(오만) 傲然(오연)
傲慢不遜(오만불손) 傲慢放恣(오만방자)

傲氣(오기) : 지기 싫어하는 마음 혹은 잘난체하며 방자한 것

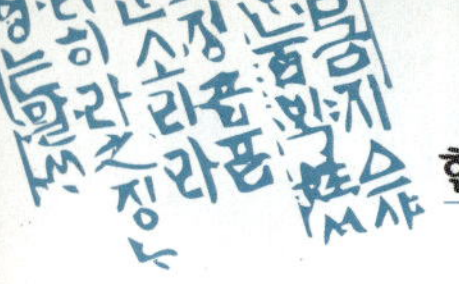

1181 | 言 총14획 | 4급 II

誤

큰소리(吳)로 말(言)을 하다 일을 **그르침**

誤

훈 그르칠
음 오:

誤解(오해) 誤謬(오류) 誤報(오보) 誤算(오산)
誤診(오진) 誤答(오답) 錯誤(착오)

誤謬(오류) : 그릇되어 맞지 않는 것
誤診(오진) : 병의 그릇된 진단

1182 | 玉 총5획 | 4급 II

玉

왕(王)의 목에 깨알같이 생긴 점(、)

玉

훈 구슬
음 옥

玉石(옥석) 玉篇(옥편) 玉座(옥좌) 玉碎(옥쇄)
玉童子(옥동자) 金科玉條(금과옥조)92

玉篇(옥편) : 한자의 음과 뜻을 하나하나 풀이해 놓은 책
玉碎(옥쇄) : 명예나 충절을 위해 목숨을 바침

1183 | 尸 총9획 | 5급

屋

몸(尸)이 머무는(至) 장소는 **집**

屋

훈 집
음 옥

屋上(옥상) 家屋(가옥) 韓屋(한옥) 洋屋(양옥)
社屋(사옥) 屋外集會(옥외집회)

韓屋(한옥) : 우리나라 고유의 건축 양식
社屋(사옥) : 신문사나 출판사 혹은 회사가 있는 건물

1184 | 犭(犬) 총14획 | 3급 II

獄

짖어대는(口) 개들(犭)을 가두는 **감옥**

獄

훈 옥
음 옥

地獄(지옥) 監獄(감옥) 獄舍(옥사) 獄中(옥중)
下獄(하옥) 投獄(투옥) 脫獄囚(탈옥수)

獄舍(옥사) : 죄인을 가두어 두는 곳
脫獄囚(탈옥수) : 감옥에서 몰래 빠져 나와 도망친 자

1185 | 氵(水) 총13획 | 6급

溫

죄수(囚)에게 물(氵)을 담아(皿) 건네는 **따뜻함**

溫

훈 따뜻할
음 온

溫泉(온천) 溫暖(온난) 溫和(온화) 溫水(온수)
溫情(온정) 體溫(체온)

溫和(온화) : 따뜻하고 부드러움
溫情(온정) : 사랑과 인정

1186 | 禾 총19획 | 2급

穩

벼(禾)를 가득 채워 두니 **편안함**

穩

훈 편안할
음 온

穩當(온당) 穩便(온편) 平穩(평온) 穩健派(온건파)

穩便(온편) : 사리에 맞으며 원만함
平穩(평온) : 조용하고 편안함

1187 | 羽 총10획 | 3급

翁

어른(公)이 되고 **늙어서** 깃털(羽)처럼 많은 수염을 갖게 됨

翁

훈 늙은이
음 옹

翁姑(옹고) 翁主(옹주) 老翁(노옹)

翁姑(옹고) : 시아버지와 시어머니

1188 | 扌(手) 총16획 | 3급

擁

두 손(扌)으로 감싸는(雍) 것이 포옹

擁

훈 안을
음 옹:

抱擁(포옹) 擁立(옹립) 擁護(옹호) 擁壁(옹벽)
人權擁護(인권옹호)

擁護(옹호) : 두둔하여 편드는 것

1189 | 瓦 총5획 | 3급 II

瓦

기와를 여러 개 엎어놓은 모양을 본뜬 글자

瓦

훈 기와
음 와:

瓦全(와전) 瓦家(와가) 瓦屋(와옥) 瓦解(와해)
瓦當(와당)

瓦全(와전) : 아무 보람 없이 목숨을 이어감
瓦解(와해) : (계획 등이) 산산이 부서짐

1190 | 臣 총8획 | 3급

臥

항상 **엎드려** 있는 사람(人)이 신하(臣)

臥

훈 누울
음 와:

臥床(와상) 臥龍(와룡) 臥病(와병)

臥龍(와룡) : 초야에 묻혀 있는 큰 인물
臥病(와병) : 병으로 앓아누움

1191 完 | 宀 총7획 | 5급

집(宀)에 근본(元)이 서서 **완전**해짐

훈 완전할
음 완

完全(완전) 完了(완료) 完結(완결) 完璧(완벽)
完治(완치) 完快(완쾌) 未完成(미완성)

完全(완전) : 모자라거나 흠이 없음
完治(완치) : 병이 완전히 나음

1192 緩 | 糸 총15획 | 3급 II

실(糸)을 당기니(爰) 느슨해짐

훈 느릴
음 완:

緩衝(완충) 緩慢(완만) 緩急(완급) 緩和(완화)
緩曲(완곡) 緩行列車(완행열차)

緩衝(완충) : 충돌을 누그러뜨림
緩曲(완곡) : 모나지 않고 부드러움

1193 曰 | 曰 총4획 | 3급

입(口) 안의 혀(一)로 **말함**

훈 가로
음 왈

孔子曰(공자왈) 孟子曰(맹자왈) 曰牌(왈패)
曰可曰否(왈가왈부)

曰牌(왈패) : 말투나 행동이 단정치 못하고 부산한 사람

1194 王 | 王(玉) 총4획 | 8급

하늘, 땅, 인간 세 가지(三)를 꿰뚫는(丨) 존재가 임금

훈 임금
음 왕

王權(왕권) 王位(왕위) 王室(왕실) 王子(왕자)
王妃(왕비) 王冠(왕관) 朝鮮王朝(조선왕조)

王權(왕권) : 왕이 지닌 권위
王冠(왕관) : 임금이 머리에 쓰는 관

1195 往 | 彳 총8획 | 4급 II

왕(主)의 명령이 전달되어(彳) 퍼져감

훈 갈
음 왕:

往來(왕래) 往復(왕복) 往診(왕진) 往年(왕년)
旣往(기왕) 說往說來(설왕설래)303

往診(왕진) : 의사가 환자가 있는 곳으로 가 진찰함
旣往(기왕) : 이미 지나감

1196 歪 | 止 총9획 | 2급

올바른(正) 교육을 받지 못해(不) **비뚤**어짐

훈 비뚤
음 왜, 외

歪曲(왜곡) 歪形(왜형) 歪力(왜력)
歷史歪曲(역사왜곡)

歪曲(왜곡) : 사실과 다른 그릇된 해석
歪形(왜형) : 비뚤어진 생김새

1197 外 | 夕 총5획 | 8급

바깥의 달(夕) 모양으로 점(卜)을 침

훈 바깥
음 외:

外國(외국) 外部(외부) 外出(외출) 外貌(외모)
外柔內剛(외유내강)391 外科(외과) 外務部(외무부)

外貌(외모) : 겉으로 드러난 모양
外務部(외무부) : 외교 정책을 담당하는 국가 기관

1198 畏 | 田 총9획 | 3급

밭(田)에서 호통 치는 어른을 두려워함

훈 두려워할
음 외:

敬畏(경외) 畏敬(외경) 畏怯(외겁) 畏忌(외기)

敬畏(경외) : 공경하여 두려워함
畏忌(외기) : 두려워하여 꺼림

1199 妖 | 女 총7획 | 2급

야단스레 **요사**를 떨다 일찍 요절한(夭) 여자(女)

훈 요사할
음 요

妖邪(요사) 妖術(요술) 妖精(요정) 妖鬼(요귀)
妖怪(요괴) 妖艶(요염) 妖婦(요부)

妖術(요술) : 기이한 재주
妖怪(요괴) : 요사스런 귀신

1200 要 | 襾(両) 총9획 | 5급 II

요긴한 것은 가리고(襾) 숨겨두는 여자(女)

훈 요긴할
음 요(:)

要點(요점) 要約(요약) 要所(요소) 要塞(요새)
要望(요망) 要請(요청) 募集要綱(모집요강)

要點(요점) : 중심이 되는 사실 혹은 관점
要望(요망) : 이루어지도록 간절히 바람

1201 搖 扌(手) 총13획 · 3급

한 손(扌)에는 질그릇(缶) 다른 손엔 고기(月)를 들고 흔들거림

搖

훈 흔들
음 요

搖籃(요람) 搖動(요동) 動搖(동요)
搖之不動(요지부동)

搖籃(요람) : 아기를 재우는 바구니
搖動(요동) : 물체 따위가 흔들려 움직임

1202 遙 辶(辵) 총14획 · 3급

질그릇(缶)에 담은 고기(月)를 들고 가는(辶) 먼 길

遙

훈 멀
음 요

遙遠(요원) 遙天(요천) 遙拜(요배) 逍遙(소요)

遙拜(요배) : 멀리 떨어져 있는 연고지를 향해 하는 절
逍遙(소요) : 이리저리 거닐며 돌아다님

1203 腰 月(肉) 총13획 · 3급

몸통(月)의 중요한(要) 부분이 허리

腰

훈 허리
음 요

腰痛(요통) 腰絕(요절) 腰帶(요대) 腰椎(요추)
腰折腹痛(요절복통)

腰帶(요대) : 허리띠
腰椎(요추) : 허리등뼈

1204 謠 言 총17획 · 4급Ⅱ

달빛(月) 아래 질그릇(缶)을 들고 노래를 부름(言)

謠

훈 노래
음 요

歌謠(가요) 童謠(동요) 民謠(민요)
大衆歌謠(대중가요)

民謠(민요) : 일반 민중들 사이에서 불려오던 노래

1205 曜 日 총18획 · 5급

태양(日) 아래 빛나는 새(隹)의 깃털(羽)

曜

훈 빛날
음 요

曜日(요일) 日曜日(일요일)
月曜病(월요병)

月曜病(월요병) : 한 주가 시작되는 월요일마다 무기력과 피로를 느끼는 현상

1206 辱 辰 총10획 · 3급Ⅱ

별(辰)이 알려주는 지시를 어기는 마을(寸)은 욕을 먹음

辱

훈 욕될
음 욕

辱說(욕설) 屈辱(굴욕) 侮辱(모욕) 困辱(곤욕)
恥辱(치욕) 凌辱(능욕) 汚辱(오욕)

困辱(곤욕) : 참기 힘든 모욕
汚辱(오욕) : 명예를 더럽힘

1207 浴 氵(水) 총10획 · 5급

물(氵)이 있는 골짜기(谷)에서 목욕을 함

浴

훈 목욕할
음 욕

沐浴(목욕) 浴湯(욕탕) 浴槽(욕조) 浴室(욕실)
海水浴(해수욕) 日光浴(일광욕)

浴槽(욕조) : 목욕물을 담은 용기
海水浴(해수욕) : 바다에서 더위를 피하며 즐기는 것

1208 欲 欠 총11획 · 3급Ⅱ

막힌 골짜기(谷)의 통로를 열고자(欠) 함

欲

훈 하고자할
음 욕

欲求(욕구) 欲海(욕해)
欲速不達(욕속부달)395 欲求不滿(욕구불만)

欲求(욕구) : 강하게 하고자 하는 마음

1209 慾 心 총15획 · 3급Ⅱ

하려고 하는(欲) 마음(心)이 욕심

慾

훈 욕심
음 욕

慾心(욕심) 慾望(욕망) 貪慾(탐욕) 過慾(과욕)

慾望(욕망) : 지나치게 가지고자 하는 마음
貪慾(탐욕) : 지나친 욕심

1210 用 用 총5획 · 6급Ⅱ

점(卜)을 맞춘(中) 후에 사용함

用

훈 쓸
음 용:

用件(용건) 用務(용무) 用途(용도) 用例(용례)
水陸兩用(수륙양용) 用器(용기) 使用量(사용량)

用途(용도) : 쓰이는 곳
使用量(사용량) : 쓰임의 양

1211 力 총9획 **6급Ⅱ**

勇

힘차게(力) 솟아오르는 모양(甬)이 **날랠**

勇

훈 날랠
음 용:

勇士(용사) 勇猛(용맹) 勇敢(용감) 勇氣(용기)
武勇談(무용담)

勇猛(용맹) : 날래고 사나움
武勇談(무용담) : 용감하게 싸워 공을 세운 이야기

1212 宀 총10획 **4급Ⅱ**

容

골짜기(谷)처럼 많은 집(宀)에 **얼굴**들이 가득함

容

훈 얼굴
음 용

容恕(용서) 容量(용량) 容易(용이) 容納(용납)
容疑者(용의자) 容貌端正(용모단정)

容易(용이) : 매우 쉬움
容納(용납) : 너그럽게 받아들임

1213 广 총11획 **3급**

庸

집에 절굿공이(庚)가 있으니 **떳떳함**

庸

훈 떳떳할
음 용

庸劣(용렬) 庸拙(용졸) 庸醫(용의) 中庸(중용)

庸劣(용렬) : 용맹스럽고 씩씩함
中庸(중용) : 모자라지도 치우치지도 않은 상태

1214 火 총14획 **2급**

熔

불(火)을 담아(容) **녹임**

熔

훈 녹을
음 용

熔接(용접) 熔巖(용암) 熔解(용해) 熔融(용융)
熔鑛爐(용광로) ※ 鎔과 同字

熔融(용융) : 녹아 섞임
熔鑛爐(용광로) : 금속을 녹이기 위해 제련한 가마

1215 亻(人) 총13획 **2급**

傭

사람(亻)이 쓰임에(庸) 맞는 곳에 **품을 팖**

傭

훈 품팔
음 용

雇傭(고용) 傭兵(용병) 傭船(용선)

傭兵(용병) : 급여를 주고 고용한 병사

1216 又 총2획 **3급**

又

오른손의 모양을 본뜬 글자

又

훈 또
음 우:

又況(우황) 又重之(우중지)

又況(우황) : 더군다나

1217 二 총3획 **3급**

于

숨이 막혀(丂) 몸이 하나(一)로 구부러진 모양을
나타냄

于

훈 어조사
음 우

于先(우선) 于今(우금)
于山國(우산국)

于今(우금) : 지금까지

1218 又 총4획 **5급Ⅱ**

友

손과 손을(又) 맞잡은 **친구**들의 우정

友

훈 벗
음 우:

友情(우정) 友邦(우방) 友好(우호)
朋友有信(붕우유신) 戰友愛(전우애)

友好(우호) : 서로 사이가 좋음
戰友愛(전우애) : 전투 속에서 싹튼 우정

1219 尢 총4획 **3급**

尤

절름발이(尢)에 티눈(丶)까지 생겨 **더욱** 아픔

尤

훈 더욱
음 우

尤物(우물) 尤甚(우심) 尤極(우극)

尤甚(우심) : 더욱 심함

1220 牛 총4획 **5급Ⅱ**

牛

사람(人) 열(十)명의 몫을 하는 **소**

牛

훈 소
음 우

牛乳(우유) 牛黃(우황) 牛角(우각) 黃牛(황우)
牛耳讀經(우이독경) 400

牛黃(우황) : 소의 병으로 쓸개에 생긴 덩어리. 중풍, 강장제로 사용

1221 口 총5획 7급Ⅱ

右
훈 오른
음 우:

오른손을 본뜬 모양과 입 구(口)자가 이루어진 글자

右側(우측) 右議政(우의정) 右文(우문) 右翼(우익)
右往左往(우왕좌왕) 左衝右突(좌충우돌)517

右議政(우의정) : (조선) 의정부 정1품에 속한 벼슬
右文(우문) : 문(文)을 숭상

1222 宀 총6획 3급Ⅱ

宇
훈 집
음 우:

지붕(宀)이 넓게(于) 펼쳐져 있는 **집**

宇宙(우주) 宇內(우내) 天宇(천우) 宇宙船(우주선)

宇內(우내) : 온 세상
天宇(천우) : 하늘 전체

1223 羽 총6획 3급Ⅱ

羽
훈 깃
음 우:

새의 깃털 모양을 본뜬 글자

羽毛(우모) 羽檄(우격) 羽聲(우성)

羽檄(우격) : 급한 일이 있을 때 보내던 격문

1224 雨 총8획 5급Ⅱ

雨
훈 비
음 우:

하나(一)의 점(丶)들은 물방울이 되고 천(巾)을 적실만큼 비가 옴

雨傘(우산) 雨雹(우박) 雨衣(우의) 雨天(우천)
降雨量(강우량) 雨後竹筍(우후죽순)402

雨天(우천) : 비오는 날씨
降雨量(강우량) : 일정 기간 비가 내린 양

1225 亻(人) 총11획 3급Ⅱ

偶
훈 짝
음 우:

사람(亻)과 원숭이(禺)가 **짝**을 이룸

偶然(우연) 偶發(우발) 配偶(배우) 偶發的(우발적)
偶像化(우상화)

偶發(우발) : 우연히 일어남
偶像化(우상화) : 숭배의 대상이 됨

1226 辶(辵) 총13획 4급

遇
훈 만날
음 우

걸어가다(辶) 원숭이(禺)를 만남

待遇(대우) 禮遇(예우) 不遇(불우)
千載一遇(천재일우)546 處遇改善(처우개선)

禮遇(예우) : 정중히 대함
不遇(불우) : 때를 만나지 못해 불행함

1227 心 총13획 3급Ⅱ

愚
훈 어리석을
음 우:

원숭이(禺)처럼 분별하는 마음(心)이 없는 **어리석음**

愚劣(우열) 愚鈍(우둔) 愚弄(우롱) 愚直(우직)
愚昧(우매) 愚問賢答(우문현답)

愚弄(우롱) : 놀림
愚直(우직) : 고지식함

1228 阝(邑) 총11획 4급

郵
훈 우편
음 우

변두리(垂) 마을(阝)에 보내는 **우편**

郵送(우송) 郵票(우표)
郵遞局(우체국) 郵便配達夫(우편배달부)

郵送(우송) : 우편으로 보내는 것
郵票(우표) : 우편의 요금을 표시하는 증표

1229 心 총15획 3급Ⅱ

憂
훈 근심
음 우

머리(頁)와 마음(心)속의 근심을 걸으며(夊) 달램

憂慮(우려) 憂愁(우수) 杞憂(기우)
內憂外患(내우외환)121 憂鬱症(우울증)

憂慮(우려) : 애태우며 걱정함
憂鬱症(우울증) : 기분이 언짢은 상태

1230 亻(人) 총17획 4급

優
훈 넉넉할
음 우

걱정해(憂)주는 사람(亻)이 있어 마음이 **넉넉함**

優勢(우세) 優良兒(우량아) 優待(우대)
優勝(우승) 優等列車(우등열차)

優勢(우세) : 세력이 강함
優待(우대) : 특별히 잘 대우함

1231 二 총4획 3급

云

훈 이를
음 운

각각(二) 아무개(厶)라고 **이름**

云云(운운) 云謂(운위)

云云(운운) : 이러이러함

1232 雨 총12획 5급Ⅱ

雲

훈 구름
음 운

비(雨)를 내리게 하는(云) 것이 **구름**

星雲(성운) 雲霧(운무) 雲集(운집) 雲海(운해)

雲霧(운무) : 구름과 안개
雲集(운집) : 많은 사람이 떼를 지어 모임

1233 辶(辵) 총13획 6급Ⅱ

運

훈 옮길
음 운:

군사(軍) 계획을 천천히 **옮김**

運轉(운전) 運送(운송) 運搬(운반) 運河(운하)
運命(운명) 幸運(행운)

運河(운하) : 배가 운항을 위해 육지에 파 놓은 물길
運命(운명) : 정해진 운수

1234 音 총19획 3급Ⅱ

韻

훈 운
음 운:

둥글게(圓) 울리는 소리(音)가 운

韻律(운율) 韻文(운문) 韻致(운치) 韻響(운향)
東國正韻(동국정운)

韻律(운율) : 시의 일정한 격식
韻響(운향) : 시의 운율이 일으키는 멋스러움

1235 鬯 총29획 2급

鬱

훈 답답할
음 울

우거진 나무들(木) 속에서 술(鬯)을 마시며 **답답함**을 달램

鬱火(울화) 鬱寂(울적) 鬱憤(울분) 憂鬱症(우울증)
鬱陵島(울릉도)

鬱寂(울적) : 답답하고 쓸쓸함
鬱憤(울분) : 답답하고 분한 마음

1236 隹 총12획 5급

雄

훈 수컷
음 웅

넓은(宏) 날개를 지닌 새(隹)의 **수컷**

雄壯(웅장) 雄辯(웅변) 雄傑(웅걸) 雄飛(웅비)
英雄(영웅) 大雄殿(대웅전)

雄壯(웅장) : 압도될 정도로 굉장함
雄飛(웅비) : 기운차고 활동적임

1237 儿 총4획 5급Ⅱ

元

훈 으뜸
음 원

사람(儿)이 둘(二)이면 그 중 으뜸이 있다.

元祖(원조) 元素(원소) 元旦(원단) 元兇(원흉)
元老(원로) 身元(신원) 國家元首(국가원수)

元旦(원단) : 설날 아침
元兇(원흉) : 악의 우두머리

1238 艹(艸) 총9획 2급

苑

훈 나라동산
음 원

풀(艹)이 가득해 뒹굴 수 있는(夗) 동산

鹿苑(녹원) 祕苑(비원)

鹿苑(녹원) : 사슴을 기르는 뜰

1239 心 총9획 4급

怨

훈 원망할
음 원:

누워 있을(夗) 때도 마음(心)속에 **원망**이 가득하다.

怨恨(원한) 怨望(원망) 怨讐(원수) 怨聲(원성)
民怨(민원) 哀怨(애원) 宿怨(숙원)

民怨(민원) : 백성의 원망
宿怨(숙원) : 오래 품고 있는 원한

1240 厂 총10획 5급

原

훈 언덕
음 원

기슭(厂)에 물(泉)이 흐르는 **언덕**

原則(원칙) 原料(원료) 原油(원유) 原動力(원동력)
原始人(원시인) 高原地帶(고원지대)

原則(원칙) : 근본이 되는 법칙
原動力(원동력) : 힘이 되는 원천

1241 口 총10획 4급Ⅱ

員

조개(貝)를 잡기 위해 입(口)소문을 타고 모인 **인원**

훈 인원
음 원

人員(인원) 職員(직원) 社員(사원) 敎員(교원)
充員(충원) 滿員(만원) 會員(회원)

人員(인원) : 단체를 이루고 있는 구성원
滿員(만원) : 정한 인원이 가득 참

1242 阝(阜) 총10획 5급

院

튼튼하게(完) 만든 언덕(阝) 위의 **집**

훈 집
음 원

學院(학원) 病院(병원) 院長(원장) 大法院(대법원)
監査院(감사원) 大學院(대학원)

學院(학원) : 학생들에게 배움을 전달하기 위해 설립된 사립 교육 기관
監査院(감사원) : 국가의 세입과 세출 및 공무원의 직무를 살피는 기관

1243 扌(手) 총12획 4급

援

손(扌)으로 당겨(爰)주며 **도와줌**

훈 도울
음 원:

援助(원조) 援用(원용) 援軍(원군) 支援(지원)
救援投手(구원투수) 請援(청원) 應援團(응원단)

援軍(원군) : 자국에 도움을 주기 위한 군대
請援(청원) : 바라는 바를 요청함

1244 口 총13획 4급Ⅱ

圓

조개(貝)를 에워싼(口) 어망이 **둥근** 모양이다.

훈 둥글
음 원

圓滿(원만) 圓滑(원활) 圓熟(원숙) 圓卓(원탁)
圓柱(원주) 圓錐(원추) 楕圓形(타원형)

圓滿(원만) : 모난 데가 없이 너그러움
圓熟(원숙) : 매우 익숙함 혹은 인격이나 지식 따위가 깊고 원만함

1245 口 총13획 6급

園

치렁치렁(袁) 열린 열매로 둘러싸인(口) **동산**

훈 동산
음 원

庭園(정원) 幼稚園(유치원) 園頭幕(원두막)
果樹園(과수원) 園藝(원예) 國立公園(국립공원)

庭園(정원) : 식물 등을 가꾸기 위해 집안에 마련해 놓은 뜰
園藝(원예) : 채소, 식물 따위를 집약적으로 가꾸는 일

1246 氵(水) 총13획 4급

源

샘(原)은 물(氵)의 **근원**

훈 근원
음 원

根源(근원) 發源地(발원지)
語源(어원) 源泉徵收(원천징수) 天然資源(천연자원)

語源(어원) : 말이 이루어진 근원
發源地(발원지) : 물줄기가 시작된 곳

1247 辶(辵) 총14획 6급

遠

옷자락(袁)을 펄럭이며 **멀어져** 가는(辶) 모습

훈 멀
음 원:

遠近(원근) 遠視(원시) 遠隔(원격) 遠距離(원거리)
遠征隊(원정대)

遠隔(원격) : 멀리 떨어짐
遠征隊(원정대) : 먼 곳으로 싸우러 나간 무리

1248 頁 총19획 5급

願

머릿속(頁)의 근원(原)을 밝히기를 **원함**

훈 원할
음 원:

所願(소원) 念願(염원) 請願(청원) 歎願書(탄원서)
志願兵(지원병) 入學願書(입학원서)

所願(소원) : 바라는 바
歎願書(탄원서) : 도와주기를 간절히 바라는 글

1249 月 총4획 8급

月

이지러진 **달**의 모양을 본뜬 글자

훈 달
음 월

月給(월급) 月次(월차) 月貰(월세) 月末(월말)
皆旣月蝕(개기월식) 月刊(월간) 月賦金(월부금)

月末(월말) : 그 달의 끝
月刊(월간) : 한 달에 한 번씩 출간하는 것 혹은 간행물을 의미

1250 走 총12획 3급Ⅱ

越

도끼(戌)를 들고 달리며(走) 산을 **넘음**

훈 넘을
음 월

越南(월남) 越北(월북) 越等(월등)
越牆(월장) 越冬(월동) 越尺(월척) 超越(초월)

超越(초월) : 어떤 한계나 기준을 넘는 것
越等(월등) : 현저하게 뛰어남

1251	巳(卩) 총6획	4급

危
훈 위태할
음 위

언덕(厂) 위에 사람이 웅크리고(巳) 있어 **위태로움**

危殆(위태) 危險(위험) 危害(위해) 危篤(위독)
危重(위중) 安危(안위) 危機意識(위기의식)

危篤(위독) : 병이 심하여 생명이 위험함
安危(안위) : 편안함과 위태로움

1256	亻(人) 총11획	5급Ⅱ

偉
훈 클
음 위

어긋날(韋) 정도의 큰 이상을 가진 사람(人)

偉人(위인) 偉大(위대) 偉力(위력) 偉業(위업)
偉容(위용) 偉人傳記(위인전기)

偉力(위력) : 위대한 힘
偉業(위업) : 뛰어난 업적

1252	亻(人) 총7획	5급

位
훈 자리
음 위

사람이(亻) 사람으로 설 수(立) 있게 하는 **자리**

位置(위치) 位相(위상) 順位(순위) 單位(단위)
位階秩序(위계질서) 地位(지위) 滿水位(만수위)

地位(지위) : 차지하는 위치
滿水位(만수위) : 물이 가득 찼을 때의 높이

1257	寸 총11획	2급

尉
훈 벼슬
음 위

법도(寸)의 엄격함을 보여주는(示) 사람(尸)의 **벼슬**

尉官(위관)194 少尉(소위) 中尉(중위) 准尉(준위)
大尉(대위) 駙馬都尉(부마도위)

尉官(위관) : 준위, 소위, 중위, 대위의 하급 장교를 총칭
准尉(준위) : 소위의 아래로 위관 계급의 가장 아래에 위치

1253	女 총8획	4급

委
훈 맡길
음 위

곡식(禾)이 가득한 곳간 열쇠를 안사람(女)에게 **맡김**

委託(위탁) 委囑(위촉) 委任狀(위임장)
委員會(위원회) 教育委員會(교육위원회)

委囑(위촉) : 다른 사람에게 맡기는 것

1258	爫(爪) 총12획	4급Ⅱ

爲
훈 할
음 위(:)

원숭이의 손톱, 머리, 눈, 몸통, 다리를 형상화한 글자

所爲(소위) 爲主(위주) 爲民(위민) 爲始(위시)
無爲徒食(무위도식)194 營爲(영위) 爲政者(위정자)

爲主(위주) : 으뜸으로 삼음
營爲(영위) : 어떤 일을 꾸려 나감

1254	月(肉) 총9획	3급Ⅱ

胃
훈 밥통
음 위

음식물(田)이 들어있는 몸(月) 부위가 **밥통**

胃腸(위장) 胃癌(위암) 胃壁(위벽) 胃痛(위통)
胃潰瘍(위궤양) 胃酸過多(위산과다)

胃壁(위벽) : 염산, 펩신 등을 분비하는 위의 안쪽 벽
胃潰瘍(위궤양) : 위의 점막에 상처가 생겨 출혈하기 쉬운 상태

1259	囗 총12획	4급

圍
훈 에워쌀
음 위

군사들이(韋) 둘러(囗) **에워쌈**

範圍(범위) 包圍網(포위망)
廣範圍(광범위) 雰圍氣(분위기) 周圍環境(주위환경)

包圍網(포위망) : 빈틈없이 둘러싼 체계
雰圍氣(분위기) : 둘러싸고 있는 기운

1255	女 총9획	4급

威
훈 위엄
음 위

여자(女)들도 창을(戌) 들고 나가 나라의 **위엄**을 세움

威嚴(위엄) 威脅(위협) 威勢(위세) 威信(위신)
威容(위용) 威風堂堂(위풍당당)407

威嚴(위엄) : 존경할만한 엄숙한 기세
威容(위용) : 위엄찬 모습

1260	辶(辵) 총13획	3급

違
훈 어길
음 위

어슬렁거리며(辶) 주변을 돌아다니다(韋) 약속시간을 **어김**

違憲(위헌) 違和感(위화감)
違法行爲(위법행위) 交通違反(교통위반)

違憲(위헌) : 법에 어긋나는 것
違和感(위화감) : 조화되지 않는 느낌

1261 偽 亻(人) 총14획 3급Ⅱ

사람(亻)이 인위적으로 꾸미는(爲) **거짓말**

훈 거짓
음 위

偽造(위조) 偽裝(위장) 眞偽(진위) 虛偽(허위)
偽證罪(위증죄) 偽善者(위선자)

偽造(위조) : 거짓을 진짜처럼 속여 만듦
偽證罪(위증죄) : 증인이 고의로 허위 진술하여 생긴 죄

1262 慰 心 총15획 4급

편안한(尉) 마음(心)을 가질 수 있게 **위로함**

훈 위로할
음 위

慰勞(위로) 慰樂(위락) 慰問(위문) 自慰(자위)
慰安婦(위안부) 慰藉料(위자료)

慰勞(위로) : 괴로움과 슬픔을 달래주는 것
慰藉料(위자료) : 정신적 고통이나 피해에 대한 보상금

1263 緯 糸 총15획 3급

실(糸)로 가죽(韋)을 꿰맨 것이 **씨**(천을 가로로 짠 실)

훈 씨
음 위

緯度(위도) 緯線(위선) 經緯(경위) 北緯(북위)
南緯(남위)

經緯(경위) : 직물의 날과 씨 혹은 일이 진행된 과정
南緯(남위) : 적도에서 남극까지의 위도

1264 謂 言 총16획 3급Ⅱ

밥통(胃)을 **이르는** 다른 말(言)이 위

훈 이를
음 위

可謂(가위) 所謂(소위) 稱謂(칭위) 云謂(운위)

可謂(가위) : 한마디로 말하면
云謂(운위) : 일러 말하는 것

1265 衛 行 총16획 4급Ⅱ

군인(韋)들이 경계를 서면서(行) **지킴**

훈 지킬
음 위

衛兵(위병) 衛生兵(위생병) 護衛兵(호위병)
民防衛(민방위) 守衛(수위) 人工衛星(인공위성)

衛兵(위병) : 경비와 순찰의 임무를 맡은 병사
民防衛(민방위) : 민간이 주축이 되어 행하는 비군사적 방어

1266 由 田 총5획 6급

열매의 모양을 본뜬 글자로 나뭇가지로 **말미암아** 열리는 열매

훈 말미암을
음 유

自由(자유) 理由(이유) 緣由(연유) 由緒(유서)
經由地(경유지) 由來(유래) 事由書(사유서)

由緒(유서) : 예로부터 전해 내려오는 내력
事由書(사유서) : 일의 원인이나 조건을 적은 문서

1267 幼 幺 총5획 3급Ⅱ

어려서 힘(力)이 없는 작은(幺) 아이

훈 어릴
음 유

幼弱(유약) 幼蟲(유충) 幼年(유년)
長幼有序(장유유서) 幼稚園(유치원)

幼蟲(유충) : 다 자라지 않은 애벌레
幼年(유년) : 미숙함이 많은 어린 나이

1268 有 月 총6획 7급

오른손에 고기(月)를 가지고 **있음**

훈 있을
음 유:

有無(유무) 有能(유능) 有效(유효) 保有(보유)
有備無患(유비무환)411 有名人士(유명인사)

有效(유효) : 효력을 가짐
保有(보유) : 가지고 있음

1269 酉 酉 총7획 3급

술 단지 모양을 본뜬 글자로 **닭**이 홰에 오르는 시간에 술을 마심

훈 닭
음 유

酉方(유방) 酉時(유시) 酉年(유년)
癸酉靖難(계유정난)

酉時(유시) : 오후 다섯 시부터 일곱 시

1270 乳 乙 총8획 4급

손(爫)으로 자식(子)을 안아 **젖**을 먹임

훈 젖
음 유

乳房(유방) 牛乳(우유) 母乳(모유) 粉乳(분유)
授乳(수유) 乳酸菌(유산균) 乳母車(유모차)

粉乳(분유) : 우유 속의 수분을 증발시켜 만든 가루우유
乳母車(유모차) : 어린아이를 태워서 끌고 갈 수 있게 만든 수레

1271	氵(水)　총8획	6급

油

열매(由)에서 나온 액체(氵)가 **기름**처럼 부드러움

훈 기름
음 유

油田(유전) 油畫(유화) 石油(석유) 輕油(경유)
精油(정유) 揮發油(휘발유) 油槽船(유조선)

油田(유전) : 석유가 나는 곳
油畫(유화) : 물감에 기름을 개어 그리는 그림

1272	木　총9획	3급Ⅱ

柔

창(矛)의 손잡이로 쓰일 **부드러운** 나무(木)

훈 부드러울
음 유

柔順(유순) 柔軟性(유연성)
溫柔(온유)

柔軟性(유연성) : 부드러운 성질
溫柔(온유) : 온화하고 부드러움

1273	幺　총9획	3급Ⅱ

幽

작은(幺) 산(山)들이 모여 있어 **그윽한** 분위기가 남

훈 그윽할
음 유

幽靈(유령) 幽明(유명) 幽宅(유택) 幽閉(유폐)
深山幽谷(심산유곡)415

幽宅(유택) : 무덤
幽閉(유폐) : 깊이 가두어 둠

1274	心　총11획	3급Ⅱ

悠

마음(心)에 근심(攸)이 있어 실마리를 찾는 길이 **멀기만** 함

훈 멀
음 유

悠久(유구) 悠然(유연)
悠悠自適(유유자적)415

悠久(유구) : 아득할 정도로 오래된 것
悠然(유연) : 침착하고 여유가 있음

1275	口　총11획	3급

唯

새(隹) 주둥이(口)로 낼 수 있는 **오직** 한 단어

훈 오직
음 유

唯一(유일) 唯物論(유물론)
唯我獨尊(유아독존)412

唯一(유일) : 오직 하나
唯物論(유물론) : 정신 현상도 물질 작용의 하나로 보는 이론

1276	忄(心)　총11획	3급

惟

마음 속으로(忄) 이상(隹)을 **생각함**

훈 생각할
음 유

惟獨(유독) 思惟(사유) 伏惟(복유)

惟獨(유독) : 많은 것 가운데 특히

1277	犭(犬)　총12획	3급Ⅱ

猶

밥보다는 **오히려** 술(酋)을 더 좋아하는 개(犭)

훈 오히려
음 유

猶豫(유예) 猶子(유자) 猶女(유녀) 猶不足(유부족)
猶太人(유태인)

猶豫(유예) : 망설이고 미루는 기간
猶女(유녀) : 조카딸

1278	衤(衣)　총12획	3급Ⅱ

裕

골(谷)이 진 것처럼 품이 넉넉한 옷자락(衤)

훈 넉넉할
음 유:

裕福(유복) 裕足(유족) 富裕(부유) 餘裕(여유)
富裕層(부유층)

裕足(유족) : 여유 있고 풍족함
富裕層(부유층) : 물질적으로 풍족한 계층

1279	辶(辵)　총13획	4급

遊

깃발(㫃)을 들고 다니면서(辶) **노는** 아이

훈 놀
음 유

遊戲(유희) 遊擊隊(유격대) 遊覽船(유람선)
遊園地(유원지) 遊興施設(유흥시설)

遊戲(유희) : 즐겁게 놂
遊覽船(유람선) : 구경하며 즐기는 사람을 태우는 배

1280	心　총13획	3급Ⅱ

愈

마음(心)속의 불안이 점점(兪) **나아짐**

훈 나을
음 유

韓愈(한유) 愈往愈篤(유왕유독)

韓愈(한유) : 당나라의 문인이자 정치가

1281 糸 총14획 3급Ⅱ

維

실로(糸) **벼리**를 만들어 새(隹)를 잡음

훈 벼리
음 유

維持(유지) 維持費(유지비)
維那(유나) 維新體制(유신체제) 維新憲法(유신헌법)

維持費(유지비) : 지탱하는 데 드는 비용
維那(유나) : 절에서 재(齋) 의식을 담당하는 자

1282 言 총14획 3급Ⅱ

誘

아름다운(秀) 말(言)로 사람을 **꾀어 냄**

훈 꾈
음 유

誘引(유인) 誘惑(유혹) 誘發(유발) 誘拐犯(유괴범)
誘導彈(유도탄)

誘引(유인) : 이끌어 냄
誘導彈(유도탄) : 유도에 따라 목표물에 닿아 폭발하도록 만든 포탄

1283 辶(辵) 총16획 4급

遺

소중한(貴) 물건을 **남긴** 채 떠나감(辶)

훈 남길
음 유

遺言(유언) 遺物(유물) 遺族(유족) 遺傳子(유전자)
遺腹子(유복자) 文化遺産(문화유산)

遺族(유족) : 죽은 이의 남아있는 가족
遺傳子(유전자) : 생물체의 유전 형질을 발현시키는 원인이 되는 인자

1284 亻(人) 총16획 4급

儒

사람(亻)의 소용됨(需)을 잘 아는 자가 **선비**

훈 선비
음 유

儒教(유교) 儒生(유생) 儒林(유림)
焚書坑儒(분서갱유)247

儒生(유생) : 유학을 공부하는 선비
儒林(유림) : 유학을 받드는 무리

1285 肉 총6획 4급Ⅱ

肉

잘라 낸 **고깃덩어리**의 모습을 본뜬 글자

훈 고기
음 육

肉類(육류) 肉聲(육성) 肉眼(육안) 精肉店(정육점)
肉體美(육체미) 肉食性(육식성)

肉聲(육성) : 입에서 나오는 소리
肉食性(육식성) : 육류를 일상적으로 섭취하는 성질

1286 月(肉) 총8획 7급

育

임산부의 몸(月)은 태어날 아이(子)를 **기르는** 소중한 몸

훈 기를
음 육

育兒(육아) 育成(육성) 養育(양육) 發育(발육)
飼育場(사육장) 育英事業(육영사업)

養育(양육) : 보살펴 자라게 함
飼育場(사육장) : 가축 등을 먹이고 기르는 곳

1287 門 총12획 3급

閏

윤달에는 임금(王)이 문(門)밖 출입을 하지 않음

훈 윤달
음 윤:

閏年(윤년) 閏月(윤월) 閏朔(윤삭) 閏秒(윤초)

閏月(윤월) : 1년 중 달수가 어느 해보다 많은 윤달을 의미
閏秒(윤초) : 시차를 조정하기 위해 더하거나 빼는 시간

1288 氵(水) 총15획 3급Ⅱ

潤

윤택하여 넘칠(閏)듯한 물(氵)

훈 윤택할
음 윤:

潤澤(윤택) 潤氣(윤기) 潤筆(윤필) 潤滑油(윤활유)

潤澤(윤택) : 매끄럽게 반짝이는 것
潤筆(윤필) : 그림이나 글을 쓰는 일

1289 虫 총16획 2급

融

솥(鬲)에 벌레(虫)를 녹여 만든 약

훈 녹을
음 융

融合(융합) 融化(융화) 融解(융해) 融資(융자)
融通性(융통성) 金融政策(금융정책)

融解(융해) : 녹아 없어짐
融通性(융통성) : 상황에 따라 유연하게 처리하는 방식

1290 心 총10획 4급Ⅱ

恩

의지하는(因) 사람에게 베푸는 마음(心)이 은혜

훈 은혜
음 은

恩惠(은혜) 恩寵(은총) 恩師(은사) 報恩(보은)
背恩忘德(배은망덕)222 結草報恩(결초보은)36

恩惠(은혜) : 고마움
恩師(은사) : 가르침을 준 스승

1291 金 총14획 6급

銀

황금(金)이 되지 못한 채 머무른(艮) 금속이 은

銀

훈 은
음 은

銀貨(은화) 銀幕(은막) 銀髮(은발)
銀賞(은상) 銀河水(은하수)

銀幕(은막) : 빛의 반사율이 높은 흰색의 막
銀髮(은발) : 백색의 머리털을 아름답게 지칭하는 말

1292 阝(阜) 총17획 4급

隱

언덕(阝)에 숨어 마음(心)을 표현하여 만든(彐) 작품(工)

隱

훈 숨을
음 은

隱匿(은닉) 隱退(은퇴) 隱遁(은둔) 隱語(은어)
隱喩法(은유법) 隱忍自重(은인자중)[419]

隱匿(은닉) : 몰래 감추는 것
隱語(은어) : 특정 계층의 사람들이 사용하기 위해 만든 말

1293 乙 총1획 3급II

乙

새의 모습을 본뜬 글자

乙

훈 새
음 을

甲乙(갑을) 甲論乙駁(갑론을박)[13]
乙未事變(을미사변) 乙巳條約(을사조약)

甲乙(갑을) : 우열의 첫 번째와 두 번째

1294 口 총7획 3급

吟

이제(今) 입(口)을 모아 외운 시를 읊어야 할 때

吟

훈 읊을
음 음

吟味(음미) 吟遊(음유) 呻吟(신음)
吟風弄月(음풍농월)[421]

吟味(음미) : 개념을 느끼며 생각함
吟遊(음유) : 시를 읊으며 떠돌아다님

1295 音 총9획 6급II

音

아침(日)을 알리는 소리에 자리에서 일어남(立)

音

훈 소리
음 음

音聲(음성) 音響(음향) 音階(음계) 音標(음표)
子音(자음) 母音(모음) 音樂家(음악가)

音響(음향) : 소리와 울림
音標(음표) : 음의 높낮이를 나타낸 기호

1296 氵(水) 총11획 3급II

淫

물(氵)속에서 손(爫)을 맞잡고 희희낙락하니(壬) 음란함

淫

훈 음란할
음 음

淫亂(음란) 淫蕩(음탕) 淫畫(음화)
淫談悖說(음담패설) 姦淫罪(간음죄)

淫畫(음화) : 음란한 내용을 담은 그림

1297 阝(阜) 총11획 4급II

陰

지금(今)은 언덕(阝)에 구름(云)이 끼어 그늘이 짐

陰

훈 그늘
음 음

陰地(음지) 陰散(음산) 陰凶(음흉)
陰謀(음모) 陰影(음영) 陰陽五行(음양오행)

陰凶(음흉) : 엉큼하고 흉악함
陰影(음영) : 그늘진 부분

1298 食 총13획 6급II

飲

먹거나(食) 마실 때는 하품(欠)할 때처럼 입을 크게 벌림

飲

훈 마실
음 음:

飲食(음식) 飲料水(음료수) 飲福(음복)
飲酒運轉(음주운전)

飲食(음식) : 먹고 마실 수 있는 것
飲福(음복) : 제사 후에 남은 음식을 나누어 먹는 일

1299 邑 총7획 7급

邑

사람(巴)으로 둘러싸인 곳이 고을

邑

훈 고을
음 읍

邑內(읍내) 邑長(읍장)
邑面洞(읍면동) 都邑地(도읍지)

邑長(읍장) : 지방 행정 기관 읍의 우두머리
都邑地(도읍지) : 한 나라의 중심지로 삼은 곳

1300 氵(水) 총8획 3급II

泣

눈가에 눈물(氵)이 줄지어 흐르게(立) 울고 있음

泣

훈 울
음 읍

泣訴(읍소) 泣諫(읍간) 泣眼(읍안) 泣哭(읍곡)
感泣(감읍) 涕泣(체읍) 泣斬馬謖(읍참마속)[422]

泣諫(읍간) : 매우 간절히 말함
感泣(감읍) : 눈물이 날 정도로 감격함

1301 冫 총16획 | 3급

凝

훈 엉길
음 응:

얼음(冫)처럼 쉽게 **엉기지** 못하는 두려움(疑)

凝固(응고) 凝結(응결) 凝縮(응축) 凝視(응시)
凝集力(응집력)

凝結(응결) : 엉기어 뭉침
凝視(응시) : 한 곳을 바라보는 것

1302 心 총17획 | 4급Ⅱ

應

훈 응할
음 응:

집(广)에 사는 새(隹)는 주인의 마음(心)에 응하여 행동함

應答(응답) 應用(응용) 應對(응대) 應酬(응수)
應試(응시) 應接室(응접실) 應援團(응원단)

應用(응용) : 이미 얻은 지식을 다른 곳에 이용
應酬(응수) : 상대방의 말이나 행동에 맞대응함

1303 衣 총6획 | 6급

衣

훈 옷
음 의

옷을 입고 여민 모양을 본뜬 글자

衣服(의복) 衣食住(의식주) 衣類(의류) 衣裳(의상)
好衣好食(호의호식)627 白衣民族(백의민족)232

衣食住(의식주) : 인간 생활에 필요한 세 가지 옷, 음식, 거주지
衣裳(의상) : 겉에 입는 모든 옷

1304 矢 총7획 | 3급

矣

훈 어조사
음 의

화살(矢)이 날아가 꽂히는 아무 곳(厶)

萬事休矣(만사휴의)169

1305 宀 총8획 | 3급

宜

훈 마땅
음 의

겨울엔 집(宀)에 많은(且) 곡식을 쌓아두는 것이 **마땅함**

宜當(의당) 便宜(편의) 時宜(시의)
時宜適切(시의적절) 便宜施設(편의시설)

宜當(의당) : 마땅히
時宜(시의) : 사정에 걸맞음

1306 亻(人) 총8획 | 4급

依

훈 의지할
음 의

추울 때 사람이(亻) **의지하는** 것이 옷(衣)

依支(의지) 依賴(의뢰) 依存(의존) 依據(의거)
依舊(의구) 舊態依然(구태의연)

依支(의지) : 도움을 받아 기대는 것
依舊(의구) : 예전과 다를 바 없음

1307 心 총13획 | 6급Ⅱ

意

훈 뜻
음 의:

말하고자(音) 하는 마음(心)의 생각이 뜻

意見(의견) 意思(의사) 意圖(의도) 意慾(의욕)
意味深長(의미심장) 民主意識(민주의식)

意圖(의도) : 하고자 하는 본뜻
意慾(의욕) : 적극적으로 하고자 하는 마음

1308 羊 총13획 | 4급Ⅱ

義

훈 옳을
음 의:

내(我)가 추구하는 것은 양(羊)처럼 순하고 **옳은** 이미지

義理(의리) 義絶(의절) 義手(의수) 義足(의족)
義警(의경) 正義(정의) 義務感(의무감)

義手(의수) : 손이 없는 이를 위해 만들어 붙인 손
義務感(의무감) : 마땅히 해야 한다고 느끼는 마음

1309 疋 총14획 | 4급

疑

훈 의심할
음 의

말을 그치고(矢) 가던 길을(疋)멈춰 서서 **의심함**

疑心(의심) 疑念(의념) 疑惑(의혹) 疑端(의단)
懷疑感(회의감) 疑問詞(의문사)

疑念(의념) : 믿지 못하는 생각
懷疑感(회의감) : 의심이 드는 마음

1310 亻(人) 총15획 | 4급

儀

훈 거동
음 의

사람이(亻) 지켜야 할 바른(義) 거동

儀禮(의례) 儀式(의식) 儀典(의전) 儀仗隊(의장대)
葬儀社(장의사) 禮儀凡節(예의범절)

儀典(의전) : 행사를 치르는 일정한 법식
葬儀社(장의사) : 장례에 제반되는 일을 담당하는 업소

1311 醫 酉 총18획 6급

醫

화살(矢)과 창(殳)으로 입은 상처를 술(酉)로 소독하는 **의원**

훈 의원
음 의

醫師(의사) 醫療(의료) 醫院(의원)
醫療保險(의료보험) 韓醫院(한의원) ※ 속자 : 医

醫療(의료) : 의술로 병을 치료하는 일
韓醫院(한의원) : 한의술로 병을 치료하는 곳

1312 議 言 총20획 4급Ⅱ

議

옳은(義) 의견(言)을 얻기 위해 **의논함**

훈 의논할
음 의

議論(의논) 議題(의제) 抗議(항의)
國會議員(국회의원) 國會議事堂(국회의사당)

議題(의제) : 의논해야 할 중심 문제
抗議(항의) : 반대의 뜻

1313 二 二 총2획 8급

二

하나(一)에 하나(一)를 더하여 둘이 됨

훈 두
음 이

二月(이월) 二重唱(이중창) 二重星(이중성)
二毛作(이모작) 二等(이등) 二律背反(이율배반)428

二重唱(이중창) : 두 사람이 한 성부를 나누어 함께 노래하는 것
二毛作(이모작) : 같은 토지에 일 년에 두 번 농사 짓는 일

1314 已 己 총3획 3급Ⅱ

已

뱀(巳)이 허물을 벗고 **이미** 도망가 버림

훈 이미
음 이

已往(이왕) 不得已(부득이)
已決(이결) 已往之事(이왕지사)

已往(이왕) : 이전에 혹은 그렇게 된 바에
不得已(부득이) : 어쩔 수 없이

1315 以 人 총5획 5급Ⅱ

以

사람(人)이 쟁기를 **써서** 밭을 감

훈 써
음 이

以上(이상) 以下(이하) 以內(이내) 以南(이남)
以熱治熱(이열치열)427 以心傳心(이심전심)426

以下(이하) : 수량이나 정도가 모자람 혹은 일정 기준 아래
以南(이남) : 기준으로 삼는 곳으로부터 남쪽

1316 而 而 총6획 3급

而

턱수염을 본뜬 글자

훈 말이을
음 이

而立(이립) 似而非(사이비) 博而不精(박이부정)207
形而上學(형이상학)

而立(이립) : 나이 서른을 이르는 말 《논어》 '위정편'
似而非(사이비) : 겉으로는 비슷해 보이나 완전히 다름

1317 耳 耳 총6획 5급

耳

귀의 모양을 본뜬 글자

훈 귀
음 이

耳順(이순) 牛耳讀經(우이독경)400
馬耳東風(마이동풍)164 耳鼻咽喉科(이비인후과)

耳順(이순) : 예순을 이르는 말 《논어》 '위정편'

1318 夷 大 총6획 3급

夷

활(弓)을 든 덩치 큰(大) 무리가 **오랑캐**

훈 오랑캐
음 이

夷狄(이적) 夷滅(이멸) 東夷(동이) 洋夷(양이)

夷滅(이멸) : 모조리 없앰

1319 異 田 총11획 4급

異

밭은 함께(共) 일구지만 서로 **다른** 밭(田)의 임자

훈 다를
음 이

異變(이변) 異論(이론) 異見(이견) 異端(이단)
異邦人(이방인)

異變(이변) : 예상치 못한 재앙이나 사고
異邦人(이방인) : 타국에서 온 사람

1320 移 禾 총11획 4급Ⅱ

移

벼(禾)가 너무 많아(多) 다른 곳으로 **옮김**

훈 옮길
음 이

移徙(이사) 移植(이식) 移秧(이앙) 移住民(이주민)
移動式(이동식)

移徙(이사) : 사는 곳을 옮김
移秧(이앙) : 모를 못자리에서 논으로 옮겨 심는 일

1321 貝 총12획 · 2급

貳

훈 두
음 이:

조개(貝)를 잡기 위한 두 개(二)의 화살(弋)

貳極(이극) 壹貳參(일이삼)

貳極(이극) : 양극과 음극

1322 皿 총10획 · 4급 II

益

훈 더할
음 익

그릇(皿)에 물(水)이 **더해져** 넘치기 일보 직전

有益(유익) 權益(권익) 損益(손익)
權益保護(권익보호) 損益計算書(손익계산서)

有益(유익) : 도움이 됨
權益(권익) : 권리와 이익

1323 羽 총17획 · 3급 II

翼

훈 날개
음 익

두 깃(羽)이 서로 다른(異) 쪽의 **날개**를 형성

右翼手(우익수) 左翼手(좌익수) 右翼團體(우익단체)
左翼團體(좌익단체)

右翼手(우익수) : 야구에서 외야의 오른쪽을 지키는 수비수를 의미

1324 人 총2획 · 8급

人

훈 사람
음 인

사람이 허리를 굽힌 채 서 있는 모양을 본뜬 글자

人間(인간) 人格(인격) 人權(인권) 人體(인체)
美人大會(미인대회) 人種差別(인종차별)

人格(인격) : 성품
人權(인권) : 인간으로서 갖는 당연한 권리

1325 刀 총3획 · 2급

刃

훈 칼날
음 인:

검(刀)의 칼날에 점(、)을 찍어 표시함

刃創(인창) 手刃(수인) 白刃(백인)

刃創(인창) : 칼로 생긴 흉터
白刃(백인) : 날카로운 칼날

1326 亻(人) 총4획 · 4급

仁

훈 어질
음 인

두(二) 사람(人) 모두 **어질다** 보니 친해지는 것이 당연한 일

仁慈(인자) 仁厚(인후) 仁德(인덕) 仁術(인술)
仁政(인정) 殺身成仁(살신성인)283

仁慈(인자) : 마음이 어질고 자애로움
仁術(인술) : 의술을 이르는 말 혹은 어진 덕을 베푸는 방법을 의미

1327 弓 총4획 · 4급 II

引

훈 끌
음 인

너무 팽팽하게 **끌**어당긴 활(弓)은 과녁(丨)을 뚫지 못한다.

引率(인솔) 引渡(인도) 引上(인상) 索引(색인)
引繼引受(인계인수) 萬有引力(만유인력)

引率(인솔) : 사람들을 이끌고 가는 것
索引(색인) : 빠르게 찾아볼 수 있도록 만든 목록

1328 囗 총6획 · 5급

因

훈 인할
음 인

누워있는 사람(大)으로 **인해** 사람들이 모여(囗) 웅성거림

原因(원인) 因緣(인연) 因子(인자)
因果應報(인과응보)430 因襲打破(인습타파)

原因(원인) : 바탕이 되는 일이나 사건
因子(인자) : 원인이 되는 요소나 물질

1329 卩 총6획 · 4급 II

印

훈 도장
음 인

손(爪)에 **도장**처럼 병부(卩)를 표시함

印章(인장) 印朱(인주) 印刷(인쇄) 印度(인도)
印象派(인상파) 印鑑證明書(인감증명서)

印朱(인주) : 도장 찍을 때 사용되는 붉은 색의 재료
印刷(인쇄) : 잉크를 사용하여 글이나 그림을 종이나 천에 박아내는 것

1330 心 총7획 · 3급 II

忍

훈 참을
음 인

충고하는 말을 귀담아 듣고 견뎌내야(忍) **참을**성이 생김

忍苦(인고) 忍辱(인욕) 强忍(강인) 殘忍(잔인)
忍冬草(인동초) 忍耐心(인내심)

忍辱(인욕) : 모욕이나 어려움을 모두 참음
殘忍(잔인) : 인정 없이 매우 모진 것

1331 女 총9획 — 3급

姻

- 훈 혼인
- 음 인

인연(因)이 닿은 여인(女)과의 **혼인**

姻戚(인척) 姻叔(인숙) 姻親(인친) 婚姻(혼인)

姻戚(인척) : 혼인으로 맺어진 친척관계
姻親(인친) : 사돈을 이르는 말

1332 宀 총11획 — 3급

寅

- 훈 동방
  범
- 음 인

범 같은 집안(宀)의 어른(大)을 받드는(臼) 것이 **동방**예의지국의 범절

寅方(인방) 寅時(인시) 寅月(인월) 寅年(인년)

寅時(인시) : 오전 세 시에서 다섯 시
寅月(인월) : 음력 정월을 이르는 말

1333 言 총14획 — 4급Ⅱ

認

- 훈 알
- 음 인

조언(言)을 듣고 참으면서(忍) **알게** 된 사실

認定(인정) 認識(인식) 認可(인가) 認許(인허)
確認(확인) 承認(승인) 默認(묵인)

認識(인식) : 분별하여 인식함
默認(묵인) : 알고도 넘겨 버리는 것

1334 一 총1획 — 8급

一

- 훈 한
- 음 일

손가락을 **하나**(一) 펼침

一等(일등) 一月(일월)
始終一貫(시종일관)329 一觸卽發(일촉즉발)462

一月(일월) : 열두 달 중의 첫 번째 달인 정월(正月)을 의미

1335 日 총4획 — 8급

日

- 훈 날
- 음 일

하늘에 떠 있는 **해**의 모양을 본뜬 글자

日曜日(일요일) 日刊紙(일간지) 日記(일기)
日氣豫報(일기예보) 日常生活(일상생활)

日刊紙(일간지) : 매일 발행하는 신문
日記(일기) : 하루에 있었던 생각이나 느낌을 기록한 것

1336 辶(辵) 총12획 — 3급Ⅱ

逸

- 훈 편안할
- 음 일

토끼(兎)가 쉬엄쉬엄(辶) 가다 **편하게** 낮잠을 잠

逸話(일화) 逸脫(일탈) 逸品(일품) 獨逸(독일)
無事安逸(무사안일)

逸話(일화) : 알려지지 않은 흥미로운 이야기
逸脫(일탈) : 정해진 규칙이나 사상에서 벗어난 것

1337 士 총12획 — 2급

壹

- 훈 한
- 음 일

선비(士)가 집(宀)에서 **한** 일은 콩(豆)을 깐 것 뿐이다.

壹貳參(일이삼)

1338 士 총4획 — 3급Ⅱ

壬

- 훈 북방
- 음 임:

선비(士)가 삐치면(丿) **북방**으로 간다.

壬方(임방) 壬坐(임좌)
壬午軍亂(임오군란) 壬辰倭亂(임진왜란)

壬方(임방) : 서북 방향을 등지고 앉은 자리

1339 亻(人) 총6획 — 5급Ⅱ

任

- 훈 맡길
- 음 임(:)

각자(亻)에게 **맡겨진** 것을 짊어지고(壬) 가는 것이 인생

任務(임무) 任期(임기) 任用(임용) 一任(일임)
擔任先生(담임선생) 放任(방임) 責任感(책임감)

任期(임기) : 임무를 담당하는 기간
一任(일임) : 모두 맡김

1340 貝 총13획 — 3급Ⅱ

賃

- 훈 품삯
- 음 임:

맡은(任) 조개(貝)껍질을 까고 받은 **품삯**

賃金(임금) 運賃(운임) 工賃(공임) 賃借人(임차인)
賃貸料(임대료) 無賃乘車(무임승차)

賃金(임금) : 노동의 대가로 받는 보수
工賃(공임) : 품삯을 의미

1341 女 총7획 2급

妊

아이를 품은(壬) 여자(女) 즉, **잉태한** 여자

妊

훈 아이 밸
음 임 :

妊娠(임신) 懷妊(회임)
避妊藥(피임약) 妊産婦(임산부) 不妊手術(불임수술)

避妊藥(피임약) : 인위적으로 임신을 피하기 위하여 사용하는 약

1342 入 총2획 7급

入

식물의 뿌리가 갈라져 땅 속으로 들어가는 모습을 본뜬 글자

入

훈 들
음 입

入學(입학) 入社(입사) 入隊(입대) 收入(수입)
出入口(출입구) 入山禁止(입산금지)

收入(수입) : 일정하게 벌어들이는 돈이나 물품
入隊(입대) : 군복무를 위하여 군대에 들어감

1343 子 총3획 7급Ⅱ

子

아이가 두 팔을 벌리고 있는 모양을 본뜬 글자

子

훈 아들
음 자

子息(자식) 子女(자녀) 子孫(자손) 男子(남자)
女子(여자) 精子(정자) 四君子(사군자)

子孫(자손) : 자신이 죽은 후에도 여러 세대를 이어나갈 후손

1344 子 총6획 7급

字

집(宀)에서 자식(子)을 기르듯 **글자**를 배우고 익힘

字

훈 글자
음 자

漢字(한자) 字幕(자막) 字形(자형) 字間(자간)
習字紙(습자지)

字形(자형) : 글자의 모양을 의미
習字紙(습자지) : 글자 연습에 사용되는 얇은 종이

1345 自 총6획 7급Ⅱ

自

사람의 코의 모양을 본뜬 글자로 鼻의 기본 글자

自

훈 스스로
음 자

自身(자신) 自我(자아) 自動(자동) 自律(자율)
自然保護(자연보호)

自我(자아) : 자신에 대한 생각이나 관념
自律(자율) : 스스로 세운 원칙에 따라 행동하는 것

1346 女 총8획 4급

姉

더 자란(市) 여자 형제가 손위 누이

姉

훈 손위누이
음 자

姉妹(자매) 姉母會(자모회)
姉妹結緣(자매결연)

姉母會(자모회) : 저학년 어린이들의 어머니나 누이로 이루어진 모임

1347 刂(刀) 총8획 3급Ⅱ

刺

가시(朿)와 칼(刂)은 날카로워 피부를 **찌름**

刺

훈 찌를
음 자 :, 척

刺戟(자극) 刺客(자객) 刺繡(자수) 諷刺(풍자)
刺殺(척살)

刺戟(자극) : 반응을 일으키게 하는 외부 작용
刺繡(자수) : 옷감 등에 색실을 이용하여 무늬나 글자를 수놓는 일

1348 耂(老) 총9획 6급

者

나이 드신(耂) 분이 어린 사람에게는 **놈**이라 부름 (白)

者

훈 놈
음 자

讀者(독자) 記者(기자) 患者(환자) 富者(부자)
當事者(당사자) 消費者(소비자) 目擊者(목격자)

當事者(당사자) : 직접 관여한 사람
患者(환자) : 병들어 치료가 필요한 사람

1349 玄 총10획 3급

玆

검게(玄) 생긴 **이** 자를 무엇이라 말할까

玆

훈 이
음 자

來玆(내자)

來玆(내자) : 내년을 의미함

1350 女 총9획 4급Ⅱ

姿

여자(女)가 차례대로(次) 화장을 하며 **모양**을 냄

姿

훈 모양
음 자 :

姿勢(자세) 姿態(자태) 姿色(자색) 雄姿(웅자)
容姿(용자) 基本姿勢(기본자세)

姿色(자색) : 여인의 고운 모습
雄姿(웅자) : 크고 웅대한 모습

1351 恣

心　총10획　3급

자기만 못하다고(次) 마음(心)이 **방자한** 생각

- 훈 방자할
- 음 자 :

放恣(방자) 恣行(자행) 恣樂(자락) 恣意的(자의적)

恣行(자행) : 마음대로 행함
恣意的(자의적) : 멋대로 하는 생각

1352 紫

糸　총11획　3급Ⅱ

아름다운 **자줏빛** 실(糸)을 보고 발(止)이 멈춤(匕)

- 훈 자줏빛
- 음 자 :

紫朱(자주) 紫水晶(자수정) 紫外線(자외선)
紫霞門(자하문) 山紫水明(산자수명)280

紫霞門(자하문) : 서울의 8개 성문 중 서북쪽에 위치한 문
紫外線(자외선) : 엑스선보다 길고 가시광선보다 짧은 전자기파

1353 慈

心　총13획　3급Ⅱ

초목이 우거진(玆) 듯 온 마음(心)을 다하는 것이 사랑

- 훈 사랑
- 음 자

慈悲(자비) 慈愛(자애) 慈堂(자당) 慈親(자친)
仁慈(인자) 慈善事業(자선사업)

慈悲(자비) : 깊이 사랑하여 가엾게 여기는 것
慈堂(자당) : 다른 사람의 어머니를 높여 이르는 말

1354 資

貝　총13획　4급

조개(貝)를 차곡차곡 모으니(次) **재물**이 됨

- 훈 재물
- 음 자

資金(자금) 資産(자산) 資格(자격) 資質(자질)
天然資源(천연자원)

資産(자산) : 개인이 소유한 유·무한의 재산
資質(자질) : 타고난 성질이나 능력

1355 磁

石　총14획　2급

쇠를 당기는 검은(玆) 빛깔의 돌(石)이 **자석**

- 훈 자석
- 음 자

磁石(자석) 磁場(자장) 磁針(자침) 磁性(자성)
電磁波(전자파) 磁氣場(자기장)

磁性(자성) : 자기를 띤 물체의 여러 성질
磁氣場(자기장) : 자기의 작용이 미치는 공간

1356 雌

隹　총13획　2급

이(此) 둥지에 머무는 새(隹)가 **암컷**

- 훈 암컷
- 음 자

雌雄(자웅) 雌伏(자복) 雌花(자화)

雌伏(자복) : 남에게 복종 혹은 숨어 지내는 것을 의미

1357 諮

言　총16획　2급

연이어(次) 입(口) 밖에 말(言)을 내뱉는 것이 **물음**

- 훈 물을
- 음 자 :

諮問(자문) 諮問機關(자문기관)

諮問(자문) : 전문가에게 생각이나 의견을 물음

1358 作

亻(人)　총7획　6급Ⅱ

그 사람(亻)이 순식간(乍)에 글을 **지어** 냄

- 훈 지을
- 음 작

作業(작업) 作成(작성) 作戰(작전) 作曲(작곡)
作文(작문) 造作(조작) 作心三日(작심삼일)486

作戰(작전) : 일의 시행 전 미리 계획을 세우는 조치나 방법
造作(조작) : 꾸며서 만듦

1359 昨

日　총9획　6급Ⅱ

해(日)가 순식간에(乍) 지나간 시간이 **어제**

- 훈 어제
- 음 작

昨日(작일) 昨今(작금) 昨年(작년) 再昨年(재작년)

昨今(작금) : 어제와 오늘 혹은 요즈음을 이르는 말

1360 酌

酉　총10획　3급

국자로(勺) 술을(酉) 술잔에 부어 마심

- 훈 술부을
- 음 작

斟酌(짐작) 酬酌(수작) 酌婦(작부)
情狀參酌(정상참작) 無酌定(무작정)

斟酌(짐작) : 어림잡아 헤아림
酬酌(수작) : 남의 행동, 계획 등을 낮잡아 이르는 말

1361 爫(爪) 총18획 3급

爵

참새 모양의 술잔을 본뜬 글자로 **벼슬**이 있는 자에게 하사하던 것

훈 벼슬
음 작

爵位(작위) 伯爵(백작) 男爵(남작) 公爵(공작)
侯爵(후작) 高官大爵(고관대작)

爵位(작위) : 벼슬과 지위
公爵(공작) : 다섯 계급으로 나눈 귀족의 계급 중 첫 번째

1362 歹 총12획 4급

殘

고기를 토막(戈)을 내어 잘게 부서져(歹) 뼈만 **남음**

훈 남을
음 잔

殘留(잔류) 殘額(잔액) 殘金(잔금) 殘餘(잔여)
殘惡(잔악) 殘忍(잔인) 衰殘(쇠잔)

殘留(잔류) : 남음
衰殘(쇠잔) : 힘이나 세력이 점점 약해짐

1363 日 총15획 3급Ⅱ

暫

잠깐 비추던 빛(日)을 잘라버리듯(斬) 등장한 먹구름

훈 잠깐
음 잠(:)

暫時(잠시) 暫許(잠허) 暫間(잠간) 暫見(잠견)
暫定的(잠정적)

暫許(잠허) : 잠시 허락함
暫定的(잠정적) : 임시로 정한 것

1364 氵(水) 총15획 3급Ⅱ

潛

순식간에(朁) 전부 **잠기게** 할 정도의 놀라운 수력(氵)

훈 잠길
음 잠

潛潛(잠잠) 潛水艦(잠수함)
潛行(잠행) 潛在意識(잠재의식) 潛伏勤務(잠복근무)

潛潛(잠잠) : 소란스럽지 않고 조용함
潛行(잠행) : 숨어서 오고 감 혹은 몰래 행하는 것

1365 虫 총24획 2급

蠶

뽕잎 사이에 들어있는(朁) 벌레(虫)가 **누에**

훈 누에
음 잠

蠶砂(잠사) 蠶食(잠식) 蠶業(잠업) 蠶室(잠실)
養蠶(양잠)

蠶砂(잠사) : 한의학에서 마비나 관절염 등에 사용하는 누에의 배설물
蠶食(잠식) : 조금씩 파고들어 가는 것

1366 隹 총18획 4급

雜

사람(人), 나무(木), 새(隹)가 한 곳에 **뒤섞여** 정신이 없음

훈 섞일
음 잡

雜念(잡념) 雜談(잡담) 雜草(잡초) 雜湯(잡탕)
雜石(잡석) 混雜(혼잡) 月刊雜誌(월간잡지)

雜念(잡념) : 여러 가지 잡스러운 생각
雜石(잡석) : 온갖 허드렛일에 쓰는 막돌

1367 一 총3획 3급Ⅱ

丈

또(又)다시 10(十)센티미터 이상 자라나 키로 보면 이미 **어른**

훈 어른
음 장

丈人(장인) 丈母(장모)
椿府丈(춘부장) 大丈夫(대장부)

椿府丈(춘부장) : 다른 사람의 아버지를 높여 이르는 말

1368 士 총7획 4급

壯

나뭇조각(爿)이 날아갈 정도의 **씩씩한** 목소리를 가진 남자(士)

훈 씩씩할
음 장:

壯觀(장관) 壯烈(장렬) 宏壯(굉장) 健壯(건장)
天下壯士(천하장사) 壯元及第(장원급제)

壯烈(장렬) : 씩씩하고 매우 맹렬함
宏壯(굉장) : 보통 이상으로 대단함

1369 長 총8획 8급

長

수염 **긴** 노인이 지팡이를 짚고 서 있는 모양을 본뜬 글자

훈 긴
음 장(:)

長男(장남) 長點(장점) 長短(장단) 長期(장기)
長幼有序(장유유서)

長點(장점) : 좋은 점 혹은 남들보다 특별히 뛰어난 점
長期(장기) : 오랜 기간을 의미

1370 艹(艸) 총11획 3급Ⅱ

莊

풀(艹)이 자라서(壯) 숲이 **무성**함

훈 풀성할
음 장

莊嚴(장엄) 莊重(장중) 莊園(장원) 莊敬(장경)
別莊(별장) 山莊(산장)

莊嚴(장엄) : 웅장하고 엄숙함
別莊(별장) : 집 외에 때때로 묵는 경치 좋은 집

1371 章

호 / 총11획 / 6급

열(十) 명이 입을 모아 감탄(音)할 정도로 멋진 글

훈 글
음 장

文章(문장) 圖章(도장) 勳章(훈장) 徽章(휘장)
體力章(체력장) 敎育憲章(교육헌장)

圖章(도장) : 나무 등에 새긴 글로 문서에 찍어 자신의 표적을 나타냄
徽章(휘장) : 직무, 신분 따위를 나타내는 표

1372 帳

巾 / 총11획 / 4급

길게(長) 늘인 천(巾)이 장막

훈 장막
음 장

帳幕(장막) 日記帳(일기장) 帳簿(장부)
預金通帳(예금통장) 揮帳(휘장) 布帳馬車(포장마차)

帳簿(장부) : 돈의 출납을 기록해 두는 책

1373 張

弓 / 총11획 / 4급

연장자(長)가 잔치를 베풀며 후배들에게 남긴 활(弓)

훈 베풀
음 장

誇張(과장) 緊張(긴장) 伸張(신장) 張皇(장황)
張本人(장본인) 張力(장력) 擴張工事(확장공사)

緊張(긴장) : 정신을 바짝 차림
張皇(장황) : 설명이 길고 번거로움

1374 將

寸 / 총11획 / 4급Ⅱ

마을(寸)의 고기(肉)와 땔감(爿) 조달하는 자가 장수

훈 장수
장차
음 장(:)

將軍(장군) 將帥(장수) 將校(장교) 將兵(장병)
將來(장래) 將次(장차) 老將(노장)

將次(장차) : 앞으로
老將(노장) : 경험이 많은 노련한 사람

1375 掌

手 / 총12획 / 3급Ⅱ

손(手)의 평평한(尙) 부분이 손바닥

훈 손바닥
음 장:

掌匣(장갑) 掌握(장악) 掌篇(장편) 合掌(합장)
仙人掌(선인장) 拍掌大笑(박장대소)208

掌匣(장갑) : 손을 보호하기 위해 끼는 물건
合掌(합장) : 두 손을 하나로 모아 마음이 한결같음을 나타냄

1376 葬

艹(艸) / 총13획 / 3급Ⅱ

죽은(死) 이를 들고 나가(廾) 풀(艹)을 덮어 장사를 지냄

훈 장사지낼
음 장:

葬地(장지) 火葬(화장) 移葬(이장) 葬禮式(장례식)
葬儀社(장의사) 暗埋葬(암매장)

葬地(장지) : 시체를 묻을 땅
暗埋葬(암매장) : 아무도 모르게 시신을 묻는 것

1377 場

土 / 총12획 / 7급Ⅱ

볕이(昜) 잘 드는 땅(土)이 마당

훈 마당
음 장

場所(장소) 場面(장면) 市場(시장) 廣場(광장)
劇場(극장) 現場(현장) 運動場(운동장)

場所(장소) : 일이 이루어지는 곳
運動場(운동장) : 경기 등을 위하여 마련해 놓은 넓은 마당

1378 粧

米 / 총12획 / 3급Ⅱ

가루분(米)으로 몸을 단정하게(庄) 하는 것이 단장

훈 단장할
음 장

丹粧(단장) 治粧(치장)
化粧品(화장품) 美粧院(미장원)

丹粧(단장) : 아름답게 꾸미는 것
美粧院(미장원) : 두발, 외모 등을 아름답게 꾸며주는 곳

1379 裝

衣 / 총13획 / 4급

장정(壯)에게 멋진 옷(衣)을 입혀 꾸밈

훈 꾸밀
음 장

裝備(장비) 裝置(장치) 服裝(복장) 包裝(포장)
裝飾品(장식품) 完全武裝(완전무장)

裝備(장비) : 갖추어 두는 것
包裝(포장) : 종이나 천 등을 이용하여 물건을 싸는 것

1380 腸

月(肉) / 총13획 / 4급

몸(月)안에서 구불구불한(昜) 모습을 하고 있는 창자

훈 창자
음 장

胃腸(위장) 小腸(소장) 盲腸(맹장) 大腸菌(대장균)
直腸癌(직장암) 十二指腸(십이지장)

大腸菌(대장균) : 장 속에서 포도당을 분해하며 산(酸)을 생산하는 세균
直腸癌(직장암) : 곧은창자에 생기는 암

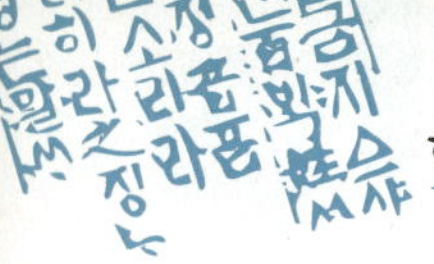

1381 大 총14획 4급

奬

훈 장려할
음 장:

장차(將) 큰(大) 인물로 자랄 수 있도록 **장려함**

奬

奬勵(장려) 勸奬(권장) 推奬(추장) 奬學金(장학금)
奬勵賞(장려상) 奬學官(장학관)

奬勵(장려) : 힘쓰도록 북돋아 주는 것
推奬(추장) : 여럿 가운데서 뽑아 쓰는 것

1382 阝(阜) 총14획 4급Ⅱ

障

훈 막을
음 장

너무 긴 문장(章)은 벽(阝)처럼 몰입을 **막음**

障

障礙(장애) 障壁(장벽) 故障(고장) 支障(지장)
障害物(장해물) 安全保障(안전보장)

障壁(장벽) : 순조롭지 못하게 막아 놓은 것
支障(지장) : 방해가 되는 것

1383 艹(艸) 총18획 3급Ⅱ

藏

훈 감출
음 장

풀(艹)로 덮어(臧) 식량을 **감춤**

藏

貯藏(저장) 死藏(사장) 備藏(비장)
八萬大藏經(팔만대장경) 所藏品(소장품)

貯藏(저장) : 재화 따위를 모아두는 것
所藏品(소장품) : 지니고 있는 물건

1384 月(肉) 총22획 3급Ⅱ

臟

훈 오장
음 장

몸(月)속에 감추어져(藏) 있는 것이 **오장**

臟

腎臟(신장) 臟器移植(장기이식) 臟器(장기)
五臟六腑(오장육부)382 心臟痲痺(심장마비)

臟器(장기) : 인간의 내장에 위치한 여러 기관

1385 土 총16획 3급

墻

훈 담
음 장

곡식을 모은(嗇) 곳에 흙(土)을 쌓아 **담**을 만듦

墻

越墻(월장) 墻垣(장원) 墻內(장내)
路柳墻花(노류장화)123 ※ 牆과 同字

越墻(월장) : 담을 넘는 것
墻垣(장원) : 흙과 벽돌 따위로 둘레를 막아 쌓아올린 것

1386 扌(手) 총3획 6급Ⅱ

才

훈 재주
음 재

초목이 뚫고 나오는 모양을 본뜬 글자

才

才能(재능) 才致(재치) 才談(재담) 天才(천재)
英才(영재) 秀才(수재) 多才多能(다재다능)

才致(재치) : 익숙하고 빠른 재주
才談(재담) : 익살을 담은 재미있는 말

1387 土 총6획 6급

在

훈 있을
음 재:

싹이(才) 흙(土)에 뿌리를 박고 **있음**

在

在職(재직) 在庫(재고) 在籍(재적) 現在(현재)
在學生(재학생) 在野人士(재야인사)

在職(재직) : 한 곳에 소속되어 근무하고 있는 상태
在庫(재고) : 너무 많아 쌓아둔 물건

1388 冂 총6획 5급

再

훈 두
음 재:

한 번(一) 쌓고(冓) 이어서 **거듭** 쌓아 올림

再

再建(재건) 再考(재고) 再修(재수) 再選(재선)
再活治療(재활치료)

再建(재건) : 허물어졌던 것을 다시 세우는 일
再修(재수) : 한 번 배웠던 과정을 다시 배우는 일

1389 火 총7획 5급

災

훈 재앙
음 재

물(巛)과 불(火)로 인한 **재앙**

災

災殃(재앙) 災難(재난) 災禍(재화) 火災(화재)
罹災民(이재민) 天災地變(천재지변)

災難(재난) : 뜻밖에 발생한 재앙과 어려움
罹災民(이재민) : 재해를 입어 생활을 유지하기 어려운 사람들

1390 木 총7획 5급Ⅱ

材

훈 재목
음 재

목조 건축물의 기본(才)이 되는 나무(木)가 **재목**

材

材木(재목) 材料(재료) 素材(소재) 骨材(골재)
機資材(기자재) 取材記者(취재기자)

材木(재목) : 목조건축물에 사용되는 나무 혹은 합당한 능력을 가진 인물
素材(소재) : 바탕이 되는 자료

1391 哉

口　총9획　3급

말(口)을 끊어 읽는(戈) 때 보조해주는 어조사

훈 어조사
음 재

哉生明(재생명) 哉生魄(재생백) 快哉(쾌재)
嗚呼痛哉(오호통재)

哉生明(재생명) : 달에 빛이 처음 생겨나는 음력 초사흘날
快哉(쾌재) : 만족스럽게 여김

1392 宰

宀　총10획　3급

나라(宀)의 쉽고 어려운(辛) 일을 관장하는 사람이 재상

훈 재상
음 재:

宰相(재상) 宰臣(재신) 主宰(주재)

宰相(재상) : 신하를 지휘 감독하며 임금을 보좌하던 이품 이상의 벼슬
主宰(주재) : 중심이 되어 처리함

1393 栽

木　총10획　3급Ⅱ

연장(戈)으로 흙(土)을 파고 나무(木)를 심음

훈 심을
음 재:

栽培(재배) 盆栽(분재) 植栽(식재)

栽培(재배) : 식물을 기름
盆栽(분재) : 화분에 심어 보기 좋게 가꾼 화초나 나무

1394 財

貝　총10획　5급Ⅱ

조개를(貝) 바탕(才)으로 하여 모은 재물

훈 재물
음 재

財物(재물) 財貨(재화) 財産(재산) 財閥(재벌)
財團法人(재단법인) 無形文化財(무형문화재)

財産(재산) : 재화와 자산
財閥(재벌) : 막대한 재력과 자본을 가진 기업가의 무리

1395 裁

衣　총12획　3급Ⅱ

옷(衣)을 재고 자르는(戈) 것이 마름질

훈 마를
음 재

裁判(재판) 裁縫(재봉) 獨裁(독재) 決裁(결재)
裁斷師(재단사) 自由裁量(자유재량)

獨裁(독재) : 모든 것을 혼자서 처리함
裁斷師(재단사) : 옷감을 맞추고 자르는 일을 전문으로 하는 사람

1396 載

車　총13획　3급Ⅱ

수레(車)에 실을 수 있을 만큼 잘게(戈) 나눔

훈 실을
음 재:

載積(재적) 積載(적재) 記載(기재) 揭載(게재)
千載一遇(천재일우)546 連載漫畫(연재만화)

載籍(재적) : 실어서 쌓음
揭載(게재) : 신문이나 잡지 등에 글이나 그림을 싣는 것

1397 爭

爫(爪)　총8획　5급

손(爪)에 갈고리를 (亅) 들고 서로 다툼

훈 다툴
음 쟁

爭點(쟁점) 戰爭(전쟁) 鬪爭(투쟁) 競爭(경쟁)
勞動爭議(노동쟁의) 論爭(논쟁) 爭奪戰(쟁탈전)

爭點(쟁점) : 다툼의 중심
爭奪戰(쟁탈전) : 빼앗기 위해 다투는 싸움

1398 低

亻(人)　총7획　4급Ⅱ

사람(亻)이 몸을 낮추어 바닥(底)을 살핌

훈 낮을
음 저:

低價(저가) 低俗(저속) 低調(저조) 低質(저질)
低血壓(저혈압) 長期低利(장기저리)

低調(저조) : 낮은 가락 혹은 능률이 낮음
低血壓(저혈압) : 정상 수치보다 훨씬 낮은 수치의 혈압

1399 底

广　총8획　4급

집(广)을 제대로 세우기 위해선 근본(氐)이 되는 밑 부분이 중요

훈 밑
음 저:

底力(저력) 底意(저의) 基底(기저) 徹底(철저)
底邊擴大(저변확대) 海底遺物(해저유물)

底力(저력) : 밑바탕에 간직하고 있는 힘
徹底(철저) : 빈틈이 없을 정도의 준비성

1400 抵

扌(手)　총8획　3급Ⅱ

바탕(氐)을 이루는 것들을 손(扌)으로 막아 봉쇄시킴

훈 막을
음 저:

抵觸(저촉) 抵抗(저항)
抵當權(저당권) 根抵當(근저당)

抵觸(저촉) : 모순되거나 위반됨
抵抗(저항) : 거역하고 버팀

1401 沮 — 氵(水) 총8획 — 2급

또(且) 다시 흘러넘친 물(氵)이 앞을 막음

沮

훈 막을
음 저:

沮喪(저상) 沮止線(저지선)
沮害要因(저해요인)

沮喪(저상) : 풀이 죽음
沮止線(저지선) : 더 이상 넘지 못하는 경계선

1402 著 — ++(艸) 총13획 — 3급Ⅱ

감춰져 있던(++) 사건(者)의 전말이 서서히 나타남

著

훈 나타날
음 저:

著者(저자) 著述(저술) 著書(저서) 編著者(편저자)
著作權(저작권) 著名人士(저명인사)

著述(저술) : 글이나 책 따위를 지음
著作權(저작권) : 저작자가 창작물에 행사하는 독점적 권리

1403 貯 — 貝 총12획 — 5급

재물(貝)을 저장할 수(宁) 없을 만큼 계속 쌓음

貯

훈 쌓을
음 저:

貯蓄(저축) 貯金(저금) 貯藏(저장) 貯水池(저수지)
貯金筒(저금통)

貯蓄(저축) : 절약하여 모음
貯藏(저장) : 모아서 보관함

1404 赤 — 赤 총7획 — 5급

큰(土)불(火)이 나 세상이 온통 붉게 보임

赤

훈 붉을
음 적

赤色(적색) 赤旗(적기) 赤潮(적조) 赤血球(적혈구)
赤裸裸(적나라) 貿易赤字(무역적자)

赤潮(적조) : 플랑크톤의 이상 번식으로 바닷물이 붉게 보이는 현상
赤裸裸(적나라) : 숨김없이 모두 드러남

1405 的 — 白 총8획 — 5급Ⅱ

흰(白) 판에 찍어둔 작은 점(勺)이 과녁의 중심

的

훈 과녁
음 적

的中(적중) 目的(목적) 標的(표적) 公的(공적)
法的(법적) 物的(물적) 人的資源(인적자원)

的中(적중) : 목표물 혹은 예상에 들어맞음
標的(표적) : 목표물

1406 寂 — 宀 총11획 — 3급Ⅱ

집(宀)에 어린 아이가(叔) 홀로 있어 고요함

寂

훈 고요할
음 적

寂寞(적막) 寂寂(적적) 孤寂(고적) 閑寂(한적)
靜寂(정적) 鬱寂(울적) 入寂(입적)

寂寂(적적) : 고요하고 쓸쓸함
入寂(입적) : 승려의 사망을 이름

1407 笛 — 竹 총11획 — 3급Ⅱ

대나무(竹)에 구멍을 뚫어(由)만든 피리

笛

훈 피리
음 적

警笛(경적) 汽笛(기적) 胡笛(호적) 鼓笛隊(고적대)

警笛(경적) : 주변을 경계하도록 울리는 장치
鼓笛隊(고적대) : 북과 피리로 구성된 음악대

1408 跡 — 足 총13획 — 3급Ⅱ

여러(亦) 발자국(足)이 모여 만들어지는 발자취

跡

훈 발자취
음 적

追跡(추적) 人跡(인적) 足跡(족적) 潛跡(잠적)
軌跡(궤적) 筆跡(필적)

追跡(추적) : 발자취를 쫓음
潛跡(잠적) : 종적을 완전히 숨기는 것

1409 賊 — 貝 총13획 — 4급

무기로(戎) 다른 사람을 위협해 재물(貝)을 빼앗는 도둑

賊

훈 도둑
음 적

盜賊(도적) 山賊(산적) 海賊(해적) 義賊(의적)
馬賊(마적) 逆賊(역적) 賊反荷杖(적반하장)[489]

盜賊(도적) : 남의 물건을 빼앗는 일을 일삼는 사람
逆賊(역적) : 나라와 임금의 뜻을 저버리고 돌아선 사람

1410 滴 — 氵(水) 총14획 — 3급

물(氵)이 열매(啇)처럼 방울진 것이 물방울

滴

훈 물방울
음 적

滴水(적수) 滴露(적로) 硯滴(연적) 餘滴欄(여적란)

滴露(적로) : 방울처럼 떨어지는 이슬
餘滴欄(여적란) : 가십 등을 싣기 위해 마련한 신문이나 잡지의 지면

1411 摘 — 扌(手) 총14획 — 3급Ⅱ

손(扌)으로 과실(啇)을 따는 것

훈 딸
음 적

摘示(적시) 摘要(적요) 摘發(적발) 摘出(적출)
摘載(적재) 指摘(지적)

摘發(적발) : 숨겨진 것을 들추어 냄
摘載(적재) : 필요한 것만을 뽑아서 싣는 것

1412 適 — 辶(辵) 총15획 — 4급

입맛에 꼭 맞는 열매(啇)를 찾아 떠나는(辶) 길

훈 맞을
음 적

適當(적당) 適切(적절) 適格(적격) 適任(적임)
適材適所(적재적소)493 適性檢查(적성검사)

適切(적절) : 꼭 알맞음
適格(적격) : 알맞은 자격을 지님

1413 敵 — 攵(攴) 총15획 — 4급Ⅱ

뿌리(啇)를 쳐서(攵) 적에 대적함

훈 대적할
음 적

敵軍(적군) 敵手(적수) 對敵(대적) 匹敵(필적)
敵愾心(적개심)

敵手(적수) : 재주나 힘이 엇비슷한 사람
對敵(대적) : 맞서 겨룸

1414 積 — 禾 총16획 — 4급

책임(責)을 지고 쌓아둔 벼(禾)를 지킴

훈 쌓을
음 적

積金(적금) 積善(적선) 積雪(적설) 容積(용적)
累積(누적) 積立金(적립금) 積載函(적재함)

積善(적선) : 선행을 많이 베푸는 것
累積(누적) : 여러 번 반복되어 쌓임

1415 績 — 糸 총17획 — 4급

책임(責)과 정성으로 뽑아낸 실(糸)들이 모여 완성된 길쌈

훈 길쌈
음 적

業績(업적) 功績(공적) 治績(치적) 實績(실적)
行績(행적) 紡績(방적) 成績表(성적표)

實績(실적) : 실제 이루어 낸 업적
行績(행적) : 그동안 해 온 업적이나 자취

1416 蹟 — 足 총18획 — 3급Ⅱ

지나간(辵) 자취를 책임(責)지고 보호하는 것이 우리의 임무

훈 자취
음 적

奇蹟(기적) 史蹟(사적) 遺蹟(유적) 行蹟(행적)
古蹟地(고적지)

奇蹟(기적) : 보기 드문 기이한 일
遺蹟(유적) : 옛 싸움터나 고분 등이 남아있는 발자취

1417 籍 — 竹 총20획 — 4급

대나무(竹)를 빌어(耤) 문서를 기록한 조상들의 슬기

훈 문서
음 적

書籍(서적) 國籍(국적) 本籍(본적) 入籍(입적)
戶籍騰本(호적등본) 除籍(제적) 學籍簿(학적부)

國籍(국적) : 한 나라의 구성원 혹은 물건들이 속한 지역
除籍(제적) : 호적·학적 등에서 이름을 지워버리는 것

1418 田 — 田 총5획 — 4급Ⅱ

사방의 경계(口)와 길(十)을 지닌 밭의 모양을 본뜬 글자

훈 밭
음 전

田畓(전답) 桑田碧海(상전벽해)296 油田(유전)
泥田鬪狗(이전투구)429 田園住宅(전원주택)

田畓(전답) : 논밭
油田(유전) : 석유가 나는 곳

1419 全 — 入 총6획 — 7급Ⅱ

옥(王)이 사람 손에 들어와(入) 온전한 모습을 갖춤

훈 온전
음 전

全國(전국) 全體(전체) 全部(전부) 完全(완전)
安全第一(안전제일) 全知全能(전지전능)

全部(전부) : 모든 대상
完全(완전) : 모자라거나 흠이 없음

1420 典 — 八 총8획 — 5급Ⅱ

제사상 위에 책(冊)을 펼쳐놓은 모습을 본뜬 글자

훈 법
음 전:

法典(법전) 經典(경전) 聖典(성전) 祝典(축전)
儀典(의전) 典當鋪(전당포)

法典(법전) : 국가가 정한 성문 법규집
儀典(의전) : 일정한 법식에 따라 이루어지는 행사

1421 刂(刀) 총9획 · 7급Ⅱ

前

- 훈 앞
- 음 전

정박한(止) 배를(月) **앞**으로 갈 수 있게 하는 칼(刂)

前後(전후) 前面(전면) 前半(전반) 前奏曲(전주곡)
前科者(전과자) 前無後無(전무후무)

前科者(전과자) : 죄를 지어 형벌을 받은 적이 있는 사람
前奏曲(전주곡) : 19세기 이후 막이 오르기 전 연주되는 곡

1422 尸 총10획 · 5급Ⅱ

展

- 훈 펼
- 음 전:

결백을 위해 몸(尸)에 걸친 옷(衣)을 모두 **펼쳐** 보임

展望(전망) 展開(전개) 展眉(전미) 發展(발전)
進展(진전) 展覽會(전람회) 展示會(전시회)

展開(전개) : 어떤 일을 열어서 펼치는 것
展眉(전미) : 근심거리가 없어져 마음을 놓음

1423 寸 총11획 · 4급

專

- 훈 오로지
- 음 전

손(寸)을 이용하여 **오로지** 한쪽으로 감아야 하는 물레

專念(전념) 專門家(전문가)
專屬(전속) 專任講師(전임강사) 專攻科目(전공과목)

專念(전념) : 오직 한 곳에만 마음을 씀
專屬(전속) : 오로지 한 곳에 소속됨

1424 雨 총13획 · 7급Ⅱ

電

- 훈 번개
- 음 전:

비(雨)가 오자마자 빛을 번쩍이며 펼쳐진(申) **번개**

電氣(전기) 電力(전력) 漏電(누전) 感電(감전)
電話機(전화기) 電光石火(전광석화)495

漏電(누전) : 절연부분이 손상을 입어 전기가 밖으로 새어나가는 일
感電(감전) : 전기가 순간적으로 신체 일부에 닿아 충격을 받는 일

1425 亻(人) 총13획 · 5급Ⅱ

傳

- 훈 전할
- 음 전

오직(專) 인간(亻)만이 문명을 이룩하고 후세에 **전함**

傳統(전통) 傳說(전설) 傳達(전달) 傳送(전송)
傳播(전파) 宣傳(선전) 傳染病(전염병)

傳統(전통) : 이어져 내려오는 관습이나 사상
傳播(전파) : 널리 퍼뜨리는 것

1426 殳 총13획 · 3급Ⅱ

殿

- 훈 전각
- 음 전:

함부로 칠 수(殳) 없는 소중한(展) **전각**

神殿(신전) 聖殿(성전) 殿下(전하) 殿閣(전각)
殿堂(전당)

殿閣(전각) : 흔히 왕이 거처하던 궁을 이르는 말
殿堂(전당) : 학문, 예술 등의 한 분야에 권위 있는 기관

1427 金 총16획 · 4급

錢

- 훈 돈
- 음 전:

쇠(金)를 자르고(戈) 다듬어 만든 **돈**

銅錢(동전) 急錢(급전) 葉錢(엽전) 換錢(환전)
錢主(전주)

換錢(환전) : 통용되지 않는 타국의 화폐를 사용할 수 있도록 교환하는 일
錢主(전주) : 일에 바탕이 되는 자금을 조달해주는 사람

1428 戈 총16획 · 6급Ⅱ

戰

- 훈 싸움
- 음 전:

무기(戈)로 상대방을 두드려(單) 패는 것이 **싸움**

戰爭(전쟁) 戰術(전술) 戰略(전략) 戰艦(전함)
山戰水戰(산전수전)281 戰死(전사) 戰鬪機(전투기)

戰略(전략) : 전쟁 혹은 일의 결과를 승리로 이끌기 위한 치밀한 계획
戰鬪機(전투기) : 주로 공중전에 사용되는 작고 민첩한 비행기

1429 車 총18획 · 4급

轉

- 훈 구를
- 음 전:

둥글게(專) 굴러가는 수레(車)

轉學(전학) 轉勤(전근) 轉職(전직) 轉出(전출)
轉入申告(전입신고) 轉禍爲福(전화위복)500

轉勤(전근) : 직장을 옮김
轉職(전직) : 줄곧 해 오던 일을 바꾸어 직장을 옮기는 일

1430 刀 총4획 · 5급Ⅱ

切

- 훈 1)끊을 2)온통
- 음 1)절 2)체

일곱(七)번을 잘라(刀) 내어 밧줄을 **끊음**

切斷(절단) 切望(절망) 切迫(절박) 親切(친절)
品切(품절) 適切(적절) 一切(일체)

切迫(절박) : 시일이 몹시 다급한 상태
品切(품절) : 물건이 다 팔리고 없는 것

1431 扌(手) 총7획 **4급**

折

손(扌)에 쥔 도끼(斤)로 태풍에 **꺾인** 나무들을 베어냄

훈 꺾을
음 절

折半(절반) 挫折(좌절) 骨折(골절) 屈折(굴절)
腰折腹痛(요절복통) 迂餘曲折(우여곡절)

骨折(골절) : 뼈가 부러짐
挫折(좌절) : 처음 생각했던 생각이나 기운이 꺾임

1432 穴 총22획 **3급**

竊

구멍 속의(穴) 벌레가 쌀(米)을 모두 **훔쳐** 먹음

훈 훔칠
음 절

竊念(절념) 竊聽(절청) 剽竊(표절) 竊盜犯(절도범)

竊念(절념) : 혼자서 여러모로 생각하는 것
竊聽(절청) : 몰래 엿들음

1433 糸 총12획 **4급Ⅱ**

絶

실(糸)의 마디를(巴) 칼(刀)로 **끊음**

훈 끊을
음 절

絶交(절교) 絶妙(절묘) 絶緣(절연) 絶讚(절찬)
絶對的(절대적) 絶世佳人(절세가인)501

絶妙(절묘) : 매우 기묘함
絶讚(절찬) : 더할 수 없을 정도의 칭찬

1434 竹 총15획 **5급Ⅱ**

節

나아가는(卽) 방향이 일정한 대나무(竹)의 **마디**

훈 마디
음 절

節次(절차) 節度(절도) 節電(절전) 節制(절제)
勤儉節約(근검절약) 禮儀凡節(예의범절)

節度(절도) : 일의 알맞은 한도
節制(절제) : 정도를 지나치지 않도록 조절함

1435 卜 총5획 **4급**

占

점(卜)의 결과를 소리 내어 말하는 것이(口) **점치는** 방법

훈 차지할
　 점칠
음 점(:)

占據(점거) 占有(점유) 占用(점용) 獨寡占(독과점)
占星術(점성술) 占領軍(점령군)

占有(점유) : 일정 부분을 차지함
獨寡占(독과점) : 혼자서만 지나치게 차지하는 것

1436 广 총8획 **5급Ⅱ**

店

집안(广)의 모든 공간을 차지할(占) 만큼 번성한 **가게**

훈 가게
음 점:

店鋪(점포) 商店(상점) 酒店(주점) 書店(서점)
本店(본점) 支店(지점) 百貨店(백화점)

店鋪(점포) : 물건을 판매하는 곳
支店(지점) : 본점에서 갈라져 나온 점포의 형태

1437 氵(水) 총14획 **3급Ⅱ**

漸

부부싸움은 칼로 물(氵) 베기(斬)라지만 **점점** 잦아지는 다툼

훈 점점
음 점:

漸漸(점점) 漸次(점차) 漸染(점염)
漸入佳境(점입가경)505 漸進的(점진적)

漸次(점차) : 조금씩
漸染(점염) : 점차 물드는 것

1438 黑 총17획 **4급**

點

얼굴에 까만(黑) **점**을 지닌 용한 점쟁이(占)

훈 점
음 점(:)

點數(점수) 點檢(점검) 點字(점자) 點線(점선)
點燈(점등) 點呼(점호) 點火裝置(점화장치)

點字(점자) : 맹인들이 읽을 수 있도록 만든 점으로 된 글자
點燈(점등) : 불을 켬

1439 扌(手) 총11획 **4급Ⅱ**

接

식사에 **이어** 손수(扌) 만든 식혜를 대접하는 몸종(妾)

훈 이을
음 접

接續(접속) 接觸(접촉) 接見(접견) 直接(직접)
間接(간접) 隣接(인접) 接待婦(접대부)

接見(접견) : 직접 만나보는 것
隣接(인접) : 이웃하여 닿아 있음

1440 虫 총15획 **3급**

蝶

나무(木) 위에서 고난을 이겨내고 **나비**가 되어 세상(世)을 날아다니는 벌레(虫)

훈 나비
음 접

蝶泳(접영) 胡蝶(호접)
胡蝶之夢(호접지몽)

胡蝶(호접) : 나비를 이르는 말

1441 一 총2획 **4급**

丁

곡식이나 흙을 긁어 모으는 고무래의 모양을 본뜬 글자

丁

훈 장정
음 정

兵丁(병정) 壯丁(장정) 白丁(백정) 丁字(정자)
甲乙丙丁(갑을병정)

壯丁(장정) : 나이가 젊은 건강한 남자
白丁(백정) : 가축을 잡는 일을 업으로 삼는 사람

1442 二 총4획 **3급Ⅱ**

井

우물과 난간의 모습을 본뜬 글자

井

훈 우물
음 정(:)

管井(관정) 天井(천정) 油井(유정) 井華水(정화수)
井邑詞(정읍사) 臨渴掘井(임갈굴정) 470

管井(관정) : 대롱모양으로 둥글게 판 우물
井邑詞(정읍사) : 행상을 나간 남편을 기다리는 심정을 노래한 가요

1443 止 총5획 **7급Ⅱ**

正

하나(一)의 길에 머무는(止) 것이 **바른** 길

正

훈 바를
음 정(:)

正義(정의) 正直(정직) 正午(정오) 正答(정답)
正正堂堂(정정당당) 正確(정확) 正統派(정통파)

正直(정직) : 마음에 꾸밈이 없이 올바름
正確(정확) : 어긋남이 없이 바르고 확실함

1444 口 총7획 **2급**

呈

북방(壬)의 신에게 식량(口)을 **드리며** 제사지냄

呈

훈 드릴
음 정

呈上(정상) 呈示(정시) 獻呈(헌정) 謹呈(근정)
露呈(노정) 贈呈本(증정본)

露呈(노정) : 예상치 못한 일을 드러내어 알게 하는 것
贈呈本(증정본) : 지은이나 편집자가 대가 없이 주는 것

1445 廴 총7획 **3급Ⅱ**

廷

관아(廷)의 사람들이 이끌어 가는(廴) 것이 조정

廷

훈 조정
음 정

朝廷(조정) 法廷(법정) 休廷(휴정) 開廷(개정)
退廷(퇴정) 閉廷(폐정)

法廷(법정) : 적법한 절차에 따라 사건을 심리 · 판결하는 곳
閉廷(폐정) : 법정의 심리를 마침

1446 宀 총8획 **6급**

定

집(宀)안에 **정해진** 물건을 바르게(疋) 옮겨놓음

定

훈 정할
음 정:

定價(정가) 定款(정관) 定着(정착) 定足數(정족수)
定期券(정기권) 乘車定員(승차정원)

定着(정착) : 자리를 잡아 머무름
定足數(정족수) : 회의를 진행하는 데 필요한 최소 인원

1447 彳 총8획 **3급Ⅱ**

征

바르지(正) 못한 것들을 **치면서** 걸어감(彳)

征

훈 칠
음 정

征服(정복) 征伐(정벌) 征討(정토) 出征(출정)
大長征(대장정) 遠征隊(원정대)

征伐(정벌) : 죄 있는 무리를 무력으로 공격하는 일
出征(출정) : 싸움터에 나감

1448 亠 총9획 **3급Ⅱ**

亭

못(丁)을 박듯이 높은(高) 기둥을 세워 만든 것이 **정자**

亭

훈 정자
음 정

亭子(정자) 亭閣(정각) 料亭(요정)
土亭祕訣(토정비결) 八角亭(팔각정)

亭閣(정각) : 휴식을 취하기 위하여 경치 좋은 곳에 지어놓은 집
八角亭(팔각정) : 지붕의 모양이 팔각 모양인 집

1449 貝 총9획 **3급Ⅱ**

貞

점(卜)을 칠 때 바치는 공물(貝)은 **곧은** 마음으로 올리는 것

貞

훈 곧을
음 정

貞節(정절) 貞操(정조) 貞烈(정렬) 貞淑(정숙)
貞潔(정결) 忠貞(충정) 不貞(부정)

貞烈(정렬) : 굳은 절개와 지조를 지님
貞淑(정숙) : 몸가짐이 조용하고 얌전함

1450 攵(攴) 총9획 **4급Ⅱ**

政

바른 것(正)을 지키고 그른 것을 치는(攵) 것이 **정사**

政

훈 정사
음 정

政府(정부) 政治(정치) 政界(정계) 行政府(행정부)
政府米(정부미) 臨時政府(임시정부)

政界(정계) : 정치에 관계되는 사회
政府米(정부미) : 쌀값 안정 및 구호를 목적으로 정부가 보유한 쌀

1451 訂 言 총9획 3급

訂

- 훈 바로잡을
- 음 정

잘못된 말(言)을 바로잡도록 쐐기(丁)를 박음

訂定(정정) 修訂(수정) 校訂(교정) 改訂版(개정판)

訂定(정정) : 잘잘못을 의논하여 정함
改訂版(개정판) : 이미 출간된 도서를 보완하여 다시 출간한 책

1452 庭 广 총10획 6급 II

庭

- 훈 뜰
- 음 정

조정(廷)대신들의 휴식을 위해 건물(广) 안에 마련한 뜰

庭園(정원) 庭球(정구) 校庭(교정) 親庭(친정)
庭園樹(정원수) 家庭敎育(가정교육)

庭球(정구) : 네트를 가로질러 공을 주고받으며 대결하는 경기
庭園樹(정원수) : 정원에서 가꾸는 나무

1453 頂 頁 총11획 3급 II

頂

- 훈 정수리
- 음 정

머리(頁)의 꼭대기(丁)가 정수리

頂點(정점) 頂禮(정례) 絕頂(절정) 登頂(등정)
頂上會談(정상회담) 頂門一鍼(정문일침)506

頂點(정점) : 꼭대기
登頂(등정) : 산 정상에 오름

1454 停 亻(人) 총11획 5급

停

- 훈 머무를
- 음 정

사람(亻)이 머무를 수 있는 정자(亭)

停止(정지) 停留場(정류장) 停車(정차)
停年退職(정년퇴직) 停學(정학) 停戰協定(정전협정)

停止(정지) : 움직임을 멈춤
停學(정학) : 학교에서 정한 규칙 등을 어겨 등교를 멈추는 일

1455 偵 亻(人) 총11획 2급

偵

- 훈 염탐할
- 음 정

그 사람(亻)의 진심(貞) 을 알기 위한 염탐

探偵(탐정) 密偵(밀정)
偵察機(정찰기)

密偵(밀정) : 몰래 상대방의 사정을 살핌

1456 情 忄(心) 총11획 5급 II

情

- 훈 뜻
- 음 정

맑고 깨끗한(靑) 마음(忄)을 잃지 말라는 뜻

情談(정담) 情景(정경) 情緖(정서) 情熱(정열)
情欲(정욕) 情勢(정세) 多情多感(다정다감)

情談(정담) : 정겹게 주고받는 이야기
情緖(정서) : 사람의 마음속에 일어나는 느낌

1457 淨 氵(水) 총11획 3급 II

淨

- 훈 깨끗할
- 음 정

깨끗한 물(氵)을 차지하기 위한 다툼(爭)

淨潔(정결) 洗淨劑(세정제)
淨水器(정수기) 淨化槽(정화조) 淸淨水(청정수)

洗淨劑(세정제) : 물체 표면의 이물질을 씻는 데 사용되는 물질
淨化槽(정화조) : 불순물을 소독하기 위해 잠시 저장해 두는 곳

1458 程 禾 총12획 4급 II

程

- 훈 길
- 음 정

출세 길을 열기 위해 곡식(禾)을 바침(呈)

程度(정도) 過程(과정) 工程(공정) 旅程(여정)
路程(노정) 日程(일정) 規程(규정)

工程(공정) : 일이 진행되는 과정
旅程(여정) : 여행 과정

1459 精 米 총14획 4급 II

精

- 훈 정할
- 음 정

푸른(靑) 빛이 돌 정도로 정한 느낌의 쌀(米)

精誠(정성) 精神(정신) 精銳(정예) 精巧(정교)
精密機械(정밀기계) 精選(정선) 精肉店(정육점)

精銳(정예) : 우수한 능력과 조건을 갖춤
精選(정선) : 빈틈없이 골라 선택함

1460 整 攵(攴) 총16획 4급

整

- 훈 가지런할
- 음 정:

볏단을 가지런히 하기 위해 묶어서(束) 쳐냄(攵)

整列(정렬) 整頓(정돈) 整理(정리) 調整(조정)
整形外科(정형외과) 端整(단정) 整備士(정비사)

整頓(정돈) : 어지러운 것을 규모 있게 정리함
整備士(정비사) : 설비가 제대로 작동하도록 살피는 일을 하는 자

1461 靜 靑 총16획 4급

마음을 이끄는(爭) 푸른(靑) 숲의 **고요함**

靜

훈 고요할
음 정

靜肅(정숙) 靜寂(정적) 靜物(정물) 靜脈(정맥)
動靜(동정) 鎭靜(진정)

靜物(정물) : 움직임이 없는 물체
靜寂(정적) : 아주 고요함

1462 艇 舟 총13획 2급

뜰(廷)에 두고 이용할 수 있는 작은 배(舟)가 **거룻배**

艇

훈 거룻배
음 정

艦艇(함정) 漕艇(조정)
救命艇(구명정) 哨戒艇(초계정) 快速艇(쾌속정)

艦艇(함정) : 크거나 작은 군사용 배
哨戒艇(초계정) : 적의 급습에 대비하여 마련해 두는 배

1463 弟 弓 총7획 8급

아우에게 활(弓)과 화살(|)을 다루는 방법을 가르쳐 줌

弟

훈 아우
음 제 :

弟子(제자) 弟婦(제부) 兄弟(형제) 妹弟(매제)
呼兄呼弟(호형호제)628 師弟之間(사제지간)

弟子(제자) : 가르침을 받는 사람
妹弟(매제) : 손아래 누이의 남편을 의미

1464 制 刂(刀) 총8획 4급Ⅱ

나무를(未) 칼(刂)로 보기 좋게 **마름질**

制

훈 마를
음 제 :

制御(제어) 制動(제동) 制服(제복) 制限(제한)
制定(제정) 抑制(억제) 社會制度(사회제도)

制御(제어) : 상대방을 억누르고 제멋대로 다룸
制定(제정) : 제도나 법 등을 만들어 정함

1465 帝 巾 총9획 4급

임금이 신께 제사를 지낼 때 쓴 제수(巾)를 올려놓은(ㅗ) 것을 본뜬 글자

帝

훈 임금
음 제 :

帝王(제왕) 帝國(제국) 皇帝(황제) 日帝(일제)
帝國主義(제국주의)

帝王(제왕) : 한 나라의 국왕을 의미
日帝(일제) : 일본 제국주의의 줄임

1466 除 阝(阜) 총10획 4급Ⅱ

언덕(阝)에 남아있는(余) 것을 덜어 깨끗이 청소함

除

훈 덜
음 제

除去(제거) 除籍(제적) 除隊(제대) 除名(제명)
排除(배제) 除草劑(제초제) 除雪車(제설차)

除隊(제대) : 군복무 규정 기한을 채우고 예비역 상태가 되는 일
除草劑(제초제) : 잡초만을 없애는 김매기 약

1467 第 竹 총11획 6급Ⅱ

대나무(竹)에 아우(弟)의 **차례**를 적어 순서를 가림

第

훈 차례
음 제 :

登第(등제) 第三者(제삼자)
落第(낙제) 第一主義(제일주의) 壯元及第(장원급제)

第三者(제삼자) : 직접적 관계가 없는 사람
落第(낙제) : 시험이나 업무의 결과가 좋지 않아 떨어짐

1468 祭 示 총11획 4급Ⅱ

잘 보이는(示) 곳에 고기(肉)를 차려 **제사**를 지냄

祭

훈 제사
음 제 :

祭祀(제사) 祭物(제물) 祭壇(제단) 祝祭(축제)
祭需用品(제수용품) 祭政一致(제정일치)

祭物(제물) : 제사에 사용되는 물품
祝祭(축제) : 기쁜 일을 기념하기 위해 벌이는 잔치

1469 堤 土 총12획 3급

흙(土)을 똑바로(是) 쌓아놓은 것이 **둑**

堤

훈 둑
음 제

堤防(제방) 防波堤(방파제)
防潮堤(방조제)

堤防(제방) : 홍수나 해일을 막기 위해 돌이나 흙 등으로 쌓아놓은 둑
防波堤(방파제) : 파도를 막기 위해 쌓아놓은 둑

1470 提 扌(手) 총12획 4급Ⅱ

바르게(是) 나아갈 수 있도록 손(扌)을 **이끌어** 주는 스승

提

훈 끌
음 제

提案(제안) 提議(제의) 提携(제휴) 提示(제시)
提供(제공) 提起(제기) 提訴(제소) 提出(제출)

提議(제의) : 의견을 내놓음
提訴(제소) : 소송을 제기하는 일

1471 齊 총14획 3급Ⅱ

벼나 보리의 이삭의 **가지런한** 모양을 본뜬 글자

齊

훈 가지런할
음 제

齊唱(제창) 一齊(일제)
修身齊家(수신제가)

齊唱(제창) : 여러 명이 함께 외침 혹은 두 사람 이상이 부르는 노래
一齊(일제) : 한꺼번에

1472 製 衣 총14획 4급Ⅱ

옷(衣)을 마름질하여(制) 꼭 맞게 **지음**

製

훈 지을
음 제:

製品(제품) 製鐵(제철) 製鋼(제강) 製糖(제당)
製藥會社(제약회사) 製菓(제과) 製造業(제조업)

製鐵(제철) : 철광석에서 철을 뽑아내는 일
製糖(제당) : 당분이 많은 식물의 즙액을 달여 설탕을 만드는 일

1473 際 阝(阜) 총14획 4급Ⅱ

해가 질 **즈음** 제사(祭)준비를 위해 언덕(阝)에서 내려온 가족들

際

훈 즈음
음 제

實際(실제) 異性交際(이성교제) 此際(차제)
國際聯合(국제연합)

實際(실제) : 사실의 경우
此際(차제) : 알맞게 주어진 기회

1474 諸 言 총16획 3급Ⅱ

이 사람(者) 저 사람 **모두** 제 목소리(言)를 내느라 분주함

諸

훈 모두
음 제

諸君(제군) 諸侯(제후) 諸父(제부) 諸島(제도)
諸般(제반) 諸位(제위)

諸般(제반) : 관련된 모든 것
諸位(제위) : 여러 사람을 가리킬 때 사용하는 문어적 표현

1475 劑 刂(刀) 총16획 2급

칼(刂)로 가지런하게(齊) 잘라놓은 **약재**

劑

훈 약제
음 제

藥劑(약제) 洗劑(세제) 調劑(조제) 藥和劑(약화제)
抗生劑(항생제) 消化劑(소화제)

調劑(조제) : 여러 약을 조합하여 만듦
消化劑(소화제) : 둔화된 소화기의 운동을 돕기 위한 약

1476 濟 氵(水) 총17획 4급Ⅱ

사람들이 가지런하게(齊) 줄지어 물(氵)을 건넘

濟

훈 건널
음 제:

濟度(제도) 濟州道(제주도) 救濟(구제)
濟世安民(제세안민) 決濟(결제) 市場經濟(시장경제)

救濟(구제) : 어려운 처지에 처한 사람을 도움
濟度(제도) : 중생을 열반의 세계로 인도하는 일

1477 題 頁 총18획 6급Ⅱ

고개개(頁) 저절로 끄덕여질 정도로 적절한(是) 제목

題

훈 제목
음 제

題目(제목) 問題(문제) 宿題(숙제) 課題(과제)
難題(난제) 出題(출제) 命題(명제) 話題(화제)

宿題(숙제) : 시간을 두고 풀어야 하는 과제
話題(화제) : 이야기의 소재

1478 弔 弓 총4획 3급

죽은 이를 **조상**하기 위해 묘비에 활(弓)을 쏘아 표식을(丨) 남김

弔

훈 조상할
음 조:

弔旗(조기) 弔意(조의) 慶弔(경조) 謹弔(근조)
弔問客(조문객) 弔花(조화) 弔慰金(조위금)

弔意(조의) : 죽음을 슬퍼함

1479 早 日 총6획 4급Ⅱ

이른 아침 해(日)가 동쪽(甲)에서 솟아오름

早

훈 이를
음 조:

早熟(조숙) 早産(조산) 早速(조속) 早退(조퇴)
早期敎育(조기교육) 早朝割引(조조할인)

早熟(조숙) : 정신·신체적 성숙이 올됨
早退(조퇴) : 정해진 시간 이전보다 일찍 물러남

1480 兆 儿 총6획 3급Ⅱ

점치기 위해 불태운 거북의 등껍질을 본뜬 글자

兆

훈 억조
음 조

億兆(억조) 兆朕(조짐) 前兆(전조) 凶兆(흉조)
徵兆(징조) 亡兆(망조)

兆朕(조짐) : 어떤 현상이 일어날 것만 같은 느낌
亡兆(망조) : 망하거나 패하게 될 징조

1481　助　力　총7획　4급Ⅱ

또(且)다시 힘(力)을 보태주어 많은 **도움**을 받음

助

훈 도울
음 조 :

助言(조언) 助力(조력) 助長(조장) 助手(조수)
協助(협조) 援助(원조) 助敎授(조교수)

助力(조력) : 힘써 도움
助長(조장) : 무리하게 도움을 주어 오히려 일을 망침

1482　辶(辵)　총11획　4급Ⅱ

새로 **지은** 옷감의 우수성을 알리기(告) 위해 돌아다님(辶)

造

훈 지을
음 조 :

造成(조성) 造景(조경) 造林(조림) 造花(조화)
造形(조형) 改造(개조) 造物主(조물주)

造形(조형) : 자연적인 것이 아니라 인위적으로 만든 것
改造(개조) : 고쳐서 다시 만듦

1483　示　총10획　7급

고기를 차곡차곡(且) 담아(示) **할아버지** 제사상에 올림

祖

훈 할아비
음 조

祖上(조상) 王祖(왕조) 元祖(원조) 始祖(시조)
祖國愛(조국애) 祖父母(조부모) 曾祖父(증조부)

始祖(시조) : 맨 처음이 되는 조상 혹은 학문을 처음 연 사람
祖國愛(조국애) : 나라를 아끼고 사랑하는 마음

1484　禾　총10획　3급Ⅱ

애써 지은 곡식(禾)을 또(且)다시 **조세**로 바침

租

훈 조세
음 조

租稅(조세) 租借(조차) 賭租(도조) 租稅法(조세법)

賭租(도조) : 남의 논밭을 빌린 대가로 지은 벼의 일정량을 내는 것
租借(조차) : 집이나 땅 따위를 빌림

1485　鳥　총11획　4급Ⅱ

꽁지가 긴 **새**의 모양을 본뜬 글자

鳥

훈 새
음 조

鳥類(조류) 鳥瞰圖(조감도) 鳥獸(조수)
鳥足之血(조족지혈)511 吉鳥(길조)

鳥瞰圖(조감도) : 높은 곳에서 바라본 그림이나 지도의 모습
鳥獸(조수) : 조류와 네 발 달린 짐승을 의미

1486　扌(手)　총11획　2급

개혁을 실행하기(扌) 위해 선례(昔)는 **접어두고** 새 것을 따름

措

훈 둘
음 조

措處(조처) 應急措置(응급조치) 措辭(조사)
緊急措置(긴급조치)

措處(조처) : 일을 바로잡아 정리함
措辭(조사) : 문장의 글을 적절히 배열하는 일

1487　木　총11획　4급

태연하게 뻗은(攸) 나무(木)의 **가지**

條

훈 가지
음 조

條件(조건) 不條理(부조리) 條項(조항)
條目條目(조목조목) 信條(신조)

條件(조건) : 어떤 일이 발생하는데 필요한 요소
信條(신조) : 굳게 믿는 생각

1488　糸　총11획　4급

많은(且) 실(糸)을 **짜** 모은 것이 천

組

훈 짤
음 조

組成(조성) 組立圖(조립도)
組織員(조직원) 組合員(조합원) 協同組合(협동조합)

組成(조성) : 여러 가지 요소를 얽어 만듦 혹은 그러한 요소들의 구성
組織員(조직원) : 조직을 이루는 구성원

1489　金　총11획　2급

구부러진(勾) 쇠(金)를 긴 장대에 달아서 하는 것이 **낚시**

釣

훈 낚시
음 조 :

釣魚(조어) 釣臺(조대) 釣太(조태) 釣況(조황)
釣絲(조사)

釣臺(조대) : 낚시터를 의미
釣絲(조사) : 낚싯줄

1490　彡　총11획　2급

주변에(周) 아름다운 무늬(彡)를 **새김**

彫

훈 새길
음 조

彫刻(조각) 彫像(조상) 彫塑(조소)
彫刻展示(조각전시) 彫刻品(조각품)

彫像(조상) : 조각상을 의미
彫塑(조소) : 깎거나 새겨 만든 미술품

1491 朝

月 총12획 · 6급

달(月)이 지고 해가 돋아오는 **아침**

훈 아침
음 조

朝會(조회) 朝刊新聞(조간신문) 朝餐(조찬)
朝三暮四(조삼모사)510 朝鮮王朝(조선왕조)

朝餐(조찬) : 초대한 손님과 함께 먹는 아침 식사

1492 照

灬(火) 총13획 · 3급Ⅱ

건물 구석구석 **비치는** 밝은(昭) 불빛(灬)

훈 비칠
음 조:

照度(조도) 照準(조준) 對照(대조) 探照(탐조)
照明燈(조명등)

照準(조준) : 총이나 화살을 명중하도록 조절함
探照(탐조) : 멀리 빛을 비춤

1493 潮

氵(水) 총15획 · 4급

아침(朝)저녁마다 바닷물(氵)이 바뀌는 것이 **조수**

훈 조수
음 조

潮流(조류) 潮水(조수) 滿潮(만조) 干潮(간조)
最高潮(최고조) 潮力發電(조력발전)

滿潮(만조) : 밀물이 높은 해면까지 올라오는 것
最高潮(최고조) : 가장 높은 상태

1494 調

言 총15획 · 5급Ⅱ

두루(周) 사용되는 말(言)을 **고를** 때는 더욱 신중히

훈 고를
음 조

調節(조절) 調和(조화) 調理(조리) 調達廳(조달청)
調味料(조미료) 基調演說(기조연설)

調節(조절) : 적당하도록 맞추는 일
調達廳(조달청) : 정부 물자의 구매, 공급, 관리를 맡아보는 행정기관

1495 操

扌(手) 총16획 · 5급

떠들썩하게 지저귀는(喿) 새들을 손(扌)으로 **잡음**

훈 잡을
음 조(:)

操業(조업) 操心(조심) 操作(조작) 體操(체조)
操鍊師(조련사) 志操(지조) 操縱士(조종사)

操業(조업) : 움직여 일을 함
志操(지조) : 굽히지 않고 지켜나가는 꿋꿋한 의지

1496 燥

火 총17획 · 3급

불타(火) **마른** 나무에 새들이 떼 지어(喿) 날아옴

훈 마를
음 조

焦燥(초조) 乾燥(건조) 燥渴(조갈)
無味乾燥(무미건조)192 乾燥注意報(건조주의보)

焦燥(초조) : 몹시 애가 탐
燥渴(조갈) : 입술이나 목안의 심한 갈증

1497 足

足 총7획 · 7급Ⅱ

무릎(口)정강이와 발목(止)을 하나로 가리키면 **발**

훈 발
음 족

足跡(족적) 足掌(족장) 手足(수족) 充足(충족)
豊足(풍족) 洽足(흡족) 滿足感(만족감)

足跡(족적) : 발자취
豊足(풍족) : 넉넉하여 부족함이 없음

1498 族

方 총11획 · 6급

활(矢)을 들고 모두 같은 방향(方)으로 가는 것이 **겨레**

훈 겨레
음 족

族譜(족보) 族屬(족속) 親族(친족) 種族(종족)
核家族(핵가족) 白衣民族(백의민족)232

族譜(족보) : 가문의 혈통과 계통을 기록한 책
種族(종족) : 같은 성과 본관을 가진 무리

1499 存

子 총6획 · 4급

아이(子)가 마음대로 놀 수 있는(在) 장소가 **있는** 식당

훈 있을
음 존

存在(존재) 存立(존립) 存續(존속) 存置(존치)
存否(존부) 存亡(존망) 存廢(존폐)

存續(존속) : 어떤 현상이 계속됨
存廢(존폐) : 연결이 이어지거나 끊어지는 것

1500 尊

寸 총12획 · 4급Ⅱ

오래 익은 술(酋)은 마을(寸)에서도 **높은** 가격을 매김

훈 높을
음 존

尊重(존중) 尊嚴(존엄) 尊貴(존귀) 尊待(존대)
自尊心(자존심) 尊稱(존칭) 尊敬心(존경심)

尊嚴(존엄) : 함부로 할 수 없을 정도로 높고 엄숙함
尊敬心(존경심) : 받들어 공경하는 마음

1501 十 총8획 5급Ⅱ

卒

여러 명이(十) 같은 모양의 옷(衣)을 입는 군사

(훈) 마칠
군사
(음) 졸

卒兵(졸병) 卒倒(졸도) 卒徒(졸도) 兵卒(병졸)
腦卒中(뇌졸중) 卒業式(졸업식)

卒倒(졸도) : 정신을 잃고 쓰러짐
腦卒中(뇌졸중) : 뇌에 혈액 공급 부족으로 장애를 일으키는 것

1502 扌(手) 총8획 3급

拙

작품의 솜씨(扌)가 표준에 못 미치는(出) 졸한 작품

(훈) 졸할
(음) 졸

拙速(졸속) 拙作(졸작) 拙劣(졸렬) 拙筆(졸필)
拙直(졸직) 拙者(졸자)

拙作(졸작) : 보잘것없는 작품
拙直(졸직) : 고지식하고 융통성이 없음

1503 宀 총8획 4급Ⅱ

宗

집(宀)밖에서도 한눈에 보이는(示) 마루

(훈) 마루
(음) 종

宗家(종가) 宗敎(종교) 宗廟(종묘) 宗派(종파)
宗族(종족) 宗親會(종친회)

宗家(종가) : 문중의 맏아들로 이어온 큰집
宗廟(종묘) : 조선시대 역대 왕과 왕비의 위패를 모시던 사당

1504 彳 총11획 4급

從

앞 서 걷는(彳) 사람(人)이 멈출(止) 때까지 계속 좇음

(훈) 좇을
(음) 종(:)

從來(종래) 從僕(종복) 服從(복종) 順從(순종)
白衣從軍(백의종군)233 從屬關係(종속관계)

從來(종래) : 지금까지
服從(복종) : 명령이나 의사를 그대로 좇음

1505 糸 총11획 5급

終

실타래(糸)를 모두 엮어 남은 겨울(冬) 준비를 마침

(훈) 마칠
(음) 종

終末(종말) 終結(종결) 臨終(임종) 終止符(종지부)
終盤戰(종반전) 終身刑(종신형)

臨終(임종) : 죽음을 맞이하는 것
終止符(종지부) : 끝맺음

1506 禾 총14획 5급Ⅱ

種

벼(禾)를 수확하는 것에 못지않게 중요한(重) 것이 씨앗을 고르는 일

(훈) 씨
(음) 종(:)

種類(종류) 種別(종별) 種子(종자) 種苗(종묘)
雜種(잡종) 種族保存(종족보존)

種別(종별) : 종류에 따른 구별
種苗(종묘) : 싹을 심어 가꿈

1507 糸 총14획 2급

綜

가장 뛰어난(宗) 실(糸)만을 모아 꿰맨 옷

(훈) 모을
(음) 종

綜合(종합) 綜合病院(종합병원) 綜絲(종사)
綜合大學(종합대학) 綜合廳舍(종합청사)

綜合(종합) : 한데 모음
綜絲(종사) : 베틀에서 날실을 한 칸씩 걸려 올리도록 매어 놓은 실

1508 糸 총17획 3급Ⅱ

縱

실(糸)이 나아가는 방향이(從) 세로

(훈) 세로
(음) 종

縱斷(종단) 縱帶(종대) 放縱(방종)
縱橫無盡(종횡무진)514 操縱士(조종사)

縱帶(종대) : 위에서 아래로 길게 두른 띠
放縱(방종) : 제멋대로 행동함

1509 金 총17획 4급

鍾

쇠(金)로 만든 무거운(重) 쇠종

(훈) 쇠북
(음) 종

鍾閣(종각) 鍾塔(종탑) 鍾樓(종루) 警鍾(경종)
自鳴鍾(자명종)

鐘塔(종탑) : 종을 꼭대기에 매달아 칠 수 있게 만든 탑
警鐘(경종) : 위급함을 알리는 신호 혹은 충고나 경계를 의미

1510 工 총5획 7급Ⅱ

左

장인(工)들은 오른손과 **왼**손을 모두 사용하는 경우가 많다.

(훈) 왼
(음) 좌:

左右(좌우) 左翼(좌익)
左傾勢力(좌경세력) 左遷(좌천)

左遷(좌천) : 낮은 지위로 떨어지거나 외진 지역으로 전근됨

1511 土 총7획 3급Ⅱ

坐

훈 앉을
음 좌:

흙(土) 위에 두 사람(人)이 **앉아 있음**

坐視(좌시) 坐藥(좌약) 坐禪(좌선) 連坐(연좌)
獨坐(독좌)

坐視(좌시) : 그냥 보고 있음
連坐(연좌) : 여러 사람이 함께 앉아 있음

1512 亻(人) 총7획 3급

佐

훈 도울
음 좌:

사람(亻)의 왼손(左) 오른손은 서로 **도와주는** 기능을 함

佐郎(좌랑) 佐平(좌평) 輔佐(보좌) 上佐(상좌)
技佐(기좌) 輔佐官(보좌관)

輔佐(보좌) : 상관을 도와 업무를 보조하는 직책
佐平(좌평) : 백제 16관등 중 첫 번째 등급의 관직

1513 广 총10획 4급

座

훈 자리
음 좌:

집(广)에 앉을 수 있는(坐) **자리**

座席(좌석) 座談(좌담) 座標(좌표) 講座(강좌)
當座手票(당좌수표) 計座(계좌) 座右銘(좌우명)

座談(좌담) : 한 자리에 모여 의견을 나누는 일
座右銘(좌우명) : 곁에 두고 가르침으로 삼는 문구

1514 罒(网) 총13획 5급

罪

훈 허물
음 죄:

그물(罒)에 걸린 고기가 **허물**이 있어 걸린 것은 아니다(非).

罪囚(죄수) 罪人(죄인) 罪惡(죄악) 罪狀(죄상)
犯罪者(범죄자) 免罪符(면죄부)

罪惡(죄악) : 죄가 될 만한 나쁜 짓
罪狀(죄상) : 범죄의 구체적인 사실

1515 丶 총5획 7급

主

훈 주인
음 주

촛대 위에 타고 있는 불빛(丶)처럼 중심이 되는 자가 **주인**(王)

主人(주인) 主婦(주부) 主張(주장) 主犯(주범)
大株主(대주주) 主體思想(주체사상)

主張(주장) : 자신의 입장을 굳게 내세움
大株主(대주주) : 가장 많은 주식을 보유한 자

1516 木 총6획 4급

朱

훈 붉을
음 주

나뭇(木)가지 한편에(丿) 달린 온통(一) **붉은 열매**

朱紅(주홍) 朱丹(주단) 朱錫(주석) 印朱(인주)
朱黃色(주황색) 朱子學(주자학)

朱丹(주단) : 붉은 칠
朱錫(주석) : 강철, 구리를 도금하는데 주로 쓰이는 은백색의 고체금속

1517 舟 총6획 3급

舟

훈 배
음 주

통나무로 만든 **배**의 모양을 본뜬 글자

方舟(방주) 吳越同舟(오월동주)381 片舟(편주)
一葉片舟(일엽편주)456 刻舟求劍(각주구검)6

方舟(방주) : 네모진 배
片舟(편주) : 조각배

1518 川(巛) 총6획 5급Ⅱ

州

훈 고을
음 주

천(川)을 사이에 두고 만들어진 **고을**

慶州(경주) 州治(주치) 淸州(청주) 濟州道(제주도)

州治(주치) : 주의 행정청이 있는 곳

1519 走 총7획 4급Ⅱ

走

훈 달릴
음 주

사람이(矢) **달리기** 위해서는 우선 조금씩 나아가는(止) 연습이 필요

走行(주행) 走法(주법) 走力(주력) 競走(경주)
滑走路(활주로) 奔走(분주) 走馬看山(주마간산)521

奔走(분주) : 정신없이 뛰어다님
滑走路(활주로) : 비행기가 이착륙을 위해 이용하는 길

1520 亻(人) 총7획 7급

住

훈 살
음 주:

사람(亻)은 한 곳에 머물러 **살다** 보면 그 곳의 주인(主)이 됨

住所(주소) 住居(주거) 住民(주민) 住宅(주택)
衣食住(의식주) 住民登錄證(주민등록증)

住民(주민) : 일정한 거주지에 살고 있는 사람
住宅(주택) : 사람이 거주할 수 있도록 만든 집

1521　周　口　총8획　4급

훈 두루
음 주

모든 영역마다(口) **두루** 사용(用)하는 것

周邊(주변) 用意周到(용의주도) 周知(주지)
周到綿密(주도면밀) 周圍環境(주위환경)

周邊(주변) : 어떤 일의 둘레. 가장자리
周知(주지) : 많은 사람들이 두루 아는 것

1522　宙　宀　총8획　3급Ⅱ

훈 집
음 주:

다른 집(宀)을 가본 연후에(由) 우리 **집**의 소중함을 깨달음

宇宙(우주) 宇宙船(우주선)

宇宙船(우주선) : 우주 공간을 비행하기 위한 비행체

1523　注　氵(水)　총8획　6급Ⅱ

훈 물댈
음 주:

식수(氵)로 사용할 **물을 대주는** 사람이 주인(主)

注目(주목) 注視(주시) 注文(주문) 注入式(주입식)
注射器(주사기)

注目(주목) : 관심 있게 바라보는 것
注入式(주입식) : 기계적으로 받아들이도록 강요하는 방식

1524　洲　氵(水)　총9획　3급Ⅱ

훈 물가
음 주

물가에 위치한 섬(州) 사람들이 가장 필요한 것이 식수(氵) 조달

滿洲(만주) 三角洲(삼각주)
濠洲(호주) 六大洲(육대주)

三角洲(삼각주) : 모래나 흙이 쌓여 평평하게 만들어진 강이나 바다의 어귀

1525　柱　木　총9획　3급Ⅱ

훈 기둥
음 주

목조물의(木) 중심이 되는(主) 부분이 **기둥**

柱石(주석) 支柱(지주) 電柱(전주) 圓柱(원주)
四柱八字(사주팔자)277

支柱(지주) : 버팀대 혹은 정신적으로 의지하는 힘을 의미
電柱(전주) : 전선이나 통신선을 매기 위해 세운 전봇대

1526　奏　大　총9획　3급Ⅱ

훈 아뢸
음 주:

양손을 모으고 나아가 **아뢰는** 모습을 나타내는 글자

奏請(주청) 演奏(연주) 伴奏(반주) 獨奏(독주)
協奏曲(협주곡)

伴奏(반주) : 주가 되는 연주를 보조해주는 연주
獨奏(독주) : 반주의 유무에 상관없이 혼자서 하는 연주

1527　酒　酉　총10획　4급

훈 술
음 주

병(酉)에 과일과 물(氵)을 부어 담근 **술**

酒客(주객) 酒幕(주막) 酒量(주량) 酒類(주류)
酒色雜技(주색잡기)

酒幕(주막) : 돈을 받고 나그네를 위하여 술과 잠자리를 제공하던 집
酒類(주류) : 술 종류

1528　株　木　총10획　3급Ⅱ

훈 그루
음 주

그루가 붉은빛(朱)을 띤 나무(木)

株主(주주) 守株待兎(수주대토)321 株券(주권)
株價指數(주가지수) 株式會社(주식회사)

株主(주주) : 해당 회사의 주식을 보유하며 직·간접적으로 영향력을 미치는 개인이나 단체

1529　珠　王(玉)　총10획　3급Ⅱ

훈 구슬
음 주

붉은(朱) 옥(玉)으로 만든 **구슬**

珠玉(주옥) 珠算(주산) 珠板(주판) 珍珠(진주)
念珠(염주) 默珠(묵주) 如意珠(여의주)

珠玉(주옥) : 구슬과 옥 혹은 뛰어나게 훌륭한 작품을 비유한 말
念珠(염주) : 염불할 때 손이나 목에 거는 법구를 의미

1530　晝　日　총11획　6급

훈 낮
음 주

밤과 **낮**을 나누는(聿) 기준이 되는 해(日)

晝夜(주야) 晝間(주간) 白晝(백주)
晝夜長川(주야장천) 晝耕夜讀(주경야독)519

白晝(백주) : 대낮을 의미

1531 週

辶(辵) 총12획 5급Ⅱ

일주일 동안 영향력이 두루(周) 미칠 수 있도록 움직임(辶)

週

훈 주일
음 주

週末(주말) 週初(주초) 週報(주보) 週休(주휴)
隔週(격주) 來週(내주) 週刊誌(주간지)

週休(주휴) : 일주일에 한 번 있는 휴가
週報(주보) : 주마다 발행하는 신문이나 잡지 혹은 새 소식

1532 駐

馬 총15획 2급

머무르는 동안 말(馬)을 중점적으로(主) 관리해 주는 곳

駐

훈 머무를
음 주:

駐屯(주둔) 駐在(주재) 常駐(상주) 進駐(진주)
駐車場(주차장)

常駐(상주) : 군대 등이 항상 머물러 있는 것
駐屯(주둔) : 군대가 일정 기간 한 지역에 머무르는 일

1533 鑄

金 총22획 3급Ⅱ

금속(金)의 수명(壽)을 연장시키기 위해 받자마자 쇠를 불림

鑄

훈 쇠 불릴
음 주

鑄貨(주화) 鑄錢(주전) 鑄物(주물) 鑄造(주조)
鑄型(주형) 鑄幣(주폐)

鑄物(주물) : 쇠를 녹여 만든 물건
鑄幣(주폐) : 쇠를 부어 돈을 만듦

1534 竹

竹 총6획 4급Ⅱ

대나무가 길게 서 있는 모양을 본뜬 글자

竹

훈 대
음 죽

竹槍(죽창) 竹筍(죽순) 竹鹽(죽염) 松竹(송죽)
竹林七賢(죽림칠현)

竹鹽(죽염) : 대나무 통 속에 천일염을 넣고 아홉 번 구워 얻은 가루
竹槍(죽창) : 대로 만든 창 혹은 조선시대 무예 연습 시 사용하던 죽장

1535 俊

亻(人) 총9획 3급

진심어린(允) 마음으로 채찍질하여(夊) 만들어진 사람(亻)이 준걸

俊

훈 준걸
음 준:

俊傑(준걸) 俊秀(준수) 俊豪(준호)

俊秀(준수) : 외모와 재주가 매우 뛰어남
俊豪(준호) : 마음이 너그러우며 호기 있음

1536 准

冫 총10획 2급

새(隹)의 동(冫)사 여부를 비준함

准

훈 비준
음 준:

准尉(준위) 准將(준장) 批准(비준) 認准(인준)

准尉(준위) : 위관계급의 하나로 소위의 아래이자 원사의 위 계급
批准(비준) : 헌법상의 조약 체결권자가 최종적으로 조약을 확인하는 일

1537 準

氵(水) 총13획 4급Ⅱ

새들이(隹) 살기에 준한 수질(氵)여부를 조사

準

훈 준할
음 준:

準備(준비) 準據(준거) 準則(준칙) 準用(준용)
平準化(평준화) 標準(표준) 準優勝(준우승)

準據(준거) : 기본이 되는 근거나 기준
準優勝(준우승) : 우승 다음가는 위치

1538 遵

辶(辵) 총16획 3급

어른(尊)을 좇아 존경하며 따르는(辶) 마음

遵

훈 좇을
음 준:

遵守(준수) 遵據(준거) 遵施(준시) 遵行(준행)
遵用(준용) 遵法精神(준법정신)

遵守(준수) : 명령, 규칙 따위를 그대로 따르는 것
遵行(준행) : 표준으로 삼아 그대로 따름

1539 中

丨 총4획 8급

깃발의 가운데를 끈으로 맨 모양을 본뜬 글자

中

훈 가운데
음 중

中國(중국) 中立國(중립국) 中庸(중용)
痲藥中毒(마약중독) 中間(중간) 中部地方(중부지방)

中立國(중립국) : 중립주의를 외교 방침으로 내세우는 나라

1540 仲

亻(人) 총6획 3급Ⅱ

맏이(亻)와 막내의 중간(中)에 위치한 것이 버금

仲

훈 버금
음 중(:)

仲媒(중매) 仲介業所(중개업소)
仲裁委員會(중재위원회)

仲媒(중매) : 중간에서 관계를 맺어주는 일

1541 重 | 里 총9획 | 7급

동쪽(東)에 **무거운** 짐을 들고 서 있는 사람(壬)

훈 무거울
음 중:

重複(중복) 重態(중태) 重要(중요) 重量(중량)
體重減量(체중감량) 重刑(중형) 重輕傷(중경상)

重態(중태) : 병이 매우 위중한 상태
重刑(중형) : 무거운 형벌

1542 衆 | 血 총12획 | 4급Ⅱ

많은 사람(人)의 눈(目)이 모여 **무리를** 이룸

훈 무리
음 중:

衆論(중론) 衆生(중생) 大衆(대중) 群衆(군중)
聽衆(청중) 觀衆(관중) 衆口難防(중구난방)525

大衆(대중) : 일반적인 대다수의 사람
聽衆(청중) : 설명회나 공연을 듣기 위해 모인 많은 사람들

1543 卽 | 卩 총9획 | 3급Ⅱ

하얀(白) 비수(匕)를 신표(卩)로 내세운 무리들이
곧 이곳을 습격함

훈 곧
음 즉

卽刻(즉각) 卽興的(즉흥적) 卽死(즉사)
卽決審判(즉결심판) 卽效(즉효)

卽興的(즉흥적) : 그 순간 일어나는 기분에 따라 행동하는 것
卽效(즉효) : 바로 효험이 나타남

1544 症 | 疒 총10획 | 3급Ⅱ

병(疒)의 **증세**를 바로(正) 알면 고칠 수 있음

훈 증세
음 증

症勢(증세) 症狀(증상) 症候(증후) 痛症(통증)
後遺症(후유증) 炎症(염증) 症候群(증후군)

症候(증후) : 병의 증세
後遺症(후유증) : 병을 앓고 난 후 남은 증세

1545 曾 | 曰 총12획 | 3급Ⅱ

몰려든(朿) 사람들이 계속 더해져(增) **일찍**부터
사업을 확장함

훈 일찍
음 증

曾往(증왕) 曾前(증전) 曾孫(증손) 曾祖父(증조부)
未曾有(미증유)

曾往(증왕) : 이미 지나간 때
未曾有(미증유) : 있었던 적이 한 번도 없음

1546 蒸 | 艹(艸) 총14획 | 3급Ⅱ

껍질을 벗기기 위해 삶고(烝) **찐** 약초(艹)

훈 찔
음 증

蒸發(증발) 水蒸氣(수증기) 蒸溜水(증류수)
汗蒸幕(한증막) 蒸氣機關車(증기기관차)

蒸發(증발) : 액체에서 기체 상태로 변하는 일
蒸溜水(증류수) : 증류하여 불순물을 제거한 물

1547 增 | 土 총15획 | 4급Ⅱ

흙(土)을 거듭(曾) **더하여** 벽을 튼튼하게 함

훈 더할
음 증

增減(증감) 增加(증가) 增産(증산) 增設(증설)
增殖(증식) 增資(증자) 割增料(할증료)

增資(증자) : 사업 확장 및 부족한 자금 운용을 위해 자본금을 늘리는 일
割增料(할증료) : 웃돈. 추가금

1548 憎 | 忄(心) 총15획 | 3급Ⅱ

원망하는 마음(忄)이 거듭(曾) 더해져 생긴 **미움**

훈 미울
음 증

憎惡(증오) 憎怨(증원) 愛憎(애증) 可憎(가증)
憎惡心(증오심)

可憎(가증) : 괘씸하고 얄미움
憎惡心(증오심) : 마음속 깊이 미워하는 마음

1549 證 | 言 총19획 | 4급

말(言)을 보태기(登)전에 확보해야 하는 **증거**

훈 증거
음 증

證據(증거) 領收證(영수증) 證言(증언)
保證保險(보증보험) 證人(증인) 證憑資料(증빙자료)

領收證(영수증) : 받은 돈이나 물품의 사실을 표한 것
證言(증언) : 어떤 사실의 참과 거짓을 밝혀내는 말

1550 贈 | 貝 총19획 | 3급

재물(貝)을 거듭(曾) **주며** 환심을 사려 함

훈 줄
음 증

贈與(증여) 贈呈(증정) 贈賄(증회) 贈遺(증유)
寄贈(기증) 贈與稅(증여세)

贈與(증여) : 물품 등을 선물로 주는 것 혹은 무상으로 자신의 재산을
줄 의사를 표하면 이에 승낙하는 계약

1551 之 · ノ · 총4획 · 3급Ⅱ

발 끝이 **나아가는** 모양을 본뜬 글자

훈 갈
음 지

之次(지차) 左之右之(좌지우지)
自中之亂(자중지란)

之次(지차) : 버금 혹은 맏이를 제외한 나머지 자식들을 의미

1552 止 · 止 · 총4획 · 5급

발목 아래 모양을 본뜬 글자로 움직임을 **그친** 상태

훈 그칠
음 지

止揚(지양) 止血(지혈) 防止(방지) 中止(중지)
停止(정지) 沮止線(저지선) 入山禁止(입산금지)

防止(방지) : 일어나지 못하도록 막음
沮止線(저지선) : 일정 한도 이상 넘지 못하도록 막는 선

1553 支 · 支 · 총4획 · 4급Ⅱ

열 개(十)가 넘는 짐을 든 손(又)으로 힘겹게 **지탱**하고 있음

훈 지탱할
음 지

支店(지점) 支拂(지불) 支給(지급) 支配人(지배인)
支持者(지지자) 支援勢力(지원세력)

支給(지급) : 정해진 몫만큼 내어줌
支持者(지지자) : 어떤 일에 찬성하여 따르는 사람

1554 只 · 口 · 총5획 · 3급

입(口)에서는 **다만** 한숨(八)만 나올 뿐

훈 다만
음 지

但只(단지) 只今(지금)

但只(단지) : 다른 것이 아닌 오직 그것 하나만

1555 至 · 至 · 총6획 · 4급Ⅱ

새가 공중에서 내려와 땅에 **이르는** 모양을 본뜬 글자

훈 이를
음 지

至極(지극) 至毒(지독) 至當(지당) 至尊(지존)
冬至(동지) 夏至(하지) 至誠感天(지성감천)529

至毒(지독) : 매우 모짊
至尊(지존) : 지위가 높은 사람. 흔히 임금을 지칭함

1556 旨 · 日 · 총6획 · 2급

맛있는 음식을(日) 숟가락으로(匕) 먹고자 하는 **뜻**

훈 뜻
음 지

論旨(논지) 趣旨(취지) 教旨(교지) 要旨(요지)
主旨(주지)

趣旨(취지) : 어떤 일에 담겨있는 생각
要旨(요지) : 핵심이 되는 중요한 내용

1557 枝 · 木 · 총8획 · 3급Ⅱ

나무(木)에 여러 갈래로 갈린(支) **나뭇가지**

훈 가지
음 지

枝葉(지엽) 枝莖(지경) 枝肉(지육) 全枝(전지)
幹枝(간지) 金枝玉葉(금지옥엽)103

枝肉(지육) : 도살한 후 아직 각을 뜨지 않은 고기
枝莖(지경) : 가지와 줄기를 의미

1558 池 · 氵(水) · 총6획 · 3급Ⅱ

구불구불한(也) 모양의 **못**에 가득한 물(氵)

훈 못
음 지

池沼(지소) 池塘(지당) 池畔(지반) 硯池(연지)
貯水池(저수지) 乾電池(건전지)

池沼(지소) : 못과 늪
貯水池(저수지) : 하천이나 골짜기를 막아 만든 물을 모아둔 큰 못

1559 地 · 土 · 총6획 · 7급

들쭉날쭉하게(也) 쌓여진 흙(土)이 모여 이루어진 땅

훈 땅
음 지

地球(지구) 地表(지표) 地盤(지반) 地獄(지옥)
熱帶地方(열대지방) 地天(지천) 地籍圖(지적도)

地盤(지반) : 땅의 표면 혹은 일의 기본 바탕을 의미하는 말
地籍圖(지적도) : 토지의 소재나 경계 등을 기록한 평면 지도

1560 志 · 心 · 총7획 · 4급Ⅱ

선비(士)가 품은 마음(心)의 **뜻**

훈 뜻
음 지

志望(지망) 志操(지조) 意志(의지) 同志(동지)
立志(입지) 三國志(삼국지) 志願兵(지원병)

志望(지망) : 뜻이 있어 바람
同志(동지) : 뜻을 같이하는 사람

1561 矢 총8획 5급Ⅱ

知

사람들의 말(口)을 재빨리(矢) **알아차림**

知

훈 알
음 지

知識(지식) 認知(인지) 熟知(숙지) 感知(감지)
全知全能(전지전능)

熟知(숙지) : 충분히 앎
感知(감지) : 느껴서 아는 것

1566 日 총12획 4급

智

사물의 밝고(日) 어두운 면을 모두 꿰뚫는(知) **지혜**

智

훈 지혜
음 지

智慧(지혜) 智略(지략) 機智(기지) 智德體(지덕체)

智慧(지혜) : 사물의 이치를 빨리 깨닫고 처리하는 능력
機智(기지) : 뛰어난 지혜

1562 扌(手) 총9획 4급

持

공공기관(寺)에서 작성된(扌) 문서는 **가지고** 있어야 함

持

훈 가질
음 지

持續(지속) 持病(지병) 維持(유지) 矜持(긍지)
堅持(견지) 持久力(지구력) 持參金(지참금)

持續(지속) : 어떤 상태가 오래 계속되는 것
堅持(견지) : 어떠한 견해나 처지를 강하게 지킴

1567 言 총14획 4급

誌

뜻한 배(志)를 말하고(言) **기록해** 두는 것이 중요

誌

훈 기록할
음 지

誌面(지면) 日誌(일지) 校誌(교지) 本誌(본지)
月刊雜誌(월간잡지) 會誌(회지) 週刊誌(주간지)

校誌(교지) : 학생들이 편집과 발행에 참여하여 만드는 잡지
會誌(회지) : 특정기관에서 펴내는 잡지

1563 扌(手) 9획 4급Ⅱ

指

손가락으로(扌) 맛있는 음식(旨)을 **가리킴**

指

훈 가리킬
음 지

指向(지향) 指針(지침) 指目(지목) 指稱(지칭)
指紋(지문) 指壓(지압)

指紋(지문) : 손가락 무늬
指壓(지압) : 피의 순환을 위해 손을 눌러 신경을 자극하는 것

1568 辶(辵) 총16획 3급

遲

굳은(犀) 결심을 하고 달려왔지만(辶) 점차 더딘 발걸음

遲

훈 더딜
음 지

遲刻(지각) 遲延(지연) 遲滯(지체) 遲留(지류)
遲進兒(지진아) 遲遲不進(지지부진)

遲滯(지체) : 시일을 늦추면서 끄는 것
遲進兒(지진아) : 학업이나 정신적 성숙의 발달 정도가 더딘 아이

1564 月(肉) 총10획 2급

脂

고기(月)의 맛(旨)이 좋은 것은 **기름**졌기 때문임

脂

훈 기름
음 지

脂肪(지방) 脂粉(지분)
乳脂肪(유지방) 脂肪質(지방질) 合成樹脂(합성수지)

脂肪質(지방질) : 지방을 많이 함유한 물질 혹은 지방을 많이 함유한 체질을 의미

1569 目 총8획 7급Ⅱ

直

열 개(十)의 눈(目)이 항상 **곧게** 생각하고 행동하도록 감시함

直

훈 곧을
음 직

直接(직접) 直觀(직관) 直感(직감) 直行(직행)
當直(당직) 直線的(직선적) 垂直線(수직선)

直感(직감) : 다른 설명에 따른 것이 아니라 즉각적으로 느끼는 것
直線的(직선적) : 꼬임이나 비유가 없이 있는 그대로 하는 것

1565 糸 총10획 7급

紙

실(糸)처럼 가늘면서도 질긴 **종이**를 만드는 사람(氏)

紙

훈 종이
음 지

紙幣(지폐) 紙匣(지갑) 壁紙(벽지) 更紙(갱지)
白紙(백지) 紙物鋪(지물포) 印紙稅(인지세)

更紙(갱지) : 거칠고 품질이 낮은 종이
紙物鋪(지물포) : 다양한 종류의 종이를 파는 가게

1570 耳 총18획 4급Ⅱ

職

사관은 들은(耳) 내용을 바르게 기록하고(戈) 말해야 하는(音) **벼슬**

職

훈 벼슬
음 직

職業(직업) 職場(직장) 職員(직원) 職位(직위)
職種(직종) 職責(직책) 轉職(전직) 退職(퇴직)

職種(직종) : 직무의 종류
職責(직책) : 해당 업무를 맡은 사람의 책임

1571 織

糸　총18획　4급

창(戈)을 부딪치듯 실(糸)을 **짜는** 소리(音)가 시끄러움

훈 짤
음 직

織物(직물) 織造(직조) 紡織(방직) 染織(염직)
牽牛織女(견우직녀) 組織暴力(조직폭력)

織造(직조) : 베틀을 이용하여 무명이나 비단 등을 짜는 일
染織(염직) : 피륙에 물을 들이는 일

1572 辰

辰　총7획　3급Ⅱ

농사철을 알리는 **별**을 나타내는 글자

훈 1)별
　 2)때
음 1)진 2)신

辰時(진시) 辰韓(진한) 日辰(일진) 生辰(생신)
誕辰(탄신)

辰時(진시) : 오전 일곱 시부터 아홉 시
誕辰(탄신) : 제왕이나 성인이 태어난 날을 지칭

1573 珍

王(玉)　총9획　4급

옥(玉)처럼 빛나는 사람(人)의 머릿결(彡)은 **보배**와 같음

훈 보배
음 진

珍珠(진주) 珍品(진품) 珍貴(진귀) 珍寶(진보)
珍羞盛饌(진수성찬)533 山海珍味(산해진미)

珍品(진품) : 남달리 귀한 물품
珍寶(진보) : 매우 진귀한 보배를 의미

1574 津

氵(水)　총9획　2급

물(氵)을 따라(聿) 배가 나아갈 수 있도록 만든 곳이 **나루**

훈 나루
음 진(:)

松津(송진) 津渡(진도) 津液(진액) 鷺梁津(노량진)
唐津郡(당진군)

松津(송진) : 소나무나 잣나무 등에서 분비되는 끈적끈적한 액체
津液(진액) : 생물의 몸 안에서 생겨나는 수액을 의미

1575 眞

目　총10획　4급Ⅱ

여러(八) 눈(目)들이 감시하고 칼(匕)로 위협해도 **참**이 아니면 하지 않음

훈 참
음 진

眞理(진리) 眞實(진실) 眞率(진솔) 眞善美(진선미)
寫眞機(사진기) 天眞爛漫(천진난만)547

眞理(진리) : 참된 이치
眞率(진솔) : 꾸밈이 없이 솔직함

1576 振

扌(手)　총10획　3급Ⅱ

조개(辰) 속의 모래들을 세게 흔들어(扌) **떨침**

훈 떨칠
음 진:

振興(진흥) 振動(진동) 振幅(진폭) 振作(진작)

振興(진흥) : 떨치어 일어나는 것
振動(진동) : 심한 움직임 혹은 냄새 등이 심하게 나는 것

1577 陣

阝(阜)　총10획　4급

언덕(阝) 아래 수레(車)를 펼쳐 **진을 침**

훈 진칠
음 진

陣地(진지) 陣營(진영) 敵陣(적진) 退陣(퇴진)
背水陣(배수진) 陣頭指揮(진두지휘)

陣營(진영) : 대립되는 세력의 어느 한쪽 혹은 군대가 진을 친 곳을 의미
背水陣(배수진) : 물을 등지고 공격하는 방법

1578 陳

阝(阜)　총11획　3급Ⅱ

해가 뜨는 동쪽(東) 언덕(阝)에 생선을 **늘어놓음**

훈 늘어놓을
음 진:

陳列(진열) 陳腐(진부) 開陳(개진) 陳述書(진술서)
陳情書(진정서) 新陳代謝(신진대사)334

陳腐(진부) : 오래되어 새롭지 못함
開陳(개진) : 전쟁 등에서 이기고 돌아오는 것

1579 進

辶(辵)　총12획　4급Ⅱ

새(隹)가 총총걸음을 하며(辶) 앞으로 **나아감**

훈 나아갈
음 진:

進路(진로) 進步(진보) 進學(진학) 漸進的(점진적)
急進派(급진파) 進退兩難(진퇴양난)534

進步(진보) : 정도나 수준이 높아지는 것
急進派(급진파) : 관행 등을 급격한 속도로 변화할 것을 주장하는 무리

1580 診

言　총12획　2급

사람(人)을 **진찰할** 때에는 신중하게(彡) 살피고 말해야(言) 함

훈 진찰할
음 진

診察(진찰) 診療(진료) 診斷(진단) 診脈(진맥)
健康診斷(건강진단) 檢診(검진) 聽診器(청진기)

診脈(진맥) : 손목의 맥을 짚어 병을 진단하는 일
檢診(검진) : 진찰

1581 　土　총14획　2급

塵

사슴(鹿)이 떼 지어 달려간 땅(土) 주변에 남은 **티끌**

(훈) 티끌
(음) 진

塵土(진토) 粉塵(분진) 風塵(풍진) 落塵(낙진)
集塵(집진) 塵肺症(진폐증)

粉塵(분진) : 티끌
風塵(풍진) : 바람에 날리는 티끌 혹은 어지러운 세상일을 의미

1582 　皿　총14획　4급

盡

화로에서 꺼내 그릇(皿)에 담아두었던 불길(灬)이 **다하여** 꺼짐

(훈) 다할
(음) 진:

盡心(진심) 盡力(진력) 極盡(극진) 蕩盡(탕진)
氣盡脈盡(기진맥진)[108] 縱橫無盡(종횡무진)[514]

極盡(극진) : 마음을 다하여 애를 씀
蕩盡(탕진) : (재물 등을)죄다 써서 없어짐

1583 　雨　총15획　3급Ⅱ

震

비(雨)와 함께 별빛(辰)처럼 번쩍하고 **우레**가 침

(훈) 우레
(음) 진:

震怒(진노) 震度(진도) 地震(지진)
強震(강진) 餘震(여진) 腦震蕩(뇌진탕)

強震(강진) : 굴뚝이나 담이 무너질 정도로 강한 진도5의 지진
腦震蕩(뇌진탕) : 머리를 부딪치거나 기절로 인해 발생한 가벼운 외상

1584 　金　총18획　3급Ⅱ

鎭

쇠(金)로 이루어진(眞) 강력한 무기로 적을 **진압함**

(훈) 진압할
(음) 진(:)

鎭火(진화) 鎭重(진중) 鎭靜劑(진정제)
鎭痛劑(진통제) 鎭壓部隊(진압부대)

鎭重(진중) : 무게 있고 점잖음
鎭痛劑(진통제) : 중추 신경 부분에 작용하여 아픔을 멎게 하는 약

1585 　女　총9획　3급

姪

나와 혈연으로 이루어진(至) 여자(女) **조카**

(훈) 조카
(음) 질

姪女(질녀) 姪婦(질부) 堂姪(당질) 甥姪(생질)

姪婦(질부) : 조카며느리를 지칭하는 말
甥姪(생질) : 남자가 여자형제인 누이의 아들을 지칭하는 말

1586 　疒　총10획　3급Ⅱ

疾

병의 증세가 빠르게(矢) 악화되어 몸져 누움(疒)

(훈) 병
(음) 질

疾病(질병) 疾患(질환) 疾走(질주) 怪疾(괴질)
疾風怒濤(질풍노도) 眼疾(안질) 痼疾的(고질적)

怪疾(괴질) : 원인을 알 수 없는 괴이한 병
痼疾的(고질적) : 오랫동안 앓아 고치기 어려움

1587 　禾　총10획　3급Ⅱ

秩

곡식(禾)을 잃어버리지(失) 않기 위해 **차례대로** 쌓아 수량을 확인함

(훈) 차례
(음) 질

秩序(질서) 無秩序(무질서)
秩高(질고) 秩序紊亂(질서문란)

秩序(질서) : 순조롭게 진행되는 순서나 차례
秩高(질고) : 관직이나 녹봉 등이 높은 것

1588 　穴　총11획　2급

窒

동굴(穴)에서 입구까지 이르는(至) 구멍이 **막혀** 숨을 쉬기가 힘겨움

(훈) 막힐
(음) 질

窒塞(질색) 窒息(질식) 窒酸(질산) 窒素(질소)
窒酸鹽(질산염)

窒塞(질색) : 몹시 꺼리는 것
窒素(질소) : 공기의 5분의 4에 해당하는 무색, 무미, 무취의 기체 원소

1589 　貝　총15획　5급Ⅱ

質

모탕(所 : 나무를 팰 때 바치는 나무토막)은 조개(貝) 요리를 위한 **바탕**

(훈) 바탕
(음) 질

質問(질문) 質疑(질의) 質量(질량) 物質(물질)
素質(소질) 形質(형질) 品質檢査(품질검사)

質疑(질의) : 의문점을 묻는 일
素質(소질) : 타고난 능력이나 자질

1590 　土　총11획　3급Ⅱ

執

행복이(幸) 찾아올 때 놓치지 않고 **잡을 수** 있는(丸)것이 재치

(훈) 잡을
(음) 집

執念(집념) 執權(집권) 執着(집착) 執筆(집필)
固執(고집) 我執(아집) 執行猶豫(집행유예)

執着(집착) : 늘 마음이 쏠려 잊지 못하는 것
我執(아집) : 다른 입장을 고려치 않은 자신만의 고집

1591 集 佳 총12획 6급Ⅱ

새(佳)들이 나무(木) 위에 **모여** 있음

集

훈 모을
음 집

集合(집합) 集計(집계) 集會(집회) 集結(집결)
募集(모집) 徵集(징집) 集積回路(집적회로)

集計(집계) : 한데 모아서 계산함
集結(집결) : 한 곳으로 모여 뭉치는 것

1592 輯 車 총16획 2급

여러 사람의 평가를(口) 듣고(耳) 장점만을 모아
만든 수레(車)

輯

훈 모을
음 집

輯睦(집목) 特輯(특집) 蒐輯(수집)
編輯部(편집부)

輯睦(집목) : 서로 뜻이 맞아 정다움
蒐輯(수집) : 여러 물건을 찾아 모으는 것

1593 徵 彳 총15획 3급Ⅱ

작은(微) 소리가 들리지 않아 직접 **부르러** 옴(彳)

徵

훈 부를
음 징

徵收(징수) 徵用(징용) 徵發(징발) 徵兆(징조)
徵候(징후) 徵兵檢査(징병검사)

徵發(징발) : 강제적으로 모아 거두는 것
徵兆(징조) : 어떤 일이 발생할 것 같은 분위기

1594 懲 心 총19획 3급

바르지 못한 마음(心)을 지닌 자를 불러(徵) **징계함**

懲

훈 징계할
음 징

懲役(징역) 懲罰(징벌) 膺懲(응징)
懲戒處分(징계처분)

懲罰(징벌) : 죄를 지은 데 대하여 주는 벌
膺懲(응징) : 죄를 깨우치도록 나무라며 경계함

1595 且 一 총5획 3급

물건을 쌓아두고 **또** 쌓아두어 창고가 가득함

且

훈 또
음 차:

且說(차설) 且置(차치) 苟且(구차) 重且大(중차대)

且說(차설) : 화제를 다른 쪽으로 돌리는 것
重且大(중차대) : 매우 중요함

1596 次 欠 총6획 4급Ⅱ

두 사람(二) 모두 부족한 잠(欠) 때문에 일정을 다
음으로 미룸

次

훈 버금
음 차

次男(차남) 次官(차관) 次元(차원) 月次(월차)
年次(연차) 將次(장차) 次善策(차선책)

次官(차관) : 장관을 보좌하고 임무를 대행할 수 있는 별정직 공무원
次善策(차선책) : 최선책의 다음가는 방책

1597 此 止 총6획 3급Ⅱ

언제나 사람들의 발길(止)이 머무는(匕) 이 곳

此

훈 이
음 차

此後(차후) 此際(차제) 彼此(피차) 如此(여차)
於此彼(어차피) 此日彼日(차일피일)535

此際(차제) : 적절한 시기에 주어진 기회
彼此(피차) : 저것과 이것의 양자간

1598 差 工 총10획 4급

왼쪽으로(左) 늘어져(羊) 있다 보니 팔다리의 길
이가 다름

差

훈 1)다를
  2)어긋날
음 1)차 2)치

差異(차이) 差減(차감) 差等(차등) 參差(참치)
千差萬別(천차만별)548 人種差別(인종차별)

差減(차감) : 덜어내거나 줄어든 차이
參差(참치) : 들쭉날쭉하여 가지런하지 않음

1599 借 亻(人) 총10획 3급Ⅱ

오랜(昔) 기간 남(亻)에게 **빌린** 땅으로 농사짓는
소작인

借

훈 빌릴
음 차:

借名(차명) 借款(차관) 借入(차입) 借邊(차변)
假借(가차) 借用證(차용증) 賃貸借(임대차)

借入(차입) : 돈이나 물건 등을 꾸어 들인 것
借款(차관) : 정부나 은행이 외국 기관으로부터 자금을 빌려오는 일

1600 遮 辶(辵) 총15획 2급

살찐(庶) 부분을 **가려주는** 물품을 사러 자주 가는
(辶) 가게

遮

훈 가릴
음 차(:)

遮陽(차양) 遮光(차광) 遮蔽(차폐) 遮路(차로)
遮日(차일) 遮斷器(차단기)

遮光(차광) : 빛 가림
遮斷器(차단기) : 전류나 전선이 흐르지 못하도록 막는 기구

1601 扌(手) 총10획 3급

捉

손(扌)과 발(足)을 잡아 꼼짝 못하게 함

- 훈 잡을
- 음 착

捉囚(착수) 捉送(착송) 捉去(착거) 捕捉(포착)

捉囚(착수) : 어떤 일을 시작함
捉去(착거) : 사람을 붙잡아가는 것

1602 目 총12획 5급Ⅱ

着

풀(艹)이 이 사람(者) 저 사람 옷에 달라붙음

- 훈 붙을
- 음 착

着陸(착륙) 着地(착지) 着用(착용) 着服(착복)
終着驛(종착역) 執着(집착) 自家撞着(자가당착)474

着用(착용) : 의복이나 모자 등을 입고 쓰는 것
終着驛(종착역) : 기차나 전철 등이 마지막으로 도착하는 역

1603 金 총16획 3급Ⅱ

錯

여러 금속(金)을 섞고 거듭(昔) 더하여 만든 무기

- 훈 섞일
- 음 착

錯覺(착각) 錯亂(착란) 錯視(착시) 錯誤(착오)
錯雜(착잡) 交錯(교착)

錯亂(착란) : 어지럽고 수선스러움
交錯(교착) : 여기저기 엇갈려 뒤섞임

1604 食 총16획 2급

餐

밥상이 나오자 앙상한(歹) 손(又)으로 정신없이 음식(食)을 먹음

- 훈 밥
- 음 찬

午餐(오찬) 朝餐(조찬) 晚餐(만찬)
尸位素餐(시위소찬)

晚餐(만찬) : 일반적인 저녁 식사 혹은 손님을 초대하여 함께 먹는 저녁 식사

1605 貝 총19획 3급Ⅱ

贊

나아가(兟) 쌓인 조개(貝)껍데기를 치우는 작업을 돕다.

- 훈 도울
- 음 찬:

贊成(찬성) 贊助(찬조) 贊同(찬동) 贊否(찬부)
協贊(협찬) 贊反兩論(찬반양론)

贊助(찬조) : 어떤 일을 옳다고 판단하여 도와줌
協贊(협찬) : 어떤 일에 대하여 재정적인 도움을 주는 것

1606 言 총26획 4급

讚

계획하고 있는 일이 잘 되도록(贊) 기리는 말(言)

- 훈 기릴
- 음 찬:

讚揚(찬양) 讚辭(찬사) 讚嘆(찬탄) 過讚(과찬)
自畵自讚(자화자찬)485 禮讚(예찬) 讚頌歌(찬송가)

讚嘆(찬탄) : 칭찬하며 감탄함
禮讚(예찬) : 훌륭하고 아름다운 것을 공경하며 찬양함

1607 木 총5획 2급

札

나무(木) 위의 새(乙)가 언제나 편지를 전달함

- 훈 편지
- 음 찰

名札(명찰) 廢札(폐찰) 落札(낙찰) 流札(유찰)
入札公告(입찰공고) 現札(현찰) 改札口(개찰구)

落札(낙찰) : 경매에서 물건이 어떤 이에게 돌아가도록 결정되는 일
流札(유찰) : 낙찰이 결정되지 않고 무효로 돌아가는 일

1608 刂(刀) 총8획 2급

刹

좋은 나무(木)와 연장(刂)으로 만든 절

- 훈 절
- 음 찰

刹那(찰나) 古刹(고찰) 寺刹(사찰)
名山大刹(명산대찰)

刹那(찰나) : 어떤 현상이 일어나는 바로 그때
古刹(고찰) : 역사가 오래된 옛 사찰

1609 宀 총14획 4급Ⅱ

察

집(宀)에서 제사(祭)를 지낼 때는 음식을 더욱 각별히 살핌

- 훈 살필
- 음 찰

警察(경찰) 檢察(검찰) 巡察(순찰) 査察(사찰)
監察(감찰) 診察室(진찰실) 偵察機(정찰기)

巡察(순찰) : 돌아보며 사정을 살핌
偵察機(정찰기) : 적의 정세나 지형을 살피는 데 쓰이는 군용기

1610 厶 총11획 5급Ⅱ

參

아무나(厶) 참여할 수 있는 회의는 언제나 복잡함(彡)

- 훈 1)참여할 2)석
- 음 1)참 2)삼

參加(참가) 參與(참여) 參酌(참작) 參拜(참배)
參謀(참모) 參十(삼십) 情狀參酌(정상참작)

參與(참여) : 끼어들어 관계함
參酌(참작) : 여러모로 살펴보아 헤아림

1611 忄(心) 총14획 3급

慘
- 훈 참혹할
- 음 참

마음(忄)이 여러 갈래로 흩어지는(參) **참혹한** 느낌

慘酷(참혹) 慘事(참사) 慘憺(참담) 慘狀(참상)
慘敗(참패) 悲慘(비참) 悽慘(처참) 無慘(무참)

慘酷(참혹) : 더할 나위 없이 슬프고 끔찍함
無慘(무참) : 비참하고 끔찍함

1612 心 총15획 3급

慙
- 훈 부끄러울
- 음 참

칼로 도려내고(斬) 싶을 만큼 **부끄러운** 마음(心)

慙悔(참회) 慙愧(참괴) 慙色(참색) 慙伏(참복)

慙色(참색) : 부끄러워하는 낯빛
慙伏(참복) : 스스로 부끄러운 마음이 들어 고개를 숙이는 것

1613 斤 총11획 2급

斬
- 훈 벨
- 음 참(:)

죄인을 수레(車)에 묶은 채 도끼(斤)로 목을 **베어** 내는 형벌

斬首(참수) 斬刑(참형) 斬屍(참시) 斬新(참신)

斬刑(참형) : 목을 베어 죽이는 형벌
斬新(참신) : 새롭고 산뜻함

1614 日 총8획 3급Ⅱ

昌
- 훈 창성할
- 음 창(:)

태양처럼(日) 앞을 향해 뻗어나가는 것이 **창성**

昌盛(창성) 昌運(창운) 繁昌(번창) 昌德宮(창덕궁)
碧昌牛(벽창우 → 벽창호)

昌運(창운) : 좋은 운수
繁昌(번창) : 번성하고 화려하게 뻗어나감

1615 人 총10획 3급Ⅱ

倉
- 훈 곳집
- 음 창(:)

음식(食)을 넣어두는 곳(口)이 **창고**

倉庫(창고) 倉卒(창졸) 船倉(선창) 彈倉(탄창)
營倉(영창) 穀倉(곡창)

倉卒(창졸) : 매우 급작스러움
彈倉(탄창) : 탄알을 보관해 두는 통

1616 穴 총11획 6급Ⅱ

窓
- 훈 창
- 음 창

구멍(穴) 속 밝은 빛이 들어오는 **창**

窓門(창문) 窓口(창구) 鐵窓(철창) 車窓(차창)
封窓(봉창) 窓戶紙(창호지)

車窓(차창) : 차, 비행기 등의 교통수단에 달려 있는 창문
窓戶紙(창호지) : 한옥 집의 문을 바를 때 사용하던 얇은 재래식 종이

1617 口 총11획 5급

唱
- 훈 부를
- 음 창:

입(口)을 벌려 우렁차게(昌) **부르는** 노래

唱劇(창극) 唱法(창법) 先唱(선창) 獨唱(독창)
復唱(복창) 愛唱曲(애창곡) 合唱團(합창단)

先唱(선창) : 노래나 구령을 제일 먼저 부르는 것
復唱(복창) : 남의 말을 그대로 다시 받아 외는 것

1618 刂(刀) 총12획 4급Ⅱ

創
- 훈 비롯할
- 음 창:

칼(刂)로 **비롯하여** 만들어진 창고(倉)

創造(창조) 創設(창설) 創意(창의) 創作品(창작품)
獨創力(독창력) 創氏改名(창씨개명)

創設(창설) : 어떤 기관이나 단체를 새로 만들어 세우는 것
獨創力(독창력) : 모방 없이 새로 만들어 내는 능력

1619 ++(艸) 총14획 3급Ⅱ

蒼
- 훈 푸를
- 음 창

창고(倉)에 쌓아둔 풀(++)에 물이 들어 옷이 **푸른** 빛을 띔

蒼空(창공) 蒼白(창백) 蒼生(창생) 蒼茫(창망)
鬱蒼(울창) 古色蒼然(고색창연)

蒼生(창생) : 세상의 모든 사람을 의미
蒼茫(창망) : 멀고 아득함

1620 氵(水) 총13획 2급

滄
- 훈 바다
- 음 창

창고(倉)에 물(氵)이 가득 차 그 모양이 **바다**와도 같음

滄海(창해) 滄浪(창랑) 滄波(창파)
滄海桑田(창해상전) 滄海一粟(창해일속)[536]

滄海(창해) : 넓고 큰 바다를 의미
滄波(창파) : 넓은 바다의 푸른 물결

1621 日 총14획 3급

暢

훈 화창할
음 창

暢達(창달) 暢懷(창회) 和暢(화창) 流暢(유창)

暢達(창달) : 주장하려는 의견 따위를 막힘없이 펼치는 것
流暢(유창) : 물이 흐르듯 거침이 없음

1622 彡 총14획 2급

彰

훈 밝을
음 창

뛰어난 글(章)과 그림(彡)이 눈앞을 **밝게** 비추는 것 같음

彰明(창명) 彰善(창선) 彰顯(창현) 表彰狀(표창장)

彰明(창명) : 어떤 일을 드러내어 밝히는 것
彰善(창선) : 다른 사람의 좋은 행동을 널리 알림

1623 ++(艸) 총12획 3급Ⅱ

菜

훈 나물
음 채

캐어서(采) 먹을 수 있는 풀(++)이 나물

菜食(채식) 菜蔬(채소) 菜根(채근) 野菜(야채)
生菜(생채) 山菜(산채) 菜松花(채송화)

生菜(생채) : 익히지 않고 무친 나물을 의미
菜根(채근) : 거칠고 보잘것없는 음식을 의미

1624 扌(手) 총11획 4급

採

훈 캘
음 채:

손(扌)으로 가려서(采) 캐어낸 나물

採集(채집) 採取(채취) 採掘(채굴) 採鑛(채광)
採擇(채택) 採點(채점) 採伐(채벌) 特採(특채)

採掘(채굴) : 땅을 파내어 광석을 캐내는 것
特採(특채) : 특별히 인재를 가려 뽑음

1625 彡 총11획 3급Ⅱ

彩

훈 채색
음 채:

여러(彡) 색을 가려서(采) 적절하게 **채색한** 그림

彩色(채색) 彩畫(채화) 色彩(색채) 光彩(광채)
異彩(이채) 水彩畫(수채화)

彩畫(채화) : 색을 칠한 그림
異彩(이채) : 색다른 빛 혹은 눈에 띄게 두드러짐을 의미

1626 亻(人) 총13획 3급Ⅱ

債

훈 빚
음 채:

사람(亻)에게 **빚**을 독촉함(責)

債券(채권) 負債(부채) 福債(복채) 債權者(채권자)
債務者(채무자) 轉換社債(전환사채)

負債(부채) : 남에게 진 빚 혹은 빚을 진 상태를 의미
福債(복채) : 추첨을 통해 일치하는 것에 상품을 수여하도록 만든 표

1627 冂 총5획 4급

冊

훈 책
음 책

죽간을 가죽으로 엮어서 만든 **책**

冊房(책방) 冊床(책상) 冊張(책장) 冊子(책자)
冊曆(책력) 冊封(책봉) 別冊(별책)

冊張(책장) : 책의 낱낱의 장을 의미
別冊(별책) : 따로 엮어 만든 딸림 책

1628 貝 총11획 5급Ⅱ

責

훈 꾸짖을
음 책

돈(貝)을 함부로 쓰는 것을 채찍질하며(束) **꾸짖음**

責望(책망) 責任感(책임감) 呵責(가책)
歸責事由(귀책사유) 罪責(죄책) 免責特權(면책특권)

呵責(가책) : 꾸짖어 책망함
罪責(죄책) : 잘못의 책임

1629 竹 총12획 3급Ⅱ

策

훈 꾀
음 책

가시 돋친(束) 마음을 올곧게(竹) 만들어 놓을 수 있는 **꾀**

策略(책략) 政策(정책) 對策(대책) 祕策(비책)
妙策(묘책) 計策(계책) 窮餘之策(궁여지책)85

策略(책략) : 일을 꾸미고 이루어 나가는 방법
計策(계책) : 어떤 일을 이루기 위해 생각해내는 대책

1630 女 총8획 3급Ⅱ

妻

훈 아내
음 처

빗자루(크)를 들고(又) 청소하고 있는 여자(女)가 내 **아내**

妻弟(처제) 恐妻家(공처가) 妻男(처남) 喪妻(상처)
賢母良妻(현모양처)618 糟糠之妻(조강지처)508

喪妻(상처) : 아내가 죽은 것
恐妻家(공처가) : 아내에게 눌려 지내는 남편

1631 處 虍 총11획 4급Ⅱ

천천히 둘러보니(夂) 호랑이(虍)의 무늬가 **이 곳 저 곳**에 새겨진 안석(几)

훈 곳
음 처:

處理(처리) 處所(처소) 處女(처녀) 處刑(처형)
處罰(처벌) 傷處(상처) 處遇改善(처우개선)

傷處(상처) : 몸을 다쳐서 부상을 입은 자리
處刑(처형) : 형벌에 처해지는 것

1632 悽 忄(心) 총11획 2급

아내(妻)를 잃은 **슬픈 마음**(忄)

훈 슬퍼할
음 처:

悽慘(처참) 悽絶(처절) 悽然(처연)

悽慘(처참) : 몹시 슬프고 끔찍함
悽然(처연) : 애달프고 처량하게 슬픈 것

1633 尺 尸 총4획 3급Ⅱ

손뼘재기로 재는 모양을 본뜬 글자

훈 자
음 척

尺度(척도) 咫尺(지척) 越尺(월척) 縮尺(축척)
寸尺(촌척) 三尺童子(삼척동자)293

咫尺(지척) : 가까운 거리를 의미
寸尺(촌척) : 얼마 안 되는 조그마한 것

1634 斥 斤 총5획 3급

불똥(丶)이 튈 정도로 도끼(斤)를 휘둘러 적을 **물리침**

훈 물리칠
음 척

斥和(척화) 斥邪(척사) 斥候(척후) 斥言(척언)
斥黜(척출) 排斥(배척)

斥邪(척사) : 사악한 것을 물리침
斥言(척언) : 남을 배척하는 부정적인 말

1635 拓 扌(手) 총8획 3급Ⅱ

손(扌)으로 넓은 돌(石)을 골라내며 공간을 **넓힘**

훈 1)넓힐 2)박을
음 1)척 2)탁

拓土(척토) 拓本(탁본)
干拓地(간척지) 開拓地(개척지)

拓本(탁본) : 비석 따위에 새겨진 글씨나 그림 등을 종이에 떠낸 것
開拓地(개척지) : 새로 얻은 땅 혹은 새로 얻게 된 분야를 의미

1636 戚 戈 총11획 3급Ⅱ

무성하게(戊) 번성하는 **겨레**

훈 겨레
음 척

戚臣(척신) 戚分(척분) 戚屬(척속) 親戚(친척)
姻戚(인척) 外戚(외척) 一家親戚(일가친척)

戚屬(척속) : 성이 다른 한집안
姻戚(인척) : 혼인으로 맺어진 친척관계

1637 隻 隹 총10획 2급

오른쪽(又)에 날아가고 있는 새(隹)가 **외짝**

훈 외짝
음 척

隻手(척수) 隻眼(척안) 隻身(척신) 隻言(척언)
隻步(척보) 隻窓(척창)

隻手(척수) : 한쪽 손 혹은 외로운 처지를 비유한 말
隻窓(척창) : 좁고 길게 만든 외짝 창

1638 千 十 총3획 7급

사람(丿)의 수가 열(十)을 훨씬 넘어 **일천**에 가까움

훈 일천
음 천

千字文(천자문) 三千里(삼천리) 千里眼(천리안)
千辛萬苦(천신만고) 千萬多幸(천만다행)

三千里(삼천리) : 우리나라 전체를 비유하는 말

1639 川 川(巛) 총3획 7급Ⅱ

냇물이 흐르는 모습을 본뜬 글자

훈 내
음 천

河川(하천) 開川(개천) 乾川(건천)
晝夜長川(주야장천) 山川草木(산천초목)282

乾川(건천) : 조금이라도 비가 오지 않으면 금세 말라버리는 개천

1640 天 大 총4획 7급

사람(人)의 머리 위에 끝없이 펼쳐진 하나의 공간이(一) **하늘**

훈 하늘
음 천

天國(천국) 天主教(천주교) 天堂(천당) 天倫(천륜)
天壤之差(천양지차)542 天高馬肥(천고마비)537

天堂(천당) : 이상 세계인 천국을 이르는 말
天倫(천륜) : 운명적으로 이어져 함부로 끊어버릴 수 없는 관계

1641 水 총9획 **4급**

泉

맑은(白) 물(氵)이 넘쳐 흐르는 **샘**

泉

훈 샘
음 천

溫泉(온천) 鑛泉(광천) 甘泉(감천)
源泉徵收(원천징수) 硫黃泉(유황천)

甘泉(감천) : 물맛이 매우 좋은 샘
鑛泉(광천) : 광물질을 함유하여 독특한 물맛을 내는 샘

1642 氵(水) 총11획 **3급Ⅱ**

淺

물(氵)이 적게(戔) 흐르는 **얕은** 천

淺

훈 얕을
음 천:

淺薄(천박) 淺狹(천협) 淺學(천학) 淺見(천견)
淺慮(천려) 深淺(심천)

淺狹(천협) : 생각과 마음이 옹졸함
淺見(천견) : 짧은 견해 혹은 자신의 의견을 겸손하게 이르는 말

1643 足 총15획 **3급Ⅱ**

踐

쌓인(戔) 빨래를 발(足)로 **밟아** 세탁함

踐

훈 밟을
음 천:

踐修(천수) 踐踏(천답) 踐極(천극) 踐行(천행)
踐言(천언) 實踐(실천)

踐踏(천답) : 발로 짓밟는 것
踐言(천언) : 말한 그대로 실행하는 것

1644 貝 총15획 **3급Ⅱ**

賤

돈(貝) 때문에 남을 다치게(戔) 하는 **천한** 짓

賤

훈 천할
음 천:

賤民(천민) 賤待(천대) 賤視(천시) 賤稱(천칭)
貴賤(귀천) 微賤(미천)

賤待(천대) : 업신여기며 함부로 대함
微賤(미천) : 신분이나 지위 등이 매우 하찮음

1645 辶(辵) 총16획 **3급Ⅱ**

遷

쉬엄쉬엄(辶) 발걸음을 높은 곳을 향해 **옮김**

遷

훈 옮길
음 천:

遷都(천도) 遷移(천이) 變遷(변천) 左遷(좌천)

變遷(변천) : 세월의 흐름에 따라 변함

1646 ++(艸) 총17획 **3급**

薦

풀(++)을 잘 먹는 외뿔 양을(鷹) 뽑는 것처럼 인재를 **천거함**

薦

훈 천거할
음 천:

薦居(천거) 推薦狀(추천장)
供薦(공천)

薦居(천거) : 어떤 일을 맡아 잘 처리할 수 있는 사람을 추천하는 일
供薦(공천) : 신이나 부처에게 음식을 올리는 일

1647 口 총10획 **3급Ⅱ**

哲

옳고 그름을 잘라(折) 말하는(口) 것이 사리에 **밝**은 것

哲

훈 밝을
음 철

哲學(철학) 哲人(철인) 哲理(철리) 名哲(명철)
哲學者(철학자)

哲理(철리) : 깊고 오묘한 이치
名哲(명철) : 소크라테스와 같은 뛰어난 철학가

1648 扌(手) 총15획 **2급**

撤

치고(攵) 있던 손(扌)을 **거둠**

撤

훈 거둘
음 철

撤收(철수) 撤軍(철군) 撤回(철회) 撤廢(철폐)
强制撤去(강제철거)

撤回(철회) : 이미 주장하였던 것을 거두어들임
撤廢(철폐) : 전에 있던 제도, 규칙 따위를 없앰

1649 彳 총15획 **3급Ⅱ**

徹

아이의 잘못된 점을 때리며(攵) 길러(育) 사물에 **통달**하도록 함

徹

훈 통할
음 철

徹夜(철야) 徹底(철저) 貫徹(관철)
徹天之冤(철천지원) 徹頭徹尾(철두철미)550

徹夜(철야) : 밤새움을 의미
貫徹(관철) : 어려움을 뚫고 나아가 목적을 이룸

1650 金 총21획 **5급**

鐵

금속(金)으로 된 무기(戈)는 대부분 **쇠**로 만든 것

鐵

훈 쇠
음 철

鐵骨(철골) 鐵筋(철근) 鐵絲(철사) 鐵網(철망)
鐵鋼産業(철강산업) 鐵道(철도) 鐵面皮(철면피)

鐵骨(철골) : 너무 야위어 뼈만 남은 상태
鐵面皮(철면피) : 염치가 없는 뻔뻔한 사람

1651 尖

小　총6획　3급

큰(大) 연장이 작아질(小) 정도로 다듬어 **뾰족하**게 만듦

尖

훈 뾰족할
음 첨

尖端(첨단) 尖銳(첨예) 尖兵(첨병) 尖塔(첨탑)
尖端技術(첨단기술)

尖端(첨단) : 사상이나 유행의 맨 앞자리
尖兵(첨병) : 맨 앞에서 경계와 수색을 담당하는 선봉장

1652 添

氵(水)　총11획　3급

빗물(氵)이 자꾸 **더해져** 결국 옷을 더럽히다(忝).

添

훈 더할
음 첨

添加(첨가) 添削(첨삭) 添附(첨부) 別添(별첨)

添削(첨삭) : 내용의 일부를 더하거나 고쳐서 삭제하는 것
添附(첨부) : 본래 있던 것에 덧붙이는 것

1653 妾

女　총8획　3급

마음고생(辛)이 심한 여자(女)가 **첩**

妾

훈 첩
음 첩

妾室(첩실) 妾子(첩자) 小妾(소첩) 愛妾(애첩)
賤妾(천첩)

妾子(첩자) : 기밀정보를 빼내어 경쟁상대에 제공하는 사람
賤妾(천첩) : 종이나 기녀의 신분으로 첩이 된 여자

1654 諜

言　총16획　2급

잎(葉) 뒤에 숨어 남의 말(言)을 듣고 전달하는 것이 **염탐**

諜

훈 염탐할
음 첩

諜報(첩보) 諜者(첩자) 諜知(첩지) 間諜(간첩)
防諜(방첩) 諜報衛星(첩보위성)

諜知(첩지) : 상대국의 정보를 몰래 살피고 알아냄
防諜(방첩) : 나라의 기밀 정보 등이 새어나가지 않도록 막음

1655 靑

靑　총8획　8급

새싹(生) 같은 **푸른색 물감(丹)**

靑

훈 푸를
음 청

靑色(청색) 靑春(청춘) 靑軍(청군) 靑銅(청동)
靑龍(청룡) 靑寫眞(청사진)

靑春(청춘) : 십대 후반에서 이십 대의 혈기왕성한 젊은 나이
靑銅(청동) : 구리와 주석들을 합하여 만든 것

1656 淸

氵(水)　총11획　6급Ⅱ

푸른(靑)빛의 **맑은 물(氵)**

淸

훈 맑을
음 청

淸潔(청결) 淸廉(청렴) 淸純(청순) 淸雅(청아)
淸酒(청주) 淸淨水(청정수) 淸掃夫(청소부)

淸廉(청렴) : 됨됨이나 행동이 맑고 욕심이 없음
淸雅(청아) : 맑고 아름다움

1657 晴

日　총12획　3급

해(日)가 중천에 떠 맑게(靑) 갠 하늘

晴

훈 갤
음 청

晴天(청천) 晴曇(청담) 晴朗(청랑) 晴雨(청우)
快晴(쾌청) 晴好雨奇(청호우기)

晴曇(청담) : 맑음과 흐림
晴朗(청랑) : 맑고 명랑함

1658 請

言　총15획　4급Ⅱ

맑은(靑) 눈으로 부탁을 말하며(言) **청함**

請

훈 청할
음 청

請託(청탁) 訴請(소청) 提請(제청) 招請狀(초청장)
請牒狀(청첩장) 異議申請(이의신청)

請託(청탁) : 남에게 부탁함
提請(제청) : 안건 등의 결정을 요구함

1659 聽

耳　총22획　4급

귀(耳)는 간사한 것보다(壬) 어진 것(德)을 들어야 함

聽

훈 들을
음 청

聽衆(청중) 視聽覺(시청각) 聽診器(청진기)
傍聽客(방청객) 敬聽(경청) 盜聽裝置(도청장치)

視聽覺(시청각) : 눈과 귀로 느끼는 감각
敬聽(경청) : 귀 기울여 들음

1660 廳

广　총25획　4급

많은 사람들의 소리를 귀담아 듣는(聽) 집(广)이 **관청**

廳

훈 관청
음 청

官廳(관청) 區廳(구청) 郡廳(군청) 兵務廳(병무청)
鐵道廳(철도청) 綜合廳舍(종합청사)

郡廳(군청) : 군의 사무를 맡아보는 행정 기관
兵務廳(병무청) : 징집, 소집 등의 병무 행정 사무를 담당하는 기관

1661 辶(辵) 총12획 — 3급

逮

- 훈 잡을
- 음 체

걸어가는(辶) 것을 **잡아서** 데려옴

逮捕(체포) 逮捕令狀(체포영장)

逮捕(체포) : 행동에 구속을 가하여 자유를 빼앗음

1662 日 총12획 — 3급

替

- 훈 바꿀
- 음 체

남자배우들이(夫) 여러 배역을 **바꿔가며** 대사(曰)를 함

代替(대체) 交替(교체) 移替(이체) 立替(입체)
替費地(체비지) 世代交替(세대교체)

替費地(체비지) : 토지 구획 사업 시행자가 재원 확보를 위해 환지 계획에서 제외한 땅

1663 辶(辵) 총14획 — 3급

遞

- 훈 갈릴
- 음 체

벼랑(厂) 위로 용맹스럽게(虎) 나아가는(辶) 병사들의 생사가 **갈림**

遞信(체신) 遞增(체증) 遞減(체감) 郵遞筒(우체통)
郵遞局(우체국)

遞信(체신) : 우편 등의 통신 혹은 편지 등을 통해 소식을 알리는 일
遞增(체증) : 수량이 점차 늘어남

1664 氵(水) 총14획 — 3급Ⅱ

滯

- 훈 막힐
- 음 체

세게 두른 띠(帶)가 숨이 **막혀** 물(氵)을 마심

滯拂(체불) 滯留(체류) 延滯(연체) 停滯(정체)
交通滯症(교통체증) 景氣沈滯(경기침체)

滯拂(체불) : 지급해야 할 것을 미루게 되는 것
停滯(정체) : 한 자리에 머물러 그침

1665 骨 총23획 — 6급Ⅱ

體

- 훈 몸
- 음 체

많은(豊) 뼈(骨)로 이루어진 사람의 **몸**

體力(체력) 體操(체조) 體溫(체온) 媒體(매체)
體育大會(체육대회) 體感景氣(체감경기)

體操(체조) : 신체 발육과 건강 증진을 위하여 하는 운동
媒體(매체) : 한 쪽에서 다른 쪽으로 전달하는 역할을 하는 것

1666 糸 총15획 — 2급

締

- 훈 맺을
- 음 체

실(糸)을 엮듯 많은 사람과 관계를 **맺으며** 국력을 키우는 임금(帝)

締結(체결) 締約(체약)
契約締結(계약체결)

締約(체약) : 조약, 계약 따위를 맺는 일

1667 月(肉) 총7획 — 3급Ⅱ

肖

- 훈 닮을
- 음 초

인형을 **닮은** 작은(小) 몸(月)

肖像(초상) 肖像畫(초상화)
肖像權(초상권) 不肖子(불초자)

肖像權(초상권) : 자신의 얼굴이나 모습에 관한 독점적인 권리

1668 扌(手) 총7획 — 3급

抄

- 훈 뽑을
- 음 초

손(扌)으로 **뽑아낼** 정도의 적은(少) 실의 양

抄本(초본) 抄譯(초역) 抄錄(초록) 抄掠(초략)
戶籍抄本(호적초본)

抄譯(초역) : 필요한 부분만을 뽑아서 한 번역
抄掠(초략) : 강제로 빼앗음

1669 刀 총7획 — 5급

初

- 훈 처음
- 음 초

옷(衤)을 만들기 전에 **처음으로** 하는 것이 천을 잘라내는(刀) 일

初步(초보) 初級(초급) 初俸(초봉) 初任(초임)
初動搜査(초동수사) 初志一貫(초지일관)562

初級(초급) : 맨 처음 단계
初俸(초봉) : 입사 후 처음으로 받는 월급

1670 扌(手) 총8획 — 4급Ⅱ

招

- 훈 부를
- 음 초

손(扌)으로 **부르며** 상대방을 불러냄(召)

招來(초래) 招聘(초빙) 招待(초대) 問招(문초)
招人鍾(초인종) 招請狀(초청장) 招待狀(초대장)

招聘(초빙) : 정중하게 맞아들임
問招(문초) : 잘못을 따져 물음

1671 艹(艸) 총10획 — 7급

草

이른(早) 봄 파릇파릇 돋아나는(艹) 풀

草

- 훈 풀
- 음 초

草原(초원) 草木(초목) 草案(초안) 草稿(초고)
蘭草(난초) 藥草(약초) 草創期(초창기)

草木(초목) : 모든 풀과 나무
草創期(초창기) : 시작하는 시기

1672 禾 총9획 — 3급

秒

식물의 줄기(禾)가 돋아나듯 짧은(少) 시간이 분초

秒

- 훈 분초
- 음 초

秒速(초속) 秒針(초침)
時分秒(시분초)

秒針(초침) : 초바늘

1673 口 총10획 — 2급

哨

작은(肖) 목소리로 망을 본 내용을 알림(口)

哨

- 훈 망볼
- 음 초

哨所(초소) 哨兵(초병) 步哨(보초) 哨戒艇(초계정)
前哨戰(전초전)

哨所(초소) : 보초를 서는 장소를 의미
步哨(보초) : 출입구 쪽의 경계와 감시의 임무를 맡은 병사

1674 灬(火) 총12획 — 2급

焦

불(灬)에 까맣게 그을린 듯한 새(隹)

焦

- 훈 그을릴
- 음 초

焦點(초점) 焦燥(초조) 焦眉(초미)
勞心焦思(노심초사)[125] 焦土化(초토화)

焦眉(초미) : 매우 급한 상황
焦土化(초토화) : 불에 타버린 듯 거칠고 못 쓰게 된 상황

1675 走 총12획 — 3급Ⅱ

超

부르면(召) 장애물이라도 **뛰어넘으며** 달려 나가는 (走) 적극성

超

- 훈 뛰어넘을
- 음 초

超越(초월) 超然(초연) 超能力(초능력)
超音波(초음파) 超特急(초특급) 超滿員(초만원)

超然(초연) : 어떤 상황에 아랑곳하지 않고 의젓함
超能力(초능력) : 과학적으로 설명할 수 없는 초자연적인 능력

1676 石 총18획 — 3급Ⅱ

礎

돌(石)을 가지런히 세우며(楚) 쌓은 것이 **주춧돌**

礎

- 훈 주춧돌
- 음 초

礎石(초석) 基礎(기초) 柱礎(주초)
基礎工事(기초공사)

礎石(초석) : 사물의 기초

1677 亻(人) 총9획 — 3급Ⅱ

促

사람(亻)이 달려 나가(足) 일을 더욱 **재촉함**

促

- 훈 재촉할
- 음 촉

促求(촉구) 促迫(촉박) 督促(독촉) 販促(판촉)
促進劑(촉진제)

促求(촉구) : 재촉하며 요구함
販促(판촉) : 판매가 증가하도록 유도하는 일

1678 火 총17획 — 3급

燭

촛불처럼 촉나라를(蜀) 밝혀주는(火) 책사 제갈량

燭

- 훈 촛불
- 음 촉

燭臺(촉대) 燭光(촉광) 華燭(화촉) 洞燭(통촉)

華燭(화촉) : 결혼식에 사용되는 화려한 빛깔의 초
洞燭(통촉) : 윗사람이 아랫사람의 사정을 깊이 헤아림

1679 角 총20획 — 3급Ⅱ

觸

곤충(蜀)들은 서로의 뿔(角)을 **맞대어** 싸움

觸

- 훈 닿을
- 음 촉

觸感(촉감) 觸覺(촉각) 觸手(촉수) 接觸(접촉)
一觸卽發(일촉즉발)[462] 抵觸(저촉)

觸手(촉수) : 무척추동물의 입
抵觸(저촉) : 서로 부딪히거나 위반됨

1680 寸 총3획 — 8급

寸

맥박을 짚기 위해 손목의 **마디**를 재는 것에서 나온 글자

寸

- 훈 마디
- 음 촌

寸劇(촌극) 寸評(촌평) 寸陰(촌음) 寸志(촌지)
寸數(촌수) 三寸(삼촌) 四寸(사촌)

寸評(촌평) : 짧은 비평
寸數(촌수) : 친족 사이의 멀고 가까운 관계

1681 木 총7획 7급

村

훈 마을
음 촌:

나무(木)로 각 **마을**의 마디(寸)를 구분함

村長(촌장) 村落(촌락) 農村(농촌) 漁村(어촌)
江村(강촌) 山村(산촌) 富村(부촌)

村落(촌락) : 여러 집이 모여 사는 마을
江村(강촌) : 강가에 위치한 마을

1682 金 총14획 4급Ⅱ

銃

훈 총
음 총

쇠(金)로 만든 탄이 채워진(充) 것이 **총**

銃彈(총탄) 銃聲(총성) 銃擊(총격) 銃殺(총살)
拳銃(권총) 獵銃(엽총) 銃砲商(총포상)

銃殺(총살) : 총을 쏘아 죽임
獵銃(엽총) : 사냥총

1683 耳 총17획 3급

聰

훈 귀 밝을
음 총

의견을 수렴하는(耳) **귀가 밝아** 일을 슬기롭게 (悤) 처리함

聰明(총명) 聰慧(총혜) 聰氣(총기) 聰敏(총민)
聰達(총달)

聰達(총달) : 슬기롭고 사리에 밝음
聰敏(총민) : 총명하고 민첩함

1684 糸 총17획 4급Ⅱ

總

훈 다
음 총:

빠른 시간 안에(悤) 흩어져 있던 실(糸)을 다 모음

總括(총괄) 總點(총점) 總額(총액) 總長(총장)
國務總理(국무총리) 總務(총무) 總體的(총체적)

總括(총괄) : 한데 모아 묶음
總額(총액) : 전체 액수

1685 日 총12획 5급

最

훈 가장
음 최:

해(日)가 뜨자마자 **가장** 먼저 취해(取)옴

最高(최고) 最新(최신) 最多(최다) 最善(최선)
最惡(최악) 最低(최저) 最適化(최적화)

最適化(최적화) : 어떤 상황에서 가장 알맞도록 함

1686 亻(人) 총13획 3급Ⅱ

催

훈 재촉할
음 최:

높은(崔) 곳을 향해 자신을 **재촉하는** 사람(亻)만이 얻을 수 있는 행복

主催(주최) 開催(개최)
催淚彈(최루탄) 催眠術(최면술) 公示催告(공시최고)

主催(주최) : 중심이 되어 기획하고 엶
催眠術(최면술) : 인위적으로 수면상태에 가깝게 이끌어 내는 술법

1687 扌(手) 총8획 3급

抽

훈 뽑을
음 추

손(扌)을 넣어 항아리(由)에 담긴 것을 **뽑아냄**

抽籤(추첨) 抽出(추출) 抽身(추신) 抽象化(추상화)

抽籤(추첨) : 제비뽑기
抽出(추출) : 뽑아냄

1688 禾 총9획 7급

秋

훈 가을
음 추

곡식(禾)을 볕(火)에 말리는 계절이 **가을**

仲秋節(중추절) 秋夕(추석) 秋收(추수)
春夏秋冬(춘하추동) 晩秋(만추) 秋穀收買(추곡수매)

仲秋節(중추절) : 추석. 한가위
晩秋(만추) : 음력 9월의 늦가을을 의미

1689 辶(辵) 총10획 3급Ⅱ

追

훈 쫓을
음 추

달려 나가(辶) 앞사람을 **쫓음**

追憶(추억) 追跡(추적) 追放(추방) 追慕(추모)
追徵(추징) 追擊(추격) 責任追窮(책임추궁)

追跡(추적) : 자취를 쫓음
追慕(추모) : 죽은 사람을 생각하며 그리워함

1690 扌(手) 총11획 4급

推

훈 밀
음 추, 퇴

새(隹)가 날아오를 수 있도록 손으로(扌) **밀어올림**

推進(추진) 推究(추구) 推定(추정) 類推(유추)
推敲(퇴고) 推理力(추리력) 推薦書(추천서)

推定(추정) : 추측하여 결정함
推敲(퇴고) : 글을 여러 번 고치고 다듬음

1691 趨 走 총17획 2급

남이 해놓은 건초(芻)를 들고 도망치듯(走) 달아남

훈 달아날
음 추

趨勢(추세) 趨步(추보) 歸趨(귀추)

趨勢(추세) : 일이 나아가는 방향
歸趨(귀추) : 일의 형편

1692 醜 酉 총17획 3급

술(酉)에 취해 귀신처럼(鬼) 날뛰는 모습이 추함

훈 추할
음 추

醜惡(추악) 醜行(추행) 醜態(추태) 醜雜(추잡)
醜聞(추문) 醜男(추남) 醜女(추녀)

醜行(추행) : 더럽고 지저분한 짓
醜聞(추문) : 지저분하고 좋지 못한 소문

1693 丑 一 총4획 3급

손으로(又) 잡아끄는 소

훈 소
음 축

丑生(축생) 丑年(축년) 丑日(축일) 丑時(축시)

丑時(축시) : 오전 한 시부터 세시

1694 畜 田 총10획 3급Ⅱ

밭(田)에 검은(玄)콩을 기름

훈 기를
음 축

畜舍(축사) 家畜(가축)
牧畜業(목축업) 畜産業(축산업) 養畜農家(양축농가)

牧畜業(목축업) : 많은 수의 소나 말과 같은 가축을 기르는 일을 업으로 삼는 일

1695 祝 示 총10획 5급

입구(口)에 있는 사람(儿)의 형상을 한 사천왕상을 보고(示) 잘못을 비는 모녀

훈 빌
음 축

祝福(축복) 祝賀(축하) 祝祭(축제) 祝杯(축배)
祝電(축전) 奉祝(봉축) 慶祝日(경축일)

祝杯(축배) : 기쁜 일을 축하하기 위해 마시는 술
奉祝(봉축) : 극진히 받드는 마음으로 축하를 드림

1696 逐 辶(辵) 총11획 3급

달려가는(辶) 돼지(豕)를 쫓는 사람들

훈 쫓을
음 축

逐條(축조) 逐出(축출)
驅逐艦(구축함) 角逐戰(각축전) 逐條審議(축조심의)

角逐戰(각축전) : 이기기 위해 다툼
驅逐艦(구축함) : 적의 주력 군함을 공격하는 작고 빠른 군함

1697 軸 車 총12획 2급

굴대를 이용하여(由) 끄는 것이 수레(車)

훈 굴대
음 축

軸距(축거) 主軸(주축) 地軸(지축) 車軸(차축)
回轉軸(회전축) 天方地軸(천방지축)539

軸距(축거) : 차의 앞바퀴 중심과 뒷바퀴 중심 사이의 거리
車軸(차축) : 두 개의 차바퀴를 이은 회전 중심이 되는 쇠막대기

1698 蓄 ⁺⁺(艸) 총14획 4급Ⅱ

비축하며(畜) 모아둔 풀(⁺⁺)들을 한꺼번에 옮김

훈 모을
음 축

貯蓄(저축) 備蓄(비축) 含蓄(함축) 蓄積(축적)
蓄財(축재) 蓄電池(축전지) 蓄膿症(축농증)

含蓄(함축) : 드러내지 않고 속에 간직함
蓄財(축재) : 재산을 모음

1699 築 竹 총16획 4급Ⅱ

주운(筑) 나무(木)를 쌓아 장작으로 사용함

훈 쌓을
음 축

築造(축조) 築臺(축대) 新築(신축) 增築(증축)
建築樣式(건축양식) 改築(개축) 建築物(건축물)

增築(증축) : 이미 있던 건물에 늘려 지음
改築(개축) : 건축물을 새로 고쳐 지음

1700 縮 糸 총17획 4급

실(糸)을 물속에 오래 담그다 보니(宿) 부피가 줄어듦

훈 줄일
음 축

縮尺(축척) 壓縮(압축) 減縮(감축) 濃縮(농축)
軍備縮小(군비축소) 緊縮財政(긴축재정)

減縮(감축) : 줄여서 적게 함
濃縮(농축) : 액체 등을 진하게 졸임

1701　足　총19획　2급

蹴

발을(足) 더욱(尤) 높이(京) **차기 위해 노력함**

- 훈 찰
- 음 축

蹴球(축구)　蹴踏(축답)　一蹴(일축)

蹴踏(축답) : 짓밟음
一蹴(일축) : 제안이나 부탁을 단번에 거절함

1702　日　총9획　7급

春

봄이 와 햇살(日)이 모여든(屯) 마당에 싹(艹)을 틔운 나무들

- 훈 봄
- 음 춘

靑春(청춘)　思春期(사춘기)　回春(회춘)
春分(춘분)　立春大吉(입춘대길)

回春(회춘) : 병을 앓다 건강을 다시 찾음 혹은 나이 든 사람이 젊음을 회복하는 일

1703　凵　총5획　7급

出

풀이 **솟아나오는**(屮) 모양을 본뜬 글자

- 훈 날
- 음 출

出世(출세)　出勤(출근)　出席(출석)　出動(출동)
脫出(탈출)　漏出(누출)　出納簿(출납부)

出動(출동) : 목적을 실행하기 위해 앞으로 나아감
漏出(누출) : 밖으로 새어 나옴

1704　儿　총6획　5급Ⅱ

充

한 사람(儿) 한 사람이 자라(育) 사회의 구성원을 **채움**

- 훈 채울
- 음 충

充分(충분)　充足(충족)　充滿(충만)　充當(충당)
補充授業(보충수업)　擴充(확충)　充電器(충전기)

充足(충족) : 모자람이 없음
擴充(확충) : 넓혀 보충함

1705　心　총8획　4급Ⅱ

忠

마음(心) 한가운데(中)에 있는 것이 **충성**

- 훈 충성
- 음 충

忠告(충고)　忠實(충실)　忠誠(충성)　忠孝(충효)
忠臣(충신)　忠貞(충정)　顯忠日(현충일)

忠貞(충정) : 충성되고 굳은 절개를 지님
顯忠日(현충일) : 나라를 위해 목숨을 바친 장병과 순국선열을 기리는 날

1706　衣　총10획　2급

衷

옷(衣)에도 중심(中)선이 있어야 하듯이 **속마음**에도 중심이 필요함

- 훈 속마음
- 음 충

衷誠(충성)　衷心(충심)　衷情(충정)　苦衷(고충)
折衷(절충)

苦衷(고충) : 어려움
折衷(절충) : 서로 잘 어울리도록 조절함

1707　行　총15획　3급Ⅱ

衝

사람을 **찌를 것처럼** 무거운(重) 짐을 든 일꾼들이 돌아다님(行)

- 훈 찌를
- 음 충

衝動(충동)　衝突(충돌)　衝擊(충격)　緩衝(완충)
左衝右突(좌충우돌)517　折衝(절충)　要衝地(요충지)

緩衝(완충) : 충돌을 누그러뜨림
折衝(절충) : 이해관계가 서로 다른 이와 만나 교섭함

1708　虫　총18획　4급Ⅱ

蟲

여러 벌레(虫)들이 모여 모든 **벌레**를 총칭

- 훈 벌레
- 음 충

昆蟲(곤충)　害蟲(해충)　幼蟲(유충)　松蟲(송충)
蟲齒(충치)　病蟲害(병충해)　寄生蟲(기생충)

幼蟲(유충) : 애벌레
病蟲害(병충해) : 질병과 해충으로 인한 농작물의 피해

1709　口　총7획　3급Ⅱ

吹

입(口)에서 하품(欠)할 때마다 **불어나오는** 바람

- 훈 불
- 음 취:

吹笛(취적)　吹奏(취주)　吹打(취타)　吹入(취입)
吹鳴(취명)　吹打手(취타수)

吹奏(취주) : 피리, 나팔 등의 관악기를 연주함
吹入(취입) : 공기를 불어넣음 혹은 녹음을 의미함

1710　又　총8획　4급Ⅱ

取

손(又)으로 적군의 귀(耳)를 **가져와** 자신의 공로를 증명하다.

- 훈 가질
- 음 취:

取消(취소)　取扱(취급)　取才(취재)　奪取(탈취)
取捨選擇(취사선택)568　喝取(갈취)　取得稅(취득세)

取才(취재) : 재주를 겨루어 인재를 등용함
喝取(갈취) : 강제로 빼앗음

1711 臭 自 총10획 　3급

자기(自) 냄새를 맡는 개(犬)

臭

훈 냄새
음 취:

惡臭(악취) 口臭(구취) 體臭(체취) 香臭(향취)
脫臭(탈취)

惡臭(악취) : 나쁜 냄새
口臭(구취) : 입에서 나는 냄새

1712 就 尤 총12획 　4급

서울(京)을 향해 더욱(尤) 나아감

就

훈 나아갈
음 취:

就業(취업) 就職(취직) 就寢(취침) 成就(성취)
日就月將(일취월장)464 就學年齡(취학연령)

就業(취업) : 일정한 직장을 구해 다님
就寢(취침) : 잠자리에 들어 잠을 잠

1713 醉 酉 총15획 　3급Ⅱ

술(酉)을 마신 병사(卒)들이 취함

醉

훈 취할
음 취:

醉氣(취기) 醉客(취객) 醉中(취중) 陶醉(도취)
深醉(심취) 宿醉(숙취) 痲醉劑(마취제)

醉氣(취기) : 술에 취한 기운
醉客(취객) : 술에 취한 사람

1714 趣 走 총15획 　4급

뜻을 이루기 위해 필요한 물건을 취하여(取) 달려
감(走)

趣

훈 뜻
음 취:

趣向(취향) 趣旨(취지) 興趣(흥취) 情趣(정취)
惡趣味(악취미) 趣味生活(취미생활)

趣向(취향) : 하고 싶은 마음이 생기는 경향
趣旨(취지) : 일의 목적이나 뜻

1715 炊 火 총8획 　2급

나무를 모아 불(火)을 때놓고 앞에 앉아 있으니
하품(欠)이 나옴

炊

훈 불땔
음 취:

炊事(취사) 炊飯(취반) 自炊(자취) 炊事兵(취사병)

炊事(취사) : 불을 지펴 음식을 해먹는 일
炊飯(취반) : 밥을 지음

1716 側 亻(人) 총11획 　3급Ⅱ

사람(亻)은 본받고(則) 싶은 사람 곁에 있기를 바란
다.

側

훈 곁
음 측

側面(측면) 側近(측근) 兩側(양측) 北側(북측)
南側(남측) 右側(우측) 左側通行(좌측통행)

側面(측면) : 사물 등의 옆면
側近(측근) : 곁의 가까운 곳

1717 測 氵(水) 총12획 　4급Ⅱ

물(氵)처럼 깊고 복잡한 법칙(則)을 헤아림

測

훈 헤아릴
음 측

測量(측량) 測定(측정) 豫測(예측) 計測(계측)
怪常罔測(괴상망측) 觀測(관측) 測雨器(측우기)

測量(측량) : 사물의 깊이나 넓이 등을 도구를 사용해 헤아림
測定(측정) : 헤아려 결정함

1718 層 尸 총15획 　4급

지붕(尸) 밑에 돌을 겹쳐(曾) 쌓아 층을 만듦

層

훈 층
음 층

層階(층계) 深層(심층) 上流層(상류층)
堆積層(퇴적층) 階層(계층) 高層建物(고층건물)

層階(층계) : 걸어 오를 수 있도록 턱을 만들어 놓은 것
深層(심층) : 사물의 내부 깊숙한 곳

1719 治 氵(水) 총8획 　4급Ⅱ

물(氵)을 헤아리기 어렵듯 나(台)를 헤아려 다스리
는 것도 어렵다.

治

훈 다스릴
음 치

治療(치료) 治癒(치유) 治安(치안) 治粧(치장)
自治團體(자치단체) 政治(정치) 統治者(통치자)

治療(치료) : 병 등을 돌봐서 낫게 함
治癒(치유) : 치료하여 병을 낫게 함

1720 値 亻(人) 총10획 　3급Ⅱ

사람(亻)이 장사할 때 값을 바르게(直) 정해야 함

値

훈 값
음 치

價値(가치) 價値觀(가치관) 加重値(가중치)
近似値(근사치) 數値(수치) 稀少價値(희소가치)

價値(가치) : 대상이 가지는 중요성
加重値(가중치) : 평균보다 더 중요한 것에 개별적으로 부여하는 값

201

1721 心 총10획 3급Ⅱ

恥

귀(耳)가 벌게질 정도로 마음(心)속에서 **부끄러움**을 느낌

훈 부끄러울
음 치

恥辱(치욕) 恥部(치부) 恥事(치사) 廉恥(염치)
羞恥(수치) 國恥日(국치일) 破廉恥(파렴치)

恥辱(치욕) : 수치와 모욕
恥部(치부) : 드러내고 싶지 않은 부끄러운 곳

1722 至 총10획 5급

致

빨리 정해진 목표에 **이르도록(至)** 회초리(夊)를 침

훈 이를
음 치

送致(송치) 韻致(운치) 致賀(치하) 致死(치사)
拉致犯(납치범) 滿場一致(만장일치)

送致(송치) : 물건 등을 정해진 곳에 이르도록 보냄
韻致(운치) : 우아하고 고상한 멋

1723 罒(网) 총13획 4급Ⅱ

置

사냥을 위해 그물(罒)을 바르게(直) 쳐 둠

훈 둘
음 치 :

位置(위치) 設置(설치) 配置(배치) 放置(방치)
置重(치중) 留置場(유치장) 拘置所(구치소)

位置(위치) : 차지하고 있는 자리
設置(설치) : 베풀어 둠

1724 禾 총13획 3급Ⅱ

稚

벼(禾) 이삭처럼 새(隹)가 아직 **어림**

훈 어릴
음 치

稚拙(치졸) 稚魚(치어) 稚心(치심) 幼稚(유치)
幼稚園(유치원) ※ 穉과 同字

稚拙(치졸) : 유치하고 졸렬함
稚魚(치어) : 어린 물고기

1725 齒 총15획 4급Ⅱ

齒

입을 잘 움직여 음식물을 씹는 **치아나 이빨을 뜻함**

훈 이
음 치

齒科(치과) 齒牙(치아) 齒痛(치통) 齒藥(치약)
齒周炎(치주염) 切齒腐心(절치부심)504

齒科(치과) : 이를 치료하는 병원
齒痛(치통) : 이가 아픈 고통

1726 刂(刀) 총9획 5급

則

조개(貝)를 칼(刂)로 자르는 데도 **법칙이 있음**

훈 1)법칙
　2)곧
음 1)칙 2)즉

法則(법칙) 罰則(벌칙) 總則(총칙) 學則(학칙)
則效(즉효) 然則(연즉) 不規則(불규칙)

法則(법칙) : 지켜야 하는 규범
罰則(벌칙) : 법칙을 어긴 행위를 규제하기 위해 정해 놓은 규칙

1727 見 총16획 6급

親

입구에 서(立)있는 나무(木)까지 보러(見) 나올 정도로 **친한 사이**

훈 친할
음 친

親舊(친구) 親近(친근) 親熟(친숙) 親密(친밀)
先親(선친) 親睦會(친목회)

親舊(친구) : 가깝게 오래 사귄 사람
親近(친근) : 친하고 가깝게 지냄

1728 一 총2획 8급

七

다섯 손가락을 위로 펴고 나머지 손의 두 손가락을 옆으로 편 모양을 본뜬 글자

훈 일곱
음 칠

七月(칠월) 七面鳥(칠면조) 七夕(칠석) 七旬(칠순)
七顚八起(칠전팔기)571 北斗七星(북두칠성)

七面鳥(칠면조) : 색이 여러 가지로 변한다고 해서 이름 붙여진 새
七夕(칠석) : 견우와 직녀가 만난다는 음력 칠월 초이렛날 밤

1729 氵(水) 총14획 3급Ⅱ

漆

진액(氵)있는 나무(木)를 사람(人)이 물기(氺)를 제거하면 검붉은 색 옻이 나옴

훈 옻
음 칠

漆板(칠판) 漆黑(칠흑) 漆器(칠기) 漆欌(칠장)
漆木(칠목) 金漆(금칠)

漆板(칠판) : 분필 등으로 쓸 수 있게 만든 넓은 판
漆器(칠기) : 옻칠을 입혀 만든 도자기

1730 氵(水) 총7획 3급Ⅱ

沈

사람(儿)이 흙으로 덮어(冖) 몰래 숨겨 놓은 것이 물(氵)에 잠김

훈 1)잠길
　2)성
음 1)침 2)심

沈默(침묵) 沈痛(침통) 沈鬱(침울) 沈降(침강)
景氣沈滯(경기침체) 擊沈(격침) 沈淸傳(심청전)

沈默(침묵) : 말없이 조용한 상태
沈痛(침통) : 슬픔에 잠겨 괴로움

1731 枕

木　총8획　3급

훈 베개　**음** 침

나무(木)로 만든 **베개**를 베고 이불을 덮고(冖) 자는 사람(几)

枕木(침목)　枕席(침석)　木枕(목침)
高枕短命(고침단명)　鴛鴦枕(원앙침)

枕木(침목) : 물건을 괴는 데 쓰는 나무
枕席(침석) : 베개와 자리를 아울러 잠자리를 이름

1732 侵

亻(人)　총9획　4급Ⅱ

훈 침노할　**음** 침

사람(几)이 손(⺕)에 무기를 들고 적으로 덮여있는(冖) 곳에 또(又) **침노함**

侵攻(침공)　侵犯(침범)　侵奪(침탈)　侵害(침해)
侵略戰爭(침략전쟁)　不可侵條約(불가침조약)

侵攻(침공) : 다른 곳을 침하여 공격함
侵犯(침범) : 남의 것을 침노하여 범함

1733 浸

氵(水)　총10획　3급Ⅱ

훈 담글　**음** 침

손(⺕)으로 덮여있던(冖) 것을 꺼내어 또(又) 물(氵)에 **담금**

浸蝕(침식)　浸透(침투)　浸出(침출)　浸潤(침윤)
浸水地(침수지)　浸禮敎(침례교)

浸蝕(침식) : 자연현상에 의하여 땅이나 돌 등이 깎이는 것
浸透(침투) : 스며서 배어 듦

1734 針

金　총10획　4급

훈 바늘　**음** 침(:)

금속(金)을 열(十) 번 갈아 날카롭게 한 **바늘**

分針(분침)　時針(시침)　方針(방침)
針葉樹(침엽수)　羅針盤(나침반)　檢針員(검침원)

分針(분침) : 분을 가리키는 시계 바늘
方針(방침) : 앞으로 나아갈 방향과 계획

1735 寢

宀　총14획　4급

훈 잘　**음** 침:

집(宀)에서 장수(爿)가 손(⺕)으로 이불을 끌어와서 덮고(冖) 또(又) **잠**

寢室(침실)　寢臺(침대)　寢具(침구)　寢囊(침낭)
同寢(동침)　起寢(기침)　不寢番(불침번)

寢室(침실) : 잠을 자는 방
寢臺(침대) : 잠을 자는 곳, 서양식 침상

1736 稱

禾　총14획　4급

훈 일컬을　**음** 칭

벼(禾)를 손(爫)으로 가리키며 늘어진(冉) 수염같이 생겼다고 **일컬음**

稱讚(칭찬)　稱頌(칭송)　尊稱(존칭)　互稱(호칭)
愛稱(애칭)　假稱(가칭)　詐稱(사칭)　略稱(약칭)

稱讚(칭찬) : 좋은 점을 일컬으며 높게 평가함
尊稱(존칭) : 남을 공경하며 높여 부름

1737 快

忄(心)　총7획　4급Ⅱ

훈 쾌할　**음** 쾌

마음(忄)을 터놓으니(夬) 걸릴 것 없이 **쾌함**

快晴(쾌청)　快擧(쾌거)　豪快(호쾌)　壯快(장쾌)
明快(명쾌)　輕快(경쾌)　不快指數(불쾌지수)

快晴(쾌청) : 상쾌하고 맑은 날씨
快擧(쾌거) : 통쾌한 행동

1738 他

亻(人)　총5획　5급

훈 다를　**음** 타

사람(亻)은 뱀(也)이 **다른** 짐승과 달리 독이 있기 때문에 싫어함

他鄕(타향)　他地(타지)　他殺(타살)　其他(기타)
他山之石(타산지석)574　出他(출타)　排他的(배타적)

他鄕(타향) : 자기 고향이 아닌 곳
他殺(타살) : 다른 사람에 의해 죽임을 당함

1739 打

扌(手)　총5획　5급

훈 칠　**음** 타:

손(扌)에 고무래(丁)를 들고 **침**

打倒(타도)　打擊(타격)　打者(타자)　打撲傷(타박상)
打字機(타자기)　利害打算(이해타산)

打倒(타도) : 어떤 대상을 쳐서 쓰러뜨림
打者(타자) : 야구 등에서 배트를 들고 타석에 들어서서 공을 치는 사람

1740 妥

女　총7획　3급Ⅱ

훈 온당할　**음** 타:

손톱(爫)을 깨끗이 하고 음식을 하는 그 여자(女)의 행동은 **온당함**

妥當(타당)　妥協(타협)　妥結(타결)　妥當性(타당성)
妥協案(타협안)

妥當(타당) : 마땅함
妥協(타협) : 서로 얘기해서 협의함

1741 隋 土 총15획 3급

隋

수나라(隋) 땅(土)으로 별이 **떨어짐**

훈 떨어질
음 타:

隋落(타락) 隋淚(타루)

隋落(타락) : 정도를 벗어나 잘못된 길로 들어섬
隋淚(타루) : 눈물을 흘림

1742 托 扌(手) 총6획 3급

托

손(扌)으로 부탁할(乇) 물건을 직접 들고 와 **맡김**

훈 맡길
음 탁

托鉢(탁발) 托鉢僧(탁발승)
無依無托(무의무탁)

托鉢(탁발) : 스님이 집집마다 돌아다니며 동냥하는 일

1743 卓 十 총8획 5급

卓

점(卜)을 보기 위해 일찍(早)부터 **높은** 곳에 오름

훈 높을
음 탁

卓越(탁월) 卓見(탁견) 卓子(탁자) 食卓(식탁)
圓卓(원탁) 卓球臺(탁구대)

卓越(탁월) : 매우 뛰어남
卓見(탁견) : 뛰어난 의견

1744 託 言 총10획 2급

託

말(言)을 힘들게 꺼내 **부탁함**(乇)

훈 부탁할
음 탁

付託(부탁) 請託(청탁) 委託(위탁) 預託(예탁)
受託(수탁) 囑託(촉탁) 託兒所(탁아소)

付託(부탁) : 어떤 일을 해달라고 맡김
請託(청탁) : 남에게 부탁함

1745 琢 王(玉) 총12획 2급

琢

옥을 **쪼고** 다듬어 발을 얽고 있는 돼지(豕)를 조각함

훈 쪼을
음 탁

琢磨(탁마) 琢器(탁기) 彫琢(조탁)

琢磨(탁마) : 옥을 쪼고 다듬음
琢器(탁기) : 쪼아서 만든 그릇

1746 濁 氵(水) 총16획 3급

濁

물(氵)에 벌레(蜀)가 많아 맑지 않고 **흐림**

훈 흐릴
음 탁

混濁(혼탁) 鈍濁(둔탁) 淸濁(청탁) 濁流(탁류)
濁酒(탁주) 一魚濁水(일어탁수)453

混濁(혼탁) : 이것저것 섞여서 흐림
鈍濁(둔탁) : 무디고 흐릿함

1747 濯 氵(水) 총17획 3급

濯

물(氵)에다 방금 잡은 꿩(翟)을 넣고서 **씻음**

훈 씻을
음 탁

濯足(탁족) 洗濯(세탁)
洗濯物(세탁물)

濯足(탁족) : 발을 씻음
洗濯(세탁) : 빨래

1748 炭 火 총9획 5급

炭

산(山) 밑에 있는 굴 바위(厂)에 들어가 불(火)을 피워 **숯**을 만듦

훈 숯
음 탄:

炭鑛(탄광) 石炭(석탄) 煉炭(연탄) 採炭(채탄)
無煙炭(무연탄)

炭鑛(탄광) : 석탄을 캐는 광산
煉炭(연탄) : 무연탄에 점결제를 넣어 만든 연료

1749 誕 言 총14획 3급

誕

말(言)을 질질 끌며(延) 아이 **낳은** 소식을 더 궁금하게 함

훈 1)낳을
　 2)거짓
음 탄:

誕生(탄생) 誕辰(탄신)
誕日鍾(탄일종) 佛誕日(불탄일) 聖誕節(성탄절)

誕生(탄생) : 태어남을 높게 이르는 말
誕辰(탄신) : 제왕이나 성인이 태어난 날을 지칭

1750 彈 弓 총15획 4급

彈

활(弓)처럼 쏘기 위해 하나씩(單) 둥근 **탄알**을 만듦

훈 탄알
음 탄:

彈丸(탄환) 彈劾(탄핵) 彈壓(탄압) 彈力(탄력)
爆彈(폭탄) 誘導彈(유도탄) 手榴彈(수류탄)

彈劾(탄핵) : 죄를 지적하며 책망함
彈壓(탄압) : 무력 등을 사용하여 강하게 압박하는 것

1751 — 欠 총15획 · 4급

歎

진흙(董)에 빠진 듯 힘든 상황이 되니 하품하듯 (欠) 입을 열어 **탄식함**

- 훈 탄식할
- 음 탄:

歎息(탄식) 歎服(탄복) 痛歎(통탄) 恨歎(한탄)
敬歎(경탄) 感歎詞(감탄사) 歎願書(탄원서)

歎息(탄식) : 한탄을 하며 한숨을 내쉼
歎服(탄복) : 감탄하여 진심으로 따름

1756 — 土 총13획 · 3급Ⅱ

塔

흙(土)과 풀(艹)이 다 더해져(合) 더러워진 오래된 **탑**

- 훈 탑
- 음 탑

石塔(석탑) 金塔(금탑) 鐵塔(철탑) 尖塔(첨탑)
管制塔(관제탑) 多寶塔(다보탑) 釋迦塔(석가탑)

石塔(석탑) : 돌을 쌓아 만든 탑
金塔(금탑) : 금으로 만들거나 도금하여 만든 탑

1752 — 月(肉) 총11획 · 4급

脫

내 몸(月)에 뒤집어 쓴 탈을 **벗으니** 기쁘고(兌) 시원함

- 훈 벗을
- 음 탈

脫出(탈출) 脫落(탈락) 脫線(탈선) 脫盡(탈진)
脫稅(탈세) 脫毛(탈모) 離脫(이탈) 虛脫(허탈)

脫出(탈출) : 어떤 곳에서 빠져 나옴
脫落(탈락) : 떨어지거나 빠짐

1757 — 氵(水) 총12획 · 3급Ⅱ

湯

날(日)마다 요리를 하나(一)씩 하려고 넘치지 않게 (勿) 물(氵)을 붓고 **끓임**

- 훈 끓을
- 음 탕:

溫湯(온탕) 冷湯(냉탕) 湯藥(탕약) 湯劑(탕제)
藥湯器(약탕기) 蔘鷄湯(삼계탕) 沐浴湯(목욕탕)

溫湯(온탕) : 따뜻한 탕
湯藥(탕약) : 따뜻하게 달여서 먹는 약

1753 — 大 총14획 · 3급Ⅱ

奪

큰(大) 새(隹)를 내 손마디(寸)에 꽉 쥐고 있었으나 강도가 **빼앗아감**

- 훈 빼앗을
- 음 탈

侵奪(침탈) 劫奪(겁탈) 剝奪(박탈) 掠奪(약탈)
奪取(탈취) 奪還(탈환) 換骨奪胎(환골탈태)639

剝奪(박탈) : 자격이나 권한을 빼앗음
掠奪(약탈) : 폭력을 써서 무리하게 빼앗음

1758 — 大 총4획 · 6급

太

큰 대(大)에 점(、)을 찍어 더 **큼**을 나타냄

- 훈 클
- 음 태

太陽(태양) 太平洋(태평양) 太陰曆(태음력)
太極旗(태극기) 太初(태초) 太白山脈(태백산맥)

太陽(태양) : 태양계의 중심이 되는 별
太陰曆(태음력) : 달이 지구를 도는 것을 기준으로 만든 달력

1754 — 貝 총11획 · 3급

貪

지금(今) 눈앞에 재물(貝)이 있으니 **탐**이 남

- 훈 탐할
- 음 탐

貪慾(탐욕) 貪虐(탐학) 食貪(식탐)
小貪大失(소탐대실)308 貪官汚吏(탐관오리)576

貪慾(탐욕) : 지나친 욕심
貪虐(탐학) : 탐을 내며 포학함

1759 — 心 총9획 · 3급

怠

내(台) 마음(心)이 편해지니 점점 **게을러짐**

- 훈 게으를
- 음 태

怠慢(태만) 怠業(태업) 懶怠(나태) 倦怠(권태)
過怠料(과태료)

怠慢(태만) : 의욕 없이 게으름
怠業(태업) : 일을 게을리 함

1755 — 扌(手) 총11획 · 4급

探

덮어(冖) 놓은 여덟(八) 개의 나무(木)판을 거둬 내고 손(扌)을 더듬어 **찾음**

- 훈 찾을
- 음 탐

探究(탐구) 探査(탐사) 探索(탐색) 探偵(탐정)
探險(탐험) 探知(탐지) 廉探(염탐) 偵探(정탐)

探究(탐구) : 학문을 깊이 파고들어 연구함
探査(탐사) : 일을 세세히 조사함

1760 — 歹 총9획 · 3급Ⅱ

殆

죽음(歹)이 내(台) 가까이 오니 **위태로운** 상황

- 훈 위태할
- 음 태

危殆(위태) 殆無(태무) 殆半(태반)

危殆(위태) : 어떤 일이나 상황이 위험함
殆無(태무) : 거의 없음

1761 胎

月(肉)　총9획　2급

몸(月) 속에 내(台) 아이를 잉태함

胎

훈 아이밸
음 태

胎兒(태아) 胎夢(태몽) 胎敎(태교) 胎動(태동)
胎葉(태엽) 孕胎(잉태) 落胎(낙태)

胎兒(태아) : 어머니의 몸속에서 자라고 있는 아이
胎夢(태몽) : 임신에 대한 암시를 주는 꿈

1762 泰

水　총10획　3급Ⅱ

큰(大) 두(二) 개의 물(氺)줄기가 더해지니 더 크고 넓어짐

泰

훈 클
음 태

泰山(태산) 泰國(태국) 泰平(태평) 泰然(태연)
國泰民安(국태민안) 天下泰平(천하태평)

泰山(태산) : 크고 높은 산
泰平(태평) : 나라에 근심이 없이 평안함

1763 態

心　총14획　4급Ⅱ

일을 능히(能) 해내는 모양을 보면 마음(心)이 놓임

態

훈 모양
음 태:

態度(태도) 狀態(상태) 姿態(자태) 變態(변태)
舊態依然(구태의연) 實態把握(실태파악)

態度(태도) : 동작을 하는 모양
姿態(자태) : 어떤 모습이나 모양

1764 颱

風　총14획　2급

내(台)가 휘청거릴 만큼 큰 바람(風)이 태풍

颱

훈 태풍
음 태

颱風(태풍)

颱風(태풍) : 폭풍우를 동반하는 열대 저기압

1765 宅

宀　총6획　5급Ⅱ

집(宀)에 몸을 의탁하여(乇) 지냄

宅

훈 집
음 택, 댁

宅地(택지) 家宅(가택) 宅內(댁내)
自宅軟禁(자택연금) 共同住宅(공동주택)

宅地(택지) : 집을 짓는 땅
家宅(가택) : 법률상에서 집을 이르는 용어

1766 澤

氵(水)　총16획　3급Ⅱ

연못 물(氵)에 쳐놓은 그물(罒)에 다행히(幸) 고기가 걸렸음

澤

훈 못
음 택

惠澤(혜택) 德澤(덕택) 恩澤(은택) 光澤(광택)
潤澤(윤택) 河海之澤(하해지택)

德澤(덕택) : 덕분
光澤(광택) : 반짝이는 빛

1767 擇

扌(手)　총16획　4급

그물(罒)로 잡은 고기가 운 좋게(幸) 상하지 않아 손(扌)으로 구별해 산 것만 가려놓음

擇

훈 가릴
음 택

選擇(선택) 取捨選擇(취사선택)
採擇(채택) 兩者擇一(양자택일)357

選擇(선택) : 여럿 가운데 골라 뽑음
採擇(채택) : 어떤 것을 고름

1768 土

土　총3획　8급

싹이 흙을 뚫고 돋아나는 모습을 본뜬 글자

土

훈 흙
음 토

土地(토지) 土壤(토양) 土臺(토대) 土俗的(토속적)
土曜日(토요일) 土亭祕訣(토정비결)

土地(토지) : 땅
土壤(토양) : 식물에 영양을 공급해주는 흙

1769 吐

口　총6획　3급Ⅱ

입(口)을 열어 흙(土) 위에 토하듯 뱉어 냄

吐

훈 토할
음 토(:)

吐血(토혈) 吐露(토로) 實吐(실토)
吐盡肝膽(토진간담) 嘔吐泄瀉(구토설사)

吐血(토혈) : 피를 토해 냄
吐露(토로) : 마음에 있는 것을 터놓고 얘기 함

1770 兔

儿　총8획　3급Ⅱ

긴 귀와 짧은 꼬리를 가진 토끼를 본뜬 글자

兔

훈 토끼
음 토

兔月(토월) 龜毛兔角(귀모토각)
兔營三窟(토영삼굴)

兔月(토월) : 달

1771 討

言　총10획　　4급

말(言)로 한마디(寸)씩 맹점을 지적하며 상대를 공격함

훈 칠
음 토(:)

討論(토론) 討議(토의) 討伐(토벌) 檢討(검토)
聲討(성토)

討論(토론) : 어떤 문제를 두고 여러 사람이 자기의 의견을 내고 얘기함
討議(토의) : 어떤 문제를 두고 여럿이 같이 협의함

1772 通

辶(辵)　총11획　　6급

지도를 따라 쉬엄쉬엄 걸어가니(辶) 막힌 길(甬) 없이 다 통함

훈 통할
음 통

通路(통로) 通達(통달) 通風(통풍) 通帳(통장)
一脈相通(일맥상통)444 一方通行(일방통행)

通路(통로) : 통하여 다니도록 한 길
通達(통달) : 아주 능숙하게 앎

1773 痛

疒　총12획　　4급

병이 나니(疒) 몸속의 모든 길(甬)이 막힌 듯 아프다.

훈 아플
음 통:

痛症(통증) 痛快(통쾌) 痛恨(통한) 苦痛(고통)
大聲痛哭(대성통곡) 憤痛(분통) 鎭痛劑(진통제)

痛症(통증) : 아픈 증세
痛快(통쾌) : 즐겁고 유쾌함

1774 統

糸　총12획　　4급Ⅱ

일꾼을 잘 거느려 실(糸)을 가득 채우도록(充) 함

훈 거느릴
음 통:

統制(통제) 統合(통합) 統括(통괄) 統長(통장)
正統派(정통파) 統率力(통솔력) 大統領(대통령)

統制(통제) : 어떤 행위를 제약함
統合(통합) : 둘 이상의 것을 합함

1775 退

辶(辵)　총10획　　4급Ⅱ

가던(辶) 길을 그치고(艮) 뒤로 물러남

훈 물러날
음 퇴:

退勤(퇴근) 退院(퇴원) 退學(퇴학) 退步(퇴보)
停年退職(정년퇴직)

退勤(퇴근) : 근무를 마치고 집으로 돌아감
退院(퇴원) : 병원에서 머물던 환자가 치료를 마치고 나옴

1776 投

扌(手)　총7획　　4급

손(扌)에 든 몽둥이(殳)를 집어 던짐

훈 던질
음 투

投票(투표) 投資(투자) 投手(투수) 投球(투구)
投獄(투옥) 投稿(투고) 投藥(투약) 投網(투망)

投票(투표) : 선거를 할 때 자신의 의사를 표시한 종이를 내는 일
投資(투자) : 자본을 이득 볼 수 있는 일에 씀

1777 透

辶(辵)　총11획　　3급Ⅱ

빼어난(秀) 재주를 통하여 난관을 헤치고 계속 길을 걸어감(辶)

훈 통할
음 투

透明(투명) 透映(투영) 透寫(투사) 透徹(투철)
透視圖(투시도) 透明度(투명도)

透明(투명) : 속이 다 보일 정도로 맑음
透寫(투사) : 글이나 글씨를 얇은 종이를 대고 베낌

1778 鬪

鬥　총20획　　4급

배가 고프니 콩(豆)을 조금(寸) 더 먹겠다고 싸움(鬥)이 남

훈 싸움
음 투

鬪志(투지) 鬪魂(투혼) 激鬪(격투) 鬪牛士(투우사)
戰鬪機(전투기) 孤軍奮鬪(고군분투)51

鬪志(투지) : 싸우고자 하는 굳센 의지
激鬪(격투) : 서로 치고 받으며 싸움

1779 特

牛　총10획　　6급

소(牛)가 절(寺)에서 자라니 특별하다.

훈 특별할
음 특

特技(특기) 特級(특급) 特別(특별) 特輯(특집)
特講(특강) 特報(특보) 特許權(특허권)

特技(특기) : 특별한 기술이나 재능
特級(특급) : 특별한 등급

1780 波

氵(水)　총8획　　4급Ⅱ

물(氵)이 짐승의 가죽(皮)에 있는 무늬처럼 물결을 이루면서 흐름

훈 물결
음 파

波濤(파도) 波及(파급) 波長(파장) 腦波(뇌파)
一波萬波(일파만파)465 寒波(한파) 電磁波(전자파)

波濤(파도) : 바다에서 이는 물결
波及(파급) : 어떤 일이 영향을 미침

1781 氵(水) 총9획 — 4급

派

물(水)이 길게 이어지는 것을 뒤집어 **갈라지는** 모양을 본뜬 글자

- 훈 갈래
- 음 파

派遣(파견) 派兵(파병) 左派(좌파) 右派(우파)
派出所(파출소) 派出婦(파출부) 特派員(특파원)

派遣(파견) : 임무를 주고 보냄
派兵(파병) : 군대를 보냄

1782 石 총10획 — 4급Ⅱ

破

작은 돌(石)로 가죽(皮)을 벗기려고 힘을 주니 **깨져버림**

- 훈 깨뜨릴
- 음 파:

破壞(파괴) 破裂(파열) 破産(파산) 爆破(폭파)
破竹之勢(파죽지세)586 讀破(독파) 破傷風(파상풍)

破壞(파괴) : 깨지고 부서짐
破裂(파열) : 깨지고 찢어져 갈라짐

1783 頁 총14획 — 3급

頗

가죽(皮)으로 만든 모자를 머리(頁)에 쓰니 **자못** 어울린다.

- 훈 자못
- 음 파

頗多(파다) 偏頗(편파)
偏頗的(편파적)

頗多(파다) : 아주 많음
偏頗(편파) : 한쪽으로 치우쳐 짐

1784 罒(网) 총15획 — 3급

罷

그물(罒)로 고기를 능히(能) 잡는 것을 보여준 후 일을 파하고 쉼

- 훈 파할
- 음 파:

罷免(파면) 罷職(파직) 罷業(파업) 罷場(파장)
封庫罷職(봉고파직)241 革罷(혁파) 總罷業(총파업)

罷免(파면) : 잘못을 저지른 사람에게서 직책을 거둠
罷業(파업) : 일을 중지함

1785 扌(手) 총15획 — 3급

播

손(扌)에 쥔 씨를 차례대로(番) 뿌림

- 훈 뿌릴
- 음 파(:)

播種(파종) 播植(파식) 播多(파다) 散播(산파)
傳播(전파) 直播(직파) 俄館播遷(아관파천)

播種(파종) : 논밭에 씨앗을 뿌림
播植(파식) : 씨앗을 뿌려 심음

1786 扌(手) 총7획 — 3급

把

손(扌)으로 뱀(巴)을 잡음

- 훈 잡을
- 음 파

把握(파악) 把守兵(파수병)
把持(파지) 實態把握(실태파악)

把握(파악) : 어떤 것을 이해하고 앎
把持(파지) : 꽉 쥐고 있음

1787 刂(刀) 총7획 — 4급

判

물건을 반(半)으로 자른(刂) 것이 짝이 맞는지 **판단함**

- 훈 판단할
- 음 판

判斷(판단) 判決(판결) 判讀(판독) 判例(판례)
批判(비판) 裁判官(재판관) 判斷力(판단력)

判斷(판단) : 어떤 사물을 기준에 따라 판정함
判決(판결) : 어떤 일을 판단하여 결정함

1788 木 총8획 — 5급

板

나무(木)를 넓은 쪽으로 뒤집어(反) 잘라 **널**을 만든다.

- 훈 널
- 음 판

板子(판자) 漆板(칠판) 氷板(빙판) 鋼板(강판)
看板(간판) 黑板(흑판) 懸板(현판)

板子(판자) : 널빤지
看板(간판) : 가게 등이 눈에 잘 보이도록 걸어놓는 표지

1789 片 총8획 — 3급Ⅱ

版

조각(片)을 뒤집어(反) 반대편도 **조각함**

- 훈 조각
- 음 판

版畫(판화) 版權(판권) 原版(원판) 再版(재판)
絶版(절판) 複寫版(복사판) 出版社(출판사)

版畫(판화) : 나무나 돌로 만든 판에 조각을 해 찍어낸 그림
版權(판권) : 저작권의 하나로 도서출판에 관한 이익을 가지는 권리

1790 貝 총11획 — 3급

販

돈(貝)을 주고 사온 것을 반대로(反) 다시 **판다.**

- 훈 팔
- 음 판

販賣(판매) 販促(판촉) 販路(판로) 總販(총판)
街販(가판) 外販員(외판원) 自販機(자판기)

販賣(판매) : 물건을 팖
販促(판촉) : 여러 가지 방법을 동원해 판매를 늘리는 일

1791 — 八 총2획 [8급]

八
- 훈 여덟
- 음 팔

네 손가락씩 두 손을 편 모양으로 **여덟**을 뜻함

八角亭(팔각정) 八等身(팔등신) 八月(팔월)
四通八達(사통팔달)278

八角亭(팔각정) : 지붕의 모서리가 여덟인 정자

1792 — 貝 총7획 [3급]

貝
- 훈 조개
- 음 패:

조개의 모양을 본뜬 글자

貝類(패류) 貝物(패물) 貝塚(패총) 貝貨(패화)
種貝(종패) 貝石灰(패석회)

貝類(패류) : 조개의 종류
貝物(패물) : 사람의 몸을 치장하는 데 쓰는 귀금속이나 보석

1793 — 攵(攴) 총11획 [5급]

敗
- 훈 패할
- 음 패:

돈(貝)을 들여 무기를 갖추고 적을 쳤으나(攵) **패함**

敗者(패자) 敗北(패배) 敗亡(패망) 慘敗(참패)
敗家亡身(패가망신)589 腐敗(부패) 敗血症(패혈증)

敗者(패자) : 싸움이나 경기에 진 사람
敗亡(패망) : 싸움에 져서 망함

1794 — 雨 총21획 [2급]

霸
- 훈 으뜸
- 음 패:

비(雨)에 젖지 않는 가죽(革)으로 몸(月)을 두르고 싸우는 병사가 **으뜸**

霸氣(패기) 霸權(패권) 爭霸(쟁패) 連霸(연패)
霸氣滿滿(패기만만) 霸權主義(패권주의)

霸氣(패기) : 어떤 일을 하려는 굳은 의지
霸權(패권) : 국제 사회에서 다른 나라를 압박하고 자기 힘을 키우는 것

1795 — 片 총4획 [3급Ⅱ]

片
- 훈 조각
- 음 편(:)

나무 목(木)을 반으로 나눈 모양으로 **조각**을 뜻함

片道(편도) 片紙紙(편지지) 片面(편면) 破片(파편)
一片丹心(일편단심)467 阿片中毒(아편중독)

片道(편도) : 길의 한 쪽
片面(편면) : 한쪽 면

1796 — 亻(人) 총9획 [7급]

便
- 훈 1)편할 2)똥오줌
- 음 1)편(:) 2)변:

사람(亻)은 불편한 것을 고쳐(更) **편하게** 함

便安(편안) 便利(편리) 郵便(우편) 便所(변소)
便祕(변비) 用便(용변) 便宜施設(편의시설)

便安(편안) : 편하고 좋음
便利(편리) : 편하고 이로움

1797 — 亻(人) 총11획 [3급Ⅱ]

偏
- 훈 치우칠
- 음 편

사람(亻)은 작은(扁) 것에도 감정이 **치우침**

偏見(편견) 偏食(편식) 偏愛(편애) 偏頭痛(편두통)
偏頗的(편파적) 偏母膝下(편모슬하)590

偏見(편견) : 한쪽으로 치우친 생각이나 견해
偏食(편식) : 음식을 가려 먹음

1798 — 辶(辵) 총13획 [3급]

遍
- 훈 두루
- 음 편

길을 걸으며(辶) 작은(扁) 것도 놓치지 않고 **두루** 살펴봄

遍歷(편력) 遍在(편재)
普遍性(보편성)

遍歷(편력) : 여러 가지를 경험함
遍在(편재) : 널리 있음

1799 — 竹 총15획 [4급]

篇
- 훈 책
- 음 편

대나무(竹)를 납작하게(扁) 엮어 만든 **책**

玉篇(옥편) 長篇(장편) 上篇(상편) 下篇(하편)
千篇一律(천편일률)549 短篇映畫(단편영화)

玉篇(옥편) : 한자를 정해진 순서대로 풀이한 책
長篇(장편) : 내용이 긴 문학 작품

1800 — 糸 총15획 [3급Ⅱ]

編
- 훈 엮을
- 음 편

실(糸)로 작은(扁)것을 모아서 **엮음**

編曲(편곡) 編成(편성) 編隊(편대) 編入(편입)
改編(개편) 編輯部(편집부) 編著者(편저자)

編曲(편곡) : 기존의 곡을 바꿔서 다시 연주하는 것
編隊(편대) : 비행 부대를 구성하는 단위

1801 干 총5획 · 7급Ⅱ

平

방패(干)를 많이(八) 두드리니 **평평해짐**

- 훈 평평할
- 음 평

平和(평화) 平等(평등) 平均(평균) 平地(평지)
平準化(평준화) 衡平(형평) 平價切下(평가절하)

平和(평화) : 평온하고 화목함
平等(평등) : 치우침이 없이 고르고 한결같음

1802 土 총8획 · 2급

坪

평평(平)한 땅(土) 들

- 훈 들
- 음 평

坪當(평당) 坪數(평수) 建坪(건평) 延建坪(연건평)
延坪數(연평수) 坪當價格(평당가격)

坪當(평당) : 한 평에 대한 율
坪數(평수) : 평의 수량

1803 言 총12획 · 4급

評

그릇된 말(言)을 바로잡기(乎) 위해 **평을 하다.**

- 훈 평할
- 음 평:

評價(평가) 評判(평판) 評決(평결) 論評(논평)
寸評(촌평) 批評(비평) 時事漫評(시사만평)

評價(평가) : 사람이나 사물의 가치를 판단함
評判(평판) : 비평하여 시비를 판정함

1804 月(肉) 총9획 · 3급Ⅱ

肺

몸(月)에서 특히 근원(市)이 되는 장기가 **허파**이다.

- 훈 허파
- 음 폐:

肺病(폐병) 肺癌(폐암) 肺炎(폐렴) 心肺(심폐)
肺結核(폐결핵) 肺活量(폐활량)

肺病(폐병) : 폐에 관한 질병의 총칭
心肺(심폐) : 심장과 폐

1805 門 총11획 · 4급

閉

문(門)은 기본(才)적으로 **닫혀** 있다.

- 훈 닫을
- 음 폐:

閉鎖(폐쇄) 閉校(폐교) 閉塞(폐색) 閉業(폐업)
閉幕(폐막) 自閉症(자폐증) 閉會式(폐회식)

閉鎖(폐쇄) : 문을 닫고 자물쇠를 채움
閉校(폐교) : 학교를 폐지함

1806 广 총15획 · 3급Ⅱ

廢

일꾼들을 전부 집(广)에서 떠나보내(發)고 **폐하다.**

- 훈 폐할
- 음 폐:

廢棄(폐기) 廢止(폐지) 廢鑛(폐광) 廢水(폐수)
存廢(존폐) 撤廢(철폐) 統廢合(통폐합)

廢棄(폐기) : 못 쓰게 된 것을 버림
廢止(폐지) : 실시하던 법규, 제도 등을 없애거나 그만둠

1807 艹(艸) 총16획 · 3급

蔽

해진(敝) 것을 풀(艹)로 덮다.

- 훈 덮을
- 음 폐:

隱蔽(은폐) 掩蔽(엄폐) 遮蔽(차폐) 建蔽率(건폐율)

隱蔽(은폐) : 가리어 숨김
掩蔽(엄폐) : 보이지 않도록 가려서 숨김

1808 廾 총15획 · 3급Ⅱ

弊

옷이 해지기를(敝) 스무(廾)번이나 **해져** 폐기하다.

- 훈 해질
- 음 폐:

弊端(폐단) 弊習(폐습) 弊害(폐해) 民弊(민폐)
語弊(어폐) 疲弊(피폐) 惡弊(악폐)

弊端(폐단) : 귀찮고 해로운 일
民弊(민폐) : 민간에 끼치는 폐해

1809 巾 총15획 · 3급

幣

잘 해지지(敝) 않는 천(巾)은 비단

- 훈 비단
- 음 폐:

幣物(폐물) 幣帛(폐백) 貨幣(화폐) 紙幣(지폐)
僞幣(위폐) 造幣公社(조폐공사)

幣物(폐물) : 선사하는 물건
紙幣(지폐) : 종이돈

1810 巾 총5획 · 4급Ⅱ

布

천(市)을 크게(一) 펼치다(丿).

- 훈 1)베 2)보시
- 음 1)포(:) 2)보

布敎(포교) 功布(공포) 配布(배포) 布施(보시)
宣傳布告(선전포고) 布帳馬車(포장마차)

布敎(포교) : 종교를 널리 폄
功布(공포) : 관을 닦는데 쓰는 삼베 헝겊

1811 勹 총5획 **4급Ⅱ**		**1816** 氵(水) 총10획 **3급Ⅱ**	
包 아이(巳)를 감싼(勹) 포대기		**浦** 물(氵)이 많은(甫) 바닷가	
훈 쌀 음 포(:)	包裝(포장) 包袋(포대) 包含(포함) 包攝(포섭) 包圍(포위) 包括的(포괄적) 包容力(포용력)	훈 개 음 포	浦口(포구) 浦港(포항) 金浦空港(김포공항)
包裝(포장) : 물건을 싸서 꾸림 包攝(포섭) : 상대방을 받아들여 자기편으로 가담시킴		浦口(포구) : 배가 드나드는 작은 어구	

1812 扌(手) 총7획 **2급**		**1817** 扌(手) 총10획 **3급Ⅱ**	
抛 손(扌) 끝(九)으로 힘(力)을 다해 던지다.		**捕** 손으로(扌) 아무개(甫)를 잡다.	
훈 던질 음 포:	抛棄(포기) 抛擲(포척) 抛物線(포물선)	훈 잡을 음 포:	捕虜(포로) 捕獲(포획) 捕縛(포박) 捕捉(포착) 逮捕(체포) 生捕(생포) 捕鯨船(포경선)
抛擲(포척) : 물건을 내던짐		捕虜(포로) : 전투에서 사로잡힌 적군 逮捕(체포) : 죄인을 쫓아가서 잡음	

1813 扌(手) 총8획 **3급**		**1818** 石 총10획 **4급Ⅱ**	
抱 손(扌)으로 감싸(包) 끌어안다.		**砲** 돌(石)을 싸서(包) 날리는 대포	
훈 안을 음 포:	抱擁(포옹) 抱負(포부) 抱卵(포란) 懷抱(회포) 抱腹絕倒(포복절도)[592]	훈 대포 음 포:	砲擊(포격) 砲兵(포병) 大砲(대포) 祝砲(축포) 投砲丸(투포환) 迫擊砲(박격포) 銃砲商(총포상)
抱擁(포옹) : 품에 껴안음 抱負(포부) : 마음속에 지닌 미래에 대한 생각이나 계획		砲擊(포격) : 대포에 의한 공격 砲兵(포병) : 육군 병종의 하나로 화포를 사용해 적을 포격하는 병사	

1814 忄(心) 총8획 **2급**		**1819** 食 총14획 **3급**	
怖 마음(忄) 속으로 돈(布)을 두려워하다.		**飽** 밥(食)을 보따리(包)로 먹어 배부르다.	
훈 두려워할 음 포:	恐怖(공포) 怖伏(포복) 畏怖(외포) 恐怖心(공포심)	훈 배부를 음 포:	飽和(포화) 飽食(포식) 飽滿(포만) 飽和狀態(포화상태)
怖伏(포복) : 무서워 엎드림 畏怖(외포) : 두려워서 떪		飽食(포식) : 배부르게 먹음 飽滿(포만) : 그 용량에 충분히 참	

1815 月(肉) 총9획 **4급**		**1820** 金 총15획 **2급**	
胞 육체(月)를 감싸고(包)있는 세포		**鋪** 금(金)을 많이(甫) 펼쳐 놓고 가게를 연다.	
훈 세포 음 포(:)	胞子(포자) 胞胎(포태) 細胞(세포) 同胞(동포) 僑胞(교포) 癌細胞(암세포) 單細胞(단세포)	훈 펼 　가게 음 포	店鋪(점포) 典當鋪(전당포) 紙物鋪(지물포) 鋪裝道路(포장도로)
胞胎(포태) : 임신 細胞(세포) : 생물체를 구성하는 가장 기본적인 단위		店鋪(점포) : 가게, 상점 典當鋪(전당포) : 전당물을 잡고 돈을 꾸어 주는 곳	

1821	巾 　총12획	**3급**

幅
幅

수건(巾)을 두른 한(一) 사람이 입(口)을 열어 자기 밭(田)의 폭이 가장 넓다고 자랑함

훈 폭
음 폭

振幅(진폭) 廣幅(광폭) 小幅(소폭)
畫幅(화폭) 步幅(보폭) 車幅(차폭) 江幅(강폭)

振幅(진폭) : 진동하는 폭
廣幅(광폭) : 넓은 폭

1822	日 　총15획	**4급Ⅱ**

暴
暴

햇빛(日)을 함께(共) 받은 곡식(米)은 모진 바람에도 잘 버틴다.

훈 1)사나울 2)모질
음 1)폭 2)포

暴虐(포학) 暴徒(폭도) 暴炎(폭염) 暴行(폭행)
自暴自棄(자포자기)484 橫暴(횡포) 暴風雨(폭풍우)

暴虐(포학) : 횡포하고 잔악함
暴炎(폭염) : 날이 몹시 더운 상태

1823	火 　총19획	**4급**

爆
爆

불(火)이 사납게(暴) 터짐

훈 불터질
음 폭

爆彈(폭탄) 爆發(폭발) 爆藥(폭약) 爆笑(폭소)
原爆(원폭) 爆發的(폭발적) 爆擊機(폭격기)

爆彈(폭탄) : 안에 폭약을 채워 던지거나 투하해서 터뜨리는 병기
爆笑(폭소) : 여럿이 폭발하듯 갑자기 웃는 웃음

1824	衣 　총8획	**6급Ⅱ**

表
表

옷(衣)을 두(二)번 뒤집어 겉을 안쪽으로 입는다.

훈 겉
음 표

表現(표현) 表出(표출) 辭表(사표) 圖表(도표)
表裏不同(표리부동)593 意思表示(의사표시)

表現(표현) : 생각이나 느낌을 말이나 행동을 통해 밖으로 드러내는 것
表出(표출) : 겉으로 나타남

1825	示 　총11획	**4급Ⅱ**

票
票

서쪽(西)에 둔 물건이 잘 보이도록(示) 표를 붙여 둠

훈 표
음 표

投票(투표) 得票(득표) 郵票(우표) 暗票(암표)
傳票(전표) 開票區(개표구) 賣票所(매표소)

投票(투표) : 선거 때 자신의 의견이나 뜻을 표지에 적어 내는 것
暗票(암표) : 뒷거래 되는 표

1826	氵(水) 　총14획	**3급**

漂
漂

표(票)가 물(氵)에 떠다님.

훈 떠다닐
음 표

漂流(표류) 漂迫(표박) 漂着(표착) 浮漂(부표)
漂白劑(표백제)

漂流(표류) : 물에 떠서 흘러감
浮漂(부표) : 물위에 떠서 떠돌아다님

1827	木 　총15획	**4급**

標
標

나무(木)에 표시(票)를 표한다.

훈 표할
음 표

標的(표적) 標札(표찰) 標識(표지) 標榜(표방)
目標(목표) 里程標(이정표) 標準語(표준어)

標的(표적) : 목표가 되는 물건
標識(표지) : 어떤 것을 알리기 위해 눈에 띄도록 해놓은 표시

1828	口 　총9획	**5급Ⅱ**

品
品

여러 사람의 입(口)을 거쳐야 물건의 품질을 알 수 있다.

훈 물건
음 품:

品性(품성) 品格(품격) 品種(품종) 品位(품위)
物品(물품) 商品(상품) 廢品(폐품) 部品(부품)

品性(품성) : 사람된 바탕과 성질
商品(상품) : 장사하는 물품

1829	風 　총9획	**6급Ⅱ**

風
風

모든(凡) 벌레(虫)가 바람에 전부 사라지다.

훈 바람
음 풍

風景(풍경) 風俗畫(풍속화) 風車(풍차) 風船(풍선)
馬耳東風(마이동풍)164 疾風怒濤(질풍노도)

風車(풍차) : 바람의 힘을 기계적으로 바꾸는 장치
風船(풍선) : 기구, 고무풍선

1830	木 　총13획	**3급Ⅱ**

楓
楓

나무(木)가 바람(風)이 들면 단풍이 든다.

훈 단풍
음 풍

丹楓(단풍) 楓葉(풍엽)
楓嶽山(풍악산)

楓葉(풍엽) : 단풍나무의 잎

1831 豊

豊 효 총13획 / 4급Ⅱ

콩(효)을 바구니가 휙(曲)만큼 담을 수 있는 **풍년**

- 훈 풍년
- 음 풍

豊年(풍년) 豊作(풍작) 豊富(풍부) 豊盛(풍성)
豊滿(풍만) 豊足(풍족) 豊饒(풍요)

豊作(풍작) : 풍년이 되어 곡식이 잘 됨
豊富(풍부) : 넉넉하고 많음

1832 皮

皮 皮 총5획 / 3급Ⅱ

짐승의 겉껍질(广)을 다시(又) 뚫어(丨) 벗겨낸 **가죽**

- 훈 가죽
- 음 피

皮膚(피부) 皮革(피혁) 毛皮(모피) 桂皮(계피)
鹿皮(녹비) 皮相的(피상적) 鐵面皮(철면피)

皮膚(피부) : 동물 몸의 겉을 싼 외피
皮革(피혁) : 가죽의 총칭

1833 彼

彼 彳 총8획 / 3급Ⅱ

겉만(皮) 보일 만큼 먼 **저** 사람(亻)

- 훈 저
- 음 피:

彼此(피차) 彼岸(피안) 彼地(피지)
此日彼日(차일피일)535 於此彼(어차피)

彼此(피차) : 서로
彼岸(피안) : 강의 건너편 기슭

1834 疲

疲 疒 총10획 / 4급

겉(皮)만 봐도 아픈(疒) 것처럼 **피곤해** 보인다.

- 훈 피곤할
- 음 피

疲勞(피로) 疲困(피곤) 疲弊(피폐) 疲乏(피핍)

疲困(피곤) : 몸과 마음이 지쳐 고달픔
疲乏(피핍) : 피곤하고 노곤함

1835 被

被 衤(衣) 총10획 / 3급Ⅱ

옷(衤)과 가죽(皮)을 **입음**

- 훈 입을
- 음 피:

被殺(피살) 被襲(피습) 被擊(피격) 被拉(피랍)
被服(피복) 被疑者(피의자) 被告人(피고인)

被殺(피살) : 죽임을 당함
被服(피복) : 옷, 의복

1836 避

避 辶(辵) 총17획 / 4급

허물(辟)을 피해 가다(辶).

- 훈 피할
- 음 피:

逃避(도피) 忌避(기피) 避身(피신) 避姙(피임)
現實逃避(현실도피) 避難(피난) 避暑地(피서지)

逃避(도피) : 도망하여 몸을 피함
避身(피신) : 몸을 숨기어 피함

1837 匹

匹 匚 총4획 / 3급

사람(儿)은 감추어진(匚) 짝을 찾아다님

- 훈 짝
- 음 필

匹敵(필적) 匹夫(필부) 匹馬(필마) 配匹(배필)
匹馬單騎(필마단기) 匹夫匹婦(필부필부)598

匹敵(필적) : 능력과 세력이 엇비슷함
匹馬(필마) : 말 한 필

1838 必

必 心 총5획 / 5급Ⅱ

마음(心)을 나누면(丿) **반드시** 통한다.

- 훈 반드시
- 음 필

必勝(필승) 必需品(필수품) 必然(필연) 必要(필요)
事必歸正(사필귀정)279 必須科目(필수과목)

必勝(필승) : 반드시 이김
必然(필연) : 반드시 그리됨

1839 畢

畢 田 총11획 / 3급Ⅱ

많은(十) 풀(艹)을 제거하고 밭(田)일을 모두(一) **마침**

- 훈 마칠
- 음 필

畢竟(필경) 畢納(필납) 畢業(필업) 未畢(미필)
檢査畢(검사필) 納稅畢證(납세필증)

畢業(필업) : 학업 등을 마침
未畢(미필) : 아직 다 끝내지 못함

1840 筆

筆 竹 총12획 / 5급Ⅱ

대나무(⺮) 붓(聿)이 제일 좋은 **붓**

- 훈 붓
- 음 필

筆體(필체) 筆筒(필통) 筆跡(필적) 鉛筆(연필)
萬年筆(만년필) 執筆(집필) 筆記試驗(필기시험)

筆體(필체) : 글씨체
筆筒(필통) : 필기구를 넣는 통

1841 下 | 一 총3획 | 7급Ⅱ

사람이나 물건이 **아래**에 있음을 나타낸 글자

下

훈 아래
음 하:

下落(하락) 下級(하급) 下流(하류) 下請(하청)
天下統一(천하통일) 下部(하부) 地下鐵(지하철)

下落(하락) : 값이나 등급이 떨어짐
下級(하급) : 아래 등급이나 계급

1842 何 | 亻(人) 총7획 | 3급Ⅱ

사람(亻)이 옳은(可) 말만 **어찌** 합니까.

何

훈 어찌
음 하

何必(하필) 何人(하인) 何等(하등)
幾何級數(기하급수) 何如歌(하여가)

何必(하필) : 어찌하여 반드시
何人(하인) : 어떤 사람

1843 河 | 氵(水) 총8획 | 5급

강에는 물(氵)이 얼마쯤(可) 있을까.

河

훈 물
음 하

河川(하천) 河口(하구) 河馬(하마) 運河(운하)
渡河(도하) 氷河(빙하) 百年河淸(백년하청)227

河川(하천) : 강과 시내
河口(하구) : 강물이 큰 곳으로 흘러 들어가는 입구

1844 夏 | 夂 총10획 | 7급

천천히 걸어도(夂) 머리(頁)에 땀나는 **여름**

夏

훈 여름
음 하:

夏至(하지) 夏季(하계) 夏服(하복) 夏節(하절)
春夏秋冬(춘하추동) 夏爐冬扇(하로동선)600

夏季(하계) : 여름철
夏服(하복) : 여름옷

1845 荷 | ++(艸) 총11획 | 3급Ⅱ

이 많은 풀(++)을 어찌(何) 다 멜까.

荷

훈 멜
음 하

荷重(하중) 荷役(하역) 出荷(출하) 集荷(집하)
賊反荷杖(적반하장)489 負荷(부하) 手荷物(수하물)

荷重(하중) : 짐의 무게
荷役(하역) : 짐을 싣고 내리는 일

1846 賀 | 貝 총12획 | 3급Ⅱ

돈(貝)을 더 보태(加) **하례함**

賀

훈 하례
음 하:

賀禮(하례) 賀客(하객) 慶賀(경하) 祝賀宴(축하연)
年賀狀(연하장) 謹賀新年(근하신년)

賀禮(하례) : 축하하는 예식
慶賀(경하) : 기쁘고 즐거운 일에 대해 축하의 뜻을 표함

1847 虐 | 虍 총9획 | 2급

날카로운 발톱(爪)을 가진 호랑이(虎)는 **사납다.**

虐

훈 사나울
음 학

虐待(학대) 虐殺(학살) 虐政(학정) 殘虐(잔학)
自虐(자학) 暴虐無道(포학무도)

虐待(학대) : 몹시 괴롭히거나 사납게 대우함
虐殺(학살) : 참혹하게 마구 무찔러 죽임

1848 學 | 子 총16획 | 8급

아이(子)들은 덮어놓고(冖) 어울려(臼) 사귀는(爻) 가운데 **배운다.**

學

훈 배울
음 학

學校(학교) 學生(학생) 學者(학자) 學說(학설)
學院(학원) 就學(취학) 博學多識(박학다식)209

學者(학자) : 학문에 능통한 사람이나 연구하는 사람
學說(학설) : 학문적인 문제에 대해 학자들이 내세우는 주장이나 이론

1849 鶴 | 鳥 총21획 | 3급Ⅱ

새(鳥) 중에서도 특히 머리(亠)가 예쁜 새(隹)인 학

鶴

훈 학
음 학

鶴舞(학무) 群鷄一鶴(군계일학)82 仙鶴(선학)
鶴首苦待(학수고대)602

鶴舞(학무) : 학의 탈을 쓴 두 사람이 나와 추던 궁중춤
仙鶴(선학) : 두루미

1850 汗 | 氵(水) 총6획 | 3급Ⅱ

흐르는 물(氵)을 막으려니(千) **땀**이 난다.

汗

훈 땀
음 한(:)

汗蒸(한증) 汗腺(한선)
不汗黨(불한당) 汗蒸幕(한증막) 汗馬之勞(한마지로)

汗腺(한선) : 땀샘

1851 旱

日 총7획 · 3급

해(日)가 비를 막아(干) 가물다.

- 훈 가물
- 음 한:

旱氣(한기) 旱路(한로) 旱魃(한발) 旱害(한해)
旱災(한재)

旱氣(한기) : 오래도록 비가 오지 않는 날씨
旱災(한재) : 가뭄으로 인한 재앙

1852 恨

忄(心) 총9획 · 4급

마음(忄)이 어긋나(艮) 한을 품음

- 훈 한할
- 음 한:

恨歎(한탄) 怨恨(원한) 痛恨(통한)
悔恨(회한) 餘恨(여한) 徹天之恨(철천지한)552

恨歎(한탄) : 원망하거나 뉘우침이 있을 때 한숨짓는 탄식
餘恨(여한) : 남은 원한

1853 限

阝(阜) 총9획 · 4급Ⅱ

크게(阝) 어긋나(艮)는 것에도 한계가 있다.

- 훈 한계
- 음 한:

限界(한계) 限度(한도) 限定(한정) 局限(국한)
無限軌道(무한궤도) 權限(권한) 期限附(기한부)

限界(한계) : 사물의 정해놓은 경계
局限(국한) : 범위를 어느 한 부분에 한정함

1854 寒

宀 총12획 · 5급

집(宀)안에 있는 사람(人) 모두(一) 함께(共) 찬 얼음(冫)을 이겨낸다.

- 훈 찰
- 음 한

寒氣(한기) 寒波(한파) 寒食(한식) 惡寒(오한)
嚴冬雪寒(엄동설한) 寒冷前線(한랭전선)

寒氣(한기) : 겨울철의 찬 기운
惡寒(오한) : 몸에 열이 나면서 오슬오슬 춥고 괴로운 증세

1855 閑

門 총12획 · 4급

집 안(門) 나무(木)그늘에 한가하게 누워 있음

- 훈 한가할
- 음 한

閑暇(한가) 閑散(한산) 閑寂(한적) 閑良(한량)
有閑階級(유한계급) 閑談(한담) 忙中閑(망중한)

閑暇(한가) : 일이 없어 몸과 마음이 여유로움
閑良(한량) : 놀기 좋아하고 돈을 잘 쓰는 사람

1856 漢

氵(水) 총14획 · 7급Ⅱ

물(氵)건너 중국(中)사람(夫)들이 많은(廿) 한나라

- 훈 1)한수
  2)한나라
- 음 한

漢字(한자) 漢文(한문) 漢江(한강) 漢城(한성)
怪漢(괴한) 惡漢(악한) 無賴漢(무뢰한)

漢字(한자) : 중국 고유의 문자로 우리나라, 일본에서도 사용함
怪漢(괴한) : 행동이 수상한 사나이

1857 翰

羽 총16획 · 2급

날마다(十) 조용히(早) 새(羽)발목에 묶인 친구(人)의 안부편지를 받아봄

- 훈 편지
- 음 한:

公翰(공한) 翰林院(한림원)
書翰(서한) 翰林別曲(한림별곡)

公翰(공한) : 공적인 편지
書翰(서한) : 편지

1858 韓

韋 총17획 · 8급

많은(十) 이들이 부러워하는 조용한(韋) 아침(早)의 나라 한국

- 훈 나라이름
- 음 한(:)

韓國(한국) 韓服(한복) 韓紙(한지) 韓藥(한약)
大韓民國(대한민국) 南韓(남한) 韓半島(한반도)

韓國(한국) : 대한민국의 약칭
韓服(한복) : 한국 고유의 옷

1859 割

刂(刀) 총12획 · 3급Ⅱ

해치기(害) 위해 칼(刂)로 적들을 벰

- 훈 벨
- 음 할

割引(할인) 割賦金(할부금) 割當(할당) 役割(역할)
群雄割據(군웅할거)83 分割償還(분할상환)

割引(할인) : 일정한 값에서 얼마를 덜어냄
割當(할당) : 여러 몫으로 나누는 것

1860 含

口 총7획 · 3급Ⅱ

이제(今) 입(口)에 머금다.

- 훈 머금을
- 음 함

含蓄(함축) 含量(함량) 含有(함유) 含笑(함소)
含哺鼓腹(함포고복) 包含(포함) 含蓄性(함축성)

含蓄(함축) : 짧은 말이나 글에 어떤 뜻이 집약되어 있음
包含(포함) : 함유하고 있음

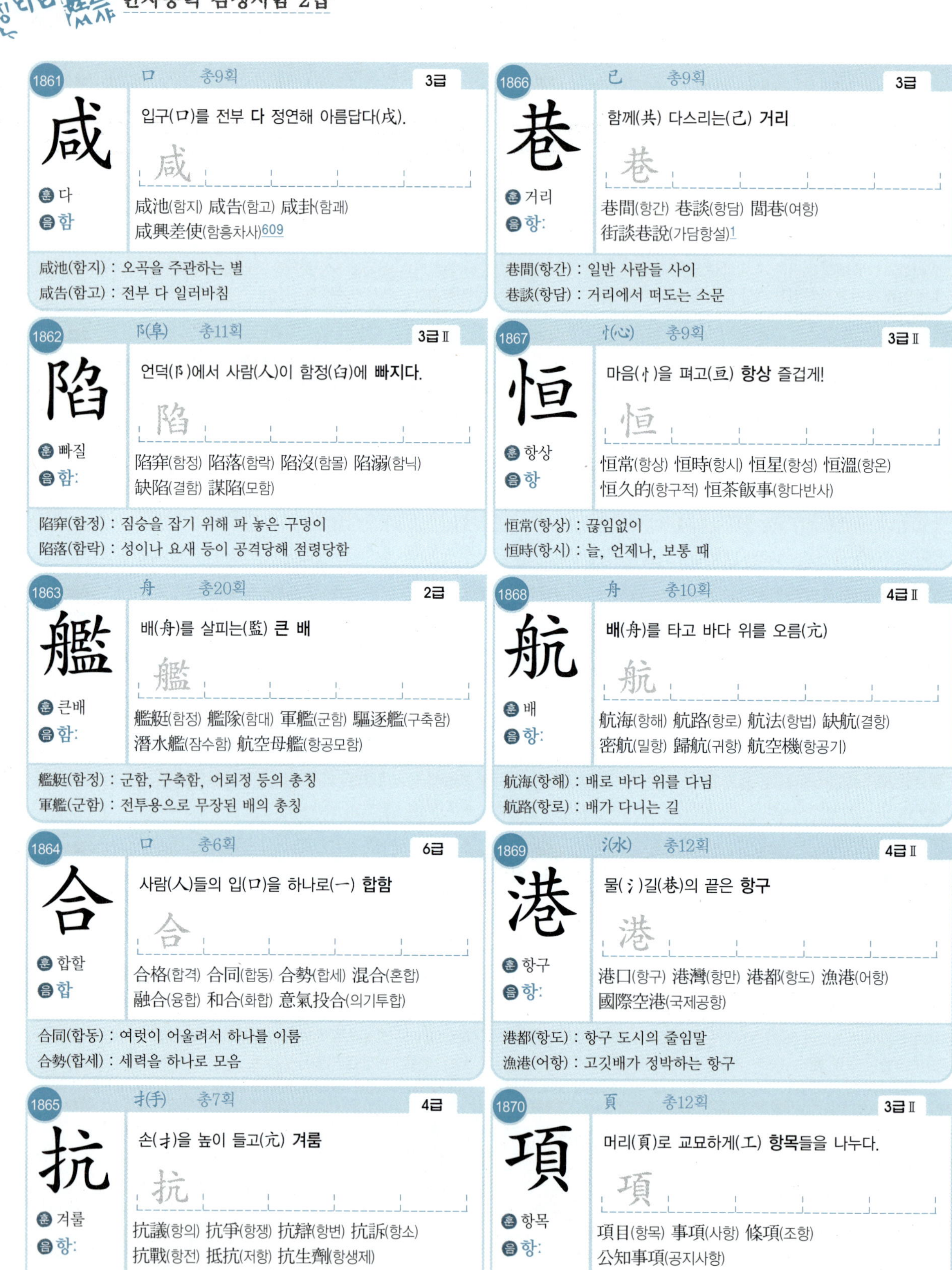

1861 口 총9획 3급

咸

입구(口)를 전부 다 정연해 아름답다(戌).

咸

훈 다
음 함

咸池(함지) 咸告(함고) 咸卦(함괘)
咸興差使(함흥차사)609

咸池(함지) : 오곡을 주관하는 별
咸告(함고) : 전부 다 일러바침

1862 阝(阜) 총11획 3급Ⅱ

陷

언덕(阝)에서 사람(人)이 함정(臼)에 빠지다.

陷

훈 빠질
음 함

陷穽(함정) 陷落(함락) 陷沒(함몰) 陷溺(함닉)
缺陷(결함) 謀陷(모함)

陷穽(함정) : 짐승을 잡기 위해 파 놓은 구덩이
陷落(함락) : 성이나 요새 등이 공격당해 점령당함

1863 舟 총20획 2급

艦

배(舟)를 살피는(監) 큰 배

艦

훈 큰배
음 함

艦艇(함정) 艦隊(함대) 軍艦(군함) 驅逐艦(구축함)
潛水艦(잠수함) 航空母艦(항공모함)

艦艇(함정) : 군함, 구축함, 어뢰정 등의 총칭
軍艦(군함) : 전투용으로 무장된 배의 총칭

1864 口 총6획 6급

合

사람(人)들의 입(口)을 하나로(一) 합함

合

훈 합할
음 합

合格(합격) 合同(합동) 合勢(합세) 混合(혼합)
融合(융합) 和合(화합) 意氣投合(의기투합)

合同(합동) : 여럿이 어울러서 하나를 이룸
合勢(합세) : 세력을 하나로 모음

1865 扌(手) 총7획 4급

抗

손(扌)을 높이 들고(亢) 겨룸

抗

훈 겨룰
음 항

抗議(항의) 抗爭(항쟁) 抗辯(항변) 抗訴(항소)
抗戰(항전) 抵抗(저항) 抗生劑(항생제)

抗議(항의) : 반대하는 뜻을 폄
抗爭(항쟁) : 버티어 다툼

1866 己 총9획 3급

巷

함께(共) 다스리는(己) 거리

巷

훈 거리
음 항

巷間(항간) 巷談(항담) 閭巷(여항)
街談巷說(가담항설)1

巷間(항간) : 일반 사람들 사이
巷談(항담) : 거리에서 떠도는 소문

1867 忄(心) 총9획 3급Ⅱ

恒

마음(忄)을 펴고(亘) 항상 즐겁게!

恒

훈 항상
음 항

恒常(항상) 恒時(항시) 恒星(항성) 恒溫(항온)
恒久的(항구적) 恒茶飯事(항다반사)

恒常(항상) : 끊임없이
恒時(항시) : 늘, 언제나, 보통 때

1868 舟 총10획 4급Ⅱ

航

배(舟)를 타고 바다 위를 오름(亢)

航

훈 배
음 항

航海(항해) 航路(항로) 航法(항법) 缺航(결항)
密航(밀항) 歸航(귀항) 航空機(항공기)

航海(항해) : 배로 바다 위를 다님
航路(항로) : 배가 다니는 길

1869 氵(水) 총12획 4급Ⅱ

港

물(氵)길(巷)의 끝은 항구

港

훈 항구
음 항

港口(항구) 港灣(항만) 港都(항도) 漁港(어항)
國際空港(국제공항)

港都(항도) : 항구 도시의 줄임말
漁港(어항) : 고깃배가 정박하는 항구

1870 頁 총12획 3급Ⅱ

項

머리(頁)로 교묘하게(工) 항목들을 나누다.

項

훈 항목
음 항

項目(항목) 事項(사항) 條項(조항)
公知事項(공지사항)

項目(항목) : 낱낱의 조항, 조목
事項(사항) : 사물을 나눈 조항, 항목

1871 亠 총6획 3급

亥

돼지의 모양을 본뜬 글자

훈 돼지
음 해

亥年(해년) 亥月(해월) 亥日(해일) 亥時(해시)

亥月(해월) : 음력 10월의 다른 이름
亥時(해시) : 12지의 끝 시간, 밤 9~11시 사이

1872 宀 총10획 5급Ⅱ

害

개가 입(口)을 벌려 집(宀)주인(主)을 물어 **다치게(해하게)** 하다.

훈 해할
음 해:

被害(피해) 傷害(상해) 障害(장해) 迫害(박해)
被害妄想(피해망상) 陰害(음해) 加害者(가해자)

被害(피해) : 재물이나 신체적, 정신적 해를 입은 상태
陰害(음해) : 넌지시 남을 해롭게 함

1873 大 총10획 3급

奚

작은(幺) 손톱(爫)을 **어찌** 크게(大) 기르나.

훈 어찌
음 해

奚琴(해금) 奚必(해필) 奚特(해특)

奚必(해필) : 다른 방도가 아닌 어찌 꼭
奚特(해특) : 어찌 특히

1874 氵(水) 총10획 7급Ⅱ

海

언제나 늘(每) 물(氵)만 보이는 **바다**

훈 바다
음 해:

海邊(해변) 海軍(해군) 海賊(해적) 東海(동해)
茫茫大海(망망대해) 深海(심해) 海岸線(해안선)

海邊(해변) : 바다와 땅이 잇닿은 곳
海賊(해적) : 배를 습격해 재물을 빼앗는 바다의 도적

1875 言 총13획 3급Ⅱ

該

말(言)은 소중히 간직해야(亥) **마땅함**

훈 마땅
음 해

該當(해당) 該博(해박) 當該(당해)

該當(해당) : 어떤 조건에 딱 들어맞음
該博(해박) : 모든 것을 널리 앎

1876 角 총13획 4급Ⅱ

解

칼(刀)로 소(牛)의 뿔(角)을 자르다(**풀다**).

훈 풀
음 해:

解決(해결) 解釋(해석) 解答(해답) 解夢(해몽)
告解聖事(고해성사) 解雇(해고) 解熱劑(해열제)

解決(해결) : 얽힌 일을 풀어 처리함
解夢(해몽) : 꿈에 나타난 일을 풀어줌

1877 木 총10획 4급

核

나무(木)를 심으려면 씨앗을 간직해야(亥) 함

훈 씨
음 핵

核心(핵심) 核酸(핵산) 結核(결핵) 核分裂(핵분열)
核武器(핵무기) 核家族(핵가족)

核心(핵심) : 사물의 중심이 되는 중요한 부분
核酸(핵산) : 생체의 세포에 있는 고분자 화합물

1878 行 총6획 6급

行

고무래(丁) 모양으로 함께(一) 걸어(彳)**다님**

훈 1)다닐
   2)항렬
음 1)행(:) 2)항(:)

行動(행동) 行步(행보) 旅行(여행) 行列(항렬)
市街行進(시가행진) 行伍(항오) 飛行機(비행기)

行動(행동) : 몸을 움직이는 것
行步(행보) : 목적지까지 걸어서 가거나 다녀옴

1879 干 총8획 6급Ⅱ

幸

열(十) 중에 하나(一)라도 바로 섰으니(ㅛ) **다행임**

훈 다행
음 행

幸福(행복) 不幸(불행) 伏幸(복행) 幸運兒(행운아)
千萬多幸(천만다행)

幸福(행복) : 삶에 만족하고 보람을 느끼는 좋은 상태
不幸(불행) : 행복하지 못함

1880 口 총6획 6급

向

집(宀)과 입구(口)는 서로 먼(冂) 방향을 **향하고** 있어야 함

훈 향할
음 향:

向上(향상) 向背(향배) 向後(향후) 方向(방향)
動向(동향) 趣向(취향) 傾向(경향) 意向(의향)

向上(향상) : 위나 앞으로 향해 발전함
方向(방향) : 어떤 곳을 향한 쪽

ㅎ

1881 一 총8획 3급

享

훈 누릴
음 향:

모든(一) 일이 잘 되길(亨) 바라며 **제사를 드림**

享樂(향락) 享有(향유) 享年(향년) 享壽(향수)
享禮(향례) 配享(배향) 祭享(제향)

享樂(향락) : 즐거움을 누림
享壽(향수) : 오래 사는 복을 누림

1882 香 총9획 4급Ⅱ

香

훈 향기
음 향

볕(日)에 잘 익은 곡식(禾)은 **향기**가 난다.

香氣(향기) 香水(향수) 香料(향료) 香爐(향로)
焚香(분향) 芳香劑(방향제) 香辛料(향신료)

香氣(향기) : 좋은 느낌을 주는 향기로운 냄새
香水(향수) : 향료를 섞어 향기로운 냄새가 나는 물

1883 阝(邑) 총13획 4급Ⅱ

鄕

훈 시골
음 향

어린(幺)아이들이 뛰놀기 좋아하는(良) 마을(阝)

鄕愁(향수) 故鄕(고향) 樂鄕(낙향) 歸鄕(귀향)
望鄕(망향) 他鄕(타향) 失鄕民(실향민)

鄕愁(향수) : 고향을 그리워하는 마음
望鄕(망향) : 고향을 그리고 생각함

1884 音 총22획 3급Ⅱ

響

훈 울릴
음 향:

시골(鄕) 소리(音)가 내 마음을 울린다.

音響(음향) 反響(반향) 影響(영향) 響應(향응)
惡影響(악영향) 交響樂團(교향악단)

音響(음향) : 소리의 울림
響應(향응) : 소리에 맞춰 그 소리와 같이 울림

1885 言 총11획 5급

許

훈 허락
음 허

말(言)을 거스르지(午) 않아 **허락함**

許諾(허락) 許可(허가) 許容(허용) 許多(허다)
特許出願(특허출원) 不許(불허) 免許證(면허증)

許諾(허락) : 청하고 바라는 바를 들어줌
許容(허용) : 허락하여 받아들임

1886 虍 총12획 4급Ⅱ

虛

훈 빌
음 허

처음(一) 갓 나온 어린(卄) 호랑이(虍)는 **약하다.**

虛構(허구) 虛僞(허위) 虛點(허점) 謙虛(겸허)
虛禮虛飾(허례허식) 虛虛實實(허허실실)615

虛僞(허위) : 사실이 아닌 것을 사실처럼 꾸민 것
虛點(허점) : 비거나 허술한 부분

1887 車 총10획 3급

軒

훈 집
음 헌

비 등을 막아(干)주는 채(車)가 쉬는 **집**

軒昂(헌앙) 軒燈(헌등) 軒號(헌호)
軒軺(헌초) 東軒(동헌)

軒燈(헌등) : 처마에 다는 등
軒號(헌호) : 남의 당호를 높여 부르는 말

1888 心 총16획 4급

憲

훈 법
음 헌

집(宀) 주인(主)이 법망(罒)을 어겨 마음(心)이 불편하다.

憲法(헌법) 憲政(헌정) 憲兵(헌병) 違憲(위헌)
敎育憲章(교육헌장) 改憲(개헌) 制憲節(제헌절)

違憲(위헌) : 법률이나 명령 등의 법이 헌법정신에 위배되는 일
改憲(개헌) : 헌법의 내용을 고침

1889 犬 총20획 3급Ⅱ

獻

훈 바칠
음 헌:

솥(鬳)에 든 음식을 개(犬)에게 **바침**

獻血(헌혈) 獻納(헌납) 獻花(헌화) 獻身(헌신)
獻金(헌금) 貢獻(공헌) 文獻(문헌) 進獻(진헌)

獻血(헌혈) : 자기 피를 다른 사람에게 뽑아주는 것
獻花(헌화) : 꽃을 바침

1890 阝(阜) 총16획 4급

險

훈 험할
음 험:

언덕(阝)이 전부 다(僉) **험한** 것은 아니다.

險難(험난) 險惡(험악) 險談(험담) 危險(위험)
健康保險(건강보험) 冒險(모험) 探險隊(탐험대)

險惡(험악) : 거칠고 사나움, 마음씨가 험하고 악함
冒險(모험) : 어떤 일을 위험을 무릅쓰고 하는 것

1891 馬 총23획 · 4급Ⅱ

驗

준마(馬)를 고르기(僉) 위해 **시험함**

- 훈 시험할
- 음 험:

試驗(시험) 經驗(경험) 效驗(효험) 靈驗(영험)
受驗生(수험생) 實驗室(실험실) 體驗談(체험담)

試驗(시험) : 사물의 성질, 능력, 정도 등에 관해 실제로 증험해 봄
效驗(효험) : 약 따위의 효력

1892 革 총9획 · 4급

革

가죽을 손으로 벗기고 있는 모양을 본뜬 글자

- 훈 가죽
- 음 혁

革帶(혁대) 革新(혁신) 改革(개혁) 變革(변혁)
沿革(연혁) 皮革(피혁) 軍事革命(군사혁명)

革新(혁신) : 일체의 묵은 제도나 방식을 고쳐서 새롭게 함
變革(변혁) : 급격하게 바뀌어 아주 달라짐

1893 玄 총5획 · 3급Ⅱ

玄

새끼(幺) 돼지의 머리(亠)는 **검다.**

- 훈 검을
- 음 현

玄米(현미) 玄黃(현황) 玄武(현무) 玄妙(현묘)
玄孫(현손) 玄奧(현오) 玄關門(현관문)

玄米(현미) : 속겨를 벗기지 않은 쌀
玄武(현무) : 북쪽 방위를 지키는 신령한 동물로 거북과 유사함

1894 弓 총8획 · 2급

弦

검은(玄) 활(弓)의 **시위를 당기다.**

- 훈 시위
- 음 현

弦月(현월) 弦影(현영) 上弦(상현) 下弦(하현)

弦月(현월) : 활처럼 굽은 초승달, 그믐달
弦影(현영) : 반달의 모양이나 빛

1895 王(玉) 총11획 · 6급Ⅱ

現

구슬(王)을 자꾸 보니(見) 상이 **나타난다.**

- 훈 나타날
- 음 현:

現代(현대) 現實(현실) 現況(현황) 現在(현재)
現金(현금) 表現(표현) 現場檢證(현장검증)

現代(현대) : 지금 시대
現況(현황) : 현재의 상황이나 형편

1896 糸 총11획 · 3급

絃

거문고는 검은(玄) 실(糸)을 줄로 쓴다.

- 훈 줄
- 음 현

三絃(삼현) 絃樂器(현악기) 管絃樂(관현악)
絃樂三重奏(현악삼중주)

三絃(삼현) : 거문고, 가야금, 향비파 세 현악기

1897 貝 총15획 · 4급Ⅱ

賢

재물(貝)을 마다하는 신하(臣)가 바르고(又) **어진 신하**

- 훈 어질
- 음 현

賢者(현자) 賢人(현인) 賢明(현명) 聖賢(성현)

賢者(현자) : 어질고 현명하여 성인 다음가는 사람
聖賢(성현) : 성인과 현인

1898 糸 총16획 · 3급

縣

작은(小) 일도 고치고(直) 이어가는(系) 것이 **고을 현감이 하는 일**

- 훈 고을
- 음 현:

縣監(현감) 縣令(현령)
州府郡縣(주부군현)

縣監(현감) : 현의 우두머리 벼슬아치(고려, 조선 때)
縣令(현령) : 현의 우두머리(신라 때)

1899 心 총20획 · 3급Ⅱ

懸

현감은 오직 고을(縣) 일에만 **매달려야 함**

- 훈 매달
- 음 현:

懸案(현안) 懸隔(현격) 懸板(현판) 懸欄(현란)
懸垂幕(현수막) 懸賞金(현상금)

懸案(현안) : 해결되지 않고 걸려있는 안건
懸隔(현격) : 그 차이가 뚜렷하게 두드러진 상태

1900 頁 총23획 · 4급

顯

낮(日)에 난 작은(幺) 불(火)로 인해 사람들에게서 머리(頁)가 아픈 증세가 **나타남**

- 훈 나타날
- 음 현:

顯著(현저) 顯示(현시) 顯考(현고) 顯旌(현정)
顯忠日(현충일) 顯微鏡(현미경) 顯忠塔(현충탑)

顯著(현저) : 드러나서 두드러짐
顯旌(현정) : 바람에 나부끼는 기

1901　穴　총5획　3급Ⅱ

穴

동굴의 모양을 본뜬 글자

훈 구명
음 **혈**

穴居(혈거) 穴處(혈처) 經穴(경혈) 洞穴(동혈)
墓穴(묘혈) 孔穴(공혈) 三姓穴(삼성혈)

穴居(혈거) : 동굴 속에서 삶
洞穴(동혈) : 깊고 넓은 굴의 구멍

1902　血　총6획　4급Ⅱ

血

제사 때 짐승의 **피**를 담은 그릇의 모양을 본뜬 글자

훈 피
음 **혈**

血液(혈액) 腦出血(뇌출혈) 血壓(혈압)
毛細血管(모세혈관) 血統(혈통) 血氣旺盛(혈기왕성)

血液(혈액) : 피
腦出血(뇌출혈) : 뇌의 혈관이 터지면서 피가 흐르는 상태

1903　女　총13획　3급

嫌

여자(女)는 다른 사람과 겸(兼)해 준 선물은 **싫어**한다.

훈 싫어할
음 **혐**

嫌惡(혐오) 嫌怨(혐원) 嫌忌(혐기) 嫌疑者(혐의자)
嫌惡感(혐오감) 嫌氣性(혐기성)

嫌惡(혐오) : 싫어하고 미워함
嫌怨(혐원) : 싫어하고 원망함

1904　十　총8획　4급Ⅱ

協

열(十) 사람이 힘(力)을 더해 **화합함**

훈 화할
음 **협**

協商(협상) 協力(협력) 協助(협조) 協贊(협찬)
停戰協定(정전협정) 協會(협회) 協奏曲(협주곡)

協商(협상) : 여럿이 의논하여 결정함
協力(협력) : 힘을 더하여 서로 도움

1905　月(肉)　총10획　3급Ⅱ

脅

힘(力)으로 상대방의 몸(月)을 완전히 제압한 후 **위협함**

훈 위협할
음 **협**

脅迫(협박) 脅約(협약) 脅奪(협탈) 脅勒(협륵)
威脅(위협) 脅迫狀(협박장)

脅迫(협박) : 남을 위협해 어떤 일을 하도록 함
脅約(협약) : 위협을 해 이룬 약속

1906　山　총10획　2급

峽

산(山) 사이에 낀(夾) **골짜기**

훈 골짜기
음 **협**

峽谷(협곡) 峽灣(협만) 峽村(협촌) 峽農(협농)
海峽(해협)

峽谷(협곡) : 험하고 좁은 골짜기
海峽(해협) : 육지 사이에 낀 좁고 긴 바다

1907　儿　총5획　8급

兄

입(口)을 열어 아우들에게 지시하는 사람(儿)이 **형**

훈 맏
음 **형**

兄弟(형제) 兄夫(형부) 兄嫂(형수) 妹兄(매형)
難兄難弟(난형난제)114 妻兄(처형) 義兄弟(의형제)

兄弟(형제) : 형과 아우를 이르는 말
兄夫(형부) : 언니의 남편

1908　刂(刀)　총6획　4급

刑

평평한(开) 곳에 사람을 묶어 두고 칼(刂)로 베어 **벌함**

훈 형벌
음 **형**

刑罰(형벌) 刑事(형사) 刑法(형법) 處刑(처형)
極刑(극형) 斬刑(참형) 絞首刑(교수형)

刑罰(형벌) : 범죄자에게 가하는 제재
刑事(형사) : 범죄를 수사하고 범인을 찾는 일을 하는 사람

1909　亠　총7획　3급

亨

머리(亠)속 생각을 입(口)으로 명백히 말하고 나니(了) 모든 일이 형통할 것 같음

훈 형통할
음 **형**

亨通(형통) 萬事亨通(만사형통)

亨通(형통) : 모든 일이 뜻한바 대로 잘 됨

1910　彡　총7획　6급Ⅱ

形

평평한(开) 머리에 머리카락(彡)이 없으니 **모양**이 더 이상함

훈 모양
음 **형**

形態(형태) 形成(형성) 形勢(형세) 形質(형질)
象形文字(상형문자) 形式(형식) 形容詞(형용사)

形態(형태) : 사물의 생김새와 모양
形成(형성) : 형상을 이룸

1911　土　총9획　2급

型
- 훈 모형
- 음 형

형벌(形) 받는 사람을 흙(土)으로 **모형**을 빚어 만들다.

模型(모형) 類型(유형) 金型(금형) 典型(전형)
血液型(혈액형) 流線型(유선형) 最新型(최신형)

模型(모형) : 실물을 본 떠 만든 물건
類型(유형) : 비슷한 성질끼리 묶은 틀

1912　虫　총16획　3급

螢
- 훈 반딧불
- 음 형

덮어(冖) 놓아도 불(火)처럼 빛을 내는 곤충(虫)이 **반딧불**

螢光(형광) 螢光燈(형광등) 螢石(형석)
螢雪之功(형설지공)620 螢光物質(형광물질)

螢光(형광) : 반딧불

1913　行　총16획　3급Ⅱ

衡
- 훈 저울대
- 음 형

사람(亻)이 밭(田)에서 캔 큰(大) 작물을 **저울대**처럼 양손에 들고 걸어감(行)

平衡(평형) 均衡(균형) 銓衡(전형) 衡平(형평)
度量衡(도량형) 不均衡(불균형)

平衡(평형) : 한쪽으로 기울지 않고 안정된 상태
均衡(균형) : 치우치지 않고 고른 상태

1914　八　총4획　3급

兮
- 훈 어조사
- 음 혜

여러(八) 수조(丁)의 모양을 본뜬 글자

兮呀(혜아) 歸去來兮(귀거래혜)

1915　心　총12획　4급Ⅱ

惠
- 훈 은혜
- 음 혜:

언행을 삼가고(車) 어진 마음(心)을 베푸니 은혜가 있음

惠澤(혜택) 恩惠(은혜) 特惠(특혜) 慈惠(자혜)
互惠(호혜) 天惠(천혜) 最惠國(최혜국)

惠澤(혜택) : 은혜와 덕택
恩惠(은혜) : 고맙게 베풀어 주는 혜택

1916　心　총15획　3급Ⅱ

慧
- 훈 슬기로울
- 음 혜:

비(彗)처럼 지혜가 마음(心)에 가득하니 **슬기로움**

智慧(지혜) 慧眼(혜안) 慧悟(혜오) 慧星(혜성)
慧敏(혜민) 慧命(혜명)

智慧(지혜) : 사물의 이치를 깨닫고 아는 능력
慧眼(혜안) : 사물을 꿰뚫어 보는 안목

1917　戸　총4획　4급Ⅱ

戸
- 훈 집
- 음 호:

문의 반쪽을 본뜬 글자

戸主(호주) 窓戸紙(창호지) 戸數(호수)
門戸開放(문호개방) 戸口(호구) 戸籍騰本(호적등본)

窓戸紙(창호지) : 주로 문에 바르던 얇은 종이
戸口(호구) : 호적상 가족의 수

1918　二　총4획　3급

互
- 훈 서로
- 음 호:

새끼줄을 감는 도구의 모양을 본뜬 글자

互選(호선) 互換(호환) 互稱(호칭) 互惠(호혜)
互角之勢(호각지세) 相互扶助(상호부조)

互選(호선) : 조직 구성원이 투표하여 구성원 가운데서 사람을 뽑음
互換(호환) : 서로 교환함

1919　丿　총5획　3급Ⅱ

乎
- 훈 어조사
- 음 호

삐침(丿)과 (兮)의 합자

斷乎(단호) 確乎(확호)
不亦樂乎(불역낙호)

斷乎(단호) : 태도 등이 엄격하고 과단성 있음
確乎(확호) : 아주 굳세어 흔들림 없음

1920　女　총6획　4급Ⅱ

好
- 훈 좋을
- 음 호:

여자(女)와 남자(子)가 같이 있으면 **좋다.**

好感(호감) 好材(호재) 好況(호황) 絶好(절호)
好衣好食(호의호식)627 選好(선호) 好奇心(호기심)

好感(호감) : 좋게 여기는 마음
好材(호재) : 좋은 재료

1921 虎 총8획 3급 II

호랑이의 모습을 본뜬 글자

虎

훈 범
음 호:

虎狼(호랑) 虎口(호구) 虎班(호반) 猛虎(맹호)
龍虎相搏(용호상박) 虎視耽耽(호시탐탐)625

虎狼(호랑) : 호랑이와 이리, 욕심 많은 사람을 이르는 말
虎口(호구) : 호랑이의 아가리, 매우 위태로운 상태

1922 口 총8획 4급 II

입(口)을 열어 내는 숨소리(乎)로 **부름**을 뜻함

呼

훈 부를
음 호

呼稱(호칭) 呼吸(호흡) 呼出(호출)
呼應(호응) 呼兄呼弟(호형호제)628 歡呼聲(환호성)

呼稱(호칭) : 부르는 이름
呼吸(호흡) : 숨을 쉼

1923 月(肉) 총9획 3급 II

예전에는(古) 달(月)이 뜨는 밤에 **오랑캐**를 토벌하러 감

胡

훈 오랑캐
음 호

胡蝶(호접) 胡笛(호적) 胡桃(호도) 胡虜(호로)
丙子胡亂(병자호란)

胡蝶(호접) : 나비
胡笛(호적) : 태평소를 잘못 이르는 말

1924 氵(水) 총10획 3급 II

물(氵)처럼 **넓은** 마음을 가진 사람에겐 뭐든 말하기(告) 쉬움

浩

훈 넓을
음 호

浩蕩(호탕) 浩氣(호기) 浩大(호대)
浩然之氣(호연지기)626

浩蕩(호탕) : 물이 넓어서 끝이 없음
浩氣(호기) : 넓고 큰 기개

1925 毛 총11획 3급

높을 고(高)의 축약형과 털 모(毛)의 합자로 **터럭**을 뜻함

毫

훈 터럭
음 호

毫髮(호발) 毫末(호말) 豪端(호단) 秋毫(추호)
揮毫(휘호)

毫髮(호발) : 가늘고 짧은 털
毫末(호말) : 털끝, 아주 작은 일을 비유적으로 뜻함

1926 氵(水) 총12획 5급

물(氵) 위에 비친 오래된(古) 달빛(月)이 더 아름답게 보이는 **호수**

湖

훈 호수
음 호

湖水(호수) 湖畔(호반) 湖西(호서) 江湖(강호)
湖南平野(호남평야) 畿湖地方(기호지방)

湖水(호수) : 땅이 파여 물이 괴인 넓고 깊은 곳
湖畔(호반) : 호숫가

1927 虎 총13획 6급

호랑이(虎)가 입을 크게 벌리고(号) 부르짖는 모양을 본뜬 글자

號

훈 이름
음 호:

號數(호수) 號俸(호봉) 號外(호외) 番號(번호)
暗號(암호) 商號(상호) 電話番號(전화번호)

號數(호수) : 차례로 매겨진 번호
號俸(호봉) : 급여의 등급

1928 豕 총14획 3급 II

높은(高) 지위에 있는 사람 중 돼지(豕)처럼 풍채가 좋은 **호걸**

豪

훈 호걸
음 호

豪傑(호걸) 豪言(호언) 豪奢(호사) 豪族(호족)
豪雨警報(호우경보) 豪快(호쾌) 豪華版(호화판)

豪傑(호걸) : 지혜와 용기가 있고 풍모도 좋은 사람
豪言(호언) : 자신감에 넘쳐 호기롭게 하는 말

1929 氵(水) 총17획 2급

물가(氵) 주변에 호걸(豪)들이 삶. 나라 **호주**를 뜻하기도 함

濠

훈 호주
음 호

濠洲(호주) 外濠(외호)

濠洲(호주) : 오스트레일리아

1930 言 총21획 4급 II

말(言)로 풀밭(艹)에 있는 새(隹)를 쫓아내 위험에서 또(又) **보호**해 줌

護

훈 보호할
음 호:

看護(간호) 警護(경호) 護送(호송) 護身術(호신술)
護衛兵(호위병) 護國英靈(호국영령)

看護(간호) : 환자를 보살펴 돌봄
警護(경호) : 미리 주변을 경계하며 보호함

1931 | 戈 총8획 | 4급

或

성의 입구(口)에서 한(一) 사람이 **혹시**나 하며 무기(戈)를 들고 있음

- 훈 혹
- 음 **혹**

或是(혹시) 或時(혹시) 或者(혹자) 或如(혹여)
或間(혹간) 間或(간혹) 設或(설혹)

或是(혹시) : 어쩌다 만약에
或者(혹자) : 어떤 사람

1932 | 心 총12획 | 3급Ⅱ

惑

혹시나(或) 하는 마음(心)에 정신이 **미혹함**

- 훈 미혹할
- 음 **혹**

迷惑(미혹) 當惑(당혹) 困惑(곤혹) 魅惑(매혹)
誘惑(유혹) 疑惑(의혹) 眩惑(현혹) 不惑(불혹)

當惑(당혹) : 무슨 일을 당하여 정신이 혼란스럽고 어찌할 바를 모름
困惑(곤혹) : 곤란한 일을 당하여 어찌할 바를 모름

1933 | 酉 총14획 | 2급

酷

술(酉)을 마시며 하소연(告)을 했더니 **심하게 취함**

- 훈 심할
- 음 **혹**

酷毒(혹독) 酷寒(혹한) 酷評(혹평) 酷使(혹사)
苛酷(가혹) 慘酷(참혹) 殘酷(잔혹) 冷酷(냉혹)

酷毒(혹독) : 몹시 심함
酷寒(혹한) : 몹시 추움

1934 | 日 총8획 | 3급

昏

존칭(氏)을 들으며 존경받던 사람의 권세도 날(日)이 **저물**듯 기울어짐

- 훈 저물
  어두울
- 음 **혼**

昏絶(혼절) 昏迷(혼미) 黃昏(황혼) 昏沈(혼침)
昏定晨省(혼정신성)632 昏睡狀態(혼수상태)

昏絶(혼절) : 정신이 아찔하여 까무러침
昏迷(혼미) : 의식이 흐려지는 상태

1935 | 氵(水) 총11획 | 4급

混

모든 물(氵)이 같이(昆) **섞여** 바다를 이룸

- 훈 섞을
- 음 **혼:**

混合(혼합) 混亂(혼란) 混線(혼선) 混沌(혼돈)
混聲(혼성) 混宿(혼숙) 交通混雜(교통혼잡)

混合(혼합) : 뒤죽박죽 섞어서 한데 합함
混亂(혼란) : 섞여서 어지러움

1936 | 女 총11획 | 4급

婚

여자(女)가 **결혼**할 때 날이 저무는(昏) 시간에 식을 치름

- 훈 혼인할
- 음 **혼**

婚姻(혼인) 結婚式(결혼식) 請婚(청혼)
冠婚喪祭(관혼상제) 離婚(이혼)

婚姻(혼인) : 남자와 여자가 결혼하여 부부가 됨
結婚式(결혼식) : 남자와 여자가 부부의 서약을 하는 의식

1937 | 鬼 총14획 | 3급Ⅱ

魂

말을 하여(云) 귀신(鬼)의 **넋**을 달래줌

- 훈 넋
- 음 **혼**

魂靈(혼령) 靈魂(영혼) 商魂(상혼) 鎭魂(진혼)
鬪魂(투혼) 忠魂(충혼) 魂飛魄散(혼비백산)630

魂靈(혼령) : 영혼
商魂(상혼) : 이익을 추구하는 상인의 정신

1938 | 心 총8획 | 3급Ⅱ

忽

없어진(勿) 물건을 **갑자기** 찾게 돼 마음(心)이 좋음

- 훈 갑자기
- 음 **홀**

忽然(홀연) 忽待(홀대) 忽視(홀시) 疏忽(소홀)
忽顯忽沒(홀현홀몰)

忽然(홀연) : 갑자기
忽待(홀대) : 소홀하게 대접함

1939 | 弓 총5획 | 3급

弘

활(弓) 중에 내(厶) 것이 가장 **큼**

- 훈 클
- 음 **홍**

弘益(홍익) 弘文館(홍문관)
弘報(홍보) 弘益人間(홍익인간)

弘益(홍익) : 널리 이롭게 함
弘報(홍보) : 널리 알림

1940 | 氵(水) 총9획 | 3급Ⅱ

洪

물(氵)이 사방에서 함께(共) 모였기 때문에 바다는 **넓다.**

- 훈 넓을
- 음 **홍**

洪水(홍수) 洪魚(홍어) 洪福(홍복)
洪吉童傳(홍길동전) 洪水警報(홍수경보)

洪水(홍수) : 큰물
洪魚(홍어) : 가오릿과의 바닷물고기

1941 糸 총9획 4급
紅
실(糸)을 뽑는 장인(工)이 붉은색으로 실을 염색함
紅
훈 붉을
음 홍
紅蔘(홍삼) 紅桃(홍도) 紅柿(홍시) 紅茶(홍차)
紅東白西(홍동백서) 紅疫(홍역) 紅一點(홍일점)

紅蔘(홍삼) : 증기로 쪄서 붉은 빛을 내는 삼
紅柿(홍시) : 물렁하게 익은 감

1942 鳥 총17획 3급
鴻
강가(江)에 사는 큰 새(鳥)는 기러기임
鴻
훈 기러기
음 홍
鴻雁(홍안) 鴻鵠(홍곡) 鴻毛(홍모) 鴻爪(홍조)
鴻恩(홍은)

鴻雁(홍안) : 큰 기러기와 작은 기러기
鴻鵠(홍곡) : 큰 기러기와 고니

1943 火 총4획 8급
火
불이 타고 있는 모양을 본뜬 글자
火
훈 불
음 화(:)
火災(화재) 火傷(화상) 火焰(화염) 火藥(화약)
火葬(화장) 火曜日(화요일) 風前燈火(풍전등화)595

火災(화재) : 불로 인한 재난
火傷(화상) : 불로 인해 피부에 입는 손상

1944 匕 총4획 5급Ⅱ
化
사람(亻)이 비수(匕)를 꽂게 됨
化
훈 될
음 화(:)
化學(화학) 化石(화석) 變化(변화) 融化(융화)
化粧室(화장실) 化粧品(화장품) 國際化(국제화)

化石(화석) : 동물이나 식물의 유해가 매몰된 채로 남아 있는 것
變化(변화) : 사물의 성질이나 형태 등이 변하는 것

1945 禾 총5획 3급
禾
곡물의 이삭이 늘어진 모양을 본뜬 글자
禾
훈 벼
음 화
禾穀(화곡) 禾苗(화묘) 禾穗(화수) 嘉禾(가화)

禾穀(화곡) : 벼에 딸린 곡식을 이르는 말
禾穗(화수) : 벼의 이삭

1946 ++(艸) 총8획 7급
花
풀(++)이 변하여(化) 꽃이 됨
花
훈 꽃
음 화
花園(화원) 花壇(화단) 花草(화초) 梅花(매화)
無窮花(무궁화) 菊花(국화)

花園(화원) : 꽃을 심은 동산
花壇(화단) : 꽃을 심기 위해 꾸며 놓은 꽃밭

1947 口 총8획 6급Ⅱ
和
수확한 벼(禾)를 여럿이 나누어 먹으며(口) 화합함
和
훈 화할
음 화
和睦(화목) 和解(화해) 和答(화답) 和音(화음)
飽和狀態(포화상태) 國民和合(국민화합)

和解(화해) : 싸움을 멈추고 감정을 풀어냄
和音(화음) : 다른 둘 이상의 소리가 어우러짐

1948 ++(艸) 총12획 4급
華
풀(++)과 버드나무 가지가 늘어진 모양을 본뜬 글자
華
훈 빛날
음 화
華麗(화려) 繁華街(번화가) 華燭(화촉)
中華民國(중화민국) 昇華(승화) 富貴榮華(부귀영화)

華麗(화려) : 환하게 빛남
繁華街(번화가) : 번성하여 화려한 거리

1949 貝 총11획 4급Ⅱ
貨
화폐(貝)를 사용하여 필요한 물품을 바꾸니(化) 재물을 뜻함
貨
훈 재물
음 화:
貨幣(화폐) 財貨(재화) 鑄貨(주화) 寶貨(보화)
外貨獲得(외화획득) 通貨(통화) 貨物車(화물차)

財貨(재화) : 재물
鑄貨(주화) : 쇠붙이로 만든 화폐

1950 田 총12획 6급
畫
붓(聿)으로 밭(田)의 풍경을 하나(一)씩 채워가며 그린 그림
畫
훈 그림
음 화:
畫家(화가) 畫像(화상) 壁畫(벽화) 錄畫(녹화)
畫龍點睛(화룡점정)634 漫畫映畫(만화영화)

畫家(화가) : 그림을 그리는 사람
畫像(화상) : 사람의 얼굴을 그림으로 그린 것

1951 話 言 총13획 7급Ⅱ

말(言)할 때 혀(舌)를 내밀어가며 **이야기를 재밌게** 함

話

훈 말씀
음 화

話題(화제) 對話(대화) 偶話(우화) 童話(동화)
千一夜話(천일야화) 逸話(일화) 電話機(전화기)

話題(화제) : 이야깃거리
對話(대화) : 마주하여 이야기를 나눔

1952 靴 革 총13획 2급

가죽(革)을 고쳐(化) 만든 **신발**

靴

훈 신
음 화

製靴(제화) 軍靴(군화) 長靴(장화) 洋靴店(양화점)
隔靴搔癢(격화소양) 運動靴(운동화)

製靴(제화) : 신발을 만듦
軍靴(군화) : 군인들이 신는 신발

1953 禍 示 총14획 3급Ⅱ

해(日)가 비추는 성(冂)의 입구(口)에 보이지(示) 않는 **재앙**이 들이닥침

禍

훈 재앙
음 화:

災禍(재화) 慘禍(참화) 飛禍(비화) 士禍(사화)
輪禍(윤화) 禍根(화근) 轉禍爲福(전화위복)500

慘禍(참화) : 비참한 재난
飛禍(비화) : 남의 일 때문에 당하는 재앙

1954 確 石 총15획 4급Ⅱ

돌(石)로 덮어(宀) 놓은 지붕 위에 새(隹)가 **굳은** 것처럼 가만히 앉아 있음

確

훈 굳을
음 확

確信(확신) 確實(확실) 確立(확립) 確保(확보)
確證(확증) 確率(확률) 確固不動(확고부동)638

確信(확신) : 굳게 믿는 마음
確實(확실) : 틀림없이 그러함

1955 擴 扌(手) 총18획 3급

손(扌)으로 넓은(廣) 곳을 더 **넓힘**

擴

훈 넓힐
음 확

擴大(확대) 擴散(확산) 擴充(확충) 擴聲器(확성기)
擴大鏡(확대경) 擴張工事(확장공사)

擴大(확대) : 규모를 더 크게 넓힘
擴散(확산) : 널리 퍼짐

1956 穫 禾 총19획 3급

벼(禾)나 풀(艹)을 새(隹)가 먹지 못하게 손(又)으로 거둬들임

穫

훈 거둘
음 확

收穫(수확) 收穫物(수확물)
秋穫(추확) 收穫量(수확량)

收穫(수확) : 익은 농작물을 거둬들임
秋穫(추확) : 가을철에 수확함

1957 丸 丶 총3획 3급

아홉(九) 명이 점(丶)을 중심으로 **둥글게** 서 있음

丸

훈 둥글
음 환

彈丸(탄환) 砲丸(포환) 睾丸(고환) 丸藥(환약)
投砲丸(투포환) 淸心丸(청심환)

彈丸(탄환) : 탄알
砲丸(포환) : 대포의 탄알

1958 幻 幺 총4획 2급

작은(幺) 하나(一)의 갈고리(亅) 같은 것이 눈 앞에서 **헛보임**

幻

훈 헛보일
음 환

幻想(환상) 幻影(환영) 幻聽(환청) 幻滅(환멸)
幻燈機(환등기) 幻覺劑(환각제)

幻影(환영) : 없는 것이 있는 것처럼 어른거림
幻聽(환청) : 실제 나지 않는 소리가 나는 듯 들림

1959 患 心 총11획 5급

습관(串)처럼 마음(心)에 근심이 항상 있음

患

훈 근심
음 환:

患者(환자) 患亂(환란) 病患(병환) 老患(노환)
憂患(우환) 宿患(숙환) 有備無患(유비무환)411

患者(환자) : 아파서 치료를 받아야 하는 사람
患亂(환란) : 근심과 재앙

1960 換 扌(手) 총12획 3급Ⅱ

손(扌)으로 오래된 전구를 **바꿔** 달아서 빛(奐)을 냄

換

훈 바꿀
음 환:

換率(환율) 換錢(환전) 換算(환산) 交換(교환)
換骨奪胎(환골탈태)639 轉換社債(전환사채)

換算(환산) : 어떤 단위를 다른 단위로 바꾸어 셈함
換錢(환전) : 돈을 바꿈

1961 ⻌(辵) 총17획 / 3급Ⅱ

還

쉬엄쉬엄 가다(⻌) 놀라서(睘) **돌아옴**

還

훈 돌아올
음 환

還拂(환불) 還生(환생) 還甲(환갑) 還給(환급)
返還(반환) 歸還(귀환) 送還(송환) 奪還(탈환)

還拂(환불) : 돈이나 물건을 바꾸어 돌려줌
還生(환생) : 죽은 사람이 다시 태어남

1962 王(玉) 총17획 / 4급

環

평범한 옥(玉)구슬을 놀랍게도(睘) **고리로 만듦**

環

훈 고리
음 환

環境(환경) 環狀(환상) 循環(순환) 花環(화환)
血液循環(혈액순환) 環境汚染(환경오염)

環境(환경) : 살아가고 있는 주변의 상태
環狀(환상) : 고리처럼 둥글게 생긴 형태

1963 欠 총22획 / 4급

歡

풀(⺾)을 쪼아 입으로(口) 먹는 새(隹)를 발견하고
기뻐서 하품(欠)하듯 입이 벌어짐

歡

훈 기쁠
음 환

歡迎(환영) 歡待(환대) 歡心(환심) 歡談(환담)
哀歡(애환) 歡樂街(환락가) 歡呼聲(환호성)

歡迎(환영) : 기쁘게 반김
歡待(환대) : 후하게 대접함

1964 ⺡(水) 총9획 / 7급Ⅱ

活

물(⺡)이 **살아** 있는 혀(舌)처럼 움직임

活

훈 1)살
  2)물소리
음 1)활 2)괄

活潑(활발) 死活(사활) 快活(쾌활) 復活(부활)
活活(괄괄) 活力素(활력소) 生活苦(생활고)

活潑(활발) : 생기 있고 힘참
死活(사활) : 죽음과 삶. 중대한 문제를 이르는 말

1965 ⺡(水) 총13획 / 2급

滑

쏟아진 물(⺡)이 **미끄러워** 몸(骨)을 가누기 힘들다.

滑

훈 1)미끄러울
  2)익살스러울
음 1)활 2)골

滑降(활강) 滑空(활공) 圓滑(원활) 滑稽(골계)
潤滑油(윤활유) 滑走路(활주로)

滑降(활강) : 미끄러져 내려옴
圓滑(원활) : 모난 데 없이 원만함

1966 ⺡(水) 총8획 / 4급

況

물(⺡)도 위에서 아래로 흐르는데, **하물며** 사람은
윗사람(兄)을 더 존경해야 함

況

훈 하물며
음 황:

況且(황차) 現況(현황) 狀況(상황) 景況(경황)
近況(근황) 情況(정황) 不況(불황) 好況(호황)

現況(현황) : 현재의 상황
景況(경황) : 정신적인 여유

1967 白 총9획 / 3급Ⅱ

皇

하얀(白) 관을 쓴 왕(王)이 **임금**

皇

훈 임금
음 황

皇帝(황제) 皇妃(황비) 皇后(황후) 皇宮(황궁)
皇室(황실) 敎皇(교황) 皇國史觀(황국사관)

皇妃(황비) : 황제의 아내
皇宮(황궁) : 황제의 궁궐

1968 ⺾(艸) 총10획 / 3급Ⅱ

荒

풀(⺾)이 죽고(亡) 흐르는 물(川)도 없는 **거친 땅**

荒

훈 거칠
음 황

荒野(황야) 荒涼(황량) 虛荒(허황) 荒蕪地(황무지)
荒廢化(황폐화) 荒唐無稽(황당무계)641

荒野(황야) : 거친 들판
荒涼(황량) : 황폐하여 쓸쓸함

1969 黃 총12획 / 6급

黃

빛(光)과 밭(田)의 합자로 땅에 비치는 빛이 **노랗
다는 뜻**

黃

훈 누를
음 황

黃金(황금) 黃砂(황사) 黃牛(황우) 黃昏(황혼)
黃桃(황도) 亞黃酸(아황산) 朱黃色(주황색)

黃金(황금) : 누런빛의 금
黃砂(황사) : 누런 모래

1970 火 총6획 / 4급

灰

손(又)의 변형글자로 손으로 불(火)에 타고 남은
재를 모으는 모양을 본뜬 글자

灰

훈 재
음 회

灰色(회색) 石灰巖(석회암)
洋灰(양회) 灰白色(회백색) 灰色分子(회색분자)

灰色(회색) : 재의 빛을 띤 색
洋灰(양회) : 건축의 재료가 되는 접합제

1971 | 口 총6획 | 4급Ⅱ

回

성(口)의 입구(口)를 통해 **돌아옴**

훈 돌아올
음 **회**

回復(회복) 回想(회상) 回避(회피) 回答(회답)
回轉木馬(회전목마) 回甲(회갑) 回顧錄(회고록)

回復(회복) : 원상태로 돌아감
回想(회상) : 지난 일을 생각함

1972 | 辶 총9획 | 2급

廻

걸어서(辶) **돌아감**(回)

훈 돌
음 **회**

迂廻(우회) 輪廻(윤회) 巡廻(순회)
巡廻公演(순회공연) 迂廻路(우회로)

迂廻(우회) : 멀리 돌아서 감
輪廻(윤회) : 차례로 돌아감

1973 | 忄(心) 총10획 | 3급Ⅱ

悔

잘못한 일을 마음(忄)속으로 매일(每)같이 **뉘우침**

훈 뉘우칠
음 **회**:

悔心(회심) 悔恨(회한) 悔改(회개) 悔悟(회오)
懺悔錄(참회록) 後悔莫及(후회막급)

悔心(회심) : 뉘우치는 마음
悔恨(회한) : 뉘우치고 한탄함

1974 | 曰 총13획 | 6급Ⅱ

會

여덟(八) 명이 마음을 합하여(合) 날마다(曰) 같이 **모임**

훈 모일
음 **회**:

會社(회사) 會議(회의) 會食(회식) 會計(회계)
頂上會談(정상회담) 朝會(조회) 博覽會(박람회)

會議(회의) : 여럿이 모여서 의논함
會食(회식) : 여럿이 모여 같이 식사함

1975 | 忄(心) 총19획 | 3급Ⅱ

懷

생각을 마음(忄)에 **품고**(褱) 있음

훈 품을
음 **회**

懷抱(회포) 懷柔(회유) 懷古(회고) 感懷(감회)
虛心坦懷(허심탄회)[613] 述懷(술회) 懷疑的(회의적)

懷抱(회포) : 마음에 품고 있는 생각이나 감정
懷柔(회유) : 어루만져 달램

1976 | 刂(刀) 총14획 | 3급Ⅱ

劃

그림(畫)을 칼(刂)로 **그어** 나눔

훈 그을
음 **획**

劃一(획일) 劃策(획책) 劃數(획수) 企劃(기획)
家族計劃(가족계획) 區劃(구획) 劃期的(획기적)

劃一(획일) : 하나 같이 다 같음
劃策(획책) : 어떤 일을 꾸밈

1977 | 犭(犬) 총17획 | 3급Ⅱ

獲

사냥개(犭)가 풀(艹) 위에 앉아 있는 새(隹)를 또(又) **잡아옴**

훈 얻을
음 **획**

獲得(획득) 捕獲(포획) 濫獲(남획) 漁獲(어획)
外貨獲得(외화획득)

獲得(획득) : 얻어서 가짐
捕獲(포획) : 짐승 따위를 잡음

1978 | 木 총16획 | 3급Ⅱ

橫

나무(木)의 노란(黃) 속을 **가로**로 자름

훈 가로
음 **횡**

橫列(횡렬) 橫隊(횡대) 橫財(횡재) 橫暴(횡포)
橫領(횡령) 專橫(전횡) 橫斷步道(횡단보도)

橫列(횡렬) : 가로로 줄을 지음
橫隊(횡대) : 가로로 줄을 지어 놓은 대형

1979 | 子 총7획 | 7급Ⅱ

孝

늙은(老) 부모를 자녀(子)가 업고 가는 것이 **효도**

훈 효도
음 **효**:

孝心(효심) 孝行(효행) 孝子(효자) 孝女(효녀)
孝道(효도) 孝婦(효부) 忠孝思想(충효사상)

孝心(효심) : 효성스러운 마음
孝行(효행) : 효성스러운 행동

1980 | 攵(攴) 총10획 | 5급Ⅱ

效

본받을 수 있는 사람을 사귀라고(交) 회초리를 치며(攵) 가르침

훈 본받을
음 **효**:

效果(효과) 效用(효용) 效能(효능) 無效(무효)
藥效(약효) 發效(발효) 效率的(효율적)

效果(효과) : 어떤 행위에 의해 나타나는 결과
效能(효능) : 효험 있는 능력

1981 日 총16획 3급

曉

해(日)가 먼(堯) 곳에서 뜨고 있는 **새벽**

曉

훈 새벽
음 효 :

曉星(효성) 曉月(효월) 曉得(효득) 曉然(효연)
曉習(효습) 曉悟(효오)

曉星(효성) : 샛별
曉月(효월) : 새벽달

1982 厂 총9획 4급

厚

굴 바위(厂) 아래 햇빛(日)도 안 드는 곳에 사는 그 아이(子)는 인정만큼은 **두텁다.**

厚

훈 두터울
음 후 :

厚德(후덕) 厚生(후생) 厚謝(후사) 濃厚(농후)
仁厚(인후) 厚顔無恥(후안무치)645

厚德(후덕) : 덕이 후함
厚生(후생) : 넉넉하게 삶

1983 亻(人) 총9획 3급

侯

언덕(厂)에 올라서 화살(矢)을 쏘는 사람(亻)이 **제후**

侯

훈 제후
음 후

諸侯(제후) 王侯(왕후) 侯爵(후작)
王侯將相(왕후장상) 土侯國(토후국)

王侯(왕후) : 제왕과 제후

1984 彳 총9획 7급Ⅱ

後

걸어가는(彳) 아이(幺)의 걸음걸이가 늦어(夂) **뒤**로 처짐

後

훈 뒤
음 후 :

後世(후세) 後退(후퇴) 後尾(후미) 後食(후식)
前後(전후) 死後(사후) 後遺症(후유증)

後世(후세) : 다음 세대
後退(후퇴) : 뒤로 물러남

1985 口 총12획 2급

喉

입(口) 안에 과녁(侯) 같이 동그란 **목구멍**

喉

훈 목구멍
음 후

喉舌(후설) 喉骨(후골) 喉頭炎(후두염)
咽喉炎(인후염) 耳鼻咽喉科(이비인후과)

喉舌(후설) : 목구멍과 혀
喉頭炎(후두염) : 후두에 생기는 염증

1986 亻(人) 총10획 4급

候

송곳(丨)이 과녁(侯)을 뚫듯 날카롭게 **기후**를 관찰함

候

훈 기후
음 후

氣候(기후) 徵候(징후) 候補(후보)
立候補者(입후보자)

氣候(기후) : 대기의 상태
徵候(징후) : 겉으로 보이는 낌새

1987 言 총10획 6급

訓

말(言)을 물(川) 흐르듯 잘 해서 **가르침**

訓

훈 가르칠
음 훈 :

訓練(훈련) 訓示(훈시) 訓戒(훈계) 訓讀(훈독)
訓蒙字會(훈몽자회)646 訓長(훈장) 敎訓的(교훈적)

訓練(훈련) : 가르쳐 익히게 함
訓示(훈시) : 가르쳐 보임

1988 力 총16획 2급

勳

불길(熏)을 힘(力)을 다해 꺼 **공**을 세움

勳

훈 공
음 훈

勳章(훈장) 功勳(공훈) 賞勳(상훈) 敍勳(서훈)
報勳(보훈) 武勳(무훈) 建國勳章(건국훈장)

勳章(훈장) : 공을 세운 사람을 기리기 위해 주는 휘장
功勳(공훈) : 나라를 위해 공로를 세움

1989 殳 총13획 3급

毀

잘못 만든 절구(臼)를 장인(工)이 몽둥이(殳)로 쳐서 **부숨**

毀

훈 헐
음 훼 :

毀損(훼손) 毀謗(훼방) 毀壞(훼괴) 毀棄(훼기)
毀瘠(훼척) 名譽毀損(명예훼손)

毀謗(훼방) : 남의 일을 방해함
毀壞(훼괴) : 헐어서 깨뜨림

1990 扌(手) 총12획 4급

揮

손(扌)을 **휘둘러** 군대(軍)를 지휘함

揮

훈 휘두를
음 휘

指揮(지휘) 發揮(발휘) 揮毫(휘호) 揮發油(휘발유)
指揮者(지휘자) 一筆揮之(일필휘지)468

指揮(지휘) : 손 등을 통하여 여러 사람의 행동을 통솔함
揮毫(휘호) : 붓을 휘두른다는 뜻으로 글이나 그림을 쓰거나 그림

1991 輝 車 총15획 3급

輝

훈 빛날
음 휘

덮개(冖)를 열자 차(車)에서 빛(光)이 날 정도로 **반짝거림**

輝度(휘도) 輝光(휘광)
輝煌燦爛(휘황찬란)

輝光(휘광) : 빛이 남

1992 休 亻(人) 총6획 7급

休

훈 쉴
음 휴

사람(亻)이 나무(木) 옆에 앉아서 **쉼**

休暇(휴가) 休業(휴업) 休講(휴강) 連休(연휴)
休戰線(휴전선) 休憩室(휴게실) 公休日(공휴일)

休暇(휴가) : 직장 등을 일정한 기간 동안 쉼
休業(휴업) : 사업 등을 일시적으로 쉼

1993 携 扌(手) 총13획 3급

携

훈 이끌
음 휴

손(扌)으로 새(隹)를 끌어와 너(乃)에게 줌

携帶(휴대) 携帶品(휴대품) 提携(제휴)
技術提携(기술제휴) 携帶電話機(휴대전화기)

携帶(휴대) : 물건을 손에 지니고 다님
提携(제휴) : 함께 행동을 하기 위해 서로 도와줌

1994 凶 凵 총4획 5급Ⅱ

凶

훈 흉할
음 흉

그릇(凵)에 금(乂)이 가니 운수가 **흉함**

凶家(흉가) 凶作(흉작) 凶器(흉기) 凶測(흉측)
吉凶禍福(길흉화복) 凶計(흉계) 凶惡犯(흉악범)

凶家(흉가) : 흉한일이 있는 불길한 집
凶作(흉작) : 수확이 평년에 많이 못 미치는 일

1995 胸 月(肉) 총10획 3급Ⅱ

胸

훈 가슴
음 흉

몸(月)에서 빈(凶) 곳을 싸고(勹) 있는 곳이 **가슴**

胸部(흉부) 胸像(흉상) 胸廓(흉곽) 胸腹(흉복)
胸圍(흉위) 胸背(흉배)

胸部(흉부) : 가슴
胸像(흉상) : 사람의 모습을 가슴까지만 표현한 조각상

1996 黑 黑 총12획 5급

黑

훈 검을
음 흑

불(火)을 피워 창이 **검게** 그을리는 모양을 본뜬 글자

黑人(흑인) 黑死病(흑사병) 黑色(흑색)
黑白論理(흑백논리) 黑鉛(흑연) 近墨者黑(근묵자흑)91

黑死病(흑사병) : 페스트
黑鉛(흑연) : 연필심의 재료가 되는 탄소로 이뤄진 광물

1997 吸 口 총7획 4급Ⅱ

吸

훈 마실
음 흡

입(口)을 열어 신선한 산소를 **마시니** 정신이 맑은 상태에 이름(及)

吸收(흡수) 吸入(흡입) 吸煙(흡연) 吸着(흡착)
吸引力(흡인력) 呼吸(호흡) 吸血鬼(흡혈귀)

吸收(흡수) : 빨아서 거둬들임
吸入(흡입) : 빨아들임

1998 興 臼 총16획 4급Ⅱ

興

훈 일어날
음 흥(:)

절구(臼)를 여러 명이 같이(同) 받쳐 들어(廾) **올림**

興奮(흥분) 遊興(유흥) 復興(부흥) 餘興(여흥)
興亡盛衰(흥망성쇠)647 興味津津(흥미진진)

興奮(흥분) : 자극을 받아 일어나는 감정
遊興(유흥) : 흥겹게 놂

1999 希 巾 총7획 4급Ⅱ

希

훈 바랄
음 희

사귈 효(爻)와 수건 건(巾)의 합자

希望(희망) 希求(희구) 希願(희원) 希臘語(희랍어)

希望(희망) : 앞일에 대해 바라고 기대함
希求(희구) : 바라고 구함

2000 喜 口 총12획 4급

喜

훈 기쁠
음 희

열(十) 개씩 콩(료)을 입(口)에 넣고 먹으니 **기쁘다.**

喜劇(희극) 喜悅(희열) 喜悲(희비) 歡喜(환희)
喜消息(희소식)

喜劇(희극) : 관객을 웃기는 장면이 많은 연극
喜悅(희열) : 기쁘고 즐거워함

2001 | 禾 총12획 | 3급Ⅱ

稀

벼(禾)가 성기게(希) 열려 쌀알이 드물다.

훈 드물
음 희

稀貴(희귀) 稀微(희미) 稀釋(희석) 稀薄(희박)
古稀(고희) 稀少價値(희소가치)

稀微(희미) : 흐릿하고 어렴풋함

2002 | 灬(火) 총14획 | 2급

熙

신하(臣)들의 뱀(巳)같은 지략이 불(灬)처럼 빛남

훈 빛날
음 희

熙皞(희호) 廣熙(광희)

熙皞(희호) : 백성의 생활이 즐거움

2003 | 口 총16획 | 2급

噫

입(口)에서 별 뜻(意) 없는 **탄식**이 나옴

훈 탄식할
음 희

噫嗚(희오) 噫欠(희흠)

噫欠(희흠) : 탄식과 하품

2004 | 戈 총17획 | 3급Ⅱ

戲

호랑이(虍)가 콩(豆)을 갖고 놀듯 무기(戈)를 들고 상대 장수를 **희롱함**

훈 희롱할
음 희

戲弄(희롱) 戲曲(희곡) 戲劇(희극)
戲畫(희화) 戲筆(희필) 戲稱(희칭) 遊戲(유희)

戲弄(희롱) : 제멋대로 가지고 놂
戲曲(희곡) : 무대에 올릴 것을 목적으로 하는 대본

2005 | 女 총9획 | 2급

姬

여자(女)라고 신하(臣)로 섬기지 말란 법은 없다.

훈 계집
음 희

舞姬(무희) 歌姬(가희) 美姬(미희)

歌姬(가희) : 여자 가수를 우아하게 부르는 말
美姬(미희) : 아름다운 여자

3급 전용한자(317자)

却 姦 渴 皆 慨 乞 肩 牽 遣 絹 庚 竟 卿 癸 繫 枯 顧 坤 郭 掛 塊 愧 郊 矯 苟 狗
俱 懼 驅 龜 厥 軌 叫 糾 菌 斤 僅 謹 肯 忌 豈 飢 旣 棄 幾 欺 乃 奈 惱 畓 挑 塗
跳 稻 篤 豚 敦 屯 鈍 騰 濫 掠 諒 憐 劣 廉 獵 零 隸 鹿 了 僚 淚 屢 梨 隣 慢 漫
忙 忘 罔 茫 埋 冥 某 侮 募 暮 冒 卯 苗 廟 戊 霧 眉 迷 敏 憫 蜜 泊 伴 返 叛 邦
傲 傍 杯 煩 飜 辨 屏 竝 卜 蜂 赴 墳 朋 崩 賓 頻 聘 巳 似 捨 詐 斯 賜 朔 祥 嘗
庶 敍 暑 誓 逝 昔 析 涉 攝 召 昭 蔬 騷 粟 誦 囚 搜 須 遂 睡 誰 雖 孰 殉 脣 循
戌 矢 辛 伸 晨 尋 餓 岳 雁 謁 押 殃 涯 厄 也 耶 躍 楊 於 焉 予 汝 余 輿 閱 泳
詠 銳 汚 吾 娛 嗚 傲 翁 擁 臥 曰 畏 搖 遙 腰 庸 又 于 尤 云 違 緯 酉 唯 惟 愈

閏 吟 泣 凝 矣 宜 而 夷 姻 寅 玆 恣 酌 爵 墻 哉 宰 滴 竊 蝶 訂 堤 弔 燥 拙 佐
舟 俊 遵 贈 只 遲 姪 懲 且 捉 慘 憩 暢 斥 薦 尖 添 妾 晴 逮 替 遞 抄 秒 燭 聰
抽 醜 丑 逐 臭 枕 妥 墮 托 濁 濯 誕 貪 怠 頗 罷 播 把 販 貝 遍 蔽 幣 抱 飽 幅
漂 匹 旱 咸 巷 亥 奚 該 享 軒 絃 縣 嫌 亨 螢 兮 互 乎 毫 昏 弘 鴻 禾 擴 穫 丸
曉 侯 毀 輝 携

3급Ⅱ 전용한자(500자)

佳 架 脚 閣 刊 肝 幹 懇 鑑 剛 綱 鋼 介 蓋 概 距 乾 劍 隔 訣 兼 謙 徑 耕 頃 硬
契 桂 啓 械 溪 姑 鼓 稿 谷 哭 供 恭 貢 恐 誇 寡 冠 貫 寬 慣 館 狂 怪 壞 巧 較
久 丘 拘 菊 弓 拳 鬼 菌 克 禽 琴 錦 及 企 其 祈 畿 騎 緊 諾 娘 耐 寧 奴 腦 泥
茶 丹 旦 但 淡 踏 唐 糖 貸 臺 刀 倒 渡 途 桃 陶 突 凍 絡 蘭 欄 浪 郞 廊 凉 梁
勵 曆 聯 蓮 鍊 戀 裂 嶺 靈 露 爐 祿 弄 雷 賴 累 漏 樓 倫 栗 率 隆 陵 裏 履 吏
臨 麻 磨 莫 幕 漠 晚 妄 梅 媒 麥 盲 孟 猛 盟 免 眠 綿 滅 銘 慕 貌 謀 睦 沒 夢
蒙 茂 貿 墨 默 紋 尾 勿 微 迫 薄 般 盤 飯 拔 芳 培 排 輩 伯 繁 凡 碧 丙 補 譜
腹 覆 封 峯 逢 鳳 付 扶 附 浮 符 腐 賦 簿 奔 紛 奮 拂 妃 肥 卑 婢 司 沙 邪 祀
蛇 斜 詞 削 森 尚 桑 喪 詳 裳 像 霜 償 塞 索 恕 徐 署 緖 惜 釋 旋 禪 疏 訴 燒
蘇 訟 刷 鎖 衰 垂 帥 殊 愁 需 壽 隨 輸 獸 淑 熟 旬 巡 瞬 述 拾 濕 襲 昇 乘 僧
侍 飾 愼 甚 審 雙 牙 芽 我 亞 阿 雅 岸 顏 巖 央 仰 哀 若 揚 壤 讓 御 抑 憶 亦
役 疫 譯 驛 沿 宴 軟 燕 悅 炎 染 鹽 影 譽 烏 悟 獄 瓦 緩 辱 欲 慾 宇 羽 偶 愚
憂 韻 胃 僞 越 謂 幼 柔 幽 悠 猶 裕 維 誘 潤 乙 淫 已 翼 忍 逸 壬 賃 刺 紫 慈
暫 潛 丈 莊 掌 葬 粧 藏 臟 栽 裁 載 抵 著 寂 笛 跡 摘 蹟 殿 漸 井 廷 征 亭 貞
頂 淨 齊 諸 兆 租 照 縱 坐 宙 洲 柱 奏 株 珠 鑄 仲 卽 憎 症 曾 蒸 之 枝 池 辰
振 陳 震 鎭 疾 秩 執 徵 此 借 錯 贊 昌 倉 蒼 菜 彩 債 策 妻 尺 拓 戚 淺 踐 賤
遷 哲 徹 滯 肖 超 礎 促 觸 催 追 畜 衝 吹 醉 側 値 恥 稚 漆 沈 浸 奪 塔 湯 殆
泰 澤 吐 兔 透 版 片 偏 編 肺 廢 弊 浦 捕 楓 皮 彼 被 畢 何 荷 賀 鶴 汗 割 含
陷 恒 項 響 獻 玄 懸 穴 脅 衡 慧 虎 胡 浩 豪 惑 魂 忽 洪 禍 換 還 皇 荒 悔 懷
劃 獲 橫 胸 稀 戱

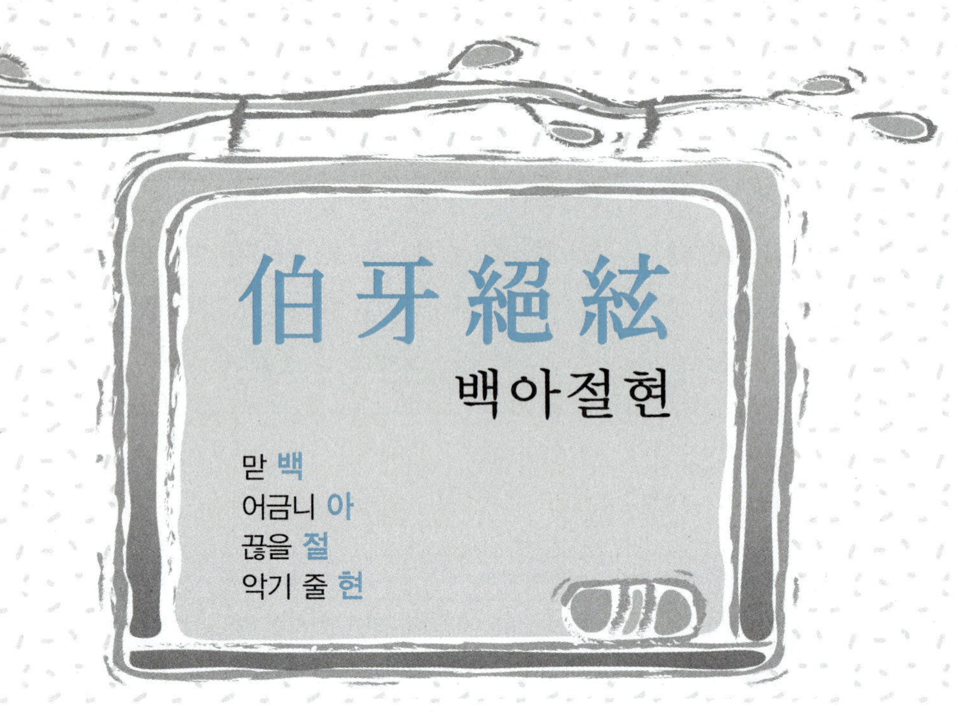

백아(伯牙)가 거문고 줄을 끊었다는 뜻으로 자기를 알아주는 절친한 친구의 죽음을 슬퍼하는 것을 의미함

유 知音(지음), 高山流水(고산유수)

춘 추전국시대에 초(楚)나라 출신으로 진(晉)나라에서 가야금의 명수로 이름을 떨친 백아(伯牙)에게는 종자기(種子期)라는 친구가 있었다. 종자기는 누구보다 백아의 연주를 잘 이해하는 사람이었다. 백아가 높은 산과 흐르는 강물에 영감을 얻어 거문고로 연주하면 종자기는 이를 듣고 태산(泰山)과 황허강(黃河) 같다고 자신의 감상을 얘기했다. 이렇게 백아와 종자기는 음악을 매개로 교감하고 서로를 이해해 주는 사이였다. 그러나 종자기가 병으로 죽게 되자 백아는 이제 자신의 음악을 알아주는 사람은 없다며 자신의 거문고 줄을 끊고 연주를 더 이상 하지 않았다.

韓國漢字能力檢定
한자능력검정시험

2급
독파!

성명 · 지명자

(350자)

漢字

번호	한자	훈·음	부수 / 획수	용례
1 地	伽	절 가 / 亻(人) 총7획	伽藍(가람) 伽倻琴(가야금) 伽倻山(가야산 : 경남 합천) 金官伽倻(금관가야)
2 地	柯	가지 가 / 木 총9획	柯葉(가엽) 柯條(가조) 南柯一夢(남가일몽)
3 人	軻	수레/사람이름 가 / 車 총12획	孟軻(맹가 : 맹자의 이름)
4 姓	賈	성 가/장사 고 / 貝 총13획	賈氏(가씨) 賈人(고인) 賈島(가도 : 당나라 시인) 商賈扇(상고선)
5 人	迦	부처이름 가 / 辶(辵) 총9획	迦葉(가섭) 釋迦牟尼(석가모니)
6 人	珏	쌍옥 각 / 王(玉) 총9획	崔珏圭(최각규 : 정치가)
7 地	杆	몽둥이 간 / 木 총7획	杆城(간성 : 강원도 고성군) 槓杆(공간) 操縱杆(조종간)
8 地	艮	괘이름 간 / 艮 총6획	艮卦(간괘) 艮坐坤向(간좌곤향) 艮峴(간현 : 강원도 원주 협곡)
9 族	鞨	오랑캐이름 갈 / 革 총18획	靺鞨族(말갈족 : 만주 지방에 살던 부족)
10 人	邯	사람이름 감/조나라서울 한 / 阝(邑) 총8획	姜邯贊(강감찬 : 고려시대 명장) 邯鄲之步(한단지보)
11 地	岬	곶 갑 / 山 총8획	岬角(갑각) 岬岫(갑수) 長山岬(장산갑)
12 人	鉀	갑옷 갑 / 金 총13획	貫鉀(관갑)
13 姓	姜	성 강 / 女 총9획	姜太公(강태공) 姜邯贊(강감찬) 姜希顔(강희안 : 조선 초기의 화가)
14 姓	彊	굳셀 강 / 弓 총16획	自彊不息(자강불식)
15 地	疆	지경 강 / 田 총19획	疆土(강토) 新疆省(신강성) 疆界(강계) 祖國疆土(조국강토)
16 地	岡	산등성이 강 / 山 총8획	岡陵(강릉) 岡阜(강부) 福岡(복강 : 일본 규슈에 있는 현)
17 地	崗	언덕 강 / 山 총11획	花崗巖(화강암)
18 地	价	클 개 / 亻(人) 총6획	价人(개인) 价川郡(개천군 : 평안남도)
19 人	塏	높은땅 개: / 土 총13획	李塏(이개 : 조선 초기 사육신의 한 사람)
20 人	鍵	열쇠/자물쇠 건: / 金 총17획	鍵盤(건반) 關鍵(관건) 鍵盤樂器(건반악기)
21 人	杰	뛰어날 걸 / 木 총8획	金履杰(김이걸 : 항일운동가)
22 人	桀	하왕이름 걸 / 木 총10획	桀惡(걸악) 夏桀(하걸) 桀紂(걸주 : 하·은나라의 폭군)
23 人	甄	질그릇 견 / 瓦 총14획	甄萱(견훤 : 후백제의 시조)
24 人	儆	경계할 경: / 亻(人) 총15획	儆戒(경계) 儆備(경비) 趙儆(조경 : 조선 중기 문신)
25 人	炅	빛날 경 / 火 총8획	趙炅(조경 : 중국 송나라 2대 황제)
26 人	璟	옥빛 경: / 王(玉) 총16획	沈璟(심경 : 중국 명나라의 극작가)
27 人	瓊	구슬 경: / 王(玉) 총19획	瓊玉(경옥) 瓊團(경단) 瓊音(경음) 瓊枝玉葉(경지옥엽)
28 地	皐	언덕 고 / 白 총11획	皐月(고월) 皐復(고복) 皐蘭草(고란초) 皐蘭寺(고란사 : 충남 부여의 사찰)
29 地	串	땅이름 곶/꿸 관 / ㅣ 총7획	長山串(장산곶 : 황해도) 石串洞(석관동 : 서울 중랑구)
30 人	琯	옥피리 관 / 王(玉) 총12획	玉琯(옥관)

번호	구분	한자	훈음	부수 / 획수	용례
31	地	槐	회화나무 괴	木 총14획	槐木(괴목) 槐門(괴문) 槐山郡(괴산군 : 충청북도)
32	地	邱	땅이름 구	阝(邑) 총8획	大邱(대구 : 대구광역시) 靑邱圖(청구도)
33	人	玖	옥돌 구	王(玉) 총7획	李玖(이구 : 고려 후기 문신)
34	姓	鞠	기를 국	革 총17획	鞠躬(국궁) 鞠育(국육) 鞠景人(국경인 : 조선 중기 반란자)
35	人	圭	서옥/쌍토 규	土 총6획	圭角(규각) 刀圭(도규) 李圭景(이규경 : 조선 후기 실학자)
36	人	奎	별 규	大 총9획	奎文(규문) 奎章閣(규장각) 李名奎(이명규 : 조선 중기 문신)
37	人	揆	헤아릴 규	扌(手) 총12획	揆度(규탁) 一揆(일규)
38	人	珪	홀 규	王(玉) 총10획	朴珪壽(박규수)
39	地	槿	무궁화 근:	木 총15획	槿花(근화) 槿域(근역)
40	人	瑾	아름다운옥 근:	王(玉) 총15획	柳瑾(유근 : 애국 계몽운동가) 瑾瑜匿瑕(근유닉하)
41	人	兢	떨릴 긍:	儿 총14획	兢懼(긍구) 慫兢(종긍) 戰戰兢兢(전전긍긍)
42	人	冀	바랄 기	八 총16획	冀望(기망) 冀圖(기도) 冀願(기원)
43	地	岐	갈림길 기	山 총7획	岐路(기로) 分岐點(분기점) 多岐亡羊(다기망양) 燕岐郡(연기군 : 충청남도)
44	人	淇	물이름 기	氵(水) 총11획	淇水(기수 : 중국 하남성에서 흐르는 강)
45	人	琦	옥이름 기	王(玉) 총12획	琦珍(기진)
46	人	琪	아름다운옥 기	王(玉) 총12획	琪樹(기수) 琪花瑤草(기화요초)
47	人	璣	구슬 기	王(玉) 총16획	璇璣玉衡(선기옥형)
48	姓	箕	키 기	竹 총14획	箕踞(기거) 箕子朝鮮(기자조선)
49	人	耆	늙을 기	老 총10획	耆老(기로) 耆年(기년)
50	地	沂	물이름 기	氵(水) 총7획	沂水(기수 : 중국 산동성을 흐르는 강)
51	人	騏	준마 기	馬 총18획	騏驥(기기)
52	人	驥	천리마 기	馬 총27획	驥足(기족) 付驥尾(부기미)
53	人	麒	기린 기	鹿 총19획	麒麟(기린) 麒麟兒(기린아)
54	地	湍	여울 단	氵(水) 총12획	急湍(급단) 長湍郡(장단군 : 북한의 임진강 상류 지역)
55	地	塘	못 당	土 총13획	塘報(당보) 池塘(지당) 盆塘區(분당구 : 경기도 성남시)
56	人	悳	큰 덕	心 총12획	權秉悳(권병덕 : 독립운동가)
57	人	燾	비칠 도	灬(火) 총18획	燾育(도육) 宋相燾(송상도 : 고종 때의 학자)
58	人	惇	도타울 돈	忄(心) 총11획	惇篤(돈독) 惇厚(돈후)
59	人	燉	불빛 돈	火 총16획	徐燉珏(서돈각 : 상법학자, 교육자)
60	姓	頓	조아릴 돈	頁 총13획	査頓(사돈) 整頓(정돈) 異次頓(이차돈 : 신라 최초의 불교 순교자)

번호	한자	훈음	부수·획수	용례
61 人	乭	이름 돌 / 乙 총6획		甲乭(갑돌) / 申乭石(신돌석 : 조선 말기 의병장)
62 姓	董	바를 동 / ++(艸) 총13획		董督(동독) 骨董品(골동품) / 董卓(동탁 : 후한을 멸망시킨 장군) / 董狐之筆(동호지필)
63 姓	杜	막을 두 / 木 총7획		杜絶(두절) / 杜甫(두보 : 당나라 시인)
64 姓	鄧	나라이름 등 / 阝(邑) 총15획		鄧小平(등소평 : 중국의 정치지도자)
65 地	萊	명아주 래 / ++(艸) 총12획		東萊區(동래구 : 부산광역시)
66 人	亮	밝을 량 / 亠 총9획		諸葛亮(제갈량)
67 姓	樑	들보 량 / 木 총15획		棟樑(동량)
68 姓	呂	법칙 려: / 口 총7획		呂宋煙(여송연) / 呂運亨(여운형 : 독립운동가)
69 地	廬	농막집 려 / 广 총19획		廬幕(여막) 三顧草廬(삼고초려) / 廬山(여산 : 중국 강서성의 산)
70 地	礪	숫돌 려: / 石 총20획		礪石(여석) / 礪山(여산 : 전라북도 익산시)
71 地	驪	검은말 려 / 馬 총29획		驪駒(여구) / 驪州郡(여주군 : 경기도)
72 地	漣	잔물결 련 / 氵(水) 총14획		漣川郡(연천군 : 경기도)
73 姓	濂	물이름 렴 / 氵(水) 총16획		濂溪(염계 : 중국 송나라 유학자 주돈이의 호)
74 人	玲	옥소리 령 / 王(玉) 총9획		玲瓏(영롱)
75 地	醴	단술 례: / 酉 총20획		醴酒(예주) / 醴泉(예천 : 경북)
76 姓	盧	성 로 / 皿 총16획		盧天命(노천명 : 시인) / 盧生之夢(노생지몽)
77 地	蘆	갈대 로 / ++(艸) 총20획		蘆笛(노적) 蘆岸(노안) / 蘆原區(노원구 : 서울)
78 姓	魯	노둔할 로 / 魚 총15획		魚魯不辨(어로불변) / 魯迅(노신 : 중국 근대 문학가)
79 地	鷺	해오라기 로 / 鳥 총23획		白鷺(백로) / 鷺梁津(노량진 : 서울 동작구)
80 地	遼	멀 료 / 辶(辵) 총16획		遼遠(요원) / 遼東(요동 : 중국 요하의 동쪽지방)
81 姓	劉	죽일/묘금도 류 / 刂(刀) 총15획		劉備(유비 : 중국 삼국시대 촉한의 제1대 황제)
82 地	崙	산이름 륜 / 山 총11획		崑崙山(곤륜산 : 중국 서쪽에 있다는 전설상의 산)
83 人	楞	네모질 릉 / 木 총13획		楞嚴經(능엄경 : 불교 경전의 하나)
84 人	麟	기린 린 / 鹿 총23획		麒麟(기린) 麒麟兒(기린아) / 麟蹄(인제 : 강원도 인제군) / 章炳麟(장병린 : 중국의 사상가)
85 人	靺	말갈 말 / 革 총14획		靺鞨族(말갈족 : 만주 지방에 살던 부족)
86 族	貊	맥국 맥 / 豸 총13획		貊弓(맥궁) 濊貊族(예맥족)
87 山	覓	찾을 멱 / 見 총11획		覓去(멱거) / 木覓山(목멱산 : 서울 남산의 예 이름)
88 人	冕	면류관 면: / 冂 총11획		冕服(면복) 冕旒冠(면류관)
89 地	沔	물이름 면 / 氵(水) 총7획		沔川(면천 : 충남 당진군) / 沔水(면수 : 중국 산시성에서 양쯔강으로 흐르는 강)
90 人	俛	구부릴 면: / 亻(人) 총9획		俛仰(면앙) 俛首(면수) / 俛仰亭(면앙정 : 전남 담양에 있는 정자)

No.	분류	한자	훈·음	부수·획수	용례
91	姓	牟	보리 모	牛 총6획	牟麥(모맥) 釋迦牟尼(석가모니) 牟興甲(모흥갑:조선 후기 판소리 명창)
92	地	茅	띠 모	++(艸) 총9획	茅根(모근) 茅舍(모사) 茅屋(모옥) 茅草(모초) 茅簷(모첨)
93	人	謨	꾀 모	言 총18획	謨訓(모훈)
94	人	穆	화목할 목	禾 총16획	和穆(화목) 仁穆大妃(인목대비)
95	人	昴	별이름 묘:	日 총9획	昴星(묘성)
96	地	汶	물이름 문	氵(水) 총7획	汶山(문산:경기도 파주시)
97	地	彌	미륵/오랠 미	弓 총17획	彌勒(미륵) 彌縫策(미봉책) 彌勒佛(미륵불) 彌阿里(미아리:서울시 강북구)
98	人	旻	하늘 민	日 총8획	旻天(민천)
99	人	玟	아름다운돌 민	王(玉) 총8획	安玟英(안민영:조선 후기의 가객)
100	人	旼	화할 민	日 총8획	和旼(화민)
101	人	珉	옥돌 민	王(玉) 총9획	珉砌(민체) 徐珉濠(서민호:정치가)
102	姓	閔	성 민	門 총12획	閔妃(민비:명성황후) 閔泳煥(민영환:조선 말기 우국지사)
103	姓	潘	뜨물 반	氵(水) 총15획	潘沐(반목) 潘岳(반악:중국 진나라 문인)
104	人	磻	반계 반(번)	石 총17획	磻礴洞(녹번동:서울 은평구) 磻溪(반계:조선 중기 실학자 유형원의 호)
105	人	渤	바다이름 발	氵(水) 총12획	渤海(발해:고구려 유민이 만주 동부 지역에 세운 나라)
106	地	鉢	바리때 발	金 총13획	沙鉢(사발) 周鉢(주발) 托鉢(탁발) 托鉢僧(탁발승) 夫鉢(부발:경기도 이천군)
107	姓	旁	곁 방	方 총10획	旁求(방구) 旁題(방제) 旁牌(방패) 旁通(방통) 旁註(방주) 旁錄(방록)
108	姓	龐	높은집 방	龍 총19획	龐眉皓髮(방미호발)
109	姓	裵	성 배	衣 총14획	裵克廉(배극렴:조선 개국공신)
110	地	筏	뗏목 벌	竹 총12획	筏夫(벌부) 筏橋(벌교:전남 보성군)
111	地	范	성 범	++(艸) 총9획	范世東(범세동:고려 말기 학자) 范蠡(범려:중국 춘추시대 초나라 사람)
112	姓	卞	성 변:	卜 총4획	卞急(변급) 卞季良(변계량:조선 초기의 문신)
113	人	弁	고깔 변:	廾 총5획	弁言(변언) 弁髦(변모) 弁韓(변한:고대 삼한의 하나)
114	人	昞	밝을 병:	日 총9획	昞月(병월) *昺과 同字
115	人	昺	밝을 병:	日 총9획	昺日(병일) 邢昺(형병:중국 송나라 제음 사람)
116	人	柄	자루 병:	木 총9획	柄臣(병신) 權柄(권병) 斗柄(두병)
117	人	炳	불꽃 병	火 총9획	炳然(병연) 炳映(병영) 趙炳玉(조병옥:독립운동가)
118	人	秉	잡을 병:	禾 총8획	秉權(병권) 秉法(병법) 秉燭(병촉)
119	人	潽	물이름 보:	氵(水) 총15획	尹潽善(윤보선:대한민국 제4대 대통령)
120	姓	甫	클 보	用 총7획	甫兒(보아) 杜甫(두보:당나라 시인) 皇甫仁(황보인:조선 세종 문신)

No.	부수분류	한자	훈	음	부수 · 총획	용례
121	人	輔	도울	보:	車 · 총14획	輔導(보도) 輔弼(보필) 輔佐官(보좌관)
122	人	馥	향기	복	香 · 총18획	馥郁(복욱)
123	山	蓬	쑥	봉	++(艸) · 총15획	蓬門(봉문) 蓬笠(봉립) 蓬蓽生輝(봉필생휘) 蓬萊山(봉래산 : 여름철 금강산의 별칭)
124	地	釜	가마	부	金 · 총10획	釜山(부산) 京釜線(경부선)
125	地	阜	언덕	부:	阜 · 총8획	阜傍(부방) 左阜傍(좌부방) 高阜(고부) 曲阜(곡부 : 공자의 묘가 있던 중국 산동성의 땅)
126	人	傅	스승	부:	亻(人) · 총12획	師傅(사부) 傅育(부육) 傅儀(부의 : 만주국 황제 이름, 푸이)
127	人	芬	향기	분	++(艸) · 총8획	芬芳(분방) 芬芬(분분) 芬皇寺(분황사 : 경주 소재 사찰)
128	人	鵬	새	붕	鳥 · 총19획	鵬圖(붕도) 鵬翼(붕익) 鵬程萬里(붕정만리) 李起鵬(이기붕 : 정치가)
129	人	毘	도울	비	比 · 총9획	毘盧峯(비로봉 : 금강산의 최고봉)
130	姓	丕	클	비	一 · 총5획	丕基(비기) 丕業(비업) 丕子(비자) 丕績(비적)
131	姓	毖	삼갈	비	比 · 총9획	懲毖錄(징비록 : 조선 중기 유성룡이 왜란에 대해 기록한 책)
132	人	彬	빛날	빈	彡 · 총11획	彬彬(빈빈) 李漢彬(이한빈 : 교육자)
133	地	泗	물이름	사:	氵(水) · 총8획	泗沘城(사비성 : 부여의 옛 이름) 泗川城(사천성 : 중국의 성 이름)
134	人	庠	학교	상	广 · 총9획	庠序(상서) 金庠基(김상기 : 일제시대 사학자)
135	地	舒	펼	서:	舍 · 총12획	舒遲(서지) 振舒(진서) 舒川(서천 : 충남)
136	人	奭	클/쌍백	석	大 · 총15획	李範奭(이범석 : 독립운동가)
137	人	晳	밝을	석	日 · 총12획	明晳(명석)
138	人	錫	주석	석	金 · 총16획	朱錫(주석) 錫杖(석장) 錫石(석석) 羅錫疇(나석주 : 독립운동가)
139	人	瑄	도리옥	선	王(玉) · 총13획	瑄玉(선옥) 李瑄根(이선근 : 교육자)
140	人	璇	옥	선	王(玉) · 총15획	璇珠(선주) 璇臺(선대) 璇閨(선규)
141	人	璿	구슬	선	王(玉) · 총18획	璿宮(선궁)
142	人	卨	사람이름	설	卜 · 총11획	李相卨(이상설 : 헤이그 밀사 중의 한 사람인 독립운동가)
143	姓	薛	성	설	++(艸) · 총17획	薛聰(설총 : 이두문자를 집대성한 신라 학자)
144	地	暹	해돋을	섬	日 · 총16획	暹羅(섬라 : 태국의 예전 국호인 샴의 한자음 표기)
145	地	蟾	두꺼비	섬	虫 · 총19획	蟾蛇(섬사) 蟾兎(섬토) 蟾津江(섬진강 : 전라도 구례)
146	地	陝	땅이름	섬	阝(阜) · 총10획	陝西省(섬서성 : 중국의 성 이름)
147	人	燮	불꽃	섭	火 · 총17획	燮和(섭화) 李仲燮(이중섭 : 서양화가)
148	人	晟	밝을	성	日 · 총11획	李晟(이성 : 고려시대 문신)
149	地	巢	새집	소	巛 · 총11획	歸巢(귀소) 卵巢(난소) 巢窟(소굴) 歸巢本能(귀소본능)
150	地	沼	못	소	氵(水) · 총8획	沼湖(소호) 龍沼(용소) 沼澤地(소택지) 德沼(덕소 : 경기도 남양주시)

번호	한자	뜻/음	부수/획수	용례
151 姓	邵	성/땅이름 소	阝(邑) 총8획	邵台輔(소태보 : 고려시대의 문신)
152 姓	宋	송나라 송:	宀 총7획	宋書(송서) 宋詩(송시) 宋朝(송조) 宋時烈(송시열 : 조선 후기의 문신, 학자)
153 姓	洙	물가 수	氵(水) 총9획	洙泗學(수사학)
154 人	銖	저울눈 수	金 총14획	銖寸(수촌) 銖兩(수량)
155 人	隋	수나라 수	阝(阜) 총12획	隋(수 : 중국의 왕조)
156 人	洵	참으로 순	氵(水) 총9획	洵美(순미) 洵訏(순우) 洵涕(순체)
157 人	淳	순박할 순	氵(水) 총11획	淳朴(순박) 淳厚(순후) 淳風(순풍) 淳昌(순창 : 전라북도)
158 人	珣	옥이름 순	王(玉) 총10획	珣玉(순옥)
159 人	荀	풀이름 순	艹(艸) 총10획	荀子(순자 : 중국 전국시대 말기의 사상가)
160 人	舜	순임금 순	舛 총12획	堯舜(요순) 李舜臣(이순신 : 충무공)
161 地	瑟	큰거문고 슬	王(玉) 총13획	琴瑟(금슬)
162 地	繩	노끈 승	糸 총19획	捕繩(포승) 火繩(화승) 紙繩(지승) 自繩自縛(자승자박)
163 姓	柴	섶 시	木 총9획	柴糧(시량) 柴扉(시비) 柴炭(시탄)
164 人	湜	물맑을 식	氵(水) 총12획	金湜(김식 : 조선 전기의 문신, 학자)
165 人	軾	수레앞턱가로나무 식	車 총13획	蘇軾(소식 : 소동파, 당송 8대가의 한 사람)
166 地	瀋	즙/물이름 심:	氵(水) 총18획	瀋陽(심양 : 중국 요령성의 성도)
167 人	閼	막을 알	門 총16획	金閼智(김알지 : 경주 김씨의 시조)
168 江	鴨	오리 압	鳥 총16획	家鴨(가압) 鴨綠江(압록강)
169 人	埃	티끌 애	土 총10획	塵埃(진애) 埃及(애급 : 이집트의 한자음 표기)
170 姓	艾	쑥 애	艹(艸) 총6획	艾年(애년) 艾葉(애엽) 江艾(강애)
171 山	倻	가야 야	亻(人) 총11획	伽倻琴(가야금) 金官伽倻(금관가야) 伽倻山(가야산 : 경남 합천)
172 地	襄	도울 양:	衣 총17획	襄禮(양례) 襄陽郡(양양군 : 강원도)
173 人	彦	선비 언:	彡 총9획	彦士(언사) 彦陽面(언양면 : 울산광역시) 李彦迪(이언적 : 조선 중종 때의 학자)
174 人	妍	고울 연:	女 총9획	妍人(연인) 妍粧(연장) 妍芳(연방)
175 人	淵	못 연	氵(水) 총11획	淵源(연원) 淵潭(연담) 深淵(심연) 淵蓋蘇文(연개소문 : 고구려의 명장)
176 人	衍	넓을 연:	行 총9획	衍文(연문) 敷衍(부연)
177 姓	閻	마을 염	門 총16획	閻羅(염라) 閭閻(여염) 閻羅大王(염라대왕)
178 人	燁	빛날 엽	火 총16획	燁然(엽연) 白善燁(백선엽 : 한국군 최초의 대장)
179 人	暎	비칠 영:	日 총13획	暎窓(영창)
180 人	瑛	옥빛 영	王(玉) 총13획	瑛瑤(영요)

No.	한자	훈·음	부수·획수	용례
181 人	瑩	옥돌 영/밝을 형	王(玉) 총15획	崔瑩(최영 : 고려의 명장)
182 地	盈	찰 영	皿 총9획	盈月(영월) 盈虧(영휴) 盈虛(영허) 盈德(영덕 : 경상북도)
183 族	濊	종족이름 예:	氵(水) 총16획	濊貊(예맥 : 한민족의 근간이 되는 부족)
184 人	睿	슬기 예:	目 총14획	睿德(예덕) 睿哲(예철) 睿製(예제) 睿宗(예종 : 조선 8대왕)
185 地	芮	성 예	艹(艸) 총8획	芮芮(예예)
186 姓	吳	성 오	口 총7획	吳吟(오음) 吳越同舟(오월동주) 吳世昌(오세창 : 민족대표 33인 중 한 사람)
187 國	墺	물가 오:	土 총16획	墺地利(오지리 : 오스트리아의 한자음 표기)
188 地	沃	기름질 옥	氵(水) 총7획	沃畓(옥답) 沃土(옥토) 肥沃(비옥) 沃川(옥천 : 충북)
189 人	鈺	보배 옥	金 총13획	李鈺(이옥 : 조선 후기의 문인)
190 地	甕	독 옹:	瓦 총18획	甕器(옹기) 甕棺(옹관) 甕算(옹산) 甕井(옹정) 甕津郡(옹진군 : 인천광역시)
191 姓	邕	막힐 옹	邑 총10획	邕邕(옹옹) 邕睦(옹목) 蔡邕(채옹 : 중국 후한의 학자)
192 姓	雍	화할 옹	隹 총13획	雍和(옹화) 雍容(옹용) 辟雍(벽옹 : 天子가 세운 학교)
193 地	莞	빙그레할 완/왕골 관	艹(艸) 총11획	莞爾(완이) 莞島(완도 : 전라남도)
194 人	旺	왕성할 왕:	日 총8획	旺盛(왕성) 旺運(왕운) 興旺(흥왕) 儀旺市(의왕시 : 경기도)
195 人	汪	넓을 왕(:)	氵(水) 총7획	汪汪(왕왕) 汪洋(왕양) 汪然(왕연) 汪兆銘(왕조명 : 중국 정치가)
196 國	倭	왜나라 왜	亻(人) 총10획	倭寇(왜구) 倭館(왜관) 壬辰倭亂(임진왜란)
197 人	堯	요임금 요	土 총12획	堯舜(요순) 堯年(요년)
198 姓	姚	예쁠 요	女 총9획	姚冶(요야) 姚克一(요극일 : 신라시대의 서예가)
199 人	耀	빛날 요	羽 총20획	金耀燮(김요섭 : 시인, 아동문학가)
200 人	溶	녹을 용	氵(水) 총13획	溶液(용액) 溶解(용해) 溶溶(용용) 溶媒劑(용매제)
201 人	瑢	패옥소리 용	王(玉) 총14획	瑢音(용음)
202 人	鎔	쇠녹일 용	金 총18획	鎔巖(용암) 鎔接(용접) 鎔解(용해) 鎔融(용융) 鎔鑛爐(용광로)
203 人	鏞	쇠북 용	金 총19획	趙鏞夏(조용하 : 한말의 독립운동가)
204 人	佑	도울 우:	亻(人) 총7획	佑啓(우계) 保佑(보우) 天佑神助(천우신조)
205 人	祐	복 우	示 총10획	祐助(우조) 祐福(우복)
206 姓	禹	성 우:	內 총9획	禹王(우왕 : 중국 고대 夏나라의 제왕)
207 人	旭	아침해 욱	日 총6획	旭日(욱일) 旭日昇天(욱일승천) 張旭(장욱 : 중국 당나라 현종 때의 서예가)
208 人	昱	햇빛밝을 욱	日 총9획	昱昱(욱욱 : 해가 눈부시게 밝음)
209 人	煜	빛날 욱	火 총13획	煜煜(욱욱 : 빛나서 환함) 李煜(이욱 : 중국 5대 10국 남당의 통치자)
210 人	郁	성할 욱	阝(邑) 총9획	郁烈(욱렬) 郁郁(욱욱 : 향기가 가득함)

No.	한자	훈·음	용례	부수·획수
211 人	頊	삼갈 욱	頊頊(욱욱 : 정신이 나간 것 같음)	頁 총13획
212 姓	芸	향풀 운	芸香(운향)	++(艸) 총8획
213 地	蔚	고을이름 울	蔚然(울연) 蔚興(울흥) 蔚山(울산 : 울산광역시)	++(艸) 총15획
214 地	熊	곰 웅	熊女(웅녀) 熊膽(웅담) 熊掌(웅장) 熊津(웅진 : 충남 공주의 옛 이름)	灬(火) 총14획
215 人	媛	계집 원	才媛(재원)	女 총12획
216 人	瑗	구슬 원	趙瑗(조원 : 조선 중기의 문신)	王(玉) 총13획
217 姓	袁	성 원	袁世凱(원세개 : 중국 청말의 정치가)	衣 총10획
218 地	渭	물이름 위	渭水(위수 : 중국에 있는 강 이름)	氵(水) 총12획
219 姓	韋	가죽 위	韋編三絶(위편삼절)	韋 총9획
220 姓	魏	성 위	魏(위 : 중국 전국시대의 나라)	鬼 총18획
221 姓	俞	대답할/인월도 유	俞應孚(유응부 : 조선 단종 때의 충신)	入 총9획
222 人	庾	곳집/노적가리 유	庾積(유적) 金庾信(김유신 : 삼국통일을 이룩한 신라의 장군)	广 총12획
223 地	楡	느릅나무 유	楡柳(유류) 楡岾寺(유점사)	木 총13획
224 地	踰	넘을 유	踰年(유년) 踰限(유한) 踰月(유월) 水踰里(수유리)	足 총16획
225 人	允	맏 윤:	允許(윤허) 允可(윤가) 允當(윤당)	儿 총4획
226 姓	尹	성 윤	尹奉吉(윤봉길 : 한말의 독립운동가) 尹善道(윤선도 : 조선 중기의 시인)	尸 총4획
227 人	胤	자손 윤	胤玉(윤옥) 胤裔(윤예)	月(肉) 총9획
228 人	鈗	총 윤	鈗器(윤기 : 병기, 창, 총의 일종)	金 총12획
229 人	垠	지경 은	李垠(이은 : 대한제국의 마지막 황태자)	土 총9획
230 姓	殷	은나라 은	殷鑑(은감) 殷盛(은성) 殷昌(은창)	殳 총10획
231 人	誾	향기 은	南誾(남은 : 조선조의 개국 공신)	言 총15획
232 地	鷹	매 응	鷹視(응시) 鷹犬(응견) 鷹巖洞(응암동 : 서울 은평구)	鳥 총24획
233 人	怡	기쁠 이	南怡(남이 : 조선 세조 때의 무신)	忄(心) 총8획
234 地	伊	저 이	伊太利(이태리 : 이탈리아의 한자음 표기)	亻(人) 총6획
235 人	珥	귀걸이 이:	李珥(이이 : 율곡, 조선 중기의 학자)	王(玉) 총10획
236 人	翊	도울 익	翊贊(익찬) 翊戴功臣(익대공신)	羽 총11획
237 人	鎰	무게이름 일	張鎰(장일 : 고려시대의 문신)	金 총18획
238 人	佾	춤 일	八佾舞(팔일무)	亻(人) 총8획
239 人	滋	불을 자	滋蔓(자만) 滋心(자심) 滋味(자미) 滋養劑(자양제)	氵(水) 총12획
240 地	庄	농막 장	田庄(전장)	广 총6획

번호	한자	훈·음	부수	총획	용례
241 人	獐	노루 장	犭(犬)	총14획	獐毛(장모) 獐香草(장향초)
242 人	璋	홀 장	王(玉)	총15획	弄璋之慶(농장지경) 朱元璋(주원장 : 중국 명나라의 초대 황제)
243 姓	蔣	성 장(:)	++(艸)	총15획	蔣介石(장개석 : 중국의 정치가)
244 地	甸	경기 전	田	총7획	甸服(전복) 畿甸(기전 : 서울 부근)
245 人	珽	옥이름 정	王(玉)	총11획	安珽(안정 : 조선 중기의 문신, 서화가)
246 地	旌	기 정	方	총11획	旌門(정문) 旌閭(정려) 銘旌(명정) 旌善(정선 : 강원도 정선군)
247 人	晶	맑을 정	日	총12획	結晶(결정) 水晶體(수정체)
248 人	楨	광나무 정	木	총13획	楨幹(정간)
249 人	汀	물가 정	氵(水)	총5획	汀線(정선) 汀渚(정저)
250 人	禎	상서로울 정	示	총14획	孫基禎(손기정 : 베를린 올림픽 마라톤 우승자)
251 姓	鄭	나라 정:	阝(邑)	총15획	鄭重(정중) 鄭聲(정성) 鄭夢周(정몽주 : 고려 말기의 정치가)
252 人	鼎	솥 정	鼎	총13획	鼎談(정담) 鼎爐(정로) 李鼎輔(이정보 : 조선 후기의 문신)
253 姓	曹	성 조	日	총10획	曹植(조식 : 조선 중종 때의 학자) 曹奉巖(조봉암 : 독립운동가, 정치가)
254 人	祚	복 조	示	총10획	祚命(조명) 祚胤(조윤) 溫祚王(온조왕 : 백제의 시조)
255 姓	趙	나라 조:	走	총14획	趙光祖(조광조 : 조선 전기의 학자, 정치가)
256 人	琮	옥홀 종	王(玉)	총12획	琮花(종화)
257 人	疇	이랑 주	田	총19획	疇昔(주석) 疇輩(주배) 範疇(범주) 羅錫疇(나석주 : 독립운동가)
258 人	埈	가파를 준:	土	총10획	埈高(준고) 李埈鎔(이준용 : 흥선대원군의 손자, 기업인)
259 人	峻	높을 준:	山	총10획	峻嚴(준엄) 峻險(준험) 峻拒(준거) 峻峰(준봉)
260 人	晙	밝을 준:	日	총11획	權晙(권준 : 독립운동가)
261 人	浚	깊게할 준:	氵(水)	총10획	浚渫(준설) 浚井(준정) 許浚(허준 : 조선 중기의 명의)
262 人	濬	깊을 준:	氵(水)	총17획	濬川(준천) 濬池(준지) 濬哲(준철)
263 人	駿	준마 준:	馬	총17획	駿馬(준마) 駿驄(준총) 駿敏(준민)
264 人	址	터 지	土	총7획	城址(성지) 故址(고지) 史蹟址(사적지)
265 人	芝	지초 지	++(艸)	총8획	芝草(지초) 芝蘭之交(지란지교)
266 人	稙	올벼 직	禾	총13획	稙禾(직화 : 일찍 심는 벼) 李元稙(이원직 : 독립운동가)
267 地	稷	피 직	禾	총15획	稷神(직신) 宗廟社稷(종묘사직) 稷山(직산 : 충남 천안시)
268 姓	晋	진나라 진:	日	총10획	晋州市(진주시 : 경남)
269 姓	秦	성 진	禾	총10획	秦始皇(진시황 : 중국 진나라 건국 황제)
270 人	燦	빛날 찬:	火	총17획	燦然(찬연) 豪華燦爛(호화찬란)

번호	분류	한자	뜻·음	부수·획수	용례
271	人	璨	옥빛 찬:	王(玉) 총17획	璨幽(찬유 : 신라 말, 고려 초의 승려)
272	人	瓚	옥잔 찬	王(玉) 총23획	玉瓚(옥찬) / 崔瓚植(최찬식 : 소설가)
273	人	鑽	뚫을 찬	金 총27획	研鑽(연찬) 鑽研(찬연)
274	地	敞	시원할 창:	攵(攴) 총12획	敞然(창연) 寬敞(관창) / 高敞郡(고창군 : 전라북도)
275	人	昶	해길 창:	日 총9획	金基昶(김기창 : 동양 화가)
276	人	埰	사패지 채:	土 총11획	埰地(채지 : 사패지, 임금이 하사한 땅)
277	姓	蔡	성 채:	艹(艸) 총15획	蔡濟恭(채제공 : 조선 후기의 문신)
278	姓	采	풍채 채:	釆 총8획	采色(채색) 喝采(갈채) / 風采(풍채) 拍手喝采(박수갈채)
279	地	陟	오를 척	阝(阜) 총10획	陟降(척강) 進陟(진척) / 黜陟(출척) / 三陟市(삼척시 : 강원도)
280	地	釧	팔찌 천	金 총11획	釧路(천로 : 일본 북해도에 있는 도시)
281	人	喆	밝을 철	口 총12획	喆聖(철성 : 재덕을 겸비한 성인) / 羅喆(나철 : 대종교의 교조)
282	人	澈	맑을 철	氵(水) 총15획	鄭澈(정철 : 조선 중기의 문신, 시인)
283	姓	瞻	볼 첨	目 총18획	瞻仰(첨앙) 瞻望(첨망) / 瞻星臺(첨성대)
284	姓	楚	초나라 초	木 총13획	苦楚(고초) 淸楚(청초) / 四面楚歌(사면초가)
285	國	蜀	나라이름 촉	虫 총13획	蜀漢(촉한 : 중국 삼국시대에 유비가 세운 왕조)
286	姓	崔	높을 최	山 총11획	崔嵬(최외) / 崔致遠(최치원 : 신라 말기의 학자)
287	地	楸	가래 추	木 총13획	楸子(추자)
288	姓	鄒	추나라 추	阝(阜) 총13획	鄒魯之鄕(추로지향 : 공자와 맹자의 고향)
289	人	椿	참죽나무 춘	木 총13획	椿堂(춘당) 椿丈(춘장) / 椿萱(춘훤) 椿府丈(춘부장)
290	人	沖	화할 충	氵(水) 총6획	沖年(충년) 沖積土(충적토) / 沖積物(충적물) 沖積世(충적세) / 崔沖(최충 : 고려의 문신)
291	人	聚	모을 취:	耳 총14획	聚落(취락) 聚合(취합) / 聚斂(취렴)
292	地	峙	언덕 치	山 총9획	對峙(대치) 對峙狀況(대치상황) / 大峙洞(대치동 : 서울 강남구)
293	地	雉	꿩 치	隹 총13획	雉堞(치첩) 春雉自鳴(춘치자명) / 雉岳山(치악산 : 강원도 원주시)
294	地	灘	여울 탄	氵(水) 총22획	漢灘江(한탄강) 玄海灘(현해탄) / 新灘津(신탄진 : 대전 대덕구)
295	地	耽	즐길 탐	耳 총10획	耽讀(탐독) 耽溺(탐닉) / 耽美主義(탐미주의) / 耽羅(탐라 : 제주도의 옛 이름)
296	人	兌	바꿀 태/기쁠 열	八 총7획	兌管(태관) 兌卦(태괘) / 兌換紙幣(태환지폐)
297	人	台	별 태	口 총5획	天台宗(천태종 : 불교의 한 종파)
298	地	坡	언덕 파	土 총8획	松坡區(송파구 : 서울) / 坡州市(파주시 : 경기도)
299	地	阪	언덕 판	阝(阜) 총7획	大阪(대판 : 일본 오사카) / 阪上走丸(판상주환)
300	姓	彭	성 팽	彡 총12획	彭排(팽배) 彭月(팽월)

301 姓	扁	작을 편 戶　총9획	扁平(편평)　　扁提(편제) 扁桃腺(편도선)
302 人	葡	포도 포 艹(艸)　총13획	葡萄(포도)　　葡萄糖(포도당) 葡萄牙(포도아 : 포르투갈의 한자음 표기)
303 地	鮑	절인물고기 포 魚　총16획	鮑尺(포척) 鮑石亭(포석정 : 경주 소재 통일신라 유적)
304 人	杓	북두자루 표 木　총7획	杓端(표단 : 북두칠성 자루의 끝)
305 姓	馮	성 풍/탈 빙 馬　총12획	馮夷(풍이)　　馮據(빙거) 馮虛(빙허)
306 姓	弼	도울 필 弓　총12획	弼成(필성)　　弼導(필도) 輔弼(보필) 徐載弼(서재필 : 한말의 독립운동가)
307 人	泌	스며흐를 필 분비할 비 氵(水)　총8획	分泌物(분비물) 泌尿器科(비뇨기과)
308 地	陜	땅이름 합/좁을 협 阝(阜)　총10획	陜川(합천 : 경상남도 합천군)
309 人	亢	높을 항 亠　총4획	亢進(항진)　　亢羅(항라) 亢龍有悔(항룡유회)
310 人	沆	넓을 항 氵(水)　총7획	沆茫(항망) 崔沆(최항 : 고려시대의 문신)
311 地	杏	살구 행 木　총7획	杏花(행화) 杏林(행림) 杏仁(행인) 杏亶(행단) 銀杏(은행) 杏堂洞(행당동 : 서울)
312 人	爀	불빛 혁 火　총18획	爀火(혁화)
313 人	赫	빛날 혁 赤　총14획	赫怒(혁노) 朴赫居世(박혁거세 : 신라의 건국 시조)
314 地	峴	고개 현: 山　총10획	峴底洞(현저동 : 서울 서대문구) 阿峴洞(아현동 : 서울 서대문구)
315 人	炫	밝을 현: 火　총9획	炫惑(현혹)　　炫耀(현요)
316 人	鉉	솥귀 현 金　총13획	鉉台(현태 : 삼현, 3정승)
317 人	瀅	물맑을 형: 氵(水)　총18획	汀瀅(정형) 金基瀅(김기형 : 독립운동가)
318 人	炯	빛날 형 火　총9획	炯眼(형안)　　炯心(형심) 金炯元(김형원 : 독립운동가)
319 姓	邢	성 형 阝(阜)　총7획	邢顒(형옹 : 진주 형씨의 시조)
320 人	馨	꽃다울 형 香　총20획	馨香(형향) 柳馨遠(유형원 : 조선시대 중농실학자)
321 地	壕	해자 호 土　총17획	塹壕(참호)　　防空壕(방공호) 掩蔽壕(엄폐호)
322 姓	扈	따를 호: 戶　총11획	扈從(호종)　　扈衛(호위) 扈駕(호가)　　跋扈(발호)
323 人	昊	하늘 호: 日　총8획	昊天(호천) 昊天罔極(호천망극)
324 人	晧	밝을 호: 日　총11획	晧旰(호간 : 햇빛이 나는 모양)
325 人	澔	넓을 호: 氵(水)　총15획	澔然之氣(호연지기)
326 人	皓	흴 호: 白　총12획	皓皓(호호)　　皓月(호월) 丹脣皓齒(단순호치)
327 人	鎬	호경 호: 金　총18획	鎬京(호경 : 중국 주나라 수도)
328 人	祜	복 호 示　총10획	祜休(호휴 : 하늘이 내리는 복) 徐天祜(서천호 : 중국 원나라 학자)
329 人	泓	물깊을 홍 氵(水)　총8획	泓量(홍량)　　深泓(심홍)
330 人	嬅	탐스러울 화 女　총15획	嬅女容麗(화녀용려)

번호	한자	훈·음	부수·획수	용례
331 地	樺	자작나무 화	木 총16획	樺皮(화피) / 樺太(화태 : 지금의 사할린)
332 人	桓	굳셀 환	木 총10획	桓雄(환웅 : 우리의 건국 시조)
333 人	煥	빛날 환:	火 총13획	文益煥(문익환 : 목사, 재야운동가)
334 人	晃	밝을 황	日 총10획	晃蕩(황탕) / 姜世晃(강세황 : 조선의 서화가)
335 人	滉	깊을 황	氵(水) 총13획	李滉(이황 : 퇴계, 조선 중기의 학자)
336 地	檜	전나무 회	木 총17획	檜木(회목) 檜皮(회피) / 檜巖寺(회암사 : 경기도에 있는 절)
337 地	淮	물이름 회	氵(水) 총11획	淮陽郡(회양군 : 강원도)
338 姓	后	임금 후:	口 총6획	王后(왕후) 太后(태후) / 后稷(후직)
339 人	壎	질나팔 훈	土 총17획	壎篪相和(훈지상화)
340 人	熏	불길 훈	灬(火) 총14획	熏蒸(훈증) 熏灼(훈작)
341 人	薰	향풀 훈	++(艸) 총18획	薰風(훈풍) 薰煙(훈연) 薰氣(훈기)
342 人	徽	아름다울 휘	彳 총17획	徽號(휘호) 徽章(휘장) 徽音(휘음) 徽文高(휘문고 : 서울 강남구)
343 人	烋	아름다울 휴	灬(火) 총10획	金宗烋(김종휴 : 조선 때의 학자)
344 族	匈	오랑캐 흉	勹 총6획	匈奴族(흉노족 : 훈족, 몽고지방에서 활동한 유목민족)
345 人	欽	공경할 흠	欠 총12획	欽敬(흠경) 欽命(흠명)
346 人	嬉	아름다울 희	女 총15획	嬉笑(희소) 嬉遊(희유)
347 人	熹	빛날 희	灬(火) 총16획	朱熹(주희 : 주자, 중국 송대의 유학자)
348 人	憙	기뻐할 희	心 총16획	欣憙(흔희 : 기뻐함)
349 人	禧	복 희	示 총17획	禧年(희년) 新禧(신희)
350 人	羲	복희 희	羊 총16획	伏羲(복희 : 중국 고대 전설상의 제왕) / 王羲之(왕희지 : 중국 동진의 서예가)

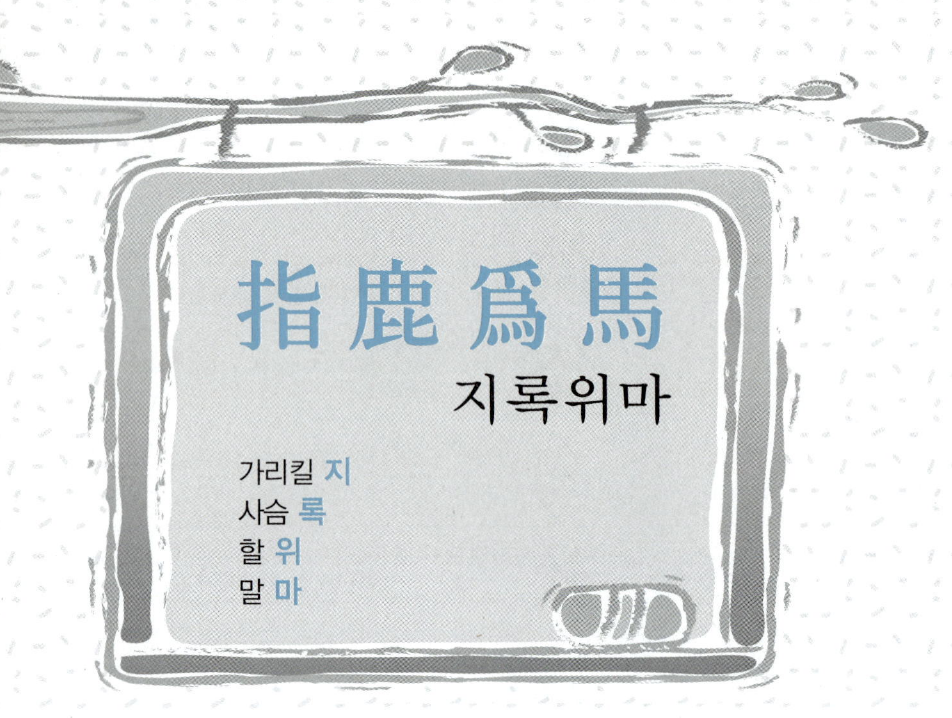

指鹿爲馬
지록위마

가리킬 **지**
사슴 **록**
할 **위**
말 **마**

사슴을 가리켜 말이라고 한디는 뜻으로 권세를 이용해 사람들을 농락하는 것을 의미함

진(秦)나라 때 진시황제가 죽은 후 환관인 조고(趙高)는 어린 호해(胡亥)가 제위를 잇도록 하고 자신은 승상이 되어 조정의 실권을 장악해 갔다. 어느 날 자신의 힘을 시험해보고 싶었던 조고는 황제에게 사슴을 바치며 "폐하께 말을 바칩니다." 라고 했다. 이에 황제는 웃으며 "승상이 사슴을 말이라고 하는데 어느 것이 맞느냐?" 라며 신하들에게 물었다. 그러나 조고의 기세에 눌린 신하들은 대부분 대답을 하지 못하였다. 또, 사슴이라고 바르게 대답한 신하들도 후에 조고에 의해 제거 당했고 이후에는 누구도 조고의 의견에 함부로 반대를 하지 못하게 되었다.

漢

字

한자 깊이 익히기

1 유의자

	한자	뜻	음		한자	뜻	음
가옥	家	집	가	=	屋	집	옥
가요	歌	노래	가	=	謠	노래	요
가증	加	더할	가	=	增	증가할	증
가택	家	집	가	=	宅	집	택
각오	覺	깨달을	각	=	悟	깨달을	오
간격	間	사이	간	=	隔	사이뜰	격
간음	姦	음란할	간	=	淫	음란할	음
감시	監	볼	감	=	視	볼	시
거대	巨	클	거	=	大	큰	대
거주	居	살	거	=	住	살	주
견고	堅	굳을	견	=	固	굳을	고
견인	牽	끌	견	=	引	끌	인
결단	決	도려낼	결	=	斷	끊을	단
결별	訣	이별할	결	=	別	헤어질	별
경계	境	지경	경	=	界	지경	계
경쟁	競	다툴	경	=	爭	다툴	쟁
계급	階	섬돌	계	=	級	계단	급
계단	階	섬돌	계	=	段	층계	단
계층	階	섬돌	계	=	層	층	층
고독	孤	외로울	고	=	獨	홀로	독
고려	考	생각할	고	=	慮	생각할	려
고용	雇	품팔	고	=	傭	품팔	용

	한자	뜻	음		한자	뜻	음
곤장	棍	몽둥이	곤	=	杖	지팡이	장
공격	攻	칠	공	=	擊	칠	격
공경	恭	공손할	공	=	敬	공경	경
공포	恐	두려울	공	=	怖	두려워할	포
공허	空	빌	공	=	虛	빌	허
공헌	貢	바칠	공	=	獻	바칠	헌
과실	果	과실	과	=	實	열매	실
과오	過	실수할	과	=	誤	잘못할	오
관철	觀	꿸	관	=	徹	통할	철
관통	貫	꿸	관	=	通	통할	통
교만	驕	무례할	교	=	慢	오만할	만
교훈	敎	가르칠	교	=	訓	가르칠	훈
구비	具	갖출	구	=	備	갖출	비
규칙	規	법	규	=	則	법칙	칙
기술	技	재주	기	=	術	재주	술
기아	飢	주릴	기	=	餓	주릴	아
기예	伎	재주	기	=	藝	재주	예
나약	懦	나약할	나	=	弱	약할	약
단계	段	층계	단	=	階	섬돌	계
단절	斷	끊을	단	=	絕	끊을	절
담화	談	말씀	담	=	話	말씀	화
도당	徒	무리	도	=	黨	무리	당

도로	道	길	도	≒ 路	길	로
도적	盜	도둑	도	≒ 賊	도둑	적
도피	逃	도망할	도	≒ 避	피할	피
도화	圖	그림	도	≒ 畫	그림	화
돈독	敦	도타울	돈	≒ 篤	도타울	독
말단	末	끝	말	≒ 端	끝	단
말미	末	끝	말	≒ 尾	꼬리	미
면려	勉	힘쓸	면	≒ 勵	힘쓸	려
멸망	滅	멸할	멸	≒ 亡	망할	망
명령	命	명령할	명	≒ 令	명령할	령
모발	毛	털	모	≒ 髮	터럭	발
모범	模	법	모	≒ 範	법	범
묘사	廟	사당	묘	≒ 祠	사당	사
무성	茂	무성할	무	≒ 盛	성할	성
문장	文	글월	문	≒ 章	글	장
반환	返	돌이킬	반	≒ 還	돌아올	환
발사	發	쏠	발	≒ 射	쏠	사
방어	防	막을	방	≒ 禦	막을	어
법식	法	법	법	≒ 式	법	식
법전	法	법	법	≒ 典	법	전
보고	報	알릴	보	≒ 告	고할	고
보상	報	갚을	보	≒ 償	갚을	상
보수	保	지킬	보	≒ 守	지킬	수
보호	保	지킬	보	≒ 護	도울	호

부속	附	붙을	부	≒ 屬	붙일	속
부조	扶	도울	부	≒ 助	도울	조
부차	副	버금	부	≒ 次	버금	차
분노	忿	성낼	분	≒ 怒	성낼	노
분묘	墳	무덤	분	≒ 墓	무덤	묘
비상	飛	날	비	≒ 翔	날	상
빈궁	貧	가난할	빈	≒ 窮	궁할	궁
사고	思	생각	사	≒ 考	생각할	고
사념	思	생각	사	≒ 念	생각	념
사려	思	생각	사	≒ 慮	생각할	려
사상	思	생각	사	≒ 想	생각할	상
사설	辭	말씀	사	≒ 說	말씀	설
사택	舍	집	사	≒ 宅	집	택
상념	想	생각	상	≒ 念	생각할	념
생산	生	날	생	≒ 産	낳을	산
석방	釋	풀	석	≒ 放	놓을	방
선택	選	가릴	선	≒ 擇	가릴	택
세탁	洗	씻을	세	≒ 濯	씻을	탁
소송	訴	호소할	소	≒ 訟	송사할	송
속박	束	묶을	속	≒ 縛	얽을	박
수목	樹	나무	수	≒ 木	나무	목
숙련	熟	익을	숙	≒ 練	익힐	련
숭고	崇	높을	숭	≒ 高	높을	고
승계	承	이을	승	≒ 繼	이을	계

시설	施	베풀	시	=	設	베풀	설
시초	始	처음	시	=	初	처음	초
시험	試	시험	시	=	驗	시험할	험
신음	呻	읊조릴	신	=	吟	읊을	음
신장	伸	펼	신	=	張	긴	장
신체	身	몸	신	=	體	몸	체
안목	眼	눈	안	=	目	눈	목
애도	哀	슬플	애	=	悼	슬퍼할	도
억압	抑	누를	억	=	壓	누를	압
언어	言	말씀	언	=	語	말씀	어
역경	域	지경	역	=	境	지경	경
연락	連	이을	련	=	絡	이을	락
연세	年	해	년	=	歲	해	세
연속	連	이을	련	=	續	이을	속
연습	練	익힐	연	=	習	익힐	습
염려	念	생각	념	=	慮	생각할	려
예술	藝	재주	예	=	術	재주	술
오류	誤	그르칠	오	=	謬	그르칠	류
온난	溫	따뜻할	온	=	暖	따뜻할	난
완전	完	완전할	완	=	全	온전	전
우수	憂	근심	우	=	愁	근심	수
운반	運	옮길	운	=	搬	옮길	반
원한	怨	원망할	원	=	恨	한	한
위대	偉	클	위	=	大	큰	대

위조	萎	시들	위	=	凋	시들	조
유랑	流	흐를	류	=	浪	물결	랑
윤회	輪	바퀴	윤	=	廻	돌	회
은닉	隱	숨길	은	=	匿	숨길	닉
은혜	恩	은혜	은	=	惠	은혜	혜
음성	音	소리	음	=	聲	소리	성
의논	議	의논할	의	=	論	논할	론
의료	醫	의원	의	=	療	병고칠	료
의복	衣	옷	의	=	服	옷	복
의지	意	뜻	의	=	志	뜻	지
이별	離	떠날	리(이)	=	別	헤어질	별
인연	因	인할	인	=	緣	인연	연
잉여	剩	남을	잉	=	餘	남을	여
재화	災	재앙	재	=	禍	재앙	화
재화	財	재물	재	=	貨	재물	화
저주	咀	저주할	저	=	呪	빌	주
저축	貯	쌓을	저	=	蓄	모을	축
저항	抵	막을	저	=	抗	겨룰	항
전투	戰	싸움	전	=	鬪	싸움	투
절도	竊	훔칠	절	=	盜	도둑	도
정결	淨	깨끗할	정	=	潔	깨끗할	결
정류	停	머무를	정	=	留	머무를	류
정벌	征	칠	정	=	伐	칠	벌
정직	正	바를	정	=	直	곧을	직

정탐	偵 염탐할 정 ≒ 探 찾을 탐	채소	菜 나물 채 ≒ 蔬 나물 소
제왕	帝 임금 제 ≒ 王 임금 왕	청결	淸 맑을 청 ≒ 潔 깨끗할 결
제작	製 지을 제 ≒ 作 지을 작	청문	聽 들을 청 ≒ 聞 들을 문
제조	製 지을 제 ≒ 造 지을 조	청정	淸 맑을 청 ≒ 淨 깨끗할 정
조우	遭 만날 조 ≒ 遇 만날 우	촉급	促 재촉할 촉 ≒ 急 급할 급
존재	存 있을 존 ≒ 在 있을 재	취지	趣 뜻 취 ≒ 旨 뜻 지
졸병	卒 군사 졸 ≒ 兵 군사 병	층계	層 층 층 ≒ 階 섬돌 계
종료	終 마칠 종 ≒ 了 마칠 료	타격	打 칠 타 ≒ 擊 칠 격
주거	住 살 주 ≒ 居 살 거	탁월	卓 높을 탁 ≒ 越 넘을 월
주류	駐 머무를 주 ≒ 留 머무를 류	토벌	討 칠 토 ≒ 伐 칠 벌
주홍	朱 붉을 주 ≒ 紅 붉을 홍	투쟁	鬪 싸움 투 ≒ 爭 다툴 쟁
준엄	峻 준엄할 준 ≒ 嚴 엄할 엄	편찬	編 엮을 편 ≒ 纂 모을 찬
준험	峻 높을 준 ≒ 險 높을 험	포획	捕 잡을 포 ≒ 獲 얻을 획
중앙	中 가운데 중 ≒ 央 가운데 앙	표피	表 겉 표 ≒ 皮 가죽 피
증가	增 더할 증 ≒ 加 더할 가	한랭	寒 찰 한 ≒ 冷 찰 랭
지방	脂 기름 지 ≒ 肪 기름 방	함정	艦 큰배 함 ≒ 艇 배 정
지식	知 알 지 ≒ 識 알 식	항상	恒 항상 항 ≒ 常 항상 상
진보	珍 보배 진 ≒ 寶 보배 보	협화	協 화할 협 ≒ 和 화할 화
진취	進 나아갈 진 ≒ 就 나아갈 취	화목	和 화할 화 ≒ 睦 화목할 목
집단	集 모을 집 ≒ 團 모을 단	환희	歡 기쁠 환 ≒ 喜 기쁠 희
차이	差 다를 차 ≒ 異 다를 이	황제	皇 임금 황 ≒ 帝 임금 제
착오	錯 어긋날 착 ≒ 誤 그르칠 오	회사	會 모일 회 ≒ 社 모일 사
참호	塹 구덩이 참 ≒ 壕 구덩이 호	희귀	稀 드물 희 ≒ 貴 귀할 귀
창고	倉 곳집 창 ≒ 庫 곳집 고	희망	希 바랄 희 ≒ 望 바랄 망

2 반의자

가감	加	더할	가	⇔	減	덜할	감
가부	可	옳을	가	⇔	否	아닐	부
간과	干	방패	간	⇔	戈	창	과
간만	干	막을	간	⇔	滿	찰	만
감고	甘	달	감	⇔	苦	쓸	고
강산	江	강	강	⇔	山	뫼	산
강약	強	강할	강	⇔	弱	약할	약
개폐	開	열	개	⇔	閉	닫을	폐
거래	去	갈	거	⇔	來	올	래
건곤	乾	하늘	건	⇔	坤	땅	곤
건습	乾	마를	건	⇔	濕	젖을	습
경조	慶	경사	경	⇔	弔	조상할	조
경중	輕	가벼울	경	⇔	重	무거울	중
경향	京	서울	경	⇔	鄕	시골	향
고락	苦	쓸	고	⇔	樂	즐거울	락
고부	姑	시어미	고	⇔	婦	며느리	부
고저	高	높을	고	⇔	低	낮을	저
곡직	曲	굽을	곡	⇔	直	곧을	직
공과	功	공	공	⇔	過	지날	과
공방	攻	칠	공	⇔	防	막을	방
공사	公	공평할	공	⇔	私	사사로울	사
공수	攻	칠	공	⇔	守	지킬	수

관민	官	벼슬	관	⇔	民	백성	민
교학	教	가르칠	교	⇔	學	배울	학
군신	君	임금	군	⇔	臣	신하	신
귀천	貴	귀할	귀	⇔	賤	천할	천
근원	近	가까울	근	⇔	遠	멀	원
근태	勤	부지런할	근	⇔	怠	게으를	태
금수	禽	새	금	⇔	獸	짐승	수
급락	及	미칠	급	⇔	落	떨어질	락
기복	起	일어날	기	⇔	伏	엎드릴	복
기침	起	일어날	기	⇔	寢	잘	침
길흉	吉	길할	길	⇔	凶	흉할	흉
난이	難	어려울	난	⇔	易	쉬울	이
남녀	男	사내	남	⇔	女	계집	녀
남북	南	남녘	남	⇔	北	북녘	북
내외	內	안	내	⇔	外	바깥	외
농담	濃	짙을	농	⇔	淡	맑을	담
다소	多	많을	다	⇔	少	적을	소
단복	單	홑	단	⇔	複	겹칠	복
단석	旦	아침	단	⇔	夕	저녁	석
단속	斷	끊을	단	⇔	續	이을	속
대소	大	큰	대	⇔	小	작을	소
대차	貸	빌릴	대	⇔	借	빌릴	차

동서	東	동녘	동	⇔	西	서녘	서
동정	動	움직일	동	⇔	靜	고요할	정
득실	得	얻을	득	⇔	失	잃을	실
래(내)왕	來	올	래	⇔	往	갈	왕
로(노)사	勞	일할	로	⇔	使	부릴	사
로(노)상	露	이슬	로	⇔	霜	서리	상
로(노)소	老	늙을	로	⇔	少	젊을	소
리(이)합	離	떠날	리	⇔	合	합할	합
리(이)해	利	이로울	리	⇔	害	해할	해
만조	晩	늦을	만	⇔	早	이를	조
매매	賣	팔	매	⇔	買	살	매
명암	明	밝을	명	⇔	暗	어두울	암
모순	矛	창	모	⇔	盾	방패	순
문답	問	물을	문	⇔	答	대답	답
문무	文	글월	문	⇔	武	굳셀	무
물심	物	물건	물	⇔	心	마음	심
미추	美	아름다울	미	⇔	醜	추할	추
반상	班	나눌	반	⇔	常	항상	상
발착	發	필	발	⇔	着	붙을	착
복배	腹	배	복	⇔	背	등	배
본말	本	근본	본	⇔	末	끝	말
봉별	逢	만날	봉	⇔	別	나눌	별
부부	夫	지아비	부	⇔	婦	지어미	부

부처	夫	지아비	부	⇔	妻	아내	처
부침	浮	뜰	부	⇔	沈	잠길	침
비희	悲	슬플	비	⇔	喜	기쁠	희
빈부	貧	가난할	빈	⇔	富	부자	부
빙탄	氷	얼음	빙	⇔	炭	숯	탄
사제	師	스승	사	⇔	弟	아우	제
사활	死	죽을	사	⇔	活	살	활
산천	山	메	산	⇔	川	내	천
산하	山	메	산	⇔	河	물	하
산해	山	메	산	⇔	海	바다	해
상벌	賞	상줄	상	⇔	罰	벌할	벌
상하	上	위	상	⇔	下	아래	하
생사	生	날	생	⇔	死	죽을	사
선악	善	착할	선	⇔	惡	악할	악
선후	先	먼저	선	⇔	後	뒤	후
성쇠	盛	성할	성	⇔	衰	쇠할	쇠
손익	損	덜	손	⇔	益	더할	익
송영	送	보낼	송	⇔	迎	맞을	영
수급	需	쓰일	수	⇔	給	줄	급
수미	首	머리	수	⇔	尾	꼬리	미
수수	授	줄	수	⇔	受	받을	수
수족	手	손	수	⇔	足	발	족
수화	水	물	수	⇔	火	불	화

승강	昇	오를	승	⇔	降	내릴	강
승부	勝	이길	승	⇔	負	질	부
승패	勝	이길	승	⇔	敗	패할	패
시말	始	처음	시	⇔	末	끝	말
시비	是	옳을	시	⇔	非	아닐	비
시종	始	처음	시	⇔	終	마칠	종
신구	新	새	신	⇔	舊	예	구
신축	伸	펼	신	⇔	縮	줄일	축
심신	心	마음	심	⇔	身	몸	신
심천	深	깊을	심	⇔	淺	얕을	천
안위	安	편안할	안	⇔	危	위태할	위
애오	愛	사랑	애	⇔	惡	미워할	오
애증	愛	사랑	애	⇔	憎	미울	증
애환	哀	슬플	애	⇔	歡	기쁠	환
억양	抑	누를	억	⇔	揚	날릴	양
언행	言	말씀	언	⇔	行	다닐	행
여야	與	더불	여	⇔	野	들	야
역순	逆	거스를	역	⇔	順	순할	순
영욕	榮	영화	영	⇔	辱	욕될	욕
옥석	玉	구슬	옥	⇔	石	돌	석
온랭	溫	따뜻할	온	⇔	冷	찰	랭
완급	緩	느릴	완	⇔	急	급할	급
왕래	往	갈	왕	⇔	來	올	래
왕복	往	갈	왕	⇔	復	돌아올	복

요철	凹	오목할	요	⇔	凸	볼록할	철
우열	優	뛰어날	우	⇔	劣	못할	렬
원근	遠	멀	원	⇔	近	가까울	근
유무	有	있을	유	⇔	無	없을	무
은원	恩	은혜	은	⇔	怨	원망할	원
음양	陰	그늘	음	⇔	陽	볕	양
이동	異	다를	이	⇔	同	한가지	동
인과	因	인할	인	⇔	果	과실	과
일월	日	날	일	⇔	月	달	월
임면	任	맡길	임	⇔	免	면할	면
자매	姉	손위누이	자	⇔	妹	누이	매
자웅	雌	암컷	자	⇔	雄	수컷	웅
자타	自	스스로	자	⇔	他	다를	타
장단	長	긴	장	⇔	短	짧을	단
장병	將	장수	장	⇔	兵	병사	병
장유	長	긴	장	⇔	幼	어릴	유
장졸	將	장수	장	⇔	卒	군사	졸
전답	田	밭	전	⇔	畓	논	답
전화	戰	싸울	전	⇔	和	화할	화
전후	前	앞	전	⇔	後	뒤	후
정오	淨	깨끗할	정	⇔	汚	더러울	오
정오	正	바를	정	⇔	誤	그르칠	오
조만	早	이를	조	⇔	晩	늦을	만
조석	朝	아침	조	⇔	夕	저녁	석

조손	祖	할아비	조	⇔	孫	손자	손
존망	存	있을	존	⇔	亡	망할	망
존비	尊	높을	존	⇔	卑	낮을	비
존폐	存	있을	존	⇔	廢	폐할	폐
종횡	縱	세로	종	⇔	橫	가로	횡
좌우	左	왼	좌	⇔	右	오른	우
주객	主	주인	주	⇔	客	손	객
주야	晝	낮	주	⇔	夜	밤	야
주종	主	주인	주	⇔	從	좇을	종
중과	衆	무리	중	⇔	寡	적을	과
증감	增	더할	증	⇔	減	덜	감
지속	遲	더딜	지	⇔	速	빠를	속
진가	眞	참	진	⇔	假	거짓	가
진위	眞	참	진	⇔	僞	거짓	위
진퇴	進	나아갈	진	⇔	退	물러날	퇴
집배	集	모을	집	⇔	配	나눌	배
집산	集	모을	집	⇔	散	흩을	산
착발	着	붙을	착	⇔	發	필	발
찬반	贊	도울	찬	⇔	反	돌이킬	반
천지	天	하늘	천	⇔	地	땅	지
첨삭	添	더할	첨	⇔	削	깎을	삭
청담	晴	갤	청	⇔	曇	흐릴	담
청탁	淸	맑을	청	⇔	濁	흐릴	탁
초종	初	처음	초	⇔	終	마칠	종

춘추	春	봄	춘	⇔	秋	가을	추
출결	出	날	출	⇔	缺	이지러질	결
출납	出	날	출	⇔	納	들일	납
출몰	出	날	출	⇔	沒	빠질	몰
출입	出	날	출	⇔	入	들	입
취사	取	가질	취	⇔	捨	버릴	사
표리	表	겉	표	⇔	裏	속	리
풍흉	豐	풍성할	풍	⇔	凶	흉할	흉
피아	彼	저	피	⇔	我	나	아
피차	彼	저	피	⇔	此	이	차
한난	寒	찰	한	⇔	暖	따뜻할	난
한서	寒	찰	한	⇔	暑	더울	서
해륙	海	바다	해	⇔	陸	뭍	륙
허실	虛	빌	허	⇔	實	열매	실
현우	賢	어질	현	⇔	愚	어리석을	우
협광	狹	좁을	협	⇔	廣	넓을	광
형제	兄	맏	형	⇔	弟	아우	제
호오	好	좋을	호	⇔	惡	미워할	오
화복	禍	재앙	화	⇔	福	복	복
후박	厚	두터울	후	⇔	薄	엷을	박
흑백	黑	검을	흑	⇔	白	흰	백
흥망	興	일어날	흥	⇔	亡	망할	망
희노	喜	기쁠	희	⇔	怒	성낼	노
희비	喜	기쁠	희	⇔	悲	슬플	비

3 반의어 ····

ㄱ

可決 (가결)	否決 (부결)	傑作 (걸작)	拙作 (졸작)	光明 (광명)	暗黑 (암흑)
架空 (가공)	實際 (실제)	儉約 (검약)	浪費 (낭비)	廣義 (광의)	狹義 (협의)
假象 (가상)	實在 (실재)	缺乏 (결핍)	豊富 (풍부)	拘束 (구속)	釋放 (석방)
加熱 (가열)	冷却 (냉각)	謙遜 (겸손)	傲慢 (오만)	具體 (구체)	抽象 (추상)
加入 (가입)	脫退 (탈퇴)	輕減 (경감)	加重 (가중)	舊派 (구파)	新派 (신파)
却下 (각하)	受理 (수리)	經度 (경도)	緯度 (위도)	國內 (국내)	國外 (국외)
干涉 (간섭)	放任 (방임)	輕蔑 (경멸)	尊敬 (존경)	君子 (군자)	小人 (소인)
間歇 (간헐)	綿延 (면연)	輕率 (경솔)	愼重 (신중)	屈服 (굴복)	抵抗 (저항)
減少 (감소)	增加 (증가)	輕視 (경시)	重視 (중시)	屈辱 (굴욕)	雪辱 (설욕)
感情 (감정)	理性 (이성)	高潔 (고결)	低俗 (저속)	權利 (권리)	義務 (의무)
剛健 (강건)	柔弱 (유약)	高雅 (고아)	卑俗 (비속)	歸納 (귀납)	演繹 (연역)
強硬 (강경)	柔和 (유화)	固定 (고정)	流動 (유동)	勤勉 (근면)	懶怠 (나태)
開放 (개방)	閉鎖 (폐쇄)	高調 (고조)	低調 (저조)	僅少 (근소)	過多 (과다)
個別 (개별)	全體 (전체)	困難 (곤란)	容易 (용이)	急性 (급성)	慢性 (만성)
開業 (개업)	閉業 (폐업)	供給 (공급)	需要 (수요)	急行 (급행)	緩行 (완행)
客觀 (객관)	主觀 (주관)	空想 (공상)	現實 (현실)	肯定 (긍정)	否定 (부정)
客體 (객체)	主體 (주체)	公的 (공적)	私的 (사적)	旣決 (기결)	未決 (미결)
巨大 (거대)	微小 (미소)	空虛 (공허)	充實 (충실)	奇拔 (기발)	平凡 (평범)
巨富 (거부)	極貧 (극빈)	過去 (과거)	未來 (미래)	奇數 (기수)	偶數 (우수)
拒絶 (거절)	承諾 (승낙)	過激 (과격)	穩健 (온건)	飢餓 (기아)	飽食 (포식)
建設 (건설)	破壞 (파괴)	灌木 (관목)	喬木 (교목)	緊密 (긴밀)	疏遠 (소원)
乾燥 (건조)	濕潤 (습윤)	官尊 (관존)	民卑 (민비)	緊張 (긴장)	弛緩 (이완)

吉兆(길조)	凶兆(흉조)		單式(단식)	複式(복식)		微官(미관)	顯官(현관)
加害者(가해자)	被害者(피해자)		單一(단일)	複合(복합)		未備(미비)	完備(완비)
公有物(공유물)	專有物(전유물)		短縮(단축)	延長(연장)		敏感(민감)	鈍感(둔감)
具體的(구체적)	抽象的(추상적)		唐慌(당황)	沈着(침착)		敏速(민속)	遲鈍(지둔)
錦上添花(금상첨화)	雪上加霜(설상가상)		貸邊(대변)	借邊(차변)		密接(밀접)	疎遠(소원)
急進的(급진적)	漸進的(점진적)		大乘(대승)	小乘(소승)		密集(밀집)	散在(산재)
懦弱(나약)	強勇(강용)		對話(대화)	獨白(독백)		門外漢(문외한)	專門家(전문가)
樂觀(낙관)	悲觀(비관)		動機(동기)	結果(결과)		反目(반목)	和睦(화목)
落第(낙제)	及第(급제)		登場(등장)	退場(퇴장)		發達(발달)	退步(퇴보)
樂天(낙천)	厭世(염세)		對內的(대내적)	對外的(대외적)		潑剌(발랄)	萎縮(위축)
暖流(난류)	寒流(한류)		大丈夫(대장부)	拙丈夫(졸장부)		跋文(발문)	序文(서문)
濫讀(남독)	精讀(정독)		同義語(동의어)	反義語(반의어)		放心(방심)	操心(조심)
濫用(남용)	節約(절약)		漠然(막연)	確然(확연)		背恩(배은)	報恩(보은)
朗讀(낭독)	默讀(묵독)		忘却(망각)	記憶(기억)		白髮(백발)	紅顔(홍안)
來生(내생)	前生(전생)		埋沒(매몰)	發掘(발굴)		繁榮(번영)	衰退(쇠퇴)
內容(내용)	形式(형식)		滅亡(멸망)	興起(흥기)		凡人(범인)	超人(초인)
內包(내포)	外延(외연)		名譽(명예)	恥辱(치욕)		別居(별거)	同居(동거)
老練(노련)	未熟(미숙)		母音(모음)	子音(자음)		別館(별관)	本館(본관)
濃厚(농후)	稀薄(희박)		模糊(모호)	分明(분명)		保守(보수)	進步(진보)
訥辯(눌변)	能辯(능변)		無能(무능)	有能(유능)		保守(보수)	革新(혁신)
能動(능동)	被動(피동)		無形(무형)	有形(유형)		普遍(보편)	特殊(특수)
凌蔑(능멸)	崇仰(숭앙)		文語(문어)	口語(구어)		複雜(복잡)	單純(단순)
多元(다원)	一元(일원)		文化(문화)	自然(자연)		本業(본업)	副業(부업)
單純(단순)	複雜(복잡)		物質(물질)	精神(정신)		富貴(부귀)	貧賤(빈천)

不實 (부실)	充實 (충실)	相剋 (상극)	相生 (상생)	先天的 (선천적)	後天的 (후천적)
敷衍 (부연)	省略 (생략)	詳述 (상술)	略述 (약술)	實質的 (실질적)	形式的 (형식적)
富裕 (부유)	貧困 (빈곤)	上昇 (상승)	下降 (하강)	安全 (안전)	危險 (위험)
否認 (부인)	是認 (시인)	喪失 (상실)	獲得 (획득)	暗示 (암시)	明示 (명시)
否定 (부정)	肯定 (긍정)	生家 (생가)	養家 (양가)	曖昧 (애매)	明瞭 (명료)
分擔 (분담)	全擔 (전담)	生食 (생식)	火食 (화식)	愛護 (애호)	虐待 (학대)
分離 (분리)	統合 (통합)	生花 (생화)	造花 (조화)	語幹 (어간)	語尾 (어미)
分析 (분석)	綜合 (종합)	先輩 (선배)	後輩 (후배)	逆境 (역경)	順境 (순경)
紛爭 (분쟁)	和解 (화해)	善意 (선의)	惡意 (악의)	連作 (연작)	輪作 (윤작)
不運 (불운)	幸運 (행운)	成功 (성공)	失敗 (실패)	連敗 (연패)	連勝 (연승)
卑怯 (비겁)	勇敢 (용감)	成熟 (성숙)	未熟 (미숙)	永劫 (영겁)	刹那 (찰나)
悲劇 (비극)	喜劇 (희극)	消極 (소극)	積極 (적극)	榮轉 (영전)	左遷 (좌천)
祕密 (비밀)	公開 (공개)	所得 (소득)	損失 (손실)	靈魂 (영혼)	肉滯 (육체)
非番 (비번)	當番 (당번)	騷亂 (소란)	靜肅 (정숙)	愚昧 (우매)	賢明 (현명)
非凡 (비범)	平凡 (평범)	消費 (소비)	生産 (생산)	優勢 (우세)	劣勢 (열세)
悲哀 (비애)	歡喜 (환희)	疎遠 (소원)	親近 (친근)	偶然 (우연)	必然 (필연)
卑語 (비어)	敬語 (경어)	守勢 (수세)	攻勢 (공세)	憂鬱 (우울)	明朗 (명랑)
悲運 (비운)	幸運 (행운)	收縮 (수축)	弛緩 (이완)	優越 (우월)	劣等 (열등)
部分的 (부분적)	全體的 (전체적)	淑女 (숙녀)	紳士 (신사)	原告 (원고)	被告 (피고)
不法化 (불법화)	合法化 (합법화)	純粹 (순수)	不純 (불순)	原因 (원인)	結果 (결과)
奢侈 (사치)	儉素 (검소)	順坦 (순탄)	險難 (험난)	輪廓 (윤곽)	核心 (핵심)
死後 (사후)	生前 (생전)	順行 (순행)	逆行 (역행)	恩惠 (은혜)	怨恨 (원한)
削減 (삭감)	添加 (첨가)	勝利 (승리)	敗北 (패배)	陰氣 (음기)	陽氣 (양기)
散文 (산문)	韻文 (운문)	相對的 (상대적)	絶對的 (절대적)	義務 (의무)	權利 (권리)

依他 (의타)	自立 (자립)	竣工 (준공)	起工 (기공)	統合 (통합)	分割 (분할)
異端 (이단)	正統 (정통)	增進 (증진)	減退 (감퇴)	退院 (퇴원)	入院 (입원)
裏面 (이면)	表面 (표면)	直系 (직계)	傍系 (방계)	退化 (퇴화)	進化 (진화)
理想 (이상)	現實 (현실)	直線 (직선)	曲線 (곡선)	投手 (투수)	捕手 (포수)
利益 (이익)	損失 (손실)	直接 (직접)	間接 (간접)	破婚 (파혼)	約婚 (약혼)
人爲 (인위)	自然 (자연)	進步 (진보)	退步 (퇴보)	販賣 (판매)	賣出 (매출)
立體 (입체)	平面 (평면)	眞實 (진실)	虛僞 (허위)	敗戰 (패전)	勝戰 (승전)
入港 (입항)	出港 (출항)	進取 (진취)	退嬰 (퇴영)	膨脹 (팽창)	收縮 (수축)
自動 (자동)	手動 (수동)	質疑 (질의)	應答 (응답)	平坦 (평탄)	險峻 (험준)
自律 (자율)	他律 (타율)	差別 (차별)	平等 (평등)	閉幕 (폐막)	開幕 (개막)
自意 (자의)	他意 (타의)	斬新 (참신)	陳腐 (진부)	暴露 (폭로)	隱蔽 (은폐)
長點 (장점)	短點 (단점)	創造 (창조)	模倣 (모방)	彼岸 (피안)	此岸 (차안)
長篇 (장편)	短篇 (단편)	淺學 (천학)	碩學 (석학)	合理 (합리)	矛盾 (모순)
低俗 (저속)	高尚 (고상)	聰明 (총명)	愚鈍 (우둔)	合法 (합법)	不法 (불법)
敵對 (적대)	友好 (우호)	縮小 (축소)	擴大 (확대)	幸福 (행복)	不幸 (불행)
嫡子 (적자)	庶子 (서자)	沈着 (침착)	唐惶 (당황)	許多 (허다)	稀少 (희소)
前半 (전반)	後半 (후반)	債權者 (채권자)	債務者 (채무자)	許多 (허다)	稀貴 (희귀)
前進 (전진)	後進 (후진)	快樂 (쾌락)	苦痛 (고통)	虛費 (허비)	儉素 (검소)
絕對 (절대)	相對 (상대)	快勝 (쾌승)	慘敗 (참패)	虛榮 (허영)	內實 (내실)
正當 (정당)	不當 (부당)	他殺 (타살)	自殺 (자살)	好材 (호재)	惡材 (악재)
精密 (정밀)	粗雜 (조잡)	濁音 (탁음)	淸音 (청음)	好轉 (호전)	逆轉 (역전)
正常 (정상)	異常 (이상)	脫黨 (탈당)	入黨 (입당)	好況 (호황)	不況 (불황)
定着 (정착)	漂流 (표류)	脫落 (탈락)	合格 (합격)	厚待 (후대)	薄待 (박대)
弔客 (조객)	賀客 (하객)	脫色 (탈색)	染色 (염색)	興奮 (흥분)	鎭靜 (진정)

4 동음이의어·동자이음어

동음이의어 동자이음어

가구

家口 주거와 생계를 같이하는 단위
家具 가정 살림에 쓰이는 온갖 세간

감사

監事 공공단체의 서무를 맡아보는 직책, 또는 그 직책의 사람
感謝 고마움을 나타내는 인사
監査 감독하고 검사함

감상

感想 마음에 느끼이 일이나는 생각
感傷 대상에서 받은 느낌으로 마음 아파하는 일
感賞 감동하여 칭찬함
鑑賞 예술작품을 음미하여 이해하고 즐김

개량

改良 고치어 좋게 함
改量 토지를 다시 측량함

개정

改正 바르게 고침
改定 한번 정했던 것을 고치어 다시 정함
改訂 책의 잘못된 내용을 바로잡음

검사

劍士 검객
檢事 검찰권을 행사하는 단독제 관청인 국가 사법기관
檢査 옳고 그름, 좋고 나쁨 따위의 사실을 살피어 검토하거나 조사하여 판정함

경계

經界 사물의 옳고 그름이 분간되는 한계
境界 지역이 갈라지는 한계
警戒 범죄나 사고 등 좋지 않은 일이 일어나지 않도록 미리 마음을 가다듬어 조심함

경기

景氣 매매나 거래 따위에 나타난 경제활동의 상황
競技 기술의 낫고 못함을 서로 겨루는 일

경로

經路 지나는 길
敬老 노인을 공경함

경비

經費 어떠한 일을 하는 데 드는 비용
警備 만일에 대비하여 경계하고 지킴

공동

空洞 아무것도 없이 텅 빈 굴
共同 두 사람 이상이 일을 같이 함

공약

公約 사회 공중에 대한 약속을 함
空約 헛된 약속을 함

과거

科擧 왕조 때 벼슬아치를 뽑기 위하여 보이던 시험
過去 지나간 때, 지난날

과정
過程 일이 되어 가는 경로
課程 과업의 정도

교감
校監 학교장을 보좌하여 교무를 감독하는 직책
交感 서로 접촉되어 감응함

교단
教團 같은 교의를 믿는 사람끼리 모여 만든 종교단체
教壇 교실에서 선생님이 강의할 때 올라서는 단

교정
校庭 학교의 운동장
校正 교정지와 원고를 대조하여 틀린 글자나 빠진 글자 따위를 바로잡는 일
校訂 책의 잘못된 글자나 어구 따위를 고치는 일
矯正 좋지 않은 버릇이나 결점 따위를 바로잡아 고침

구상
具象 사물이 실제로 뚜렷한 모양이나 형태를 갖추고 있는 것
求償 배상 또는 상환을 청구함
構想 무슨 일에 대하여 그 전체의 내용이나 규모, 실현하는 방법 등에 대해서 이리저리 생각하는 일

구조
構造 어떤 물건이나 조직체 따위의 전체를 이루고 있는 부분들의 서로 짜인 관계나 그 체계
救助 위험한 상태에 있는 사람을 도와서 구원함

구축
構築 큰 구조물이나 진지 등을 쌓아올려 만듦
驅逐 어떤 세력이나 해로운 것을 몰아냄

구호
口號 대중집회나 시위 등에서 어떤 요구나 주장 따위를 나타내는 짤막한 호소
救護 어려움에 처해 있는 사람, 특히 재난을 당한 사람이나 병자·부상자 등을 도와 보호함

귀중
貴中 편지나 물품 등을 보낼 때 받는 쪽의 기관이나 단체이름 뒤에 써서 상대편을 높이는 말
貴重 매우 소중함

극단
極端 맨 끄트머리, 중용을 벗어나 한쪽을 치우치는 일
劇團 연극의 상연을 목적으로 결성된 단체

근간
近間 요사이, 요즈음
根幹 뿌리와 줄기, 사물의 바탕이나 중심
近刊 최근에 출판된 간행물

급수
級數 기술 따위의 우열에 따라 매기는 등급
給水 물을 공급함

기사
技士 국가기술자격법에 따른 검정시험을 통하여 공인되는 기술계 기술자격 등급의 한 가지
技師 관청이나 회사 등에서 전문적인 기술을 필요로 하는 일을 맡아보는 사람
奇事 신기하고 희한한 일
騎士 말을 탄 무사, 중세 유럽의 무인
棋士 바둑이나 장기를 잘 두는 사람
記事 신문이나 잡지 등에 어떤 사실을 실어 알리는 글, 또는 기록된 사실

기상

氣象 비·눈·바람·구름·기온·기압 등 대기 속에서 일어나는 현상

氣像 사람이 타고난 꿋꿋한 바탕이나 올곧은 마음씨, 또는 그것이 겉으로 드러난 모습

起床 잠자리에서 일어남

기수

基數 수를 나타내는 기본이 되는 수

旗手 군대나 단체 따위의 행렬 또는 행진시 앞에서 기를 드는 사람

騎手 말을 타는 사람

旣遂 이미 일을 끝냄, 형법상 범죄의 실행을 완전히 끝내는 일

기술

技術 어떤 일을 정확하고 능률적으로 해내는 솜씨

奇術 기묘한 재주

旣述 앞에 쓴 글에 이미 서술함

記述 문장으로 적음, 사물의 특질을 객관적·조직적·학문적으로 적음

기원

紀元 역사상의 햇수를 세는 기준이 되는 해

起源 사물의 생긴 근원

棋院 바둑을 즐기는 사람에게 시설과 장소를 제공하는 업소

祈願 소원이 이루어지기를 빎

내수

內水 한 나라 영토 안의 바다를 제외한 국토 안의 하천·호수 따위

內需 국내의 수요

耐水 물이 묻어도 젖거나 배지 않음

내용

內容 그릇이나 포장 따위의 속에 들어 있는 것

內用 안살림에 드는 비용 또는 그 씀씀이

노숙

老宿 수양이 깊고 학덕이 높은 사람

老熟 오랫동안 경험을 쌓아 아주 익숙함

露宿 한데서 밤을 지냄

노후

老後 늙을 뒤

老朽 오래되거나 낡아서 쓸모가 없음

녹음

綠陰 푸른 잎이 우거진 나무의 그늘

錄音 소리를 재생할 수 있도록 기계로 기록하는 일

농담

濃淡 빛깔이나 맛 따위의 짙고 옅은 정도

弄談 실없이 하는 우스갯소리

단결

斷決 일을 딱 잘라서 확실하게 결정함

團結 한마음 한뜻으로 여러 사람이 한데 뭉침

단서

但書 본문 다음에 덧붙여, 본문의 내용에 대한 조건이나 예외 등을 밝혀 적은 글

端緒 일의 시초, 어떤 사건이나 문제를 푸는 실마리

단정

端整 깔끔하고 가지런함

端正 모습이나 몸가짐이 흐트러진 데 없이 얌전하고 깔끔함

斷情 정을 끊음

斷定　분명한 태도로 결정함

답사

答辭　식장에서 축사나 환영사 · 환송사 따위에 대한 답례로 하는 말
踏査　실지로 현장에 가서 보고 조사함

대사

大使　특명 전권 대사
大事　큰 일
大師　고승을 높이어 일컫는 말
臺詞　배우가 무대 위에서 하는 대화 · 독백 · 방백 등을 통틀어 이르는 말

독자

獨子　외아들
獨自　저 혼자
讀者　책 · 신문 · 잡지 따위의 출판물을 읽는 사람

동기

冬期　겨울철, 동절기
同氣　형제자매를 통틀어 이르는 말
同期　같은 시기, 같은 연도
動機　사람으로 하여금 행동을 일으키게 하는 내적인 요인이나 계기

동정

動靜　어떤 행동이나 상황 등이 전개되거나 변화되어 가는 낌새나 상태
童貞　이성과 아직 성적 관계를 가진 일이 없는 사람
同情　남의 불행이나 슬픔 따위를 자기 일처럼 생각하여 가슴 아파하고 위로함

동지

冬至　24절기의 하나, 대설과 소한 사이로 12월 22일경임

同志　뜻을 같이하는 일, 또는 그런 사람
動止　움직이는 일과 멈추는 일

매장

賣場　판매소
埋葬　시체나 유골을 땅에 묻음
埋藏　광물 따위가 묻혀 있음

맹아

盲兒　눈이 먼 아이
盲啞　소경과 벙어리를 아울러 이르는 말
萌芽　식물에 새로 튼 싹, 새로운 일의 시초

명명

明命　신령이나 임금에게서 받은 명령
明明　아주 환하게 밝음
冥冥　나타나지 아니하여 모양을 알 수 없음
命名　사람이나 물건 따위에 이름을 지어 붙임

모사

毛絲　털실
謀士　계책을 세우는 사람, 또는 계책에 능한 사람
模寫　무엇을 흉내내어 그대로 나타냄
謀事　일을 꾀함, 또는 일의 해결을 위한 꾀를 냄

문호

文豪　크게 뛰어난 문학가
門戶　집으로 드나드는 문, 외부와 교류하기 위한 통로나 수단

미수

米壽　여든여덟 살
未收　아직 다 거두지 못함
未遂　뜻한 바를 아직 이루지 못함

밀어

蜜語 남녀 간에 은밀히 나누는 달콤한 말
密語 남이 알아듣지 못하게 비밀스레 하는 말

반감

反感 상대편의 말이나 태도 등을 불쾌하게 생각하여
　　 반발하거나 반항하는 감정
半減 절반으로 줆, 또는 절반으로 줄임

발전

發電 전기를 일으킴
發展 세력 따위가 성하게 뻗어 나감

방문

房門 방으로 드나드는 문
榜文 여러 사람에게 널리 알리기 위하여 길거리나
　　 사람이 많이 모이는 곳에 써 붙이는 글
訪問 어떤 사람이나 장소를 찾아가서 만나거나 봄

변사

辯士 입담이 좋아서 말을 잘하는 사람
變死 뜻밖의 사고로 죽음, 횡사
變詐 요사스럽게 요랬다조랬다 함, 요리조리 속임

보고

寶庫 보물처럼 귀중한 것이 갈무리되어 있는 곳
報告 주어진 임무에 대하여 그 결과나 내용을 말이
　　 나 글로 알림

보도

步道 인도
輔導 도와서 바르게 이끎
報道 신문이나 방송으로 새 소식을 널리 알림

보수

保守 오랜 습관·제도·방법 등을 소중히 여겨 그대
　　 로 지킴
報酬 고마움에 보답함, 노력의 대가나 사례의 뜻으
　　 로 주는 돈이나 물품
補修 상했거나 부서진 부분을 손질하여 고침

보조

步調 여럿이 줄지어 걸을 때의 걸음걸이 또는 걸음
　　 의 속도
補助 모자라거나 넉넉지 못한 것을 보태어 돕는 일,
　　 또는 도움이 되는 그것

부상

副賞 정식의 상 외에 따로 덧붙여서 주는 상
富商 자본이 넉넉한 상인
負傷 몸에 상처를 입음
浮上 물 위로 떠오름

부양

浮揚 가라앉은 것이 떠오름, 또는 떠오르게 함
扶養 생활능력이 없는 사람의 생활을 돌봄

부인

夫人 남을 높이어 그의 아내를 일컫는 말
婦人 결혼한 여자
否認 시인하지 않음

부자

父子 아버지와 아들
富者 재산이 많은 사람

부정

不正 바르지 않음, 바르지 못한 일
不定 일정하지 않음

不貞 남편으로서 또는 아내로서 정조를 지키지 않음
不淨 깨끗하지 못함
否定 그렇다고 인정하지 아니함

비 명

非命 재해나 사고 따위로 죽는 일
悲鳴 몹시 놀라거나 괴롭거나 다급하거나 할 때에 지르는 외마디 소리
碑銘 비면에 새긴 글

비 보

悲報 슬픈 소식
飛報 급히 통지함, 급보
祕報 남몰래 보고함

비 행

非行 도리나 도덕 또는 법규에 어긋나는 행위
飛行 항공기 따위가 하늘을 날아다님

사 경

四經 시경·서경·역경·춘추의 네 경서
四境 사방의 경계, 사방의 국경
死境 죽음에 이른 경지, 죽게 된 경지

사 고

史庫 조선시대에 역사에 관한 기록이나 중요한 서적을 보관하던 정부의 곳집
事故 뜻밖에 일어난 사건이나 탈
思考 생각함, 궁리함

사 관

士官 병사를 거느리는 무관, 장교를 통틀어 이르는 말
史觀 역사적 사실을 파악하여 해석하는 근본적인 견해, 역사관

사 기

士氣 싸우려 하는 병사들의 씩씩한 기개
史記 역사적 사실을 적은 책
事記 사건 내용을 적은 기록
沙器 사기그릇
詐欺 못된 목적으로 남을 속임

사 설

私設 아직 공인되지 않은 개인의 학설이나 의견
社說 신문이나 잡지 따위에서 그 사(社)의 주장으로 싣는 논설
私說 개인이나 민간에서 설립함, 또는 그 기관이나 시설
辭說 잔소리로 늘어놓는 말

사 수

射手 총포나 활 따위를 쏘는 사람, 사격수
死守 목숨을 걸고 지킴

사 유

事由 일의 까닭, 연고, 연유
私有 개인이 소유함, 또는 그 소유물
思惟 논리적으로 생각함

사 인

死人 죽은 사람
死因 죽게 된 원인
私人 사적 자격으로서의 개인

사 전

事典 여러 가지 사항을 모아 일정한 순서로 배열하여 설명·해설한 책
事前 무슨 일이 있기 전
辭典 낱말을 모아 일정한 순서로 배열하여 발음·뜻·용법·어원 등을 해설한 책

사정

邪正 그릇됨과 올바름
私情 사사로운 정
射程 사격에서 탄환이 나가는 최대 거리
司正 공직에 있는 사람의 규율과 질서를 바로잡는 일
事情 일의 형편이나 그렇게 된 까닭
査正 그릇된 것을 조사하여 바로잡음
査定 조사하거나 심사하여 결정함

사지

四肢 짐승의 네 다리, 사람의 팔 다리
死地 죽을 곳, 살아날 길이 없는 매우 위험한 곳
私地 개인 소유의 땅, 소유지

상가

商家 장사를 업으로 하는 집
商街 상점이 많이 늘어서 있는 거리
喪家 초상집

상품

上品 높은 품격
商品 사고파는 물품
賞品 상으로 주는 물품

선전

宣戰 다른 나라에 대하여 전쟁 개시를 선언함
善戰 실력 이상으로 잘 싸움, 최선을 다하여 잘 싸움
宣傳 주의 · 주장이나 어떤 사물의 존재 · 효능 따위를 사람들에게 설명하고 이해와 공감을 얻기 위해 널리 알림

성대

盛大 아주 성하고 큼
聲帶 후두의 중앙에 있는 소리를 내는 기관, 목청

성전

成典 성문화된 법전, 정해진 법식이나 의식
盛典 성대한 의식
聖典 어떤 종교에서 교의의 근본이 되는 책
聖殿 신성한 전당
聖戰 거룩한 사명을 띤 전쟁

수도

水道 상수도
首都 한 나라의 중앙정부가 있는 도시
修道 도를 닦음

수상

手相 손금
水上 물 위
首相 내각의 우두머리
隨想 사물을 대할 때의 느낌이나 떠오르는 생각
受像 텔레비전이나 전송사진 등에서 영상을 전파로 받아 상을 비침
受賞 상을 받음

수석

水石 물과 돌
首席 석차 따위의 제1위
壽石 실내 등에 두고 감상하는 생긴 모양이나 빛깔 · 무늬 따위가 묘하고 아름다운 천연석

수신

受信 금융기관이 고객으로부터 신용을 받는 일, 우편 · 전보 등의 통신을 받음
守身 자기의 본분을 지켜 불의에 빠지지 않도록 함
修身 마음과 행실을 바르게 하도록 심신을 닦음

순종

純種 딴 계통과 섞이지 않은 순수한 종

順從 순순히 복종함

시가

市街 도시의 큰 거리, 또는 번화한 거리
市價 상품이 시장에서 팔리는 값, 시장가격
時價 가격이 바뀌는 상품의 거래할 때의 가격
媤家 시집
詩歌 시와 노래와 창곡을 통틀어 이르는 말

시각

時刻 시간의 흐름 속의 어느 순간
視角 보고 있는 물체의 양 끝에서 눈에 이르는 두 직선이 이루는 각
視覺 오감(五感)의 하나로 물체의 모양이나 빛깔 등을 분간하는 눈의 감각

시비

侍婢 곁에서 시중드는 여자 종
是非 옳고 그름, 잘잘못
施肥 논밭에 거름을 주는 일

시사

時事 그때그때의 세상의 정세나 일어난 일
示唆 미리 암시하여 알려 줌
試寫 영화를 개봉하기 전에 시험적으로 신문기자, 평론가, 제작 관계자 등에게 상영해 보이는 일

시인

時人 그 당시의 사람
詩人 시를 짓는 사람
是認 옳다고 또는 그러하다고 인정함

신축

伸縮 늘이고 줄임
新築 새로 축조하거나 건축함

실례

實例 구체적인 실제의 예
失禮 언행이 예의에 벗어남

실수

實數 유리수와 무리수를 통틀어 이르는 말
失手 부주의로 잘못을 저지름

실정

實情 실제의 사정, 실제의 상황
失政 정치를 잘못함 또는 잘못된 정치

약관

約款 계약이나 조약 등에서 정해진 하나하나의 조항
弱冠 남자의 나이 스무 살

양식

良識 건전한 사고방식, 건전한 판단력
洋食 서양식의 음식, 서양 요리
樣式 역사적 · 사회적으로 자연히 그렇게 정해진 공통의 형식이나 방식
糧食 살아가는 데 필요한 먹을거리, 식량
養殖 물고기 · 굴 · 김 따위의 해산물을 기르고 번식시키는 일

양호

良好 매우 좋음
養護 기르고 보호함

역전

驛前 정거장 앞
逆戰 적으로부터 공격을 받다가 역습하여 싸움
歷戰 여러 차례의 싸움터에서 전투를 겪음, 역전의 용사
逆轉 형세나 순위 따위가 지금까지와는 반대의 상황으로 됨

연기

煙氣 물건이 탈 때 생기는 빛깔이 있는 기체
演技 관객 앞에서 연극·노래·춤·곡예 따위의 재주를 나타내 보임
延期 정해 놓은 기한을 물림

연장

年長 서로 비교하여 나이가 많음
延長 일정 기준보다 길이 또는 시간을 늘임

우수

右手 오른손
雨水 24절기의 하나로 입춘과 경칩 사이 2월 19일경임
憂愁 근심과 걱정
優秀 여럿 가운데 뛰어남

원수

元首 한 나라의 최고 통치권을 가진 사람
元帥 군인의 가장 높은 계급, 오성장군
怨讐 자기 또는 자기 집이나 나라에 해를 끼쳐 원한이 맺힌 사람

유지

有志 어떤 일에 관심이나 뜻이 있는 사람, 지역 유지
油脂 동·식물에서 얻는 기름을 통틀어 이르는 말
油紙 기름을 먹인 종이
乳脂 유지방
遺志 죽은 이가 생전에 이루지 못하고 남긴 뜻
維持 어떤 상태를 그대로 지니어 감

이성

理性 사물의 이치를 논리적으로 생각하고 판단하는 마음의 작용

이해

異姓 다른 성
異性 남성 쪽에서 본 여성, 또는 여성 쪽에서 본 남성을 이르는 말

이해

利害 이익과 손해
理解 사리를 분별하여 앎

인도

人道 사람이 다니는 길, 인간으로서 마땅히 지켜야 할 도리
印度 인디아의 한자음 표기
引渡 물건이나 권리 따위를 남에게 넘겨줌
引導 가르쳐 일깨움

인상

人相 사람의 얼굴 생김새와 골격
印象 외래의 사물이 사람의 마음에 주는 감각
引上 끌어 올림, 값을 올림

인정

人情 사람이 본디 지니고 있는 온갖 감정, 남을 생각하고 도와주는 따뜻한 마음씨
仁政 어진 정치
認定 옳다고 믿고 정함

일정

日程 그날에 할 일, 또는 그 분량이나 차례
一定 정해져 있어 바뀌거나 달라지지 않고 한결같음

장관

壯觀 굉장하여 볼만한 경관
長官 국무를 맡아보는 행정 각부의 책임자
將官 장수

재고

在庫 창고에 있음
再考 한 번 정한 일을 다시 한 번 생각함

재화

災禍 재앙과 화난
財貨 재물
載貨 차나 배에 화물을 실음

적기

赤旗 붉은 빛의 기
適期 알맞은 시기
敵機 적의 비행기
摘記 요점만 뽑아 적음, 또는 그 기록

전경

全景 전체의 경치
前景 눈앞에 펼쳐져 보이는 경치
戰警 전투 경찰대

전공

全功 모든 공로나 공적
前功 전에 세운 공로나 공적
電工 전기공업
戰功 전투에서 세운 공로
專攻 어느 일정한 부문에 대하여 전문적으로 연구함

전기

前期 어떤 기간을 두 기(期)로 나누었을 때 그 앞의 기간
傳奇 있을 수 없는 기이한 일을 내용으로 한 이야기
傳記 한 개인의 일생의 활동을 적을 기록
電氣 전자의 이동으로 생기는 에너지의 한 형태
轉機 사물이나 형세가 어떤 상태에서 다른 상태로 변하는 계기

전기

前記 앞에 기록함
轉記 어떤 기재사항을 한 장부에서 다른 장부로 옮기어 적음

전례

典例 전거(典據)가 되는 선례
典禮 왕실 또는 나라의 의식
前例 이전의 사례, 선례

전반

全般 통틀어 모두, 여러 가지 것의 전부
前半 전체를 둘로 나누었을 때 앞부분이 되는 절반

전시

全市 시(市)의 전체
戰時 전쟁을 하고 있는 때
展示 물품 따위를 늘어놓아 보임

전원

田園 논밭과 동산, 시골이나 도시의 교외
全員 전체의 인원
電源 전력을 공급하는 원천

절감

切感 절실히 느낌, 깊이 느낌
節減 아껴서 줄임

절개

節槪 옳은 일을 지키어 뜻을 굽히지 않는 굳건한 마음이나 태도
切開 치료를 위해 칼·가위 따위로 몸의 일부를 째어서 엶

접수

接收 돈이나 물건 따위를 받음

接受 공문서 따위의 서류나, 구두로 신청한 사실들을 처리하기 위하여 받아들임

정교

正敎 바른 종교
政敎 정치와 종교
精巧 기계나 세공물 따위가 아주 세세한 부분까지 정밀하게 잘 되어 있음
情交 친밀하게 사귐, 또는 그런 교제

정당

正當 바르고 마땅함, 이치가 당연함
政黨 정치상의 이념이나 이상을 함께 하는 사람들이 정권을 잡아 그 이념이나 이상을 실현하기 위하여 모인 단체
精當 매우 자세하고 마땅함

정도

正道 올바른 길, 바른 도리
征途 여행길, 전쟁이나 경기에 나가는 길
定道 저절로 정해져 변하지 않는 도리
政道 정치의 방침
程道 알맞은 한도
精度 정밀도
精到 매우 정묘한 경지에 다다름

정사

正史 정확한 사실을 바탕으로 하여 편찬한 역사
正邪 바른 일과 사악한 일
政事 정치에 관한 일, 행정에 관한 일
情史 남녀의 애정에 관한 기록, 연애를 다룬 소설
情事 남녀 간의 사랑에 관한 일
情思 남녀가 서로 사랑하는 마음
正射 활 따위를 정면에서 쏨, 수학에서 수직으로 투영하는 일
靜思 조용히 생각함

정원

正員 어떤 조직체 따위에서 정식 인원으로서의 자격을 가지고 있는 사람
定員 일정한 규정에 따라 정해진 인원
庭園 잘 가꾸어 놓은 넓은 뜰

정전

正殿 임금이 나와서 조회를 하던 궁전
征戰 출정하여 싸움
停電 송전이 한때 끊어짐
停戰 교전 중이던 두 나라가 합의에 의해 한때 어떤 지역 또는 전역에 걸쳐 전투행위를 그치는 일

제명

題銘 책머리에 쓰는 제사(題詞)와 기물에 새기는 명
題名 책이나 시문 따위의 표제의 이름
除名 명부에서 결격자 등의 이름을 빼어 버림

제재

題材 예술작품이나 학술연구 따위에서 주제의 재료가 되는 것
制裁 어떤 태도나 행위에 대한 대응으로 불이익이나 벌을 줌
製材 베어 낸 나무를 켜서 각목·널빤지 따위를 만듦

조리

條理 어떤 일이나 말·글 등에서 앞뒤가 들어맞고 체계가 서는 갈피
調理 음식·거처·동작 등을 알맞게 하여 몸을 보살피고 병을 다스림
笊籬 쌀을 이는 데 쓰는 기구

조선

祖先 조상

朝鮮 이성계가 고려를 멸하고 세운 나라
造船 배를 건조함

조정

朝廷 임금의 나라의 정치를 집행하던 곳
漕艇 보트를 저음
調定 조사하여 확정함
調停 분쟁을 중간에서 화해시킴
調整 고르지 못한 것이나 과부족이 있는 것 따위를 알맞게 조절하여 정상상태가 되게 함

조화

弔花 조상(弔喪)하는 뜻으로 바치는 꽃
造化 천지자연의 이치
造花 종이나 헝겊 따위로 만든 꽃
彫花 도자기에 꽃무늬를 새김
調和 대립이나 어긋남이 없이 서로 잘 어울림

존속

尊屬 부모와 그 항렬 이상의 친족
存續 계속 존재함, 그대로 있음

주간

晝間 낮 동안
週間 월요일부터 일요일까지 한 주일 동안
主幹 어떤 일을 주장하여 맡아 처리함, 또는 그 사람
週刊 한 주일마다 한 번씩 펴냄, 또는 그 간행물

중복

中伏 삼복(三伏)의 두 번째 복날
重複 거듭함, 겹침, 이중

중지

中指 가운데 손가락
中智 보통의 슬기

지

衆志 뭇사람의 뜻이나 생각
中止 일을 중도에서 그만둠

지각

地角 땅의 한 모퉁이라는 뜻으로 땅의 맨 끝
地殼 지구의 표층을 이루고 있는 단단한 부분
遲刻 정해진 시각보다 늦음
知覺 느끼어 앎, 깨달음

지급

至急 매우 급함
支給 어떤 특정한 조건을 갖춘 사람에게 돈이나 물품 따위를 내줌

지대

至大 더없이 큼
地代 남의 토지를 빌린 사람이 빌려 준 사람에게 무는 세
地帶 자연적 또는 인위적으로 한정된 일정한 구역

지도

地圖 지구 표면의 일부나 전부를 일정한 축척에 따라 평면 위에 나타낸 그림
指導 어떤 목적이나 방향에 따라 가르치어 이끎

지성

至性 더없이 착한 성질
至聖 지덕을 아울러 갖추어 더없이 뛰어난 성인
知性 사물을 알고 생각하고 판단하는 능력
至誠 지극한 정성

지원

支院 지방법원이나 가정법원 등에 따로 분설된 하부 기관
支援 뒷받침하거나 편들어서 도움, 원조함

至願 지극히 바람, 또는 그러한 소원
志願 뜻하여 바람

진정

眞情 거짓이 없는 참된 정이나 애틋한 마음
眞正 참으로, 바로, 정말
陳情 실정을 털어놓고 말함
鎭定 반대 세력이나 기세 따위를 억눌러서 평정함
鎭靜 흥분이나 아픔 따위를 가라앉힘

천재

天才 태어날 때부터 갖춘 뛰어난 재주, 또는 그런 재주를 가진 사람
天災 자연현상으로 일어나는 재난
淺才 얕은 재주나 꾀

초대

初代 어떤 계통의 첫 번째 사람
招待 남을 청하여 대접함

초상

初喪 사람이 죽어서 장사 지내기까지의 일
肖像 그림이나 사진 따위에 나타난 어떤 사람의 얼굴이나 모습

최고

最古 가장 오래됨
最高 가장 높음
催告 법률상 일정한 결과를 일으키기 위하여 상대편의 행위 또는 불행위를 재촉하는 일

추상

秋霜 가을의 찬 서리
抽象 개별적인 사물이나 구체적인 개념으로부터 공통적인 요소를 뽑아 일반적인 개념으로 파악함

추상

追想 지나간 일을 생각하고 그리워함
推想 앞으로 올 일 등을 미루어 생각함

축전

祝典 축하하는 의식이나 식전
祝電 축하의 뜻을 나타낸 전보
蓄電 전기를 모아 둠

취사

炊事 음식을 장만하는 일
取捨 쓸 것은 쓰고 버릴 것은 버림

치부

恥部 남에게 알리고 싶지 않은 부끄러운 부분
致富 재물을 모아 부자가 됨
置簿 금전이나 물품의 출납을 적어 넣음

타도

他道 당사자가 살고 있지 않거나 관계가 없는 행정 구역상의 다른 도
打倒 어떤 대상이나 세력을 때리어 거꾸러뜨림

탄성

彈性 외부로부터 힘을 받아 모양이 달라진 물체가 그 힘이 없어지면 다시 본디의 모양으로 되돌아가려 하는 성질
歎聲 탄식하는 소리

탈모

脫毛 털이 빠짐
脫帽 모자를 벗음

탈취

脫臭 냄새를 뺌
奪取 남의 것을 억지로 빼앗아 가짐

통화

通貨 한 나라 안에서 통용되고 있는 화폐를 통틀어 이르는 말

通話 전화로 말을 주고받음

특수

特秀 특별히 빼어남, 특히 우수함

特需 특별한 수요

特殊 보통과 아주 다름, 특별함

파다

頗多 자못 많음, 매우 많음

播多 소문이 널리 퍼져 있음

표지

表紙 책의 겉장

標紙 증거의 표로 글을 적은 종이

標識 다른 것과 구별하여 알게 하는 데 필요한 표시나 특징

필적

筆跡 손수 쓴 글씨나 그림의 형적

匹敵 재주나 힘 따위가 엇비슷하여 서로 견줄만함

해독

害毒 나쁜 영향을 끼치는 요소, 해와 독

解毒 독기를 풀어서 없앰

解讀 알기 쉽도록 풀어서 읽음

향수

香水 향료를 알코올 따위에 풀어서 만든 액체 화장품의 한 가지

鄕愁 고향을 그리워하는 마음이나 시름

享受 복이나 혜택 따위를 받아서 누림

현상

現狀 현재의 상태, 지금의 형편

現象 지각할 수 있는 사물의 모양이나 형태

現像 형상을 나타냄, 촬영한 필름이나 인화지 따위를 약품으로 처리하여 영상이 드러나게 하는 일

懸賞 어떤 목적으로 조건을 붙여 상금이나 상품을 내거는 일

호기

好期 꼭 좋은 시기, 알맞은 시기

好機 무슨 일을 하는 데 좋은 기회

浩氣 호연한 기운

豪氣 씩씩한 기상, 호방한 기상

好奇 신기한 것에 흥미를 가짐

呼氣 내쉬는 숨, 날숨

혼수

昏睡 정신없이 혼혼히 잠듦

婚需 혼인에 드는 물품 또는 비용

회기

回忌 해마다 돌아오는 기일

回期 돌아올 시기

會期 집회나 회의 따위가 열리는 시기

회유

回遊 두루 돌아다니며 유람함

懷柔 어루만져 달램, 잘 구슬려 따르게 함

훈장

訓長 글방의 선생님

勳章 훈공이 있는 사람에게 국가에서 표창하기 위하여 내리는 휘장

동자이음어 　동음이의어

ㄱ

賈
성	가	賈氏(가씨)	
장사	고	賈人(고인)	商賈扇(상고선)

邯
사람이름	감	姜邯贊(강감찬)	
조나라서울	한	邯鄲之步(한단지보)	

降
내릴	강	降雨量(강우량)	昇降機(승강기)
항복할	항	降伏(항복)	投降(투항)

更
다시	갱	更新(갱신)	更年期(갱년기)
고칠	경	變更(변경)	更迭(경질)

車
수레	거	自轉車(자전거)	停車場(정거장)
수레	차	駐車(주차)	途中下車(도중하차)

乾
하늘	건	乾性(건성)	乾坤一擲(건곤일척)
마를	간	乾物(간물)	

見
볼	견	見解(견해)	見物生心(견물생심)
뵈올	현	謁見(알현)	

串
땅이름	곶	長山串(장산곶)	
꿸	관	石串洞(석관동)	

廓
둘레	곽	輪廓(윤곽)	外廓(외곽)
클	확	廓淸(확청)	

龜
땅이름	구	龜尾市(구미시)	
거북	귀	龜甲(귀갑)	
터질	균	龜裂(균열)	

金
쇠	금	金錢(금전)	金庫(금고)
성	김	金氏(김씨)	

ㄴ

奈
어찌	내	奈何(내하)	莫無可奈(막무가내)
나락	나	奈落(나락)	

ㄷ

茶
차	다	茶房(다방)	茶菓(다과)
차	차	綠茶(녹차)	紅茶(홍차)

讀
읽을	독	讀書(독서)	晝耕夜讀(주경야독)
구절	두	吏讀(이두)	句讀點(구두점)

糖
엿	당	糖分(당분)	血糖(혈당)
사탕	탕	砂糖(사탕)	雪糖(설탕)

度
법도	도	溫度(온도)	難易度(난이도)
헤아릴	탁	忖度(촌탁)	度支部(탁지부)

ㄹ

洞
골	동	洞窟(동굴)	空洞(공동)
꿰뚫을	통	洞達(통달)	洞察(통찰)

樂
즐거울	락	快樂(쾌락)	娛樂(오락)
풍류	악	音樂(음악)	樂譜(악보)
좋아할	요	樂山樂水(요산요수)	

率
비율	률	確率(확률)	比率(비율)
거느릴	솔	率直(솔직)	統率力(통솔력)

ㅁ

畝
밭이랑	묘	農畝(농묘)	田畝(전묘)
밭이랑	무	頃畝法(경무법)	

ㅂ

否
아닐	부	否定(부정)	曰可曰否(왈가왈부)
막힐	비	否運(비운)	否塞(비색)

不
아닐	불	不滿(불만)	不良輩(불량배)
아닐	부	不正(부정)	優柔不斷(우유부단)

洑
보	보	洑稅(보세)	
스며흐를	복	洑流(복류)	

復
돌아올	복	復學(복학)	原狀回復(원상회복)
다시	부	復興(부흥)	復活節(부활절)

北
북녘	북	北韓(북한)	北極星(북극성)
달아날	배	敗北(패배)	

ㅅ

殺
죽일	살	殺害(살해)	殺身成仁(살신성인)
빠를	쇄	殺到(쇄도)	相殺(상쇄)

狀
형상	상	狀況(상황)	現狀(현상)
문서	장	令狀(영장)	表彰狀(표창장)

塞
변방	새	要塞(요새)	塞翁之馬(새옹지마)
막힐	색	窮塞(궁색)	政局梗塞(정국경색)

索
찾을	색	探索(탐색)	索引(색인)
동아줄	삭	索莫(삭막)	鐵索(철삭)

說
말씀	설	說明(설명)	說往說來(설왕설래)
달랠	세	誘說(유세)	
기쁠	열	說樂(열락)	

省
살필	성	反省(반성)	人事不省(인사불성)
덜	생	省略(생략)	

數	셈	수	數學(수학)	算數(산수)
	자주	삭	數尿症(삭뇨증)	
宿	잘	숙	宿泊(숙박)	寄宿舍(기숙사)
	별자리	수	星宿(성수)	
拾	주울	습	拾得(습득)	收拾(수습)
	열	십	拾億(십억)	
食	밥	식	飮食(음식)	弱肉强食(약육강식)
	먹일	사	簞食(단사)	蔬食(소사)
識	알	식	常識(상식)	知識産業(지식산업)
	표할	지	標識(표지)	
惡	악할	악	惡緣(악연)	惡戰苦鬪(악전고투)
	미워할	오	惡寒(오한)	憎惡(증오)
若	같을	약	萬若(만약)	明若觀火(명약관화)
	반야	야	般若心經(반야심경)	
於	어조사	어	於此彼(어차피)	甚至於(심지어)
	탄식할	오	於乎(오호)	於戲(오희)
易	바꿀	역	貿易(무역)	易地思之(역지사지)
	쉬울	이	容易(용이)	簡易驛(간이역)
咽	목구멍	인	咽喉(인후)	耳鼻咽喉科(이비인후과)
	목멜	열	硬咽(경열)	嗚咽(오열)
刺	찌를	자	刺客(자객)	諷刺(풍자)
	찌를	척	刺殺(척살)	
炙	구울	자	膾炙(회자)	
	구울	적	散炙(산적)	魚炙(어적)
切	끊을	절	切斷(절단)	切望(절망)
	온통	체	一切(일체)	
繰	야청	조	繰絲(조사)	繰綿(조면)
	고치켤	소	繰絹(소견)	
辰	별	진	日辰(일진)	壬辰倭亂(임진왜란)
	때	신	生辰(생신)	誕辰(탄신)
什	세간	집	什器(집기)	什物(집물)
	열사람	십	什長(십장)	
差	다를	차	差異(차이)	人種差別(인종차별)
	어긋날	치	參差(참치)	

參	참여할	참	參加(참가)	情狀參酌(정상참작)
	석	삼	參十(삼십)	
拓	넓힐	척	拓土(척토)	干拓地(간척지)
	박을	탁	拓本(탁본)	
醋	식초	초	醋醬(초장)	食醋(식초)
	술권할	작	酬醋(수작)	
推	밀	추	推進(추진)	推薦書(추천서)
	밀	퇴	推敲(퇴고)	
則	법칙	칙	法則(법칙)	不規則(불규칙)
	곧	즉	則效(즉효)	然則(연즉)
沈	잠길	침	沈默(침묵)	景氣沈滯(경기침체)
	성	심	沈淸傳(심청전)	
宅	집	택	宅地(택지)	共同住宅(공동주택)
	집	댁	宅內(댁내)	
槌	던질	퇴	槌擊(퇴격)	鐵槌(철퇴)
	망치	추	槌鑿(추착)	
便	편할	편	便安(편안)	郵便(우편)
	똥오줌	변	便祕(변비)	用便(용변)
布	베	포	宣傳布告(선전포고)	布帳馬車(포장마차)
	보시	보	布施(보시)	
暴	사나울	폭	暴行(폭행)	暴風雨(폭풍우)
	모질	포	暴虐(포학)	自暴自棄(자포자기)
馮	성	풍	馮夷(풍이)	
	탈	빙	馮據(빙거)	馮虛(빙허)
皮	가죽	피	皮膚(피부)	鐵面皮(철면피)
	가죽	비	鹿皮(녹비)	
行	다닐	행	旅行(여행)	飛行機(비행기)
	항렬	항	行列(항렬)	行伍(항오)
活	살	활	活潑(활발)	活力素(활력소)
	물소리	괄	活活(괄괄)	
滑	미끄러울	활	圓滑(원활)	潤滑油(윤활유)
	익살스러울	골	滑稽(골계)	

5-1 잘못 읽기 쉬운 한자 · · ·

可憐	가련(O)	가린(X)	團欒	단란(O)	단락(X)	拔萃	발췌(O)	발졸(X)
苛斂	가렴(O)	가검(X)	撞着	당착(O)	동착(X)	拔擢	발탁(O)	발요(X)
恪別	각별(O)	격별(X)	對蹠	대척(O)	대서(X)	拜謁	배알(O)	배갈(X)
角逐	각축(O)	각추(X)	對峙	대치(O)	대지(X)	範疇	범주(O)	범수(X)
看做	간주(O)	간고(X)	宅內	댁내(O)	택내(X)	兵站	병참(O)	병점(X)
間歇	간헐(O)	간흠(X)	陶冶	도야(O)	도치(X)	報酬	보수(O)	보주(X)
減殺	감쇄(O)	감살(X)	瀆職	독직(O)	속직(X)	布施	보시(O)	포시(X)
甘蔗	감자(O)	감저(X)	獨擅	독천(O)	독단(X)	補塡	보전(O)	포진(X)
槪括	개괄(O)	개활(X)	冬眠	동면(O)	동안(X)	復活	부활(O)	복활(X)
改悛	개전(O)	개준(X)	遁走	둔주(O)	돈주(X)	分泌	분비(O)	분필(X)
改竄	개찬(O)	개서(X)	滿腔	만강(O)	만공(X)	不尠	불선(O)	불감(X)
坑道	갱도(O)	항도(X)	蔓延	만연(O)	만정(X)	不朽	불후(O)	불구(X)
更生	갱생(O)	경생(X)	邁進	매진(O)	만진(X)	沸騰	비등(O)	불등(X)
更張	경장(O)	갱장(X)	盟誓	맹세(O)	맹서(X)	使嗾	사주(O)	사족(X)
更迭	경질(O)	갱질(X)	明哲	명석(O)	명철(X)	社稷	사직(O)	사목(X)
汨沒	골몰(O)	일몰(X)	明澄	명징(O)	명증(X)	奢侈	사치(O)	사다(X)
刮目	괄목(O)	활목(X)	木瓜	모과(O)	목과(X)	撒布	살포(O)	산포(X)
敎唆	교사(O)	교준(X)	木鐸	목탁(O)	목택(X)	三昧	삼매(O)	삼미(X)
交驩	교환(O)	교관(X)	夢寐	몽매(O)	몽침(X)	相殺	상쇄(O)	상살(X)
口腔	구강(O)	구공(X)	杳然	묘연(O)	항연(X)	上梓	상재(O)	상자(X)
句讀	구두(O)	구독(X)	毋論	무론(O)	모론(X)	省略	생략(O)	성략(X)
拘碍	구애(O)	구득(X)	無聊	무료(O)	무류(X)	棲息	서식(O)	처식(X)
句節	구절(O)	귀절(X)	未洽	미흡(O)	미합(X)	先塋	선영(O)	선형(X)
救恤	구휼(O)	구혈(X)	撲滅	박멸(O)	업멸(X)	葉氏	섭씨(O)	엽씨(X)
詭辯	궤변(O)	위변(X)	反駁	반박(O)	반교(X)	洗淨	세정(O)	세쟁(X)
旗幟	기치(O)	기식(X)	反哺	반포(O)	반보(X)	洗滌	세척(O)	세조(X)
鹿茸	녹용(O)	녹이(X)	潑剌	발랄(O)	발자(X)	贖罪	속죄(O)	독죄(X)

한자	(O)	(X)	한자	(O)	(X)	한자	(O)	(X)
殺到	쇄도(O)	살도(X)	沮止	저지(O)	차지(X)	洞察	통찰(O)	동찰(X)
水洗	수세(O)	수선(X)	傳播	전파(O)	전번(X)	推敲	퇴고(O)	추고(X)
示唆	시사(O)	시준(X)	點睛	점정(O)	점청(X)	派遣	파견(O)	파유(X)
辛辣	신랄(O)	신극(X)	接吻	접문(O)	접물(X)	破綻	파탄(O)	파정(X)
軋轢	알력(O)	알락(X)	正鵠	정곡(O)	정호(X)	敗北	패배(O)	패북(X)
謁見	알현(O)	갈견(X)	造詣	조예(O)	조지(X)	膨脹	팽창(O)	팽장(X)
隘路	애로(O)	익로(X)	措置	조치(O)	차치(X)	平坦	평탄(O)	평단(X)
領袖	영수(O)	영유(X)	躊躇	주저(O)	수저(X)	閉塞	폐색(O)	폐한(X)
誤謬	오류(O)	오륙(X)	眞摯	진지(O)	진집(X)	暴惡	포악(O)	폭악(X)
嗚咽	오열(O)	명인(X)	叱責	질책(O)	힐책(X)	捕捉	포착(O)	포촉(X)
惡寒	오한(O)	악한(X)	執拗	집요(O)	집유(X)	標識	표지(O)	표식(X)
訛傳	와전(O)	화전(X)	斬新	참신(O)	점신(X)	割引	할인(O)	활인(X)
渦中	와중(O)	과중(X)	懺悔	참회(O)	섬회(X)	陜川	합천(O)	협천(X)
外艱	외간(O)	외난(X)	刺殺	척살(O)	자살(X)	肛門	항문(O)	홍문(X)
要塞	요새(O)	요색(X)	喘息	천식(O)	서식(X)	降將	항장(O)	강장(X)
容喙	용훼(O)	용탁(X)	鐵槌	철퇴(O)	철추(X)	偕老	해로(O)	개로(X)
遊說	유세(O)	유설(X)	諦念	체념(O)	제념(X)	解弛	해이(O)	해야(X)
吟味	음미(O)	금미(X)	涕泣	체읍(O)	제읍(X)	享樂	향락(O)	형락(X)
凝結	응결(O)	의결(X)	寵愛	총애(O)	용애(X)	忽然	홀연(O)	총연(X)
義捐	의연(O)	의손(X)	撮影	촬영(O)	최영(X)	花瓣	화판(O)	화변(X)
移徙	이사(O)	이도(X)	秋毫	추호(O)	추모(X)	花卉	화훼(O)	화에(X)
溺死	익사(O)	약사(X)	衷心	충심(O)	애심(X)	廓然	확연(O)	곽연(X)
一括	일괄(O)	일활(X)	熾熱	치열(O)	직열(X)	恍惚	황홀(O)	광홀(X)
一擲	일척(O)	일정(X)	鍼術	침술(O)	함술(X)	橫暴	횡포(O)	횡폭(X)
剩餘	잉여(O)	승여(X)	拓本	탁본(O)	척본(X)	欣快	흔쾌(O)	근쾌(X)
自矜	자긍(O)	자금(X)	度地	탁지(O)	도지(X)	詰責	힐책(O)	길책(X)
箴言	잠언(O)	함언(X)	綻露	탄로(O)	정로(X)			
將帥	장수(O)	장사(X)	彈劾	탄핵(O)	탄효(X)			

5-2 틀리기 쉬운 한자 …

佳	아름다울	가	百年佳約(백년가약)
往	갈	왕	說往說來(설왕설래)
住	살	주	衣食住(의식주)

假	거짓	가	假面(가면)
暇	겨를/틈	가	休暇(휴가)

各	각각	각	各種(각종)
名	이름	명	姓名(성명)

干	방패/막을	간	干涉(간섭)
于	어조사	우	于先(우선)

減	덜	감	加減(가감)
滅	멸할	멸	滅亡(멸망)

甲	갑옷	갑	甲富(갑부)
申	납	신	申告(신고)

綱	벼리	강	三綱五倫(삼강오륜)
網	그물	망	聯絡網(연락망)

槪	대개	개	概念(개념)
慨	슬퍼할	개	憤慨(분개)

客	손	객	顧客(고객)
容	얼굴	용	容恕(용서)

巨	클	거	巨人(거인)
臣	신하	신	臣下(신하)

擧	들	거	選擧(선거)
譽	기릴	예	名譽(명예)

檢	검사할	검	檢事(검사)
儉	검소할	검	儉素(검소)
險	험할	험	危險(위험)

堅	굳을	견	堅固(견고)
緊	긴할	긴	緊急(긴급)

驚	놀랄	경	驚異(경이)
警	경계할	경	警戒(경계)

經	지날	경	經濟(경제)
徑	지름길	경	直徑(직경)

孤	외로울	고	孤獨(고독)
派	갈래	파	派兵(파병)
狐	여우	호	九尾狐(구미호)

苦	쓸	고	苦生(고생)
若	같을	약	萬若(만약)

曲	굽을	곡	曲線(곡선)
典	법	전	法典(법전)

困	곤할	곤	困難(곤란)
囚	가둘	수	罪囚(죄수)
因	인할	인	因緣(인연)

功	공	공	功勞(공로)
切	끊을	절	切斷(절단)

橋	다리	교	橋梁(교량)
僑	더부살이	교	僑胞(교포)
矯	바로잡을	교	矯導所(교도소)

具貝	갖출	구	家具(가구)
	조개	패	貝類(패류)

郡群	고을	군	郡守(군수)
	무리	군	群衆(군중)

卷券	책	권	壓卷(압권)
	문서	권	旅券(여권)

勸觀歡	권할	권	勸告(권고)
	볼	관	觀覽(관람)
	기쁠	환	歡迎(환영)

級吸	등급	급	等級(등급)
	마실	흡	吸收(흡수)

給絡	줄	급	給與(급여)
	이을	락	脈絡(맥락)

己已巳	몸	기	知彼知己(지피지기)
	이미	이	已往之事(이왕지사)
	뱀	사	乙巳條約(을사조약)

起赴	일어날	기	起床(기상)
	나아갈	부	赴任(부임)

踏蹈	밟을	답	現地踏査(현지답사)
	밟을	도	舞蹈會(무도회)

大太犬	큰	대	大學(대학)
	클	태	太陽(태양)
	개	견	忠犬(충견)

代伐	대신	대	代表(대표)
	칠	벌	伐草(벌초)

待侍	기다릴	대	待避(대피)
	모실	시	內侍(내시)

刀力	칼	도	果刀(과도)
	힘	력	力道(역도)

端瑞	끝	단	末端(말단)
	상서	서	祥瑞(상서)

徒徙	무리	도	徒步(도보)
	옮길	사	移徙(이사)

讀贖續	읽을	독	讀書(독서)
	속바칠	속	贖罪(속죄)
	이을	속	繼續(계속)

剌刺	어그러질	랄	潑剌(발랄)
	찌를	자	刺戟(자극)

郎朗	사내	랑	新郎(신랑)
	밝을	랑	明朗(명랑)

旅族施旋	나그네	려	旅行(여행)
	겨레	족	族譜(족보)
	베풀	시	施工(시공)
	돌	선	旋盤(선반)

歷曆	지낼	력	歷史(역사)
	책력	력	陰曆(음력)

老考孝	늙을	로	老人(노인)
	생각할	고	思考(사고)
	효도	효	孝女(효녀)

綠緣錄祿	푸를	록	綠茶(녹차)
	인연	연	因緣(인연)
	기록할	록	登錄(등록)
	녹	록	貫祿(관록)

論	논할	론	論爭(논쟁)
倫	인륜	륜	人倫(인륜)
輪	바퀴	륜	輪廓(윤곽)
栗	밤	률	栗谷(율곡)
粟	조	속	粟米(속미)
末	끝	말	末期(말기)
未	아닐	미	未來(미래)
免	면할	면	免除(면제)
兔	토끼	토	龜毛兔角(귀모토각)
眠	잠잘	면	睡眠(수면)
眼	눈	안	眼鏡(안경)
明	밝을	명	明暗(명암)
朋	벗	붕	朋友有信(붕우유신)
侮	업신여길	모	侮辱(모욕)
悔	뉘우칠	회	悔改(회개)
暮	저물	모	朝三暮四(조삼모사)
墓	무덤	묘	國立墓地(국립묘지)
幕	장막	막	園頭幕(원두막)
慕	그리워할	모	追慕(추모)
微	작을	미	微力(미력)
徵	부를	징	徵用(징용)
徽	아름다울	휘	徽章(휘장)
密	빽빽할	밀	密着(밀착)
蜜	꿀	밀	蜜柑(밀감)
辯	말씀	변	辯論(변론)
辨	분별할	변	辨償(변상)

薄	엷을	박	淺薄(천박)
簿	문서	부	帳簿(장부)
拍	칠	박	拍手(박수)
泊	배댈	박	民泊(민박)
排	밀칠	배	排球(배구)
俳	배우	배	俳優(배우)
復	돌아올	복	復學(복학)
複	겹칠	복	複製(복제)
佛	부처	불	佛敎(불교)
拂	떨칠	불	支拂(지불)
比	견줄	비	比率(비율)
此	이	차	此後(차후)
貧	가난할	빈	貧富(빈부)
貪	탐할	탐	貪慾(탐욕)
唆	부추길	사	示唆(시사)
俊	준걸	준	俊傑(준걸)
士	선비	사	博士(박사)
土	흙	토	土地(토지)
祀	제사	사	祭祀(제사)
祝	빌	축	祝福(축복)
思	생각	사	思想(사상)
恩	은혜	은	恩惠(은혜)
師	스승	사	敎師(교사)
帥	장수	수	將帥(장수)
象	코끼리	상	形象(형상)
像	형상	상	銅像(동상)

恕	용서할	서	容恕(용서)
怒	성낼	노	憤怒(분노)
暑	더울	서	處暑(처서)
署	관청	서	支署(지서)
宣	베풀	선	宣言(선언)
宜	마땅	의	宜當(의당)
釋	풀	석	解釋(해석)
譯	번역할	역	飜譯(번역)
澤	못	택	惠澤(혜택)
擇	가릴	택	選擇(선택)
姓	성	성	姓名(성명)
性	성품	성	性格(성격)
俗	풍속	속	風俗(풍속)
裕	넉넉할	유	富裕(부유)
遂	이룰	수	完遂(완수)
逐	쫓을	축	逐出(축출)
熟	익을	숙	熟達(숙달)
熱	더울	열	熱氣(열기)
崇	높을	숭	崇高(숭고)
宗	마루	종	宗敎(종교)
僧	중	승	僧侶(승려)
憎	미울	증	憎惡(증오)
增	더할	증	增減(증감)
矢	화살	시	弓矢(궁시)
失	잃을	실	失手(실수)
仰	우러를	앙	信仰(신앙)
抑	누를	억	抑壓(억압)
哀	슬플	애	哀痛(애통)
衷	속마음	충	苦衷(고충)
衰	쇠할	쇠	衰退(쇠퇴)
治	다스릴	치	政治(정치)
冶	불릴	야	冶金(야금)
讓	사양할	양	讓步(양보)
壤	흙덩이	양	土壤(토양)
壞	무너질	괴	破壞(파괴)
懷	품을	회	懷抱(회포)
孃	아가씨	양	金孃(김양)
捐	버릴	연	捐金(연금)
損	덜	손	損失(손실)
延	늘일	연	延期(연기)
廷	조정	정	法廷(법정)
葉	잎	엽	葉書(엽서)
棄	버릴	기	抛棄(포기)
午	낮	오	正午(정오)
牛	소	우	牛乳(우유)
烏	까마귀	오	烏鵲橋(오작교)
鳥	새	조	鳥類(조류)
島	섬	도	獨島(독도)
穩	편안할	온	平穩(평온)
隱	숨을	은	隱退(은퇴)
雨	비	우	雨傘(우산)
兩	두	량	兩者(양자)

| 遺遣 | 남길 | 유 | 遺言(유언) |
| | 보낼 | 견 | 派遣(파견) |

| 泣位 | 울 | 읍 | 泣訴(읍소) |
| | 자리 | 위 | 位置(위치) |

| 日曰 | 날 | 일 | 日曜日(일요일) |
| | 가로 | 왈 | 孔子曰(공자왈) |

| 任仕 | 맡길 | 임 | 任務(임무) |
| | 섬길 | 사 | 奉仕(봉사) |

| 炙灸 | 구울 | 자 | 膾炙(회자) |
| | 뜸 | 구 | 鍼灸(침구) |

栽裁載戴	심을	재	栽培(재배)
	마를	재	獨裁(독재)
	실을	재	積載(적재)
	일	대	戴冠式(대관식)

| 積績 | 쌓을 | 적 | 積金(적금) |
| | 길쌈 | 적 | 業績(업적) |

| 滴摘 | 물방울 | 적 | 硯滴(연적) |
| | 딸 | 적 | 摘要(적요) |

| 折析 | 꺾을 | 절 | 折半(절반) |
| | 쪼갤 | 석 | 分析(분석) |

| 弟第 | 아우 | 제 | 弟子(제자) |
| | 차례 | 제 | 落第(낙제) |

| 燥操 | 마를 | 조 | 乾燥(건조) |
| | 잡을 | 조 | 操作(조작) |

晝書畫	낮	주	晝夜(주야)
	글	서	書店(서점)
	그림	화	畫家(화가)

| 柱桂 | 기둥 | 주 | 柱石(주석) |
| | 계수나무 | 계 | 桂樹(계수) |

枝枚技	가지	지	全枝(전지)
	낱	매	枚數(매수)
	재주	기	技能(기능)

| 陳陣 | 늘어놓을 | 진 | 陳列(진열) |
| | 진칠 | 진 | 敵陣(적진) |

| 津律 | 나루 | 진 | 松津(송진) |
| | 법칙 | 률 | 法律(법률) |

| 且旦 | 또 | 차 | 苟且(구차) |
| | 아침 | 단 | 元旦(원단) |

| 撤徹 | 거둘 | 철 | 撤收(철수) |
| | 통할 | 철 | 貫徹(관철) |

淸請晴	맑을	청	淸潔(청결)
	청할	청	請託(청탁)
	갤	청	快晴(쾌청)

招紹昭	부를	초	招待(초대)
	이을	소	紹介(소개)
	밝을	소	昭詳(소상)

| 村材 | 마을 | 촌 | 江村(강촌) |
| | 재목 | 재 | 材料(재료) |

| 墜墮 | 떨어질 | 추 | 墜落(추락) |
| | 떨어질 | 타 | 墮落(타락) |

| 衝衡 | 찌를 | 충 | 衝動(충동) |
| | 저울대 | 형 | 平衡(평형) |

枕	베개	침	枕木(침목)
沈	잠길	침/성 심	沈默(침묵)

濁	흐릴	탁	混濁(혼탁)
燭	촛불	촉	華燭(화촉)
獨	홀로	독	獨立(독립)

脫	벗을	탈	脫出(탈출)
稅	세금	세	稅金(세금)
悅	기쁠	열	喜悅(희열)
說	말씀	설	說明(설명)
設	베풀	설	建設(건설)

他	다를	타	他鄕(타향)
地	땅	지	地球(지구)

探	찾을	탐	探究(탐구)
深	깊을	심	深夜(심야)

閉	닫을	폐	閉鎖(폐쇄)
閑	한가할	한	閑暇(한가)

弊	해질	폐	弊端(폐단)
幣	비단	폐	貨幣(화폐)

抱	안을	포	抱擁(포옹)
泡	물거품	포	水泡(수포)
胞	세포	포	細胞(세포)

捕	잡을	포	捕虜(포로)
浦	개	포	浦港(포항)
補	기울	보	補修(보수)
鋪	펼/가게	포	店鋪(점포)

抗	겨룰	항	抗議(항의)
坑	구덩이	갱	坑道(갱도)

項	항목	항	項目(항목)
頃	잠깐	경	頃刻(경각)

旱	가물	한	旱氣(한기)
早	이를	조	早退(조퇴)

鄕	시골	향	故鄕(고향)
卿	벼슬	경	樞機卿(추기경)

幸	다행	행	幸福(행복)
辛	매울	신	辛辣(신랄)

刑	형벌	형	刑罰(형벌)
形	모양	형	形態(형태)
刊	새길	간	出刊(출간)

亨	형통할	형	亨通(형통)
享	누릴	향	享樂(향락)

活	살	활	死活(사활)
浩	넓을	호	浩蕩(호탕)

互	서로	호	互稱(호칭)
瓦	기와	와	瓦全(와전)

悔	뉘우칠	회	悔改(회개)
梅	매화	매	梅花(매화)
侮	업신여길	모	侮辱(모욕)
海	바다	해	東海(동해)

侯	제후	후	諸侯(제후)
候	기후	후	氣候(기후)

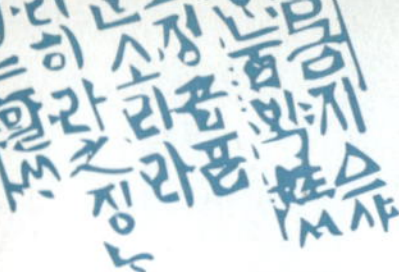

6-1 장음으로 발음되는 한자 ···

한자	훈	음	장음:	
ㄱ				
可	옳을	가:	可能(가능)	可否(가부)
佳	아름다울	가:	佳實(가실)	佳景(가경)
架	시렁	가:	架設(가설)	架橋(가교)
假	거짓	가:	假說(가설)	假定(가정)
姦	간음할	간:	姦通(간통)	強姦(강간)
懇	간절할	간:	懇切(간절)	懇請(간청)
減	덜	감:	減縮(감축)	減量(감량)
敢	감히/구태여	감:	敢鬪(감투)	敢行(감행)
感	느낄	감:	感激(감격)	感謝(감사)
講	욀	강:	講義(강의)	講壇(강단)
介	낄	개:	介入(개입)	介在(개재)
改	고칠	개:	改革(개혁)	改選(개선)
蓋	덮을	개:	蓋石(개석)	蓋瓦(개와)
慨	슬퍼할	개:	慨歎(개탄)	慨世(개세)
概	대개	개:	概念(개념)	概論(개론)
塏	높은땅	개:	塏塏(개개)	
更	다시	갱:	更新(갱신)	更生(갱생)
去	갈	거:	去就(거취)	去勢(거세)
巨	클	거:	巨人(거인)	巨物(거물)
拒	막을	거:	拒否(거부)	拒絕(거절)
距	떨어질	거:	距離(거리)	
據	근거	거:	據點(거점)	
擧	들	거:	擧國(거국)	擧動(거동)

한자	훈	음	장음:	
建	세울	건:	建國(건국)	建物(건물)
健	굳셀	건:	健康(건강)	健全(건전)
鍵	열쇠/자물쇠	건:	鍵盤(건반)	鍵盤樂器(건반악기)
儉	검소할	검:	儉素(검소)	儉約(검약)
劍	칼	검:	劍道(검도)	劍客(검객)
檢	검사할	검:	檢事(검사)	檢討(검토)
揭	높이들/걸	게:	揭示(게시)	揭載(게재)
見	볼견:/뵈올현:	見學(견학)	見本(견본)
遣	보낼	견:	遣奠祭(견전제)	
竟	마침내	경:	竟夜(경야)	
敬	공경	경:	敬禮(경례)	敬愛(경애)
慶	경사	경:	慶事(경사)	慶祝(경축)
警	경계할	경:	警戒(경계)	警笛(경적)
鏡	거울	경:	鏡臺(경대)	
競	다툴	경:	競技(경기)	競走(경주)
儆	경계할	경:	儆戒(경계)	儆備(경비)
瓊	구슬	경:	瓊玉(경옥)	瓊團(경단)
系	이을	계:	系統(계통)	系列(계열)
戒	경계할	계:	戒律(계율)	戒嚴令(계엄령)
季	계절	계:	季節(계절)	季節風(계절풍)
界	지경	계:	界面(계면)	界標(계표)
癸	북방/천간	계:	癸亥(계해)	癸未(계미)
契	맺을	계:	契約(계약)	契機(계기)

한자	훈	음	장음	
係	맬	계:	係數(계수)	係長(계장)
計	셀	계:	計算(계산)	計劃(계획)
桂	계수나무	계:	桂樹(계수)	桂皮(계피)
啓	열	계:	啓蒙(계몽)	啓示(계시)
繫	맬	계:	繫留(계류)	繫屬(계속)
繼	이을	계:	繼承(계승)	繼續(계속)
古	예	고:	古典(고전)	古宮(고궁)
告	고할	고:	告訴(고소)	告發(고발)
困	곤할	곤:	困難(곤란)	困境(곤경)
孔	구멍	공:	孔子(공자)	
共	한가지	공:	共同(공동)	共感(공감)
攻	칠	공:	攻擊(공격)	攻守(공수)
供	이바지할	공:	供給(공급)	供託(공탁)
貢	바칠	공:	貢納(공납)	貢獻(공헌)
恐	두려울	공:	恐怖(공포)	恐慌(공황)
果	과실	과:	果實(과실)	果刀(과도)
過	지날	과:	過去(과거)	過速(과속)
誇	자랑할	과:	誇張(과장)	誇示(과시)
寡	적을	과:	寡默(과묵)	寡慾(과욕)
廣	넓을	광:	廣場(광장)	廣野(광야)
鑛	쇳돌	광:	鑛山(광산)	鑛物(광물)
愧	부끄러울	괴:	愧色(괴색)	
壞	무너질	괴:	壞滅(괴멸)	壞血病(괴혈병)
校	학교	교:	校長(교장)	校監(교감)
教	가르칠	교:	教授(교수)	教育(교육)
矯	바로잡을	교:	矯正(교정)	矯導所(교도소)
久	오랠	구:	久遠(구원)	
救	구원할	구:	救出(구출)	救濟(구제)
舊	예	구:	舊面(구면)	舊式(구식)
郡	고을	군:	郡廳(군청)	郡守(군수)
拳	주먹	권:	拳鬪(권투)	拳法(권법)
勸	권할	권:	勸誘(권유)	勸告(권고)
鬼	귀신	귀:	鬼神(귀신)	鬼才(귀재)
貴	귀할	귀:	貴族(귀족)	貴賓(귀빈)
歸	돌아갈	귀:	歸鄕(귀향)	歸省(귀성)
近	가까울	근:	近處(근처)	近況(근황)
僅	겨우	근:	僅少(근소)	僅僅(근근)
謹	삼갈	근:	謹嚴(근엄)	謹愼(근신)
槿	무궁화	근:	槿花(근화)	槿域(근역)
瑾	아름다운옥	근:	瑾瑜匿瑕(근유닉하)	
禁	금할	금:	禁煙(금연)	禁慾(금욕)
錦	비단	금:	錦上添花(금상첨화)	
肯	즐길	긍:	肯定(긍정)	肯志(긍지)
兢	떨릴	긍:	兢懼(긍구)	兢兢業業(긍긍업업)
那	어찌	나:	那落(나락)	那邊(나변)
暖	따뜻할	난:	暖流(난류)	暖冬(난동)
乃	이에	내:	乃祖(내조)	乃至(내지)
內	안	내:	內外(내외)	內容(내용)

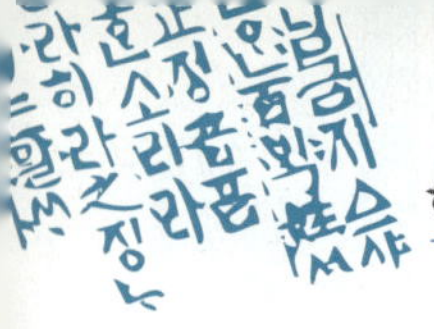

한자	훈	음	장음:	
耐	견딜	내:	耐性(내성)	耐久性(내구성)
念	생각	념:	念慮(염려)	念頭(염두)
怒	성낼	노:	怒髮(노발)	怒色(노색)
但	다만	단:	但只(단지)	但書(단서)
短	짧을	단:	短期(단기)	短命(단명)
斷	끊을	단:	斷絶(단절)	斷念(단념)
膽	쓸개	담:	膽力(담력)	膽囊(담낭)
代	대신	대:	代身(대신)	代表(대표)
待	기다릴	대:	待機(대기)	待避(대피)
貸	빌릴	대:	貸金(대금)	貸出(대출)
對	대할	대:	對話(대화)	對答(대답)
戴	일	대:	戴白(대백)	戴冠式(대관식)
到	이를	도:	到着(도착)	到達(도달)
度	법도	도:	度量(도량)	
倒	넘어질	도:	倒産(도산)	倒壞(도괴)
途	길	도:	途中下車(도중하차)	
道	길/행정	도:	道路(도로)	道廳(도청)
導	인도할	도:	導入(도입)	導出(도출)
洞	골 동:/꿰뚫을 통:		洞窟(동굴)	洞達(통달)
凍	얼	동:	凍傷(동상)	凍結(동결)
動	움직일	동:	動物(동물)	動力(동력)
童	아이	동:	童話(동화)	童謠(동요)
等	무리	등:	等級(등급)	等數(등수)
裸	벗을	라:	裸體(나체)	裸地(나지)

한자	훈	음	장음:	
亂	어지러울	란:	亂暴(난폭)	
爛	빛날	란:	爛發(난발)	爛熟(난숙)
濫	넘칠	람:	濫用(남용)	濫發(남발)
浪	물결	랑:	浪漫(낭만)	
朗	밝을	랑:	朗讀(낭독)	朗報(낭보)
冷	찰	랭:	冷凍(냉동)	冷水(냉수)
兩	두	량:	兩者(양자)	兩國(양국)
勵	힘쓸	려:	勵精(여정)	
呂	법칙	려:	呂宋煙(여송연)	
礪	숫돌	려:	礪山(여산)	礪石(여석)
練	익힐	련:	練習(연습)	練修學院(연수원)
戀	그리워할	련:	戀人(연인)	戀慕(연모)
例	법식	레:	例外(예외)	
禮	예도	례:	禮儀凡節(예의범절)	
醴	단술	례:	醴酒(예주)	醴泉(예천)
老	늙을	로:	老人(노인)	老衰(노쇠)
路	길	로:	路上(노상)	
弄	희롱할	롱:	弄談(농담)	弄奸(농간)
累	묶을	루:	累積(누적)	累計(누계)
淚	눈물	루:	淚液(누액)	淚眼(누안)
屢	여러	루:	屢次(누차)	屢代奉祀(누대봉사)
漏	샐	루:	漏水(누수)	漏電(누전)
柳	버들	류:	柳眉(유미)	柳寬順(유관순)
類	무리	류:	類推(유추)	類例(유례)

한자	훈	음	장음	
里	마을	리:	里長(이장)	
理	다스릴	리:	理念(이념)	理解(이해)
利	이할	리:	利用(이용)	利害得失(이해득실)
離	떠날	리:	離別(이별)	離婚(이혼)
裏	속	리:	裏書(이서)	裏面(이면)
履	밟을	리:	履修(이수)	履行(이행)
李	오얏	리:	李氏(이씨)	李朝(이조)
馬	말	마:	馬車(마차)	馬耳東風(마이동풍)
萬	일만	만:	萬能(만능)	萬物(만물)
晚	늦을	만:	晚學(만학)	晚鍾(만종)
漫	퍼질	만:	漫畫(만화)	漫談(만담)
妄	망령될	망:	妄靈(망령)	妄覺(망각)
望	바랄	망:	望夫石(망부석)	望遠鏡(망원경)
買	살	매:	買入(매입)	買受人(매수인)
孟	맏	맹:	孟子(맹자)	
猛	사나울	맹:	猛獸(맹수)	猛犬(맹견)
免	면할	면:	免除(면제)	免許證(면허증)
面	낯	면:	面會(면회)	面接(면접)
勉	힘쓸	면:	勉學(면학)	勉勵(면려)
冕	면류관	면:	冕服(면복)	冕旒冠(면류관)
俛	구부릴	면:	俛仰(면앙)	俛首(면수)
命	목숨	명:	命令(명령)	
母	어미	모:	母親(모친)	母國(모국)
某	아무	모:	某某(모모)	某氏(모씨)

한자	훈	음	장음	
侮	업신여길	모:	侮辱(모욕)	侮蔑(모멸)
慕	그리워할	모:	慕戀(모련)	慕化(모화)
暮	저물	모:	暮色(모색)	暮雨(모우)
卯	토끼	묘:	卯時(묘시)	
妙	묘할	묘:	妙策(묘책)	妙手(묘수)
苗	싹	묘:	苗木(묘목)	苗種(묘종)
墓	무덤	묘:	墓碑(묘비)	墓所(묘소)
廟	사당	묘:	廟堂(묘당)	廟廷(묘정)
昴	별이름	묘:	昴星(묘성)	
戊	천간	무:	戊夜(무야)	戊辰(무진)
茂	무성할	무:	茂盛(무성)	茂林(무림)
武	굳셀	무:	武士(무사)	武器(무기)
務	힘쓸	무:	務望(무망)	務實(무실)
貿	무역할	무:	貿易(무역)	貿易風(무역풍)
舞	춤출	무:	舞踊(무용)	舞姬(무희)
霧	안개	무:	霧散(무산)	霧露(무로)
問	물을	문:	問題(문제)	問責(문책)
反	돌이킬	반:	反應(반응)	反射(반사)
半	반	반:	半徑(반경)	半導體(반도체)
伴	짝	반:	伴奏(반주)	伴侶者(반려자)
返	돌아올	반:	返品(반품)	返送(반송)
叛	배반할	반:	叛逆(반역)	叛軍(반군)
倣	본뜰	방:	倣似(방사)	倣此(방차)
訪	찾을	방:	訪韓(방한)	訪問客(방문객)

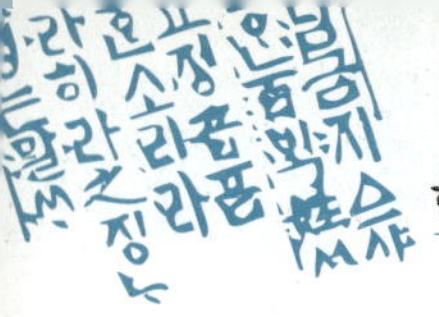

한자	훈	음	장음:	
拜	절	배:	拜上(배상)	拜謁(배알)
背	등	배:	背景(배경)	背反(배반)
倍	곱	배:	倍達(배달)	倍率(배율)
配	짝/나눌	배:	配達(배달)	配匹(배필)
培	북돋을	배:	培養(배양)	培根(배근)
輩	무리	배:	輩出(배출)	輩行(배행)
犯	범할	범:	犯行(범행)	犯罪(범죄)
汎	넓을	범:	汎濫(범람)	汎神論(범신론)
範	법	범:	範圍(범위)	範疇(범주)
辨	분별할	변:	辨償(변상)	辨濟(변제)
辯	말씀	변:	辯論(변론)	辯護士(변호사)
變	변할	변:	變化(변화)	變更(변경)
卞	성	변:	卞急(변급)	卞季良(변계량)
弁	고깔	변:	弁言(변언)	弁髦(변모)
竝	나란히	병:	竝列(병렬)	竝行(병행)
病	병	병:	病名(병명)	病席(병석)
倂	아우를	병:	倂用(병용)	倂合(병합)
昞	밝을	병:	昞月(병월)	
昺	밝을	병:	昺日(병일)	
柄	자루	병:	柄臣(병신)	
秉	잡을	병:	秉權(병권)	秉法(병법)
步	걸음	보:	步幅(보폭)	步兵(보병)
普	넓을	보:	普遍(보편)	普及所(보급소)
補	기울	보:	補修(보수)	補強(보강)

한자	훈	음	장음:	
報	갚을/알릴	보:	報道(보도)	報償(보상)
譜	족보	보:	譜學(보학)	譜所(보소)
寶	보배	보:	寶物(보물)	寶石(보석)
輔	도울	보:	輔導(보도)	輔弼(보필)
復	다시	부:	復興(부흥)	復活節(부활절)
奉	받들	봉:	奉養(봉양)	奉祝(봉축)
鳳	새	봉:	鳳凰(봉황)	鳳德(봉덕)
付	부칠	부:	付託(부탁)	
否	아닐	부:	否定(부정)	否認(부인)
府	관청	부:	府院君(부원군)	
附	붙을	부:	附錄(부록)	附則(부칙)
負	질	부:	負擔(부담)	負債(부채)
副	버금	부:	副業(부업)	副賞(부상)
富	부자	부:	富者(부자)	富豪(부호)
簿	문서	부:	簿記(부기)	
阜	언덕	부:	阜傍(부방)	
傅	스승	부:	傅育(부육)	傅儀(부의)
憤	분할	분:	憤怒(분노)	憤慨(분개)
奮	떨칠	분:	奮發(분발)	奮戰(분전)
比	견줄	비:	比率(비율)	比重(비중)
批	비평할	비:	批評(비평)	批判(비판)
非	아닐	비:	非理(비리)	非難(비난)
肥	살찔	비:	肥沃(비옥)	肥滿(비만)
卑	낮을	비:	卑怯(비겁)	卑俗(비속)

한자	훈	음	장음:	
匪	비적	비:	匪賊(비적)	匪魁(비괴)
祕	숨길	비:	祕密(비밀)	祕訣(비결)
悲	슬플	비:	悲劇(비극)	悲嘆(비탄)
費	쓸	비:	費用(비용)	
備	갖출	비:	備蓄(비축)	備考欄(비고란)
鼻	코	비:	鼻音(비음)	鼻炎(비염)
士	선비	사:	士兵(사병)	士氣(사기)
巳	뱀	사:	巳時(사시)	
四	넉	사:	四季節(사계절)	四君子(사군자)
史	사기	사:	史劇(사극)	史籍(사적)
死	죽을	사:	死別(사별)	死活(사활)
似	같을	사:	似而非(사이비)	
事	일	사:	事業(사업)	事故(사고)
使	하여금/부릴	사:	使臣(사신)	使命感(사명감)
赦	용서할	사:	赦罪(사죄)	赦免(사면)
賜	줄	사:	賜藥(사약)	
謝	사례할	사:	謝過(사과)	謝罪(사죄)
泗	물이름	사:	泗泌城(사비성)	泗川城(사천성)
産	낳을	산:	産業(산업)	産母(산모)
散	흩을	산:	散漫(산만)	散策(산책)
算	셈	산:	算數(산수)	算出(산출)
上	위	상:	上流(상류)	上部(상부)
狀	형상 상/문서	장:	表彰狀(표창장)	
想	생각	상:	想像力(상상력)	

한자	훈	음	장음:	
序	차례	서:	序論(서론)	序幕(서막)
恕	용서할	서:	恕容(서용)	恕免(서면)
庶	여러	서:	庶民(서민)	庶子(서자)
暑	더울	서:	暑夏(서하)	暑退(서퇴)
署	관청	서:	署長(서장)	
瑞	상서	서:	瑞光(서광)	瑞氣(서기)
誓	맹세할	서:	誓約(서약)	誓約書(서약서)
緒	실마리	서:	緒論(서론)	緒戰(서전)
舒	펼	서:	舒遲(서지)	舒川(서천)
善	착할	선:	善惡(선악)	善良(선량)
選	가릴	선:	選擇(선택)	選別(선별)
繕	기울	선:	繕補(선보)	繕寫(선사)
性	성품	성:	性格(성격)	性質(성질)
姓	성	성:	姓名(성명)	姓銜(성함)
盛	성할	성:	盛大(성대)	盛況(성황)
聖	성인	성:	聖經(성경)	聖堂(성당)
世	인간	세:	世界(세계)	世習(세습)
洗	씻을	세:	洗手(세수)	洗面(세면)
細	가늘	세:	細胞(세포)	細菌(세균)
稅	세금	세:	稅金(세금)	稅率(세율)
歲	해	세:	歲月(세월)	歲拜(세배)
勢	형세	세:	勢力(세력)	勢道家(세도가)
貰	세놓을	세:	貰房(세방)	
小	작을	소:	小說(소설)	小便(소변)

한자	훈	음	장음:	
少	적을	소:	少年(소년)	少額(소액)
所	바	소:	所望(소망)	所感(소감)
笑	웃음	소:	笑談(소담)	笑話(소화)
損	덜	손:	損傷(손상)	損失(손실)
送	보낼	송:	送年(송년)	送舊迎新(송구영신)
訟	송사할	송:	訟事(송사)	訴訟(소송)
頌	기릴	송:	頌辭(송사)	頌祝(송축)
宋	송나라	송:	宋書(송서)	宋詩(송시)
刷	인쇄할	쇄:	刷新(쇄신)	
鎖	쇠사슬	쇄:	鎖國政策(쇄국정책)	
數	셈	수:	數學(수학)	數量(수량)
宿	별자리	수:	宿泊(숙박)	宿直(숙직)
順	순할	순:	順序(순서)	順從(순종)
市	저자	시:	市廳(시청)	市民(시민)
示	보일	시:	示威(시위)	示範(시범)
矢	화살	시:	矢石(시석)	矢心(시심)
侍	모실	시:	侍女(시녀)	侍從(시종)
始	처음	시:	始初(시초)	始作(시작)
是	옳을/이	시:	是非(시비)	是認(시인)
屍	주검	시:	屍體(시체)	屍身(시신)
施	베풀	시:	施行(시행)	施工(시공)
視	볼	시:	視力(시력)	視覺(시각)
信	믿을	신:	信用(신용)	信賴(신뢰)
腎	콩팥	신:	腎臟(신장)	腎莖(신경)

한자	훈	음	장음:	
愼	삼갈	신:	愼重(신중)	愼辭(신사)
紳	큰띠	신:	紳士(신사)	紳士服(신사복)
甚	심할	심:	甚難(심난)	甚深(심심)
審	살필	심:	審議(심의)	審理(심리)
瀋	즙/물이름	심:	瀋陽(심양)	
我	나	아:	我軍(아군)	我執(아집)
餓	주릴	아:	餓鬼(아귀)	餓殺(아살)
岸	언덕	안:	岸壁(안벽)	
案	책상	안:	案內(안내)	案件(안건)
眼	눈	안:	眼鏡(안경)	眼科(안과)
雁	기러기	안:	雁信(안신)	雁陳(안진)
顔	낯	안:	顔面(안면)	顔色(안색)
暗	어두울	암:	暗誦(암송)	暗示(암시)
癌	암	암:	癌的(암적)	癌細胞(암세포)
仰	우러를	앙:	仰望(앙망)	仰騰(앙등)
愛	사랑	애:	愛國(애국)	愛人(애인)
也	어조사	야:	也無妨(야무방)	
夜	밤	야:	夜間(야간)	夜勤(야근)
野	들	야:	野黨(야당)	野球(야구)
惹	이끌	야:	惹端(야단)	惹起(야기)
養	기를	양:	養殖(양식)	養育(양육)
壤	흙덩이	양:	壤土(양토)	
讓	사양할	양:	讓步(양보)	讓受(양수)
襄	도울	양:	襄禮(양례)	襄陽郡(양양군)

한자	훈	음	장음:	
御	거느릴	어:	御命(어명)	御用(어용)
語	말씀	어:	語彙(어휘)	語源(어원)
彦	선비	언:	彦士(언사)	彦陽面(언양면)
汝	너	여:	汝等(여등)	汝輩(여배)
與	더불/줄	여:	與否(여부)	與黨(여당)
宴	잔치	연:	宴會席(연회석)	
軟	연할	연:	軟弱(연약)	軟骨(연골)
研	갈	연:	研究(연구)	研修(연수)
硯	벼루	연:	硯滴(연적)	硯池(연지)
演	펼	연:	演技(연기)	演劇(연극)
燕	제비	연:	燕雀(연작)	燕息(연식)
姸	고울	연:	姸人(연인)	姸粧(연장)
衍	넓을	연:	衍文(연문)	
染	물들일	염:	染色(염색)	染料(염료)
厭	싫어할	염:	厭症(염증)	厭忌(염기)
永	길	영:	永遠(영원)	永久(영구)
詠	읊을	영:	詠歌(영가)	詠嘆(영탄)
影	그림자	영:	影像(영상)	影幀(영정)
暎	비칠	영:	暎窓(영창)	
預	맡길/미리	예:	預託(예탁)	預置(예치)
銳	날카로울	예:	銳敏(예민)	銳利(예리)
豫	미리	예:	豫想(예상)	豫見(예견)
藝	재주	예:	藝術(예술)	藝能(예능)
譽	기릴	예:	譽望(예망)	譽聲(예성)

한자	훈	음	장음:	
濊	종족이름	예:	濊貊(예맥)	
睿	슬기	예:	睿德(예덕)	睿哲(예철)
午	낮	오:	午前(오전)	午後(오후)
五	다섯	오:	五月(오월)	五穀(오곡)
汚	더러울	오:	汚物(오물)	汚名(오명)
悟	깨달을	오:	悟道(오도)	
娛	즐길	오:	娛樂(오락)	娛樂室(오락실)
傲	거만할	오:	傲氣(오기)	傲慢(오만)
誤	그르칠	오:	誤解(오해)	誤謬(오류)
墺	물가	오:	墺地利(오지리)	
穩	편안할	온:	穩當(온당)	穩便(온편)
擁	안을	옹:	擁立(옹립)	擁護(옹호)
甕	독	옹:	甕器(옹기)	甕棺(옹관)
瓦	기와	와:	瓦全(와전)	瓦家(와가)
臥	누울	와:	臥床(와상)	臥龍(와룡)
緩	느릴	완:	緩衝(완충)	緩慢(완만)
往	갈	왕:	往來(왕래)	往復(왕복)
旺	왕성할	왕:	旺盛(왕성)	旺運(왕운)
外	바깥	외:	外國(외국)	外部(외부)
畏	두려워할	외:	畏敬(외경)	畏怯(외겁)
用	쓸	용:	用件(용건)	用務(용무)
勇	날랠	용:	勇士(용사)	勇猛(용맹)
又	또	우:	又況(우황)	又重之(우중지)
友	벗	우:	友情(우정)	友邦(우방)

한자	훈	음	장음:	
右	오른	우:	右側 (우측)	右翼 (우익)
宇	집	우:	宇宙 (우주)	宇內 (우내)
羽	깃	우:	羽檄 (우격)	
雨	비	우:	雨傘 (우산)	雨雹 (우박)
偶	짝	우:	偶然 (우연)	偶發 (우발)
佑	도울	우:	佑啓 (우계)	
禹	성	우:	禹王 (우왕)	
運	옮길	운:	運轉 (운전)	運送 (운송)
韻	운	운:	韻律 (운율)	韻文 (운문)
怨	원망할	원:	怨恨 (원한)	怨望 (원망)
援	도울	원:	援助 (원조)	援用 (원용)
遠	멀	원:	遠近 (원근)	遠視 (원시)
願	원할	원:	願望 (원망)	願書 (원서)
有	있을	유:	有無 (유무)	有效 (유효)
裕	넉넉할	유:	裕福 (유복)	裕足 (유족)
閏	윤달	윤:	閏年 (윤년)	閏月 (윤월)
潤	윤택할	윤:	潤澤 (윤택)	潤氣 (윤기)
允	맏	윤:	允許 (윤허)	允可 (윤가)
飮	마실	음:	飮食 (음식)	飮料水 (음료수)
凝	엉길	응:	凝固 (응고)	凝結 (응결)
應	응할	응:	應答 (응답)	應用 (응용)
意	뜻	의:	意見 (의견)	意圖 (의도)
義	옳을	의:	義理 (의리)	義絶 (의절)
二	두	이:	二月 (이월)	二等 (이등)

한자	훈	음	장음:	
已	이미	이:	已往 (이왕)	已決 (이결)
以	써	이:	以上 (이상)	以下 (이하)
耳	귀	이:	耳順 (이순)	
異	다를	이:	異變 (이변)	異論 (이론)
貳	두	이:	貳極 (이극)	
珥	귀걸이	이:	李珥 (이이)	
壬	북방	임:	壬方 (임방)	壬坐 (임좌)
賃	품삯	임:	賃金 (임금)	賃貸料 (임대료)
妊	아이밸	임:	妊娠 (임신)	妊産婦 (임산부)
刺	찌를	자:	刺戟 (자극)	刺客 (자객)
姿	모양	자:	姿勢 (자세)	姿態 (자태)
恣	방자할	자:	恣行 (자행)	恣樂 (자락)
紫	자줏빛	자:	紫朱 (자주)	紫外線 (자외선)
諮	물을	자:	諮問 (자문)	諮問機關 (자문기관)
丈	어른	장:	丈母 (장모)	丈人 (장인)
壯	씩씩할	장:	壯觀 (장관)	壯烈 (장렬)
掌	손바닥	장:	掌匣 (장갑)	掌握 (장악)
葬	장사지낼	장:	葬地 (장지)	葬禮式 (장례식)
奬	장려할	장:	奬勵 (장려)	奬學金 (장학금)
在	있을	재:	在職 (재직)	在庫 (재고)
再	두	재:	再建 (재건)	再考 (재고)
宰	재상	재:	宰相 (재상)	宰臣 (재신)
栽	심을	재:	栽培 (재배)	
載	실을	재:	載積 (재적)	

한자	훈	음	장음	
低	낮을	저:	低價(저가)	低俗(저속)
底	밑	저:	底力(저력)	底意(저의)
抵	막을	저:	抵觸(저촉)	抵抗(저항)
沮	막을	저:	沮喪(저상)	沮止線(저지선)
著	나타날	저:	著者(저자)	著述(저술)
貯	쌓을	저:	貯蓄(저축)	貯金(저금)
典	법	전:	典型(전형)	典禮(전례)
展	펼	전:	展望(전망)	展開(전개)
電	번개	전:	電氣(전기)	電力(전력)
殿	전각	전:	殿閣(전각)	殿堂(전당)
錢	돈	전:	錢主(전주)	
戰	싸움	전:	戰爭(전쟁)	戰術(전술)
轉	구를	전:	轉學(전학)	轉勤(전근)
店	가게	점:	店鋪(점포)	店員(점원)
漸	점점	점:	漸漸(점점)	漸次(점차)
定	정할	정:	定價(정가)	定款(정관)
整	가지런할	정:	整列(정렬)	整頓(정돈)
鄭	나라	정:	鄭重(정중)	鄭聲(정성)
弟	아우	제:	弟子(제자)	弟婦(제부)
制	마를	제:	制御(제어)	制動(제동)
帝	임금	제:	帝王(제왕)	帝國(제국)
第	차례	제:	第一(제일)	第三者(제삼자)
祭	제사	제:	祭祀(제사)	祭物(제물)
製	지을	제:	製品(제품)	製鐵(제철)

한자	훈	음	장음	
濟	건널	제:	濟度(제도)	濟州道(제주도)
弔	조상할	조:	弔旗(조기)	弔意(조의)
早	이를	조:	早熟(조숙)	早産(조산)
助	도울	조:	助言(조언)	助力(조력)
造	지을	조:	造成(조성)	造景(조경)
釣	낚시	조:	釣魚(조어)	釣臺(조대)
照	비칠	조:	照度(조도)	照準(조준)
趙	나라	조:	趙光祖(조광조)	
左	왼	좌:	左右(좌우)	左翼(좌익)
坐	앉을	좌:	坐視(좌시)	坐藥(좌약)
佐	도울	좌:	佐郞(좌랑)	佐平(좌평)
座	자리	좌:	座席(좌석)	座談(좌담)
罪	허물	죄:	罪囚(죄수)	罪人(죄인)
住	살	주:	住所(주소)	住居(주거)
宙	집	주:	宇宙(우주)	宇宙船(우주선)
注	물댈	주:	注目(주목)	注視(주시)
奏	아뢸	주:	奏請(주청)	
駐	머무를	주:	駐屯(주둔)	駐在(주재)
俊	준걸	준:	俊傑(준걸)	俊秀(준수)
准	비준	준:	准尉(준위)	准將(준장)
準	준할	준:	準備(준비)	準據(준거)
遵	좇을	준:	遵守(준수)	遵據(준거)
埈	가파를	준:	埈高(준고)	
峻	높을	준:	峻嚴(준엄)	峻險(준험)

한자	훈	음	장음:	
浚	깊게할	준:	浚渫(준설)	浚井(준정)
濬	깊을	준:	濬川(준천)	濬池(준지)
駿	준마	준:	駿馬(준마)	駿驄(준총)
重	무거울	중:	重複(중복)	重態(중태)
衆	무리	중:	衆論(중론)	衆生(중생)
振	떨칠	진:	振動(진동)	振幅(진폭)
陳	늘어놓을	진:	陳列(진열)	陳腐(진부)
進	나아갈	진:	進路(진로)	進步(진보)
盡	다할	진:	盡心(진심)	盡力(진력)
震	우레	진:	震怒(진노)	震度(진도)
晋	진나라	진:	晋州市(진주시)	
且	또	차:	且說(차설)	且置(차치)
借	빌릴	차:	借名(차명)	借款(차관)
贊	도울	찬:	贊成(찬성)	贊助(찬조)
讚	기릴	찬:	讚揚(찬양)	讚辭(찬사)
燦	빛날	찬:	燦然(찬연)	燦爛(찬란)
璨	옥빛	찬:	璨幽(찬유)	
唱	부를	창:	唱劇(창극)	唱法(창법)
創	비롯할	창:	創造(창조)	創設(창설)
敞	시원할	창:	敞然(창연)	
採	캘	채:	採集(채집)	採取(채취)
彩	채색	채:	彩色(채색)	彩畫(채화)
債	빚	채:	債權者(채권자)	債務者(채무자)
埰	사패지	채:	埰地(채지)	

한자	훈	음	장음:	
蔡	성	채:	蔡濟恭(채제공)	
采	풍채	채:	采色(채색)	
處	곳	처:	處理(처리)	處所(처소)
悽	슬퍼할	처:	悽慘(처참)	悽絶(처절)
淺	얕을	천:	淺薄(천박)	淺狹(천협)
踐	밟을	천:	踐修(천수)	踐踏(천답)
賤	천할	천:	賤民(천민)	賤待(천대)
遷	옮길	천:	遷都(천도)	遷移(천이)
薦	천거할	천:	薦擧(천거)	
村	마을	촌:	村長(촌장)	村落(촌락)
總	다	총:	總括(총괄)	總點(총점)
最	가장	최:	最高(최고)	最新(최신)
催	재촉할	최:	催淚彈(최루탄)	催眠術(최면술)
吹	불	취:	吹笛(취적)	吹奏(취주)
取	가질	취:	取消(취소)	取扱(취급)
臭	냄새	취:	臭氣(취기)	臭敗(취패)
就	나아갈	취:	就業(취업)	就職(취직)
醉	취할	취:	醉客(취객)	醉中(취중)
趣	뜻	취:	趣向(취향)	趣旨(취지)
炊	불땔	취:	炊事(취사)	炊飯(취반)
聚	모을	취:	聚落(취락)	聚合(취합)
致	이를	치:	致賀(치하)	致死(치사)
置	둘	치:	置重(치중)	
寢	잘	침:	寢室(침실)	寢臺(침대)

한자	훈	음	장음	
ㅌ				
打	칠	타:	打倒(타도)	打擊(타격)
妥	온당할	타:	妥當(타당)	妥協(타협)
墮	떨어질	타:	墮落(타락)	墮淚(타루)
炭	숯	탄:	炭鑛(탄광)	炭素(탄소)
誕	낳을/거짓	탄:	誕生(탄생)	誕辰(탄신)
彈	탄알	탄:	彈丸(탄환)	彈劾(탄핵)
歎	탄식할	탄:	歎息(탄식)	歎服(탄복)
湯	끓을	탕:	湯藥(탕약)	湯劑(탕제)
態	모양	태:	態度(태도)	
痛	아플	통:	痛症(통증)	痛快(통쾌)
統	거느릴	통:	統制(통제)	統合(통합)
退	물러날	퇴:	退勤(퇴근)	退院(퇴원)
ㅍ				
破	깨뜨릴	파:	破壞(파괴)	破産(파산)
罷	파할	파:	罷免(파면)	罷職(파직)
貝	조개	패:	貝類(패류)	貝物(패물)
敗	패할	패:	敗者(패자)	敗北(패배)
霸	으뜸	패:	霸氣(패기)	霸權(패권)
評	평할	평:	評價(평가)	評判(평판)
肺	허파	폐:	肺病(폐병)	肺癌(폐암)
閉	닫을	폐:	閉鎖(폐쇄)	閉校(폐교)
廢	폐할	폐:	廢棄(폐기)	廢止(폐지)
弊	해질	폐:	弊端(폐단)	弊習(폐습)
幣	비단	폐:	幣物(폐물)	幣帛(폐백)
抛	던질	포:	抛棄(포기)	抛擲(포척)

한자	훈	음	장음	
抱	안을	포:	抱擁(포옹)	抱負(포부)
捕	잡을	포:	捕虜(포로)	捕獲(포획)
砲	대포	포:	砲擊(포격)	砲兵(포병)
飽	배부를	포:	飽和(포화)	飽食(포식)
品	물건	품:	品性(품성)	品格(품격)
彼	저	피:	彼此(피차)	彼岸(피안)
被	입을	피:	被殺(피살)	被襲(피습)
避	피할	피:	避身(피신)	避姙(피임)
ㅎ				
下	아래	하:	下落(하락)	下流(하류)
夏	여름	하:	夏至(하지)	夏季(하계)
賀	하례	하:	賀禮(하례)	賀客(하객)
旱	가물	한:	旱氣(한기)	旱路(한로)
恨	한할	한:	恨歎(한탄)	
限	한계	한:	限界(한계)	限度(한도)
漢	한나라	한:	漢字(한자)	漢文(한문)
翰	편지	한:	翰林院(한림원)	翰林別曲(한림별곡)
陷	빠질	함:	陷穽(함정)	陷落(함락)
艦	큰배	함:	艦艇(함정)	艦隊(함대)
抗	겨룰	항:	抗議(항의)	抗爭(항쟁)
巷	거리	항:	巷間(항간)	巷談(항담)
航	배	항:	航海(항해)	航路(항로)
港	항구	항:	港口(항구)	港灣(항만)
項	항목	항:	項目(항목)	
害	해할	해:	害毒(해독)	害惡(해악)

한자	훈	음	장음:	
海	바다	해:	海邊(해변)	海軍(해군)
解	풀	해:	解決(해결)	解釋(해석)
杏	살구	행:	杏花(행화)	杏林(행림)
向	향할	향:	向上(향상)	向後(향후)
享	누릴	향:	享樂(향락)	享有(향유)
響	울릴	향:	響應(향응)	
憲	법	헌:	憲法(헌법)	憲兵(헌병)
獻	바칠	헌:	獻血(헌혈)	獻納(헌납)
險	험할	험:	險難(험난)	險惡(험악)
驗	시험할	험:	驗算(험산)	驗左(험좌)
現	나타날	현:	現代(현대)	現實(현실)
縣	고을	현:	縣監(현감)	縣令(현령)
懸	매달	현:	懸案(현안)	懸板(현판)
顯	나타날	현:	顯著(현저)	顯示(현시)
峴	고개	현:	峴底洞(현저동)	
炫	밝을	현:	炫惑(현혹)	炫耀(현요)
惠	은혜	혜:	惠澤(혜택)	
慧	슬기로울	혜:	慧眼(혜안)	慧悟(혜오)
戶	집	호:	戶主(호주)	戶口(호구)
互	서로	호:	互選(호선)	互換(호환)
好	좋을	호:	好感(호감)	好材(호재)
虎	범	호:	虎狼(호랑)	虎口(호구)
浩	넓을	호:	浩蕩(호탕)	浩氣(호기)
號	이름	호:	號數(호수)	號俸(호봉)

한자	훈	음	장음:	
護	보호할	호:	護送(호송)	護身術(호신술)
扈	따를	호:	扈從(호종)	扈衛(호위)
昊	하늘	호:	昊天(호천)	昊天罔極(호천망극)
晧	밝을	호:	晧旰(호간)	
浩	넓을	호:	浩然之氣(호연지기)	
皓	흴	호:	皓皓(호호)	皓月(호월)
鎬	호경	호:	鎬京(호경)	
混	섞을	혼:	混合(혼합)	混亂(혼란)
貨	재물	화:	貨幣(화폐)	
畫	그림	화:	畫家(화가)	畫像(화상)
禍	재앙	화:	禍根(화근)	
患	근심	환:	患者(환자)	患亂(환란)
換	바꿀	환:	換率(환율)	換錢(환전)
況	하물며	황:	況且(황차)	
悔	뉘우칠	회:	悔心(회심)	悔恨(회한)
會	모일	회:	會社(회사)	會議(회의)
孝	효도	효:	孝心(효심)	孝行(효행)
效	본받을	효:	效果(효과)	效用(효용)
曉	새벽	효:	曉星(효성)	曉月(효월)
厚	두터울	후:	厚生(후생)	厚謝(후사)
後	뒤	후:	後世(후세)	後退(후퇴)
后	임금	후:	后稷(후직)	
訓	가르칠	훈:	訓練(훈련)	訓示(훈시)
毁	헐	훼:	毁損(훼손)	毁謗(훼방)

6-2 장·단음으로 발음되는 한자 ···

한자	장음	단음
街 거리 가(ː)	街道(가도) 街頭行進(가두행진)	街路燈(가로등)
肝 간 간(ː)	肝癌(간암) 肝炎(간염)	肝腸(간장)
間 사이 간(ː)	間食(간식) 間接(간접)	間隔(간격)
簡 대쪽 간(ː)	簡紙(간지) 簡易驛(간이역)	簡略(간략) 簡潔(간결)
強 강할 강(ː)	強盜(강도) 強制(강제)	強力(강력) 強大國(강대국)
個 낱 개(ː)	個性(개성) 個體(개체)	個人(개인)
景 볕 경(ː)	景福宮(경복궁)	景致(경치)
考 생각할 고(ː)	考試(고시)	考察(고찰)
故 연고 고(ː)	故人(고인) 故意的(고의적)	故鄕(고향)
菓 과자/실과 과(ː)	菓品(과품)	菓子(과자)
貫 꿸 관(ː)	貫祿(관록)	貫通(관통) 貫徹(관철)
怪 괴이할 괴(ː)	怪物(괴물) 怪談(괴담)	怪異(괴이)
口 입 구(ː)	口號(구호) 口頭(구두)	口文(구문)
具 갖출 구(ː)	具氏(구씨)	具備書類(구비서류)
勤 부지런할 근(ː)	勤勉(근면) 勤勞者(근로자)	勤苦(근고)
難 어려울 난(ː)	難堪(난감)	難關(난관)
大 큰 대(ː)	大勢(대세)	大田(대전)
帶 띠 대(ː)	帶同(대동) 帶妻僧(대처승)	帶紋(대문) 帶分數(대분수)
冬 겨울 동(ː)	冬眠(동면)	冬至(동지)
來 올 래(ː)	來賓(내빈)	來年(내년) 來日(내일)
料 헤아릴 료(ː)	料金(요금)	料理(요리)
麻 삼 마(ː)	麻雀(마작)	麻衣(마의) 麻布(마포)
滿 찰 만(ː)	滿員(만원)	滿足(만족)
每 매양 매(ː)	每年(매년) 每事(매사)	每日(매일)
賣 팔 매(ː)	賣店(매점)	賣買(매매)
聞 들을 문(ː)	聞見(문견) 聞道(문도)	聞慶(문경)
未 아닐 미(ː)	未滿(미만) 未來(미래)	未安(미안)
美 아름다울 미(ː)	美術(미술)	美國(미국)
迷 미혹할 미(ː)	迷路(미로) 迷夢(미몽)	迷惑(미혹) 迷兒(미아)
放 놓을 방(ː)	放送局(방송국)	放學(방학)

凡 무릇 범(:)	장음	凡例(범례)	
	단음	凡節(범절)	
保 지킬 보(:)	장음	保管(보관)	
	단음	保證(보증)	
符 부호 부(:)	장음	符籍(부적)	
	단음	符節(부절)	
分 나눌 분(:)	장음	分量(분량)	
	단음	分斷(분단)	分明(분명)
粉 가루 분(:)	장음	粉紅色(분홍색)	
	단음	粉筆(분필)	粉末(분말)
仕 섬길 사(:)	장음	仕宦(사환)	
	단음	仕途(사도)	
思 생각 사(:)	장음	思想(사상)	
	단음	思考(사고)	思春期(사춘기)
尙 오히려 상(:)	장음	尙古(상고) 尙武(상무)	
	단음	尙宮(상궁)	
喪 잃을 상(:)	장음	喪妻(상처)	
	단음	喪失(상실) 喪服(상복) 喪家(상가)	
徐 천천할 서(:)	장음	徐行(서행) 徐步(서보)	
	단음	徐羅伐(서라벌)	
素 본디/흴 소(:)	장음	素服(소복)	
	단음	素質(소질)	
掃 쓸 소(:)	장음	掃除(소제)	掃地(소지)
	단음	掃射(소사)	掃蕩(소탕)
燒 사를 소(:)	장음	燒紙(소지)	
	단음	燒却(소각)	
孫 손자 손(:)	장음	孫世(손세)	
	단음	孫女(손녀)	
手 손 수(:)	장음	手巾(수건)	
	단음	手術(수술)	

試 시험 시(:)	장음	試圖(시도)	
	단음	試驗(시험)	試合(시합)
亞 버금 아(:)	장음	亞流(아류)	亞熱帶(아열대)
	단음	亞鉛(아연)	
雅 맑을 아(:)	장음	雅量(아량)	雅號(아호)
	단음	雅樂(아악)	
沿 물가/따를 연(:)	장음	沿革(연혁)	
	단음	沿海(연해)	沿岸漁業(연안어업)
映 비칠 영(:)	장음	映窓(영창)	
	단음	映像(영상)	映畫(영화)
要 요긴할 요(:)	장음	要塞(요새)	
	단음	要所(요소)	
爲 할 위(:)	장음	爲民(위민)	
	단음	爲主(위주)	
任 맡길 임(:)	장음	任務(임무)	任期(임기)
	단음	任氏(임씨)	
暫 잠깐 잠(:)	장음	暫時(잠시)	暫許(잠허)
	단음	暫間(잠간)	暫見(잠견)
長 긴 장(:)	장음	長男(장남)	長幼有序(장유유서)
	단음	長點(장점)	長期(장기)
將 장수/장차 장(:)	장음	將校(장교)	將兵(장병)
	단음	將軍(장군)	將來(장래)
占 차지할/점칠점(:)	장음	占有(점유)	占領軍(점령군)
	단음	占星術(점성술)	
點 점 점(:)	장음	點射(점사)	點心(점심)
	단음	點燈(점등)	點火裝置(점화장치)
井 우물 정(:)	장음	井邑詞(정읍사)	
	단음	井華水(정화수)	
正 바를 정(:)	장음	正直(정직)	正義(정의)
	단음	正月(정월)	正初(정초)

한자	훈·음		용례	
操	잡을 조(:)	장음	操業(조업)	操心(조심)
		단음	操作(조작)	操縱士(조종사)
從	좇을 종(:)	장음	從兄(종형)	
		단음	從來(종래)	
種	씨 종(:)	장음	種類(종류)	種別(종별)
		단음	種子(종자)	種族保存(종족보존)
仲	버금 중(:)	장음	仲氏(중씨)	仲兄(중형)
		단음	仲媒(중매)	仲介(중개)
津	나루 진(:)	장음	津液(진액)	
		단음	津渡(진도)	
鎭	진압할 진(:)	장음	鎭火(진화)	
		단음	鎭靜劑(진정제)	
遮	가릴 차(:)	장음	遮路(차로)	遮斷器(차단기)
		단음	遮陽(차양)	遮光(차광)
斬	벨 참(:)	장음	斬首(참수)	斬刑(참형)
		단음	斬新(참신)	
昌	창성할 창(:)	장음	昌盛(창성)	昌德宮(창덕궁)
		단음	昌運(창운)	
倉	곳집 창(:)	장음	倉卒(창졸)	
		단음	倉庫(창고)	
針	바늘 침(:)	장음	針母(침모)	針線(침선)
		단음	針葉樹(침엽수)	
吐	토할 토(:)	장음	吐血(토혈)	
		단음	吐露(토로)	
討	칠 토(:)	장음	討論(토론)	討議(토의)
		단음	討伐(토벌)	

한자	훈·음		용례	
播	뿌릴 파(:)	장음	播種(파종)	
		단음	播植(파식)	播多(파다)
片	조각 편(:)	장음	片紙紙(편지지)	
		단음	片道(편도)	片面(편면)
便	편할 편(:)	장음	便紙(편지)	
		단음	便利(편리)	
布	베 포(:)	장음	布敎(포교)	
		단음	布帳馬車(포장마차)	
包	쌀 포(:)	장음	包攝(포섭)	包括的(포괄적)
		단음	包裝(포장)	包含(포함)
胞	세포 포(:)	장음	胞胎(포태)	
		단음	胞子(포자)	
汗	땀 한(:)	장음	汗蒸(한증)	汗腺(한선)
		단음	汗蒸幕(한증막)	
韓	나라이름 한(:)	장음	韓服(한복)	韓藥(한약)
		단음	韓氏(한씨)	
行	다닐 행(:)	장음	行實(행실)	
		단음	行動(행동)	行進(행진)
火	불 화(:)	장음	火傷(화상)	
		단음	火曜日(화요일)	
化	될 화(:)	장음	化石(화석)	
		단음	化學(화학)	化粧品(화장품)
興	일어날 흥(:)	장음	興味津津(흥미진진)	
		단음	興奮(흥분)	興亡盛衰(흥망성쇠)

7 사자성어 …

1 3급
街談巷說
가 담 항 설
길거리나 세상 사람들 사이에 떠도는 근거 없는 이야기, 세상에 떠도는 뜬 소문
유 街談巷議(가담항의)
　道聽塗說(도청도설)

2 1급
苛斂誅求
가 렴 주 구
관리가 가혹하게 세금을 거두거나 백성의 재물을 억지로 빼앗음
유 苛政猛於虎(가정맹어호)
　塗炭之苦(도탄지고)

3 3급Ⅱ
佳人薄命
가 인 박 명
아름다운 사람은 명이 짧다는 뜻으로, 여자의 용모가 너무 아름다우면 운명이 기박하고 명이 짧다는 말
유 美人薄命(미인박명)
　紅顔薄命(홍안박명)

4 3급
刻骨難忘
각 골 난 망
입은 은혜에 대한 고마운 마음이 뼈에까지 사무쳐 잊혀지지 아니함
유 白骨難忘(백골난망)
　結草報恩(결초보은)

5 4급Ⅱ
角者無齒
각 자 무 치
뿔이 있는 놈은 이가 없다는 뜻으로, 한 사람이 모든 복을 겸하지는 못함

6 3급
刻舟求劍
각 주 구 검
칼을 강물에 떨어뜨리자 뱃전에 그 자리를 표시했다가 나중에 그 칼을 찾으려 한다는 뜻으로, 판단력이 둔하여 세상일에 어둡고 어리석다는 뜻
유 守株待兎(수주대토)

7 2급
肝膽相照
간 담 상 조
간과 쓸개를 내놓고 서로에게 내보인다는 뜻으로, 서로 마음을 터놓고 친밀하게 사귐

8 4급
敢不生心
감 불 생 심
힘이 부치어 감히 마음을 먹지 못함
유 敢不生意(감불생의)
　焉敢生心(언감생심)

9 4급
甘言利說
감 언 이 설
달콤한 말과 새로운 이야기란 뜻으로, 남의 비위에 맞도록 꾸민 달콤한 말과 이로운 조건을 내세워 남을 꾀하는 말
유 巧言令色(교언영색)

10 3급Ⅱ
感之德之
감 지 덕 지
이를 감사하게 생각하고 이를 덕으로 생각한다는 뜻으로, 대단히 고맙게 여김

11 1급
甘吞苦吐
감 탄 고 토
달면 삼키고 쓰면 뱉는다는 뜻으로, 사리에 옳고 그름을 돌보지 않고 자기 비위에 맞으면 취하고 싫으면 버린다는 뜻

12 3급Ⅱ
甲男乙女
갑 남 을 녀
甲이라는 남자와 乙이라는 여자라는 뜻으로, 신분이나 이름이 알려지지 아니한 그저 평범한 사람들을 이르는 말
유 匹夫匹婦(필부필부), 張三李四(장삼이사), 善男善女(선남선녀)

13 1급
甲論乙駁
갑 론 을 박
甲이 논하면 乙이 논박한다는 뜻으로, 여러 사람이 서로 논란하고 반박함

14 4급Ⅱ
江湖煙波
강 호 연 파
강이나 호수 위에 안개처럼 보얗게 이는 잔물결로 산수의 좋은 경치를 말함
유 清風明月(청풍명월)
　山紫水明(산자수명)

15 3급Ⅱ
改過遷善
개 과 천 선
지난날의 잘못을 고치어 착하게 됨
유 改過自新(개과자신)

16 3급Ⅱ
蓋世之才
개 세 지 재
세상을 마음대로 다스릴만한 뛰어난 재주

17 1급
去頭截尾
거 두 절 미
머리와 꼬리를 잘라버린다는 뜻으로, 군더더기 말을 빼고 요점만 말함
유 單刀直入(단도직입)

18 4급
居安思危
거 안 사 위
평안할 때에도 위험과 곤란이 닥칠 것을 생각하며 잊지말고 미리 대비해야 함
유 有備無患(유비무환)

19 3급
擧案齊眉
거 안 제 미
밥상을 눈썹 높이로 들어 공손히 남편 앞에 가지고 간다는 뜻으로, 남편을 깍듯이 공경함을 일컫는 말

20 3급Ⅱ
車載斗量
거 재 두 량
수레에 싣고 말(斗)로 될 수 있는 정도라는 뜻으로, 물건이 아주 많음을 비유함

21 1급
乾坤一擲
건 곤 일 척
하늘이냐 땅이냐를 한 번 던져서 결정한다는 뜻으로, 운명과 흥망을 걸고 단판으로 승부나 성패를 겨룸 또는 오직 이 한번에 흥망성쇠가 걸려있는 일
⊕ 在此一擧(재차일거)

22 3급
乞人憐天
걸 인 연 천
거지가 하늘을 불쌍히 여긴다는 뜻으로, 부질없는 걱정을 하거나 또는 불행한 처지에 있는 사람이 행복한 사람을 동정한다는 말

23 5급
格物致知
격 물 치 지
사물의 이치를 구명하여 자기의 지식을 확고하게 함

24 3급Ⅱ
隔世之感
격 세 지 감
아주 바뀌어 딴 세상 또는 딴 세대와 같이 많은 변화가 있었음을 비유하는 말
⊕ 桑田碧海(상전벽해)
　今昔之感(금석지감)

25 1급
隔靴搔癢
격 화 소 양
신을 신은 위로 가려운 곳을 긁는다는 뜻으로, 어떤 일의 핵심을 찌르지 못하고 겉돌기만 하여 매우 안타까운 상태를 말함
⊕ 隔靴爬癢(격화파양)

26 3급
牽強附會
견 강 부 회
이치에 맞지 않는 말을 억지로 끌어 붙여 자기 주장의 조건에 맞도록 함
⊕ 我田引水(아전인수)

27 4급Ⅱ
見利思義
견 리 사 의
눈앞에 이익을 보거든 먼저 그것을 취함이 의리에 합당한지를 생각하라는 말

28 3급Ⅱ
犬馬之勞
견 마 지 로
개나 말의 하찮은 수고라는 뜻으로, 임금이나 나라 또는 윗사람에게 바치는 자기의 노력을 낮추어 말할 때 쓰는 말
⊕ 犬馬之心(견마지심), 犬馬之誠(견마지성), 狗馬之心(구마지심)

29 1급
見蚊拔劍
견 문 발 검
모기를 보고 칼을 뽑는다는 뜻으로, 보잘 것 없는 작은 일에 어울리지 않는 큰 대책을 쓴다는 말
⊕ 怒蠅拔劍(노승발검)

30 5급Ⅱ
見物生心
견 물 생 심
물건을 보면 욕심이 생긴다는 뜻

31 1급
犬猿之間
견 원 지 간
개와 원숭이 사이처럼 매우 사이가 나쁜 관계

32 4급
見危授命
견 위 수 명
위험을 보면 목숨을 바친다는 뜻으로, 나라의 위태로운 지경을 보고 목숨을 바쳐 나라를 위해 싸우는 것을 말함
⊕ 見危致命(견위치명)

33 3급Ⅱ
堅忍不拔
견 인 불 발
굳게 참고 견디어 마음을 빼앗기지 아니함, 즉 뜻을 변치 아니함

34 3급Ⅱ
犬兎之爭
견 토 지 쟁
개와 토끼가 쫓고 쫓기다가 둘 다 지쳐 죽자 농군이 주워간다는 뜻으로, 서로 싸우다가 제삼자가 이익을 보는 것을 말함
⊕ 漁父之利(어부지리)
　蚌鷸之爭(방휼지쟁)

35 3급Ⅱ
結者解之
결 자 해 지
일은 맺은 사람이 풀어야 한다는 뜻으로, 일을 저지른 사람이 그 일을 해결해야 한다는 말

36 4급Ⅱ
結草報恩
결 초 보 은
풀을 묶어서 은혜를 갚는다는 뜻으로, 죽어 혼이 되더라도 입은 은혜를 잊지 않고 갚음
⊕ 白骨難忘(백골난망)
　刻骨難忘(각골난망)

---

37 · 3급Ⅱ
兼人之勇
겸 인 지 용

혼자서 능히 몇 사람을 당해 낼 만한 용기

---

38 · 3급Ⅱ
輕擧妄動
경 거 망 동

가볍고 망녕되게 행동한다는 뜻으로, 도리나 사정을 생각하지 아니하고 경솔하게 행동함

---

39 · 4급Ⅱ
經國濟世
경 국 제 세

나라 일을 경륜하고 세상을 구제함
> 經世濟民(경세제민)
> 濟世安民(제세안민)

---

40 · 3급Ⅱ
傾國之色
경 국 지 색

나라를 위태롭게 할 만한 여성의 미모를 뜻함
> 傾城之色(경성지색)
> 萬古絶色(만고절색)
> 丹脣皓齒(단순호치)

---

41 · 3급Ⅱ
耕當問奴
경 당 문 노

농사일은 머슴에게 물어야 한다는 뜻으로, 일은 항상 그 부문의 전문가와 상의하여 행하여야 한다는 말

---

42 · 4급Ⅱ
經世濟民
경 세 제 민

세상 일을 잘 다스려 도탄에 빠진 백성을 구함

---

43 · 3급
敬而遠之
경 이 원 지

공경하되 그것을 멀리 한다는 말

---

44 · 4급
驚天動地
경 천 동 지

하늘을 놀라게 하고 땅을 움직이게 한다는 뜻으로, 몹시 세상을 놀라게 함을 이르는 말
> 動天驚地(동천경지)

---

45 · 5급Ⅱ
敬天愛人
경 천 애 인

하늘을 공경하고 사람을 사랑함

---

46 · 3급
經天緯地
경 천 위 지

온 세상을 다스림, 일을 계획적으로 준비하고 다스림

---

47 · 4급
鷄口牛後
계 구 우 후

닭의 무리 속에 있는 한 마리의 학이라는 뜻으로, 큰 단체의 말석보다는 작은 단체의 우두머리가 되라는 말

---

48 · 4급
鷄卵有骨
계 란 유 골

계란에도 뼈가 있다는 속담으로, 복이 없는 사람은 아무리 좋은 기회를 만나도 덕을 못 본다는 말

---

49 · 3급
鷄鳴狗盜
계 명 구 도

닭의 울음소리를 잘 내는 사람과 개의 흉내를 잘 내는 좀도둑이라는 뜻으로, 점잖은 사람이 배울 것이 못 되는 천한 기능 또는 그런 기능을 가진 사람을 말함
> 函谷鷄鳴(함곡계명)

---

50 · 1급
股肱之臣
고 굉 지 신

다리와 팔뚝에 비길 만한 신하, 임금이 가장 신임하는 중신
> 股掌之臣(고장지신)

---

51 · 3급Ⅱ
孤軍奮鬪
고 군 분 투

후원이 없는 외로운 군대가 힘에 벅찬 적군과 맞서 온힘을 다하여 싸움, 적은 인원이나 약한 힘으로 남의 힘을 받지 아니하고 힘에 벅찬 일을 극악스럽게 함

---

52 · 1급
膏粱珍味
고 량 진 미

기름진 고기와 곡식으로 만든 맛있는 음식

---

53 · 4급
孤立無援
고 립 무 원

외톨이가 되어 도움을 받을 데가 없음
> 孤立無依(고립무의)
> 四顧無親(사고무친)
> 進退維谷(진퇴유곡)

---

54 · 3급Ⅱ
鼓腹擊壤
고 복 격 양

배를 두드리고 흙덩이를 친다는 뜻으로, 매우 살기 좋은 태평성대를 말함
> 太平聖代(태평성대)

55	3급Ⅱ

姑息之計
고 식 지 계

근본 해결책이 아닌 임시로 편한 것을 취하는 계책, 당장의 편안함만을 꾀하는 일시적인 방편

㈜ 凍足放尿(동족방뇨)
　　下石上臺(하석상대)

56	3급Ⅱ

苦肉之策
고 육 지 책

적을 속이기 위해 또는 어려운 사태를 벗어나기 위한 수단으로 제 몸을 괴롭혀 가면서까지 짜내는 계책

㈜ 苦肉之計(고육지계)

57	3급Ⅱ

孤掌難鳴
고 장 난 명

외손뼉은 울릴 수 없다는 뜻으로, 상대 없이 싸울 수 없고 혼자서는 일을 이룰 수 없다는 말

㈜ 十匙一飯(십시일반)
　　獨不將軍(독불장군)

58	4급

苦盡甘來
고 진 감 래

쓴 것이 다하면 단 것이 온다는 뜻으로, 고생 끝에 낙이 온다는 말

59	3급Ⅱ

固執不通
고 집 불 통

고집이 세어 조금도 변통성이 없음

㈜ 膠柱鼓瑟(교주고슬)

60	3급

高枕安眠
고 침 안 면

편안하게 누워서 근심 없이 지냄

㈜ 高枕無憂(고침무우)
　　高枕而臥(고침이와)

61	3급Ⅱ

曲學阿世
곡 학 아 세

학문을 굽히어 세상에 아첨한다는 뜻으로, 정도를 벗어난 학문으로 세상 사람에게 아첨함을 이르는 말

62	4급

骨肉相殘
골 육 상 잔

부자나 형제 또는 같은 민족간에 서로 싸움

㈜ 骨肉相爭(골육상쟁)
　　同族相殘(동족상잔)

63	6급Ⅱ

空山明月
공 산 명 월

공허한 산에 비치는 밝은 달이란 뜻으로, 대머리를 놀리는 말

64	4급Ⅱ

空前絶後
공 전 절 후

비교할 만한 것이 이전에도 없고 이후에도 없음

㈜ 前無後無(전무후무)

65	3급Ⅱ

空中樓閣
공 중 누 각

공중에 누각을 지은 것처럼 근거가 없는 가공의 산물

66	3급Ⅱ

誇大妄想
과 대 망 상

턱없이 과장하여 엉뚱하게 생각함

67	3급Ⅱ

過猶不及
과 유 불 급

모든 사물이 정도를 지나치면 도리어 안한 것만 못함이라는 뜻으로, 중용을 이르는 말

㈜ 矯角殺牛(교각살우)
　　矯枉過直(교왕과직)

68	2급

管鮑之交
관 포 지 교

옛날 중국의 관중과 포숙처럼 친구 사이가 다정함을 이르는 말로, 서로에 대한 믿음과 신의가 두터운 사람을 일컬음

㈜ 芝蘭之交(지란지교), 金蘭之交(금란지교), 金石之交(금석지교)

69	1급

刮目相對
괄 목 상 대

눈을 비비고 다시 보며 상대를 대한다는 뜻으로, 다른 사람의 학식이나 업적이 크게 진보한 것을 말함

70	3급

矯角殺牛
교 각 살 우

쇠뿔을 바로 잡으려다 소를 죽인다는 뜻으로, 결점이나 흠을 고치려다 수단이 지나쳐서 도리어 일을 그르침

㈜ 過猶不及(과유불급)
　　矯枉過直(교왕과직)

71	3급Ⅱ

巧言令色
교 언 영 색

남의 환심을 사기 위해 교묘히 꾸며서 하는 말과 아첨하는 얼굴빛

72	1급

矯枉過直
교 왕 과 직

구부러진 것을 바로잡으려다 너무 곧게 한다는 뜻으로, 잘못을 바로 잡으려다 오히려 일을 그르침을 말함

㈜ 矯角殺牛(교각살우)
　　過猶不及(과유불급)

---

73 | 2급
膠柱鼓瑟
교 주 고 슬

비파나 거문고의 기러기발을 아교로 붙여 놓으면 음조를 바꾸지 못하여 한 가지 소리 밖에 내지 못하듯이, 고지식하여 융통성이 전혀 없음 또는 규칙에 얽매여 변통할 줄 모르는 사람

---

74 | 5급Ⅱ
敎學相長
교 학 상 장

스승에게 배우는 것뿐만 아니라 남을 가르쳐 보아야 자기의 학문을 증진시킬 수 있다는 말

---

75 | 3급Ⅱ
九曲肝腸
구 곡 간 장

아홉 번 구부러진 간과 창자라는 뜻으로, 굽이굽이 사무친 마음 속 또는 깊은 마음 속을 뜻함

---

76 | 1급
狗尾續貂
구 미 속 초

개 꼬리를 노란 담비 꼬리에 잇는다는 뜻으로, 훌륭한 것에 보잘 것 없는 것이 잇닿음을 말하여 자질이 부족한 사람이 벼슬을 차지하고 있는 것을 말함

---

77 | 3급
口蜜腹劍
구 밀 복 검

입으로는 달콤함을 말하나 배속에는 칼을 감추고 있다는 뜻으로, 겉으로는 친절하나 마음속은 음흉함
🔣 面從腹背(면종복배)
　　笑裏藏刀(소리장도)

---

78 | 6급
九死一生
구 사 일 생

여러 차례 죽을 고비를 겪고 간신히 목숨을 건짐

---

79 | 3급
口尙乳臭
구 상 유 취

입에서 아직 젖내가 난다는 뜻으로, 말과 하는 짓이 아직 유치함을 일컬음

---

80 | 4급Ⅱ
九牛一毛
구 우 일 모

아홉 마리 소에 털 한 가닥이 빠진 정도라는 뜻으로, 대단히 많은 것 중의 아주 적은 것을 비유하여 일컬음
🔣 滄海一粟(창해일속)
　　大海一滴(대해일적)

---

81 | 4급
九折羊腸
구 절 양 장

아홉 번 꺾어진 양의 창자라는 뜻으로, 세상이 복잡하여 살아가기 어렵다는 뜻

---

82 | 3급Ⅱ
群鷄一鶴
군 계 일 학

무리지어 있는 닭 가운데 있는 한 마리의 학이라는 뜻으로, 여러 평범한 사람들 가운데 있는 뛰어난 한 사람을 이르는 말
🔣 囊中之錐(낭중지추), 鷄群孤鶴
　　(계군고학), 鷄群一鶴(계군일학)

---

83 | 3급Ⅱ
群雄割據
군 웅 할 거

많은 영웅들이 각각 한 지방에 웅거하여 세력을 과시하며 서로 다투는 상황을 이르는 말

---

84 | 4급
君子三樂
군 자 삼 락

군자의 세 가지 즐거움 첫째는 부모가 다 살아 계시고 형제가 무고한 것, 둘째는 하늘과 사람에게 부끄러워할 것이 없는 것, 셋째는 천하의 영재를 얻어서 교육하는 것

---

85 | 3급Ⅱ
窮餘之策
궁 여 지 책

막다른 골목에서 그 국면을 타개하기 위하여 생각다 못해 짜낸 꾀
🔣 窮餘一策(궁여일책)

---

86 | 3급Ⅱ
權謀術數
권 모 술 수

목적 달성을 위해서는 인정이나 도덕을 가리지 않고 권세와 모략중상 등 갖은 방법과 수단을 쓰는 술책
🔣 權謀術策(권모술책)

---

87 | 4급Ⅱ
權不十年
권 불 십 년

권세는 10년을 넘지 못한다는 뜻으로, 권력은 오래가지 못하고 늘 변함을 일컬음
🔣 花無十日紅(화무십일홍)

---

88 | 3급
勸善懲惡
권 선 징 악

착한 행실을 권장하고 악한 행실을 징계함

---

89 | 1급
捲土重來
권 토 중 래

흙먼지를 날리며 다시 온다는 뜻으로, 한 번 실패에 굴하지 않고 몇 번이고 다시 일어남

---

90 | 3급Ⅱ
克己復禮
극 기 복 례

욕망이나 사사로운 욕심을 자신의 의지력으로 억제하고 예의에 어긋나지 않도록 함

91	3급Ⅱ	近墨者黑 근 묵 자 흑	먹을 가까이 하면 검어진다는 뜻으로, 나쁜 사람을 가까이 하면 그 버릇에 물들기 쉽다는 말 유 近朱者赤(근주자적)
92	4급	金科玉條 금 과 옥 조	금이나 옥같이 소중히 여기고 지켜야 할 규칙이나 교훈
93	3급Ⅱ	金蘭之交 금 란 지 교	단단하기가 황금과 같고 아름답기가 난초 향기와 같이 우정이 두터움을 말함 유 金蘭之契(금란지계) 芝蘭之交(지란지교) 斷金之交(단금지교)
94	3급	錦上添花 금 상 첨 화	비단 위에 꽃을 더한다는 뜻으로, 좋은 일에 또 좋은 일이 더하여짐을 이르는 말 반 雪上加霜(설상가상)
95	3급Ⅱ	金石盟約 금 석 맹 약	쇠와 돌같이 굳게 맹세하여 맺은 약속 유 金石之約(금석지약)
96	3급	今昔之感 금 석 지 감	지금과 옛날을 비교할 때 차이가 매우 심하여 느껴지는 감정 유 隔世之感(격세지감)
97	3급Ⅱ	金城湯池 금 성 탕 지	황금으로 만든 성과 끓는 물을 채운 못이란 뜻으로, 매우 견고하고 튼튼한 성을 말함 유 難攻不落(난공불락) 金城鐵壁(금성철벽)
98	1급	錦繡江山 금 수 강 산	비단에 수를 놓은 듯이 아름다운 산천이라는 뜻으로, 우리나라 강산을 이르는 말
99	2급	琴瑟之樂 금 슬 지 락	거문고와 비파의 어울림을 뜻하는 말로, 부부 사이의 다정하고 화목한 즐거움을 이름
100	5급	今時初聞 금 시 초 문	듣느니 처음임 또는 이제야 비로소 처음 들음
101	3급Ⅱ	錦衣夜行 금 의 야 행	비단 옷을 입고 밤길을 간다는 뜻으로, 아무 보람 없는 행동을 비유하여 이르는 말 유 衣錦夜行(의금야행) 繡衣夜行(수의야행)
102	3급Ⅱ	錦衣還鄕 금 의 환 향	비단 옷 입고 고향에 돌아온다는 뜻으로, 출세하여 고향에 돌아옴을 이르는 말 유 衣錦之榮(의금지영)
103	3급Ⅱ	金枝玉葉 금 지 옥 엽	금 가지에 옥 잎사귀란 뜻으로, 임금의 자손이나 매우 귀한 집의 자손을 말함
104	3급Ⅱ	氣高萬丈 기 고 만 장	기운이 만장이나 뻗치었다는 뜻으로, 우쭐하여 기세가 대단함을 말함
105	4급Ⅱ	起死回生 기 사 회 생	죽을 뻔하다가 다시 살아남
106	4급	奇想天外 기 상 천 외	보통 사람으로는 짐작할 수 없을 만큼 생각이 기발하고 엉뚱함
107	3급	欺世盜名 기 세 도 명	세상 사람을 속이고 헛된 명예를 탐냄
108	4급	氣盡脈盡 기 진 맥 진	기운이 없어지고 맥이 풀렸다는 뜻으로, 온몸의 힘이 다 빠져 버림 유 氣盡力盡(기진역진)

109 3급Ⅱ **騎虎之勢** 기 호 지 세	호랑이를 타고 달리는 기세라는 뜻으로, 범을 타고 달리는 사람이 도중에서 내릴 수 없는 것처럼 도중에서 그만두거나 물러설 수 없는 형세를 이르는 말 ⑭ 騎獸之勢(기수지세)
110 4급 **落落長松** 낙 락 장 송	가지가 아래로 축축 늘어진 키 큰 소나무를 말하는데, 지조와 절개를 지키는 충신의 모습을 비유함
111 5급 **落花流水** 낙 화 유 수	떨어지는 꽃과 흐르는 물이라는 뜻으로, 남녀 간에 서로 그리워하는 애틋한 정을 일컬음
112 4급 **難攻不落** 난 공 불 락	공격하기 어려워 좀처럼 함락되지 아니함
113 4급 **亂臣賊子** 난 신 적 자	나라를 어지럽게 하는 신하와 어버이를 해치는 자식
114 4급Ⅱ **難兄難弟** 난 형 난 제	누구를 형이라 아우라 하기 어렵다는 뜻으로, 두 사람의 능력이 서로 엇비슷하여 그 우열을 가릴 수 없음을 말함
115 2급 **南柯一夢** 남 가 일 몽	덧없는 꿈이나 한때의 헛된 부귀영화를 이르는 말 ⑭ 老生之夢(노생지몽) 一場春夢(일장춘몽) 邯鄲之夢(한단지몽)
116 1급 **南橘北枳** 남 귤 북 지	남쪽 땅의 귤나무를 북쪽에 옮겨 심으면 탱자나무로 변한다는 뜻으로, 사람도 그 처해 있는 곳에 따라 선하게도 되고 악하게도 됨을 이르는 말 ⑭ 橘化爲枳(귤화위지)
117 7급Ⅱ **南男北女** 남 남 북 녀	예전부터 우리나라에서 남쪽 지방은 남자가 잘나고, 북쪽 지방은 여자가 곱다는 뜻으로 쓰이는 말
118 6급 **男女有別** 남 녀 유 별	남자와 여자는 분별이 있음
119 2급 **男負女戴** 남 부 여 대	남자는 짐을 등에 지고 여자는 짐을 머리에 인다는 뜻으로, 가난한 사람이나 재난을 당한 사람들이 살 곳을 찾아 이리저리 떠돌아다니는 것을 말함
120 1급 **囊中之錐** 낭 중 지 추	주머니 속에 있는 송곳이란 뜻으로, 재능이 아주 빼어난 사람은 숨어 있어도 저절로 남의 눈에 드러남을 비유함 ⑭ 群鷄一鶴(군계일학)
121 3급Ⅱ **内憂外患** 내 우 외 환	내부에서 일어나는 근심과 외부로부터 받는 근심, 즉 나라 안팎의 여러 가지 어려운 일들을 말함
122 3급Ⅱ **怒甲移乙** 노 갑 이 을	甲에게 당한 노염을 乙에게 옮긴다는 뜻으로, 어떤 사람에게 당한 노염을 전혀 관계없는 딴 사람에게 화풀이함을 이르는 말
123 3급 **路柳墻花** 노 류 장 화	길가의 버들과 담 밑의 꽃은 누구든지 쉽게 만지고 꺾을 수 있다는 뜻으로, 기생을 비유하여 이르는 말
124 3급Ⅱ **怒髮衝冠** 노 발 충 관	노한 머리털이 관을 추켜올린다는 뜻으로, 몹시 성낸 모양을 이르는 말 ⑭ 怒發大發(노발대발)
125 2급 **勞心焦思** 노 심 초 사	마음을 수고롭게 하고 생각을 너무 깊게 함
126 3급Ⅱ **綠林豪傑** 녹 림 호 걸	푸른 숲 속에 사는 호걸이라는 뜻으로, 불한당이나 화적 따위를 이르는 말 ⑭ 梁上君子(양상군자) 無本大商(무본대상)

127 3급Ⅱ
綠陰芳草
녹 음 방 초
나무가 푸르게 우거진 그늘과 꽃다운 풀이라는 뜻으로, 여름의 아름다운 경치를 말함
🔁 綠楊芳草(녹양방초)

128 3급Ⅱ
綠衣紅裳
녹 의 홍 상
연두 저고리에 다홍치마라는 뜻으로, 곱게 차려 입은 젊은 아가씨의 복색

129 4급Ⅱ
論功行賞
논 공 행 상
공이 있고 없음이나 크고 작음을 따져 거기에 알맞은 상을 줌

130 3급Ⅱ
弄瓦之慶
농 와 지 경
질그릇을 갖고 노는 경사란 뜻으로, 딸을 낳은 기쁨을 표현함

131 2급
弄璋之慶
농 장 지 경
장으로 만든 구기를 갖고 노는 경사란 뜻으로, 아들을 낳은 기쁨을 표현함

132 3급Ⅱ
累卵之勢
누 란 지 세
포개어 놓은 달걀과 같이 매우 위태로운 형세를 비유함
🔁 累卵之危(누란지위)
　風前燈火(풍전등화)
　一觸卽發(일촉즉발)

133 2급
多岐亡羊
다 기 망 양
달아난 양을 찾다가 여러 갈래 길에 이르러 길을 잃었다는 뜻으로, 학문의 길은 여러 갈래여서 올바른 길을 찾기가 어렵다는 것을 의미함

134 4급Ⅱ
多多益善
다 다 익 선
많으면 많을수록 더욱 좋다는 말

135 3급Ⅱ
斷金之交
단 금 지 교
쇠라도 자를 수 있는 굳고 단단한 사귐이란 뜻으로, 친구의 정의가 매우 두터움을 이르는 말
🔁 金蘭之交(금란지교), 芝蘭之交(지란지교), 斷金之契(단금지계)

136 3급Ⅱ
斷機之戒
단 기 지 계
베를 끊는 훈계란 뜻으로, 학업을 중도에 폐함은 짜던 피륙의 날을 끊는 것과 같아 아무런 이익이 없음을 말함

137 3급Ⅱ
單刀直入
단 도 직 입
혼자서 칼을 휘두르고 거침없이 적진으로 쳐들어간다는 뜻으로, 말을 하거나 글을 쓸 때 군말이나 군더더기 없이 요점으로 곧바로 들어감
🔁 去頭截尾(거두절미)

138 1급
簞食瓢飮
단 사 표 음
대그릇의 밥과 표주박의 물이라는 뜻으로, 좋지 못한 적은 음식을 말함
🔁 簞瓢陋巷(단표누항)

139 2급
丹脣皓齒
단 순 호 치
붉은 입술과 하얀 이란 뜻으로, 여자의 아름다운 얼굴을 이르는 말
🔁 傾國之色(경국지색)
　花容月態(화용월태)

140 3급
堂狗風月
당 구 풍 월
서당개 3년이면 풍월을 읊는다는 뜻으로, 어리석은 사람이라도 오랫동안 늘 보고 들은 일은 쉽게 해낼 수 있음을 말함

141 1급
螳螂拒轍
당 랑 거 철
사마귀가 수레바퀴를 막는다는 뜻으로, 자기의 힘은 헤아리지 않고 강자에게 함부로 덤빔을 비유함
🔁 螳螂之斧(당랑지부)

142 4급
大驚失色
대 경 실 색
몹시 놀라 얼굴빛이 하얗게 변하는 것을 이르는 말

143 3급Ⅱ
大器晩成
대 기 만 성
큰 그릇은 늦게 이루어진다는 뜻으로, 크게 될 인물은 오랜 공적을 쌓아 늦게 이루어짐을 말함

144 4급
大同小異
대 동 소 이
거의 같고 조금 다름, 즉 작은 부분에서만 다르고 전체적으로는 같음을 의미함

145 4급Ⅱ
大義名分
대 의 명 분
사람으로서 마땅히 지켜야 할 중대한 의리와 명분

154 3급Ⅱ
東奔西走
동 분 서 주
사방으로 이리저리 바삐 돌아다님
☞ 南行北走(남행북주)
南船北馬(남선북마)

146 3급Ⅱ
桃園結義
도 원 결 의
도원에서 의형제를 맺는다는 뜻으로, 큰 일을 도모하기 위해 뜻이 맞는 사람들끼리 서로 의리로서 맺는 일을 말함

155 3급Ⅱ
同床異夢
동 상 이 몽
같은 침상에서 서로 다른 꿈을 꾼다는 뜻으로, 겉으로는 같이 행동하면서 속으로는 각기 딴 생각을 함을 이르는 말

147 3급
道聽塗說
도 청 도 설
길거리에서 들은 이야기를 곧 그 길에서 다른 사람에게 말한다는 뜻으로, 말을 들으면 깊이 생각하지 않고 다른 사람에게 전해버리는 경솔한 언행 또는 근거없이 나도는 소문을 말함
☞ 流言蜚語(유언비어)

156 2급
凍足放尿
동 족 방 뇨
언 발에 오줌 누기라는 뜻으로, 잠시의 효력이 있을 뿐 그 효력은 없어지고 마침내는 더 나쁘게 될 일을 함
☞ 姑息之計(고식지계)

148 3급
塗炭之苦
도 탄 지 고
진흙이나 숯불에 떨어진 것과 같은 고통이라는 뜻으로, 가혹한 정치로 말미암아 백성이 심한 고통을 겪는 것

157 2급
杜門不出
두 문 불 출
문을 닫고 나가지 않는다는 뜻으로, 집에만 틀어박혀 사회의 일이나 관직에 나아가지 않음을 이르는 말

149 4급Ⅱ
獨不將軍
독 불 장 군
혼자서는 장군을 못한다는 뜻으로, 남의 의견을 무시하고 혼자 모든 일을 처리하는 사람을 비유함

158 4급
斗酒不辭
두 주 불 사
말술도 사양하지 아니함, 즉 주량이 매우 큼을 의미함

150 3급Ⅱ
讀書尚友
독 서 상 우
책을 읽음으로써 옛 현인과 벗함

159 2급
得隴望蜀
득 롱 망 촉
중국 한나라 때 광무제가 농을 정복한 뒤, 촉을 쳤다는 데서 나온 말로 사람의 끝없는 욕심을 비유함

151 3급Ⅱ
同價紅裳
동 가 홍 상
같은 값이면 다홍치마라는 뜻으로, 같은 조건이라면 좀 더 낫고 편리한 것을 택함

160 3급Ⅱ
登高自卑
등 고 자 비
높은 곳에 올라가면 낮은 곳에서부터 오른다는 말로, 일을 하는 데는 반드시 차례를 밟아야 한다는 말

152 7급
東問西答
동 문 서 답
동쪽을 묻는데 서쪽을 대답한다는 뜻으로, 묻는 말에 대하여 전혀 엉뚱한 대답을 함을 의미함

161 4급Ⅱ
燈下不明
등 하 불 명
등잔 밑이 어둡다는 뜻으로, 가까이 있는 것이 도리어 알아내기 어려움을 이르는 말

153 3급
同病相憐
동 병 상 련
같은 병자끼리 가엾게 여긴다는 뜻으로, 어려운 처지에 있는 사람끼리 서로 불쌍히 여겨 동정하고 도움

162 4급Ⅱ
燈火可親
등 화 가 친
등불을 가까이 할 수 있다는 뜻으로, 가을 밤은 시원하고 상쾌하므로 등불을 가까이 하여 글 읽기에 좋음을 이르는 말
☞ 新涼燈火(신량등화)

163 [1급]
磨斧爲針
마 부 위 침
도끼를 갈아 바늘을 만든다는 뜻으로, 아무리 이루기 힘든 일도 끊임없는 노력과 끈기 있는 인내로 성공하고야 만다는 뜻
- 愚公移山(우공이산)

164 [5급]
馬耳東風
마 이 동 풍
말의 귀에 동풍이라는 뜻으로, 남의 비평이나 의견을 조금도 귀담아 듣지 아니하고 흘려버림을 이르는 말
- 對牛彈琴(대우탄금)
- 牛耳讀經(우이독경)

165 [2급]
麻中之蓬
마 중 지 봉
삼밭의 쑥이라는 뜻으로, 구부러진 쑥도 삼밭에 나면 저절로 꼿꼿하게 자라듯이 좋은 환경에 있거나 좋은 벗과 사귀면 자연히 주위의 감화를 받아서 선인이 됨을 비유함

166 [3급Ⅱ]
莫上莫下
막 상 막 하
어느 것이 위고 아래인지 분간할 수 없음, 즉 서로 우열을 가릴 수 없음을 의미함
- 伯仲之勢(백중지세)
- 伯仲之間(백중지간)
- 難兄難弟(난형난제)

167 [3급Ⅱ]
莫逆之友
막 역 지 우
마음이 맞아 서로 거스르는 일이 없는, 생사를 같이할 수 있는 친밀한 벗을 말함
- 金蘭之交(금란지교)
- 刎頸之友(문경지우)
- 管鮑之交(관포지교)

168 [3급Ⅱ]
萬頃蒼波
만 경 창 파
만 이랑의 푸른 물결이라는 뜻으로, 한없이 넓고 푸른 바다를 말함

169 [3급]
萬事休矣
만 사 휴 의
모든 일이 끝나서 더 이상 어떻게 해 볼 도리가 없음을 뜻함
- 能事畢矣(능사필의)

170 [3급Ⅱ]
晚時之歎
만 시 지 탄
때늦은 한탄이라는 뜻으로, 시기가 늦어 기회를 놓친 것이 원통해서 탄식함을 이르는 말
- 亡羊之歎(망양지탄)
- 死後藥方文(사후약방문)

171 [1급]
萬彙群象
만 휘 군 상
세상 만물의 현상, 즉 온갖 일과 물건을 말함
- 森羅萬象(삼라만상)

172 [3급]
罔極之恩
망 극 지 은
임금이나 부모의 한 없는 은혜를 일컫는 말
- 昊天罔極(호천망극)

173 [3급]
忘年之交
망 년 지 교
나이 차이를 잊고 허물없이 서로 사귐
- 忘年之友(망년지우)

174 [1급]
亡羊補牢
망 양 보 뢰
양을 잃고서 그 우리를 고친다는 뜻으로, 일을 그르친 후에 후회해도 소용없음을 나타냄
- 死後淸心丸(사후청심환)
- 死後藥方文(사후약방문)

175 [3급Ⅱ]
望雲之情
망 운 지 정
타향에서 고향에 계신 부모를 생각함, 멀리 떠나온 자식이 어버이를 사모하여 그리는 정
- 白雲孤飛(백운고비)

176 [4급Ⅱ]
亡子計齒
망 자 계 치
죽은 자식의 나이 세기라는 뜻으로, 이미 지나간 쓸데없는 일을 생각하며 애석하게 여김

177 [3급Ⅱ]
麥秀之嘆
맥 수 지 탄
무성히 자라는 보리를 보고 탄식한다는 뜻으로, 고국의 멸망에 대한 탄식을 이르는 말
- 麥秀黍油(맥수서유)

178 [3급Ⅱ]
孟母斷機
맹 모 단 기
맹자의 어머니가 베를 끊었다는 뜻으로, 학업을 중도에 그만둠을 훈계하는 말
- 斷機之戒(단기지계)

179 [3급Ⅱ]
孟母三遷
맹 모 삼 천
맹자의 어머니가 맹자를 제대로 교육하기 위하여 집을 세 번이나 옮겼다는 뜻으로, 교육에는 주위환경이 중요하다는 가르침
- 三遷之敎(삼천지교)

180 [3급Ⅱ]
面從腹背
면 종 복 배
겉으로는 순종하는 체하고 속으로는 딴 마음을 먹음
- 口蜜腹劍(구밀복검)

181 4급	
明鏡止水 명 경 지 수	맑은 거울과 고요한 물이라는 뜻으로, 사념이 전혀 없는 깨끗한 마음을 비유해 이르는 말 ⊕ 雲心月性(운심월성)

182 3급Ⅱ	
名實相符 명 실 상 부	이름과 실상이 서로 들어맞음, 알려진 것과 실제의 상황이나 능력에 차이가 없음

183 3급Ⅱ	
明若觀火 명 약 관 화	불을 보는 것 같이 밝게 보인다는 뜻으로, 더 말할 나위 없이 명백함을 일컬음

184 3급Ⅱ	
命在頃刻 명 재 경 각	목숨이 곧 끊어질 것 같은 위태로운 상황을 말함

185 3급Ⅱ	
明哲保身 명 철 보 신	총명하여 도리를 좇아 사물을 처리하고 몸을 온전히 보전한다는 뜻으로, 매사에 법도를 지켜 온전하게 처신하는 태도를 이르는 말

186 3급	
毛遂自薦 모 수 자 천	조(趙)나라에서 초(楚)나라에 구원을 청할 사자를 물색할 때 모수가 자기를 스스로 천거했다는 뜻으로, 본인 스스로가 자기를 추천하는 것을 이르는 말

187 4급	
目不識丁 목 불 식 정	고무래를 보고도 그것이 고무래 정(丁)자인 줄 모른다는 뜻으로, 낫 놓고 기역자도 모름을 의미함

188 3급Ⅱ	
目不忍見 목 불 인 견	차마 눈으로 볼 수 없을 정도로 딱하거나 참혹한 상황을 말함

189 1급	
猫項懸鈴 묘 항 현 령	고양이 목에 방울 달기라는 뜻으로, 실행하지 못할 일을 공연히 의논만 한다는 말 ⊕ 猫頭懸鈴(묘두현령) 卓上空論(탁상공론)

190 4급	
無骨好人 무 골 호 인	뼈가 없이 좋은 사람이라는 뜻으로, 성질이 아주 순하여 어느 누구의 비위에나 두루 맞는 사람을 이르는 말

191 3급Ⅱ	
武陵桃源 무 릉 도 원	중국 진나라 때 시인 도연명의 도화원기에 나오는 별천지로, 이 세상을 떠난 별천지를 이르는 말

192 3급	
無味乾燥 무 미 건 조	맛이 없고 메마르다는 뜻으로, 글이나 그림 또는 분위기 따위가 깔깔하거나 딱딱하여 운치나 재미가 없음을 말함

193 4급Ⅱ	
無所不爲 무 소 불 위	못 할 일이 없음 ⊕ 無所不能(무소불능)

194 4급	
無爲徒食 무 위 도 식	하는 일 없이 헛되이 먹기만 함, 게으르거나 능력이 없는 사람을 일컬음

195 4급Ⅱ	
無爲自然 무 위 자 연	인공을 가하지 않은 그대로의 자연이라는 뜻으로, 인위적인 것을 부정하는 노장사상의 근본 개념을 이룸

196 3급Ⅱ	
無知莫知 무 지 막 지	매우 무지하고 우악스러움

197 1급	
刎頸之交 문 경 지 교	목을 벨 수 있는 벗이라는 뜻으로, 생사를 같이 할 수 있는 매우 소중한 벗을 말함 ⊕ 刎頸之友(문경지우)

198 4급Ⅱ	
文房四友 문 방 사 우	서재에 꼭 있어야 할 네 벗, 즉 종이·붓·벼루·먹의 네 가지 문방구를 말함 ⊕ 紙筆硯墨(지필연묵) 文房四寶(문방사보)

199 5급Ⅱ
聞一知十
문 일 지 십
한 가지를 들으면 열 가지를 미루어 안다는 뜻으로, 총명함을 이르는 말

208 3급Ⅱ
拍掌大笑
박 장 대 소
손뼉을 치면서 크게 웃음

200 6급Ⅱ
門前成市
문 전 성 시
대문 앞이 시장을 이룬다는 뜻으로, 세도가나 부잣집 문 앞이 방문객으로 시장을 이루다시피 함을 이르는 말
유 門前若市(문전약시)
반 門前雀羅(문전작라)

209 4급Ⅱ
博學多識
박 학 다 식
학문이 넓고 식견이 많음
유 無不通知(무불통지)
無所不知(무소부지)

201 1급
門前雀羅
문 전 작 라
대문 앞에 새 그물을 친다는 뜻으로, 찾아오는 사람이 없어 쓸쓸함을 이르는 말

210 3급Ⅱ
博學審問
박 학 심 문
널리 배우고 자세하게 물음

202 3급Ⅱ
勿失好機
물 실 호 기
좋은 기회를 놓치지 않음

211 4급Ⅱ
反面教師
반 면 교 사
극히 나쁜 면만을 가르쳐 주는 선생이란 뜻으로, 다른 사람이나 사물의 부정적인 측면에서 가르침을 얻음을 이르는 말
유 他山之石(타산지석)

203 3급Ⅱ
物我一體
물 아 일 체
자연물과 자아가 하나가 된 상태, 즉 대상물에 완전히 몰입된 경지를 일컬음
유 物心一如(물심일여)
主客一體(주객일체)

212 1급
反目嫉視
반 목 질 시
서로 미워하고 질투하는 눈으로 봄

204 4급
物外閒人
물 외 한 인
세상의 시끄러움에서 벗어나 한가하게 지내는 사람

213 4급
半信半疑
반 신 반 의
반은 믿고 반은 의심함, 믿으면서도 한편으로는 의심함

205 3급Ⅱ
尾生之信
미 생 지 신
미생이라는 사람이 여자와 약속한대로 다리 밑에서 기다리다가 물에 휩쓸려 죽었다는 고사에서 유래된 것으로, 한편으로는 신의가 매우 두터움을 의미하나 다른 한편으로는 지나치게 고지식하고 융통성이 없음을 나타냄

214 1급
反哺之孝
반 포 지 효
까마귀 새끼가 자란 뒤에 늙은 어미에게 먹이를 물어다 주는 효성이라는 뜻으로, 자식이 자라서 부모를 봉양함을 일컬음
유 反哺報恩(반포보은)

206 3급Ⅱ
薄利多賣
박 리 다 매
이익을 적게 보고 많이 팔아 이문을 남기는 일

215 3급Ⅱ
拔本塞源
발 본 색 원
근본을 빼고 원천을 막아 버린다는 뜻으로, 사물의 폐단을 없애기 위해서 그 뿌리째 뽑아버림을 이르는 말
유 削株堀根(삭주굴근)
剪草除根(전초제근)

207 3급
博而不精
박 이 부 정
여러 방면으로 널리 아나 정통하지 못함

216 3급
發憤忘食
발 분 망 식
일을 이루려고 끼니조차 잊고 분발 노력함

217 · 3급Ⅱ
拔山蓋世
발 산 개 세
산을 뽑고 세상을 덮을 만한 기상을 이르는 말

218 · 1급
坊坊曲曲
방 방 곡 곡
어느 한 군데도 빼놓지 않은 모든 곳, 도처

219 · 3급Ⅱ
放聲大哭
방 성 대 곡
북받치는 슬픔 또는 분노를 참지 못해 목을 놓아 크게 울음
- 大聲痛哭(대성통곡)
  放聲痛哭(방성통곡)

220 · 3급
傍若無人
방 약 무 인
곁에 아무도 없는 것처럼 여긴다는 뜻으로, 주위에 있는 다른 사람을 전혀 의식하지 않고 제멋대로 행동하는 것을 이르는 말
- 眼下無人(안하무인)
  眼中無人(안중무인)

221 · 3급Ⅱ
背水之陣
배 수 지 진
물을 등지고 진을 친다는 뜻으로, 물러설 곳이 없으니 목숨을 걸고 싸울 수 밖에 없는 지경을 이르는 말

222 · 3급
背恩忘德
배 은 망 덕
남에게 입은 은덕을 잊고 배반함

223 · 4급
百家爭鳴
백 가 쟁 명
여러 사람이 서로 자기 주장을 내세우는 일 또는 많은 학자들이 자유롭게 논쟁하는 일

224 · 3급Ⅱ
百計無策
백 계 무 책
어떤 어려운 일을 당해 아무리 생각해도 대책이 없음

225 · 3급
白骨難忘
백 골 난 망
죽어도 잊지 못할 큰 은혜를 입음이란 뜻으로, 남에게 큰 은혜나 덕을 입었을 때 고마움을 표시하는 말
- 刻骨難忘(각골난망)
  結草報恩(결초보은)

226 · 6급Ⅱ
百年大計
백 년 대 계
먼 앞날까지 내다보고 먼 뒷날까지 걸쳐 세우는 큰 계획

227 · 5급
百年河清
백 년 하 청
백년을 기다린다 해도 황하의 흐린 물은 맑아지지 않는다는 뜻으로, 오랫동안 기다려도 바라는 것이 이루어질 수 없음을 이르는 말

228 · 1급
百年偕老
백 년 해 로
부부가 서로 사이좋고 화락하게 같이 늙음을 이르는 말

229 · 6급Ⅱ
白面書生
백 면 서 생
희고 고운 얼굴에 글만 읽어 세상 일에 조금도 경험이 없는 사람을 일컬음
- 白面書郎(백면서랑)

230 · 6급Ⅱ
百發百中
백 발 백 중
백 번 쏘아 백 번 모두 맞는다는 뜻으로, 계획한 일마다 실패 없이 잘 됨을 의미함

231 · 3급
伯牙絶絃
백 아 절 현
백아가 거문고 줄을 끊어 버렸다는 뜻으로, 자기를 알아주는 절친한 벗의 죽음을 슬퍼함을 나타냄

232 · 6급
白衣民族
백 의 민 족
예로부터 흰 옷을 숭상하여 즐겨 입은 한민족을 이르는 말

233 · 4급
白衣從軍
백 의 종 군
벼슬이 없는 사람으로 군대를 따라 싸움터에 나감을 이르는 말

234 · 4급
百折不屈
백 절 불 굴
백 번 꺾어도 굴하지 않음, 즉 어떤 어려움에도 굽히지 않음을 나타냄
- 百折不撓(백절불요)

235 3급Ⅱ
伯仲之勢
백 중 지 세
형제인 장남과 차남의 차이처럼 큰 차이가 없는 형세, 즉 우열의 차이가 없이 엇비슷함을 이르는 말
유 伯仲之間(백중지간), 難兄難弟(난형난제), 莫上莫下(막상막하)

236 1급
百尺竿頭
백 척 간 두
백자나 되는 높은 장대 위에 올라섰으니 위태로움이 극도에 달함
유 一觸卽發(일촉즉발), 累卵之勢(누란지세), 風前燈火(풍전등화)

237 3급
百八煩惱
백 팔 번 뇌
불교에서 이르는 인간의 과거·현재·미래에 걸친 108가지의 번뇌를 말함

238 4급Ⅱ
百害無益
백 해 무 익
해롭기만 하고 하나도 이로울 것이 없음

239 2급
變法自疆
변 법 자 강
법령을 개혁하여 국력을 튼튼하게 함

240 4급
伏地不動
복 지 부 동
땅에 엎드려 움직이지 아니한다는 뜻으로, 마땅히 해야 할 일을 하지 않고 몸을 사림을 비유하여 이르는 말

241 3급
封庫罷職
봉 고 파 직
부정을 저지른 관리를 파면시키고 관가의 창고를 봉하여 잠그는 일
유 封庫罷黜(봉고파출)

242 5급Ⅱ
父傳子傳
부 전 자 전
대대로 아버지가 아들에게 전함 또는 아버지와 자식이 서로 그 버릇이나 습관이 비슷함을 말함
유 父傳子承(부전자승), 父子相傳(부자상전)

243 3급Ⅱ
夫唱婦隨
부 창 부 수
남편이 주장하고 아내가 이에 따른다는 뜻으로, 가정에서의 부부화합의 도리를 이르는 말
유 女必從夫(여필종부), 男唱女隨(남창여수)

244 3급Ⅱ
附和雷同
부 화 뇌 동
우레 소리에 맞춰 함께 한다는 뜻으로, 자신의 뚜렷한 소신 없이 그저 남이 하는 대로 따라가는 것을 의미함
유 追友江南(추우강남), 雷同附和(뇌동부화)

245 5급Ⅱ
北窓三友
북 창 삼 우
거문고와 술 그리고 시를 말하는데, 선비들이 늘 가까이하며 즐겼던 것으로 마치 벗과 같다고 하여 삼우라고 의인화한 것

246 1급
粉骨碎身
분 골 쇄 신
뼈가 가루가 되고 몸이 부서진다는 뜻으로, 있는 힘을 다해 노력하거나 또는 남을 위하여 수고를 아끼지 않음을 나타냄
유 犬馬之勞(견마지로), 犬馬之心(견마지심), 狗馬之心(구마지심)

247 1급
焚書坑儒
분 서 갱 유
책을 불태우고 선비를 생매장하여 죽인다는 뜻으로, 진나라의 시황제가 학자들의 정치비평을 금하기 위하여 경서를 태우고 학자들을 구덩이에 생매장시킨 가혹한 정치를 이르는 말

248 4급Ⅱ
不可思議
불 가 사 의
사람의 생각으로는 미루어 헤아릴 수도 없다는 뜻으로, 사람의 힘이 미치지 못하고 상상조차 할 수 없는 오묘한 것
유 不可知解(불가지해), 法苑珠林(법원주림)

249 4급
不可抗力
불 가 항 력
인간의 힘만으로는 도저히 저항해 볼 수도 없는 힘이라는 뜻으로, 천재지변 등 사람의 힘이 미치지 못하는 자연의 위대한 힘을 이르는 말

250 2급
不俱戴天
불 구 대 천
하늘 아래 같이 살 수 없는 원수란 뜻으로, 도저히 그냥 둘 수 없을 만큼 원한이 깊이 사무친 원수를 말함
유 不共戴天(불공대천)

251 5급
不問可知
불 문 가 지
묻지 않아도 옳고 그름을 가히 알 수 있음
유 明若觀火(명약관화)

252 5급
不問曲直
불 문 곡 직
굽음과 곧음을 묻지 않는다는 뜻으로, 옳고 그름을 가리지 않고 함부로 일을 처리하는 것을 말함
유 曲直不問(곡직불문)

253 5급Ⅱ
不要不急 불 요 불 급
꼭 필요하지도 않고 급하지도 않음

262 4급Ⅱ
非一非再 비 일 비 재
같은 일이 한두 번이 아님을 말함

254 6급
不遠千里 불 원 천 리
천리 길도 멀다하지 않는다는 뜻으로, 먼 길인데도 개의하지 않고 열심히 달려 감을 이르는 말

263 4급Ⅱ
貧者一燈 빈 자 일 등
가난한 사람이 밝힌 등불 하나라는 뜻으로, 가난 속에서도 보인 작은 성의가 부귀한 사람들의 많은 보시보다도 가치가 큼을 이르는 말

255 2급
不撤晝夜 불 철 주 야
밤낮을 가리지 않는다는 뜻으로, 조금도 쉴 사이 없이 일에 힘 씀

264 1급
憑公營私 빙 공 영 사
관청이나 공공의 일을 이용하여 개인의 이익을 꾀함

256 3급Ⅱ
不恥下問 불 치 하 문
자기보다 아랫사람에게 배우는 것을 부끄럽게 여기지 아니함을 두고 이르는 말

265 3급Ⅱ
氷炭之間 빙 탄 지 간
얼음과 숯 사이란 뜻으로, 둘이 서로 어긋나 맞지 않는 사이나 서로 화합할 수 없는 사이를 말함
⊕ 犬猿之間(견원지간)
　　不俱戴天(불구대천)

257 3급Ⅱ
不偏不黨 불 편 부 당
어느 한 쪽으로 기울어짐 없이 공정하고 중립적인 위치에 섬

266 3급
四顧無親 사 고 무 친
사방을 돌아보아도 친척이 없다는 뜻으로, 의지할 만한 사람이 도무지 없음을 의미함
⊕ 赤手空拳(적수공권)
　　孑孑單身(혈혈단신)

258 2급
鵬程萬里 붕 정 만 리
붕새가 날아갈 길이 만리라는 뜻으로, 머나먼 노정 또는 사람의 앞날이 매우 요원하다는 것을 의미함

267 4급
捨己從人 사 기 종 인
자기의 이전행위를 버리고 타인의 선행을 본떠 행함

259 3급
非夢似夢 비 몽 사 몽
꿈인지 생시인지 어렴풋한 상태에 있음을 의미함

268 3급Ⅱ
士氣衝天 사 기 충 천
사기가 하늘을 찌를 듯이 높음

260 1급
悲憤慷慨 비 분 강 개
슬프고 분한 느낌이 마음 속에 가득 차 있음

269 5급Ⅱ
士農工商 사 농 공 상
선비·농부·장인·상인 등 네 가지 신분의 백성으로, 봉건시대의 계급 관념을 순서대로 일컬음

261 1급
髀肉之嘆 비 육 지 탄
장수가 전쟁에 나가지 못하여 넓적다리에 살이 피둥피둥 찌는 것을 한탄한다는 뜻으로, 뜻을 펴보지 못하고 허송세월을 보낸다는 의미

270 2급
四面楚歌 사 면 초 가
사방에서 들리는 초(楚)나라의 노래라는 뜻으로, 적에게 둘러싸인 상태나 누구의 도움도 받을 수 없는 고립상태에 빠짐을 이르는 말
⊕ 孤立無援(고립무원)
　　進退兩難(진퇴양난)

271 6급Ⅱ
四面春風
사 면 춘 풍
사면이 봄바람이라는 뜻으로, 언제 어떠한 경우라도 좋은 낯으로만 남을 대함을 이르는 말

280 3급Ⅱ
山紫水明
산 자 수 명
산빛이 곱고 강물이 맑다는 뜻으로, 산수가 아름다움을 이르는 말
유 淸風明月(청풍명월)
　江湖煙波(강호연파)

272 3급Ⅱ
四分五裂
사 분 오 열
네 갈래 다섯 갈래로 나눠지고 찢어진다는 뜻으로, 하나의 집단이 이념·이익 등에 따라 갈라져 혼란스러움을 표현함

281 6급Ⅱ
山戰水戰
산 전 수 전
산에서의 싸움과 물에서의 싸움이라는 뜻으로, 세상의 온갖 고난을 다 겪어 세상 일에 경험이 많음을 이르는 말
유 百戰老將(백전노장)

273 3급Ⅱ
砂上樓閣
사 상 누 각
모래 위에 세운 누각이란 뜻으로, 기초가 튼튼하지 못하여 오래 가지 못하는 것을 말함

282 7급
山川草木
산 천 초 목
산천과 초목, 즉 산과 물과 풀과 나무라는 뜻으로 자연을 일컬음

274 4급Ⅱ
死生決斷
사 생 결 단
죽고 사는 것을 가리지 않고 끝장을 내려고 덤벼듦

283 4급
殺身成仁
살 신 성 인
제 몸을 죽여 인(仁)을 이룬다는 뜻으로, 남을 위해 자신의 목숨을 희생함

275 4급Ⅱ
四書三經
사 서 삼 경
유교의 대표적인 경전인 논어·맹자·대학·중용의 사서와 시경·서경·역경의 삼경을 말함

284 3급
三可宰相
삼 가 재 상
이러하든 저러하든 모두 옳다고 함
유 三可政丞(삼가정승)

276 3급Ⅱ
四柱單子
사 주 단 자
혼인을 정하고 신랑 집에서 해·달·날·시의 사주를 적어서 신부 집으로 보내는 간지(簡紙)

285 3급Ⅱ
三綱五倫
삼 강 오 륜
삼강은 군위신강(君爲臣綱), 부위자강(父爲子綱), 부위부강(夫爲婦綱)이고, 오륜은 군신유의(君臣有義), 부자유친(父子有親), 부부유별(夫婦有別), 장유유서(長幼有序), 붕우유신(朋友有信)으로 유교 도덕의 가장 기본이 되는 원칙

277 3급Ⅱ
四柱八字
사 주 팔 자
태어난 연·월·일·시의 사주와 그에 따른 간지(干支) 여덟 글자를 뜻하며, 피치 못할 타고난 운수를 빗대어 말함

286 2급
三顧草廬
삼 고 초 려
유비가 제갈공명을 세 번을 찾아가 군사로 초빙한 데서 유래한 말로, 인재를 얻기 위해 수고를 아끼지 않음을 뜻함
유 三顧之禮(삼고지례)

278 4급Ⅱ
四通八達
사 통 팔 달
길이 사방팔방으로 통해 있음
유 四通五達(사통오달)

287 3급Ⅱ
森羅萬象
삼 라 만 상
우주 안에 있는 온갖 사물과 현상
유 萬彙群象(만휘군상)

279 4급
事必歸正
사 필 귀 정
처음에는 시비와 곡직을 가리지 못하여 그릇되더라도 모든 일은 결국에 가서는 반드시 바른 길로 돌아옴

288 3급Ⅱ
三旬九食
삼 순 구 식
한 달에 아홉 번 밥을 먹는다는 뜻으로, 집안이 가난하여 먹을 것이 없어 굶주린다는 말
유 上漏下濕(상루하습)

289 5급 **三位一體** 삼 위 일 체	가톨릭에서 성부·성자·성신이 한 몸이라는 것으로, 세 가지 것이 하나로 통일되는 일을 말함

298 3급 **塞翁之馬** 새 옹 지 마	변방에 사는 노인의 말이라는 뜻으로, 세상만사가 변화가 많아 어느 것이 화가 되고 어느 것이 복이 될지 예측하기 어렵다는 말 🔄 轉禍爲福(전화위복)

290 3급Ⅱ **三人成虎** 삼 인 성 호	세 사람이면 없던 호랑이도 만든다는 뜻으로, 거짓말이라도 여러 사람이 말하면 남이 참말로 믿기 쉽다는 말

299 1급 **生巫殺人** 생 무 살 인	선무당이 사람 잡는다는 뜻으로, 기술과 경험이 부족한 사람이 일을 한다고 나섰다가 도리어 일을 그르침을 말함

291 7급 **三日天下** 삼 일 천 하	권세의 허무를 일컫는 말로, 극히 짧은 기간 동안 정권을 잡았다가 실권함을 비유함

300 4급Ⅱ **生不如死** 생 불 여 사	몹시 곤란한 지경에 빠져 삶이 차라리 죽음만 못하다는 뜻

292 3급Ⅱ **三從之道** 삼 종 지 도	여자는 어려서 어버이께 순종하고 시집가서는 남편에게 순종하고, 남편이 죽은 뒤에는 아들을 따라야 한다는 도덕관을 말함 🔄 三從之義(삼종지의) 三從之禮(삼종지례)

301 3급Ⅱ **先見之明** 선 견 지 명	앞을 내다보는 안목이라는 뜻으로, 장래를 미리 예측하는 날카로운 견식을 두고 이르는 말

293 3급Ⅱ **三尺童子** 삼 척 동 자	키가 석 자 밖에 되지 않는 어린 아이라는 뜻으로, 철모르는 어린 아이를 이르는 말

302 3급Ⅱ **雪上加霜** 설 상 가 상	눈 위에 또 서리가 내린다는 뜻으로, 어려운 일이 겹침을 이름 또는 환난이 거듭됨을 비유하여 이르는 말

294 3급Ⅱ **三遷之教** 삼 천 지 교	맹자의 어머니가 아들의 교육을 위하여 3번 거처를 옮긴 것을 말하며, 생활환경이 교육에 있어 큰 역할을 함

303 4급Ⅱ **說往說來** 설 왕 설 래	서로 변론을 주고받으며 옥신각신함 🔄 言去言來(언거언래) 言往說來(언왕설래)

295 3급Ⅱ **傷弓之鳥** 상 궁 지 조	한 번 화살을 맞아 다친 새라는 뜻으로, 어떤 일에 봉변을 당한 뒤로는 뒷일을 경계함을 비유하는 말 🔄 驚弓之鳥(경궁지조)

304 4급 **世俗五戒** 세 속 오 계	신라 진평왕 때 원광법사가 세운 사군이충(事君以忠), 사친이효(事親以孝), 교우이신(交友以信), 임전무퇴(臨戰無退), 살생유택(殺生有擇)의 다섯 가지 계율을 말함

296 3급Ⅱ **桑田碧海** 상 전 벽 해	뽕나무 밭이 푸른 바다가 되었다는 뜻으로, 세상이 몰라 볼 정도로 바뀌었음을 나타냄 🔄 滄桑之變(창상지변), 滄海桑田(창해상전), 隔世之感(격세지감)

305 5급 **歲寒三友** 세 한 삼 우	추운 겨울의 세 벗이라는 뜻으로, 소나무와 대나무 그리고 매화를 말함

297 3급Ⅱ **霜風高節** 상 풍 고 절	어떠한 난관이나 어려움에 처해도 결코 굽히지 않는 높은 절개를 뜻함 🔄 傲霜孤節(오상고절) 雪中松柏(설중송백)

306 2급 **歲寒松柏** 세 한 송 백	소나무와 측백나무는 한겨울에도 변색되지 않기에 역경에 처해도 그 지조와 절개를 굽히지 않고 변하지 않음을 뜻함

307 3급
騷人墨客
소 인 묵 객
시문과 서화를 일삼는 풍류객을 뜻함

308 3급
小貪大失
소 탐 대 실
작을 것을 탐하다가 오히려 큰 것을 잃음
● 矯角殺牛(교각살우)

309 3급Ⅱ
束手無策
속 수 무 책
손을 묶인 듯이 어찌 할 방책이 없어 꼼짝 못하게 된다는 뜻으로, 뻔히 보면서 어찌할 바를 모르고 꼼짝 못한다는 뜻

310 4급
送舊迎新
송 구 영 신
묵은 해를 보내고 새해를 맞음

311 4급
松都三絶
송 도 삼 절
황진이가 칭한 말로 송도의 세 가지 유명한 존재, 즉 서화담, 황진이, 박연폭포를 일컬음

312 2급
宋襄之人
송 양 지 인
송나라 襄公(양공)의 어짊이란 뜻으로, 쓸데없이 베푸는 인정을 이르는 말

313 3급Ⅱ
首丘初心
수 구 초 심
여우는 죽을 때 구릉을 향해 머리를 두고 초심으로 돌아간다는 뜻으로, 죽어서도 고향 땅에 묻히고 싶어하는 마음을 일컬음

314 3급Ⅱ
手不釋卷
수 불 석 권
손에서 책을 놓지 않는다는 뜻으로, 늘 책을 가까이 하여 학문을 익힘

315 1급
首鼠兩端
수 서 양 단
구멍 속에서 목을 내민 쥐가 나갈까 말까 망설인다는 뜻으로, 갈 곳을 정하지 못하고 망설이는 경우를 두고 말함

316 3급
漱石枕流
수 석 침 류
돌로 양치질하고 흐르는 물을 베개 삼는다는 뜻으로, 말을 잘못해 놓고 그럴듯하게 꾸며대거나 남에게 지기 싫어하는 마음이 강해 억지로 무리한 이유를 붙이는 것을 말함

317 1급
袖手傍觀
수 수 방 관
팔짱을 끼고 보고만 있다는 뜻으로, 직접 손을 내밀어 간섭하지 않고 그대로 내버려둠을 말함

318 3급Ⅱ
水魚之交
수 어 지 교
물과 물고기의 사귐이란 뜻으로, 임금과 신하 또는 부부 사이처럼 매우 친밀한 관계를 이르는 말
● 魚水之親(어수지친)

319 1급
羞惡之心
수 오 지 심
자기의 옳지 못함을 부끄러워하고, 남의 옳지 못함을 미워하는 마음

320 3급
誰怨誰咎
수 원 수 구
누구를 원망하며 누구를 탓하랴는 뜻으로, 남을 원망하거나 꾸짖을 것이 없음을 나타낸 말

321 3급Ⅱ
守株待兎
수 주 대 토
그루터기를 지켜 토끼를 기다린다는 뜻으로, 고지식하고 융통성이 없음을 비유하여 말함
● 刻舟求劍(각주구검)

322 3급Ⅱ
壽則多辱
수 즉 다 욕
오래 살면 욕심이 많다는 뜻으로, 오래 살수록 고생이나 망신이 많음을 이르는 말
● 多男多懼(다남다구)

323 3급Ⅱ
宿虎衝鼻
숙 호 충 비
자는 범의 코를 찌른다는 뜻으로, 가만히 있는 사람을 건드려서 화를 자초함을 말함

324 3급
脣亡齒寒
순 망 치 한
입술이 없으면 이가 시리다는 뜻으로, 이해관계가 서로 밀접하여 한 쪽이 망하면 다른 쪽도 화를 면하기 어려움을 말함
● 假道滅虢(가도멸괵)

325 2급	
升斗之利 승 두 지 리	한 되와 한 말의 이익이라는 뜻으로, 대수롭지 않은 이익을 말함

334 3급Ⅱ	
新陳代謝 신 진 대 사	묵은 것이 없어지고 새 것이 대신 생기거나 들어섬

326 3급	
乘勝長驅 승 승 장 구	싸움에서 이긴 기세를 몰아 적을 계속해서 물리침

335 3급Ⅱ	
神出鬼沒 신 출 귀 몰	귀신처럼 자유자재로 나타나기도 하고 숨기도 한다는 뜻으로, 변화무쌍하여 이를 헤아릴 수 없음을 말함

327 3급Ⅱ	
是非之心 시 비 지 심	옳고 그름을 가릴 줄 아는 마음

336 6급Ⅱ	
身土不二 신 토 불 이	몸과 태어난 땅은 하나라는 뜻으로, 우리 땅에서 나는 우리 농산물이 몸에 좋다는 것을 말함

328 4급	
視死如歸 시 사 여 귀	죽는 것을 고향에 돌아가는 것과 같이 여긴다는 뜻으로, 죽음을 두려워하지 아니함을 이르는 말

337 4급Ⅱ	
實事求是 실 사 구 시	사실에 토대하여 진리를 탐구한다는 뜻으로, 공론만 일삼은 양명학에 대한 반동으로서 문헌학적인 고증의 정확을 존중하는 과학적이고 객관주의적 학문 태도를 말함

329 4급Ⅱ	
始終一貫 시 종 일 관	처음부터 끝까지 일의 방침이나 태도가 한결같음 🔁 始終如一(시종여일)

338 4급	
心機一轉 심 기 일 전	어떠한 동기에 의하여 지금까지 품었던 생각과 마음의 자세를 완전히 바꿈

330 3급	
食少事煩 식 소 사 번	먹을 것은 적고 할 일은 많음이란 뜻으로, 수고는 많이 하나 소득이 적음을 이르는 말

339 3급Ⅱ	
深思熟考 심 사 숙 고	깊이 생각하고 신중히 고려함

331 3급Ⅱ	
識字憂患 식 자 우 환	글자를 아는 것이 오히려 근심이 된다는 뜻으로, 차라리 모르는 것이 약일 수도 있음

340 3급Ⅱ	
十年減壽 십 년 감 수	목숨이 십 년이나 줄었다는 뜻으로, 몹시 놀랐거나 매우 위험한 고비를 겪었을 때 쓰는 말

332 4급Ⅱ	
信賞必罰 신 상 필 벌	상을 줄만한 훈공이 있는 자에게는 반드시 상을 주고, 벌과 죄가 있는 자에게는 반드시 벌을 준다는 뜻

341 3급Ⅱ	
十伐之木 십 벌 지 목	열 번 찍어 안 넘어가는 나무가 없다는 뜻으로, 아무리 어려운 일도 끊임없는 노력이 있다면 성공할 수 있음을 말함

333 4급	
身言書判 신 언 서 판	중국 당나라 때 관리를 뽑는 네 가지 조건으로 인물의 잘남(身), 언변의 좋음(言), 학식의 풍부함(書), 판단력의 출중함(判)을 일러 말함

342 1급	
十匙一飯 십 시 일 반	열 사람이 한 술씩 보태면 한 사람이 먹을 분량은 된다는 뜻으로, 여러 사람이 힘을 합하면 한 사람을 돕기 쉽다는 말

343 1급
阿鼻叫喚
아 비 규 환

극악한 죄를 저질러 아비지옥(阿鼻地獄)에 떨어진 자가 혹독한 고통을 견디지 못하여 울부짖는다는 뜻으로, 비참한 지경에 처하여 그 고통에서 벗어나려고 비명을 지르며 몸부림치는 상황을 표현한 말

344 3급Ⅱ
我田引水
아 전 인 수

자기 논에 물을 댄다는 뜻으로, 자기의 이익만을 생각하고 먼저 행동함

345 4급
安居危思
안 거 위 사

편안한 때일수록 위험이 닥칠 때를 생각하여 미리 대비하여야 함을 이르는 말
유 居安思危(거안사위)

346 5급Ⅱ
安分知足
안 분 지 족

자기 분수에 만족하여 다른 데 마음을 두지 않음
유 安貧樂道(안빈낙도)

347 4급Ⅱ
安貧樂道
안 빈 낙 도

가난한 생활을 하면서도 편안한 마음으로 자기의 분수를 지킴
유 安分知足(안분지족)

348 7급
安心立命
안 심 입 명

천명을 깨닫고 생사와 이해를 초월하여 마음의 평안을 얻음

349 4급Ⅱ
眼下無人
안 하 무 인

눈 아래에 사람이 없다는 뜻으로, 사람됨이 교만하여 남을 업신여김을 이르는 말
유 眼中無人(안중무인)
　傍若無人(방약무인)

350 1급
暗中摸索
암 중 모 색

어둠 속에서 손을 더듬어 찾는다는 뜻으로, 어림짐작으로 사물을 알아내려 함을 이르는 말
유 暗中摸捉(암중모착)
　群盲評象(군맹평상)

351 3급
哀乞伏乞
애 걸 복 걸

애처롭게 하소연하면서 빌고 또 빎

352 4급
藥房甘草
약 방 감 초

한방 조제 시 꼭 들어가는 감초처럼 무슨 일에나 빠짐없이 반드시 끼어드는 사람 또는 사물을 이르는 말

353 4급Ⅱ
弱肉強食
약 육 강 식

약한 것이 강한 것에게 먹힌다는 뜻으로, 생존경쟁의 치열함을 나타내는 말

354 3급
羊頭狗肉
양 두 구 육

양 머리를 걸어놓고 개고기를 판다는 뜻으로, 겉은 훌륭해 보이나 속은 그렇지 못한 경우를 이르는 말
유 表裏不同(표리부동), 面從腹背(면종복배), 羊質虎皮(양질호피)

355 3급Ⅱ
梁上君子
양 상 군 자

대들보 위에 있는 군자라는 뜻으로, 도둑을 미화하여 점잖게 부르는 말
유 無本大商(무본대상)
　綠林豪傑(녹림호걸)

356 3급Ⅱ
兩手兼將
양 수 겸 장

장기에서 두 개의 장기짝이 한꺼번에 장을 부르는 말밭에 놓이게 된 관계로, 두 가지 문제가 맞물려 옴짝달싹 못하게 된 경우를 이르는 말

357 4급
兩者擇一
양 자 택 일

둘 중에서 하나를 가림
유 二者擇一(이자택일)

358 3급Ⅱ
養虎遺患
양 호 유 환

범을 길러 화근을 남긴다는 뜻으로, 화근거리를 키워 나중에 더 큰 화를 당함을 비유한 말
유 自業自得(자업자득)

359 3급Ⅱ
魚頭肉尾
어 두 육 미

물고기는 머리 쪽이 맛이 있고, 짐승의 고기는 꼬리 쪽이 맛이 있다는 뜻

360 2급
魚魯不辨
어 로 불 변

어(魚)자와 노(魯)자를 구별하지 못한다는 뜻으로, 몹시 무식함을 비유하여 이르는 말
유 目不識丁(목불식정)

361 3급Ⅱ
漁父之利
어 부 지 리

어부의 이익이라는 뜻으로, 둘이 다투는 틈을 타서 엉뚱한 제3자가 이익을 가로챔을 이르는 말

- 犬兔之爭(견토지쟁)
- 蚌鷸之爭(방휼지쟁)

362 5급Ⅱ
語不成說
어 불 성 설

말이 하나의 일관된 논리로 되지 못하고 이치에 맞지 않음을 뜻함

363 3급Ⅱ
抑強扶弱
억 강 부 약

강자를 누르고 약자를 도와줌

- 抑弱扶強(억약부강)

364 3급
焉敢生心
언 감 생 심

어찌 감히 그런 마음을 먹을 수 있느냐는 뜻

365 5급
言文一致
언 문 일 치

말과 글이 일치하는 것을 뜻함

366 4급Ⅱ
言語道斷
언 어 도 단

말할 길이 끊어졌다는 뜻으로, 너무나 엄청나거나 기가 막혀서 말문이 막힘

367 4급
言中有骨
언 중 유 골

말 속에 뼈가 있다는 뜻으로, 예사로운 표현 속에 만만치 않은 뜻이 들어 있음

368 3급Ⅱ
如履薄氷
여 리 박 빙

얇은 얼음을 밟듯 몹시 위험하고 아슬아슬한 지경을 가리키는 말

369 4급
與世推移
여 세 추 이

세상의 변화에 따라 함께 변함

370 3급Ⅱ
易地思之
역 지 사 지

처지를 서로 바꾸어 생각한다는 뜻으로, 상대방의 처지에서 생각해 봄

371 4급
緣木求魚
연 목 구 어

나무에 올라가서 물고기를 구한다는 뜻으로, 불가능하거나 되지도 않을 엉뚱한 일을 억지로 하려함을 비유함

372 3급Ⅱ
炎涼世態
염 량 세 태

권세가 있을 때에는 아첨하여 쫓고, 권세가 기울면 푸대접하는 세속의 세태를 말함

373 3급Ⅱ
拈華微笑
염 화 미 소

연꽃을 따서 미소짓는다는 뜻으로, 불교에서 이심전심의 뜻으로 쓰이는 말

- 以心傳心(이심전심)
- 敎外別傳(교외별전)
- 不立文字(불립문자)

374 3급
榮枯盛衰
영 고 성 쇠

개인이나 사회의 성하고 쇠함이 서로 뒤바뀌는 현상

375 3급Ⅱ
五車之書
오 거 지 서

다섯 수레에 가득 실을 만큼의 많은 책을 말함

- 汗牛充棟(한우충동)

376 3급
五里霧中
오 리 무 중

짙은 안개가 5리에 걸쳐 끼어 있다는 뜻으로, 무슨 일에 대하여 방향이나 상황을 알 길이 없음을 이르는 말

377 1급
寤寐不忘
오 매 불 망

누군가를 그리워하여 자나깨나 잊지 못함

- 輾轉反側(전전반측)
- 輾轉不寐(전전불매)

378 3급
吾鼻三尺
오 비 삼 척

내 코가 석자라는 뜻으로, 곤경에 처해 자기 일도 해결하기 어려운 판국에 남을 도울 여지가 없다는 말

379 [3급] 烏飛梨落 오 비 이 락
까마귀 날자 배 떨어진다는 뜻으로, 아무런 관계도 없이 한 일이 공교롭게 다른 일과 때가 일치해서 혐의를 받게 됨을 이르는 말

380 [3급] 傲霜孤節 오 상 고 절
서릿발이 심한 추위 속에서도 굴하지 않고 홀로 꼿꼿하다는 뜻으로, 모진 고난 속에서도 굴하지 않는 높은 절개를 이름

381 [2급] 吳越同舟 오 월 동 주
오나라 사람과 월나라 사람이 한 배에 타고 있다는 뜻으로, 서로 적의를 품고 있는 사람이 같은 곳에 있거나 같은 처지를 당함을 이르는 말
유 同舟相救(동주상구)

382 [1급] 五臟六腑 오 장 육 부
오장과 육부가 변화를 일으킬 정도의 분노함 또는 그런 상태를 이르는 말

383 [3급Ⅱ] 烏合之卒 오 합 지 졸
까마귀가 모인 것 같은 무리라는 뜻으로, 제대로 훈련도 하지 않은 어중이떠중이가 모인 보잘 것 없는 군사를 일컬음
유 烏合之衆(오합지중)

384 [4급] 玉骨仙風 옥 골 선 풍
빛이 썩 희고 고결하여 신선과 같은 뛰어난 풍채와 골격

385 [3급Ⅱ] 屋上架屋 옥 상 가 옥
지붕 위에 거듭 집을 세운다는 뜻으로, 공연히 쓸모없는 일이나 물건을 더함을 비유함
유 畫蛇添足(화사첨족)

386 [1급] 玉石俱焚 옥 석 구 분
옥과 돌이 함께 불타버린다는 뜻으로, 착한 사람이나 악한 사람이 함께 망함을 이르는 말

387 [4급] 玉石混淆 옥 석 혼 효
옥과 돌이 함께 뒤섞여 있다는 뜻으로, 선과 악 또는 좋은 것과 나쁜 것이 함께 섞여 있음을 말함
유 玉石混交(옥석혼교)
　玉石同架(옥석동가)

388 [4급Ⅱ] 溫故知新 온 고 지 신
옛 것을 익히고 그것을 미루어 새 것을 앎, 즉 옛 것을 연구하여 거기서 새로운 지식이나 도리를 찾아내는 일을 말함

389 [1급] 蝸角之爭 와 각 지 쟁
달팽이의 촉각 위에서 싸운다는 뜻으로, 하찮은 일로 벌이는 승강이나 사소한 싸움을 이르는 말
유 蝸角之勢(와각지세)
　蝸牛角上(와우각상)

390 [1급] 臥薪嘗膽 와 신 상 담
섶에 누워 쓸개를 씹는다는 뜻으로, 원수를 갚으려고 온갖 괴로움을 참고 견딤을 이르는 말
유 切齒扼腕(절치액완)

391 [3급Ⅱ] 外柔內剛 외 유 내 강
겉으로 보기에는 부드러우나 속은 꿋꿋하고 강함
유 內剛外柔(내강외유)

392 [4급Ⅱ] 要領不得 요 령 부 득
사물의 주요한 부분을 잡을 수 없다는 뜻으로, 말이나 글의 요령을 잡을 수 없음을 이르는 말

393 [6급Ⅱ] 樂山樂水 요 산 요 수
산을 좋아하고 물을 좋아한다는 뜻으로, 산수의 경치를 좋아함을 이르는 말

394 [1급] 窈窕淑女 요 조 숙 녀
마음씨가 고요하며 말과 행동이 얌전하고 아름다운 여자를 일컬음

395 [3급Ⅱ] 欲速不達 욕 속 부 달
어떤 일을 급하게 서두르면 도리어 이루지 못함

396 [3급Ⅱ] 龍頭蛇尾 용 두 사 미
머리는 용이나 꼬리는 뱀이라는 뜻으로, 시작은 거창하나 끝은 갈수록 보잘 것 없음을 비유하여 이르는 말

397 3급	용과 뱀이 하늘로 날아오르는 것과 같이 살아 움직이는 매우 힘찬 글씨를 가리키는 말
龍蛇飛騰 용 사 비 등	

406 2급	공자가 책을 하도 많이 읽어서 그것을 엮어 놓은 끈이 세 번이나 끊어짐을 뜻하는 것으로, 한 권의 책을 몇 십 번이나 되풀이해서 읽음을 비유하는 말
韋編三絶 위 편 삼 절	

398 3급Ⅱ	우공이 산을 옮긴다는 뜻으로, 남이 보기엔 어리석은 일처럼 보이지만 어떤 일이라도 끊임없이 노력하면 반드시 이루어질 수 있음을 말함 ㊤ 山溜穿石(산류천석) 　積土成山(적토성산)
愚公移山 우 공 이 산	

407 4급	남을 압도할 만큼 풍채가 위엄이 있고 당당함
威風堂堂 위 풍 당 당	

399 3급Ⅱ	줏대 없이 어물거리기만 하고 딱 잘라 결단을 내리지 못함
優柔不斷 우 유 부 단	

408 3급Ⅱ	부드러운 것이 강한 것을 이긴다는 뜻으로, 약한 것을 보이고 적의 허술한 틈을 타 능히 강한 것을 제압함을 비유하여 이르는 말 ㊤ 弱能制强(약능제강)
柔能制剛 유 능 제 강	

400 4급Ⅱ	소 귀에 경 읽기라는 뜻으로, 우둔한 사람은 아무리 가르치고 일러주어도 알아듣지 못함을 비유하여 이르는 말 ㊤ 馬耳東風(마이동풍) 　對牛彈琴(대우탄금)
牛耳讀經 우 이 독 경	

409 5급Ⅱ	많은 것이 서로 같지 않고 다름, 분수에 맞지 않거나 정도에 넘침
類萬不同 유 만 부 동	

401 3급Ⅱ	날개가 돋아 신선이 되어 하늘로 오른다는 뜻으로, 술이 거나하게 취하여 기분이 좋은 모습을 나타냄
羽化登仙 우 화 등 선	

410 3급Ⅱ	향기가 백대에 걸쳐 흐름이란 뜻으로, 꽃다운 이름이 후세에 길이 전함 ㊦ 遺臭萬年(유취만년)
流芳百世 유 방 백 세	

402 1급	비가 온 뒤에 솟는 죽순처럼 어떤 일이 동시에 많이 일어남을 비유함
雨後竹筍 우 후 죽 순	

411 4급Ⅱ	미리 준비하면 나중에 우환을 당하지 않음 ㊤ 居安思危(거안사위)
有備無患 유 비 무 환	

403 3급	역학에서 말하는 천도(天道)의 네 원리로, 생물이 시작되어(元) 형통하고(亨) 조화를 이루어(利) 성숙하는(貞) 것을 말함
元亨利貞 원 형 이 정	

412 3급	천상천하 유아독존, 즉 이 세상에 나보다 존귀한 사람은 없으며 오직 나만이 잘났다고 뽐내는 일
唯我獨尊 유 아 독 존	

404 3급	화를 멀리하고 복을 불러들임
遠禍召福 원 화 소 복	

413 1급	전혀 근거가 없는 말이나 뜬소문 ㊤ 道聽塗說(도청도설) 　浮言浪說(부언낭설) 　流言飛文(유언비문)
流言蜚語 유 언 비 어	

405 4급	위험의 순간이 머리카락 하나의 간격만큼 절박함을 이르는 말 ㊤ 百尺竿頭(백척간두) 　風前燈火(풍전등화)
危機一髮 위 기 일 발	

414 4급	같은 무리끼리 서로 사귀며 따름
類類相從 유 유 상 종	

415 [3급Ⅱ]
悠悠自適
유 유 자 적
여유가 있어 한가롭고 걱정이 없는 모양이라는 뜻으로, 속세에 속박됨이 없이 자기가 하고 싶은 대로 마음편이 지냄을 이르는 말

416 [3급]
唯一無二
유 일 무 이
둘이 아니고 오직 하나뿐이라는 뜻으로, 유일성을 강조함

417 [3급Ⅱ]
有終之美
유 종 지 미
끝을 잘 맺는 아름다움이라는 뜻으로, 시작한 일을 끝까지 잘하여 결과가 좋음을 이르는 말

418 [3급]
遺臭萬年
유 취 만 년
냄새가 만년까지 남겨진다는 뜻으로, 더러운 이름을 오래도록 남김

419 [3급Ⅱ]
隱忍自重
은 인 자 중
괴로움을 감추어 참고 몸가짐을 신중히 함
⑪ 輕擧妄動(경거망동)

420 [4급Ⅱ]
陰德陽報
음 덕 양 보
사람이 보지 않는 곳에서 좋은 일을 베풀면 반드시 그 일이 드러나서 갚음을 받음

421 [3급]
吟風弄月
음 풍 농 월
맑은 바람과 밝은 달을 대하여 시를 지어 읊으며 즐김
⑪ 吟風咏月(음풍영월)

422 [2급]
泣斬馬謖
읍 참 마 속
눈물을 머금고 마속의 목을 벤다는 뜻으로, 사랑하는 신하를 법대로 처단하여 질서를 바로잡음을 이르는 말

423 [4급]
異口同聲
이 구 동 성
입은 다르지만 하는 말은 같다라는 뜻으로, 여러 사람의 말이 한결같음을 이르는 말
⑪ 如出一口(여출일구)

424 [4급]
以卵擊石
이 란 격 석
계란으로 바위치기, 즉 턱없이 약한 것으로 엄청나게 강한 것을 당해 내려는 어리석음을 비유하여 이르는 말
⑪ 以卵投石(이란투석)

425 [5급]
耳目口鼻
이 목 구 비
귀·눈·입·코를 아울러 이르는 말

426 [5급Ⅱ]
以心傳心
이 심 전 심
말이나 글에 의하지 않고 마음에서 마음으로 전함
⑪ 拈華微笑(염화미소)
　　教外別傳(교외별전)
　　不立文字(불립문자)

427 [4급Ⅱ]
以熱治熱
이 열 치 열
열은 열로써 다스린다는 뜻으로, 힘에는 힘으로 또는 강한 것에는 강한 것으로 상대함을 이르는 말

428 [4급Ⅱ]
二律背反
이 율 배 반
서로 모순·대립하여 양립하지 않는 두 명제가 동등한 타당성을 가지고 주장되는 일
⑪ 自家撞着(자가당착)

429 [3급]
泥田鬪狗
이 전 투 구
진흙탕에서 싸우는 개라는 뜻으로, 명분이 서지 않는 일로 물골이 사납게 싸움을 이르는 말

430 [4급Ⅱ]
因果應報
인 과 응 보
원인과 결과는 서로 물리고 물린다는 뜻으로, 과거 또는 전생의 선악의 인연에 따라 뒷날 길흉화복의 갚음을 받게 됨을 이르는 말

431 [1급]
人口膾炙
인 구 회 자
널리 세상 사람의 이야깃거리가 됨, 즉 사람의 입에 자주 오르내림을 비유하여 이르는 말

432 [3급Ⅱ]
人面獸心
인 면 수 심
얼굴은 사람의 모습을 하였으나 마음은 짐승과 같다는 뜻으로, 사람의 도리를 지키지 못하고 배은망덕하거나 행동이 흉악하고 음탕한 사람을 말함

433 · 4급Ⅱ
人死留名
인 사 유 명
사람은 죽어서 이름을 남김
유 虎死留皮(호사유피)

442 · 3급
一連托生
일 련 탁 생
죽은 뒤에 극락정토에서 같은 연꽃 위에 다시 태어난다는 뜻으로, 사물의 선악이나 결과의 선악에 관계없이 행동이나 운명을 함께 함을 이르는 말

434 · 4급
仁者無敵
인 자 무 적
어진 사람은 널리 사람을 사랑하므로 천하에 적대할 사람이 없음을 이르는 말

443 · 2급
一網打盡
일 망 타 진
그물을 한 번 쳐서 물고기를 모조리 잡는다는 뜻으로, 한꺼번에 모조리 다 잡음을 말함

435 · 3급Ⅱ
忍之爲德
인 지 위 덕
참는 것이 덕이 됨

444 · 4급Ⅱ
一脈相通
일 맥 상 통
생각·성질·처지 등이 어느 면에서 한 가지로 서로 통함을 이르는 말

436 · 4급
一刻千金
일 각 천 금
극히 짧은 시간도 천금에 해당할 만큼 큰 가치가 있다는 뜻으로, 즐거운 때나 중요한 때가 금방 지나가는 아쉬움을 비유해 이르는 말

445 · 4급Ⅱ
一面如舊
일 면 여 구
처음 만나 사귀었으나 오래 사귄 것처럼 친밀함

437 · 4급Ⅱ
一擧兩得
일 거 양 득
한 가지 일로써 두 가지 이득을 얻음
유 一石二鳥(일석이조)

446 · 1급
一目瞭然
일 목 요 연
한 번 보고도 분명히 안다는 뜻으로, 잠깐 보고도 환하게 알 수 있음을 이르는 말

438 · 3급Ⅱ
日久月深
일 구 월 심
날이 오래고 달이 깊어간다는 뜻으로, 무언가 바라는 마음이 세월이 갈수록 더해짐을 이르는 말

447 · 4급
一罰百戒
일 벌 백 계
한 가지 죄를 무거운 벌로 다스림으로써, 여러 사람에게 경각심을 불러일으킬 정도의 본보기로 처벌을 내림

439 · 6급
一口二言
일 구 이 언
한 입으로 두 말을 한다는 뜻으로, 말을 이랬다저랬다 함을 이르는 말

448 · 4급
一絲不亂
일 사 불 란
한 오라기의 실도 흐트러지지 않았다는 뜻으로, 질서나 체계 따위가 잘 잡혀 있어서 조금도 흐트러짐이 없음을 이르는 말

440 · 4급Ⅱ
日暖風和
일 난 풍 화
일기가 따뜻하고 바람이 온화함

449 · 1급
一瀉千里
일 사 천 리
강물이 쏟아져 단번에 천리를 간다는 뜻으로, 어떤 일이 조금도 거침없이 기세 좋게 진행됨을 말함

441 · 3급Ⅱ
一刀兩斷
일 도 양 단
한칼로 쳐서 두 동강이를 낸다는 뜻으로, 머뭇거리지 않고 일이나 행동을 선뜻 결정함을 비유함
유 一刀割斷(일도할단)
반 優柔不斷(우유부단)

450 · 4급Ⅱ
一石二鳥
일 석 이 조
돌 하나로 두 마리의 새를 잡는다는 뜻으로, 한 가지 일로 두 가지 이익을 얻음을 비유하여 이름
유 一擧兩得(일거양득)

451 4급Ⅱ		460 6급Ⅱ	
一笑一少 일 소 일 소	한 번 웃을 때마다 한 번 젊어진다는 뜻	**一長一短** 일 장 일 단	장점도 있고 단점도 있음을 뜻함

452 6급Ⅱ		461 3급Ⅱ	
一心同體 일 심 동 체	여러 사람이 마음을 하나로 합쳐서 한마음 한몸이 됨을 이르는 말	**一場春夢** 일 장 춘 몽	한바탕의 봄꿈처럼 헛된 영화나 덧없는 일이란 뜻으로, 인생의 허무함을 비유하여 이르는 말 🔁 老生之夢(노생지몽), 南柯一夢(남가일몽), 邯鄲之夢(한단지몽)

453 3급		462 3급Ⅱ	
一魚濁水 일 어 탁 수	한 마리의 물고기가 그 물을 흐리게 한다는 뜻으로, 한 사람의 잘못으로 여러 사람이 그 해를 당함을 이르는 말	**一觸卽發** 일 촉 즉 발	한 번 닿기만 하여도 곧 폭발한다는 뜻으로, 조그만 자극에도 큰 일이 벌어질 것 같은 아슬아슬한 상태를 이르는 말 🔁 累卵之勢(누란지세), 風前燈火(풍전등화), 焦眉之急(초미지급)

454 3급Ⅱ		463 4급Ⅱ	
一言之下 일 언 지 하	말 한마디로 끊음, 즉 한마디로 딱 잘라 말함	**一寸光陰** 일 촌 광 음	아주 짧은 시간

455 5급		464 4급	
一葉知秋 일 엽 지 추	나뭇잎 하나가 떨어짐을 보고 가을이 옴을 안다는 뜻으로, 한 가지 일을 보고 장차 오게 될 일을 미루어 짐작함	**日就月將** 일 취 월 장	날마다 달마다 성장하고 발전한다는 뜻으로, 학문이나 기술이 날로 달로 진보하고 발전해 나아감

456 3급		465 4급Ⅱ	
一葉片舟 일 엽 편 주	나뭇잎처럼 작은 한 조각의 작은 배를 말함	**一波萬波** 일 파 만 파	한 사건이 그 사건에 그치지 않고 잇달아 많은 사건으로 번짐

457 4급Ⅱ		466 3급	
一衣帶水 일 의 대 수	띠처럼 좁은 강이나 해협 또는 그와 같은 강을 사이에 두고 가까이 접해 있음을 이르는 말 🔁 指呼之間(지호지간)	**一敗塗地** 일 패 도 지	한 번 싸우다가 여지없이 패하여 다시 일어나지 못함

458 3급Ⅱ		467 3급Ⅱ	
一以貫之 일 이 관 지	하나로써 그것을 꿰뚫음, 즉 한 방법이나 태도로 한결같이 꿰뚫음	**一片丹心** 일 편 단 심	한 조각의 붉은 마음이라는 뜻으로, 변하지 않는 참된 충성이나 정성을 표현함

459 3급Ⅱ		468 3급Ⅱ	
一日之長 일 일 지 장	하루 먼저 세상에 났다는 뜻으로, 연령이 조금 위가 되는 일 또는 조금 나음을 이르는 말	**一筆揮之** 일 필 휘 지	한숨에 글씨나 그림을 줄기차게 써 내려감

469 · 1급 一攫千金 일확천금
한꺼번에 많은 돈을 얻는다는 뜻으로, 아무런 노력 없이 벼락부자가 됨을 뜻함

470 · 2급 臨渴掘井 임갈굴정
목마른 자가 우물을 판다는 뜻으로, 준비 없이 일을 당하여 서두름을 이름

471 · 3급Ⅱ 臨機應變 임기응변
어느 때 어느 자리에서 뜻밖의 일을 당했을 때 재빨리 그에 알맞게 대처하는 일

472 · 4급Ⅱ 臨戰無退 임전무퇴
신라시대 원광법사가 지은 화랑오계 중의 하나로, 싸움에 임하여 물러섬이 없어야 한다는 말

473 · 3급Ⅱ 立身揚名 입신양명
사회적으로 인정을 받고 출세하여 이름을 세상에 드날림
※ 立身出世(입신출세)

474 · 1급 自家撞着 자가당착
자기의 언행이 전후 모순되어 일치하지 않음
※ 二律背反(이율배반)
　自己矛盾(자기모순)

475 · 4급Ⅱ 自強不息 자강불식
스스로 힘을 쓰고 가다듬어 쉬지 아니함

476 · 3급Ⅱ 自激之心 자격지심
자기가 일을 해놓고 그 일에 대하여 스스로 미흡하게 여기는 마음

477 · 5급 自給自足 자급자족
자기가 필요한 것을 스스로 생산하여 충당함

478 · 7급 自問自答 자문자답
스스로 묻고 스스로 대답한다는 뜻으로, 마음속으로 대화함을 이르는 말

479 · 6급Ⅱ 自手成家 자수성가
물려받은 재산 없이 스스로의 힘으로 일가를 이룸, 즉 스스로의 힘으로 사업을 이룩하거나 큰 일을 이룸

480 · 1급 自繩自縛 자승자박
자기 줄로 자기를 묶는다는 뜻으로, 자기의 언행이나 행동으로 말미암아 자기 스스로 꼼짝 못하게 되는 일

481 · 4급Ⅱ 自業自得 자업자득
자기가 저지른 일의 과보(果報)를 자기 자신이 받음
※ 養虎遺患(양호유환)
　自作自受(자작자수)

482 · 3급Ⅱ 自中之亂 자중지란
같은 패 안에서 일어나는 싸움

483 · 4급Ⅱ 自初至終 자초지종
처음부터 끝까지의 과정
※ 自頭至尾(자두지미)

484 · 3급 自暴自棄 자포자기
자신을 스스로 해치고 버린다는 뜻으로, 몸가짐이나 행동을 되는 대로 취함

485 · 4급Ⅱ 自畫自讚 자화자찬
자기가 그린 그림을 스스로 칭찬한다는 뜻으로, 자기가 한 일이나 행동을 스스로 칭찬하며 자랑함

486 · 6급Ⅱ 作心三日 작심삼일
마음 먹은 지 삼일이 못간다는 뜻으로, 한 번 결심한 것이 오래 가지 못함을 뜻함

487 | 4급
張三李四
장 삼 이 사
장씨의 셋째 아들과 이씨의 넷째 아들이란 뜻으로, 지극히 보통의 평범한 사람들을 일컬음
유 甲男乙女(갑남을녀), 匹夫匹婦(필부필부), 善男善女(선남선녀)

488 | 3급Ⅱ
才勝德薄
재 승 덕 박
재주는 있으나 덕이 부족함을 뜻함

489 | 1급
賊反荷杖
적 반 하 장
도둑이 도리어 몽둥이를 든다는 뜻으로, 잘못한 사람이 도리어 잘 한 사람을 나무라는 경우를 이르는 말
유 客反爲主(객반위주)

490 | 4급
積小成大
적 소 성 대
작은 것도 쌓이면 크게 됨
유 積塵成山(적진성산), 積土成丘(적토성구)

491 | 3급Ⅱ
赤手空拳
적 수 공 권
맨손과 맨주먹이란 뜻으로, 아무 것도 가진 것이 없음

492 | 4급
適者生存
적 자 생 존
생존 경쟁의 결과 그 환경에 맞는 것만이 살아남고 그렇지 못한 것은 차차 쇠퇴·멸망해 가는 자연도태의 현상을 일컬음

493 | 4급
適材適所
적 재 적 소
어떤 일이 적당한 재능을 가진 자에게 적합한 지위나 임무를 맡김

494 | 2급
積塵成山
적 진 성 산
티끌 모아 태산이란 뜻으로, 아무리 작은 것이라도 쌓이고 쌓이면 큰 덩어리가 된다는 말
유 積小成大(적소성대), 積土成丘(적토성구)

495 | 6급
電光石火
전 광 석 화
번갯불이나 부싯돌의 불이 번쩍이는 것처럼 몹시 짧은 시간이나 매우 재빠른 동작을 비유하여 말함

496 | 4급Ⅱ
前代未聞
전 대 미 문
지금까지 들어본 적이 없는 매우 놀라운 일이나 새로운 것을 두고 이르는 말
유 破天荒(파천황), 未曾有(미증유)

497 | 3급Ⅱ
前途洋洋
전 도 양 양
앞길이나 앞날이 크게 열리어 희망이 있음

498 | 2급
戰戰兢兢
전 전 긍 긍
매우 두려워하여 벌벌 떨면서 조심함
유 小心翼翼(소심익익), 戰戰慄慄(전전율율)

499 | 1급
輾轉反側
전 전 반 측
잠을 이루지 못하고 누워서 몸을 이리저리 뒤척임
유 寤寐不忘(오매불망), 輾轉不寐(전전불매)

500 | 3급Ⅱ
轉禍爲福
전 화 위 복
화가 바뀌어 오히려 복이 된다는 뜻으로, 어떤 불행한 일이라도 끊임없는 노력과 강인한 의지로 힘쓰면 불행을 행복으로 바꾸어 놓을 수 있다는 말
유 禍因爲福(화인위복)

501 | 3급
絶世佳人
절 세 가 인
세상에 비할 데 없이 아름다운 여자
유 絶世美人(절세미인), 絶代佳人(절대가인)

502 | 1급
絶長補短
절 장 보 단
긴 것을 잘라서 짧은 것에 보태어 부족함을 채운다는 뜻으로, 좋은 것으로 부족한 것을 보충함을 이르는 말
유 絶長續短(절장속단)

503 | 2급
切磋琢磨
절 차 탁 마
옥돌을 자르고 줄로 쓸고 끌로 쪼고 갈아 빛을 낸다는 뜻으로, 학문이나 인격을 끊임없이 갈고 닦음

504 | 3급Ⅱ
切齒腐心
절 치 부 심
이를 갈고 속을 썩이다는 뜻으로, 몹시 원통하고 분한 정도가 매우 심한 모양을 일컬음
유 臥薪嘗膽(와신상담), 切齒扼腕(절치액완)

505 3급Ⅱ
漸入佳境
점 입 가 경
가면 갈수록 경치가 아름다워진다는 뜻으로, 문장이나 산수 따위가 점차 재미있게 되어감

514 3급Ⅱ
縱橫無盡
종 횡 무 진
행동이나 마음이 내키는 대로 거리낌이 없음

506 1급
頂門一鍼
정 문 일 침
정수리에 침 하나를 꽂는다는 뜻으로, 상대방의 급소를 찌르는 따끔한 충고나 교훈을 이르는 말

515 3급Ⅱ
坐不安席
좌 불 안 석
마음에 불안이나 근심 등이 있어 한자리에 오래 앉아 있지 못함

507 3급Ⅱ
井底之蛙
정 저 지 와
우물 안 개구리라는 뜻으로, 견문이 좁고 세상물정에 어두운 사람을 일컬음
유 井中之蛙(정중지와)
坐井觀天(좌정관천)

516 3급Ⅱ
左之右之
좌 지 우 지
왼쪽으로 돌렸다 오른쪽으로 돌렸다 한다는 뜻으로, 사람이 어떤 일이나 대상을 제 마음대로 처리하거나 다루는 것을 말함

508 1급
糟糠之妻
조 강 지 처
지게미와 쌀겨로 끼니를 이어가며 고생을 같이 해온 아내를 일컬음

517 3급Ⅱ
左衝右突
좌 충 우 돌
이리저리 닥치는 대로 부딪침

509 3급
朝令暮改
조 령 모 개
아침에 명령을 내리고서 저녁에 다시 바꾼다는 뜻으로, 상부에서 내린 법령이 일관성 없이 자주 바뀜을 비난하는 말
유 朝令暮得(조령모득),
朝令夕改(조령석개)

518 1급
主客顚倒
주 객 전 도
주인은 손님처럼 손님은 주인처럼 행동을 바꾸어 한다는 뜻으로, 서로 입장이 뒤바뀜을 비유함
유 客反爲主(객반위주)

510 3급
朝三暮四
조 삼 모 사
아침에 세 개, 저녁에 네 개라는 뜻으로, 간사한 잔꾀로 남을 속이거나 눈앞에 보이는 차이만 알고 결과가 같음을 모르는 어리석음을 말함

519 3급Ⅱ
晝耕夜讀
주 경 야 독
낮에는 밭을 갈고 밤에는 공부한다는 뜻으로, 어렵게 공부함을 이르는 말

511 3급Ⅱ
鳥足之血
조 족 지 혈
새발의 피란 뜻으로, 분량이 극히 적거나 비교가 안 될 만한 작은 물건을 말함

520 1급
走馬加鞭
주 마 가 편
달리는 말에 채찍질한다는 뜻으로, 형편이나 힘이 한창 좋을 때에 더욱 힘을 더한다는 말

512 3급Ⅱ
足脫不及
족 탈 불 급
맨발로 뛰어도 따라가지 못한다는 뜻으로, 능력이나 재질·역량 따위가 뚜렷한 차이가 있음을 이름

521 4급
走馬看山
주 마 간 산
말을 타고 달리면서 산을 본다는 뜻으로, 수박 겉 핥기 식으로 바빠서 자세히 살펴보지 않고 대강 훑어봄을 말함

513 4급Ⅱ
種豆得豆
종 두 득 두
콩 심은데 콩 난다는 뜻으로, 원인이 있으면 반드시 그에 합당한 결과가 뒤따름을 일컬음
유 種瓜得瓜(종과득과)
因果應報(인과응보)

522 3급Ⅱ
酒池肉林
주 지 육 림
술이 못을 이루고 고기가 수풀을 이룬다는 뜻으로, 매우 호화스럽고 방탕한 생활을 말함
유 肉山脯林(육산포림)
肉山酒池(육산주지)

523 4급Ⅱ
竹馬故友
죽 마 고 우
대나무 말을 타고 놀던 옛 친구라는 뜻으로, 어릴 때부터 가까이 지내며 자란 친구를 말함
- 🉊 竹馬舊友(죽마구우)
  騎竹之交(기죽지교)

524 3급Ⅱ
衆寡不敵
중 과 부 적
적은 수로써 많은 수효를 대적하지 못함
- 🉊 寡不適中(과부적중)

525 4급Ⅱ
衆口難防
중 구 난 방
여러 사람의 입을 막기 어렵다는 뜻으로, 많은 사람들이 함부로 떠들어대는 것은 감당하기 어려우니 말과 행동을 조심해야 함을 이르는 말

526 2급
芝蘭之交
지 란 지 교
지초와 난초의 사귐이란 뜻으로, 벗 사이의 맑고 고상한 교제를 의미함
- 🉊 金蘭之交(금란지교)
  斷金之交(단금지교)

527 3급
指鹿爲馬
지 록 위 마
사슴을 가리켜 말이라고 한다는 뜻으로, 간사한 꾀로써 윗사람을 농락하고 아랫사람을 겁주어 멋대로 권세를 부림을 말함

528 3급Ⅱ
支離滅裂
지 리 멸 렬
이리저리 흩어져 갈피를 잡을 수 없음

529 4급Ⅱ
至誠感天
지 성 감 천
지극한 정성에는 하늘도 감동한다는 뜻으로, 무엇이든 정성껏 하면 하늘이 움직여 좋은 결과를 맺는다는 말

530 3급
池魚之殃
지 어 지 앙
연못에 사는 물고기의 재앙이라는 뜻으로, 아무런 상관도 없는데 화를 당할 때 말함

531 5급Ⅱ
知行合一
지 행 합 일
지식과 행동은 둘이 아닌 하나이므로, 알면 반드시 행동으로 실천해야 한다는 뜻
- 🉊 知行一致(지행일치)
  知行竝進(지행병진)

532 3급Ⅱ
指呼之間
지 호 지 간
손짓하여 부르면 대답할 수 있을 정도의 가까운 거리를 말함
- 🉊 咫尺之間(지척지간)

533 1급
珍羞盛饌
진 수 성 찬
맛이 좋은 음식으로, 성대하게 잘 차린 진귀한 음식

534 4급Ⅱ
進退兩難
진 퇴 양 난
나아갈 수도 물러설 수도 없는 궁지에 빠진 상태를 말함
- 🉊 進退維谷(진퇴유곡)

535 3급Ⅱ
此日彼日
차 일 피 일
오늘 내일하며 일을 핑계로 자꾸 기한을 늦춤

536 2급
滄海一粟
창 해 일 속
큰 바다에 던져진 좁쌀 한 톨이라는 뜻으로, 지극히 작은 것이나 이 세상에서의 인간 존재의 허무함을 이르는 말
- 🉊 大海一滴(대해일적)
  九牛一毛(구우일모)

537 3급Ⅱ
天高馬肥
천 고 마 비
하늘이 높고 말이 살찐다는 뜻으로, 가을의 청명함과 풍성함을 표현함

538 4급
千慮一失
천 려 일 실
천 가지 생각 가운데 한 가지 실수란 뜻으로, 지혜로운 사람의 많은 생각도 실수가 있을 수 있음을 표현한 말
- 🉿 千慮一得(천려일득)

539 2급
天方地軸
천 방 지 축
너무 바빠서 두서를 잡지 못하고 허둥대는 모습을 표현한 말
- 🉊 天方地方(천방지방)

540 4급
天生緣分
천 생 연 분
하늘에서 정해준 연분, 즉 부부의 연을 일컬음

541 `4급`
泉石膏肓
천 석 고 황
산수풍경을 몹시 사랑함을 표현한 말
- 泉石膏肓(천석고맹)
  煙霞痼疾(연하고질)

550 `3급Ⅱ`
徹頭徹尾
철 두 철 미
머리에서 꼬리까지 통한다는 뜻으로, 처음부터 끝까지 방침이나 생각을 바꾸지 않고 철저히 함

542 `3급Ⅱ`
天壤之差
천 양 지 차
하늘과 땅 사이와 같은 엄청난 차이
- 天壤之判(천양지판)
  雲泥之差(운니지차)

551 `3급Ⅱ`
鐵石肝腸
철 석 간 장
철이나 돌과 같은 간과 창자라는 뜻으로, 굳고 단단한 절개나 마음을 말함
- 鐵心石腸(철심석장)
  鐵腸石心(철장석심)

543 `2급`
天佑神助
천 우 신 조
하늘이 돕고 신이 도움, 즉 인간의 힘으로 불가능한 것을 하늘과 신의 도움으로 가능하게 된 경우를 말함

552 `3급Ⅱ`
徹天之恨
철 천 지 한
하늘을 뚫을 정도의 사무친 한을 뜻함
- 千秋之恨(천추지한)

544 `2급`
天衣無縫
천 의 무 봉
선녀의 옷에는 바느질한 자리가 없다는 뜻으로, 시나 문장이 매우 자연스러워 조금도 꾸민 데가 없이 완전함

553 `1급`
轍環天下
철 환 천 하
수레를 타고 하늘을 돌아다닌다는 뜻으로, 여러 나라를 두루 여행함

545 `3급Ⅱ`
天長地久
천 장 지 구
하늘과 땅이 오래도록 변하지 않는다는 뜻으로, 사물이 오래토록 계속됨을 이르는 말

554 `3급Ⅱ`
靑雲之士
청 운 지 사
학덕이 높은 어진 사람 또는 높은 벼슬에 오른 사람을 일컬음

546 `3급Ⅱ`
千載一遇
천 재 일 우
천 년에 한 번 만난다는 뜻으로, 좀처럼 얻기 어려운 좋은 기회를 말함
- 千歲一時(천세일시)
  千秋一時(천추일시)

555 `3급Ⅱ`
靑雲之志
청 운 지 지
남보다 훌륭하게 출세할 뜻을 갖고 있음

547 `3급`
天眞爛漫
천 진 난 만
천진함이 넘친다는 뜻으로, 조금도 꾸밈 없이 아주 순진하고 참됨

556 `7급`
靑天白日
청 천 백 일
맑게 갠 하늘에서 밝게 비치는 해라는 뜻으로, 누구나 다 볼 수 있도록 공개된 상황이나 일을 말함

548 `4급`
千差萬別
천 차 만 별
여러 가지 사물이 모두 차이가 있고 구별이 있음을 뜻함
- 千態萬象(천태만상)

557 `2급`
靑出於藍
청 출 어 람
쪽에서 뽑아 낸 푸른 물감이 쪽빛보다 더 푸르다는 뜻으로, 제자가 스승보다 뛰어남을 이르는 말
- 出藍之譽(출람지예)
  後生可畏(후생가외)

549 `4급`
千篇一律
천 편 일 률
천 가지 책이 모두 하나의 내용과 형식이라는 뜻으로, 여러 사물이 거의 비슷하여 특색이 없음을 비유하여 이르는 말

558 `6급`
清風明月
청 풍 명 월
맑은 바람과 밝은 달이라는 뜻으로, 결백하고 온건한 성격의 사람을 평하여 이르는 말
- 江湖煙波(강호연파)
  山紫水明(산자수명)

559 1급
樵童汲婦
초 동 급 부
땔나무를 하는 아이와 물을 긷는 여자라는 뜻으로, 보통의 평범한 사람들을 일컬음
유 張三李四(장삼이사), 匹夫匹婦(필부필부), 甲男乙女(갑남을녀)

560 6급
草綠同色
초 록 동 색
풀빛과 녹색은 같은 빛깔이란 뜻으로, 같은 처지의 사람과 어울리거나 행동함을 말함
유 類類相從(유유상종)

561 2급
焦眉之急
초 미 지 급
눈썹이 타게 될 만큼 위급한 상태란 뜻으로, 그대로 방치할 수 없는 매우 다급한 일이나 경우를 이르는 말
유 風前燈火(풍전등화), 累卵之危(누란지위), 一觸卽發(일촉즉발)

562 3급Ⅱ
初志一貫
초 지 일 관
처음에 세운 뜻을 이루려고 끝까지 밀고 나감

563 4급Ⅱ
寸鐵殺人
촌 철 살 인
한 치밖에 안 되는 칼로 사람을 죽인다는 뜻으로, 짤막한 경구나 격언 등으로 사람의 마음을 찔러 감동시킴을 이르는 말
유 頂門一鍼(정문일침)

564 5급
秋風落葉
추 풍 낙 엽
가을 바람에 떨어지는 낙엽이라는 뜻으로, 세력이나 형세 따위가 갑자기 기울거나 시듦을 나타냄

565 5급
春秋筆法
춘 추 필 법
공자의 역사 비판처럼 대의명분을 밝혀 세우는 사필(史筆)의 준엄한 논법을 말함

566 4급Ⅱ
出將入相
출 장 입 상
나가서는 장수 들어와서는 재상이라는 뜻으로, 문무를 겸비한 사람을 일컬음

567 4급Ⅱ
忠言逆耳
충 언 역 이
바른 말은 귀에 거슬린다는 뜻으로, 바른 말은 사람들이 듣기 싫어하지만 자신을 이롭게 함
유 良藥苦口(양약고구), 金言逆耳(금언역이)

568 3급
取捨選擇
취 사 선 택
취할 것은 취하고, 버릴 것은 버린다는 뜻

569 3급Ⅱ
醉生夢死
취 생 몽 사
술에 취한 듯 살다가 꿈을 꾸듯이 죽는다는 뜻으로, 아무 일도 이루지 못하고 한평생을 흐리멍덩하게 살아감을 비유하여 이름

570 3급Ⅱ
置之度外
치 지 도 외
내버려 두고 문제 삼지 않음
유 度外視(도외시), 置之勿問(치지물문)

571 1급
七顚八起
칠 전 팔 기
일곱 번 넘어지고 여덟 번 일어난다는 뜻으로, 여러 번의 실패에도 굽히지 않고 분투함을 이르는 말

572 1급
七縱七擒
칠 종 칠 금
제갈공명이 적의 장수 맹획(孟獲)을 일곱 번 놓아주고 일곱 번 사로잡았다는 뜻으로, 뛰어난 전술과 계략을 말함

573 1급
針小棒大
침 소 봉 대
바늘만한 것을 몽둥이 만하다고 말함, 즉 작은 일을 크게 과장하여 부풀려 말하는 것을 비유함

574 3급Ⅱ
他山之石
타 산 지 석
다른 산에 있는 하찮은 돌도 자기 구슬을 가는 데 도움이 된다는 말로, 다른 사람의 하찮은 언행도 자기의 지식과 인격을 닦는 데 도움이 됨을 뜻함

575 4급Ⅱ
卓上空論
탁 상 공 론
탁자 위에서만 펼치는 헛된 논설이란 뜻으로, 현실성이 없는 허황된 이론이나 논의를 말함

576 3급
貪官汚吏
탐 관 오 리
탐욕이 많고 부정을 일삼는 벼슬아치를 말함

577 [3급Ⅱ]
泰山北斗
태 산 북 두
중국 제일의 명산인 태산과 북두성이라는 뜻으로, 세상 사람들이 우러러 받들고 존경하는 사람을 일컬음

586 [3급Ⅱ]
破竹之勢
파 죽 지 세
대나무를 쪼개는 기세라는 뜻으로, 처음 시작만 되면 쉽게 쫙 쪼개지는 대나무처럼 거침없이 적을 향해 쳐들어가는 기세를 비유하여 말함
- 迎刃而解(영인이해)
  勢如破竹(세여파죽)

578 [3급Ⅱ]
泰然自若
태 연 자 약
마음에 충동을 받아도 동요하지 않고 천연스러운 것

587 [6급]
八方美人
팔 방 미 인
어느 모로 보나 아름다운 미인, 즉 모든 면에서 두루 능통한 사람을 이름

579 [4급Ⅱ]
太平聖代
태 평 성 대
어질고 착한 사람이 다스리는 태평한 세상
- 鼓腹擊壤(고복격양)
  堯舜之節(요순지절)

588 [5급Ⅱ]
八字所關
팔 자 소 관
팔자에 의해 운명적으로 결정된 것, 즉 인생은 인위적인 노력에 의해 개척되기보다는 타고난 숙명에 따라 이미 결정되어짐을 말함

580 [3급]
兎死狗烹
토 사 구 팽
토끼를 다 잡고 나면 사냥개를 삶는다는 뜻으로, 필요할 때 요긴하게 써 먹고 쓸모가 없어지면 가혹하게 버리는 것을 말함

589 [5급]
敗家亡身
패 가 망 신
가산을 탕진하고 몸을 망침
- 人亡家廢(인망가폐)
  人亡宅廢(인망택폐)

581 [1급]
吐哺握發
토 포 악 발
입 속에 있는 밥을 뱉고 머리카락을 움켜쥔다는 뜻으로, 현인(賢人)을 얻기 위해 식사 때나 머리를 감을 때라도 황급히 나아가 예의를 갖춤을 의미함

590 [1급]
偏母膝下
편 모 슬 하
아버지 없이 홀어머니 품에서 자란 자식

582 [1급]
波瀾萬丈
파 란 만 장
파도의 물결치는 것이 만장의 길이나 된다는 뜻으로, 일의 진행에 변화가 심함을 비유하여 이르는 말
- 波瀾重疊(파란중첩)

591 [1급]
弊袍破笠
폐 포 파 립
해진 옷과 부러진 갓이라는 뜻으로, 너절하고 구차한 차림새를 말함
- 弊衣破冠(폐의파관)

583 [3급]
破廉恥漢
파 렴 치 한
수치심을 모르고 부끄러워하지 않는 사람

592 [3급]
抱腹絕倒
포 복 절 도
배를 안고 넘어질 정도로 몹시 우스워서 몸을 가누지 못하는 모습을 말함
- 捧腹絕倒(봉복절도)

584 [3급Ⅱ]
破邪顯正
파 사 현 정
부처의 가르침에 어긋나는 사악한 도리를 깨뜨리고 바른 도리를 드러낸다는 뜻으로, 그릇된 생각을 버리고 올바른 도리를 행함을 비유해 이르는 말

593 [3급Ⅱ]
表裏不同
표 리 부 동
마음이 음흉하여 겉과 속이 같지 않음을 뜻함
- 表裏相應(표리상응)
  表裏一致(표리일치)

585 [3급Ⅱ]
破顔大笑
파 안 대 소
얼굴이 찢어지도록 크게 웃는다는 뜻으로, 즐거운 표정으로 한바탕 크게 웃음을 이르는 말
- 破顔一笑(파안일소)
  呵呵大笑(가가대소)

594 [3급Ⅱ]
風樹之嘆
풍 수 지 탄
부모에게 효도를 다하려고 할 때에는 이미 돌아가셔서 그 뜻을 이룰 수 없음을 이르는 말
- 風樹之感(풍수지감)
  風樹之悲(풍수지비)

595 4급Ⅱ **風前燈火** 풍 전 등 화	바람 앞의 등불이란 뜻으로, 존망이 달린 매우 위급한 처지를 비유하여 이르는 말 🌐 百尺竿頭(백척간두) 一觸卽發(일촉즉발) 累卵之危(누란지위)
596 3급Ⅱ **彼此一般** 피 차 일 반	저것이나 이것이나 마찬가지임, 즉 두 편이 서로 같다는 뜻
597 3급 **匹夫之勇** 필 부 지 용	하찮은 남자의 용기라는 뜻으로, 소인이 깊은 생각 없이 혈기만 믿고 함부로 부리는 용기를 말함
598 3급 **匹夫匹婦** 필 부 필 부	평범한 남자와 평범한 여자, 즉 평범한 보통사람들을 일컬음 🌐 甲男乙女(갑남을녀) 善男善女(선남선녀) 張三李四(장삼이사)
599 3급Ⅱ **何待明年** 하 대 명 년	어찌 명년을 기다리랴는 뜻으로, 기다리기가 매우 지루함을 이르는 말 🌐 何待歲月(하대세월) 鶴首苦待(학수고대) 百年河淸(백년하청)
600 1급 **夏爐冬扇** 하 로 동 선	여름의 화로와 겨울의 부채라는 뜻으로, 아무 소용없는 말이나 재주를 비유하여 이르는 말 또는 철에 맞지 않거나 쓸모없는 사물을 비유하여 이르는 말
601 3급Ⅱ **下石上臺** 하 석 상 대	아랫돌 빼서 윗돌 고고, 윗돌 빼서 아랫돌 괴기라는 뜻으로, 임기응변으로 어려운 일을 처리함을 말함 🌐 彌縫策(미봉책) 姑息之計(고식지계)
602 3급Ⅱ **鶴首苦待** 학 수 고 대	학처럼 목을 길게 빼고 기다린다는 뜻으로, 몹시 기다림을 이르는 말
603 2급 **邯鄲之夢** 한 단 지 몽	한단에서 꾼 꿈이라는 뜻으로, 인생의 부귀영화는 일장춘몽과 같이 허무함을 이르는 말 🌐 南柯一夢(남가일몽), 一炊之夢(일취지몽), 邯鄲之枕(한단지침)

604 2급 **邯鄲之步** 한 단 지 보	한단에서 걸음걸이를 배운다는 뜻으로, 제 분수를 잊고 무턱대고 남을 흉내 내다가 이것저것 다 잃음을 비유하여 이르는 말 🌐 邯鄲學步(한단학보)
605 2급 **汗牛充棟** 한 우 충 동	수레에 실어 운반하게 되면 소가 땀을 흘리게 되고, 쌓아올리면 들보에 닿을 정도의 많은 책을 말함 🌐 五車之書(오거지서)
606 3급Ⅱ **閑雲野鶴** 한 운 야 학	한가로운 구름 아래 노니는 들의 학이란 뜻으로, 벼슬과 어지러운 세상을 버리고 강호에 묻혀 사는 사람을 일컬음
607 1급 **緘口無言** 함 구 무 언	입을 다물고 아무런 말이 없음
608 3급Ⅱ **含憤蓄怨** 함 분 축 원	분을 품고 원한을 쌓음
609 3급 **咸興差使** 함 흥 차 사	조선 태조 이성계가 왕위를 물려주는 과정에서 두 차례의 왕자의 난을 겪고 난 후, 태종이 왕위에 올라 아버지를 모셔 오려고 함흥으로 차사를 보냈으나, 태조는 오는 대로 가두거나 죽였다는 데서 나온 말로 심부름을 가서 아주 소식이 없거나 더디올 때 쓰는 말
610 3급Ⅱ **合縱連橫** 합 종 연 횡	중국 전국시대의 외교정책으로, 6개국이 동맹하여 서쪽의 진나라에 대항하자는 소진(蘇秦)의 합종설과 진나라와 그 동쪽에 있던 6개국이 동서로 서로 연합하자는 장의(張儀)의 연횡설을 말함
611 1급 **駭怪罔測** 해 괴 망 측	평소 그 정도를 헤아릴 수 없을 만큼 몹시 괴이하고 놀라운 일 🌐 奇怪罔測(기괴망측)
612 1급 **偕老同穴** 해 로 동 혈	부부가 한 평생을 같이 지내며 같이 늙고 죽어서는 같이 무덤에 묻힌다는 뜻으로, 부부금실이나 부부 사랑의 굳은 맹세를 말함

613 1급
虛心坦懷
허 심 탄 회
마음을 비우고 생각을 터놓음, 감춤이 없이 솔직하여 마음에 아무런 거리낌이 없음

622 1급
糊口之策
호 구 지 책
입에 풀칠한다는 뜻으로, 겨우 먹고 살아가는 방책을 말함
⊕ 糊口之計(호구지계)

614 4급
虛張聲勢
허 장 성 세
헛되이 목소리의 기세만 높인다는 뜻으로, 실력이 없으면서 허세로 떠벌리는 사람을 이름

623 2급
好事多魔
호 사 다 마
좋은 일에는 방해가 되는 일이 많음

615 4급Ⅱ
虛虛實實
허 허 실 실
적의 허를 찌르고 실을 취하는 계책

624 3급Ⅱ
虎死留皮
호 사 유 피
범이 죽으면 가죽을 남기는 것과 같이, 사람도 죽은 뒤에는 이름을 남겨야 한다는 말
⊕ 豹死留皮(표사유피)

616 3급
軒軒丈夫
헌 헌 장 부
외모가 준수하고 늠름하며 쾌활하고 의젓한 남자

625 1급
虎視耽耽
호 시 탐 탐
범이 날카로운 눈초리로 먹이를 노린다는 뜻으로, 틈만 있으면 덮치려고 기회를 노리며 형세를 살핌

617 1급
懸頭刺股
현 두 자 고
상투를 천장에 달아매고 송곳으로 허벅다리를 찔러서 잠을 깨운다는 뜻으로, 학업에 매우 힘씀을 이르는 말

626 3급Ⅱ
浩然之氣
호 연 지 기
도의에 근거를 두고 굽히지 않고 흔들리지 않는 바르고 큰 마음, 공명정대하여 조금도 부끄러움이 없는 용기를 두고 이르는 말

618 3급Ⅱ
賢母良妻
현 모 양 처
어진 어머니이면서 또한 착한 아내

627 4급Ⅱ
好衣好食
호 의 호 식
좋은 옷과 좋은 음식이라는 뜻으로, 잘 입고 잘 먹는 생활을 말함

619 3급Ⅱ
懸河口辯
현 하 구 변
세차게 흐르는 물처럼 거침없이 말을 잘함
⊕ 懸河之辯(현하지변)
　 懸河雄辯(현하웅변)

628 4급Ⅱ
呼兄呼弟
호 형 호 제
형이라 부르고 아우라고 부른다는 뜻으로, 친형제처럼 가깝게 지내는 사이를 이르는 말

620 3급
螢雪之功
형 설 지 공
반딧불과 눈의 도움을 빌어 공부한다는 뜻으로, 쉬지 않고 부지런히 면학에 힘쓰는 것을 말함
⊕ 螢窓雪案(형창설안)

629 1급
惑世誣民
혹 세 무 민
이단의 말로 세상을 어지럽히고 백성을 속이는 일

621 1급
狐假虎威
호 가 호 위
여우가 호랑이의 위세를 빌려 호기를 부린다는 뜻으로, 남의 세력을 빌어 위세를 부림
⊕ 假虎威狐(가호위호)
　 借虎威狐(차호위호)

630 1급
魂飛魄散
혼 비 백 산
넋이 날아가고 흩어진다는 뜻으로, 몹시 놀라 어찌할 바를 모름을 비유한 말

631 1급
渾然一體
혼 연 일 체
사람들의 행동이나 의지가 조금도 차이 없이 한 덩어리가 됨

640 1급
鰥寡孤獨
환 과 고 독
홀아비·과부·고아 및 늙어서 자식이 없는 사람들이란 뜻으로, 외롭고 의지할 곳 없는 사람을 비유해 이르는 말

632 3급
昏定晨省
혼 정 신 성
저녁에는 잠자리를 보아 드리고 아침에는 문안을 드린다는 뜻으로, 자식이 아침과 저녁으로 부모의 안부를 물어서 살핌을 이르는 말
🖐 反哺之孝(반포지효)

641 3급Ⅱ
荒唐無稽
황 당 무 계
말이나 행동이 터무니 없고 근거가 없어 생각할 가치도 없음

633 3급Ⅱ
紅爐點雪
홍 로 점 설
뜨거운 불길 위에 한 점 눈을 뿌리면 순식간에 녹듯이 사욕이나 의혹이 일시에 꺼져 없어지고 마음이 탁 트여 맑음을 일컫는 말

642 4급
會者定離
회 자 정 리
만나면 언젠가는 헤어지게 되어 있다는 뜻으로, 인간의 힘으로 어찌할 수 없는 이별의 아쉬움을 표현한 말
🖐 生者必滅(생자필멸)

634 1급
畵龍點睛
화 룡 점 정
벽에 용을 그린 뒤에 마지막으로 눈동자를 그려 넣었더니 그 용이 곧 승천하여 하늘로 올라갔다는 뜻으로, 사물의 가장 중요한 부분을 끝내어 일을 완성시킴을 말함

643 1급
橫說竪說
횡 설 수 설
말을 이렇게 했다 저렇게 했다, 두서없이 생각나는 대로 이야기 함

635 3급
畵蛇添足
화 사 첨 족
뱀을 그리고 발을 더한다는 뜻으로, 하지 않아도 될 일을 하거나 필요 이상으로 쓸데없는 일을 하는 것

644 3급
後生可畏
후 생 가 외
후진들이 선배들보다 젊고 기력이 좋아, 학문을 닦음에 따라 큰 인물이 될 수 있으므로 오히려 두렵게 여김

636 6급
花朝月夕
화 조 월 석
꽃이 핀 아침과 달 밝은 저녁이란 뜻으로, 경치가 가장 좋을 때를 이르는 말
🖐 陽春佳節(양춘가절)

645 3급Ⅱ
厚顏無恥
후 안 무 치
얼굴이 두껍고 부끄러움이 없다는 뜻으로, 뻔뻔스러워 부끄러워할 줄 모르는 사람들을 일컬음

637 1급
畵中之餠
화 중 지 병
그림의 떡이란 뜻으로, 보기만 하고 탐이 나도 어찌해 볼 수 없는 상황을 이르는 말

646 3급Ⅱ
訓蒙字會
훈 몽 자 회
조선 중종 때 최세진이 지은 한자 학습서로, 3660자의 한자를 사물에 따라 갈라 한글로 음과 뜻을 달아 놓음

638 4급Ⅱ
確固不動
확 고 부 동
확고하여 흔들리거나 움직이지 않음
🖐 確固不拔(확고불발)

647 3급Ⅱ
興亡盛衰
흥 망 성 쇠
흥하고 망하며, 성하고 쇠하는 일

639 2급
換骨奪胎
환 골 탈 태
뼈를 바꾸고 태(胎)를 빼앗는다는 뜻으로, 선인이 지은 시문의 뜻과 어구를 자기 것으로 소화한 뒤 그것을 바탕으로 독자적인 시문을 짓는 일 또는 얼굴이나 모습이 이전보다 몰라보게 좋아졌음을 비유하는 말

648 4급
興盡悲來
흥 진 비 래
즐거운 일이 지나가면 슬픈 일이 닥쳐온다는 뜻으로, 세상 일이 돌고 돎을 이르는 말

8 약자·속자 ▪▪▪

정자	훈	음	약자	정자	훈	음	약자	정자	훈	음	약자
ㄱ				舊	예	구	旧	圖	그림	도	図
假	거짓	가	仮	龜	땅이름 구/거북 귀 터질 균		亀	獨	홀로	독	独
價	값	가	価	國	나라	국	国	讀	읽을 독/구절 두		読
覺	깨달을	각	覚	勸	권할	권	勧	燈	등잔	등	灯
據	근거	거	拠	權	권세	권	権	ㄹ			
擧	들	거	挙	歸	돌아갈	귀	帰	樂	즐거울 락/풍류 악 좋아할 요		楽
儉	검소할	검	倹	氣	기운	기	気	亂	어지러울	란	乱
劍	칼	검	剣	旣	이미	기	既	覽	볼	람	覧
堅	굳을	견	坚	緊	긴할	긴	緊	來	올	래	来
徑	지름길	경	径	ㄴ				兩	두	량	両
經	지날/글	경	経	內	안	내	内	勵	힘쓸	려	励
輕	가벼울	경	軽	ㄷ				獵	사냥	렵	猟
鷄	닭	계	鶏	單	홑	단	単	靈	신령	령	霊
繼	이을	계	継	團	둥글	단	団	禮	예도	례	礼
館	집	관	館	斷	끊을	단	断	勞	일할	로	労
觀	볼	관	観	擔	멜	담	担	爐	화로	로	炉
關	빗장	관	関	膽	쓸개	담	胆	賴	의뢰할	뢰	頼
廣	넓을	광	広	當	마땅	당	当	龍	용	룡	竜
敎	가르칠	교	教	黨	무리	당	党	樓	다락	루	楼
區	구역	구	区	對	대할	대	対	ㅁ			
				德	덕	덕	徳	滿	찰	만	満

정자	훈	음	약자
灣	물굽이	만	湾
萬	일만	만	万
蠻	오랑캐	만	蛮
賣	팔	매	売
麥	보리	맥	麦
沔	물이름	면	沔
發	필	발	発
邊	가	변	辺
變	변할	변	変
倂	아우를	병	併
竝	나란히	병	並
寶	보배	보	宝
佛	부처	불	仏
拂	떨칠	불	払
寫	베낄	사	写
師	스승	사	师
絲	실	사	糸
辭	말씀	사	辞
狀	형상	상/문서장	状
釋	풀	석	釈

정자	훈	음	약자
纖	가늘	섬	繊
聲	소리	성	声
屬	붙일	속	属
續	이을	속	続
壽	목숨	수	寿
隨	따를	수	随
收	거둘	수	収
數	셈	수:/자주 삭	数
獸	짐승	수	獣
肅	엄숙할	숙	粛
實	열매	실	実
雙	쌍	쌍	双
亞	버금	아	亜
兒	아이	아	児
惡	악할	악/미워할 오	悪
鴈	기러기	안	雁
巖	바위	암	岩
壓	누를	압	圧
藥	약	약	薬
壤	흙덩이	양	壌

정자	훈	음	약자
樣	모양	양	様
嚴	엄할	엄	厳
餘	남을	여	余
與	더불/줄	여	与
譯	번역할	역	訳
驛	역	역	駅
鹽	소금	염	塩
榮	영화	영	栄
藝	재주	예	芸
譽	기릴	예	誉
豫	미리	예	予
溫	따뜻할	온	温
鬱	답답할	울	欝
圍	에워쌀	위	囲
爲	할	위	為
隱	숨을	은	隠
應	응할	응	応
醫	의원	의	医
貳	두	이	弐
壹	한	일	壱

정자	훈	음	약자
ㅈ			
蠶	누에	잠	蚕
雜	섞일	잡	雑
壯	씩씩할	장	壮
裝	꾸밀	장	装
獎	장려할	장	奨
將	장수/장차	장	将
爭	다툴	쟁	争
傳	전할	전	伝
轉	구를	전	転
戰	싸움	전	戦
錢	돈	전	銭
點	점	점	点
靜	고요할	정	静
劑	약제	제	剤
濟	건널	제	済
齊	가지런할	제	斉
ㅊ			
參	참여할 참/석 삼		参

정자	훈	음	약자
慘	참혹할	참	惨
處	곳	처	処
淺	얕을	천	浅
鐵	쇠	철	鉄
廳	관청	청	庁
聽	들을	청	聴
體	몸	체	体
總	다	총	総
蟲	벌레	충	虫
醉	취할	취	酔
齒	이	치	歯
稱	일컬을	칭	称
ㅌ			
彈	탄알	탄	弾
擇	가릴	택	択
澤	못	택	沢
ㅍ			
廢	폐할	폐	廃
ㅎ			
學	배울	학	学

정자	훈	음	약자
解	풀	해	解
鄕	시골	향	郷
虛	빌	허	虚
獻	바칠	헌	献
驗	시험할	험	験
賢	어질	현	賢
顯	나타날	현	顕
螢	반딧불	형	蛍
號	이름	호	号
畫	그림	화	画
擴	넓힐	확	拡
歡	기쁠	환	歓
懷	품을	회	懐
會	모일	회	会
興	일어날	흥	興

韓國漢字能力檢定
한자능력검정시험

2급
독파!

漢
字

기출 및 예상문제

● 제 1 회 ●
● 제 2 회 ●
● 제 3 회 ●

2급 제1회 기출 및 예상문제

問 1-40

다음 漢字語의 讀音을 쓰시오.

1. 僻巷	2. 搬移	3. 祥瑞	4. 瓜菜
5. 僑胞	6. 裁縫	7. 膽錄	8. 鍛鍊
9. 畏怖	10. 播種	11. 輔翊	12. 覇權
13. 敦睦	14. 遮蔽	15. 款項	16. 瑞兆
17. 歸趨	18. 爛熟	19. 杅太	20. 魔窟
21. 欽遵	22. 侮蔑	23. 妥當	24. 借款
25. 紡績	26. 雇傭	27. 購販	28. 醴泉
29. 濫獲	30. 裸體	31. 鼎銘	32. 溺沒
33. 銘菓	34. 雉尾	35. 哀悼	36. 財閥
37. 賠償	38. 八佾	39. 濃淡	40. 秉燭

問 41-55

다음 漢字語의 訓과 音을 쓰시오.

41. 燮	42. 崗	43. 礪
44. 揷	45. 塘	46. 襄
47. 釜	48. 娩	49. 釣
50. 偵	51. 鵬	52. 潭
53. 濂	54. 貫	55. 皁

問 56-60

다음 漢字語의 뜻을 쓰시오.

56. 繩索 __________　　57. 掌握 __________　　58. 兢懼 __________

59. 沃土 __________　　60. 彫琢 __________

問 61-100　다음을 읽고 물음에 답하시오.

–역동적인 움직임을 **絶妙**하게 포착66한 조각품67이 인기를 얻어 연장68 전시되고 있다.

–원작이 가지는 **缺陷**으로 속편69 역시 흥행70에 차질이 생겨 개봉71여부가 미지수다.

–각박72한 세태73로 변해가면서 자녀들의 인성교육의 중요성74이 더욱 증가되고 있다.

–관객을 **魅惑**시키는 배우75의 열광적인 연기로 평일에도 연일 매진76을 기록하고 있다.

–자연 재앙77은 극복도 중요하지만 무엇보다도 예방78이 우선이 되어야 한다.

–외지로 **搬出**된 국보급 문화재 환수79운동을 추진80하고 있다는 소식에 시민 단체들이 기
　뻐하고 있다.

–한국 지역81 난방82 공사 등 3개 공기업83은 공공기관84 운영85위원회에서 상장 추진을 계
　속 검토86하기로 했다.

–아이들의 두뇌87발달에 **沮害** 요인이 되는 전자파88로 인해 이를 감소89시키는 제품90들이
　인기다.

–지진 피해91로 대규모92 공장이 조업을 중단하고 복구93가 늦어짐에 따라 제품 공급94도
　지연95되었다.

問 61-65

다음 漢字語의 讀音을 쓰시오.

61. 絶妙 __________　　62. 缺陷 __________　　63. 魅惑 __________

64. 搬出 __________　　65. 沮害 __________

問 66-95

윗글 <u>밑줄</u> 친 부분의 漢字語를 正字로 쓰시오.

66. 포착　　67. 조각품　　68. 연장　　69. 속편

70. 흥행　　71. 개봉　　72. 각박　　73. 세태

74. 중요성　　75. 배우　　76. 매진　　77. 재앙

78. 예방　　79. 환수　　80. 추진　　81. 지역

82. 난방　　83. 기업　　84. 기관　　85. 운영

86. 검토　　87. 두뇌　　88. 전자파　　89. 감소

90. 제품　　91. 피해　　92. 규모　　93. 복구

94. 공급　　95. 지연

問 96-100

66~91 중 長音으로 發音되는 것을 고르시오(5개만).

問 101-110

다음의 相對되는 漢字나 漢字語를 正字로 쓰시오.

101. 深 ⇔

102. 擴大 ⇔

103. 敏 ⇔

104. 鎭靜 ⇔

105. 勤 ⇔

106. 建設 ⇔

107. 濃 ⇔

108. 拒絕 ⇔

109. 智 ⇔

110. 普遍 ⇔

問 111-120

다음 四字成語를 意味가 통하도록 채워 넣으시오.

111. 抑(　)(　)弱 : 강한 자를 눌러 약한 자를 도움

112. 厚(　)無(　) : 뻔뻔스러워 부끄러움이 없음

113. (　)高(　)丈 : 우쭐하여 기세가 대단함

114. 近(　)者(　) : 나쁜 주변 환경에 따라 쉽게 변함

115. (　)三(　)四 : 간사한 꾀를 써 남을 속임

116. 如(　)(　)氷 : 몹시 위험한 상황

117. (　)河口(　) : 거침없이 말을 잘함

118. 炎(　)世(　) : 세력의 유무에 따라 사람을 판단하는 세상인심

119. (　)柔不(　) : 망설이기만 하고 결단성이 없음

120. (　)口之(　) : 가난한 살림에 겨우 먹고 살아가는 방책

問 121-132

다음에 알맞은 漢字語를 쓰시오.

121. 물 따라갈 연 – 언덕 안

122. 지날 과 – 꾸밀 식

123. 쓸 쇄 – 새로울 신

124. 밀칠 배 – 물리칠 척

125. 경계할 경 – 경계할 계

126. 빌 공 – 난간 란

127. 길 영 – 멀 원

128. 빚 채 – 힘쓸 무

129. 엉길 응 – 줄일 축

130. 고할 고 – 호소할 소

131. 해질 폐 – 끝 단

132. 의지할 의 – 예 구

問 133-137

다음 漢字의 同音異議語를 正字로 쓰시오.

133. (驛名) : 윗사람의 명령을 어김

134. (公格) : 적을 침

135. (逐條) : 다시 쌓아서 만듦

136. (無障) : 전투를 할 목적으로 장비를 함

137. (製紙) : 말려서 못하게 함

問 138-142

다음 중 類義語끼리 연결된 것을 찾아 번호를 쓰시오.

138. (1) 供給 – 需要　　(2) 年歲 – 春秋　　(3) 密接 – 疏遠　　(4) 建設 – 破壞

139. (1) 空想 – 現實　　(2) 個別 – 全體　　(3) 歸納 – 演繹　　(4) 書簡 – 書翰

140. (1) 招待 – 招請　　(2) 輕蔑 – 尊敬　　(3) 剛健 – 柔弱　　(4) 巨富 – 極貧

141. (1) 困難 – 容易　　(2) 具體 – 抽象　　(3) 交涉 – 折衝　　(4) 蒼空 – 碧空

142. (1) 老鍊 – 未熟　　(2) 驅迫 – 虐待　　(3) 權利 – 義務　　(4) 微官 – 顯官

問 143-145

다음 漢字의 略字를 쓰시오.

143. 變　　　144. 鹽　　　145. 龍

問 146-150

다음 漢字의 部首를 쓰시오.

146. 賓　　　147. 屍　　　148. 歪
149. 芳　　　150. 遵

2급 　제2회　 기출 및 예상문제

問 1-45

다음 漢字語의 讀音을 작성하시오.

1. 聰敏 　　
2. 紹述 　　
3. 愚弄 　　
4. 賤隷 　　
5. 俊傑 　　
6. 茂盛 　　
7. 腎臟 　　
8. 坑殺 　　
9. 流鶯 　　
10. 哨戒 　　
11. 耽溺 　　
12. 悲悼 　　
13. 燦爛 　　
14. 甘藍 　　
15. 泌尿 　　
16. 干戈 　　
17. 揶揄 　　
18. 慈惠 　　
19. 傘下 　　
20. 鬱寂 　　
21. 脫帽 　　
22. 肝膽 　　
23. 紫蚓 　　
24. 旺運 　　
25. 柴炭 　　
26. 魅惑 　　
27. 舶賈 　　
28. 袖刃 　　
29. 賷盆 　　
30. 縫箔 　　
31. 裸體 　　
32. 弛紊 　　
33. 滑降 　　
34. 腱膜 　　
35. 挾憾 　　
36. 締構 　　
37. 緘翰 　　
38. 駐駕 　　
39. 禎瑞 　　
40. 塵芥 　　
41. 軋轢 　　
42. 膵癌 　　
43. 缸硯 　　
44. 萬鎰 　　
45. 沮誹 　　

問 46-72

다음 漢字의 訓과 音을 쓰시오.

46. 惹 　　
47. 晟 　　
48. 遼 　　
49. 杓 　　
50. 匪 　　
51. 鴨 　　
52. 僑 　　
53. 岸 　　
54. 粧 　　
55. 璋 　　
56. 拙 　　
57. 芬 　　

58. 祚 □   59. 煥 □   60. 劑 □

61. 津 □   62. 頗 □   63. 靴 □

64. 懸 □   65. 取 □   66. 斥 □

67. 琮 □   68. 蜂 □   69. 烋 □

70. 側 □   71. 聚 □   72. 荷 □

問 73-77

長音으로 發音되는 것을 고르시오.

73. (1) 口錢   (2) 奏效   (3) 斷言   (4) 個數
74. (1) 硏究   (2) 盜賊   (3) 侮辱   (4) 仕記
75. (1) 症候   (2) 保證   (3) 復歸   (4) 易行
76. (1) 保健   (2) 便利   (3) 種族   (4) 試驗
77. (1) 素質   (2) 任務   (3) 射手   (4) 點火

問 78-92 다음을 읽고 물음에 답하시오.

-태풍78으로 인하여 홍수79와 산사태80를 겪은 汶山81 지역에 대한 보수 공사가 진행 중이다.

-단체 생활에서의 지나친 아집82과 독선은 질서를 와해83시킬 우려가 있다.

-범행의 巢窟84로 짐작되는 곳에서 취사85도구를 비롯한 증거물이 발견되었다.

-오만86하던 그 배우가 너무 초라한 모습으로 변하여 惻憫87한 마음이 든다.

-參字는 참여할 '(　　)'88으로 읽을 경우 參觀으로 읽으며, 석 '(　　)'89으로 읽을 경우 參拾으로 읽는다.

-食字 는 밥 '(　　)'90으로 읽을 경우 食糧으로 읽으며, 먹일 '(　　)'91라고 읽을 경우 簞食 (　　)92라고 읽는다.

問 78-92

다음을 읽고 讀音 혹은 漢字語를 正字로 적어보시오.

78. 태풍 ☐☐   79. 홍수 ☐☐   80. 산사태 ☐☐☐   81. 汶山 ☐☐

82. 아집 ☐☐   83. 와해 ☐☐   84. 巢窟 ☐☐   85. 취사 ☐☐

86. 오만 ☐☐   87. 惻隱 ☐☐   88. (   )   89. (   )

90. (   )   91. (   )   92. (   )

問 93-97

다음 빈 칸을 채워 四字成語를 완성하시오.

93. (   )(   )之苦 : 가혹한 정치로 백성이 고통을 담함

94. 韋編(   )(   ) : 책을 열심히 읽음

95. (   )(   )之美 : 시작한 일을 잘하여 좋게 마무리 지음

96. 九曲(   )(   ) : 깊은 마음속

97. (   )(   )恥漢 : 부끄러움을 모르는 사람

問 98-102

다음 ( ) 속의 단어를 漢字로 쓰시오.

98. (조화) : 종이나 헝겊으로 만든 꽃

99. (미우) : 보슬보슬 내리는 가는 비

100. (진애) : 티끌

101. (사경) : 죽게 된 경지

102. (비보) : 남몰래 보고함

問 103-107

다음 漢字와 비슷한 뜻을 가진 자를 넣어 單語를 완성하시오.

103. 和 – (　　) 　　　 104. 會 – (　　) 　　　 105. 虛 – (　　)

106. 許 – (　　) 　　　 107. 回 – (　　)

問 108-117

다음의 相對되는 漢字나 漢字語를 正字로 쓰시오.

108. 敏 ⇔ □ 　　　 113. 破壞 ⇔ □□

109. 縱 ⇔ □ 　　　 114. 複式 ⇔ □□

110. 遲 ⇔ □ 　　　 115. 反抗 ⇔ □□

111. 添 ⇔ □ 　　　 116. 昇天 ⇔ □□

112. 疏 ⇔ □ 　　　 117. 拾得 ⇔ □□

問 118-122

다음 漢字의 同音異議語를 正字로 쓰시오.

118. (推問) – 아름답지 못한 소문

119. (男像) – 함부로 상을 줌

120. (製紙) – 말려서 못하게 함

121. (心事) – 자세히 조사함

122. (縱轉) – 이전부터의 그대로

問 123-132

글자에 同訓字를 넣어 單語를 완성하시오.

123. 征(　)　124. (　)減　125. (　)斷　126. 抑(　)

127. 盟(　)　128. (　)爭　129. 規(　)　130. 巨(　)

131. 刀(　)　132. (　)戈

問 133-140

다음 訓과 音으로 연결된 단어를 正字로 적어 보시오.

133. 어리석을 우 – 못할 렬　　134. 무릅쓸 모 – 인정할 인

135. 짝 필 – 대적할 적　　136. 읊을 음 – 맛 미

137. 분별할 변 – 증거 증　　138. 시험할 시 – 익힐 련

139. 보낼 송 – 부칠 부　　140. 어지러울 난 – 찌를 자

問 141-145

다음 漢字의 部首를 적어보시오.

141. 妄　　142. 垂　　143. 盧

144. 吟　　145. 替

問 146-150

다음 漢字의 略字 혹은 正字를 알맞게 적어보시오.

146. 岩　　147. 龜　　148. 欢

149. 滿　　150. 転

2급　제3회　기출 및 예상문제

問 1-45

다음 漢字語의 讀音을 쓰시오.

1. 僑廬　　2. 憑河　　3. 駐駕　　4. 葛巾
5. 焚坑　　6. 歸趨　　7. 閨怨　　8. 侮蔑
9. 倦憩　　10. 篆款　　11. 彌勒　　12. 氈帽
13. 凌蔑　　14. 瓜剖　　15. 傀俄　　16. 紡錘
17. 汎灑　　18. 借款　　19. 網紗　　20. 梳沐
21. 瑞芝　　22. 飼馴　　23. 弗豫　　24. 酸愴
25. 倂倨　　26. 蔘圃　　27. 匪擾　　28. 嗜僻
29. 戟盾　　30. 璇瑢　　31. 穩婆　　32. 癌瘡
33. 紳笏　　34. 滋殖　　35. 苑沼　　36. 擅赦
37. 岐貳　　38. 保佑　　39. 妖彗　　40. 湮鬱
41. 磁殼　　42. 捲握　　43. 繕茸　　44. 融裔
45. 准尉

問 46-50

다음 중 첫 음이 長音으로 발음되는 漢字語의 번호를 다섯 개만 고르시오.

(1) 斷言　　(2) 燃燒　　(3) 順理　　(4) 檀君
(5) 歸趨　　(6) 銘菓　　(7) 數學　　(8) 門前
(9) 侮蔑　　(10) 閨範　　(11) 瓜菜　　(12) 隨行

問 51-80 다음을 읽고 물음에 답하시오.

-노사[51]간 현격[52]한 의견차이[53]가 존재하여 열띤 토론[54]이 이어질 것이라 예상[55]된다.

-행사에 참가[56]한 초등학생이 익사[57]하는 등 안전시설[58]에 대한 미비[59]가 드러났다.

-섬세[60]한 선으로 인물의 미묘[61]한 움직임을 포착[62]한 그림이 고가[63]에 판매되었다.

-성적[64]을 올리기 위해서는 우선 자신의 약점[65]을 파악[66]한 후 그에 맞는 대책[67]이 필요하다.

-창사[68] 특집다큐멘터리의 시청률[69]이 인기 드라마보다 20% 이상 앞서 화제가 되고 있다.

-디자인도 중요하지만 자신의 체형[70]에 맞는 운동복을 고르는 것이 더 중요하다.

-화공[71]의 일대기[72]를 다룬 소설이 드라마로 제작[73]되어 내년부터 방영[74]될 예정이다.

-요리는 조미료[75]의 비율[76]이 조금만 차이가 나도 월등[77]하게 다른 맛이 난다.

-술과 담배를 끊고 철저한 채식[78]주의 식사를 했다는 점이 체중[79]감량의 비결[80]이다.

問 51-80

다음 漢字語를 正字로 쓰시오.

51. 노사 ☐☐	52. 현격 ☐☐	53. 차이 ☐☐	54. 토론 ☐☐
55. 예상 ☐☐	56. 참가 ☐☐	57. 익사 ☐☐	58. 시설 ☐☐
59. 미비 ☐☐	60. 섬세 ☐☐	61. 미묘 ☐☐	62. 포착 ☐☐
63. 고가 ☐☐	64. 성적 ☐☐	65. 약점 ☐☐	66. 파악 ☐☐
67. 대책 ☐☐	68. 창사 ☐☐	69. 시청률 ☐☐	70. 체형 ☐☐
71. 화공 ☐☐	72. 일대기 ☐☐	73. 제작 ☐☐	74. 방영 ☐☐
75. 조미료 ☐☐☐	76. 비율 ☐☐	77. 월등 ☐☐	78. 채식 ☐☐
79. 체중 ☐☐	80. 비결 ☐☐		

問 81-102

다음 漢字語의 訓과 音을 작성하시오.

81. 飼 [   ]   82. 傀 [   ]   83. 熹 [   ]

84. 鵬 [   ]   85. 尼 [   ]   86. 紡 [   ]

87. 稙 [   ]   88. 箱 [   ]   89. 棋 [   ]

90. 絞 [   ]   91. 龐 [   ]   92. 餐 [   ]

93. 甄 [   ]   94. 盾 [   ]   95. 紳 [   ]

96. 札 [   ]   97. 准 [   ]   98. 盈 [   ]

99. 塵 [   ]   100. 滄 [   ]   101. 旨 [   ]

102. 峻 [   ]

問 103-112

상대되는 漢字 혹은 漢字語를 正字로 쓰시오.

103. 皓 − (   )   104. 勤 − (   )   105. 隱 − (   )

106. 鈍 − (   )   107. (   ) − 沈   108. (   ) − 拾得

109. 急行 − (   )   110. 發信 − (   )   111. 模型 − (   )

112. 外延 − (   )

問 113-117

다음 訓과 音으로 연결된 漢字語을 작성하시오.

113. 그늘 음 − 책력 력

114. 솜 면 − 빽빽할 밀

115. 거둘 철 − 갈 거

116. 다스릴 치 – 꾸밀 장

117. 번성할 번 – 창성할 창

問 118-127

빈칸에 알맞은 漢字를 넣어 四字成語를 완성하시오.

118. 守(　)待(　) : 어리석게 한 가지 일에만 얽매임

119. (　)瑟相(　) : 부부사이가 다정함

120. (　)不(　)年 : 권력은 오래가지 못함

121. (　)者無(　) : 한 사람이 모든 복과 재주를 겸하지 못함

122. 升(　)之(　) : 대수롭지 않은 이익

123. 捲土(　)(　) : 한 번 실패에 굴하지 않고 계속 도전함

124. (　)而(　)之 : 공경하되 멀리함

125. (　)高萬(　) : 기세가 대단함

126. (　)斧爲(　) : 끊임없는 노력과 인내로 성공함

127. (　)年大(　) : 먼 뒷날까지 내다보고 세우는 계획

問 128-132

다음 漢字語의 同音異議語를 쓰시오.

128. (富裕) : 이리저리 떠다님

129. (首相) : 상을 받음

130. (非命) : 놀라거나 다급할 때 지르는 외마디 소리

131. (旣遂) : 말을 타는 사람

132. (四果) : 잘못에 대하여 용서를 빎

問 133-137

다음 漢字語의 뜻을 쓰시오.

133. 防腐

134. 遺志

135. 未遂

136. 示唆

137. 適期

問 138-140

다음 漢字의 略字를 쓰시오.

138. 雙	139. 缺	140. 藝

問 141-145

다음 漢字의 部首를 쓰시오.

141. 賓	142. 紫	143. 蠶
144. 拜	145. 膽	

問 146-150

다음 비슷한 의미를 가진 漢字 혹은 漢字語의 번호를 다섯 개만 고르시오.

⑴ 緩 – 急	⑵ 遺 – 失	⑶ 遲 – 速	⑷ 存 – 滅
⑸ 移 – 運	⑹ 難解 – 容易	⑺ 記憶 – 忘却	⑻ 任務 – 使命
⑼ 從心 – 七旬	⑽ 情勢 – 狀況		

2급　제1회　기출 및 예상문제 정답

1. 벽항	22. 모멸	43. 숫돌 려	63. 매혹
2. 반이	23. 타당	44. 꽂을 삽	64. 반출
3. 상서	24. 차관	45. 못 당	65. 저해
4. 과채	25. 방적	46. 도울 양	66. 捕捉
5. 교포	26. 고용	47. 가마 부	67. 彫刻品
6. 재봉	27. 구판	48. 낳을, 해산할 만	68. 延長
7. 등록	28. 예천	49. 낚시 조	69. 續篇
8. 단련	29. 남획	50. 정탐할, 염탐할 정	70. 興行
9. 외포	30. 나체	51. 새, 큰새 붕	71. 開封
10. 파종	31. 정명	52. 못 담	72. 刻薄
11. 보익	32. 익몰	53. 물 이름 렴	73. 世態
12. 패권	33. 명과	54. 세놓을 세	74. 重要性
13. 돈목	34. 치미	55. 언덕 부	75. 俳優
14. 차폐	35. 애도	56. 노와 새끼	76. 賣盡
15. 관항	36. 재벌	57. 손안에 잡아 쥠	77. 災殃
16. 서조	37. 배상	58. 삼가 두려워 함	78. 豫防
17. 귀추	38. 팔일	59. 기름진 땅	79. 還收
18. 난숙	39. 농담	60. 단단한 것을 쪼거나	80. 推進
19. 간태	40. 병촉	문장 등을 다듬는 것	81. 地域
20. 마굴	41. 불꽃 섭	61. 절묘	82. 暖房
21. 흠준	42. 언덕 강	62. 결함	83. 企業

84. 機關	101. 淺	119. 優, 斷	137. 制止
85. 運營	102. 縮小	120. 糊, 策	138. (2)
86. 檢討	103. 緩	121. 沿岸	139. (4)
87. 頭腦	104. 興奮	122. 過飾	140. (1)
88. 電磁波	105. 怠	123. 刷新	141. (4)
89. 減少	106. 破壞	124. 排斥	142. (2)
90. 製品	107. 淡	125. 警戒	143. 変
91. 被害	108. 承諾	126. 空欄	144. 塩
92. 規模	109. 愚	127. 永遠	145. 竜
93. 復舊	110. 特殊	128. 債務	146. 貝
94. 供給	111. 強, 扶	129. 凝縮	147. 尸
95. 遲延	112. 顔, 恥	130. 告訴	148. 止
96.~100. 포착, 세태	113. 氣, 萬	131. 弊端	149. 艸
매진, 예방	114. 墨, 黑	132. 依舊	150. 辵(辶)
난방, 운영	115. 朝, 暮	133. 逆命	
계속, 검토	116. 履, 薄	134. 攻擊	
전자파, 감소,	117. 懸, 辯	135. 築造	
피해	118. 涼, 態	136. 武裝	

2급 제**2**회 기출 및 예상문제 정답

1. 총민	22. 간담	43. 항연	64. 매달 현
2. 소술	23. 자인	44. 만일	65. 가질 취
3. 우롱	24. 왕운	45. 저비	66. 물리칠 척
4. 천예	25. 시탄	46. 이끌 야	67. 옥홀 종
5. 준걸	26. 매혹	47. 밝을 성	68. 벌 봉
6. 무성	27. 박고	48. 멀 료	69. 아름다울 휴
7. 신장	28. 수인	49. 북두자루 표	70. 곁 측
8. 갱살	29. 세분	50. 비적 비	71. 모을 취
9. 유앵	30. 봉박	51. 오리 압	72. 멜 하
10. 초계	31. 나체	52. 더부살이 교	73. (3)
11. 탐닉	32. 이문	53. 언덕 안	74. (1)
12. 비도	33. 활강	54. 단장할 장	75. (4)
13. 찬란	34. 건막	55. 홀 장	76. (1)
14. 감람	35. 협감	56. 졸할 졸	77. (2)
15. 비뇨	36. 체구	57. 향기 분	78. 颱風
16. 간과	37. 함한	58. 복 조	79. 洪水
17. 야유	38. 주가	59. 빛날 환	80. 山沙汰
18. 자혜	39. 정서	60. 약제 제	81. 문산
19. 산하	40. 진개	61. 나루 진	82. 我執
20. 울적	41. 알사	62. 자못 파	83. 瓦解
21. 탈모	42. 췌암	63. 신 화	84. 소굴

85. 炊事	102. 秘報	119. 濫賞	136. 吟味
86. 傲慢	103. 睦	120. 制止	137. 辨證
87. 측은	104. 集	121. 審査	138. 試鍊
88. 참	105. 無	122. 從前	139. 送付
89. 삼	106. 諾	123. 伐	140. 亂刺
90. 식	107. 轉	124. 除	141. 女
91. 사	108. 緩	125. 切	142. 土
92. 단사	109. 橫	126. 壓	143. 广
93. 塗, 炭	110. 速	127. 誓	144. 口
94. 三, 絕	111. 減	128. 競	145. 日
95. 有, 終	112. 蜜	129. 範	146. 巖
96. 肝, 腸	113. 建設	130. 大	147. 龜
97. 破, 廉	114. 單式	131. 劍	148. 歡
98. 造花	115. 服從	132. 矛	149. 滿
99. 微雨	116. 降臨	133. 愚劣	150. 轉
100. 塵埃	117. 遺失	134. 冒認	
101. 死境	118. 醜聞	135. 匹敵	

2급 제3회 기출 및 예상문제 정답

1. 고려	22. 사순	43. 선용	64. 成績
2. 빙하	23. 불예	44. 융예	65. 弱點
3. 주가	24. 산창	45. 준위	66. 把握
4. 갈건	25. 병거	46. (1)	67. 對策
5. 분갱	26. 삼포	47. (3)	68. 創社
6. 귀추	27. 비요	48. (5)	69. 視聽率
7. 규원	28. 기벽	49. (7)	70. 體型
8. 모멸	29. 극순	50. (9)	71. 畫工
9. 권계	30. 선용	51. 勞使	72. 一代記
10. 전관	31. 온파	52. 懸隔	73. 製作
11. 미륵	32. 암창	53. 差異	74. 放映
12. 전모	33. 신홀	54. 討論	75. 調味料
13. 능멸	34. 자식	55. 豫想	76. 比率
14. 과부	35. 원소	56. 參加	77. 越等
15. 괴아	36. 천사	57. 溺死	78. 菜食
16. 방추	37. 기이	58. 施設	79. 體重
17. 범쇄	38. 보우	59. 未備	80. 秘訣
18. 차관	39. 요혜	60. 纖細	81. 기를 사
19. 망사	40. 인울	61. 微妙	82. 허수아비 괴
20. 소목	41. 자각	62. 捕捉	83. 빛날 희
21. 서지	42. 권악	63. 高價	84. 큰새 붕

85. 여승 니	104. 怠	123. 重, 來	138. 双
86. 길쌈 방	105. 現	124. 敬, 遠	139. 欠
87. 올벼 직	106. 敏	125. 氣, 丈	140. 芸
88. 상자 상	107. 浮	126. 磨, 針	141. 貝
89. 바둑 기	108. 遺失	127. 百, 計	142. 糸
90. 목맬 교	109. 緩行	128. 浮遊/浮游	143. 虫
91. 높은집 방	110. 受信	129. 受賞	144. 手
92. 밥 찬	111. 原型	130. 悲鳴	145. 言
93. 질그릇 견	112. 內包	131. 騎手	146. (2)
94. 방패 순	113. 陰曆	132. 謝過	147. (5)
95. 큰띠 신	114. 綿密	133. 썩거나 변질되는 것을 막음	148. (8)
96. 편지 찰	115. 撤去		149. (9)
97. 비준 준	116. 治裝	134. 죽은 이가 생전에 이루기 못하고 남긴 뜻	150. (10)
98. 찰 영	117. 繁昌		
99. 티끌 진	118. 株, 兎		
100. 큰바다 창	119. 琴, 和	135. 뜻한 바를 다 이루지 못함	
101. 뜻 지	120. 權, 十		
102. 높을 준	121. 角, 齒	136. 미리 암시. 일러줌	
103. 玄	122. 斗, 利	137. 적절한 시기	

수험번호 □□□-□□-□□□□　　　　성명 □□□□□

생년월일 □□□□□□　　※ 주민등록번호 앞 6자리 숫자를 기입하십시오.　※ 성명은 한글로 작성
　　　　　　　　　　　　　　　　　　　　　　　　　　　　※ 필기구는 검정색 볼펜만 가능

※ 답안지는 컴퓨터로 처리되므로 구기거나 더럽히지 마시고, 정답 칸 안에만 쓰십시오.
　글씨가 채점란으로 들어오면 오답처리가 됩니다.

공인민간자격 전국한자능력검정시험 2급 답안지(1) (시험시간:60분)

번호	정답	1검	2검	번호	정답	1검	2검	번호	정답	1검	2검
1				24				47			
2				25				48			
3				26				49			
4				27				50			
5				28				51			
6				29				52			
7				30				53			
8				31				54			
9				32				55			
10				33				56			
11				34				57			
12				35				58			
13				36				59			
14				37				60			
15				38				61			
16				39				62			
17				40				63			
18				41				64			
19				42				65			
20				43				66			
21				44				67			
22				45				68			
23				46				69			

감독위원	채점위원(1)		채점위원(2)		채점위원(3)	
(서명)	(득점)	(서명)	(득점)	(서명)	(득점)	(서명)

※ 답안지는 컴퓨터로 처리되므로 구기거나 더럽히지 마시고, 정답 칸 안에만 쓰십시오. 글씨가 채점란으로 들어오면 오답처리가 됩니다.

공인민간자격 전국한자능력검정시험 2급 답안지(2)

번호	답안란 정답	채점란 1검	2검	번호	답안란 정답	채점란 1검	2검	번호	답안란 정답	채점란 1검	2검
70				97				124			
71				98				125			
72				99				126			
73				100				127			
74				101				128			
75				102				129			
76				103				130			
77				104				131			
78				105				132			
79				106				133			
80				107				134			
81				108				135			
82				109				136			
83				110				137			
84				111				138			
85				112				139			
86				113				140			
87				114				141			
88				115				142			
89				116				143			
90				117				144			
91				118				145			
92				119				146			
93				120				147			
94				121				148			
95				122				149			
96				123				150			

수험번호 □□□-□□-□□□□　　　　　성명 □□□□□

생년월일 □□□□□□　※ 주민등록번호 앞 6자리 숫자를 기입하십시오.　※ 성명은 한글로 작성
　　　　　　　　　　　　　　　　　　　　　　　　　　　　　　　※ 필기구는 검정색 볼펜만 가능

※ 답안지는 컴퓨터로 처리되므로 구기거나 더럽히지 마시고, 정답 칸 안에만 쓰십시오.
　글씨가 채점란으로 들어오면 오답처리가 됩니다.

공인민간자격 전국한자능력검정시험 2급 답안지(1) (시험시간:60분)

번호	정답	1검	2검	번호	정답	1검	2검	번호	정답	1검	2검
	답안란	채점란			답안란	채점란			답안란	채점란	
1				24				47			
2				25				48			
3				26				49			
4				27				50			
5				28				51			
6				29				52			
7				30				53			
8				31				54			
9				32				55			
10				33				56			
11				34				57			
12				35				58			
13				36				59			
14				37				60			
15				38				61			
16				39				62			
17				40				63			
18				41				64			
19				42				65			
20				43				66			
21				44				67			
22				45				68			
23				46				69			

감독위원	채점위원(1)		채점위원(2)		채점위원(3)	
(서명)	(득점)	(서명)	(득점)	(서명)	(득점)	(서명)

※ 답안지는 컴퓨터로 처리되므로 구기거나 더럽히지 마시고, 정답 칸 안에만 쓰십시오. 글씨가 채점란으로 들어오면 오답처리가 됩니다.

공인민간자격 전국한자능력검정시험 2급 답안지(2)

번호	정답	1검	2검	번호	정답	1검	2검	번호	정답	1검	2검
70				97				124			
71				98				125			
72				99				126			
73				100				127			
74				101				128			
75				102				129			
76				103				130			
77				104				131			
78				105				132			
79				106				133			
80				107				134			
81				108				135			
82				109				136			
83				110				137			
84				111				138			
85				112				139			
86				113				140			
87				114				141			
88				115				142			
89				116				143			
90				117				144			
91				118				145			
92				119				146			
93				120				147			
94				121				148			
95				122				149			
96				123				150			

수험번호 □□□-□□-□□□□　　　　　성명 □□□□□

생년월일 □□□□□□　　※ 주민등록번호 앞 6자리 숫자를 기입하십시오. ※ 성명은 한글로 작성
　　　　　　　　　　　　　　　　　　　　　　　　　　※ 필기구은 검정색 볼펜만 가능

※ 답안지는 컴퓨터로 처리되므로 구기거나 더럽히지 마시고, 정답 칸 안에만 쓰십시오.
　글씨가 채점란으로 들어오면 오답처리가 됩니다.

공인민간자격 전국한자능력검정시험 2급 답안지(1) (시험시간:60분)

번호	답안란 정답	채점란 1검	채점란 2검	번호	답안란 정답	채점란 1검	채점란 2검	번호	답안란 정답	채점란 1검	채점란 2검
1				24				47			
2				25				48			
3				26				49			
4				27				50			
5				28				51			
6				29				52			
7				30				53			
8				31				54			
9				32				55			
10				33				56			
11				34				57			
12				35				58			
13				36				59			
14				37				60			
15				38				61			
16				39				62			
17				40				63			
18				41				64			
19				42				65			
20				43				66			
21				44				67			
22				45				68			
23				46				69			

감독위원	채점위원(1)		채점위원(2)		채점위원(3)	
(서명)	(득점)	(서명)	(득점)	(서명)	(득점)	(서명)

※ 답안지는 컴퓨터로 처리되므로 구기거나 더럽히지 마시고, 정답 칸 안에만 쓰십시오. 글씨가 채점란으로 들어오면 오답처리가 됩니다.

공인민간자격 전국한자능력검정시험 2급 답안지(2)

번호	답안란 정답	채점란 1검	2검	번호	답안란 정답	채점란 1검	2검	번호	답안란 정답	채점란 1검	2검
70				97				124			
71				98				125			
72				99				126			
73				100				127			
74				101				128			
75				102				129			
76				103				130			
77				104				131			
78				105				132			
79				106				133			
80				107				134			
81				108				135			
82				109				136			
83				110				137			
84				111				138			
85				112				139			
86				113				140			
87				114				141			
88				115				142			
89				116				143			
90				117				144			
91				118				145			
92				119				146			
93				120				147			
94				121				148			
95				122				149			
96				123				150